秦 始 皇 传

张分田 著

人民出版社

目　录

序　言 ………………………………………………………………（1）

第一章　家世篇:声名显赫的霸王之胄 ………………………………（1）

　第一节　嬴秦得姓与秦嬴立国 ………………………………………（3）

　　一、华夏传人,玄鸟图腾 …………………………………………（4）

　　二、柏翳佐舜,得姓为嬴 …………………………………………（7）

　　三、费昌佐殷,子孙封侯 …………………………………………（9）

　　四、蜚廉事纣,被迫西迁 …………………………………………（10）

　　五、造父善驭,封之赵城 …………………………………………（11）

　　六、非子息马,厥号秦嬴 …………………………………………（12）

　　七、西垂大夫,名扬西戎 …………………………………………（13）

　　八、关于嬴秦文明发展程度的估计 ………………………………（14）

　第二节　襄公勤王与秦国跻身诸侯之列 ……………………………（18）

　　一、西周灭亡,平王东迁 …………………………………………（18）

　　二、攻戎救周,始命列国 …………………………………………（20）

　　三、夺取岐西,向东发展 …………………………………………（22）

　　四、帝王之基,得天独厚 …………………………………………（25）

　第三节　秦穆公始霸与秦国大国地位的确立 ………………………（28）

　　一、"尊王攘夷"与诸侯争霸 ……………………………………（29）

　　二、秦穆公任贤,百里奚致霸 ……………………………………（32）

　　三、东服强晋,饮马黄河 …………………………………………（33）

　　四、远途袭郑,兵败殽山 …………………………………………（34）

五、改变方略,西霸戎夷 …………………………………… (35)

　　六、春秋以来秦国文明程度的发展 ……………………… (37)

第四节　秦孝公变法与秦国跃居"战国"首强 ……………… (41)

　　一、励精图治,下令求贤 ………………………………… (42)

　　二、任用商鞅,实行变法 ………………………………… (44)

　　三、依法治国,中央集权 ………………………………… (46)

第五节　从称"王"到称"帝" ………………………………… (54)

　　一、秦惠文君称"王" ……………………………………… (54)

　　二、秦昭襄王称"帝" ……………………………………… (57)

　　三、从秦国灭周到秦始皇称"皇帝" ……………………… (58)

第六节　周秦之变:一次非同寻常的王朝更替 …………… (61)

　　一、周秦之变的特点 ……………………………………… (61)

　　二、周秦之变与欧亚大陆的帝国化时代 ………………… (63)

　　三、周秦之变的主要历史动因 …………………………… (64)

　　四、周秦之变对秦始皇历史地位的界定 ………………… (66)

第二章　孺子篇:承继宗祧的少年君王 …………………… (67)

第一节　做政治人质的王孙异人与以投资牟利的商人吕不韦 …… (68)

　　一、羁旅邯郸的质子异人 ………………………………… (69)

　　二、善于牟利的商贾吕不韦 ……………………………… (70)

　　三、围绕储君嫡嗣地位展开的政治交易与政治谋略 …… (72)

　　四、赵姬再嫁与赵政出世 ………………………………… (74)

第二节　荣任王储与初登君位 ……………………………… (75)

　　一、子楚回国与赵政归秦 ………………………………… (76)

　　二、幼冲之年的秦国王储 ………………………………… (78)

　　三、十二岁登临王位 ……………………………………… (79)

第三节　母后专权、仲父辅政与嫪毐乱政 ………………… (81)

　　一、太后赵姬代行王权与大臣辅政 ……………………… (82)

　二、染指最高权力的"仲父"兼"相邦" ……………………… （83）

　三、嫪毐乱政："与嫪氏乎？与吕氏乎？" ………………… （87）

第三章　亲政篇：图谋帝业的大国霸主 …………………………… （92）

　第一节　平定内乱、剪除权臣 ………………………………… （93）

　　一、平定嫪毐之乱 ……………………………………………… （94）

　　二、罢黜吕不韦 ………………………………………………… （97）

　第二节　佐成帝业的霸王之士 ………………………………… （101）

　　一、李斯与《谏逐客书》 ……………………………………… （102）

　　二、尉缭与《尉缭子》 ………………………………………… （107）

　　三、茅焦强谏，"抗枉令直" ………………………………… （110）

　　四、顿弱论秦国连横的外交谋略 …………………………… （111）

　　五、姚贾献破坏各国合纵之策 ……………………………… （112）

　　六、韩非与《韩非子》 ………………………………………… （114）

　第三节　运筹帷幄、勇冠三军的善战之将 …………………… （119）

　　一、王翦、王贲父子两世名将 ……………………………… （120）

　　二、蒙骜、蒙武、蒙恬、蒙毅祖孙三代忠臣 …………… （122）

　第四节　秦始皇统治时期的君臣关系 ………………………… （124）

第四章　统一篇：横扫六合的天下共主 ………………………… （131）

　第一节　秦始皇统一天下的政治、军事、外交谋略 ………… （132）

　　一、秦始皇统一天下的战略决心 …………………………… （133）

　　二、时不我待，当机立断，连续作战，不使喘息 ……… （136）

　　三、致力连横，破坏合纵，远交近攻，孤立对手 ……… （136）

　　四、收买内奸，巧施反间，败坏政治，弱化敌手 ……… （137）

　　五、改善内政，顺从民心，调整政策，安抚降地 ……… （138）

　　六、中央突破，由近及远，灵活机动，逐个击破 ……… （139）

　第二节　灭韩 …………………………………………………… （141）

　　一、韩国的兴与衰 …………………………………………… （142）

　　二、韩人郑国间秦与秦始皇修成郑国渠 ·············· （143）

　　三、韩非使秦与秦始皇的战略决策 ·················· （144）

　　四、韩王请臣与秦王灭韩 ·························· （147）

　第三节　灭赵 ··································· （147）

　　一、赵国的兴与衰 ······························ （148）

　　二、秦、赵火并与统一战争战略准备的完成 ·········· （149）

　　三、赵国合纵攻秦 ······························ （149）

　　四、秦以救燕为名攻赵 ·························· （150）

　　五、秦始皇的离间君臣之计与赵国连失良将 ·········· （151）

　　六、赵国的灭亡 ································ （153）

　第四节　灭魏 ··································· （153）

　　一、魏国的兴与衰 ······························ （153）

　　二、从秦攻魏拔卫到魏国献地请降 ················ （156）

　第五节　灭楚 ··································· （157）

　　一、楚国的兴与衰 ······························ （157）

　　二、李园之乱 ·································· （160）

　　三、启用王翦，灭楚平越 ························ （161）

　第六节　灭燕 ··································· （162）

　　一、燕国的兴与衰 ······························ （162）

　　二、秦国借赵攻燕与救燕攻赵 ···················· （163）

　　三、太子丹自秦亡归与荆轲刺秦 ·················· （164）

　　四、燕、代合兵抗秦与秦军扫燕灭代 ·············· （167）

　第七节　灭齐 ··································· （168）

　　一、齐国的兴与衰 ······························ （168）

　　二、君王后事秦与后胜误国 ······················ （170）

　　三、齐国不战而降 ······························ （171）

　第八节　开拓疆土、巩固边防 ·················· （172）

一、南平“百越” ·············· （172）

二、设官治理“西南夷” ·············· （174）

三、经营北部边疆 ·············· （176）

第九节 秦始皇巩固国家统一的主要措施 ·············· （180）

第五章 称帝篇:集先秦各种君权观念之大成的始皇帝 ···（185）

第一节 秦始皇首创“皇帝”名号 ·············· （189）

第二节 宗法称谓:皇帝是天下一家的大家长 ·············· （194）

一、“后”:家国一体与天下父母 ·············· （194）

二、“宗”:“天下宗主”与“天下一家” ·············· （196）

三、“君父”:君父一体与“王道三纲” ·············· （199）

第三节 权势称谓:皇帝至高、至上、至尊、至贵 ·············· （200）

一、“王”:干戈戚扬与“王天下” ·············· （201）

二、“君”:支配土地、子民的发号施令者 ·············· （204）

三、“万乘”:军事统帅权与征收赋役权 ·············· （206）

四、“正长”:最高行政权力的支配者 ·············· （207）

五、“太上”、“元首”、“至尊”、“民主”:“非天子不制度” ········· （208）

六、“辟”:“作威作福,君之职也” ·············· （211）

七、“御”:驾驭天下的主宰 ·············· （212）

八、“天下”、“国家”、“社稷”:君与国一体 ·············· （213）

九、“一人”:四海之内,惟王至尊 ·············· （216）

第四节 神化称谓:皇帝受命于天、体胤神圣 ·············· （217）

一、“帝”、“天”、“上帝”:天与王合一 ·············· （218）

二、“天子”:皇天上帝的嫡长子 ·············· （219）

三、“龙”、“日”、“九五之尊”:皇权神圣与皇恩浩荡 ·········· （220）

第五节 圣化称谓:皇帝是与道同体的道德表仪和文化权威 ······ （223）

一、“君师”:君师合一与“以吏为师” ·············· （224）

二、“君子”、“大人”:全社会的道德楷模 ·············· （226）

　　三、"圣人"、"圣王":君与道同体,圣与王合一 ·············（228）

第六章　思想篇:偏爱法家的"杂家"君主 ·············（235）

　第一节　皇帝制度法定意识形态的初步形成 ·············（236）

　第二节　秦始皇统治思想的主要来源和基本构成 ·············（241）

　　一、深入剖析统治思想的若干思路 ·············（241）

　　二、各种大众信仰对秦朝的统治思想的影响 ·············（243）

　　三、各种源远流长的政治传统、政治惯例和政治经验 ·············（245）

　　四、影响广泛的全社会普遍政治意识 ·············（246）

　　五、诸子百家的特色学说与秦朝统治思想的理论构成 ·············（248）

　第三节　"大一统"观念的全面实现 ·············（267）

　　一、从"王天下"观念到"大一统"理论 ·············（267）

　　二、"大一统"理论的基本内容和秦朝的"大一统" ·············（270）

　　三、"大一统"的政治意义和历史意义 ·············（276）

第七章　制度篇:确立中央集权政治制度的"圣王"（一） ···（280）

　第一节　皇权支配下的"三公九卿"制度 ·············（282）

　　一、皇权与相权的基本关系准则 ·············（282）

　　二、秦朝的三公九卿及相关的中央政府机构 ·············（286）

　第二节　中央集权与单纯的郡县制度 ·············（296）

　　一、"郡县"与"分封"之争 ·············（297）

　　二、秦朝的封君食邑制度 ·············（305）

　　三、秦朝郡县制度的内容和特点 ·············（309）

第八章　制度篇:确立中央集权政治制度的"圣王"（二） ···（315）

　第一节　官僚制度与法制化的行政管理 ·············（315）

　　一、入仕与选官制度 ·············（316）

　　二、法制化的行政管理 ·············（326）

　第二节　强化政治监控机制与完善监察制度、谏官制度 ·············（332）

　　一、秦朝谏议制度、监察制度的历史渊源 ·············（334）

　　二、先秦诸子的政治监控理论 ·············· （337）

　　三、秦朝的政治监控制度和秦始皇的主要贡献 ·········· （344）

第九章　社会篇：改造并重构等级秩序的国家元首 ········ （352）

第一节　皇帝（君）、官僚（臣）、黔首（民）三大政治等级 ······ （354）

　　一、君、臣、民政治等级的重构与相关的社会普遍意识 ····· （354）

　　二、先秦诸子论君、臣、民的基本政治关系 ·········· （358）

　　三、秦始皇规范君、臣、民政治等级关系的主要措施 ···· （366）

第二节　规范臣民等级特权的二十等功勋爵制度 ········ （368）

　　一、功勋爵制度的产生与发展 ··············· （368）

　　二、秦朝二十等功勋爵制度的基本原则和主要内容 ····· （372）

　　三、秦始皇贯彻实行功勋爵制度的一些特点 ········· （378）

第三节　秦始皇对家庭内部等级关系的保护 ·········· （380）

　　一、宗法家庭组织及其政治功能的重大变革 ········· （381）

　　二、维护父家长特权的主要措施 ·············· （392）

第四节　秦朝法律中的等级关系 ··············· （395）

第五节　综合性的社会阶层结构与相对流动的等级秩序 ····· （397）

第十章　经济篇：富有天下的最高统治者 ··········· （404）

第一节　制度化、法制化的财政经济管理 ··········· （404）

　　一、统一度量衡 ·····················（404）

　　二、统一币制 ·······················（405）

　　三、法制化的经济行政管理 ················ （407）

　　四、"重农抑商"政策与管理工商业的法律 ········· （408）

第二节　国有土地的管理及相关法律 ············· （410）

　　一、皇权支配下的土地占有形式 ·············· （410）

　　二、土地管理制度 ····················（417）

第三节　秦朝的赋税制度及相关法律 ············· （419）

　　一、秦朝赋役制度的历史渊源 ··············· （420）

　　二、秦朝的主要租税征课项目 ·················· （421）

　　三、法制化的徭役制度 ·························· （425）

　　四、常税、常役状态下的民众负担 ·············· （431）

第十一章　法制篇：中国古代首屈一指的"法治"帝王 ······ （434）

　第一节　秦始皇的法制理念与政治行为方式 ········ （437）

　　一、先秦的法治思潮与法家的法治理想 ·········· （437）

　　二、秦始皇的"以法治国"统治方略 ·············· （447）

　第二节　秦朝的法律制度与法律形式 ·············· （457）

　　一、秦朝法制的基本制度 ······················ （457）

　　二、秦朝主要的法律形式和内容 ················ （459）

　　三、秦朝法制的罪名与刑罚体系 ················ （466）

　第三节　重刑主义的刑罚原则 ···················· （470）

　第四节　与文化制度相关的法律、法规 ·············· （478）

　　一、"书同文" ································ （479）

　　二、"行同伦" ································ （480）

　　三、"以吏为师"、"以法为教" ················ （483）

　第五节　秦始皇在中国法制史上的历史地位 ········ （483）

第十二章　工程篇：前无古人的工程皇帝 ············ （489）

　第一节　以长城为主要标志的军事工程体系 ········ （490）

　第二节　驰道与遍布中华的通衢驿道网 ············ （497）

　第三节　灵渠与沟通大江南北的水运交通网 ········ （500）

　第四节　十二金人与"销锋铸鐻"工程 ············ （502）

　第五节　阿房宫与秦都咸阳的扩建工程 ············ （511）

　第六节　兵马俑与空前奢华的骊山陵工程 ·········· （514）

第十三章　生活篇：享御称尊的大秦天子 ············ （519）

　第一节　中华帝王家的家庭制度与秦始皇的家庭生活 （519）

　　一、君臣关系制导下的家庭关系 ················ （520）

二、秦始皇与家庭中的尊长、兄弟 ································ (523)

三、后妃制度与秦始皇的后妃姬妾们 ······················ (529)

四、秦始皇与子女和姻亲的关系 ···························· (532)

五、宦官制度与秦始皇的家奴们 ···························· (536)

第二节　秦始皇的宫廷生活与日常政务活动 ················ (538)

一、与皇帝日常活动密切相关的各种礼仪制度 ··········· (538)

二、秦始皇的日常宫廷生活 ································ (546)

第三节　"亲巡天下,周览远方" ····························· (551)

一、巡狩制度的政治意义 ·································· (551)

二、第一次大巡狩 ·· (554)

三、第二次大巡狩 ·· (554)

四、第三次大巡狩 ·· (560)

五、第四次大巡狩 ·· (562)

六、第五次大巡狩与命丧沙丘 ···························· (563)

第十四章　骄奢篇:为祸一世的暴虐君王 ···················· (568)

第一节　社会性暴虐、时代性暴虐、制度性暴虐与个体性暴虐 ··· (569)

第二节　封禅 ··· (575)

一、封禅的来历与政治意义 ································ (575)

二、第一位封禅皇帝的重大失策 ···························· (576)

第三节　寻仙求药 ··· (582)

第四节　"焚书"与"坑术士" ································ (590)

一、"焚书"缘起 ·· (591)

二、"焚书"令的执行 ······································ (595)

三、"坑术士" ·· (597)

第五节　秦始皇的政治人格 ································· (604)

一、秦始皇的形象与个性 ·································· (604)

二、秦始皇的政治素质和政治人格 ·························· (606)

第十五章 结局篇:二世而亡的大秦帝国 …………… (615)

第一节 秦始皇统治末期的政治形势 …………… (616)

一、形形色色的政治敌手 …………… (616)

二、"天下苦秦久矣" …………… (626)

第二节 "夺嫡之祸"与皇权异化 …………… (632)

一、"沙丘之变" …………… (632)

二、秦二世动摇国本的系列化暴行 …………… (635)

第三节 国破家亡 …………… (643)

一、大泽乡起义 …………… (643)

二、"指鹿为马"与赵高弑君 …………… (646)

三、秦朝灭亡 …………… (650)

第四节 "百代犹行秦政法" …………… (651)

一、"秦"、"震旦"与"CHINA" …………… (651)

二、"汉承秦制"与"百代行秦政" …………… (652)

第十六章 史评篇:千秋功罪任人评说的秦始皇 …………… (660)

第一节 彻底否定性的政治批判与作为文化典型的"暴君" …… (661)

一、秦汉之际的秦政批判思潮与"秦始皇"的文化符号化 …… (661)

二、"秦始皇"文化符号的社会政治功能 …………… (675)

第二节 "千古一帝"的点评与肯定秦始皇历史地位的史论 …… (680)

第三节 分析性秦始皇评价逐步发展的历史特点 …………… (685)

后 记 …………… (694)

序　言

秦始皇帝名嬴政,嬴姓秦氏,又名赵政,有人称之为"吕政"。公元前260年生于赵国都城邯郸(今河北邯郸),公元前210年卒于沙丘平台(今河北广宗大平台)。嬴政十二岁继承秦国王位,二十一岁亲政。他横扫六合,统一天下,自命为秦朝"始皇帝",俗称"秦始皇"。

秦始皇享年仅五十岁,实际执政不到三十年,却上承千年,下启千年。具有这样历史地位的人物在古今中外都是十分罕见的。

作为秦王的嬴政是春秋战国时期的最后一位君主。他吞灭六国,缔造秦朝,结束了数百年来"天下共主"名存实亡的政治局面。这个事件一直被视为春秋战国时期结束的历史性标志。在这个意义上,秦王嬴政是一个历史过程的终结者。

作为秦始皇的嬴政是中国历史上第一位皇帝。他最先在全中国范围内推行专制主义中央集权政治制度。这就使秦始皇成为又一个历史篇章开端的标志性人物。许多史学家把秦始皇建立帝制作为一个新的历史阶段的起点。

春秋战国是一个英雄时代。历史的大变革、政治的大动荡、社会的大调整、思想的大裂变,相继推出一批又一批具有英雄气质的杰出人才,可谓豪杰辈出,群星灿烂。他们叱咤风云,有的是政治英雄,有的是思想英雄,有的是军事英雄。秦始皇是一位拥有优秀军政素质和博大政治功业的君主。从秦王到秦始皇,嬴政充分利用历史进程所提供的机遇和条件,以能动性的进取精神和典范化的政治行为,几乎无可挑剔地完成了历史所赋予他的任务。他是这个时代的最后一位枭雄。

秦朝制度的历史影响极其深远。在人们阅读有关文献和研究成果的时候,经常可以看到"汉承秦制"的说法。不仅如此,"秦制"的基本原理和基本框架一直贯通了此后两千余年的政治制度。秦始皇确立皇帝制度这件事,可谓"定一制而传千古"。

秦始皇身上包纳着如此之多的社会历史内容。在世界史上,他把现存第一套真正的国家与法的理论全面变成现实,是欧亚大陆完成帝国化过程的典型代表人物之一。在中国古代文明史上,他是春秋战国社会历史变迁的完成者。在中国政治史上,他完成了一次非同寻常的改朝换代。在中国政治制度史上,他第一个建立了名副其实的"大一统",是中华帝制的创造者。在中国思想史上,他集先秦帝王观念之大成,首创"皇帝"尊号。在中国法制史上,他是首屈一指的"法治"皇帝。在中国文化史上,他实行书同文、车同轨、制同度、行同伦,促成中华文化共同体的基本形成。在中国工程史上,他的名字与被誉为世界奇迹的万里长城和秦陵兵马俑紧密联系在一起……在人类文明发展史上,具有类似影响的历史人物屈指可数,而在中国古代史上则堪称独一无二。

这是一个政治英雄,又是一个专制暴君。秦始皇集英雄与暴君于一身,这并不奇怪。在那个时代,只有枭雄能够成为政治英雄,枭雄而为帝制之君主其政治必有专横暴虐之处。秦始皇统治时期有六大弊政,即无节制地扩建宫室、超标准地修筑陵墓、迫不及待地封禅泰山、兴师动众地寻仙求药、大规模地焚烧《诗》《书》以及"坑术士"而株连无辜。与历代帝王比较,秦始皇的功业无人匹敌,秦始皇的弊政也相当严重。他集中体现了中华帝制的优长与弊端,甚至成为这种制度的文化符号。因此,有人誉之为"千古一帝",有人斥之为"独夫民贼"。直到今天,关于秦始皇一生的是非、善恶、功过，依然聚讼纷纭，莫衷一是。

秦始皇是以"暴"闻名于世的。自古以来，许多政论、史评偏爱用"暴虐"二字一口将秦始皇骂倒，然而著名史学家司马迁早就看到："秦取天下多暴，然世异变，成功大。"如何评价秦始皇的"暴"是解读"秦始皇现象"的重要课题。对于"暴"必须做具体分析，否则很难客观公正地评价一段历史和一个历史人物。如果忽略了由西周王制到秦朝帝制的社会变迁在若干重要指标方面相对弱化了社会性暴虐这个基本事实，如果不将社会性暴虐、时代性暴虐、制度性暴虐和个体性暴虐有所区别，就很难正确认识秦始皇这个极其复杂的历史人物。笼统地抨击秦皇、秦制的"暴"，反而不利于全面地认识中华帝制及其相关的一系列历史现象，也不利于深刻地批判专制主义政治。

自云梦秦简等比较可靠的历史材料发现以来，学术界对秦朝历史有了更清晰、更准确的认识，对于秦始皇也有了更深入的研究。这些材料和研究推翻了一些加在秦皇、秦制头上的诬罔。本传的目的就是充分利用秦史研究的新进展，以比较通俗的行文方式，为读者提供一个新的关于"秦始皇现象"的学术性诠释版本。

第一章 家世篇:声名显赫的霸王之胄

秦始皇出生于秦国王公世家,他的祖先是一批彪炳史册的先公先王。换句话说,秦始皇是声名显赫的霸王之胄。

任何一部历史人物传记总要首先讲一讲传主的家世,或略或详,有时甚至几近俗套。然而要为秦始皇作传,其家世是必须要讲的。之所以如此,除了那些普遍适用的体例和依据外,是因为如果不把秦始皇的所作所为放到更长时段的历史过程中去考察,就很难全面、准确地解读这个历史人物及相关的各种历史现象。要研究秦始皇,就必须详细地考察他的家世。

秦始皇不是“从布衣而为天子者”,而是“从千乘而得天下者”。作为一位最高统治者,其政治生涯的起点和政治功业的根基都有赖于特定的家世。更何况秦始皇的出生与一场政治交易有直接的关系。如果没有特定的家世,且不说他能否成为君主,就连嬴政这个特定的自然人能否诞生于人世间都很难说。

秦始皇的家世还有很特殊的历史意义。这或许缘于历史的偶然。然而历史的巧合导致一种十分有趣的现象:秦国的发迹史恰好与一场王朝更替史相始终。嬴秦家族的兴起与西周王权的衰落息息相关。秦国立国于西周东周之际,又是“春秋五霸”之一,继而成为变法运动的佼佼者,然后成为几大“战国”中的首强,最终一统天下。这个家族先后封大夫,列诸侯,为霸主,作王者,称帝号,依次循着权力的台阶,拾级而上,最终夺取了“天下共主”的地位。在

1

旷日持久的兼国并土、称霸图王的历史过程中，秦国是笑到最后者。秦始皇不仅以如椽大笔为这段历史纪年画上了句号，又为新的历史篇章写下了至关重要的第一笔。秦始皇的家世记述着一部王朝更替史。他又是这次非同寻常的王朝更替的最终完成者。不了解嬴秦家族披荆斩棘、奋发崛起的政治发迹史，就很难理解秦始皇所依恃的思想、制度及其个性与功业。

在中国古代史上，秦朝的建立又是一个极其重要的标志性历史事件。春秋战国时期的历史之变，不仅仅是一次王朝的更替，更是一次社会形态的重大演变。尽管人们对这场社会大变局的性质和主要内容做出了不同的解释和描述，但有一点是公认的：在这场历史大变局中产生了新的政治制度，在经济、社会、政治、文化的互动过程中，社会生活的各个层面都发生了重大变化。商周的社会政治形态与秦汉的社会政治形态有明显的差异，这是显而易见的。由于历史的偶然，嬴秦家族立家立国、称王称霸、变法改制的历史恰好与这场历史大变局相呼应、相始终。在一定意义上，一部秦国史就是一部春秋战国史，一部浓缩了的中国帝制发生史。秦始皇是一番沧桑巨变所造就的千千万万政治英雄中的一个。他是西周王制衰亡史的终结者和皇帝制度的创立者。这就意味着秦始皇是一个时代、一种制度的代表人物。这就不能不把这个时代种种有关的重大事变都归纳到他身上，从中深入考察时代对他的意识、行为的影响和他的意识、行为对时代的影响。这就必须把秦始皇放到一个广阔的历史时空中去考察、去研究。

本书不仅要为秦始皇这个历史人物立传，还要深入研究"秦始皇现象"。秦始皇不仅代表着春秋战国这个时代，代表着秦汉帝制，而且代表着整个中国古代社会。从世界史的角度看，秦始皇甚至可以看作欧亚大陆帝制时代的著名代表人物之一。这就不能不把秦始皇放到一个更长远、更广阔的历史时空中去考察。秦始皇的家世实际上就是一部中国帝制发生史的缩影。

前贤早就提示我们:在为一个历史人物立传的时候,"凡真能创造历史的人,就要仔细研究他,替他作很详尽的传。而且不但留心他的大事,即小事亦当注意。大事看环境,社会,风俗,时代;小事看性格,家世,地方,嗜好,平常的言语行动,乃至小端末节,概不放松。最要紧的是看历史人物为什么有那种力量。"①就本传传主而言,秦始皇的家世既是大事,又是小事。秦始皇的传记必须从他的家世写起,而且必须要详详细细地讲解一番。这是由秦国及秦始皇的历史地位所决定的。

笔者认为,如果编写一部故事选择、情节设置和阐释模式都是由秦人做主角的"春秋战国史"的话,或许比《春秋》《史记》更能充分展现这段历史的风貌,更能准确地把握这段历史的脉搏。如果把春秋战国史简化为秦国史,可能会略去许多发生在其他国度的脍炙人口的故事,却无损于这段历史的本质以及大纲、要目和基本过程。如果把秦国史,特别是秦国政治史的脉络和枝叶再简化一点的话,那就是秦始皇的家世。正是这部赢秦先人的政治发迹史为秦始皇提供了极其丰厚的政治遗产。

第一节　赢秦得姓与秦赢立国

赢秦族群的发祥史源远流长。在尊奉黄帝为人文始祖的庞大的华夏族群中,夏族与夏文化、商族与商文化、周族与周文化、秦族与秦文化相继成为华夏主导族群和优势文化,而秦族出自赢姓族群,赢秦先民与赢秦文化始终与历代华夏主导族群和优势文化有

① 　梁启超:《中国历史研究法》,东方出版社 1996 年版,第 184 页。

着密切的关系。

秦,嬴姓,秦氏。对于嬴姓秦氏的起源和世系很早就有众多的传说。在《史记》中,对春秋战国时期主要国家先人事迹的记载,惟有秦国的年代最久远、世系最完整、事迹最丰富、内容最详细。这或许与本书传主秦始皇曾经下令焚烧各国史书而秦国史书保存完整有直接关系。

嬴秦早期历史颇有几分传奇色彩。据说,嬴秦族属的先祖曾经先后为虞舜、夏禹、商汤、周穆等先王效力,建立卓越功勋,因而世世代代都有光大家族的英雄。这个族群勤耕善牧、能征惯战、坚忍不拔、敢为人先。他们也曾遭遇重大挫折,还曾被迫长途远徙。然而每一次挫折、衰微之后,都会有英雄人物再次涌现出来。他们凭着自己的才干,重新崛起,并为整个家族带来富贵荣华。追流溯源,秦始皇的宏大功业就是在继承先公、先王的政治遗产的基础上建立的。秦始皇是一批"政治英雄"的传人。

一、华夏传人,玄鸟图腾

嬴秦族属是嬴姓族群中的一支,而嬴姓族群自认是黄帝的后裔。黄帝是中华民族的人文始祖。据说,黄帝击败炎帝,擒杀蚩尤,混一华夏,威服四方,尊为天子。黄帝正妃嫘祖生二子,其一曰玄嚣,其二曰昌意。昌意之子号高阳氏。黄帝死后,高阳立,是为帝颛顼。颛顼是黄帝之孙,他是传说中的五帝之一。嬴姓族群声称他们的始祖母是"颛顼之苗裔"①。1986年,在陕西凤翔县秦公一号大墓出土的编磬铭文有"高阳有灵,四方以鼏"。秦国国君显然奉高阳氏为祖先。这就是说,嬴姓秦氏自认是颛顼之后,其母系血统属于黄帝一脉。

① 《史记》卷五《秦本纪》。

嬴秦族属究竟是否为黄帝、颛顼之后还有待于研究。但是有一点是可以确定的:这个族群很早就在文化上归属于华夏族群,他们的历代先人与华夏各族群有着密切的通婚关系。从现存文献和考古史料看,尧舜夏商以来,华夏族群初步形成,并成为中原地区的优势族群。这个族群文明发展程度明显高于其他族群,且长期占据"天下共主"的地位。西周、春秋、战国时期,这个优势族群的文化继续向四方传播,中原诸族逐步混一,到秦汉正式形成了汉族。嬴秦是华夏源头民族之一。依据其母系血统和文化认同,西周以来的嬴秦族属不仅的确是华夏族类、炎黄子孙,还在中华文化共同体和汉族的形成与发展过程中扮演过极其重要的角色。这一点是无可置疑的。

　　与世界上所有的民族一样,嬴姓族群也有一个英雄始祖的神奇传说。据说,颛顼有一位女性后人名叫女修。"女修织,玄鸟陨卵,女修吞之,生子大业"①。玄鸟就是燕子。燕子上体蓝黑,前胸黑褐相间,主色是黑色,而黑色为玄,所以古人称之为玄鸟。女修吞下飞燕遗落的鸟蛋而生育了儿子。她是嬴姓族群的始祖母。其子大业则是嬴姓族群的男性祖先。大业娶炎黄子孙少典氏的女子女华为妻,生子大费。大费是以嬴为姓的第一人。嬴姓的祖先来自一个以玄鸟为图腾的族类。

　　关于女修吞玄鸟卵而生子的具体历史内容,研究者普遍将它与"民知母不知父"的历史时代相联系,断言当时处于母系氏族社会时期。有的学者则认为这反映着古代婚姻习俗。这些见解可备一说。

　　笔者认为,女修吞玄鸟卵而生子的传说是玄鸟图腾与"圣人无父"观念相结合的产物,其社会功能是神化祖先、维系族群、张扬个

---

① 《史记》卷五《秦本纪》。

性。关于本族始祖"感生"的传说是一种世界性的历史现象,在中国也很普遍。据说,华胥履大人迹而生密牺,附宝感雷电巨星而生黄帝,安登感神童而生神农,女枢感摇光之星而生颛顼,庆都感赤龙而生尧,简狄吞玄鸟卵而生契,姜嫄履大人迹而生稷。女修吞玄鸟卵而生大业属于同一类始祖感生说。这些始祖感生说中的一部分可能与图腾崇拜有关,有的又未必与图腾崇拜有直接关系。战国秦汉以来,最为流行的感生之异是把圣人、帝王说成龙种。汉代人大多相信大圣人孔子和汉高祖刘邦也是感生的。据《史记》、《汉书》记载,刘媪与蛟龙配合而生下刘邦。这类故事堂堂正正地记录在《史记》、《汉书》中,显然是刘邦及其亲属编造的。如果不是自我宣扬,谁又能知道皇帝的母亲刘媪与蛟龙有过一段风流韵事呢?《汉书》这部汉家自己编纂的官方正史又怎敢说堂堂的开国皇帝是龙的私生子呢?这种现象只能用当时的社会普遍意识解释,即当时的社会大众普遍相信圣贤王者皆有感生之异。正是基于这样的社会普遍意识,《公羊传》的作者认为"圣人皆无父,感天而生"。许慎也认为:"古之神圣,母感天而生子,故曰天子。"①汉唐著名经学家郑玄、孔颖达为了调和"圣人皆无父"和"圣人皆有父"之争,提出圣人"有父得感生"的解释②。凡为圣贤者必有感生之异。言外之意即无感生之异者非圣贤。这种观念的普遍存在是各种感生传说产生与流传的社会心理基础。被神灵感应而生子者只能是女性。因此感生说大多很难与母系氏族时代直接联系在一起,充其量是保留了那个时代的某些信息,如图腾崇拜及生活方式的某些特点。

　　在华夏先民中,还有一些图腾崇拜和始祖感生传说与嬴姓相似的族群。据说,商朝王族始祖母简狄吞玄鸟堕卵而生契。契是

---

①　许慎:《说文解字》"姓"字条。
②　以上参见《毛诗正义·大雅·生民》孔颖达疏。

商族男性祖先。这就是《诗经·商颂·玄鸟》所说的："天命玄鸟，降而生商。"玄鸟遗卵，简狄吞之而生商之始祖，女修吞之而生秦之始祖。两个传说何其相似！据说，当时的东方有一个"为鸟师而鸟名"①的庞大族群，如凤鸟氏、玄鸟氏、青鸟氏等。嬴秦族群的主体或核心最初很可能来自共同以鸟类为图腾的东夷集团，甚至与崇拜玄鸟飞燕的殷商先人同出一脉。

传说和史记常常把嬴秦祖先的信仰、事业乃至体貌同鸟兽紧密联系在一起。据说，他们以玄鸟飞燕为图腾，以调驯鸟兽得姓氏，以驾驭车马得封爵，甚至其中的一些重要成员被说成"鸟身人言"或"口及手足似鸟"。扁鹊，秦之名医，他也以鸟命名。据目击者声称："秦王为人，蜂准，长目，挚鸟膺。"②由此可见，在人们描述秦始皇形象的时候，也把他与鸟联系在一起。

嬴秦先祖又是偏爱皂色墨彩的族类，他们的图腾崇拜、旌旗飘带、授命之符都与黑色有不解之缘，诸如女修吞下玄鸟之卵、大费擎起皂色旌旗、秦德公获得黑龙祥瑞之类。秦始皇也由于相信自己应了水德之运而崇尚黑色，奉之为秦朝政治模式的文化符号。秦始皇与群臣皆衣黑色朝服，秦朝民众皆称"黔首"。这正应了"玄鸟"之色。读史至此，令人不禁联想到唐宋传奇《王榭传》中的"乌衣国"。据说那是一个燕子的王国，其"王衣皂袍，乌冠"，宫殿之上"器皿陈设俱黑"，民间美女则"俊目狭腰"、"体轻欲飞"。秦始皇正是"玄鸟"的子孙。

二、柏翳佐舜，得姓为嬴

大约在尧舜时期，女修的孙子大费因为辅佐大禹治水而建立

---

① 《左传·昭公十七年》。
② 《史记》卷六《秦始皇本纪》。

功勋,由此而获得嬴姓。嬴姓子孙相当繁盛,分布于中国各地,许多分支成为高官显贵,以封地为氏族名号。其中的一支后来以秦为氏。嬴秦祖先获得嬴姓是他们与华夏各族有文化共性的重要标志。

尧舜之世,洪水为患,鲧、禹父子先后受命治理洪水。大费曾辅佐大禹治水平土。帝舜奖赏功勋,赐予大费"皂斿",并"妻之姚姓之玉女"。帝舜,姚姓。姚姓是黄帝后裔,华夏大族。帝舜选本族美女许配大费,以联姻方式进一步密切了君臣关系。"皂斿"是一种黑色的旌旗飘带。大费"佐舜调驯鸟兽,鸟兽多驯服,是为柏翳。舜赐姓嬴氏。"①

许多学者认为,柏翳(伯翳、大费)就是伯益(益、柏益、后益)。"柏翳"与"伯益"字音相近。据《史记·五帝本纪》记载,"柏翳"与"伯益"都是舜的臣属,都有协助禹平治水土的事迹,职责都是调驯鸟兽。很多古代文献也以伯益为秦人之祖。关于"柏翳"与"伯益"的传说如此相近,他们是一个人的可能性极大。

如果柏翳就是伯益,那么嬴姓始祖曾经有过一次"王天下"的机遇。据《史记·夏本纪》记载,禹亦为颛顼之孙。伯益为舜主畜,佐禹治水,在改进农耕、发展畜牧方面卓有贡献。因此禹"任之政",并在临终时,"以天下授益"。可是最高权位被禹之子启占据,益的子孙只得做了夏朝的臣属。

大费(柏翳)子孙皆为嬴姓后人。"大费生子二人:一曰大廉,实鸟俗氏。二曰若木,实费氏。其玄孙曰费昌,子孙或在中国,或在夷狄"。嬴姓的后人在各地繁衍、迁徙,其中有许多分支先后成为诸侯、贵族。这些嬴姓之国同出一祖,其封地多在东方。诸侯、贵族通常以封邑为姓氏。嬴姓子孙由于分封于不同的封邑而获得

---

① 《史记》卷五《秦本纪》。

不同的姓氏。因此，"秦之先为嬴姓。其后分封，以国为姓，有徐氏、郯氏、莒氏、终黎氏、运奄氏、菟裘氏、将梁氏、黄氏、江氏、修鱼氏、白冥氏、蜚廉氏、秦氏。"①其中嬴秦族属是大廉（鸟俗氏）的后人，后来的秦国王族和赵国王族都来自嬴姓的这个分支。

三、费昌佐殷，子孙封侯

嬴姓子孙是一个善于驾驭车马的族群。他们承继祖业，擅长调驯鸟兽，其后人多以养马善御而立功于当时、名著于史册。在商朝，就有一批嬴氏传人凭着祖传的技能而建功立业。

第一位是夏商之际的费昌。大费的子孙分为两大支，一曰鸟俗氏，是大廉的后裔；二曰费氏，是若木的后裔。夏商之际，费氏的传人费昌"去夏归商，为汤御，以败桀于鸣条"。由于在建立商朝的战争中功绩卓著，费昌及其后人跻身权贵之列。有的史家认为，殷纣王时的权臣费仲，即费昌之后。

还有两位是商王太戊时的孟戏、中衍。他们都是大廉玄孙，属于鸟俗氏这一支。商王太戊命孟戏、中衍为自己驾车，并与之缔结婚姻。"自太戊以下，中衍之后，遂世有功，以佐殷国，故嬴姓多显，遂为诸侯。其玄孙曰中潏，在西戎，保西垂。"②中衍与商族联姻，后裔世代有功，遂位居诸侯。其玄孙中潏为商朝守卫西部边陲。嬴秦就出自这一支。

嬴氏子孙以善于调教马匹而闻名于世。先秦史上一批善于养马、相马、御马的名人与嬴姓有关。虞舜时的柏翳、商汤时的费昌、商王太戊时的孟戏和中衍、周穆王时的造父、周孝王时的非子（秦嬴）以及秦之伯乐、赵之王良等都涌现于这个族群。其中秦穆公的

---

① 《史记》卷五《秦本纪》。
② 《史记》卷五《秦本纪》。

臣子孙杨伯乐和赵简子的家臣邮无恤(一作邮无正,字子良,又称王良)都是闻名于世的相马专家、善御高手。在中国传统文化中,"伯乐"、"王良"都成为善于相马、驾车的代称。历史还一再证明:这个族类的子孙不仅善于驾驭马匹,而且善于驾驭政治。后来秦始皇得以执鞭扑而御天下,显然得益于这个传统优势。秦始皇是一批"善御者"的子孙。

四、蜚廉事纣,被迫西迁

商周之际,围绕"天下共主"的名分和权威,分别以商、周为首领的各个部族之间展开了激烈的战争。周武王与商纣王决战牧野。纣王兵败自焚。西周王朝建立不久,武王逝世,周公摄政称王。管叔、蔡叔对此表示不满,与纣王的儿子武庚联手发动叛乱。周公率兵东征,苦战三年,终于征服了东方。经过武王克商、周公东征,殷商徐偃的势力被镇压下去。失败者有的被指令迁徙,有的则四处逃亡。在广阔的中国大地上,出现了民族关系的重新组合。

中潏有子名蜚廉(飞廉),蜚廉有子名恶来。"恶来有力,蜚廉善走,父子俱以才力事殷纣"[1]。周武王伐纣,恶来被杀。对于蜚廉生死《孟子》与《史记》有不同的说法。据说,"及纣之身,天下又大乱。周公相武王,诛纣伐奄,三年讨其君,驱飞廉于海隅而戮之,灭国者五十,驱虎豹犀象而远之。"[2]蜚廉是嬴秦族属的男性直系祖先。在殷周之际的政治斗争中,蜚廉站在商朝一边。他可能被杀戮,也可能没有被杀戮,而其部族被迫迁徙当属事实。大约在此时,嬴秦族属的祖先来到西北黄土高原汧陇之间。他们臣属于西周王朝,并与当地的戎羌等族杂居在一起。

---

① 《史记》卷五《秦本纪》。
② 《孟子·滕文公下》。

五、造父善驭，封之赵城

作为商朝的臣属和东夷集团的成员，嬴秦族属的祖先在商周之际的政治变局中属于失败的一方，因而蒙受了挫折，被迫远离故土。然而他们又一次靠着祖传的技艺和自身的才干重新崛起，并为后来建立强大的秦国和赵国奠定了基础。

在周穆王时期，嬴氏族群中又出了一位养马善御的传人，他的名字叫造父。造父是蜚廉另一个儿子季胜的后裔。他再一次凭借养马善御而光宗耀祖、扬名后世。造父善于驾驭战车，他调教出骅骝等八匹骏马，献给穆王。穆王令造父为其驾车，"西巡狩，见西王母，乐之忘归"。这时，淮水流域的徐偃王趁机率领一批诸侯反周。穆王闻讯，立即回师。造父为天子驾车，"长驱归周，一日千里以救乱"。平定叛乱之后，穆王奖赏功劳，以赵城为造父采邑。"造父族由此为赵氏"①。

造父是赵国王族的始祖。他的名字还被后世用为善御者的代称。晋文公的重要辅臣赵衰是造父的直系后代，而赵衰的后人赵盾、赵简子（赵鞅）、赵襄子（无恤）等都是晋国名臣。赵盾在晋灵公时曾身居正卿之位，独揽朝政，开晋国卿大夫专政的先河。赵简子、赵襄子都是参与晋国"六卿专政"的异姓卿大夫之一，他们出则为将，入则为卿。赵襄子又是"三家分晋"的主角之一。战国七雄之一的赵国就是由赵氏传人建立的。

嬴秦族属最初依附于赵氏，以赵为姓。蜚廉还有一个儿子名叫恶来革。恶来革早逝，其子名叫女防。他是秦人的直系祖先。这一支嬴姓族人"以造父之宠，皆蒙赵城，姓赵氏"②。因此，秦、赵

---

① 参见《史记》卷四三《赵世家》，卷五《秦本纪》。
② 《史记》卷五《秦本纪》。

共祖,同出于嬴姓的蜚廉一支,又同因"造父之宠"而获赵姓。秦始皇出生时,一度以赵为姓,可能与此有关。

六、非子息马,厥号秦嬴

秦嬴是嬴秦姓氏和国家的开山祖。他出自女防这一支。女防生旁皋,旁皋生太几,太几生大骆,大骆生非子。非子就是秦嬴。他也靠着养马善御发达起来。

"非子居犬丘",他在当地以善于畜牧、调教马匹而闻名。犬丘位于今甘肃东南与陕西西南交界之处。犬丘人把非子推荐给周孝王,"孝王召使主马于汧渭之间"。汧水与渭水汇合之处在今陕西宝鸡一带。非子主持当地马政后,马群繁殖很快。周孝王赏识他的才能,奖赏他的功劳,想让他做父亲大骆的继承人。这个想法被大骆的岳父申侯劝阻。于是周孝王一方面仍以申侯之女的亲生儿子为大骆的继承人,一方面让非子接续嬴姓的烟火,并把地处"汧渭之会"的秦作为非子的采邑。他宣布:"昔伯翳为舜主畜,畜多息,故有土,赐姓嬴。今其后世亦为朕息马,朕其分土为附庸。"①从此嬴秦族属成为周朝的附庸。

非子的食邑是秦,又身为钦定的嬴氏继承人,所以"号曰秦嬴"。嬴姓秦氏一族由此而形成。"汧渭之会"是嬴秦族属政治上的发祥地。由于秦嬴的采邑在秦,所以这一支嬴姓后裔被称为"秦人"、"秦族",其首领称为"秦某",如秦嬴、秦侯、秦仲。秦嬴以嬴姓继承人的资格立于世,所以文献中常常仍以秦国王室为嬴姓,如周丰王妻缪嬴、晋襄公夫人穆嬴等。

这个时期,嬴秦族属一方面作为周朝的附庸,与戎征战不已,另一方面又与戎有通婚关系。

---

① 《史记》卷五《秦本纪》。

12

七、西垂大夫,名扬西戎

到秦嬴的玄孙秦仲时,秦的政治地位进一步提升。周厉王暴虐无道,西戎反叛王室,灭犬丘大骆之族。周宣王即位,"乃以秦仲为大夫",命其镇守边疆,讨伐西戎。秦仲为大夫标志着他正式成为"有国有家者",即有名有实的君主。

秦仲受命于周,励精图治,据说"礼乐射御,西垂有声"。他率领族众与西戎先后厮杀二十余年,战死疆场。秦仲"有子五人,其长者曰庄公。周宣王乃召庄公昆弟五人,与兵七千人,使伐西戎,破之"。于是周宣王将大骆犬丘之地赐予秦庄公,任命其为西垂大夫。秦庄公父子继续与西戎征战。庄公死后,襄公代立。秦襄公将妹妹缪嬴嫁给周丰王为妻,进一步强化了与周王室的关系。秦也成为保障西周西方安全的重要屏障。

《秦钟铭》云:"丕显朕皇祖受天命,奄有下国,十有二公。"秦建国于何时?谁是"受天命"的秦国首公?历代史家有不同看法。《史记·十二诸侯年表》以秦仲为始。《秦本纪》则称"襄公于是始国"。以秦嬴为附庸、秦仲任大夫、襄公列诸侯作为秦国的起点都有一定道理。笔者认为,"秦"之称始于秦嬴得秦邑,就实际政治内容而言,这是"秦国"的起点。

从实际政治关系看,附庸通常接受大国统治,而自身又是具有一定独立性的政治实体。附庸有政权、有城邑、有领地、有族众、有臣民,其内部的政治关系和政权机构实际上也构成一个五脏俱全的"国家"。在秦嬴时期,西周王朝已经把他的领地视为附庸,并赐予相应的名分、权力。后来秦文公进兵至汧渭之会时,也曾说:"昔周邑我先秦嬴于此,后卒获为诸侯。"①可见秦国王室也把秦嬴得

① 《史记》卷五《秦本纪》。

封邑视为重要的历史界标。

从秦嬴成为周朝的附庸,到秦仲任大夫,再到秦襄公封侯,可以算作秦国的初创阶段。自从秦嬴得到秦邑,秦有了公认的名分,有了封赐的地盘,有了法定的权力。后来在这个基础上,最终建立了以"秦"为称的公国、王国、帝国。

八、关于嬴秦文明发展程度的估计

学术界关于嬴秦早期历史的研究集中在其族源问题。学者们根据各自对历史文献的考据和解读,提出了不同的见解,大体可以分为西来说和东来说两大类。有些学者认为秦人来自西方,其先人活动地域远在陇西,属于戎族的一支。这种意见以王国维、蒙文通为代表。翦伯赞、周谷城、岑仲勉等亦主此说。许多学者认为秦人来自东方,是殷商之后或东夷部落中的一支。这种意见以卫聚贤、徐旭生、黄文弼为代表。郭沫若、范文澜、顾颉刚、马非百、王玉哲等亦主此说。近年来,秦人东来说获得大多数学者的赞同。林剑鸣利用文献及考古材料,从图腾崇拜、经济生产的共性的角度,辨析秦人与殷人同源,秦人起源于山东东海之滨①。有些学者则认为上述二说可能各说对了一半,嬴秦来自东夷而同化于西戎②。这实际上可以归属于东来说。

笔者认为,讨论秦的历史必须注意秦族(嬴姓秦氏)、秦人(秦国人)、秦文化等几个概念的关联与区别。嬴姓秦氏是一个辨析父系血缘关系的范畴。秦人(秦国人)是一个主要用来区分地域人群关系的范畴,有时又可以特指嬴姓秦氏。秦文化是一个区

---

① 参见林剑鸣:《秦史稿》第二章秦人早期历史探索,上海人民出版社1981年版。
② 参见白寿彝总主编:《中国通史》第三卷,上海人民出版社1995年版,第1045—1046页。

别生活方式的范畴。它们又都是历史范畴，在不同的历史时期有不同的历史内容。以"秦人"为例，西周时期的"秦人"、春秋时期的"秦人"和秦孝公以后的"秦人"，无论血统、文化及文明发展程度都显然有所不同。将这三个历史范畴不加辨析地混淆在一起来研究"秦族"、"秦人"、"秦文化"的渊源和属性是很困难的。

由于现存历史材料的缺乏，要准确地认定"子孙或在中国，或在夷狄"的嬴姓族群在西周以前的种族渊源、血统世系和文化传承都是极其困难的。它对于解读"秦始皇现象"也无足轻重。这里重点讨论一下秦嬴立国前后这个族群的文明发展程度问题。

一个几成定论的流行说法是秦立国之前处于原始社会①。这个估计很可能是错误的。

笔者认为，嬴秦先民很早就与夏商周同属于华夏文化体系，至迟自西周以来就步入文明时代。

首先，依据"戎"、"夷"等字眼断定文明发展程度是极不可靠的。许多学者依据嬴秦发祥于西戎之地（无论最初来自东方的"夷"，还是西方的"戎"），又善于饲养马匹，就断定其当时过着游牧渔猎生活，处于原始社会阶段。这个论断是很值得推敲的。"戎"是一个种族概念，而不是一个文化概念，更不是一个文明发展程度概念。传说时期的华夏先民多来自于"戎"、"狄"、"蛮"、"夷"。夏朝出自"西戎"，商朝出自"东夷"，而周朝又来自"西戎"。他们都是华夏主流文化在不同时期的直接传承者和主要创造者。实际上华

---

① 一批著名史学家皆持这种说法。近年出版的林剑鸣的《秦史稿》（上海人民出版社 1981 年版），王云度、张文立主编的《秦帝国史》（陕西人民教育出版社 1992 年版）和白寿彝主编的《中国通史》（上海人民出版社 1995 年版）等依然持此说。

夏族群就是当时生活于黄河中下游地区的戎、狄、蛮、夷融合而成的。他们共同创造了华夏农耕文明，从而成为这个地区的优势群体，并不断将自己的生活方式向四方传播。此后戎、狄、蛮、夷不断迁入华夏内地，他们生活于宜农之地，毗邻着农耕族群，势必逐渐接受发展程度较高的华夏农耕文明。一旦认同这种生活方式，也就融入华夏族群。长期生活在同一地区的"华夏"与"夷狄"的基本生活方式和文明发展程度应当是大体相同或接近的，其差别主要在于某些具体的制度、礼仪、风俗、习惯有所不同。早在春秋时期，孔子就通过观察华与夷互相转化现象，提出了主要依据文化认同来区分华与夷的"华夷之辨"。这个认识是很有道理的。嬴秦在血缘上自命为华夏人文始祖黄帝的后裔，在政治上长期归属于华夏主导族群（唐尧、虞舜及夏、商、西周），在文化的基本层面深受当时华夏主流文化的影响，抑或就是华夏主流文化的创造者之一。所以无论文化认同还是实际生活方式，他们都属于华夏族群，其文明发展程度并不像想像的那么低。从文献记载看，嬴秦先人自尧舜以来一直与华夏中央王权有非常密切的政治关系和婚姻关系。这种关系持续千余年之后，嬴秦先人怎么可能仍然处于原始社会？

其次，至迟到西周，嬴秦先民已基本上是一个农耕民族。考古工作者在甘肃天水一带嬴秦发祥地发现了西周时期的秦文化遗址。考古发掘表明：当时的嬴秦先民的生活方式与游牧民族有明显的差异。他们过着定居的生活，农作物是其重要的食物来源。他们使用的陶器器形与周人的类似，而葬俗有地域性的特点①。这个事实至少说明其生活方式基本上属于农耕文明模式。这种生活方式可能是嬴秦固有的，也可能来自周文化的影响。

① 参见赵化成：《寻找秦文化渊源的线索》，《文博》1987年第1期。

再次，嬴秦终西周一代，一直臣服于周朝。他们很早就是周朝的臣属，其政治文化、礼乐制度理应深受周文化的影响。立国之后，嬴秦实行君位父子相承制度，还有维护嫡长子继承权的迹象，这符合西周制度。秦仲"礼乐射御，西垂有声"，其统治模式、礼乐制度大体属于西周类型。

大体可以断定："秦"之文化至迟自其国家发轫之时起，就属于华夏农耕文明范畴。在政治制度、礼乐制度方面也与西周有相似性。"秦族"文化是华夏文化一个有自身特点的地域文化。如果说西周时期其文明发展程度与周族有什么差别的话，这种差别更像是由于富裕程度有所不同而造成的，类似于内地与边鄙、都城与乡邑之间的差别。

嬴姓秦氏后来是秦国的主体族群，至少在文化上他们是"秦人"的主体和核心。春秋以来的秦国人由当地各族群融合而成，而其主流文化属于华夏文化范畴。到战国时期，随着社会政治形态的重大变革，秦文化的某些基本方面发生了部分质变，从此成为华夏文化圈中最能代表当时社会发展趋势的文明程度相对较高的区域文化。

无论上述认识是否正确，有一点是可以确认的：秦始皇是一位地地道道的华夏君王。秦始皇统一中国后，一方面采取一系列措施强化政治、经济、文化的统一，另一方面基本上关闭了周边民族进入中国腹地的大门。他的政治作为促进了中华文化共同体的发展。"秦文化"继"炎黄文化"、"夏文化"、"商文化"、"周文化"之后成为华夏的主导文化。如果不是由于他和秦二世的一系列政治失误而导致秦朝速亡的话，后来的"汉族"、"汉人"很可能被称为"秦族"、"秦人"。在这个意义上，秦族、秦人和秦文化的发展史在华夏文化发展史和汉族形成史上有着相当重要的地位。秦始皇在中华民族史和文化史上有过重大的历史性贡献。

第二节　襄公勤王与秦国跻身诸侯之列

周朝的衰落为嬴秦的崛起提供了历史机遇。由于历史的巧合,嬴秦的初创恰恰与西周的衰亡同时发生。嬴秦立家于西周王道衰微之时,又正式立国于周平王之际。西周灭亡,襄公封侯,这两个重要的历史事件拉开了"周秦之变"的序幕。中国历史上一次最为漫长且非同寻常的改朝换代过程从此起步。

一、西周灭亡,平王东迁

西周王权的衰落经历了一个相当长的过程。到宣王末年和幽王之时,戎人大量侵入关中,威胁国都;西北地区干旱严重,又曾发生地震,导致洛、泾、渭三川一度干涸和岐山崩塌等自然灾害;国民以《我行其野》和《十月之交》、《雨无正》等诗歌讥刺宣王、幽王的政治行为;周太史伯阳父还根据天灾、人事及阴阳五行学说断言西周将亡。正是由于这样的动乱,秦仲及其子孙才得以凭借为王室抵御西戎而晋升大夫,封疆拓土,创立了秦国最初的基业。

周幽王荒淫无道,宠幸王妃褒姒,重用奸佞虢石父,还多次烽火戏诸侯。他违背立嫡立长的宗祧继承法则,废黜申后及太子宜臼,终于酿成大祸。公元前771年,申侯联合缯国、犬戎、西夷共同起兵。幽王以烽火报警,而各地救兵不至。犬戎攻克镐京,斩杀幽王,灭亡西周。经过诸侯之间的一番政治较量,废太子宜臼即位,是为周平王。公元前770年,周王室被迫迁都洛邑(今河南洛阳),史称东周。

周平王将都城东迁洛邑,标志着王室衰微。周王室丧失大片领土,所能直接支配的土地和臣民的数量只相当于较大的诸侯。

周王室在领地内依然继续搞分封，其土地进一步被诸侯、封邑蚕食、分化，以致王室困守一隅之地，方圆百余里，还不如一个普通的诸侯国。天子的权威从此一落千丈。与此相应，出现了权力不断下移的局面。史称"诸侯恣行，政由强国"①。中国进入了一个政治大动荡的时期。

最先出现的大变化是诸侯的实力压倒了天子。起先是个别诸侯公然违抗王命。继而是"政由方伯"。一批"在成周微甚"的诸侯逐渐强大起来，齐、晋、楚、秦相继称霸，他们"兴师不请天子，然挟王室之义，以讨伐为会盟主"②。此后更有甚者，有些诸侯竟然开始觊觎王权。楚庄王在灭了陆浑之戎之后，饮马黄河，路经洛邑，竟然询问王者九鼎的大小轻重。

接下来各个诸侯国内部的政治局面也先后发生重大变化。卿大夫专政成为各国广泛存在的政治现象，史称"陪臣执政，大夫世禄，六卿擅晋权，征伐会盟，威重于诸侯"③。三家分晋，田陈代齐，都是这种政治局面的产物。当时还发生了比"陪臣执国命"更甚的政治权力下移现象。许多卿大夫的家臣居然篡夺"主君"的权力或违抗"主君"的命令。

到战国时期，诸侯纷纷称王。公元前367年，由于多年来不断被大国蚕食，已经变得非常弱小的周王室又一分为二，形成"东周"、"西周"两个小国。最后竟灭于秦国之手。

这种政治大变局为各个诸侯国的崛起提供了机遇。秦国恰恰借助这个机遇得以立国，进而称霸，最终实现了"王天下"。从西周衰变为东周，再到秦朝建立，经过漫长的历史过程才完成了一次非

---

① 《史记》卷一二一《儒林列传》。
② 《史记》卷一四《十二诸侯年表》。
③ 《史记》卷一五《六国年表》。

同寻常的王朝更替。

二、攻戎救周，始命列国

在中国古代史上，周平王东迁及秦襄公封侯是重大的标志性历史事件。历史学家们都把这个事件作为划分历史阶段的界标。巧合的是：这正是周王朝行将覆灭的端倪和秦王朝逐步兴起的开始。一个泱泱大国渐渐褪去往日的华彩，一个蕞尔小国却一步一步成长壮大。

在两周之际的政治变局中，秦襄公应对合理，获得重大的政治利益。幽王举烽火征兵之时，起兵勤王的诸侯寥寥无几，而秦襄公率兵救周，捍卫王室，"战甚力，有功"。在拥立太子宜臼之后，秦襄公又亲自率兵护送周平王东迁。为了奖赏功勋，"平王封襄公为诸侯，赐之岐以西之地"。他宣布："戎无道，侵夺我岐、丰之地，秦能攻逐戎，即有其地。"①嬴秦得到封爵赐土，从此跻身诸侯之列，正式建立国家。

襄公封侯是嬴秦在政治上的一次重大收获。这一点集中体现在以下几个方面。

其一，获得重要的政治名分资源。

在中国古代社会，"名分"是非常重要的政治资源。在周礼通行的时代，"名"与"器"的作用尤为突出。嬴秦获得诸侯称号本身就是莫大的实惠。它使嬴秦得到了一系列政治特权，主要有四：一是秦国成为公认的相对独立的国家实体，拥有了独立统治自己封国、臣民的各种名义上的和实际上的权力。这标志着嬴秦国家地位的确立。二是秦国列为诸侯，也就获得以诸侯名分与各诸侯国

---

① 《史记》卷五《秦本纪》。

交往的资格和权利。"与诸侯通使聘享之礼"①标志着嬴秦政治地位的大幅度提升。三是秦国成为华夏王权在西部地区的合法代表。秦襄公封侯伊始立即行使刚刚获得的各种特权,其中一个重要举动是"祠上帝西畤"②。司马迁在《史记》中多次记述这个史实,他把这件事看成是"世益衰,礼乐废,诸侯恣行"③的具体表现。在司马迁看来,秦襄公"作西畤用事上帝",染指"天子祭天地"的特权,违背周礼,其"僭端见矣"④。尽管司马迁的议论有夸大其词之嫌,"始列诸侯"的秦襄公未必敢于公然违背周家王纲礼制,但是这件事充分反映了嬴秦政治地位和政治心态的显著变化,它表明嬴秦开始把自己视为西方地域的主宰者。四是自诩受命于天,受封于王。当时人们普遍认为天子登基和诸侯立国都是"受命于天"。在《左传》中就记述着一些有关的思想。封侯建国使人们承认嬴秦享有天命、获得王命,这就意味着承认了秦国存在的合法性。嬴秦自己也以获得天命、王命而自居。秦《盄和钟》铭文说:"秦公曰:'丕显朕皇祖,受命于天,奄有下国。'"秦景公大墓出土的石磬铭文有"高阳有灵"、"天子郾喜"等文字。天命与王命在当时是极其重要的政治资源,有时甚至可以胜过千军万马。

其二,获得一方土地的经营权。

乍然看来,周平王封秦襄公为诸侯,并赐以岐西之地,只不过是一次寻常的封赏,且颇有一点送空人情的味道。这一方土地名义上是周王的领土,实际上已经落入戎人之手。周平王深知都城东迁以后,羸弱的王室对这片领土鞭长莫及,所以封赐之时声明:我把那片领地的经营权交给你了,你若能把入侵者赶走,它就归属

① 《史记》卷五《秦本纪》。
② 《史记》卷五《秦本纪》。
③ 《史记》卷二八《封禅书》。
④ 《史记》卷一五《六国年表》。

于你。这种封赏口惠而实未至，只给了一个名分。可是寻根溯源，后来秦人取代周人而"王天下"恰恰得益于这次封赏。它使嬴秦不仅获得据有岐西的合法性，而且获得在更大范围内讨伐西戎，攻占其土地的合理性。在春秋时期，秦国是最先打着"尊王攘夷"的旗号不断扩张势力范围的国家，也是从夷狄手中夺取领地最多的国家。在当时，土地与臣民是立国之本，是一个政治实体最重要的政治资源。这次封赏的重大政治意义之一就是秦国获得了"王业之基"。

其三，继承华夏先民及西周王朝遗留的各种政治、经济、文化遗产。后来的历史进程表明，这份政治、经济、文化遗产的获得，对秦国的社会发展具有重大而又深远的影响。

正是由于获得了上述政治、经济、文化资源，秦国才得以在春秋战国时期的政治军事角逐中长期担任主要角色。春秋战国时期可以分为三个大的阶段：第一个阶段是春秋初期的局部兼并战争阶段；第二个阶段是春秋中后期至战国前期的大国争霸阶段；第三个阶段是战国后期的统一战争阶段。在至关重要的第一阶段，秦国打着天子封赐、"尊王攘夷"的旗号大肆兼并关中土地，成为西方大国，为跻身春秋五霸、战国七雄奠定了雄厚的物质基础。秦襄公封侯立国的历史意义就在于此。

三、夺取岐西，向东发展

取得诸侯地位之后，秦国的先公先王不再靠为君王御车使马、镇守边陲去赢得宠幸，而是开始运用御国使人之术、开疆拓土之战，经营自己的邦家国度。他们打着周天子的旗号东征西讨，不断扩大势力范围。到秦穆公时，秦国已跻身强国之列。

立国之初，秦国东越陇阪，沿渭水向下游拓展疆土，迅速向东发展。第一步，首先夺取周王封赐的岐西之地。公元前 766 年，秦襄公"伐戎而至岐",迈开了东征的步伐。公元前763年秦文公完全占领岐山一带,"遂收周余民有之,地至岐,岐以东献之周"。击退戎人,占据岐西,收编周民,使秦国在关中西部站稳了脚跟。第二步进一步向岐东发展。文公之后秦国势力继续向东扩张。公元前714年,秦宪公(宁公)徙居平阳。转年,秦军"与亳战,亳王奔戎,遂灭荡社"。第三步,向河西发展。公元前697年,秦武公即位伊始,挥兵东进,"伐彭戏氏,至于华山下"。公元前687年,秦"初县杜、郑。灭小虢",在一批被攻灭的诸侯国设置县。同时秦国的势力也开始向西北发展。公元前688年,秦军"伐邽、冀戎,初县之"。经过襄公、文公、宪公、武公四世八十年的苦心经营,秦国先后扫荡了关中一带的丰、亳、彭戏氏三戎,灭亡了关中地区的一些诸侯国,控制了关内周地的大部分地区,把秦国的势力发展到华山一带。秦在新的占领区实行由国君直接任命官吏管理的县制。一种新的国家体制萌芽。春秋时期,实行郡县之制,以秦、晋、楚为最早。战国时期的强国多在这个地区绝非偶然。第四步,与晋交兵,饮马黄河。秦宣公以来,秦国继续东进,开始与晋国发生正面冲突,并打过一些胜仗。到秦穆公时,秦国的势力范围扩展到黄河一带。

秦国的政治中心迁徙史就是一部政治势力范围扩张史的生动写照。嬴秦先祖最初活动在今甘肃天水一带。在建立国家之后,历代秦君多次迁徙政治中心。从秦襄公封侯,至秦孝公定都咸阳以前,秦国政治中心共向东迁徙六次。第一次,公元前776年,秦襄公从西垂故地徙居"汧"。历时十四年。第二次,公元前762年,秦文公迁都于秦嬴故地"汧渭之会"(今陕西眉县西北的渭河之北)。历时四十八年。第三次,公元前714年,秦宪公迁都于岐山西南的平阳(今陕西眉县、宝鸡之交)。历时三十七年。第四次,公元前677年,秦德公卜居雍城(今陕西凤翔境内),定都于此,历时二百九十四年。雍地处要冲,是控制关中地区通向河西走廊交通的枢纽,也是由关中穿越秦岭前往巴蜀的孔道的咽喉。这一带开发较早,经济发达,又是以关中为中心的华夏文化与巴蜀文化、狄羌文化交流的重镇。越过黄河,向东发展;越过陇西,向西戎发展;越过秦岭,向巴蜀方向发展,这是秦国的既定国策。因此,秦国国君选择了便于向四方发展的交通枢纽雍作为政治中心。自秦德公定都于此,到秦朝覆灭,秦王室的宗庙一直设在这里。秦国迁都他方后,凡有重大事情都要到雍城告知祖庙。雍还始终是一方的重要经济都会。考古工作者已在此地发现秦雍城及宫殿、宗庙、王陵遗址。第五次,秦灵公(公元前424—公元前415年在位)"居泾阳"。泾阳在今陕西泾阳境内。这是否算是一次迁都,学者们有争论。秦灵公一度坐镇于此,以利于向东发展,至少是将其作为临时性政治中心,其政治行为类似于迁都。第六次,公元前383年,秦献公"城栎阳"(今陕西临潼境内)。栎阳是渭河北岸交通大道上一个商业繁荣的城市。渭河南北两岸各有一条东西交通大道。秦晋毗邻,当时往来交通以北路为便。栎阳的位置也更接近河西地区。秦献公迁都于此,正是为了与魏国争夺河西地区。秦国建都于此,历时三十三年。

春秋以来秦国政治中心迁徙的轨迹有一个鲜明的特点:沿着渭河从上游至中游,再从中游向下游,持续向东推进。它清晰地展示着嬴秦在立国之后不断扩张的历史过程。这也表明,秦国历次迁都既是征战胜利的结果,又着眼于下一步的势力扩张。立国之初,秦襄公立即向东迁都,由西犬丘到汧,使都城尽可能接近东征的前沿。此后每一次迁都,都有类似的用意。到战国初期,在泾阳仅做短暂停留,又大步东迁于"北却戎翟,东通三晋"①的栎阳,把

---

① 《史记》卷一二九《货殖列传》。

都城摆在东进伐魏的前线。这种积极进取的意向和态势十分明显。秦孝公时期,秦国迁都咸阳,政治中心稍稍西移。这是出于各种条件的综合考虑,并不意味着向东发展既定国策的终结。

四、帝王之基,得天独厚

周平王舍弃的这一方领地,并非寻常之地。它是周人的发祥地,又是西周的王畿。经过战乱,宗周宏伟壮丽的都城变为丘墟,化为农田。望着"彼黍离离,彼稷之苗",令人遥想当年,不禁怆然泪下。

秦襄公有幸获得这一方土地的部分经营权。他的子孙逐步夺取了整个关中地区。这块地盘是唐宋以前公认的最为得天独厚的"帝王之基"。历代政论家对秦地的地理形胜多有赞誉之词。考察秦始皇继承先公先王的政治遗产,必须讲一讲这一方土地的地理形胜和人文优势[1]。

"秦中自古帝王州"。周、秦、汉、唐的兴起都是首先据有关中,站稳脚跟,然后杀向中原,进而统一全国。历史上西周、秦、西汉、新、东汉(献帝)、西晋(愍帝)、前赵、前秦、后秦、西魏、北周、隋、唐(前期)、大齐、大顺等,都曾把政治中心设在关中。关中成为文物荟萃的千年帝都所在。

人们很早就发现并思考这样一个现象:从华夏西部兴起的政治势力,常常虽微必大,虽弱必强。司马迁的解释是:"或曰'东方物所始生,西方物之成孰'。夫作事者必于东南,收功实者常于西北。故禹兴于西羌,汤起于亳,周之王也以丰镐伐殷,秦之帝用雍

---

[1] 本书有关秦国地理形胜的内容主要参考了顾炎武:《历代宅京记》(又名《历代帝王宅京记》),中华书局1984年版;王学理:《秦都咸阳》,陕西人民出版社1985年版;武伯纶:《西安历史述略(增订本)》,陕西人民出版社1979年版;徐卫民:《秦都城研究》,陕西人民教育出版社2000年版等。

州兴,汉之兴自蜀汉。"①有人甚至把据天下之上游则必制天下之命视为规律,所谓:"天下之势,自西而东,自北而南,建瓴之喻,据古如兹。"②在历史文献中,这类说法很常见。

在当时的历史条件下,这里的山川形势之险固、经济资源之丰富和人文条件之优越都有助于秦国兴邦建国,造就霸业。

其一,关中沃野千里,资源丰富。秦国的核心地区位于渭河流域,渭河中下游又称为"关中平原"。这块土地后来被称为"八百里秦川"。当时的关中平原一带气候温暖、雨量充沛、树茂草丰。渭河及其众多的支流贯穿其中,川流密布,有舟楫、灌溉、渔猎之利。远古时期,渭水等河流经常泛滥,给大地覆盖了丰厚的土壤和腐殖质,大地被众多的河流切割,形成原、隰相间地形。黄土地带,土质疏松,易于耕作。《禹贡》分中国为"九州",关中地区属于"雍州",称"厥土唯黄壤,厥田上上"。雍即"壅",有壅阻堆积、淤塞不通之意。"九州"之中,雍州土地最宜农耕,是中国农业发展最早、物产最丰富的地区之一,故古代文献多有"天府"、"陆海"、"膏腴"之誉。

其二,关中为四塞之地,形势险阻,固若金汤。关中平原是一个盆地,东临滔滔黄河,四面有高山峻岭环峙。西南是峰峦叠嶂的秦岭山脉,北面有九嵕山、岐山等构成的北山山系,东面有险峻的崤山,西面是高大的陇山。大河、群山形成天然屏障,可谓"被山带河"、"金城千里"、"四塞以为固"。后来秦国又修筑一批险要关隘,其中东方的函谷关在军事上尤为重要。函谷关一带山高而路险。关城附近有一条处在山石夹缝中的狭长谷道,"路在谷中,深陷如

---

① 《史记》卷一五《六国年表》。
② 顾炎武:《历代宅京记》徐元文序,中华书局1984年版,第3页。

函,故以为名"①。这条路"车不容方轨,马不得并骑",有人形容用
"一丸泥"即可"东封函谷关"②。战国时期,秦国进可攻,退可守,
而六国之兵打到函谷关下便一筹莫展。

其三,关中地区经济发达,人文荟萃,长期保持较高的文明发
展程度。关中地区是华夏文明的发祥地之一。古帝伏羲、黄帝的
陵墓都在这个地区。长期以来,四方民族汇聚于此,文化的交流和
血缘的交融推动了社会的发展,成为华夏农耕文明最发达的地区。
周人就是在这一方沃土上创造辉煌的。西周时期,丰镐及其周边
地区是全国的政治、经济、文化中心。秦国兴起于宗周废墟之上,
其禀承西周的因素,反而较关东为多。成为关中地区的主宰者之
后,当地华夏先民及西周王朝遗留的各种经济、文化资源为秦国所
继承。这是嬴秦通过封侯立国所得到的最丰厚的社会政治资源。
它使秦国获得长期的发展优势。秦穆公的霸业、秦孝公的王业、秦
始皇的帝业都有赖于此。

实际上上述三个条件只是为帝王之业提供了重要的基础性条
件,能不能确实占有它、支配它,能不能把优势发展为胜势,能不能
最终夺取胜利,主要靠人的因素。优越的客观条件并不意味着必
然成就帝业。首先,在广袤的中华大地,可以作为帝业之基的地区
并非局限于西方一隅。且不说兴起于东夷、立国于东方的殷商曾
经长期居于"天下共主"的地位,"晋阻三河,齐负东海,楚介江淮,
秦因雍州之固,四海迭兴,更为霸主"③,晋、齐、楚、秦都有进而统
一天下的可能性。后来晋国三分,楚国转衰,齐国偏安,都是由于
国内政治出了大问题。嬴秦灭三晋,破强楚,并田齐,最终成就帝

---

① 李吉甫:《元和郡县图志》卷六。
② 《后汉书》卷四三《隗嚣传》。
③ 《史记》卷一四《十二诸侯年表》。

业主要得益于人谋。其次,成就帝业是一系列政治、经济、社会、文化、军事因素共同作用的结果,据有自然环境优越的地区并不一定必然统一天下。占据关中地区的王朝许多也没有进而实现天下一统。如前赵、前秦、后秦、西魏、北周等。再次,春秋初期有条件占据关中地区的诸侯国并非嬴秦一家。嬴秦之所获得先机,得益于历代先公的励精图治,积极进取。整个关中地区都是嬴秦靠着政治、军事谋略一块一块攻占的。第四,山河险固、资源丰富也不能挽救周、秦的覆灭。险要的函谷关使"合纵"诸侯的正规军屯兵坚城,止步不前,却被秦末起兵不久的农民军轻易攻克,长驱直入。秦朝的成功得益于军政方略的正确,秦朝的覆灭获咎于统治方略的失策。正所谓"天时不如地利,地利不如人和"。没有嬴秦历代先公先王的励精图治,纵有天府路海、雄关险阻也是枉然。秦穆公的霸业、秦孝公的王业、秦始皇的帝业都是正确的政治谋略的产物。

客观公正地说,"八百里秦川"之所以长期成为"帝业之基",优良的自然地理条件固然十分重要,而人的因素更为重要。没有华夏先民、周秦两代的苦心经营,特别是嬴秦数百年间具有创造性的政治、经济、社会、文化建设,就不会有这片秦汉隋唐时期的首善之区、王业之本。在一定意义上可以说,汉唐的基业主要是由秦穆公、秦孝公和秦始皇奠定的。

第三节　秦穆公始霸与秦国
大国地位的确立

秦国地位和实力的大幅度提升是在春秋中期,其起点是秦穆公的称霸和秦国大国地位的确立。秦穆公是春秋五霸之一。他任贤使能,争霸中原,东服强晋,饮马黄河,又挥师西向,开拓疆土,称霸戎狄,建立了赫赫武功。秦国的疆域在东、西两个方向上都有较大扩张,已经基本据有关中。这就不仅为霸王之业奠定了坚实的基础,而且使秦国成为少数几个有可能统一中国的国家之一。

一、"尊王攘夷"与诸侯争霸

在秦穆公统治时期,政治局面已经从春秋初期的局部兼并战争阶段发展到大国争霸战争阶段。争霸战争大多打着"尊王攘夷"的旗号,其主要目标是夺取诸侯盟主的地位,即实际上的"天下共主"地位。争霸战争是局部兼并战争的必然结果。通过局部兼并战争形成的大国,无论维护既得的区域性霸权,还是进一步谋求号令其他国家的地位,都必然与其他大国发生利害冲突,因而兵戎相见。这就必然导致争霸战争频繁爆发。于是五霸迭兴,征战不已。兼并众多的领土才能成为霸主,成为霸主又可以兼并更多的土地。争霸战争与区域性局部统一互为因果。争霸战争是更大规模的兼并战争,它实质上是统一战争的预演阶段。

周室失其鹿,群雄竞逐之。从理论上讲,四方诸侯都有可能成为继周而兴的天下共主。可是限于当时的历史条件,主要是拥有"天子"名分的周王室还有较大的影响力,而足以取代天子地位与名分的政治势力尚未形成,所以各国间的政治较量主要以谋求霸权的形式出现。

争霸战争的序幕是由齐桓公拉开的。历来有春秋"五霸"之说,即齐桓公、宋襄公、晋文公、秦穆公、楚庄王。宋襄公并没有实际上取得霸主地位,秦穆公也不曾做会盟诸侯的盟主,而吴王夫差、越王勾践都曾会盟诸侯并享有盟主名分,均有资格列为霸主之列。实际上的霸主远不止此。晋、楚两国自城濮之战以后,分别作为一批诸侯国集团的盟主而独霸一方,彼此间长期围绕霸主地位而征战不已,互有胜负、消长。有关的两国君主都可以视为霸主。

著名霸主中的齐桓公、秦穆公、晋文公是同一时代的人,他们先后登台亮相,相继成为霸主。齐桓公在管仲辅佐下,"九合诸侯,一匡天下",成为春秋五霸之首。这时秦穆公已经在位。齐桓公逝世不久,长期流亡国外的晋文公在秦穆公的支持下,取得了晋国的政权。公元前 632 年,晋文公在城濮之战击败强楚,与天子及诸侯会盟于践土,遂成中原霸主。此后,秦、楚也相继称霸。

在当时,曾经占据或企图占据霸主地位的诸侯很多,参与争霸战争的诸侯更多,而能够在争霸的舞台上长期唱主角的只有齐、楚、晋、秦四国。这四个国家都在局部兼并战争中取得先机。据说,在春秋初期大肆兼并的基础上,齐桓公"并国三十五"①,晋献公"并国十七,服国三十八"②,秦穆公"并国十二,开地千里"。楚国的兼并规模更大一些,仅楚庄王就"并国二十六,开地三千里"③。它们都靠着不断兼并周边的国家而迅速崛起,成为疆域广阔、威震一方的大国。由于只有这四国得天时、地利、人和,具有长期角逐霸权的实力,故史称"齐、晋、秦、楚其在成周微甚,封或百里或五十里。晋阻三河,齐负东海,楚介江淮,秦因雍州之固,四海迭兴,更为霸主,文武所褒大封,皆威而服焉。"④齐、楚、秦、晋分别雄踞于华夏大地东、南、西、北四个方向,形成四个大的政治势力范围。实际上战国时期的政治角逐、军事厮杀也主要是在它们之间展开,只是晋国一分为三而已。由此可见,未来统一中国的政治力量在争霸战争中已经形成。

---

①　《荀子·仲尼》。

②　《韩非子·难二》。

③　《韩非子·有度》。

④　《史记》卷一四《十二诸侯年表》。

齐、晋、楚、秦之所以如此强盛,得益于政治有所革新。齐国为羌族姜姓,周初封国,居泰山、渤海之间,享有征伐一方的特权。自太公望立国伊始,齐国就有因俗而治、任用贤能的政治传统。这与同处齐鲁大地而崇尚亲亲、尊尊的姬姓鲁国有明显的不同。这种求实的精神有利于突破传统,与时俱进,所以齐国的实力迅速扩充,成长为地区大国。齐桓公即位后,设立"啧室之议",纳谏诤,任贤能。他以管仲为相,改革社会结构,调整经济关系。管仲"作内政而寓军令"①,令士农工商分别居住,乡里组织与军事组织合一,又实行"案田而税"②,形成"相地而衰征,则民不移"③的稳定局面。这些改革措施收到富国强兵之效,不仅使齐桓公成为春秋首霸,而且进一步确立了齐国东方大国的地位。许多史家把管仲视为法家的先驱。晋国姬姓,始祖唐叔虞是武王之子,初封仅地方百里,领有诸夏与戎翟相杂的河东之地。晋武公、献公剪除公族,任用贤臣,伐灭诸夏,攻掠戎狄,晋国成为当时最强大的国家之一。晋文公即位前,晋国已有"作爰(辕)田"、"作州兵"④等重要改革。晋文公"举善援能"、"赋职任功",提拔大批外姓能臣,实行"轻关易道,通商宽农,懋穑劝分,省用足财"⑤等政策,终成霸业,确立了晋国中原北部大国的地位。三晋是法家学说的发祥地,法家诸子大多是三晋人,这很能体现当地政治文化的某些特点。楚国立国于商周之际。这个被视为蛮族小邦的国家通过吞并江汉地区的诸姬小国、苗越蛮夷而成为地区大国。楚国政治有别于诸夏,是郡县制最早萌芽的地区之一,也是最早称王的诸侯国之一。楚国的君

---

① 《管子·小匡》。
② 《管子·大匡》。
③ 《国语·齐语》。
④ 《左传·僖公十五年》。
⑤ 《国语·晋语四》。

权相对集中,经济资源丰富,文化兼有华夏、蛮苗之长,拥有一定的后发优势。齐桓公"攘夷"的主要对象就是日益强盛的楚国。楚国与齐、晋长期争霸,历久而不衰。楚庄王任用出身微贱的孙叔敖为相,抑制贵族,整饬内政,兴修水利,发展生产,使国势日强。于是他率军北上,饮马黄河,问鼎轻重,觊觎中原王权。公元前597年,楚庄王击败晋军,终成霸业,也确立了楚国南方大国的地位。在这四国之中,秦国的资历最浅。齐、晋、楚都是在西周初期获得天子册封的,秦襄公封侯之时,它们都已进入大国行列。自秦襄公以来,秦国君主大多有强烈的进取精神,多有革新政治的举措。后起的秦国经过百余年的苦心经营,从一个微不足道的小国,发展为雄踞一方的大国,这实属不易。秦穆公两次参与平定周王室之乱,两次置立晋君,东与强晋相匹敌,西占戎狄国与民,无愧为一代霸主。秦穆公的霸业奠定了秦国西方大国的地位。

二、秦穆公任贤,百里奚致霸

秦穆公,名任好。秦成公之弟。继承君位后,他修建霸城宫,改滋水为霸水(灞水),以"以章霸功"①,急切谋求称霸中原之心,由此可见一斑。

正如齐桓公有管仲、鲍叔,晋文公有狐偃、赵衰一样,秦穆公身边有百里奚、蹇叔。百里奚、蹇叔深谋远虑、识见非常,堪称王霸之佐,其智略谋断不在管仲、狐偃之下。百里奚、蹇叔之外,还有邳豹、公孙枝、由余等,他们都不是秦国人,却都获得秦穆公的信任,授予国政,委以重任。百里奚、蹇叔尽心竭力,多谋善断,先后协助穆公制定并执行和晋与制晋、和戎与制戎的方略和政策。

秦穆公志向远大,敢于任用来自其他国家的王霸之佐,勇于公

① 《汉书》卷二八《地理志》颜师古注。

开检讨自己的政治失误,善于及时调整政治方略,这是他成就霸业的主要原因。齐景公曾经问孔子曰:"昔秦穆公国小处辟,其霸何也?"孔子的看法是:"秦,国虽小,其志大。处虽辟,行中正。身举五羖,爵之大夫,起累绁之中,与语三日,授之以政。以此取之,虽王可也,其霸小矣。"①秦国立国较晚,又很早出现郡县制度萌芽,所以受西周宗法政治的影响最小,因而有不拘出身重用贤才的政治传统。秦穆公得以独霸西戎,秦孝公得以富国强兵,秦始皇得以统一天下,都与继承这个传统有直接关系。

三、东服强晋,饮马黄河

秦穆公在位前期,正值晋献公执掌晋国政权。当时晋国强盛,先后灭亡耿、霍、魏、虢、虞等一批国家。其中虢据崤函,虞扼茅津,正当秦国东出之要道。为了达到扩充实力、称霸中原的目的,秦穆公施展军事、外交手段,以和晋为主的方式与强晋周旋。主要体现在秦晋联姻、两立晋君、输粟于晋、联合抗楚等几件大事。

公元前659年,秦穆公即位伊始,立即亲自率兵东进,攻击茅津之戎,取得胜利,将秦国的势力范围推进到黄河一带。四年后,秦晋联姻,秦穆公迎娶晋献公的女儿为夫人。转年,他就亲自出征,与晋军战于河曲。公元前651年,晋献公死,晋国内乱。公子夷吾为人猜忌多疑,属于平庸之辈。他以"割晋之河西八城与秦"为条件,请求秦国协助夺取君位。秦穆公决定立庸君而弱晋,得城池而强秦。于是令百里奚率兵护送夷吾回国。夷吾(晋惠公)即位之后,立即背约。秦穆公基于对形势的判断,没有兴兵讨伐。公元前647年,秦穆公采纳百里奚的意见,应晋国的请求输粟于晋,救济灾荒,"以船漕车转,自雍相望至绛"。不久,秦国遇灾,请粟于

---

① 《史记》卷四七《孔子世家》。

晋。晋惠公不仅不卖给秦国粮食,反而趁机兴兵攻秦。秦穆公亲自率军迎击,与晋惠公会战与韩原,史称"韩原之战"。这一战秦军大获全胜,晋惠公被俘。晋惠公被迫"献其河西地,使太子子圉为质于秦。秦妻子圉以宗女"①。秦穆公在河西设置政权机构,秦国东方国境首次到达黄河岸边。

晋惠公死,此前逃回晋国的子圉立为君,是为晋怀公。为了控制晋国,秦穆公"乃迎晋公子重耳于楚,而妻以故子圉妻",并派兵护送他回国。重耳夺取君位,是为晋文公。晋文公深谋远虑,很快成就霸业。秦穆公见晋国日益强大,采取联晋方针,在外交上追随晋国。他协助晋国平定周王室的内乱,又与晋国联手抗御楚国势力。所谓"秦晋之好",实属利害之交。

四、远途袭郑,兵败殽山

公元前 628 年,晋文公死。转年,秦穆公决定派兵偷袭郑国。秦穆公为东出中原争霸的野心所驱使,不顾百里奚、蹇叔等人的苦苦劝告,冒险派百里奚之子孟明视、蹇叔之子西乞术和白乙丙三将率军偷越晋国,远途奔袭。秦军行军途中路遇郑国贩牛商人弦高。弦高假冒郑国使者,献牛劳军。秦国三将军据此判定郑国已经发现秦军来袭,早有防备,恐怕攻之不克,围之不继,于是放弃原定计划。他们撤军回国,顺手灭掉滑(在今河南偃师境内)。

秦军趁晋文公尚未下葬之机,途经晋国远途奔袭,又攻破晋之边邑滑。晋襄公闻之,勃然大怒,决定联合姜戎,在殽山北麓险要地段设伏,袭击秦军。秦军出兵之时,百里奚、蹇叔就告诫自己的儿子谨防在殽山险要地段遭到晋军截击。可是孟明视等骄横轻敌,竟然对晋军的动向毫无察觉,更没有采取防范伏击的措施。秦

① 《史记》卷五《秦本纪》。

军行至峡谷隘路间,突遭伏兵,仓促应战,兵车又无法列阵、回旋,被一举歼灭。孟明视等三将被俘。经晋文公夫人苦苦哀求,晋襄公才放归三将。

孟明视、西乞术和白乙丙三将归秦。秦穆公"素服郊迎",他不仅没有惩处三将,还归咎于己,"复三人官秩如故,愈益厚之",并要求三将"悉心雪耻",不得懈怠。

公元前 624 年,秦穆公派孟明视等人率兵伐晋。他们"渡河焚船,大败晋人,取王官及鄗"。"晋人皆城守不敢出"。于是秦穆公自茅津渡河,埋藏暴露于当年战场山野的秦军尸体,"为发丧,哭之三日"①。他再次向全军检讨当年不用百里奚、蹇叔之谋而导致全军覆没的过错。秦穆公勇于罪己责躬,发誓汲取教训,秦军上下为之感动。《尚书·秦誓》是记载此事的重要文献。

五、改变方略,西霸戎夷

殽山之战对秦国政治、军事、外交方略有重大影响。秦国虽说把晋人逐出河西,但多次出兵函谷,图霸中原,都没有成功。主要原因在于晋国强大,堪称劲敌。秦晋长期征战,秦的势力始终不能在河东立足。鉴于强晋阻扼于东方,秦国改变外交方针,开始奉行联合楚国等制约晋国的策略,后世的远交近攻谋略初露端倪。这个外交方针坚持了一百余年,秦与楚结成比较稳定的政治、军事、外交联盟,有力地遏制了晋国向西发展的锋芒,减轻了晋国对秦国的压力。更重要的是,秦穆公决心改变秦国的战略发展方向,把扩张的战略重点由东方转向西北。

作为老对手,西戎与秦国之间有战有和,时而兵戎相见,时而交际往来。戎王听说秦穆公精明干练,颇有作为,于是派使臣到秦

---

① 《史记》卷五《秦本纪》。

国探听虚实。这位使臣名叫由余。由余的祖先是晋人,他能操中原语言与华夏诸国交流。秦穆公为了夸耀富强,震慑西戎,向由余展示了秦国的宫廷建筑、礼乐制度、库府积聚。由余参观之后,不以为然。他说:"使鬼为之,则劳神矣。使人为之,亦苦民矣。"秦穆公闻之很诧异,问曰:"中国以诗书礼乐法度为政,然尚时乱,今戎夷无此,何以为治,不亦难乎?"由余大笑,他认为以诗书礼乐法度治国正是导致华夏诸国社会动乱的根本原因。由余讲的一番道理与后来道家的说法很相似:礼乐法度仁义是暴政的根源,它只会造成君臣离心,劳民伤财,以致"上下交争怨而相篡弑"。而戎夷则不然。他们不搞那些森严的贵贱等级、繁琐的礼乐制度、严苛的法度刑律,因此民风纯朴,上下同心,"一国之政犹一身之治,不知所以治,此真圣人之治也"①。

"邻国有圣人,敌国之忧也。"秦穆公发现由余正是这种贤能之臣,便与内史廖商讨对策。内史廖提出了两个相关的对策:其一,西戎地处偏远,没有欣赏过中国的乐舞。秦国可以选送一批能歌善舞的美女,赠送给戎王,使之沉溺于声色之中,而怠于政事。其二,将由余滞留在秦国,并采取各种方式离间戎王与由余的君臣关系,使戎王不信任由余。秦穆公采纳了内史廖的建议。戎王果然中计,由余只得逃离西戎而降秦。

公元前623年,秦穆公采纳由余的谋略,利用西方诸戎各自为政,互不统领,派遣大军讨伐,各个击破。秦国相继攻占大片领土,关中地区诸戎或并入秦国版图,或臣服于秦国,史称"益国十二,开地千里,遂霸西戎"。秦穆公开拓疆土,广地益国,把秦国的领土西展至陕甘边境,北拓至陕西北部,又东灭梁、芮,打通进出东方的通道,进而虎视中原。

---

① 《史记》卷五《秦本纪》。

秦国独霸西戎以后，秦国又把注意力瞄准了东方。秦康公倾全力进攻晋国。他一败晋军于令狐，再败晋军于武城，三败晋军于羁马，四败晋军于河曲。此后，秦国与晋国之间互有攻守、胜负。到战国初年韩、赵、魏三家分晋，东方大国对秦国的威胁和阻隔一度有所缓解。于是秦国利用这个时机，征服山西全境的诸戎，进而征服甘肃东北及汉中一带的诸戎。到秦孝公以后，秦国开始频繁地侵凌中原各国。

六、春秋以来秦国文明程度的发展

嬴秦国家发祥于中国西部，兴起于诸戎之间。秦国的国土和臣民主要夺取于关中诸戎之手。这就决定了秦国国民大多与戎狄有文化的或血缘的渊源关系。秦国本非周族姬姓，历来也受到东方诸侯的歧视。文献中多有称秦国为"秦戎"、视秦人为"戎夷"的记载。这就很容易使人产生这样一个印象：这是一个野蛮、暴虐的"虎狼之国"。秦统一天下犹如后来的蛮族入侵。其实不然。如果把近年来众多的考古发现与文献记载相互印证，就不难看出，早在嬴秦立国之初，其生活方式和文化类型就属于华夏一系。秦国占据西周故地以后，其生活方式的基本层面继承了西周文化传统。至迟到春秋战国之际，秦国的社会发展水平已经不低于东方各国。秦文化始终是华夏文化共同体中颇有地方特点的区域文化之一。某些文化优势是促成秦国迅猛发展的重要原因之一。秦统一六国是一个文明发展程度较高的国家战胜了一批发展进程相对迟滞的国家。

在物质文化方面，秦国基本继承了西周的农耕技术和手工业技术。关中自古就是中国农业最先进的地区。西周以农耕起家，以农业立国，进一步发展了这个地区的农业技术优势。秦国占领周人故地，收编西周余民，也就继承了这笔重要的文化遗产。考古资料表明,秦地是中国最早制造并使用铁器的地区之一。凤翔秦公一号大墓就出土了铁铲等工具。休耕轮作制度的推行、牛耕技术的采用和青铜、铁制农具的使用,使秦国在农业技术方面达到当时的先进水平。秦国有能力输送大批余粮救济晋国灾荒,其农业经济的发展程度由此可见一斑。春秋时期,秦国青铜器的工艺、造型、纹饰和铭文行文风格都具有西周晚期遗风,且大多制造精良,铸造工艺水平相当高。后来新流行的蟠螭纹等也大体与中原同步。这表明秦国在技术层面的发展程度上至少与东方各国持平。秦都雍城规模巨大,气势恢宏,城中宫殿建筑壮丽宏伟,库府辎重如山。由余见之惊叹其劳民伤财。从都城和宫廷建筑及在这里发掘出土的大型青铜构件、各种青铜工具和铁工具以及各种建筑材料看,当时秦国的生产力发展水平和物质文明发展程度绝不会低于东方诸国。

在精神文明层面,秦文化也有基本接受周文化的倾向。秦国基本采用西周政治模式。秦穆公自诩以"诗书礼乐法度为政"便是明证。还有许多事实可以证明这一点。诸如接受西周的上帝观念和天命观念。秦襄公以下都以嬴秦封侯是"受命于天"自居并基本仿照周礼祭祀上帝。作为其建国合法性依据的"上帝"、"天",只能是当时周王朝范围内公认的上帝。秦国朝廷的各项礼仪制度基本符合周礼。自秦襄公以来,秦国与诸侯通使聘享之礼。这类交往只能遵照周王朝的礼制。公元前 615 年,秦康公派遣西乞术出使鲁国。西乞术言辞彬彬有礼,应对合乎礼仪。鲁臣襄仲感慨地说:"不有君子,岂能国乎?国无陋矣。"①鲁国是最讲究周礼的,襄仲的这个评价应是判定秦国贵族礼仪文化修养的可靠依据。从凤翔秦都雍城宫廷建筑遗址的发掘情况看,秦朝宗庙、宫殿

---

① 《左传·文公十二年》。

建筑的布局、结构基本沿袭周制而略有改变。秦公陵墓的形制、葬仪和王公贵族的棺椁等制度也大体沿袭殷周之礼。考古发掘证明：春秋时期秦国的宗庙制度和祭祀用牲基本符合周礼而略有差异。秦国沿用了西周文字。秦公钟、秦公镈、秦公簋和秦公一号大墓石磬的铭文文字字体和文法结构与西周晚期铜器铭文的篆文基本相同。石鼓文的字体则属于籀文。秦国的文学、艺术也深受周文化影响。秦公的钟、镈、石磬等乐器表明秦国接受了西周雅乐。这与秦穆公赠送戎王"中国之乐"的记载可以相互印证。从《诗经·秦风》保存的诗歌及秦公石磬铭文的文辞看，秦国文学的发展水平也达到相当高的程度。

上述事实表明，在春秋时期，秦比较全面地继承了正统的华夏文化，其上层社会几乎全盘接受了宗周的诗书礼乐。秦国的主流文化在经济上属于发达的华夏农耕文明，在政治上基本接受西周政治制度，在文化上使用华夏文字，在礼仪上基本采用周礼，其经济生活方式、政治模式和文字都属于华夏类型。这是为春秋时期秦文化定性并判定其发展程度的最主要的依据。

大国争霸是政治、军事、外交的全面较量，而综合国力是长期参与争霸战争的资本。自秦穆公以来，秦国的大国地位获得广泛承认。宋国发起"弭兵之会"，首先征得晋、楚、齐、秦四大强国的赞同。晋国政大臣赵孟也认为："晋、楚、齐、秦，匹也。"①四大强国之所以长期处于势均力敌状态，靠的是其雄厚的综合国力。综合国力的基础是经济实力，经济实力的基础是各种社会的、技术的、文化的优势。这时的秦国显然已经不能再用"僻远"、"弱小"、"落后"、"野蛮"等字眼来形容。与同样兴起于僻远蛮荒之地的楚国一样，这时的秦国的主流文化是华夏文化的一个主要的分支。晋、

---

① 《左传·襄公二十七年》。

齐、楚、秦之间的文化差异主要是地域性的。

当然秦文化又有自己的特点。例如,丧葬大多采用竖穴土圹形制和头向朝西、蜷曲特甚的屈身葬。这种葬仪保留着地域性的文化传统。又如,秦国墓葬盛行使用人殉、人牲,且数量比中原各国要多。至于许多浅层次文化现象中的地方特点,诸如建筑材料、美术作品、习俗风尚等,更是不胜枚举。这些层面的文化现象都在一定程度上反映着秦文化的特点和发展程度。但是它们都不能作为判定文化性质和文明程度的主要依据。

在政治文化方面,秦国的发展程度略高于东方各国。主要表现为宗法制度对政治的影响相对弱化。商鞅变法之前,秦国的宗庙制度、君位继承制度、等级制度、礼仪制度、世卿世禄制度和井田制等,大体与当时各国类似,基本属于有所变化的西周模式。但是,秦国立国之时,西周家国一体政治模式已经开始崩溃,宗亲分封制和井田制已经动摇。当秦国地位有所提高、国土逐步扩大,有条件大规模分封宗室时,行将取而代之的郡县制又萌生于世。商鞅变法的主要内容就是进一步消除西周政治模式的影响。因此,秦国基本上没有经历过典型的西周政治模式阶段,也没有形成强大的由公室封君和其他封君构成的贵族势力,更没有任用宗室王族执掌国政的政治传统。在当时,这是一个重大的政治进展,由此而形成一系列社会、政治、经济、文化优势。

西周政治模式的显著特点是全面宗法化,即将宗法原则贯彻到社会政治生活各个领域、各个层次。而春秋战国社会历史演变的大趋势就是相对缩小宗法制度对政治制度、经济制度的影响范围,相对弱化宗法观念对实际政治过程的影响。因此,春秋以来的西周文化已经沦落为文明发展程度相对落后的文化。秦国的君权较强,封君较少,伦理化政治不发达,这个特点主要是时代造成的。秦国社会政治发展的程度相对超前,其宗法制度和宗法观念有重大调整,注入了时代的特点。与其说秦文化有与生俱来的中央集权倾向,不如说是时代性的社会政治演变为秦文化注入了新的特质。新的政治特质决定了新的文化特质。这种新的文化特质在其他国家也已逐步形成、发展,只是由于习惯势力更强大,不如具有后发优势的秦国那么鲜明、那么彻底而已。由于秦国没有形成典型的宗法政治模式,秦地的传统势力又相对薄弱,新的制度反而成长更快。新的制度恰恰要在许多方面突破旧的东西,它对社会结构的改造也会导致宗法道德的调整。这正是社会文明程度发展的产物和具体表现。

第四节　秦孝公变法与秦国跃居"战国"首强

"商鞅相孝公,为秦开帝业。"[1]秦国之兴,源远流长,而秦国之强,自孝公始。秦孝公信用商鞅,厉行变法,以法治、耕战富国强兵,使秦国很快跃居战国首强。后世政论家、史学家普遍认为,商鞅变法为秦国奠定了帝业的基础。秦始皇的帝业之基开创于此,秦始皇的政治模式肇始于此,全面认识"秦始皇现象"必须分析商鞅变法。

战国号称"大争之世"。当此之世,"天下争于战国"[2],一批政治、经济、军事力量强大的"战国"称雄一方。它们"废文任武,厚养死士,缀甲厉兵,效胜于战场"[3]。国家(或国家集团)与国家(或国家集团)之间的战争连年不断,战争规模也日益扩大,故史

---

① 《论衡·书解》。
② 《史记》卷三〇《平准书》。
③ 《战国策·秦策一》。

称"战国时期"。"今取古之为万国者,分以为战国七"①。参加"大争"的"战国"主要是号称战国七雄的韩、魏、赵、楚、燕、齐、秦。

"大争"的主要手段是战争,战争是国家之间实力与谋略的较量。战争必然是血腥的,所谓"争地以战,杀人盈野;争城以战,杀人盈城"②。人们为了适应战争的需要,政治、经济、文化、外交必然有所调整,有所变革,有所创新。围绕是否应当变革,各国内部又展开激烈的争夺政治主导权的斗争。每一次变法,都会推出一个雄心勃勃的强国。大国之间的此兴彼衰,又加剧了战争的烈度。国家之间的战争与国家内部的政争交织在一起。一部战国史就是"争"与"变"的历史。它一再证明:哪个国家主张变革的政治家在政治斗争中占了上风,哪个国家勇于革新政治,哪个国家的政治、经济改革更全面、更系统、更彻底,哪个国家就会在战争中取得优势。

在战国时期,各国都有变法活动。魏文侯任用李悝变法、韩昭侯任用申不害变法、齐威王任用邹忌变法、楚悼王任用吴起变法、秦孝公任用商鞅变法、赵武灵王推行"胡服骑射"等,都是当时著名的变法活动。各国变法的基本内容、取向和目标也大致相同。改革的措施一经推出,一个国家立即就会出现新气象。这种历史现象展示着古今之变的大趋势。在各国的政治革新中,秦孝公、商鞅主持的变法最全面、最系统、最彻底。秦国能够在"大争之世"笑到最后,正是得益于此。

一、励精图治,下令求贤

秦国的社会政治改革起步于秦献公时期。秦厉公以来,秦国

① 《战国策·赵策三》。
② 《孟子·离娄上》。

内部围绕君位继承等问题争斗不已。因此,史称"秦以往者数易君,君臣乖乱,故晋复强,夺秦河西地"①。秦献公即位以后,出台部分改革措施,整饬国内政治,如重新编制户籍、倡导工商业、废止人殉制度等。他筑城栎阳,把政治中心进一步东移。公元前364年,秦与晋战于石门,斩首六万。公元前362年,秦与魏晋战于少梁,虏其将公孙痤。秦国重现霸王之相。

公元前361年,秦孝公即位,时年二十一岁。当时的政治情势是:"孝公元年,河山以东强国六,与齐威、楚宣、魏惠、燕悼、韩哀、赵成侯并。淮泗之间小国十余。楚、魏与秦接界。魏筑长城,自郑滨洛以北,有上郡。楚自汉中,南有巴、黔中。周室微,诸侯力政,争相并。秦僻在雍州,不与中国诸侯之会盟,夷翟遇之。"②这表明,七国争雄的局面业已形成。这时的楚国凭借传统优势地位和首屈一指的疆域依然相当强大,而魏国自李悝变法以后跃居战国首强,积极向四方扩张,构成对秦国的主要威胁。秦国南有楚国,东有魏国,又受到中原各国的轻视,在大国竞争中处于不利地位。

秦孝公继承献公遗业,下令求贤,曰:"昔我缪公自岐雍之间,修德行武,东平晋乱,以河为界,西霸戎翟,广地千里,天子致伯,诸侯毕贺,为后世开业,甚光美。会往者厉、躁、简公、出子之不宁,国家内忧,未遑外事,三晋攻夺我先君河西地,诸侯卑秦,丑莫大焉。献公即位,镇抚边境,徙治栎阳,且欲东伐,复缪公之故地,修缪公之政令。寡人思念先君之意,常痛于心。宾客群臣有能出奇计强秦者,吾且尊官,与之分土。"③

① 《史记》卷五《秦本纪》。
② 《史记》卷五《秦本纪》。
③ 《史记》卷五《秦本纪》。

卫鞅(商鞅)闻知秦孝公下令求贤,立即西行入秦。经秦孝公宠臣景监介绍,求见孝公,并获得赏识。此一番君臣际遇成就了春秋战国史上一次重大的制度创新,奠定了秦国政治的规模和取向。

二、任用商鞅,实行变法

商鞅(约公元前 390 年—公元前 338 年),姓公孙,名鞅,又名卫鞅。秦孝公封卫鞅于商于,故号商君,称商鞅。商鞅出身于卫国王族,"少好刑名之学",曾做魏相公叔痤的家臣,"年虽少,有奇才"①。公叔痤临终前推荐商鞅继任魏相,魏惠王不以为然,把一位旷世奇才推给了秦国。商鞅深得孔子足食足兵之道和法家耕战之术的真谛,并将其逐一落实于政治实践。从现存文献看,商鞅是世界上第一个提出系统的国家与法制理论的思想家。他既是理论家,又是实践家。他把法家政治思想发展成为相当成熟的理论体系,并以辅佐秦孝公变法而名著史册。在先秦诸子中,商鞅对当时社会历史进程的影响最大。他是战国时期最有成就的思想家、政治家之一。

经秦孝公宠臣景监引荐,商鞅三见孝公。第一次,他大讲"帝道","语事良久"而秦孝公昏昏欲睡,根本没有听进去。第二次,他论说"王道",秦孝公不以为然。第三次,他详细地讲解"霸道",秦孝公"不自知厀之前于席"。秦孝公对商鞅谋划的"强国之术"极口称赞。两人又多次深谈,"语数日不厌"②。这里应当指出的是:《商君书》是以"王道"概括法治、耕战思想的。

商鞅得到秦孝公信任,准备"易礼"、"变法"。他认为"治世不

---

① 《史记》卷六八《商君列传》。
② 《史记》卷六八《商君列传》。

44

一道,便国不法古"①,主张"当时而立法,因事而制礼"②。这必然引起争议。针对一批权贵反对变法,主张"法古无过,循礼无邪",商鞅指出:历史事实表明"三代不同礼而王,五伯不同法而霸"。"汤武不循古而王,夏殷不易礼而亡"③,这个经验教训也值得汲取。商鞅把"变法"的手段和目的概括为"治"、"富"、"强"、"王"。"治"的主旨是以法治国;"富"的主旨是以农耕富国;"强"的主旨是以战强国;"王",即"王天下"。"治"、"富"、"强"相互促进,而以法治国是实现三者的关键。治国以法制与法治为先,所以要变法。秦孝公同意商鞅的意见,决心变法图强。

商鞅从变革制度与法律入手,积极推行新政。他先后两度变法。公元前356年,秦孝公任命商鞅为左庶长,"卒定变法之令"。第一批变法措施主要是颁布法律,推行法治,奖励耕战,富国强兵。新法颁行三年,初见成效,得到秦国民众认可。商鞅也因功升任大良造。公元前350年,商鞅推出第二次变法措施。这次变法着重制度建设,如普遍推行县制,废除井田制,改革赋税制度,统一度量衡,革除旧风俗等,涉及到政治、经济、文化等各个方面。商鞅全面总结春秋以来各类改革的经验,做了综合性的创新。他废井田,奖耕织,赏军功,罚私斗,改赋税,扩军备,专盐铁,充国库,这些措施很快收到成效。

"法令更则利害易"④。改革是各种社会政治关系、利益关系和社会观念的大调整,它必然触犯上层社会一些人的利益,也会遭到习惯势力的抵制。据说当时"秦民之国都言初令之不便者以千数"。许多宗室贵族、世袭大臣公然抗拒新法。商鞅毫不动摇,不

---

① 《史记》卷六八《商君列传》。

② 《商君书·更法》。

③ 《史记》卷六八《商君列传》。

④ 《韩非子·解老》。

惜以铁血手段残酷镇压各类非议、反对和违犯法令的人。在秦孝公的支持下，新法得以贯彻，"秦人皆趋法令"①。由于新法有利于国家的统一、稳定和强盛，有利于广大中下层民众社会地位的相对提高和经济利益的相对增益，在经历了一个从"百姓苦之"到"百姓便之"②实践过程之后，新法获得多数臣民的拥护。

商鞅变法的成效首先见诸内政，"行之十年，秦民大说，道不拾遗，山无盗贼，家给人足。民勇于公战，怯于私斗，乡邑大治"③。内政修则国富，国家富则兵强，兵士强则战胜。秦国在对外战争中，特别是对强敌魏国的战争也取得一系列胜利。秦国迅速崛起，成为"兵革强大，诸侯畏惧"④的强国。

秦孝公勇于改革，使得秦国的综合国力大幅度提高。东方各国对迅速崛起于西部的强秦不得不敬之畏之。有三个事件集中反映了秦国在列强中地位的变化。一是公元前344年，秦派公子少官率师参加逢泽之会，其外交地位有显著变化。二是公元前342年，"秦人富强"，令各国刮目相看，于是"天子致胙于孝公，诸侯毕贺"，承认秦国的霸主地位。三是公元前340年秦孝公以商鞅为将进攻魏国。商鞅设计俘虏魏军主将公子卬，打败魏军。"魏惠王兵数破于齐秦，国内空，日以削"，"割河西之地献于秦以和"⑤。对秦国威胁最大的魏国从首强的地位上跌落下来。秦、魏两国攻守之势发生逆转。

三、依法治国，中央集权

经过两次变法，秦国的政治制度和相应的政治理念发生重大

① 《史记》卷六八《商君列传》。
② 《史记》卷五《秦本纪》。
③ 《史记》卷六八《商君列传》。
④ 《战国策·秦策一》。
⑤ 《史记》卷六八《商君列传》。

变化,政治结构、社会结构、经济结构和文化结构得到全面的调整,中央集权政治体制正式形成。主要体现在以下几个方面。

其一,以强化中央集权为核心,全面革新统治体系。

秦国在公元前356年推出有利于彻底废除世卿世禄制度的改革措施的基础上,于公元前350年普遍推行县制,建立相应的官僚制度。"集小乡邑聚为县,置令、丞,凡三十一县"①。县令是一县之长,县丞掌管民政。县之下设有乡、邑。居民实行"五家为保,十保相连"的什伍编户制度。这样做的目的是把地方的各项重要权力集中于朝廷。地方实行统一的制度,"百县之治一形"②,官吏就不敢随意变更制度,弄虚作假。这项改革标志着秦国中央集权体制的确立。中央集权是新的统治体系的核心制度。围绕中央集权,形成了一整套相互匹配的制度。

其二,以发展经济为主要目的,革新土地制度、赋役制度,改造社会经济关系。

公元前356年,秦国颁布一系列鼓励垦荒、奖励耕织的法令,扶植小农经济。经过一个时期的演变之后,一家一户的小农经济成为秦国主要的经济形式,而这种经济形式及相应的家庭模式又是专制主义中央集权政治制度最优的经济基础和社会基础。

公元前350年,秦国"为田开阡陌封疆,而赋税平"③。虽依然实行"亩百给一夫"的制度,却把一百步为一亩改为二百四十步为一亩,从而扩大了每个农民的受田面积。两年后,改革赋役制度,实行按户按人口征收军赋。这就以国家法令形式,废除井田制,实

① 《史记》卷六八《商君列传》,《秦本纪》记为"四十一县"。
② 《商君书·垦令》。
③ 《史记》卷六八《商君列传》。

行授田制,并由国家直接征收赋税。从《商君书·垦令》记载看,商鞅还推行了一系列经济方面的改革措施,如改革农业税征收办法,在一定程度上减轻民众的农业租税负担;实行普遍征集徭役原则,提高贵族减免徭役的条件,依据户口征集商人出徭役;重农抑商,禁止农民经商,加征商品税,提高酒肉等商品的税率;禁止官吏追求"博闻、辩惠、游居之事",以免影响农民从事耕织的积极性。他还强化吏治,使"官无邪人"或"邪官不及为私利于民",严防官吏非法侵犯民众利益。云梦秦简提供的材料表明,这些政策原则的确曾在秦国推行。

这个改革的本意是通过重农而富国。从历史进程的角度看,它具有革新社会经济关系的意义。土地占有、使用乃至所有关系的变动必然推动社会生产关系的调整和生产力的发展。学者们对春秋战国时期社会变革的性质有不同看法,有人认为是奴隶制向封建制的转变;有人认为是封建生产关系自身的阶段性演变;有人认为是奴隶生产关系自身的阶段性演变;有人则试图用其他概念进行分析。但是与西周相比较,战国时期占主导地位的经济关系中的人身支配性、依附性有所弱化是无可争议的事实。这是文明程度提高的重要标志之一。经济关系的调整和一家一户小农经济的发展,不仅相对改善了平民百姓的社会地位,调动了广大农业劳动者的生产积极性,增加了国家税收,而且为君主制度下的中央集权体制提供了最优的经济基础。中国古代王权得以不断强化、中国古代文明得以登峰造极,都有赖于一种世界古代史上最有活力的农业经济模式的建立。

其三,以废除世卿世禄制度、奖励耕战为主要目的,通过"易礼"、"变法",建立新的政治等级制度及相关的礼仪制度。

为奖励军功,禁止私斗,秦国颁布主要依据军功实行赏赐爵位的制度。据说，"商君为法于秦，战斩一首赐爵一级，欲为官者五十石。"①实际上可以称之为"功勋爵制度"。新的等级制度与旧的等级制度一样，都以区别尊卑贵贱，确定爵秩等级，维护君臣上下的隶属关系为基本宗旨。然而两种等级制度又有明显的区别，其中最重要的区别有两个：一是对各个政治等级的名目及其特权有所调整、改动，实行二十等（或十八等）爵制。二是确定政治等级的标准不同。新的等级制度以功勋作为确定等级的标准。爵位及相应官职的提升与功勋相称，而各种政治的、经济的、法律的、社会的特权又与爵位相称。新法明确规定：不论出身，一律依据功勋受爵。贫贱者有功勋，可以受爵位，任官吏，而宗室若无军功，不得享有宗室的特权，也没有爵秩，即"宗室非有军功论，不得为属籍。"每一级爵位都有相应的法定特权和礼仪规范，"各以差次名田宅，臣妾衣服以家次"。如果有僭逾等者，将受到法律的惩处。这就使"有功者显荣，无功者虽富无所芬华"②。

这项改革的目的旨在实现"利出一孔"③，即用各种政治手段使臣民只有一条可靠的获得爵秩俸禄、富贵荣华的利途，这就是为国家和君主建立功勋，而建立功勋的主要手段是"耕战"。它不仅调动了广大臣民参战的积极性，使秦国军队很快成长为"虎狼之师"，而且使贤者在位，能者出头，导致世卿世禄制度的瓦解和官僚制度的发展。这项改革从等级制度的角度为新的统治体系提供了一项重要制度的保证。新的等级制度具有相当程度的流动性，有利于扩大统治基础。

---

① 《史记》卷五《秦本纪》《集解》引《汉书》。
② 《史记》卷六八《商君列传》。
③ 《商君书·弱民》。

新的政治等级制度最重要的历史意义在于它造就了一个新的动力阶层。功勋爵制度的推行,势必不断衍生出集官僚、有爵位者和有地产者于一身的新的社会角色,而他们的子女又会分化出各种类型的地产拥有者。这就在君主、贵族、高级官吏、大地产主和大工商业者等社会上层阶层之下形成了一个以中下级官吏、中下级有爵位者、中小有地产者以及中小工商业者等社会阶层为主体的中间阶层。这些新兴阶层的人数众多并不断扩大。春秋战国的历史证明,这些阶层在当时最具有活力,是推动当时文明程度发展的动力阶层。它们是改造旧的政治关系和经济关系的产物,又势必成为发展新的政治关系和经济关系的主力军。这些社会阶层的成员是新制度的受益者,又是新制度的拥护者。随着这个中间阶层不断扩大,并在社会结构中逐步占据主导地位,中央集权政体也逐步扩大了可以依赖的社会基础。

其四,为适应和维护新的政治、经济制度,以强制手段改革家庭制度。

商鞅变法以强制手段废除大家庭制度,将一夫一妻的核心家庭规定为合法的家庭形式和赋役单位。法律明确规定:男子成年必须另立门户,"民有二男以上不分异者,倍其赋"①。

这项改革的本意是为了增加户数,发展生产,增收赋税。以一夫一妻为单位的农户也的确便于开垦荒地,发展生产,增加租赋。"秦人家富子壮则出分家,家贫子壮则出赘"②。从历史进程的角度看,这项改革具有改革家庭制度的意义。它推动了一家一户小农经济模式的发展。核心家庭作用的增强是文明程度提高的重要标志之一。

---

① 《史记》卷六八《商君列传》。
② 《汉书》卷四八《贾谊传》。

其五，为了强化国家的统一，以国家法令的形式统一度量衡。

商鞅改革的重要措施之一是统一度量衡，即"平斗桶权衡丈尺"①。公元前 344 年颁布的"商鞅方升"（现藏上海博物馆）就是这次改革的实物证据。这项改革对统一赋税制度，加强财政管理，推行俸禄制度，促进商业流通，都有一定的作用。它也是国家权力的象征，有利于强化国家的统一。

其六，统一思想，改造民俗，试图凭借政权的力量造就适应新的统治体系的文化体系。

据说，商鞅为了强化国家法令的权威，维护改革成果，曾赏罚兑现，令行禁止，禁绝游说，打击不利于新法推行的习惯势力。他还革除一些落后的风俗习惯，如以法律的形式"令民父子兄弟同室内息者为禁"②，严禁父子兄弟同室居住。新的观念和习俗的形成，有利于破除习惯势力，维护新的统治体系。

其七，健全法制，厉行法治，建立规范化的政治操作体系。

建立规范化的政治操作体系，特别是将各项改革措施制度化、法制化，这是商鞅变法的显著特征。商鞅入秦时携带着一部魏相李悝制定的《法经》。它是中国古代第一部与中央集权政体相匹配的比较系统的法典。商鞅改法为律，很可能还结合秦国的情况有所修改。后来秦朝、汉朝的法典就是在商鞅制定的法典的基础上逐步扩大补充而成的。除法典外，秦国还有政令等法律形式。商鞅变法的主要内容都写入法典、政令，并以法律的形式贯彻实行。例如，与什伍编户制度相配合，有关于连坐和"告奸"的法令，还规定：如果户籍登记有隐匿、不实者，乡官和同伍都要负刑事责

① 《史记》卷六八《商君列传》。
② 《史记》卷六八《商君列传》。

任;为了鼓励耕战,在法律上规定了一系列奖惩措施,或"驱以赏",或"劫以刑"①;为了维护国家颁布的度量衡标准,法律还规定"步过六尺者有罚"②;与新的土地制度相关,法律规定严禁侵犯他人的土地权益;为改变落后风俗,以严刑禁止弃灰于道、父子兄弟同居等。

主张以法为治、"以刑去刑"③的商鞅在法制建设方面着力甚大。尽管主张重罚主义的商鞅所制定的法律有轻罪重罚的弊端,而在当时的历史条件下还是取得了明显的成效。据说"法大用,秦人治"④,"道不拾遗,民不妄取,兵革大强"⑤。商鞅变法也因此获得战国时期的许多政论家的赞誉。

其八,迁都咸阳。

为了推行新政,摆脱旧俗,争夺中原,秦孝公迁都咸阳。商鞅仿效中原国都规模,规划城建,修筑宫殿,并在宫廷门外设立冀阙,用以悬示教令。

商鞅最讲究"作一",即统一制度、统一法令、统一思想、统一利途等等。他重视规范化、制度化、法律化的政治手段,认为所谓"王道",一言以蔽之,"身作一而已矣"⑥。君"作一"则民"自治"。民众皆自觉依法办事,政治就达到最高境界:"有道之国,治不听君,民不从官。"⑦在当时,重视制度、依靠法律、规范操作的统治形式令人耳目一新,它比商周统治模式要有效得多。

从商鞅变法的内容看,在秦孝公时期,与"帝业"相关的"帝

---

① 《商君书·慎法》。
② 《史记》卷六八《商君列传》《集解》引《新序》。
③ 《商君书·画策》。
④ 《史记》卷五《秦本纪》。
⑤ 《战国策·秦策一》。
⑥ 《商君书·农战》。
⑦ 《商君书·说民》。

制"已经初具规模。秦国向战国首强地位跃进和秦始皇的统一大业有赖于这种"帝制",而由秦始皇所确立的皇帝制度与其先人初创的制度属于同一统治模式,二者具有高度的近似性。

易"礼"变"法"主要是变革政治"礼法",包括政治制度与方略。与战国时期各国的变法相比较,商鞅变法具有全面性、系统性、彻底性,它将春秋战国以来各国陆续实行的许多具有革新意义的做法和政策系统化、制度化、法制化。主要体现在以下几点:首先,改革不是局部的、某一方面的调整,也没有局限在政治、军事层面,而是涉及到政治、经济、军事、法律、道德、文化等各个方面。特别是从变革经济基础、等级制度和文化习俗入手,为新的政治体制提供了坚实的社会基础,从而使整个社会政治生活发生了全方位的变革。其次,各项改革措施有很强的相关性,围绕建立中央集权、实现富国强兵这个核心目标,形成一系列配套的制度、方略、政策。再次,各项重要的改革措施基本上制度化,甚至法制化。以奖励耕战为例,有关的改革措施没有仅仅停留在政策层面,而是从法律制度、官僚制度、等级制度、土地制度、家族制度等各个方面提供规范和保证。第四,主要改革措施有意无意之中推动了一个以各级官吏、有爵位者和有地产者为主体的动力阶层的不断壮大。在新旧社会结构更替过程中,动力阶层的产生与转化是决定性因素。这个动力阶层的发展有利于中央集权政体的确立。它是新制度重要的社会基础。

正是由于商鞅变法具有上述特点,所以各项改革措施具有高度的稳定性。通过改革各种基本制度,使整个社会结构以及政治关系、经济关系、等级关系、家族关系等重要的社会关系都发生了深刻的变化,这是确保改革无法逆转的根本原因;各项改革措施及其巨大的成效促使统治集团的政治理念、治国方略和大众的政治心态、社会习俗都发生重大变化,新的政治理念、法律观念和社会道德获得社会各阶层的普遍认同,甚至形成新的时尚风俗,这是使得改革很难逆转的文化因素;重大改革措施都高度制度化、法律化,也很难由于人事变动而导致"人存政存,人亡政亡";规范化的政治操作体系的可行性和有效性也使后来者对它十分青睐。事实胜于雄辩,改革的巨大成效也向人们证明以商鞅为代表的法家学派的政治主张具有进取性、实效性。任何面对现实的政治家都不会将这种有效的治术弃置不顾而另起炉灶。

秦孝公和商鞅变法为秦国留下了一笔重要的政治遗产。它不仅确立了秦国的首强地位,而且为秦国的"王业"、"帝业"奠定了坚实的基础。各项变法措施得到全面贯彻和落实之后,秦国的文明程度大大提高,各项基本指标都超过了东方各国。至迟自秦孝公以后,秦国在文明发展程度上已经跃居首位。

第五节　从称"王"到称"帝"

公元前 338 年,秦孝公逝世,秦惠文君即位。不久新君及其宠臣为了报私怨、争权力将商鞅残酷地处死。商鞅车裂身死,灭族无姓,然而"秦法未败"①。从此秦国从称"王"到称"帝",迈开了统一天下的步伐。

一、秦惠文君称"王"

秦惠文王(秦惠文君)嬴驷是秦国第一位称王的国君。他是秦国第二代"法治"君主。秦惠文王虽杀害了商鞅,却又继承了商鞅的事业,致力于法治和耕战。这在"人存政存,人亡政亡"的时

---

① 《韩非子·定法》。

代实属难能可贵。他的举措对秦国法制的完善和法治传统的形成具有决定性的作用。

秦惠文王确定以"连横"破"合纵"的外交方略,不断蚕食三晋,侵掠强楚,屡屡得手,还多次击败各国联军。在秦惠文王时期,秦国国势的重大进展集中体现在灭巴蜀,取汉中,大幅度扩张了地盘。公元前316年,秦惠文王采纳司马错的谋略,利用巴、蜀相攻,出兵伐蜀,灭之,继而又灭巴国,设置巴郡。公元前312年,秦军在丹阳之战大破楚军,虏其将屈匄,斩首八万,又攻楚国的汉中,取地六百里,设置汉中郡。从此秦国占据关中、巴蜀两个"天府之国",控制黄河、长江中上游地区,不仅更加富强,而且取得战略优势。

这个时期最重要的政治现象是各国纷纷称王,掀起了称"王"运动。楚国早在春秋时期已经自称为王。魏惠王是战国时期第一个正式称王的诸侯国君。公元前344年,魏国主盟"逢泽(今河南开封附近)之会"[①]。魏惠王自恃强大,率先称王,他"乘夏车,称夏王"[②],宫室、衣服、仪仗等皆用天子之制。齐国的崛起动摇了魏国的首强地位。公元前334年,魏惠王与齐威王会盟徐州(今山东滕县东南),相互承认为"王"。公元前325年,日益强盛的秦国继魏、齐之后称王,韩、郑也相继称王。公元前323年,魏、韩、赵、燕、中山五国合纵攻秦,相互承认为"王"。后来卫、宋等国也称王。在商周,"王"是最高统治者的称谓。称"王"运动标志着各国已经不再尊重周天子的"天下共主"地位。它们从形式到内容都变成名副其实的独立国家。从此时开始,各国之间的战争实质上已经属于统一战争的范畴。

---

① 关于此事的时间、主盟者、参加国记载不一。此从杨宽:《战国史》,上海人民出版社1980年第2版,第318页。
② 《战国策·秦策四》。

继称"王"运动而兴的是称"帝"运动。各国纷纷称王,"王"的价值也就不那么尊贵了,于是各大强国开始谋求"帝"号。早在秦惠文王时期就开始有人力劝秦国称帝于天下。据说,苏秦最初试图连横,到秦国游说秦王。他对秦惠文王说:"大王之国,西有巴、蜀、汉中之利,北有胡貉、代马之用,南有巫山、黔中之限,东有崤、函之固。田肥美,民殷富,战车万乘,奋击百万,沃野千里,蓄积饶多,地势形便,此所谓天府,天下之雄国也。以大王之贤,士民之众,车骑之用,兵法之教,可以并诸侯,吞天下,称帝而治。愿大王少留意,臣请奏其效。"秦王曰:"寡人闻之:毛羽不丰满者,不可以高飞;文章不成者,不可以诛罚;道德不厚者,不可以使民;政教不顺者,不可以烦大臣。今先生俨然不远千里而庭教之,愿以异日。"苏秦费尽口舌,"说秦王书十上,而说不行"①。秦惠文王清醒地认识到秦国的实力还没有达到足以独自抗衡六国的地步,如果贸然称帝,就像雏鸟羽毛未丰而欲高飞,法令尚不完备而动刑罚一样,是不会达到预期的目的的。但是,秦惠文王与他的先辈及子孙一样,始终把建立帝业作为秦国的战略目标,并通过切实的步骤,一步一步向这个目标迈进。

公元前 310 年,秦武王嬴荡即位。他进一步完善官僚制度,初置丞相,以樗里子、甘茂为左右丞相。秦武王雄心勃勃,图谋"车通三川,窥周室",打通秦国到周室的通道。于是秦武王派甘茂等人进攻韩国,并于公元前 307 年攻克宜阳,斩首六万。秦军又渡河,攻占武遂,筑城设防。秦国的势力深入中原,并在周王室面前耀武扬威。秦武王派樗里子带车百乘觐见周天子,周天子只能曲意逢迎。就在这一年,迷恋象征最高权力的周鼎的秦武王因举鼎受伤而早逝。武王无子,他的异母弟嬴稷(一名则)继承王位。他

① 《战国策·秦策一》。

就是大名鼎鼎的秦昭襄王。

二、秦昭襄王称"帝"

秦昭襄王是秦始皇的曾祖父。他在位长达五十六年之久。秦昭襄王使秦国的首强地位进一步巩固。他一度称"帝",并灭亡西周,把周天子纳为自己的臣属。秦始皇就出生在曾祖父在位期间。

秦昭襄王是一位自觉坚持法治的君王。他任用的辅政大臣有范雎(张禄)、蔡泽等。他们都是商鞅学派的后学。在这些大臣的辅佐下,秦昭襄王先后解决诸公子叛乱和魏冉专政等内政问题,进一步强化了中央集权。

在秦昭襄王时期,著名大儒荀子到过秦国。他曾与秦相应侯范雎谈论对秦国的观感。依据儒家价值观,荀子批评秦国"无儒",认为这是最大的短处。然而他又承认秦国政治有其优长。他说:"其固塞险,形势便,山林川谷美,天材之利多,是形胜也。入境,观其风俗,其百姓朴,其声乐不流污,其服不挑,甚畏有司而顺,古之民也。及都邑官府,其百吏肃然,莫不恭俭敦敬,忠信而不楛(楛,滥恶),古之吏也。入其国,观其士大夫,出于其门,入于公门,出于公门,归于其家,无有私事也。不比周,不朋党,偶然莫不明通而公也,古之士大夫也。观其朝廷,其闲听决百事不留,恬然如无治者,古之朝也。"在荀子看来,秦国政治"佚而治,约而详,不烦而功",基本符合"治之至"的标准,"故四世有胜,非幸也,数也。"[1]这番话出自非议以法为本的名儒之口,足以证明当时秦国的政治制度和行政效率明显优于关东各国。秦孝公、秦惠王、秦武王、秦昭襄王"四世有胜"并非侥幸。秦国的强盛根源于一种更有效的政治制度。

---

① 《荀子·强国》。

秦昭襄王称"帝"是一件标志性的历史事件。不断攻取楚、魏、韩土地而耀武中原的秦昭襄王不满足于"王"的称号,欲为自己加上"帝"号。为了弱化各国的抵制,他拉拢齐湣王共同称帝。公元前288年,秦昭襄王自称"西帝",并派使节尊齐湣王为"东帝"。谁知齐国另有所图。为了邀买人心,防止秦国独尊,齐湣王竟背叛盟约,与诸侯会盟,出兵逼迫秦国取消帝号。秦昭襄王被迫去帝号。尽管由于尚未取得压倒优势,秦国的帝业尚需时日,但是它标志着秦国已经正式迈开了谋求统一天下的步伐。

公元前285年,秦将蒙武伐齐,夺取九城。随后秦国又积极组织燕、秦、韩、魏、赵五国联军攻齐。燕国上将军乐毅几乎将齐国灭亡。齐国从此一蹶不振。公元前272年,秦国彻底灭亡义渠国,设置陇西郡、北地郡和上郡,解除了西北边患,巩固了后方和侧翼。从此秦国得以专注于东方。此后,是否应当"帝秦"成为各国外交活动的一个重要话题。"鲁仲连义不帝秦"的故事就是在这个背景下产生的。

三、从秦国灭周到秦始皇称"皇帝"

自秦昭襄王统治时期以来,"远交近攻"的军事、外交战略逐步明确。秦军频频出师东征,蚕食邻国,消灭敌军,削弱对手。公元前298年,秦军出武关击楚,斩首五万,夺取十六城。公元前293年,在伊阙之战,秦将白起大败韩、魏联军,斩首二十四万,攻取韩国大片领土。公元前280年,秦将白起攻赵,斩首两万,取光狼城。公元前279年,在鄢之战中,秦将白起引水灌城,淹死楚国军民数十万,随后攻占楚国国都郢(今湖北江陵西北),在此设置南郡。两年后秦国又夺取巫郡及江南地,在江南地设置黔中郡。公元前275年,秦相穰侯攻魏,斩首四万,魏献三县请和。转年,秦军攻取魏国的卷、蔡阳、长社,斩首四万。公元前273年,在华阳之战中,秦将白起战胜赵、魏联军,斩首十五万,又乘胜追击,沉赵军二万余人于河中,并攻取大片土地。公元前 264 年,秦将白起攻韩,斩首五万,拔九城。公元前 260 年,秦军攻取上党,随后与赵军战于长平,秦将白起先后击毙、坑杀赵国主力军四十五万人。仅这几次大战,秦国就消灭韩、魏、赵、楚军队一二百万人。此外,中等规模的征战连年不断,小战更是不计其数,秦国胜多负少,也消灭了相当数量的敌军。每一次军事胜利都伴随着攻城略地、设郡置县。这就严重削弱了相邻四国的实力,使这四国先后丧失了独力抗衡秦国的能力。

秦赵邯郸之战,秦国被魏、楚、赵联军击败,三晋收复部分失地。但是,秦军稍事休整之后,又采取了进攻的态势,不断攻城掠地。公元前 256 年,秦军攻韩,斩首四万,夺取数城;继而攻赵,斩首九万,夺取二十余县,诸侯大震。西周君与诸侯合纵,率天下锐师攻秦。秦昭襄王大怒,决意灭周。秦军兵临城下,周赧王被迫入秦,"顿首受罪,尽献其邑三十六,口三万"。不久周赧王卒。秦灭西周,"取九鼎宝器"①。公元前 254 年,韩桓惠王朝秦,魏亦委国命于秦。

秦国灭西周,取九鼎,被古代史家视为重大标志性历史事件。它象征着周王朝寿终正寝。从此,"周天子"不复存在,在名分上天下已无共主。司马光著《资治通鉴》,从公元前 255 年开始以秦王年号系年,以"秦纪"编年。胡三省对此的解释是:"西周既亡,天下莫适为主。《通鉴》以秦卒并天下,故以昭襄王系年。"②在今天看来,这件事可以视为周秦之际一次不同寻常的改朝换代的基本完成。

---

① 《史记》卷四《周本纪》。
② 《资治通鉴》卷六,秦纪一,昭襄王五十二年。

到秦孝文王、秦庄襄王时期，秦国不断出兵东征，连连击败韩、赵、魏军，又夺取邻国大片土地，还灭亡了小国东周。上述事件应当算作统一战争的前奏。

在统一战争的前奏阶段，秦国战略重点是蚕食相邻各国，击败主要对手，其战略意图有三：一是瓦解合纵攻秦，避免孤立无援；二是南取巴蜀，北灭义渠，继而蚕食邻国领土，扩大势力范围，取得战略优势；三是削弱楚国、齐国、魏国、赵国，剪除强劲对手，巩固首强地位。这就决定了具体的战事有攻有守，有胜有负，国土也有得有失，但是总体上秦军攻多守少，胜多负少，而国土则大幅度扩张。经过数十年征战，这个战略意图基本实现。三晋已经势如累卵，危在旦夕，而楚、齐则处于战略守势。不仅各国都丧失了单独与秦国对抗的能力，就连各国联军合纵攻秦的势头也一波不如一波。由秦国完成统一大业已是大势所趋。

在当时的历史条件下，与六国相比，秦国拥有更有效率的政治制度、更合理的社会结构、更雄厚的经济实力、更具进取性的文化体系、更强大的军事力量、更广大的国土和更有利的战略态势，只要秦国国内政局基本稳定，军事与外交不犯重大错误，局势很难逆转。

本传的传主秦始皇就是在这个历史背景下登上历史舞台的。他继承了先公先王留下的丰厚的政治遗产，坚定地执行了父祖的政治遗嘱，出色地完成了统一大业。有迹象表明，秦朝建立以前，秦王可能已经自称"天子"。荆轲刺秦时就曾当面称嬴政为"天子"①。成就帝业的秦始皇仍不满足，又创造了更为显赫的"皇帝"尊称。

---

① 《史记》卷八六《刺客列传》。

第六节　周秦之变:一次非同寻常
的王朝更替

从秦襄公封侯、秦穆公称霸,到秦惠文君称王、秦昭襄王称帝,
再到秦始皇统一天下,成为大秦帝国皇帝,秦国历代君主历经数百
年而完成了中国古代史上一次非同寻常的王朝更替。史称"周秦
之变"。在中国古代社会,王朝更替是常见的政治现象。然而惟
有周秦之变的形式、内容、动因、性质、意义非同一般。

一、周秦之变的特点

与历次王朝更替相比较,周秦之变有明显的不同。

其一,王朝更迭的形式不同。

商朝代替夏朝、周朝代替商朝的政权更替属于同一模式,即
"天下共主"的一个属国逐步崛起,基本上以一战定乾坤的方式夺
取"天下共主"的地位,同时把原来的宗主国降为臣服于自己的
属国。

秦汉以后的王朝更替大体有三种模式:第一种模式以秦汉之
际、两汉之际、隋唐之际的中央政权更迭最为典型,其特点是:旧的
王朝被大规模的民众起义冲垮,在群雄逐鹿中,打拼出一个新的王
朝。第二种模式以晋朝代替曹魏、隋朝代替北周、北宋代替后周为
代表,其特点是:以权臣发动政变的方式完成最高权力的更迭。第
三种模式以元朝代替宋朝、清朝代替明朝为代表,其特点是:由一
个新兴于边疆地区的少数民族王朝以武力征服的形式消灭中原的
汉族王朝。

周秦之际的王朝更替与上述各种模式都有很大区别。其基本

特征是:原来的"天下共主"逐渐衰落,以致徒有虚名,而这个宗主国的名分又长期保留,人们有时为了某种政治需要还要借用它;由于旧的政治模式、政治机制及相关的政治观念、政治规范还在一定程度上发挥着作用,在相当长的时期内,出现了以霸主替代"天下共主"的作用的政治局面;在政治演进的过程中,原先在"天下共主"有效支配下的相对独立的政治实体逐渐变成独立的国家,进而形成群雄逐鹿的局面;为了应对复杂的政治局面,各国内部的政治模式及相应的政治观念发生了重大的变化,这种变化又是通过一系列主动的变法活动实现的;这一系列政治变化有深刻的社会动因,政治的改革又反过来推动整个社会全方位的变革;最终由一个社会变革和政治改革最彻底的国家取得了"天下共主"的地位,而这时的"天下共主"在权力结构中的地位已非旧日的"天下共主"可比。

其二,王朝更替所需要的时间有明显的差别。

无论夏商周的更替,还是秦汉以后的历次政权更替,都不需要太多的时间,以致史家常常以"其兴也勃焉"、"其亡也忽焉"以及"顷刻之间灰飞烟灭"、"旬月之间便成帝业"之类的词语来形容这类历史事件。

周秦之间的更替则颇费时日,耗去了春秋战国这五百多年的光景。换句话说,它整整经历了一个历史阶段。

其三,政治意义和历史意义有质的区别。

王朝更替是中国古代社会一种重要的政治调节机制。它通过王权再造来更新政治,整个社会的面貌也会或多或少发生变化。著名的"文景之治"、"光武之治"、"贞观之治"、"康乾之治"等,都是这种政治调整的产物。

周秦之变同样具有调整政治的意义,然而这一次的王权再造却不是寻常的修修补补,而是一次大规模的改造,最终由"王制"

之中衍生出"帝制"。

二、周秦之变与欧亚大陆的帝国化时代

西周与秦朝的政治制度在若干基本原则上是相同的：一是君权至上，最高权力不可分割；二是"家天下"，最高权位世袭。但是，周秦之变伴随着一系列的制度创新，因而国家基本结构、选官制度、政治等级关系以及土地占有关系、劳动关系和文化观念都发生显著变化。旧的社会秩序解构了，旧的政治隶属改变了，旧的经济关系更动了。与帝制相适应，整个社会体系发生了全方位的变革。

从世界史的视野审视，春秋战国秦汉时期恰好处在欧亚大陆的帝国化时代。在这个时期，欧亚大陆几个文化高度发达的核心区域的政治体制不约而同地向帝制发展。

世界古代史上的帝制有四种形成途径和发展模式。

1、由早期王政直接演变成专制王权，继而形成大帝国。一般过程是：从小国寡民的早期王政，逐步形成地域比较广大的以诸多邦国共主形式存在的最高王权；随着王权专制权力结构逐步改革，向政治统一的国家和中央集权的帝制发展。两河流域、印度、中国等具有文化原生性的文明古国都循着这条途径建立了大帝国。这条途径可能最具有常规性，是一条古代国家政治制度演变的正途。

2、国家产生之时，受先进文化的影响，跳过早期王政阶段，直接建立实行君主专制制度的帝国。世界各地众多的后发性帝国，如匈奴帝国、蒙古帝国都是走的这条路。

3、早期王政，经由贵族共和制，最终建立实行君主专制制度的大帝国。古罗马帝国的形成过程最为典型，它经历了早期王政、共和制阶段，经具有专制王权性质的元首制过渡，最终走向帝制。

4、早期王政经由民主政体，向君主专制制度演变，最终产生帝

制。古希腊最为典型。这个地区的早期王政分化出分别以雅典模式、司巴达模式和马其顿模式为代表的民主政体、贵族政体或君主政体的城邦。三种途径最终归一于马其顿模式，然后由专制王权向帝制发展。

　　大致在公元纪年前后，中国、印度、中欧等几个文化高度发达的核心区域，政治组织相继摆脱了早期文明在相对落后条件下形成的王制、共和制或民主制，形成幅员辽阔的、权力比较集中的大帝国。到公元一世纪，汉帝国、贵霜帝国、安息帝国、罗马帝国从东向西一字排开，连成横贯欧亚大陆的文明地带。在这四大帝国之中，中华帝制的政治组织最为强大。

　　就政治形式而言，周秦之变是从相对落后的王制到中央集权的帝制之变，而政治形式的变化推动了一系列政治、经济、社会、文化变革。围绕政治制度转型，整个社会政治体系的各个层面都发生了相应的调整。

三、周秦之变的主要历史动因

　　推动这个历史变革的根本原因是生产力的飞跃发展。没有生产力的发展，就不可能发生这次非同寻常的周秦之变。大多数历史学家，尽管其历史观有很大差异，却共推铁器作为当时欧亚大陆生产力飞跃发展的标志物。他们发现铁器与帝国息息相关。准确地说，铁器只是一种标志物。有了与铁器相关的一系列技术进步，人类社会的政治组织也就开始了向帝国化演变的进程。

　　许多中外著名历史学家都认为以铁器为代表的技术进步是这个时期文明发展的主要历史动因。由此而带来经济、社会、政治、思想一系列深刻的变化。以马克思主义经典作家为代表的历史唯物主义者对此做了深刻的理论阐述。许多持其他历史观的史学家也做出了类似的判断。他们看到了以铁器为代表的技术进步的革命性作用。例如,美国史学家斯塔夫里阿诺斯认为,铁器出现以后,其实用范围有一个逐渐扩展的过程。"当锄、斧、犁等农具同武器一样,也能用铁来制造时,立即产生了深远的经济、社会和政治影响"。主要影响有:铁制工具促进了农业疆域的扩展,而农业疆域的扩展使文明核心区的范围相应扩大;农业生产力的急剧增长可以提供足够的剩余粮食来发展经济和建立国家;农业、制造业、商业相互促进,并使经济专业化随着效率和生产率的提高而全面深化;随着经济的发展,旧的部落社会和军事贵族的地位被改变;"由经济发展所促成的政治上的统一同样是一种破坏性的力量。无论在意大利、印度,还是中国,部落酋长、部落议事会和民众大会都正在由王国、继而由帝国所取代";政治上中央集权制的建立又反过来促进了经济的发展;所有这些发展引起社会关系、政治组织、生活方式和谋生之道等方面的深刻变化,而对这个变化的思考又形成了各个文明独特的哲学观念。这是这个时期"普遍性影响的根源"①。对于冶铁技术的发明在春秋战国时期历史大变革中的作用,中国史学家有精到的考证、细致的描述和完整的论证。虽然中国铁器的产生及其普及的年代稍迟于西方,而易于耕作的黄土地及相对发达的农耕技术足以弥补其不足。秦始皇陵的考古发掘也以大量实证材料形象地展现了秦代生产力的发展水平,特别是冶金制造和机械加工技术所达到的空前高度②。在中国,铁制工具产生于春秋,到战国秦汉逐步普及。中国帝国化过程的开

---

① 参见[美]L.S.斯塔夫里阿诺斯:《全球通史——1500年以前的世界》第七章,"最初的欧亚文化高度发达的核心区",中译本,吴象婴、梁赤民译,上海社会科学出版社1988年。

② 本书涉及秦始皇陵考古发掘研究成果的描述内容,主要参考了秦始皇兵马俑博物馆编辑的《秦俑学研究》(陕西人民教育出版社1996年版)以及《秦陵秦俑研究动态》、《秦文化论丛》的各期、各辑。

始与最终完成恰恰和铁器的出现与大体普及相呼应。在这方面，中国古典文明发展进程的基本特征与欧亚大陆古典文明的共性相符合。

铁铸造了犁，也锻造了剑，它为耕与战提供了利器。耕，创造了财富；战，必然血腥。欧亚大陆这个时期的大帝国都带有"铁"的色彩：以铁血的手段构建帝国，以铁血的手段拓展疆土，以铁血的手段维系王权。在腥风血雨中，这些大帝国开辟了人类文明史的新篇章，也不可避免地铸就了历史性的暴虐。

四、周秦之变对秦始皇历史地位的界定

秦国是中国大地最早生产和使用铁制工具的地区之一。在各大"战国"之中，秦国有一支最早开始以钢制兵器逐步取代青铜兵器的军队。秦国又是最早形成较完备的帝国统治模式的国家。大秦帝国竟然还崇拜铁色。这既是历史的巧合，又内蕴着历史的必然。

这是一个创建帝国的时代。秦始皇则是当时欧亚大陆屈指可数的亲手缔造大帝国的著名帝王之一。乍然看来是一个个"政治—军事英雄"按照自己的意志建立了一个个强大的帝国。这些英雄人物的功业如此显赫，如此昭然，其历史作用毋庸置疑，不可抹煞。而究其根源，与其说是这些英雄人物缔造了大帝国，不如说是社会生产力的飞跃发展带来的一系列深刻的社会变革缔造了大帝国。这些英雄是历史使命的负载者。他们在大体相似的历史条件下，完成了大体相似的历史任务。这个历史任务在人类文明史上具有如此重要的划时代的意义，因此这些英雄们的功与过、是与非、善与恶是与大帝国的功与过、是与非、善与恶密切相关的。

第二章 孺子篇:承继宗祧
的少年君王

秦始皇的名字叫"政"。巧合的是他的一生果然与政治有不解之缘。论家世,他出身于王公世家,是君王的后裔。论出生,他是一场政治交易的产儿。论遭遇,在孩提时代,他因为政治原因而伴随父母颠沛流离,饱尝寄人篱下之苦。论前程,他得益于一位政治投资家的努力而成为王位继承人。论地位,幼冲之年他就成为承继宗祧的少年君王。亲政后,他及时剪除了一批强劲的政治对手,从此实实在在地掌握着最高权力。论事业,他做出了一番轰轰烈烈的政治大业,其事迹堪称前无古人,后无来者。论影响,他所建立的政治制度的基本框架和核心理念生存了二千余年,后世对秦皇、秦制、秦政的议论也经久不息。本章先介绍秦始皇的孺子时代。

秦始皇出生于其曾祖父秦昭襄王在位期间。这时的秦国已经正式迈开从称"王"到称"帝"的步伐。换句话说,秦始皇生于秦国即将成就帝业的时期。欲图称帝,就要发动战争,出兵征服其他国家;欲图称帝,就会招致战争,引来他国的讨伐。在秦始皇出生之际,"战国"之间的战争已经发展到空前惨烈的程度,杀人盈城、杀人盈野的战役一个接着一个。战争是实力和谋略的较量,不仅需要"伐战",而且需要"伐交"。各国君主为了称霸称王称帝,为了保国保家保位,纷纷在纵横捭阖的合纵连横中,施展政治谋略,较量外交智慧。秦始皇生于一个开诚相见的交际、出奇制胜的谋略、尔虞我诈的权术和不可告人的交易交织在一起的时代。秦始皇的出生与一系列战争、外交、谋略和交易活动有着直接的关系。没有一系列特定的战争和外交，没有一个个特定的谋略和交易，世界上根本不可能有嬴政这个独特的个体问世，也就更不可能有一位傲视群雄的秦始皇名著于史册。换句话说，秦始皇的父母之所以能够结合与其曾祖父的战争与外交活动，与其父辈的谋略与交易活动，都有直接的关系。缺少其中的任何一个环节，都不会有秦始皇这个人诞生于世间。

历史的魅力就在于它常常因为偶然事件而发生戏剧化的变化，而秦始皇的出生和登基恰恰是一系列偶然事件综合作用的结果。

第一节　做政治人质的王孙异人与
以投资牟利的商人吕不韦

秦始皇的出生充满了传奇色彩。他有两位"父"。一个是他必须称之为"父亲"的异人（子楚、秦庄襄王），一个是他曾称之为"仲父"的吕不韦。仲，即伯仲之"仲"，训为"中"。"仲父"，即次父，意为第二位父亲或地位仅次于父亲的父辈。没有这两个人的政治交易和亲密私交，就不会有嬴政这个个体，也不会有后来的秦始皇。

由于历史记载的相互矛盾，对于究竟谁是秦始皇生物学上的父亲，历来有不同说法。司马迁的《史记》明确指认秦始皇是吕不韦的私生子，可是他的记述也有自相矛盾之处。秦始皇的生父问题迄今还是一个历史之谜。仅仅利用现存文献材料将永远无法揭破这个谜。但是，现代科学技术的发展为解开这个谜提供了可能性：如果在发掘秦庄襄王陵和秦始皇陵的时候能够发现二人的尸骨、毛发,便可以利用现代遗传学技术做出亲子鉴定。届时将真相大白,因此本传不拟太多地涉及这个话题。

谁是秦始皇的生父,对研究秦始皇的政治行为,评价其成败得失、功过善恶并不重要,而异人、吕不韦两人的交情却造就了四个先后染指秦国最高权力的重要历史人物,即秦庄襄王子楚、秦相国吕不韦、秦国太后赵姬、秦王嬴政(秦始皇)。他们都是本章的主角。

一、羁旅邯郸的质子异人

秦始皇生于异国他乡,他的父亲异人(后改名子楚)当时羁旅邯郸,身份是秦国派到赵国的"质子"。异人可能是接替父亲安国君而到赵国为质子的。公元前265年,安国君被立为太子,并回到秦国,于是秦国令他的儿子异人到邯郸顶替他。

质子古即有之。古代邦交、盟约多以双方互换质子或单方派遣质子的方式作保证。"质",即抵押,"质子"即以子孙、亲属做"人质"。春秋战国时期,各国之间的和与战变化多端,各国多互派质子。有时缔约国会要求特定的人物为质。以太子为质子的情况亦非罕见,如战国后期的秦悼太子质于魏、楚太子完质于秦和燕太子丹质于秦等。在当时,做质子又是公子王孙对宗国的政治义务和为国家立功的主要手段。自商鞅变法以来,秦国就有宗室无功则无爵的制度。公子王孙要获得爵位就必须立功,因此秦始皇的曾祖父、祖父、父亲都有做质子的经历。质子客居他国,其境遇取决于盟约的履行状况和其在本国的地位。他们都是公子王孙,通常会受到所在国家一定的礼遇。但是,他们的行动受到所在国的严密监视,命运"托于不可知之国"。一旦本国违约,就有可能被处死而"身为粪土"[1]。

---

① 《战国策·秦策五》。

异人在赵国的境遇很不妙。首先,秦赵两国当时激战犹酣。公元前260年,赵国在长平之战败北,秦将白起坑杀赵国降卒四十万人。不久,秦军又进攻赵国首都邯郸,赵国军民戮力同心,顽强抵抗,挫败秦军。在这种形势下,"赵不甚礼子楚"。其次,异人在国内的地位属于"诸庶孽孙",即姬妾所生子孙。异人有二十几个兄弟。他不是嫡子,亲生母亲夏姬又失宠,所以地位低下。赵国不加礼遇,本国又不予重视,所以异人"车乘进用不饶,居处困,不得意"①。羁旅邯郸的异人可以说是个"落难王孙"。

二、善于牟利的商贾吕不韦

秦始皇的另一位父亲是吕不韦。吕不韦本是一位善于经营的商人。他把商业经营的智慧用于政治投资,不仅使自己成为一代名相,还成就了一位君王,辅佐了一位皇帝,编辑了一部名著,从而青史留名。

吕不韦,阳翟(今河南禹县)人(一说濮阳人)。他是一位成功的商人,"往来贩贱卖贵,家累千金"。一个偶然的机会使他与异人邂逅。吕不韦同情异人的处境,彼此有了密切的交往。经过相互了解之后,吕不韦得出这样的判断:"此奇货可居。"②吕不韦以商人的眼光审视异人,发现了一桩可以发大财的交易。他把异人比作财货,把从政比作交易,打算做一次政治投机买卖。他决定弃商从政,把金钱投在异人身上。

惟利是图是商人的本性,吕不韦为何肯在一个落难王孙的身上下本钱? 吕不韦与父亲之间一番精彩的对话,道出了其中的奥妙。据说,吕不韦的父亲起初极力反对这桩交易,吕不韦便算了一

---

① 《史记》卷八五《吕不韦列传》。
② 《史记》卷八五《吕不韦列传》。

笔经济账。他问其父"曰:'耕田之利几倍?'曰:'十倍。''珠玉之赢几倍?'曰:'百倍。''立主定国之赢几倍?'曰:'无数。'曰:'今力田疾作,不得暖衣余食。今建国立君,泽可遗后世,愿往事之。'"①

历史事实一再证明,吕不韦不仅是一个善于经营的商人,还是一位精明干练的政治家。他很有政治头脑,非寻常商贾可比。投资总是要冒风险的,因此投资前必须做充分的可行性研究,还需要一定的胆识和心胸。吕不韦擅长谋略,精于计算,他的决定是有根据的。首先,太子安国君是秦国王储。"安国君有所甚爱姬,立以为正夫人,号曰华阳夫人"②。依照宗祧继承法则,华阳夫人的儿子是嫡子,拥有公认的优先继承权,而这位夫人偏偏无子。安国君其他的儿子都有可能成为继承人,异人名列其中。尽管当时安国君更看好另一个儿子,但毕竟尚未最终确定。一旦异人被立为安国君的继承人,他就是未来的秦王。能将落难王孙推上王位,其回报何止一本万利。其次,即使谋立异人失败,也可以交结一位秦国贵族。这就为将来在秦国的发展创造了有利条件,很可能从中获利,不至于蚀本。可是这桩交易毕竟存在血本无归的风险,可以称之为政治投机。再次,当时的政治制度已经为处于社会中下层的百姓们敞开了仕途的大门,他们有更多的渠道和机会跻身权贵行列。这一点是至关重要的。无论如何,吕不韦决心一搏。后来他登上"一人之下,万人之上"的相国之位,取得了破天荒的巨大成功。

纵观古今中外的历史,有吕不韦之心的商人大有人在。工商业者凭借财富而取得政治权力是社会变迁的产物。在前资本主义

---

① 《战国策·秦策五》。
② 《史记》卷八五《吕不韦列传》。

时代,政治地位、政治权力往往直接决定经济利益的分配,金钱也早就与政治联姻。但是,以财富换取贵族地位则是社会发展到一定程度的产物。在进入资本主义时代以后,金钱对政治权力的影响日益强化。工商业者把金钱用于政治投资,以直接取得政治地位或间接影响政治权力的方式换取巨大的政治利益、经济利益,这种现象可谓司空见惯。因此,如果对吕不韦的行为单纯做道德分析,不利于深刻认识这类社会历史现象。

在中国古代,吕不韦现象可谓前有古人,后有来者。见于历史记载的获得权贵地位的工商业者也不只吕不韦一人。吕不韦是工商业者凭借财富获取权贵地位的先驱者之一,也是其中最成功的一位。他们的成功从一个角度反映着社会的重大变迁:当时已经形成了包括工商业者在内的若干动力阶层,它们推动了社会结构一定程度的开放和社会阶层之间结构性的垂直流动。吕不韦现象既是社会变迁的结果,又是社会变迁的指示器。没有重大的社会变迁,吕不韦是很难位居宰相的。

三、围绕储君嫡嗣地位展开的政治交易与政治谋略

秦始皇的两位父亲一拍即合,做成了一笔彻底改变他们个人及其妻子儿女命运的政治交易。这笔交易还在很大程度上影响了中国历史的具体进程。

胸有成竹的吕不韦专程去拜访异人,并建议两人共谋富贵,张大彼此的门第。异人甚解其意,遂与吕不韦密谋深语。吕不韦认为,秦昭襄王年事已高,不久于人世,而安国君为太子,即将登上王位。安国君宠幸华阳夫人,"能立适(嫡)嗣者独华阳夫人耳"。在二十余个兄弟中,异人既无长幼序位优势,又不受父亲青睐,且长年身处异国,一旦安国君立为秦王,他无法与在国内的长子及诸子争夺太子之位。异人同意吕不韦的分析,并请教对策。吕不韦表

示:"不韦虽贫,请以千金为子西游,事安国君及华阳夫人,立子为适嗣。"异人当即叩头拜谢,他向吕不韦承诺:"必如君策,请得分秦国与君共之。"①

交易达成,吕不韦立即安排有关的各种运作。他向异人奉献了五百金,供他孝敬亲长、结交宾客使用。用今天的话说,就是以重金包装异人,使之广交社会贤达,获得良好的声誉。吕不韦又用五百金购买各种奇物玩好,亲自出马到秦国为异人游说。他先后求见华阳夫人的姐姐和弟弟阳泉君等,设法为异人寻找晋身之阶。吕不韦的礼品和游说打动了华阳夫人的亲属,也就打通了面见华阳夫人的途径。

吕不韦晋见华阳夫人,并献上远道带来的珍贵礼品。在华阳夫人面前,他极力赞扬异人的贤德和智慧。他告诉华阳夫人:异人不仅结交诸侯宾客遍天下,而且日夜思念父亲安国君和嫡母华阳夫人,常常表示要"以夫人为天"。华阳夫人闻之大喜。

在博得华阳夫人及其亲属的信赖之后,吕不韦开始通过姐妹、兄弟关系间接地游说华阳夫人。其说辞的要点是:"以色事人者,色衰而爱弛",这个道理人所共知。华阳夫人现今凭借青春美色获得安国君宠幸,亲属们也都因此居于高官尊位。阳泉君等人不仅权势炙手可热,而且骏马盈外厩,美女充后庭。可是一旦华阳夫人色衰爱弛或者安国君死去,华阳夫人及其亲属们就可能面临危机。安国君年事已高。他辞世而去,必定由他的某个儿子继承王位。如果新的秦王早就对华阳夫人及其亲属心怀不满,她们很可能面临杀身灭族之祸。目前最佳的对策是:华阳夫人趁着正在受宠,在诸子中挑选合适人选,并向安国君推荐,将其立为嫡嗣。这位嗣子必然感恩戴德。这样一来,安国君在世之时,华阳夫人尊贵无比;

---

① 《史记》卷八五《吕不韦列传》。

安国君百年之后,所立嗣子为王,华阳夫人一家也不会失势。"此所谓一言而万世之利也"。在诸子中,异人是最合适的人选。他不仅贤达智慧,孝敬华阳夫人,并在各国享有盛誉,而且自知很难获得嫡嗣的地位。他的母亲不受宠幸,主动依附于华阳夫人。华阳夫人选择异人做嫡子,就会使夫人无子而有子,异人无国而有国。如果华阳夫人得到父子两代秦王的庇护,她一生都能在秦国受到尊敬。此事必须当机立断,否则"色衰爱弛后,虽欲开一语,尚可得乎?"①

吕不韦的分析和献策颇有道理,它打动了华阳夫人的亲属们,又通过他们说服了华阳夫人。华阳夫人利用合适的时机,向安国君委婉地提出选立嫡嗣的问题,并主张选择在赵国做质子的异人。她含颦带泪,恳请安国君:"妾幸得充后宫,不幸无子,愿得子楚立以为适嗣,以托妾身。"②

安国君同意这个安排。按照当时指定继承人的制度或惯例,安国君和华阳夫人刻玉符为信物,正式立约,确定了异人的嫡嗣地位。华阳夫人是楚国人,她认异人为嗣子,并将他的名字改为"子楚"。

秦国王储嫡嗣地位的确定使子楚的身价倍增。安国君及夫人送给子楚很多财物,又任命吕不韦为他的师傅。子楚在各国的名望进一步提高。

四、赵姬再嫁与赵政出世

秦始皇的母亲是赵姬。赵姬是豪族之女,赵国邯郸人,姿容绝美而又能歌善舞。她本是吕不韦的妻妾,后来成为子楚的夫人。

赵姬与子楚的姻缘又是吕不韦特殊的经营牟利之术的产物。

---

① 参见《战国策·秦策五》、《史记》卷八五《吕不韦列传》。
② 《史记》卷八五《吕不韦列传》。

为了进一步密切与子楚的关系,甚至使自己的子孙登上王位,吕不韦在为子楚安排婚配方面动了一番脑筋。他特意物色了一位倾国倾城、多才多艺的女子,并寻找机会奉献给子楚为妻妾。据说,吕不韦把年轻貌美的赵姬娶进家门,使她怀上身孕。一次,他在家中宴请子楚,酒酣耳热之际,招来宠妾献舞伴酒。子楚爱慕赵姬的绝代美色和动人舞姿,他当即向吕不韦举杯祝酒,请求娶赵姬为妻。吕不韦闻之大怒。可是他念及"业已破家为子楚,欲以钓奇,乃遂献其姬"①。赵姬嫁给子楚十二个月之后生下一个儿子,取名"政"。他就是秦始皇。子楚遂立赵姬为夫人。

秦始皇是子楚的嫡长子。他生于邯郸,出生时间是秦昭襄王四十八年正月(大约在公元前 260 年 10 月至 12 月之间。许多史书记为公元前 259 年)②。可能由于他生于正月,且秦与赵同祖,嬴秦先人曾经姓赵,而子楚、赵姬夫妇当时又生活于赵国,所以"名为政,姓赵氏"③。赵政是嬴政的曾用名。

子楚娶赵姬究竟是夺人之美,还是中了计谋? 赵姬转嫁子楚时究竟是怀有身孕,还是没有身孕? 依照血统,"赵政"究竟是"嬴政",还是"吕政"? 这些问题已经很难依据现存文献准确考证。笔者更倾向这样的看法:秦始皇与吕不韦不是血亲。无论事实真相如何,都不会对研究"秦始皇现象"有太大的影响。

第二节　荣任王储与初登君位

秦始皇从一出生就注定是一位王者。他的曾祖父是在位的秦

---

① 《史记》卷八五《吕不韦列传》。
② 参见马非百:《秦始皇传》,江苏古籍出版社 1985 年版,第 12 页。
③ 《史记》卷六《秦始皇本纪》。

王,他的祖父是王储,他的父亲是王储的嫡嗣,而他是父亲的嫡长子。按照王位继承制度,只要不发生各种意外情况,秦国的王位迟早要由他来占据。但是孩提时代的秦始皇历经了危难,杀身之祸差一点降临在他的头上。他和他的父母都大难不死,逢凶化吉。或许这就是古人所谓的"王者不死"。

一、子楚回国与赵政归秦

秦始皇出生前,秦赵之间就大战不已,他的父母一直身处险恶之地。秦始皇出生时,秦赵长平之战刚刚结束不久。这场恶战历时三年,以赵国惨败告终。赵军主将赵括被击毙。赵国先后损失四十五万生力军,被迫割地求和。两国虽订立和约,而赵国上下对秦国的仇恨却无法消解。秦始皇一家的处境可想而知。不久,秦赵两国战事再起。赵国拒不履行割让六城的和约,还联齐抗秦。秦国遂连年派重兵进攻赵国。公元前260年,秦军以王陵为将攻打赵都邯郸,遭遇顽强抗击,损兵折将。秦军改以郑安平为将继续进攻赵国,结果被围兵败,郑安平及所部二万余人降赵。公元前258年,秦昭襄王派王龁统帅大军围攻邯郸,赵国形势危急,生死存亡未卜。赵王一方面派平原君率毛遂等人奔赴楚国乞求援兵,一方面打算杀掉秦国质子子楚。秦始皇一家面临灭顶之灾。

子楚与吕不韦早有防备,所以及时得到了有关情报。他们首先设法游说赵国的当权者,告诫他们严惩子楚于事无补,与其扣留或诛杀子楚,不如将他放回秦国,令其有机会登上王位,而感念赵国。见游说无效,子楚与吕不韦立即决定出逃。此时邯郸城戒备森严,对子楚等人的看管也更加严密。吕不韦用六百金贿赂看守子楚的官吏和守城的戍卫,他们才得以逃离邯郸。子楚与吕不韦抛妻别子,奔向秦军营垒,然后辗转归国。赵国得知子楚出逃,又欲加害赵姬母子。赵姬是豪家之女,其母家是"庶民之富者",有能力庇护赵姬母子。秦始皇和母亲藏匿在外祖父家,躲过了这场劫难。这时的秦始皇年仅二三岁。

子楚回归秦国,彻底结束了羁旅邯郸的生涯。到达咸阳后,他立即去向父亲安国君和嫡母华阳夫人请安。华阳夫人是楚国人。为了博得嫡母的欢心,吕不韦建议子楚身着楚国服饰晋见。这一招果然奏效。华阳夫人见状大喜,从中也体察到子楚的智慧谋略,坚定了以子楚为嗣子的信心。子楚面见父亲的时候,又建议派遣使节联络、安抚当年在赵国交结的豪杰、名士。安国君对子楚的谋略颇为赏识。据说安国君还令术士为诸子相面,而子楚的命相最为尊贵。从此以后,子楚的王储嫡嗣地位牢固而不可动摇了①。

公元前251年秋,在位五十六年的秦昭襄王驾崩,太子安国君继承王位,是为秦孝文王。秦孝文王册封华阳夫人为王后,立子楚为太子。赵国闻讯,派遣使节、车马将赵姬母子护送回国。秦始皇随同母亲回到祖国。这时他已经八岁有余。

在孩提时代,秦始皇的生活复杂、多变。从现存记载看,他有比较优裕的生活,因为他的父亲得到吕不韦和华阳夫人的慷慨资助,外祖父家又是当地的豪族,所以一家人想必衣食无忧。他有比较高的社会地位,因为他的父亲有王孙的地位,有富裕的亲戚朋友,有广泛的社会交游,在他的玩伴中还有同在赵国做质子的燕太子丹等人。他的境遇又有相当严峻的一面,因为他的一家受到赵国的严密监视,又被赵国许多民众敌视,还有一些仇敌、恶邻。他还经历过惊涛骇浪,险些命丧于襁褓之中。这个经历肯定对秦始皇的性格有一定的影响。

有些秦始皇的传记文章断言:幼年的嬴政由于饱受欺凌、屈辱、惊惧、仇视,可能情感的源泉已然枯竭,变成冷血动物。这种推断是

---

① 参见《战国策·秦策五》。

极不可靠的。同样的境遇对不同的人的性格和心态会产生不同的影响,其反差有时可能形同天壤之别。何况当时的嬴政年纪幼小,他对各种风险和欺凌的记忆和感受远不如成年人那么刻骨铭心。

二、幼冲之年的秦国王储

秦始皇的祖父秦孝文王很快便撒手人寰。公元前250年,秦孝文王除丧,于十月己亥正式即位,在位仅三天便卒于辛丑日。他的嫡嗣子楚继承王位,是为秦庄襄王。秦庄襄王尊嫡母华阳夫人为华阳太后,尊生母夏姬为夏太后,册封夫人赵姬为王后,立嫡长子嬴政为太子。幼冲之年的秦始皇成为秦国的王储。

关于秦始皇青少年时代接受教育的情况,史无明文。有些学者认为,嬴政幼年羁旅邯郸,十二岁即位后又受制于吕不韦,所以从未接受系统的教育。这种看法是值得商榷的。

笔者推断:至迟自嬴政归国以来,他的父亲就开始按照未来王者的要求,安排嬴政的教育问题。根据《战国策·秦策五》记载,当年子楚回国伊始,父亲安国君就命他读书。子楚自称"少捐弃在外,尝无师傅所教学,不习于诵",对此父子二人深以为憾。子楚不会再让自己的继承人有此缺憾。更何况为王储选任师傅并使之接受系统的教育是一种源远流长的政治制度。

大量历史材料表明,自商周以来,国家就有系统教育、训练储君和其他贵族子弟的制度和措施。在正常情况下王储必须接受最高等级的教育。太子、储君是最高权力的继承人,关系到家国兴亡、政治兴衰,所以特设师傅之官,以尽教导、辅弼之责。"太子师、保二傅,殷、周已有。逮乎列国、秦亦有之。"[1]秦国理当有相应的教育王子的制度。秦国贯彻这种制度的措施是有史可考的。例

---

① 杜佑:《通典》卷三〇《职官一二·太子六傅》。

如,安国君任命吕不韦做嫡嗣子楚的师傅。秦始皇安排精通法律的赵高担任公子胡亥(秦二世)的教师,赵高曾"教胡亥书及狱律令法事"①。照常理推断,嬴政的父亲子楚先是积极谋取储君之位,后来又执掌王权三四年,他不会不重视长子嬴政的教育问题。一度身为先王师傅和秦始皇的"仲父"的吕不韦也不可能不对嬴政有所教育和影响。从后来秦始皇的许多言行来看,这个人有很高的军政、文化素质,否则他很难做到勇于决断大事,善于运用权术,组织大规模的统一战争,而指挥若定,鲜有失误。他曾阅读《韩非子》并赞誉之,又勤于政务,每日批阅大量公文。光凭政治阅历,没有很好的智能、必要的知识这也是无法做到的。秦国素以法制为重,秦始皇从政事迹又以擅长法治最为著名。他必定接受过这方面的良好训练。大量的历史记载表明,战国秦汉时期尚武之风盛行,官僚从政大多文武不分,士人多是"好读书,学击剑",秦国更是有尚武的传统和习俗。东汉著名历史学家班固曾说:"秦汉以来,山东出相,山西出将。"他在列举了一大批秦汉时期出身于关西的名将以后,又分析了其成因:"山西天水、陇西、安定、北地处势迫近羌胡,民俗修习战备,高上勇力鞍马骑射。故《秦诗》曰:'王于兴师,修我甲兵,与子皆行。'其风声气俗自古而然,今之歌谣慷慨,风流犹存耳。"②可以有把握地推断:作为秦国储君、君主的嬴政博览群书,具备文武之才,他肯定接受过系统的文化教育和军政训练,而这种教育的起点至迟应从秦始皇归秦开始。

三、十二岁登临王位

从嬴政归秦,到他登上王位,大约有五年的光景。在这五年中

---

① 《史记》卷六《秦始皇本纪》。
② 《汉书》卷六九《赵充国辛庆忌传·赞》。

秦国的实力进一步增长。秦始皇的祖父孝文王和父亲庄襄王都是有为之君。秦孝文王掌握王权的时间极其短暂，却颇有作为。他"赦罪人，修先王功臣，襃厚亲戚，弛苑囿"，实施了一系列有利于政治稳定的德政。秦庄襄王继承先王遗志，即位伊始，他就"大赦罪人，修先王功臣，施德厚骨肉而布惠于民"①，政绩可嘉。

秦庄襄王奖赏定国立君之功，"以吕不韦为丞相，封为文信侯，食河南洛阳十万户"②。他兑现了与吕不韦共享富贵的承诺，对吕不韦不仅封侯拜相，而且信任有加。君臣二人共谋秦国大业，在稳定了内部政局后，加紧了对外扩张的步伐。公元前249年，东周君与诸侯合谋伐秦，秦庄襄王派相国吕不韦率军灭亡东周，将其领土纳入秦国版图。他又派蒙骜攻韩，夺取成皋、荥阳等地，与西周、东周故土合置三川郡，使秦国国界东至大梁。公元前248年，蒙骜攻赵，定太原。转年，蒙骜攻克魏国的高都、汲，又攻取赵国的榆次、新城、狼孟等，取三十七城。同年，秦将王龁攻克上党，不久又攻克晋阳。"当是之时，秦地已并巴、蜀、汉中，越宛有郢，置南郡矣。北收上郡以东，有河东、太原、上党郡。东至荥阳，灭二周，置三川郡"③。

秦军的节节胜利，震动了东方各国。燕、赵、韩、楚、魏决定合纵攻秦。公元前247年，魏王以信陵君为上将军，令他率五国之兵击秦。秦军失利，蒙骜败退，联军追至函谷关下。五月丙午日，秦庄襄王卒，他临死托孤于吕不韦等将相。太子嬴政继承王位，是为秦始皇帝，年仅十三岁（实足年龄为十二岁多）。

秦始皇能够登上王位是一系列"天意"（偶然因素）和"人事"

① 《史记》卷五《秦本纪》。
② 《史记》卷八五《吕不韦列传》。
③ 《史记》卷六《秦始皇本纪》。

（人为因素）共同作用的结果。秦始皇是秦昭襄王的曾孙、秦孝文王的孙子、秦庄襄王的嫡子。如果没有纯粹偶然的自然因素和具有主观能动性的人为因素共同作用于人世间，秦昭襄王、秦孝文王、秦庄襄王和秦始皇都不能登上王位。

秦昭襄王嬴稷不是嫡长子，王位本属于他的异母兄秦武王。公元前307年，年轻气盛的秦武王因与大力士孟说比赛举鼎，受伤绝脉而死。武王无子，宗室争位。当时在燕国当质子的嬴稷，外有赵、燕两国声援，内有母后之弟魏冉扶助，遂夺得王位。"天意"与"人事"造就了大名鼎鼎的秦昭襄王。秦孝文王嬴柱也不是嫡长子。他能登上王位缘于父亲的长寿和兄长的短命。公元前267年，在魏国做质子的秦悼太子死。二年后，安国君嬴柱被父王立为太子。安国君又等了十六年才登上王位。幸而父王比他早死了一年，否则安国君也无缘王位。秦孝文王正式在位仅三天便离开人世。他的继承人子楚又不是嫡长子。子楚能登上王位得益于嫡母无子和吕不韦的襄助。前者是"天意"，后者是"人事"。如果没有"天意"，吕不韦纵使富可敌国、谋略无双，也很难把他推上王位。可是如果没有"人事"，没有吕不韦这个特定的历史人物的一番政治运作，"异人"就不会变成"子楚"，进而成为"秦庄襄王"。如果他不能登上王位，他的嫡长子嬴政也就不可能成为"千古一帝"了。

第三节　母后专权、仲父辅政
　　　　与嫪毐乱政

早在西周，父死子继、立嫡立长的君位继承制度已经确立。依据宗祧继承法则，无嫡子则立庶子，无子则选立宗室。但是破坏制

度、违反惯例的现象司空见惯,各国实际上实行的是君主指定继承人制度。此外还有非正常的争夺。自秦嬴以来,秦国的君位(含附庸封君之位)继承基本遵循周制,所以作为嫡长子的嬴政拥有继承王位的优先权。从现存文献看,秦庄襄王从来没有怀疑嬴政的血统有问题,这个孩子又聪明过人,所以他也不会指定他人继承王位。父死子继制度常常将幼冲之年甚至尚在襁褓之中的儿童推上王位。在孺子君王成年之前,王权只能托付于母后及辅政大臣。战国后期的赵太后执政和秦太后赵姬专权都属于典型事例。

一、太后赵姬代行王权与大臣辅政

在秦始皇继承王位初期,秦国的最高权力掌握在母后及辅政大臣手中。当时秦王嬴政年仅十二岁。依照制度,在举行成人礼之前,他不得亲政,而由他的母亲赵姬以太后和监护人的身份代行王权。在秦始皇亲政前,赵姬是秦国法定的最高统治者。从文献记载看,当时调动军队的文件不仅要盖上秦王之玺,还要加盖太后之玺,而调兵权在正常情况下专属于君主。年幼的嬴政尚无完全的行为能力,许多政务虽以嬴政自身的行为出现,却显然是经过太后启示甚至指令的,属于补助行为能力。秦国封太后幸臣嫪毐为长信侯就是赵姬代替秦王嬴政做出决定的。赵姬拥有对国事的最终决断权,其他人均无最终决定权。

秦始皇尚属少年,必然委政于大臣。他尊"仲父"吕不韦为相国,以蒙骜、王龁、麃公等为将军。当时李斯已经担任舍人。这些辅政大臣都是能臣,堪称王霸之佐。他们凭借秦国的政治制度和个人的忠诚、才智,把国家治理得井井有条,因此在秦始皇亲政之前,秦国的国力继续增强。

母后代行王权、大臣代理政务尽管属于君主制度权力结构的非常状态,但是它并不必然导致政治腐败和政治危机。只要太后严谨、大臣尽心,照样可以把国家治理好。母后的监护权因夫死子幼而发生,也必将随着子壮而消灭,届时权力结构就可以恢复常态。母与子的亲密关系通常也有利于最高权力的平稳过渡和交接。

但是在恢复常态之前,王权只能处于某种变异状态,而王权的变态是引发各种政治危机的重要诱因之一。代行王权的母后和代理政务的大臣的任何政治失误,都有可能招致严重的政治后果,甚至引发动乱。赵姬个人的私欲就差一点断送秦国和秦始皇的大好前程。

二、染指最高权力的"仲父"兼"相邦"

吕不韦的特殊地位使他大权在握,并实际上分享秦国的最高权力。吕不韦的权力有三个来源:一是制度化的权力,即相权。他是秦国的相邦(相国),作为百官之长,他的权势位极人臣,堪称"一人之下,万人之上"。二是特殊的授权。吕不韦是秦庄襄王的师傅,又有定国立君之功,君臣之间亲密的私交使吕不韦得以成为托孤大臣,被秦始皇尊为"仲父"。他还是文信侯,拥有门客三千、家僮万人,食河南洛阳十万户,很可能还包括蓝田十二县。这就大大强化了吕不韦的权力地位。三是窃取的权力。他是赵姬的前夫和情人。秦庄襄王死后,他们重叙旧情,史称"秦王年少,太后时时窃私通吕不韦"①。这种男女之间特殊的亲密关系使吕不韦可以通过影响代行王权的赵姬而操纵最高权力。当这三种权力叠加在一起的时候,吕不韦在秦国权力结构中的地位就非同寻常了。他实际上执掌着秦国大政。

从实际政绩看,吕不韦无愧为一代名相。在秦始皇亲政前,他

---

① 《史记》卷八五《吕不韦列传》。

主要做了四件大事:

其一,继续开疆拓土。吕不韦贯彻蚕食三晋的既定战略方针,并不断取得进展。从秦始皇元年(公元前246年)至秦始皇九年(公元前238年),秦军在蒙骜等人统帅下,连续攻击韩、赵、魏,攻城略地,先后夺取魏国的数十座城池、韩国的十余座城池和赵国的数座城池,还将卫国变为秦国的附庸。其中秦始皇五年(公元前242年),蒙骜攻占魏国的酸枣等二三十座城池,在此设置东郡,使秦国的国土与齐国接壤。这就将东方六国大致分割为南北两部分,阻碍了各国之间的相互联系。秦始皇九年(公元前238年),秦军以杨端和为统帅伐魏,又攻占一批城池,进逼魏都大梁。这些军事胜利为秦国的统一大业做了重要的战略准备。

其二,广泛招揽人才。大国之间的竞争实质是人才的竞争。战国后期,各国统治者都把争人才视为争天下的重要措施,纷纷致力于招揽人才。史称:"当是时,魏有信陵君,楚有春申君,赵有平原君,齐有孟尝君,皆下士喜宾客以相倾。吕不韦以秦之强,羞不如,亦招致士,厚遇之,至食客三千人。"[1]吕不韦的这个措施为秦国聚集了大批人才。

其三,加强基础建设。在吕不韦的主持下,秦国兴修了郑国渠等水利工程,促进农业的发展,增强了秦国的经济实力。

其四,重视文化建设。"是时诸侯多辩士,如荀卿之徒,著书布天下。吕不韦乃使其客人人著所闻,集论以为八览、六论、十二纪,二十余万言。以为备天地万物古今之事,号曰《吕氏春秋》。"为了标榜这部著作的权威性,吕不韦将它公布在咸阳市门,"悬千金其上,延诸侯游士宾客有能增损一字者予千金"[2]。

---

① 《史记》卷八五《吕不韦列传》。
② 《史记》卷八五《吕不韦列传》。

编辑《吕氏春秋》是吕不韦对秦国思想文化建设的一大贡献。这部书在中国思想史上也具有特殊的意义。在政治、经济、思想、文化逐步走向统一的历史大背景下，《吕氏春秋》是由统治者推出的第一个完整的统一思想的方案。

《吕氏春秋》又名《吕览》，它是中国第一部有主编、有宗旨、有计划、集体编写的政治论著。这部书综合诸子，采精录异，自成一家。吕不韦认为"一则治，异则危；一则安，异则危"，他推崇王者执一以一众、圣人"能齐万不同"①政治模式，主张建立中央集权，实现国家统一。为了实现政治的、思想的一统，吕不韦集智能之士，编撰《吕览》。这部书不囿于一家一派之成见，不加轩轾地评说诸子。它按照王者之治的客观需要，集各家之长，弃诸子之弊，整合出一套体系化的统治思想。吕不韦还采用行政手段，公开标榜此书的综合性和权威性。《吕氏春秋》可以说是统治者主动选择统一思想方案并用行政手段加以推广的第一次尝试。

《吕氏春秋》帝王论的综合性集中体现为治道的综合性。该书的霸王之道、君主规范集先秦各种政治思潮、各种学术流派之大成，对德、仁、义、礼、乐、法、势、术、忠、孝、爱、利、无为、正名、定分等先秦诸子共有或独有的政治范畴广采博收，录其精华，弃其偏弊，并依据无为为本、德化为主、法术为辅的原则融为一体。由于很难将其归属于某一学派，所以后人大多视之为"杂家"。

以自然为本，以无为为宗，将自然无为而无不为之"道"（又称作"太一"）作为帝王之学的哲学基础。在这一点上，《吕氏春秋》颇似道家。但是，它又摒弃老庄独任清虚，去礼法、薄仁义之弊，主张综合运用各种政治手段，积极求治。

①　《吕氏春秋·审分览·不二》。

以孝悌为"三皇五帝之本务"①,倡导"仁乎其类"②,大讲以德为本的礼乐教化、区别贵贱的正名定分和赢得民心的王道仁政。在这一点上,《吕氏春秋》颇似儒家。但是,它又摒弃儒家的繁文缛礼、迂腐之论,兼论王霸,重视耕战、法制,比儒家更富于求实精神。

以权势论君臣,认为"王者,势也"③,大讲君主无为之术,主张依法行事,循名责实,通权达变,善用权术,对人类政治史持进化论的观点。在这一点上,《吕氏春秋》颇似法家。但是,它摒弃法家专任刑法、轻罪重罚的偏弊,主张以无为、德治为主,比法家代表人物更富于政治理性。

治道与规范是合为一体的。治道的综合性必然导致规范的系统性。《吕氏春秋》有八览、六论、十二纪,总计一百六十余篇论文。每一篇文章重点讨论一种治道,同时提出相应的君主规范。每一重要论点皆以历史上圣王霸主的经验或亡国之君的教训为鉴戒,提出应与不应的行为准则。先秦诸子论及的重要政治规范、为君之道,该书应有尽有,无愧为"备天地万物古今之事"。

治道与规范的综合性又决定了论证方法的综合性。以君主起源说为例:该书集天命论、五行论、道德论、圣人论、历史进化论之大成,为君主制度起源及其合理性提供了多方面的论据。它还明确提出为谋求公众利益而立君说,丰富了这一论证体系。为了论证君主制度的合理性及为君之道、治国之道,《吕氏春秋》集先秦诸子之大成,把公天下论、民本论、天谴论、谏议论、法制论、改革论等政治调节理论发展到新的高度,为专制主义中央集权政体提供

---

① 《吕氏春秋·孝行览·孝行》。
② 《吕氏春秋·开春论·爱类》。
③ 《吕氏春秋·审分览·慎势》。

了更加富于理性的政治理论基础。

《吕氏春秋》代表着这样一种文化政策和综合方式:在有利于君主政治的前提下,既不企图取消或贬低任何一种有影响的学术流派,又不尊奉一家一派,而是力图度越诸子,融通百家,包纳一切有用的思路、方略和法术。《吕氏春秋》以变法与法制为核心,将法家的法治与耕战、儒家的礼治与仁政、道家的无为而治与权术、墨家的义治与节俭以及阴阳家的时政、名家的正名等,冶于一炉,形成相当完备的适应"大一统"需要的政治理论体系。这种文化政策和思维方式对于调整、完善和丰富秦国的统治思想和社会文化有着积极的意义。

在文化发展的长河中,新思想、新论点的产生是必然的;不同观点、不同学说的融会综合也是必然的。综合,既是继承,又是创造。综合方式的差异又会产生新的分化与争论。由于吕不韦在政治上的失势,《吕氏春秋》没有被奉为正宗而加以膜拜,而其杂家品格却为后人所继承。在《吕氏春秋》之后,以各种综合方式著成的大作相继问世,开始了新一轮角逐统治思想宝座的竞争。

与名噪一时的战国四公子相比,商人出身的吕不韦的智略和功业显然略胜一筹。但是吕不韦也有重大政治失误,即有意无意之中把嫪毐引入秦国的中枢权力结构之中。这个失误为他招致了杀身之祸,也使秦国的前途一度蒙上阴影。

三、嫪毐乱政:"与嫪氏乎?与吕氏乎?"

嫪毐原是吕不韦的舍人。经吕不韦推荐,嫪毐得到太后的宠幸,并染指最高权力。这不仅使秦国的中枢权力结构更加变态,引发不正常的权力之争,而且为最高权力的平稳过渡和顺利交接设置了更多的障碍。一时之间,秦国同时有四个人有条件直接操纵最高权力,即法定的最高统治者太后赵姬、名分上的最高统治者秦王嬴政及实际分享最高权力的相邦吕不韦和获得太后宠幸的封君嫪毐。秦国的内乱由此而起。

吕不韦推荐嫪毐实属出于无奈。当时"始皇帝益壮,太后淫不止"①。吕不韦担心两人的奸情败露而灾祸降临,于是想出了一个金蝉脱壳之计。他寻觅到一个生殖器壮大的人作为门客,这就是嫪毐。在与众人歌舞行乐的时候,吕不韦故意让嫪毐当众用生殖器转动以桐木制成的小车轮,目的是借助众人之口四处播扬,令太后知晓此事。这个诱饵果然有效。太后闻之,迫切希望得到这个人以满足淫欲。吕不韦当即答应进献嫪毐,并令人诬告嫪毐触犯了应受宫刑的罪名。他私下向太后建议:公开判处嫪毐宫刑而不实际用刑,这样就可以以宦者的身份让他到宫中服务。于是太后暗地里重赏主持刑罚的官吏,指使他们对外声称阉割了嫪毐,仅将他的胡须眉毛拔光,使之得以冒称阉人,入宫做宦者,专门侍奉太后。赵姬与嫪毐私通,对他宠幸有加,并怀上了身孕。她担心与嫪毐淫乱宫闱的事情东窗事发,假称经占卜,须迁居外地,躲避时令之灾,于是从咸阳搬到秦国故都雍居住。嫪毐经常随从在赵姬身边,据说他们先后生了两个私生子。

太后赵姬自恃位极权重、夫丧子幼,尽情享乐,纵欲无度。春秋战国时期,后妃淫乱宫闱的事情比较常见。秦国的太后纵欲私通也不无先例。例如,秦昭襄王之母宣太后与义渠王长期通奸,生有二子,"诈而杀义渠戎王于甘泉"②。尽管当时的风俗对男女私情比较宽容,而"母仪天下"的太后毫无节制地纵情声色,也有损于秦国国家及其统治者的形象。如果赵姬把男宠私藏宫中仅仅是为了满足个人的情欲,有一些风流韵事,还不足以影响秦国的政治

---

① 《史记》卷八五《吕不韦列传》。
② 《史记》卷一一○《匈奴列传》。

稳定。她没有就此止步,不仅对嫪毐"赏赐甚厚",还让他参与军国大政,甚至"事皆决于嫪毐"①。这种行为必将破坏秦国中枢权力结构的稳定。

赵姬利用手中的权力,封嫪毐为长信侯,先后赏赐山阳地、河西太原郡等大片封地,使之拥有家僮数千人。赵姬又授予嫪毐各种特权。"宫室车马衣服苑囿驰猎"等本是王室的特权,赵姬却听凭嫪毐恣意享受。更有甚者,嫪毐依恃太后的宠幸,专擅权力,出现了"事无小大皆决于毐"②的局面。这种事态近似于宦官专政。

实际上,这种事态比宦官专政更加凶险。据说赵姬与嫪毐有一个秘密约定:一旦嬴政不幸而亡,就拥立两人的私生子为秦王。也许正是出于这个政治动机,赵姬才极力扶植嫪毐,使之拥有崇高的地位和巨大的权力,以便应对各种意外之事可能导致的政治危机。太后赵姬的这种安排未必针对自己的亲生儿子嬴政,她很可能意在防止因嬴政突然死亡而危及自己的既得利益。而这种安排肯定会大大增加嬴政的风险,因为嫪毐可以利用各种条件为自己或自己的亲生儿子谋取最高权力。实际上他也只有这一条生存之路。后来发生的事实证明,嫪毐确实已经在谋划如何除掉秦始皇。

在这种情况下,秦国的核心权力结构更加不稳定。在朝臣中形成了分别以吕不韦和嫪毐为首的两股政治势力。嫪毐权力地位的急剧上升,招致了大批的投靠者。一批高官显爵的文官武将聚集在嫪毐周围。此外还有数以千计的谋求官爵者投到嫪毐门下,史称"诸客求宦为嫪毐舍人千余人"。这股政治势力已呈现出逐步压倒吕不韦集团的迹象。

正当吕不韦部属秦军连续猛攻魏国,魏国"亡地数百里,亡城

---

① 《史记》卷八五《吕不韦列传》。
② 《史记》卷六《秦始皇本纪》。

数十,而国患不解"之际,有人向魏王献上一策:设法讨好嫪毐,协助他压倒吕不韦,这样既可以解除危难,又可以发泄仇怨。他的主要依据是:秦国两大政治势力之间的争斗难解难分,以致大小官吏和乞求官职的人不知究竟倾向或投靠哪一方更有利,他们都犹豫不决地说:"与嫪氏乎? 与吕氏乎?"这种状况遍及"门闾之下,廊庙之上"。所以当今之计,魏王应明确地站在嫪毐一方,"割地以赂秦,以为嫪毐功;卑体以尊秦,以因嫪毐。王以国赞嫪毐,以嫪毐胜矣"。魏国赞助了嫪毐,也就博得了秦国太后的欢心,结交了天下最有权势的人。这样一来,"天下孰不弃吕氏而从嫪氏? 天下必舍吕氏而从嫪氏,则王之怨报矣。"①由此可见,嫪毐集团与吕不韦集团之间的较量已经公开化,对此各国谋士洞若观火,并积极设法加以利用。

"与嫪氏乎? 与吕氏乎?"秦国广大臣民面对当权者的争斗而不知何去何从。他们的犹豫不决本身就孕育着政治危机,这为秦国的政治增加了许多变数,令人难以捉摸。各种记载表明,随着年龄的增大,秦始皇已经开始过问或参与处理国家大事。他即将举行成年礼,并独揽王权。这个因素只能增加秦国政局的不确定性,加剧国内的政治动荡。

"今御骊马者,使四人人操一策,则不可以出于门闾者,不一也。"②秦国的政治形势恰好符合这个比喻:太后赵姬、相邦吕不韦、幸臣嫪毐和秦王嬴政"人操一策",共同驱使着秦国这驾马车。四股力量几近分庭抗礼,又彼此形成错综复杂的关系。在这种情况下,太后赵姬左右为难,其余三股势力都与她有着千丝万缕的关系;幸臣嫪毐已是骑虎难下,他必须选择时机,以求一逞;相邦吕不

---

① 《战国策·魏策四》。
② 《吕氏春秋·审分览·执一》。

韦的处境最为难堪，他是推出嫪毐的祸首，又必须推倒嫪毐，无论嫪毐生死安危，他都无法彻底解除忧患；秦王嬴政也有为难之处，解决嫪毐问题必定牵连母后与仲父。在当时的历史条件下，解决这种政治困境的惟一方式是重新恢复最高权力一而不二，而最顺理成章的、政治震动也最小的是由秦王实现"一之"。秦国的最高权力能否顺利交接？秦国不正常的核心权力结构能否恢复正常？秦国的政治内乱能否平息？这在很大程度上取决于秦始皇的政治才能。

秦国是幸运的。在嫪毐的势力还没有成长到无法遏制的程度时，一个政治上的旷世奇才已经有资格合法地掌握秦国的最高权力。秦始皇没有动用太大的气力、没有花费太多的时间就解决了一系列最棘手的政治难题。秦国这驾马车的驭手再次简化为一人。

第三章　亲政篇：图谋帝业的大国霸主

　　秦始皇亲政始于他二十二岁（实足年龄约二十一岁）那年。秦始皇九年（公元前 238 年）四月，"己酉，王冠，带剑"①。秦始皇依制到宗庙所在的旧都雍行加冠礼，完成成年仪式，正式主持国政。

　　古代男子成年要举行"冠礼"，即成年礼。对于举行冠礼的年龄，古代文献说法不一。《礼记·曲礼》："男子二十冠。"《荀子·大略》："天子诸侯子十九而冠，冠而听治，其教至也。"为什么嬴政二十二岁举行成年礼？学术界有不同看法。一些学者持秦国异制说。秦王举行冠礼，见于《史记》记载的有三次：其一，"惠文王三年，王冠"；其二，"昭襄王三年，王冠"；其三，"始皇九年，王冠"。徐复补订《秦会要》转引《史记索隐》："惠文王、昭襄王均十九而立，立三年而冠，是三王之冠，均在二十二也。"这种说法与《礼记》、《荀子》所说不合。徐复的解释是秦国"异制"。这种可能性不能排除。一些学者持身高说。他们认为，秦国依据身高判定成年与否，秦国三王都是因身高达到六尺五寸的成人标准而举行冠礼的。"秦始皇幼年多病，年龄二十二岁，身高才达到六尺五寸，才举行冠礼。"②这种观点可备一说。云梦秦简确有依据身高判定

---

　　①　《史记》卷六《秦始皇本纪》。

　　②　栗劲：《秦律通论》，山东人民出版社 1985 年版，第 161 页。

刑事或民事责任能力的规定。然而秦始皇是王子,他的父母及朝廷可以准确地知道其出生年月,似不必借助身高计算其年龄。还有一些学者推测:由于某种政治原因,秦始皇的成年礼被有意地推迟了。

第一节　平定内乱、剪除权臣

秦始皇亲政前后,秦国的政局风云变幻,人祸天灾接连降临。秦始皇八年(公元前239年),王弟长安君成蟜为将军,统帅秦军进攻赵国。他竟然在屯留(今山西屯留南)率军叛变。这次反叛行动被镇压。成蟜自杀。秦国将他的军吏一律斩首,叛卒战死者一律戮尸,并"迁其民于临洮"。这次叛乱的具体原因已无法确知,它当与秦国内部的政治斗争有关。

就在这一年,还发生了一件震动朝野的灾异:"河鱼大上"①。当时天降暴雨,河水泛滥成灾,黄河之鱼成群结队西入渭水,多被冲上平地。秦国之民纷纷轻车重马,赶往河旁食鱼。据说这属于"豕虫之孽",是上天警示人间的灾异。按照古人的观念,"鱼阴类,民之象,逆流而上者,民将不从君令为逆行也。"②河鱼大上意味着阴类太盛,小人猖獗,人间的君臣关系不正常。在当时的历史条件下,出现灾异会影响君臣上下、朝野内外的政治心理,甚至引发或加剧政治动荡。这件灾异被史官郑重地记录下来,可见它的影响。

"时隔不久,彗星见,或竟天"③。在古人心目中,这也是不吉

---

① 《史记》卷六《秦始皇本纪》。
② 《汉书》卷二七《五行志中之下》。
③ 《史记》卷六《秦始皇本纪》。

之兆。它属于"君臣失政,浊乱三光"之象。彗星一现,或臣弑其君,必有灭国,或兵祸将起,国家易政,或扫除凶秽,除旧布新①。这件灾异也被史官郑重地记录下来。

尽管出现灾异与发生叛乱纯属巧合,而秦国的君臣关系的确酝酿着深刻的危机。随着秦始皇举行成年礼并亲政的佳期日益临近,围绕最高权力而展开的政治斗争正在从暗斗转向明争。一场你死我活的厮杀已经无法避免。秦国内部的政治局势可谓"山雨欲来风满楼"。

一、平定嫪毐之乱

自夏商西周以来,中国古代君主制度的权力结构一直以"一"或"独"为基本特征,即国家由一人独占,最高权力由一人独掌,掌握最高权力的人实行独尊、独断。其他权力层次也大体如此。权力结构是政治制度内部一种实际上而不是形式上的权力分配状况。它是社会结构的最上层,是社会结构得以维系、运行和发展的关键。君主政治的权力法则注定最高权力者必须唱独角戏,这就像"一山不容二虎,一架不容二雄"。在君主制度下和宗法社会中,"天无二日,土无二王,家无二主,尊无二上"。最高权力或实际掌握最高权力的人一旦"二"而不"一","分"而不"独",便会使整个权力结构发生动荡。因此,每当最高权力交接之际,朝廷的政治局势都会相当微妙,甚至极其凶险。原因很简单:最高权力实际掌握者的变更往往伴随着一个或几个既得利益集团整体的垮台。这些既得利益集团或者是前任最高权力者的亲信,或者是某个曾经染指或争夺最高权力者的仆从。除了新的最高权力者及其亲信以外,一切曾经染指最高权力的人或试图谋取最高权力的人都很

---

① 参见《开元占经》卷八七《彗星占上》。

难自保或很难妥善安置。即使与新君是父子、兄弟关系也大体如此。他们的亲信也会受到不同程度的牵连。无论为了富贵，还是为了生存，个体与个体、群体与群体之间都会彼此较量、争斗。参加较量的人又都有权有势，掌握着重要的政治资源，由此而引发的争斗的结局通常是你死我活。失败者几乎注定要身败名裂，甚至覆宗灭族。

秦始皇亲政是一次特殊的最高权力交接。按照秦国制度，一旦秦始皇行冠礼，佩宝剑，完成成年仪式，他就可以名正言顺地全部收回由母亲和"仲父"所代管的最高权力。太后、嫪毐和吕不韦都要退出最高权力层次，交出他们曾以不同名分、不同形式实际掌握或分享的那一部分最高权力。

秦始皇必须收回最高权力。于公，这是制度的规定，也有利于秦国的政治稳定；于私，这是全身自保的关键，可以防止篡权弑君乃至宗国覆灭。就主观而言，他要亲掌大权就必须如此；就客观而言，权力法则迫使他不能不如此。一般说来，主动权在秦始皇手中。他是名正言顺的最高权力者，一道诏旨便可以获得大多数臣民的拥戴或服从。他是一位君主，有权区别不同情况，做出适当的安置，以重组权力结构，捋顺权力关系。他又是一个强者，对于权力的交接他早就成竹在胸，并在心腹大臣的协助下预先安排了各种应对措施。对于可能出现的变乱，他采取了后发制人的方略。秦始皇很可能打算按部就班地解决权力分配的调整问题，清除各种政治隐患。这样做更平稳一些，对他也最有利。

"树欲静而风不止"。至少有一个人及其仆从对秦始皇亲政感到恐惧，这就是嫪毐集团。在三个与最高权力交接有直接利害关系的人中，太后是秦始皇的生母，吕不韦是秦国的宰相。他们一度代理王权合情合理合法，甚至可以算作功劳，也存在着与秦始皇妥善处理彼此关系的可能性。从现存历史材料看，太后对儿子亲政的具体心态已不得而知。由于涉及到嫪毐及两个私生子的安危,她的心情应当是比较复杂的。依据历史经验和常理判断,吕不韦的心态肯定是相当微妙的,他的众多门客中也很可能有人提出采取非常措施的建议。但是,这里不想毫无根据地对太后和吕不韦的心态做出臆测。无论太后和吕不韦的心态如何,嫪毐肯定是惶恐不安的。与太后私通而生子,淫乱宫闱,这是死罪;充秦王"假父",属大不敬,这也是死罪;专擅权力,败坏朝纲,这还是死罪。他图谋让自己的儿子取代秦始皇的地位,这更是十恶不赦之罪。在此之前,已经有人揭发嫪毐的罪行,秦始皇经查证确认属实,隐忍而未发。嫪毐也了解到这个情况。秦始皇亲政以后第一个要剪除诛灭的就是他嫪毐。嫪毐及其同党对此不会不心知肚明。他们担心大祸临头,开始商讨对策。

嫪毐及其同伙既感到恐惧,又有些兴奋。在中国古代,应对最高权力交接过程中的各种事态,既是挑战,又是机遇。嫪毐并非毫无机会。他手中也有几张颇有分量的牌。一是有太后的宠幸。据说嫪毐曾与太后约定:如果秦始皇死去,将立两人的私生子为继承人。在嫪毐谋反过程中,太后是否愿意并提供了具体帮助,这不得而知,而在叛乱中嫪毐的确使用了太后的名义,曾盗用王玺及太后玺调动军队。二是得到部分朝廷重臣的支持。嫪毐同党中至少有卫尉竭、内史肆等二十余位高官。卫尉、内史都是要害部门、关键职务。卫尉位居列卿,统辖宫廷卫士,负责宫门守卫。内史为京畿地方最高行政长官。有这些人做党羽,嫪毐在很大程度上将王宫和首都地区掌握在自己手中。三是领有大片封地和大批门客。嫪毐有舍人千余人、家僮数千人,这是一笔相当可观的政治资源。四是获得部分戎狄首领的外援。当时嫪毐的势力之大,由此可见一斑。

嫪毐及其党羽必须冒险一拼,也有资本拼死一搏。俗话说

"胜者王侯,败者寇"。他们成则一步登天,败则人头落地,贫贱富贵、生死荣辱在此一举。于是嫪毐及其同伙决定择机起事,以求一逞。他们选择了秦始皇离开咸阳到雍城举行冠礼的时机。

秦始皇九年(公元前238年)四月,秦始皇抵达雍,住宿于蕲年宫。嫪毐趁机发动叛乱。他矫用秦王玺及太后玺,征调"县卒及卫卒、官骑、戎翟君公、舍人,将欲攻蕲年宫"。秦始皇得知消息,下令相国昌平君、昌文君征调军队镇压叛乱,许多宦官也参与了军事行动。两军交锋,反叛之众一触即溃,嫪毐兵败逃亡。秦始皇向全国下令:"有生得毐,赐钱百万。杀之,五十万。"①嫪毐及其同伙很快便全部落网。嫪毐被车裂处死,夷三族。他的党羽卫尉竭、内史肆、佐弋竭、中大夫令齐等二十人皆枭首。嫪毐的舍人,罪重者刑戮,罪过较轻者判处鬼薪之刑,为宗庙砍柴三年。因受到牵连而被剥夺爵位、抄没家产、流放蜀地者达四千余家。

平定嫪毐之乱显示了秦始皇处理非常事变,应对政治危机的才能。他处变不惊,指挥若定,后发制人,一举破敌,割掉了秦国政治中的一个毒瘤。

二、罢黜吕不韦

嫪毐集团被清除以后,秦始皇又开始着手处理吕不韦。这也是势在必行之事。首先,查处嫪毐之事必定牵连吕不韦。嫪毐获得太后宠幸,得力于吕不韦的举荐。此前有人揭发"嫪毐实非宦者,常与太后私乱,生子二人,皆匿之"。于是秦始皇下令调查,"具得情实,事连相国吕不韦"②。秦始皇要处罚他,于法有据,并非师出无名。其次,吕不韦先后辅佐两位君王,身居相国之位并实

---

① 《史记》卷六《秦始皇本纪》。
② 《史记》卷八《吕不韦列传》。

际掌握或分享最高权力十余年,在国内外享有很高的声誉。他招罗人才,广纳门客,举荐贤能,又领有十万户封邑、三千门客和数量庞大的家奴。这就形成一股以他为首的盘根错节的强大政治势力。秦始皇亲政后必然要调整他与吕不韦的权力关系,触动吕不韦及其党羽的既得利益。这种调整难免会引起摩擦甚至激化矛盾。再次,吕不韦与秦始皇的政见存在一定的差异。由于两人的政治关系和实际权力地位都比较特殊,隐蔽的或公开的政见之争可能由来已久。当二人的实际权力地位发生重大调整之际,即使是正常的政见之争,也会引发矛盾乃至冲突。无论秦始皇是"极权之主"还是"开明之君",他与吕不韦之间的利害之争、权力之争都是不可避免的。更何况秦始皇深知君主必须独制的政治法则,又是刚烈严酷之人!当时解决这类争端的办法实际上也只有一个途径:或秦始皇,或吕不韦,其中一人实质性地退出权力结构的最高层次。

平定嫪毐之乱以后,秦始皇想要同时除掉吕不韦。但是顾及吕不韦辅佐其父秦庄襄王功勋卓著,为吕不韦说情的宾客辩士又为数众多,秦始皇不忍法办他。秦始皇十年(公元前237年)十月,秦始皇以吕不韦与嫪毐之乱有牵连的罪名,免去其相国之职,让他回河南的封地居住。

在吕不韦回到河南封地的一年多时间内,各国诸侯频繁地派遣宾客和使者问候吕不韦,往来的车队"相望于道"。秦始皇担心吕不韦内外勾结,发动变乱,于是下令将吕不韦迁往蜀地,割断其与各国、封地和故吏、宾客的联系。他亲自给吕不韦写了一封书信,文曰:"君何功于秦?秦封君河南,食十万户。君何亲于秦?号称仲父。其与家属徙处蜀。"①吕不韦感到秦始皇的态度更加严

① 《史记》卷八五《吕不韦列传》。

厉,担心遭到诛杀族灭,于是饮鸩而死。这件事发生在秦始皇十二年(公元前235年)。

吕不韦死后,其宾客数千人共同将他窃葬于洛阳北芒山。按照当时通行的政治道德,这些宾客与吕不韦有"君臣之义",他们理当哭临主君或故主。但是这种大规模的会葬行动不无政治示威之嫌。秦始皇闻之,下令处罚吕不韦的门客故吏,彻底打散这股势力。吕不韦的舍人,凡是临哭会葬者,三晋之人一律驱逐出境;秦人禄至六百石以上者,剥夺其爵位,并迁徙于房陵。禄五百石以下没有临哭者,也一律迁徙,不剥夺爵位。秦始皇还向全国宣布:"自今以来,操国事不道如嫪毐、不韦者籍其门,视此。"①

嫪毐、吕不韦两大权势集团都被干净利落地剪除掉之后,秦始皇可以完全按照自己的意愿决断军国大政了。为了稳定政局,安抚人心,秦始皇在这年秋天准许被流放到蜀地的嫪毐舍人回归故里。这个措施涉及到数千家、几万人的切身利益,在当时也可算不小的恩典。从这个举动看,秦始皇还是很有政治头脑的。他所要打击的是嫪毐、吕不韦及其死党。一旦主要的政治威胁解除,他就及时赦免了那些被卷进政治斗争漩涡的人。

秦始皇亲理政务后,仅用两年时间,就先后解决了嫪毐、吕不韦两大异己政治势力,使母后、嫪毐、吕不韦先后退出中枢权力结构,从而把国家大权牢牢掌握在自己手中。秦国的权力结构更加稳定,国家权力更加集中统一,这为吞并六国打下了坚实的政治基础。

关于秦始皇除掉吕不韦、搁置《吕氏春秋》的原因,许多学者强调二人之间的政治理念之争。其主要依据是商鞅、韩非等人的思想与《吕氏春秋》有所不同。这是有一定道理的。但是,他们夸

---

① 《史记》卷六《秦始皇本纪》。

大了差异和争执。例如,许多学者特别强调一点:《吕氏春秋》主张"天下,天下之天下",主张实行选贤与能的"禅让"制度,这是掏秦始皇心窝子的事。其实不然。从秦始皇统治思想的基本构成与框架看,《吕氏春秋》的基本政见他都赞同,其中包括"公天下"。

秦始皇的"公天下"观念至少有两个来源。一个来源是《商君书》等法家著作。从现存文献看,在理论上最先提出"尚公"说、"贵公"论的是法家,最先打出"公天下"旗帜的也是法家。在《慎子》、《商君书》中对此有明确无误的表述。另一个来源是有关三皇五帝以天下为公的传说和社会大众相关的政治观念。"天下为公,选贤与能"之说是中国古代社会的公论,也是中国古代帝王观念的主要组成部分。实际上《吕氏春秋》及先秦诸子也应是一个重要的思想来源。秦始皇肯定浏览过这些书。

《说苑·至公》有一个记述。如果这个记述基本属实,它也是秦始皇承认"公天下"的重要证据。据说,鲍白令之与秦始皇有过一次争论。统一天下后,自以为"功盖五帝"的秦始皇曾召集群臣商议,他问道:"古者五帝禅贤,三王世继,孰是?将为之。"鲍白令之对曰:"天下官则让贤是也,天下家则世继是也。故五帝以天下为官,三王以天下为家。"秦始皇帝仰天而叹曰:"吾德出于五帝,吾将官天下,谁可使代我后者?"令之对曰:"陛下行桀纣之道,欲为五帝之禅,非陛下所能行也。"秦始皇大怒,厉声呵道:"令之前,若何以言我行桀纣之道也。趣说之,不解则死。"令之历数秦始皇建宫室、修陵墓等"殚天下,竭民力,偏驳自私"的行为,指出:"陛下所谓自营仅存之主也。何暇比德五帝,欲官天下哉?"鲍白令之引用公理,依据事实,犯颜直谏,秦始皇无以应对,"面有惭色"[1]。秦始皇的许多做法有可能受到"公天下"观念的影响,如坚决实行

---

[1] 《说苑·至公》。

对子弟不分封、无功不赐爵的制度。他迟迟没有确定皇位继承人是否与此有关,不得而知。

许多学者把"公天下"视为中国古代的民主主义思想。可是他们低估了中国专制主义思想体系的容量和精致程度,更忽略了一个重大的事实:中国的帝王及历代统治思想代言人大多承认"公天下"论。自先秦以来,"天下,天下之天下"不断被帝王将相、百官谏臣引用。就笔者所见,隋炀帝、唐太宗、宋太祖、清雍正帝、清乾隆帝等著名皇帝都曾特意宣扬过这类思想。秦始皇想必亦不例外。他们都利用公认的"公天下"观念标榜自己的功德,证明其占据最高权位的合法性。其中宋太祖在即位诏书中直接引用"天下为公,选贤与能"的思想,以此证明陈桥兵变、黄袍加身的合理性。"一人有庆,天下为公"①。这种思想对"私天下"有强烈的批判色彩,又不具有否定"家天下"的意义。显而易见,"公天下"是秦汉以来统治思想的重要组成部分。因此,秦始皇与吕不韦不会在这个问题上有太大的分歧,更不会因此而引发政治斗争。

第二节　佐成帝业的霸王之士

古人云:"廊庙之才,盖非一木之枝也;粹白之裘,盖非一狐之皮也;治乱安危、存亡荣辱之施,非一人之力也。"②自古以来,成就帝业者,必有霸王之佐;辅成霸业者,必有王佐之才。对于争人才与争天下、驭群臣与驭天下的内在关系及君臣佐辅的重要性,人们早就有深刻的体察、精辟的概括和形象的比喻。人们把贤能之臣

---

① 《贞观政要·刑法》。
② 《慎子·知忠》。

比作元首的股肱、渡人的舟楫、大厦的栋梁、猛兽的爪牙、鸿鹄的羽翮等等。人们还把君臣际遇比作"云从龙,风从虎",而腾龙失去了云雾便跌落尘埃,巨鲸离开了溟渤则无法遨游。于是许多帝王力图通过招徕一批王霸之士而成就帝业;许多王霸之士也力图通过成就一位帝王而成就自己。

与历代开国君主一样,秦始皇身边也有一批军政素质极高的王霸之佐和善战之将。这是一个规模不小的群体。他们之中既有运筹帷幄的将相、精通谋略的策士,又有直言敢谏的诤臣、勇冠三军的战士、能言善辩的说客。没有这些人的辅佐,秦始皇是无法成就帝业的。在介绍这些王霸之佐的时候,不得不让本传传主秦始皇暂且退居配角的地位。然而这些智谋之士与秦始皇的互动过程,又使人清晰地看到这位帝王的枭雄品格和政治才干。善于驾驭能臣是秦始皇的一大特点。

一、李斯与《谏逐客书》

在秦始皇众多的辅臣中,李斯可谓首屈一指。这是一位颇有才干的政治家,堪称王霸之佐。李斯与秦始皇君臣际遇,实际上处于第一助手地位近三十年。他协助秦始皇,经略天下,总理万机,对秦朝的建立做出了重大贡献。见于历史记载的秦始皇的宰相(相国、丞相、御史大夫)有吕不韦、昌平君、隗林、王绾、李斯、冯劫(御史大夫)、冯去疾等,其中李斯对秦始皇的贡献最大。在历代宰相中,李斯的才干、谋略与功业也罕有匹敌。如果不是晚节不保,他也许会得到众口一词的极高的历史评价。

李斯(?—公元前208年)字通古,楚国上蔡(今河南省上蔡县西南)人,出身"闾巷之黔首","年少时,为郡小吏"。他凭着个人的才干,一步步循着仕途的台阶,直至位居丞相,遂成为中国古代帝国史上第一位著名的"布衣卿相"。

李斯素有大志。据说,在担任乡间小吏的时候,他目睹厕中群鼠偷食污秽的食物,经常遇到人来狗撵而仓皇逃窜,又观仓中之鼠,"食积粟,居大庑之下,不见人犬之忧"。他感慨万千,喟然叹曰:"人之贤不肖譬如鼠矣,在所自处耳!"李斯决心仿效仓中之鼠,择地而处,追求功名利禄。他立志学"帝王之术",为王霸之佐,做富贵之人。在当时,平民百姓跻身王侯将相的仕途已然开辟,所以有"青云之志"的青年人很多。只要翻一翻苏秦、陈胜、项羽、刘邦、韩信等一大批英雄人物的传记,便一目了然。在中国古代社会,这应当是很正常的现象。

　　李斯有很高的学术素养。他深知成就大事业,必须拜名师,于是不远千里到齐国投于一代名儒荀子的门下为徒。荀子之学,宗本孔子,融合儒法,兼综百家。他将先秦礼治、法治、无为而治三大思潮的精华融于一炉,提出了比较全面、比较实用的政治思想体系。当时荀子的弟子们都认为老师的道德、学识、才智"宜为帝王"①。李斯慕名而来,"乃从荀卿学帝王之术"。荀子培养了中国历史上两位著名的王霸之士,一个是以著书立说见长的韩非,一个是以操作政治见长的李斯。由此可见,荀子的学识、政见确实非当时的群儒所能匹敌。韩非、李斯被后世列为法家。其实这种学派分类方法是值得推敲的。先秦本无"法家"学派,更无"法家"师徒传承的故事。韩非、李斯只是比老师更加鄙弃"俗儒",更加面对现实政治,而进一步发挥了老师的帝王之术而已。李斯能够成为帝王之佐,得益于名师的教诲。

　　李斯又是一个善于审时度势的智谋之士。学业有成之后,李斯面临着重大政治抉择:到哪个国家图谋政治发展最有利? 他认为当此列国争雄之时,正是游说者可以立功成名之机。在深入分

---

　　① 《荀子·尧问》。

析了各国形势及其君主的素质之后，李斯得出的判断是："楚王不足事，而六国皆弱，无可为建功者"，"今秦王欲吞天下，称帝而治，此布衣驰骛之时而游说者之秋也。"于是他辞别老师，西向入秦。事实证明李斯的这个决定是正确的。

　　大约在公元前247年，李斯来到秦国，恰逢秦庄襄王寿终正寝，秦始皇刚刚即位。当时相国文信侯吕不韦主政。李斯投在吕不韦门下，担任舍人。吕不韦门客以千百计，而李斯一经展露才华，立即脱颖而出。经吕不韦举荐，李斯被任命为郎官，进入宫廷。他借机与年轻的秦王纵论天下大事，分析政治格局，提出一套剪灭诸侯、并吞六国、创建帝业的谋略。秦始皇闻之大喜，晋升李斯为长史。李斯从此得以参议军国大政。按照李斯的谋划，秦国综合运用军事、外交、间谍等手段对付诸侯，收买其权臣，刺杀其名士，离间其君臣，一旦时机成熟便大军压境。由于出谋划策有功，秦始皇拜李斯为客卿。

　　有一篇名叫《谏逐客书》的政论文章，使李斯青史留名。这篇谏议奏章，议论纵横，文情并茂，洋洋洒洒，理据具足，不仅体现了李斯的识见与雄辩，也展示了他的博学与文采。

　　事情的起因是这样的。大约在秦始皇即位之初，韩国派遣间谍郑国到秦国游说。郑国是一位著名的水工，他建议秦国兴修水利，于泾水、北洛水之间开凿一条三百余里灌渠。其目的是消耗秦国人力、物力，使之无暇东顾。秦始皇亲政伊始，平定嫪毐之乱，罢免吕不韦，又发觉郑国的间谍身份及其图谋。嫪毐、吕不韦、郑国都是客籍臣工。事发之后，朝野大哗，一批秦国宗室大臣向秦始皇进言，曰："诸侯人来事秦者，大抵为其主游间于秦耳，请一切逐客。"秦始皇以为然，遂下了一道逐客令，搜索并驱逐所有来自异国的客卿、臣工、名士。李斯亦在其中，他被迫出走，在途中上书秦始皇谏止此事。这件事发生在秦始皇十年（公元前237年）。

李斯的《谏逐客书》曰：

　　臣闻吏议逐客，窃以为过矣。昔缪公求士，西取由余于戎，东得百里奚于宛，迎蹇叔于宋，来丕豹、公孙支于晋。此五子者，不产于秦，而缪公用之，并国二十，遂霸西戎。孝公用商鞅之法，移风易俗，民以殷盛，国以富强，百姓乐用，诸侯亲服，获楚、魏之师，举地千里，至今治强。惠王用张仪之计，拔三川之地，西并巴、蜀，北收上郡，南取汉中，包九夷，制鄢、郢，东据成皋之险，割膏腴之壤，遂散六国之从，使之西面事秦，功施到今。昭王得范睢，废穰侯，逐华阳，强公室，杜私门，蚕食诸侯，使秦成帝业。此四君者，皆以客之功。由此观之，客何负于秦哉！向使四君却客而不内，疏士而不用，是使国无富利之实而秦无强大之名也。

　　今陛下致昆山之玉，有随、和之宝，垂明月之珠，服太阿之剑，乘纤离之马，建翠凤之旗，树灵鼍之鼓。此数宝者，秦不生一焉，而陛下说之，何也？必秦国之所生然后可，则是夜光之璧不饰朝廷，犀象之器不为玩好，郑、卫之女不充后宫，而骏良駃騠不实外厩，江南金锡不为用，西蜀丹青不为采。所以饰后宫充下陈娱心意说耳目者，必出于秦然后可，则是宛珠之簪，傅玑之珥，阿缟之衣，锦绣之饰不进于前，而随俗雅化佳冶窈窕赵女不立于侧也。夫击瓮叩缶弹筝搏髀，而歌呼呜呜快耳者，真秦之声也。《郑》、《卫》、《桑闲》、《昭》、《虞》、《武》、《象》者，异国之乐也。今弃击瓮叩缶而就《郑》《卫》，退弹筝而取《昭》《虞》，若是者何也？快意当前，适观而已矣。今取人则不然。不问可否，不论曲直，非秦者去，为客者逐。然则是所重者在乎色乐珠玉，而所轻者在乎人民也。此非所以跨海内制诸侯之术也。

　　臣闻地广者粟多，国大者人众，兵强则士勇。是以太山不让土壤,故能成其大。河海不择细流,故能就其深。王者不却众庶,故能明其德。是以地无四方,民无异国,四时充美,鬼神降福,此五帝、三王之所以无敌也。今乃弃黔首以资敌国,却宾客以业诸侯,使天下之士退而不敢西向,裹足不入秦,此所谓"藉寇兵而赍盗粮"者也。

夫物不产于秦,可宝者多。士不产于秦,而愿忠者众。今逐客以资敌国,损民以益雠,内自虚而外树怨于诸侯,求国无危,不可得也。

李斯首先列举秦国历史上秦穆公、孝公、惠王、昭王等先公先王,大胆举用百里奚、蹇叔、丕豹、公孙支、由余、张仪、司马错、甘茂、范睢等一批著名的出身异国的卿相而建立丰功伟业的事实;继而罗列一批"楚才秦用"之类的现象;然后引据山不厌高、水不厌深的哲理,讲了一番"地广者粟多,国大者人众,兵强则士勇"的道理;最后得出"物不产于秦,可宝者多。士不产于秦,而愿忠者众"的结论。他批评秦始皇不分青红皂白地驱赶一切外来的臣民是愚蠢的行为,这会导致内失民心而弱秦,外资敌国而结怨,严重危及国家安全。

秦始皇阅罢这篇谏章,幡然醒悟,立即废止逐客之令。他命人追回已经踏上东归之路的李斯,让他官复原职,"卒用其计谋"。后来李斯官至廷尉,并实际主持政务。秦的统一,李斯居功至伟。他为秦始皇建立的殊勋可以与历代开国元勋相媲美。

秦朝建立后,李斯先后任廷尉、御史大夫、丞相,封侯拜相,位极人臣。秦始皇对这位功臣恩崇有加。李斯的"诸男皆尚秦公主,女悉嫁秦诸公子"。有一次,他的长子三川守李由回咸阳休假,"李斯置酒于家,百官长皆前为寿,门廷车骑以千数"。李斯喟然而叹曰:"嗟乎。吾闻之荀卿曰'物禁大盛'。夫斯乃上蔡布衣,闾巷之黔首,上不知其驽下,遂擢至此。当今人臣之位无居臣上者,可谓富贵极矣。物极则衰,吾未知所税驾也!"

李斯为人名利之心过重,权势之欲太强。同窗好友韩非之死、"焚书坑儒"事端之起、沙丘之变得以成功,都与李斯有关。秦朝的速亡,李斯有无法解脱的重大责任。如果不是李斯贪恋权位、富贵,促成沙丘之变,并为秦二世的暴政推波助澜,秦朝的历史很可能会改写,他本人也不会招致杀身灭族之祸,而有"上蔡黄犬"之叹。李斯的人生之旅功过并著,荣辱交织,毁誉参半。但是在秦始皇之世,他无愧为竭尽才智的佐辅能臣。后来他的死也与试图谏止秦二世的骄奢淫逸有关。自古就有人称李斯属于"极忠而被五刑死"。这种评价值得推敲、商榷。不过这个人还是颇有令人称道之处的。正如司马迁所说:如果没有上述人生败笔,"斯之功且与周、召列矣"①。

二、尉缭与《尉缭子》

辅佐秦始皇的第二位著名王霸之士是一位杰出的思想家、军事家,他的名字叫缭。其姓氏失传,由于他曾担任秦国的国尉,故称"尉缭"。秦始皇完成统一大业过程中的重要军事行政事务很可能主要仰仗尉缭。

尉缭,生卒年不详,魏国大梁人,本也是一介布衣。秦始皇十年(公元前237年),尉缭入秦。他与秦始皇论天下形势,力主趁东方诸国衰弱之机,不失时机地完成统一大业,避免重蹈吴王夫差、晋国智伯、齐湣王没有乘胜彻底消灭敌国而反被对手灭亡的覆辙。他建议秦始皇不惜重金,收买六国权臣,破坏诸侯合纵,打乱各国的战略部署,以增强秦国军事行动的效果。秦始皇采纳了他的谋略。

---

① 以上引文凡未注明出处者皆见《史记》卷八七《李斯列传》。

秦始皇深知尉缭精通兵法，多权谋奇计，有王佐之才，所以欲深结其心。他对尉缭不仅言听计从，而且屈尊相待。史称秦始皇"见尉缭亢礼，衣服食饮与缭同"。尉缭才智过人，有敏锐的洞察力，他对这位年轻君王的政治人格有深刻的解析，看破这是一位枭雄。他说："秦王为人，蜂准，长目，挚鸟膺，豺声，少恩而虎狼心，居约易出人下，得志亦轻食人。我布衣，然见我常身自下我。诚使秦王得志于天下，天下皆为虏矣。不可与久游。"①深谋远虑的尉缭为了避免未来的祸患，没有贪图权势、富贵，而是决定悄悄离开秦国。秦始皇发觉后极力阻止，并任命尉缭为国尉。这个职务相当汉朝的太尉、大将军，负责管理全国军事行政事务。

《史记》关于尉缭事迹的记载相当简略，也没有提到他在统一战争中的具体活动，只说秦始皇"卒用其计策"。尉缭任国尉，主军事，秦始皇又采纳了他的谋划、方略，秦军对六国作战所使用的战略和策略，也与尉缭的军事思想十分吻合。他的学识、谋略和战功可以与孙武、孙膑、吴起等相媲美。仅此就足以证明他在秦始皇统一大业中的地位和作用。从尉缭的军事理论和政治主张中也可以间接地了解秦始皇的政治思想和治国治军方略。

尉缭的作用非同一般，他对战争与政治、战争与经济的关系以及战争的指导原则、战略战术原则有深刻的理解。他还善于制定军法条例，统筹组织军事活动，属于"运筹于帷幄之中，决胜于千里之外"的军政人才。这个判断是有充分的依据的：尉缭为后世留下了一部军事思想史上的著名典籍——《尉缭子》。

《尉缭子》今存二十四篇。关于《尉缭子》的作者，历来有两种看法：一种认为他就是秦始皇时期的尉缭，另一种认为他是魏惠王（梁惠王）时期的尉缭。关于《尉缭子》是否有两个版本，是否分别

① 《史记》卷六《秦始皇本纪》。

属于"杂家"、"兵家"等,也很难详考。1972 年 4 月,在山东临沂银雀山汉墓出土的竹简中,发现了《尉缭子》的残篇,其内容大体与今本相符。一些学者认为《汉书·艺文志》分别著录于"兵形势家"和"杂家"类的《尉缭子》是同一本书,今本《尉缭子》就是秦国国尉尉缭的作品①。这种看法是很有道理的。

同当时许多论及政治思想的著作一样,《尉缭子》具有"杂家"的特点,而"法家"的色彩更浓厚一些。其中的许多思想见于《商君书》、《荀子》、《吕氏春秋》等。这主要是一部论兵的书。《汉书·艺文志》将其列为兵权谋家、兵形势家、兵阴阳家、兵技巧家等四个先秦兵家学派中的兵形势家。以《尉缭子》为代表的"兵形势家"重点研究军事行动的运动性、变化性、灵活性,主张兵无定势,根据具体军事态势,采取灵活机动的战略战术。

尉缭提出一批重要的军事思想。他认为"兵胜于朝廷",政治上的成功是取得军事胜利的根本条件。因此,欲战先安内,必须从改革、整顿国内政治入手,健全政治制度,制定正确的政策和策略,通过举贤用能,富国惠民,来调整君臣、君民关系,使国家安定富强,令民心归顺君王。这样才有可能"战胜于外"、"威制天下"②。如果国家制度有弊病,也会"虽战胜而国弱"③。他认为统兵必须"明制度于前,重威刑于后"④,治理军队必须先建立各项制度,使军容整齐,号令一致,纪律严明,然后"明赏于前,决罚于后",以严刑重赏保证军令的贯彻。赏罚必须严明,"杀一人而三军震者杀

①　参见何法周:《〈尉缭子〉初探》,《文物》1977 年第 2 期;林剑鸣:《秦史稿》,上海人民出版社 1981 年版,第 333 页;林剑鸣:《〈尉缭子〉与秦始皇陵兵马俑的研究》,《秦陵秦俑研究动态》1993 年第 2 期。

②　《尉缭子·兵谈》。

③　《尉缭子·制谈》。

④　《尉缭子·重刑令》。

之，赏一人而万人喜者赏之"。"杀之贵大，赏之贵小"，应当诛杀的，即使是勋贵，"必杀之"，这就叫"刑上究"；应当奖赏的，即使是马童，也赏之，这就叫"赏下流"。在他看来，"夫能刑上究，赏下流，此将之武也"[①]。他主张指挥战争必须"先料敌而后动"[②]，全面了解敌情，分析敌我态势，"见胜则兴，见不胜则止"，要打有把握之仗，并根据具体情况，决定是先发制人，还是后发制人。他认为"国以专胜"、"力分者弱"[③]，必须集中兵力，强化攻击力。他认为必须"挟义而战"，对内要富国富民，严明法纪制度，注重礼义教化；在战争过程中，要"不攻无过之城，不杀无罪之人"，要实行正确的占领政策，使当地民众安居乐业，最理想的是以威服天下，"兵不雪刃而天下亲"[④]。尉缭主张"王者伐暴乱，本仁义"[⑤]。"凡挟义而战，贵从我起"，不能放弃军事手段，要敢于发动正义之战。"伐国必因其变"[⑥]，要利用敌国内部君主无道、国势贫弱、上下离心的时机，兴兵讨伐。

尉缭无愧为王霸之士，他的政治、军事、外交谋略符合当时的实际情况，有利于从内政、外交、军事等各方面全面规划、部署并组织统一战争。他是辅佐秦始皇成就帝业的主要功臣之一。

三、茅焦强谏，"抗枉令直"

茅焦，生卒年不详，齐国人。他是秦始皇统治时期最著名的一位"亢直之士"、敢谏之臣。一则君臣之间纳谏、进谏的政治佳话

---

① 《尉缭子·武议》。
② 《尉缭子·战威》。
③ 《尉缭子·权攻》。
④ 《尉缭子·武议》。
⑤ 《尉缭子·兵令上》。
⑥ 《尉缭子·兵教下》。

使茅焦青史留名。

秦始皇平定嫪毐之乱,将母后迁往雍居住。茅焦劝谏秦始皇说:"秦方以天下为事,而大王有迁母太后之名,恐诸侯闻之,由此倍秦也。"秦始皇接受他的劝谏,"乃迎太后于雍而入咸阳,复居甘泉宫"[1]。

《说苑·正谏》对这件事有绘声绘色的详细描述。秦始皇车裂嫪毐,扑杀两弟,并把母亲迁出咸阳,将她囚禁于雍。许多臣工认为这种处置方式既有悖孝道,又有损秦国形象。一批臣工先后进谏,秦始皇大怒。他下令说:"敢以太后事谏者,戮而杀之。"谏臣前赴后继,被处死者达二十七人之多。齐客茅焦不顾秦始皇的警告,执意进谏。他批评秦始皇说:"陛下车裂假父,有嫉妒之心。囊扑两弟,有不慈之名。迁母贲阳宫,有不孝之行。从蒺藜于谏士,有桀纣之治。今天下闻之,尽瓦解无向秦者。臣窃恐秦亡,为陛下危之。"秦始皇醒悟,于是纠正错误,并"立焦为仲父,爵之为上卿"。太后赵姬大喜,设宴席招待茅焦。席上,她赞扬说:"抗枉令直,使败更成,安秦之社稷,使妾母子复得相会者,尽茅君之力也。"

四、顿弱论秦国连横的外交谋略

顿弱,生卒年和籍贯不详。他也是一位茅焦式的谏臣,而与秦始皇议论的话题,则着重于外交方略。顿弱富于谋略,长于论辩,有纵横家的风采。他还颇有笑傲王侯的名士风度。秦始皇仰慕顿弱之名,很想见见他。可是顿弱提出了一个苛刻的先决条件,声称:"臣之义不参拜,王能使臣无拜,即可矣。不,即不见也。"嬴政许之。

---

[1] 《史记》卷六《秦始皇本纪》。

顿弱见到秦始皇开口便问："天下有其实而无其名者,有无其实而有其名者,有无其名又无其实者,王知之乎?"秦始皇答曰:"弗知。"于是顿弱指出:商人有积粟之实而无耕作之名,属于"有其实而无其名者";农夫有耕作之名而无积粟之实,属于"无其实而有其名者";而当今秦王"已立为万乘,无孝之名;以千里养,无孝之实",可见"无其名又无其实者,王乃是也"。秦始皇勃然大怒。顿弱毫不畏惧,坦然表示:秦始皇不能威服六国,却滥施淫威于自己的亲生母亲,这是不可取的。

秦始皇对兼并东方六国的话题更感兴趣,他急切地询问秦国兼并各国的方略。顿弱献策道:"韩,天下之咽喉;魏,天下之胸腹。王资臣万金而游,听之韩、魏,入其社稷之臣于秦,即韩、魏从,韩、魏从,而天下可图也。"秦始皇担心这样做会靡费钱财而徒劳无功。顿弱做了这样的解释:天下正处在多事之秋,各国频繁地以合纵连横的手段互相较量,"横(连横)成,则秦帝;从(合纵)成,则楚王"。如果秦国成就帝业,那么天下一切财富皆归秦所有,而如果其他国家称雄,那么秦国即使拥有万金,也无法据为己有。因此,这笔外交开支还是很有必要的。

秦始皇认为顿弱的说法很有道理,他划拨万金之资,令顿弱用以游说六国权臣,破坏各国部署,离间其君臣关系。顿弱"东游韩、魏,入其将相,北游于燕、赵,而杀李牧"。秦国之所以使"齐王入朝,四国必从"[1],得益于秦始皇采纳了顿弱的谋略。

五、姚贾献破坏各国合纵之策

姚贾,生卒年不详,魏国人,出身微贱,其父是看管城门的监门卒。姚贾曾在大梁为盗贼,后至赵国游说,谋求功名,不为所

---

[1] 以上引文均见《战国策·秦策四》。

用，被逐出境。他来到秦国，博得秦始皇的赏识，被委以外交重任。姚贾提出的谋略与李斯、尉缭、顿弱等人大体相似，可谓英雄所见略同。

有一次，赵、楚等四国合谋组织联军攻秦。秦始皇召集群臣宾客数十人商讨对策。姚贾提出具体对策，并表示："贾愿出使四国，必绝其谋而安其兵。"秦始皇"乃资车百乘，金千斤，衣以其衣冠，舞以其剑"。姚贾辞行出使，通过收买各国权臣，离间四国关系等手段，"绝其谋，止其兵，与之为交，以报秦"。秦始皇大悦，拜姚贾为上卿，封千户。

韩非闻知此事，不以为然。他认为，姚贾出身"世监门子"，是"梁之大盗、赵之逐臣"，重用这样的人，不利于激励群臣。为了破坏姚贾的谋略，而达到弱秦的目的，韩非向秦始皇进言，指责姚贾耗费三年时光，滥用国家财物珍宝，图谋个人私利，而"四国之交未必合也"。这种行为纯属"以王之权，国之宝，外自交于诸侯"。

秦始皇立即召见姚贾，责问他："吾闻子以寡人之财交于诸侯，有诸？"姚贾指出，自己确实使用国家资财结交诸侯，这并不意味着图谋私利，不忠于秦国。如果不结好诸侯，就无法达到预期的外交目的。如果不忠于秦国，四国之王也不会听从自己的游说。姚贾奉劝秦始皇不要听信谗言，贬斥忠臣。他进一步指出，用人不必求全责备，不必苛求出身和名望。周文王的姜太公、齐桓公的管仲、秦穆公的百里奚、晋文公的臼犯在个人经历上都有不光彩的地方，"此四士者，皆有诟丑，大诽天下，明主用之，知其可与立功"。因此，明主用人的基本原则是"不取其污，不听其非，察其为己用。故可以存社稷者，虽有外诽者不听，虽有高世之名而无咫尺之功者不赏"[1]。秦始皇认为姚贾的说法颇有道理，于是仍然委以出使各

---

① 以上引文均见《战国策·秦策五》。

国的重任。

六、韩非与《韩非子》

韩非是中国古代最著名的思想家之一。学术界普遍把他视为先秦法家之集大成者。他不是秦始皇的股肱之臣,甚至不能算是秦始皇的臣工。韩非入秦的本心旨在削弱秦国,保全韩国。但是他为秦始皇奉献了一部著作,又提供了一条谋略。这部著作为秦始皇统治臣民提供了系统的政治方略和手段;这条谋略又使秦始皇确定了正确的统一战争战略安排。从韩非的政治思想体系中,可以大体探求秦始皇的治术和秦朝统治思想的基本特点。因此,韩非对秦始皇的贡献不在李斯、尉缭之下。在一定意义上,这位精通"南面君天下之术"的大学者也可以算作秦始皇的王霸之佐。

韩非(公元前 280 年—公元前 233 年),韩国人。他是韩国王室宗亲,身为"韩之诸公子"。韩非与李斯属同门弟子。他"为人口吃,不能道说,而善著书",其识见与文采令同学李斯自叹不如。韩非博学多才,他师从大儒荀子,熟读儒家经典,又认真研读过《老子》、《商君书》、《申子》等,史称"喜刑名法术之学,而其归本于黄老"。因此他的学术素养深受先秦道、法、儒三大学派的影响。

在人生之旅上,韩非与李斯这对同门弟子的政治抉择大相径庭,而结局也迥然不同。李斯择主而仕,果断地放弃了昏聩的楚王,离开祖国,投奔蒸蒸日上的强秦。韩非则不然,他怀恋宗国,情系韩王,身归于日渐衰落的祖国。李斯际遇雄才大略的秦始皇,大展其才,创立功勋,犹如群星附丽苍穹,而韩非则遭遇昏庸无能的韩王安,结果报效无门,郁郁而不得志。

韩非目睹韩国逐渐削弱,"数以书谏韩王,韩王不能用"。他认为韩国衰弱的根源在于政治上的一系列失误,主要是"不务修明其法制",不能"富国强兵而以求人任贤"。韩王"宽则宠名誉之人,急则用介胄之士",所用之人大多是徒有虚名的俗儒、游士和奸邪诡谀之臣。这样一来,不仅辅臣庸庸碌碌,"所用非所养",而且民众也多有祸乱之人,乃至"儒者用文乱法,而侠者以武犯禁"。韩非深感儒术足以误国,礼治不能强兵,于是考察历史的经验教训,探究政治的利害得失,"故作《孤愤》、《五蠹》、《内外储》、《说林》、《说难》十余万言"。韩非的著作编为《韩非子》。

韩非思想敏锐、识见深刻、文辞雄辩,所述世风切中时弊,所言治术切实可行,所论哲理切中肯綮,因此受到世人的关注而广为传抄。有人将这本书带到秦国。秦始皇阅读了韩非之书,对《孤愤》、《五蠹》等篇章的主张颇为赞赏。他钦佩作者的才智,赞叹道:"嗟乎,寡人得见此人与之游,死不恨矣!"李斯告诉秦始皇:"此韩非之所著书也。"秦始皇立即下令进攻韩国。韩王连忙与韩非商议对策,并派遣他出使秦国。

韩非一见秦始皇就对秦国的政治提出了批评。他直言不讳地指出:秦国之所以国势强盛而未能一举成就霸王之名,是由于大臣的谋略不当,对策有误。韩非对李斯、姚贾提出的先灭韩国的战略不以为然,主张秦国首先应削弱乃至灭亡赵国。他指出:这样做在政治上、外交上和军事上对秦国更有利。强悍的赵国一旦被解决,统一天下犹如水到渠成。秦始皇"悦之,未信用"。

李斯、姚贾等人十分嫉恨韩非,一来韩非提出的统一战争战略方针与他们的主张针锋相对;二来韩非鄙弃姚贾,认为他不足与论社稷之计;三来如果韩非受到秦始皇重用也会危及他们的政治地位。于是李斯、姚贾等人千方百计地诋毁韩非,必欲置之死地而后快。他们对秦始皇说:"韩非,韩之诸公子也。今王欲并诸侯,非终为韩不为秦,此人之情也。今王不用,久留而归之,此自遗患也,不如以过法诛之。"①嬴政信以为然,将韩非投入监狱。李斯派人送毒药给韩非,让他自杀。韩非想面见秦王,表白心迹,却无法办到。当秦始皇感到后悔,急忙令人赦免韩非时,他已经死去了。韩王闻讯,只得请求臣服于秦国。

从秦国统一战争的战略部署和过程看,秦始皇采纳了韩非的一些意见,而韩非对秦国政治的最大贡献是《韩非子》这本书。

《韩非子》是中国古代最重要的政治教科书之一。这本书以法家为旗帜,集先秦诸子之大成。它获得秦始皇的激赏,对秦朝统治思想有深刻影响。后来,公开张扬法家旗帜的人寥若晨星,而读它、评它,从中汲取政治智慧的政治家、思想家却不胜枚举。《韩非子》的"霸王之道",不仅是古代帝王论一个重要版本,而且是秦汉以来帝王观念的重要构成之一。

韩非的学术思想有两个明显的特点:一是从现实出发,寻求切实可行的富强与统一之路;二是理论素养很高,对诸子有深入研究,尤为精通法、道、儒的学说。前者决定他必然以法家为宗本,后者使他得以博采众长,创立严整的理论体系。《韩非子》历来被视为法家学说的代表作。其实它也是综合诸子百家思想而成的。

韩非鼓吹中央集权、君主独断、法为政本,可谓旗帜鲜明。他集先秦法家重法、重势、重术三派之大成,并克服其偏弊。他肯定"法者,王之本"②,又认为法、势、术"皆帝王之具"。他分别发展了法、势、术的理论,又使之互相补充,从而使法家学说在理论上登峰造极。这是《韩非子》综合性的主要表现。

改造《老子》的道论,为法治论提供坚实的理论基础,是《韩非

---

① 以上引文均见《史记》卷六三《老子韩非列传》。
② 《韩非子·心度》。

子》综合性的又一具体表现。《解老》、《喻老》是现存最早系统阐释《老子》的文献。韩非依据法家思维方式重新解释"道"、"德"范畴,摒弃道家道论中的玄虚、神秘成分。他还最先提出道与理这一对范畴,触及到一般法则与特殊法则的关系问题。韩非从不玄谈哲理,而是将道论与政论紧密结合。在《扬权》中,他以道的惟一性论证中央集权体制,以道与物的差异论证君的主宰地位。在《解老》中,他把道作为政治之本。在《饰邪》中,他提出"以道为常,以法为本",即道是法的依据,法是道的体现。他以《主道》、《守道》命篇,提出系统的治术,又以《大体》命篇,主张帝王"以道为舍"、"因道全法",因而积大利,立大功,"名成于前,德垂于后"。这样,道成为以法、势、术为核心的一系列治术和规范的根据和总称。道是帝王必须遵循的根本大法。

把忠、孝、仁、义、礼列为重要政治范畴,是《韩非子》综合性的又一重要表现。韩非对儒家鼓吹伦理政治极为反感,斥之为谬论,视之为蠹虫。但他比早期法家更重视伦理在政治中的作用。他以《忠孝》命篇,批评孔子不识忠孝真谛,并张扬法家的忠孝、仁义、德政观,把礼治、教化视为法治的辅助手段。"三纲"范畴最早的表述形式之一,见于《韩非子·忠孝》。这是韩非对政治伦理学的一大奉献,也表明他没有把申商的理论进一步极端化。

《韩非子》帝王论和帝王术的综合性是显而易见的。以君主起源说为例:韩非综合了历史进化说、为止争而立君说、天立君说、为贯彻道义立君说、圣人立君说等,论证得颇为严整。关于为君的条件,韩非也条分缕析,讲得相当系统,如有土地和子民者王、国家富强者王、战胜者王、有权势名位者王、名副其实者王、治强者王、明法者王、独断者王、任王霸之佐者王、审时度势者王、有自知之明者王、得天时人心者王。在韩非看来,体道是为君必备的条件。否则"天子失道,诸侯伐之";"诸侯失道,大夫伐之"①。体道、守道是帝王最基本的规范。

《韩非子》虽是一家之言,却又在很大程度上影响着秦朝的统治思想。秦始皇的激赏,表明他赞成韩非的许多政见。韩非的帝王论在法家体系所能包容的限度内,吸收了各种实用政术及其哲理性依据,所讲道理质朴实在,既没有高深莫测的玄谈,又没有夸大其辞的文饰。优点却又化为缺点。统治思想需要华美的包装、神圣的光彩和动人的许诺。韩非一语中的,将君臣之间的利害关系讲得太实,从不讳言各种强制手段和权术,又没能纠正法家重罚主义的偏弊。这或许是他的思想后来只能以曲折的形式纳入统治思想的主要原因。

实际上,秦朝的统治思想虽以法家学说为基调,却比《韩非子》的内容丰富得多,几乎包罗法、儒、道、墨、阴阳、名等诸子百家之说。可是,秦朝的命运注定了法家的命运。一个盛极一时的大帝国顷刻之间便灰飞烟灭了。人们几乎众口一词地归罪于法家的政治学说。无论人们的评说是否允当,有一点是无可挽回的:法家失去了角逐统治思想宝座的资格。

其实像李斯、尉缭、茅焦、顿弱、姚贾、韩非一样的王霸之士、敢谏之臣在秦国为数众多。秦始皇身边的佐辅大臣大多有犯颜直谏的事迹。朝臣廷争、言官强谏、说客直言、游士善辩等政治现象与君主专制政治的朝议制度、言路言官之设、献言游说的仕途以及为臣之道有直接的因果关系,所以臣工进谏君主,甚至不惧触犯"逆鳞"的现象司空见惯。兼听博纳、集思广益又是当时公认的为君之道,所以君主纳谏也是常见的现象。与历代有所作为的君王一样,秦始皇既有重赏谏臣、从谏如流的行为,也有诛杀谏臣、一意孤

---

① 《韩非子·难四》。

118

行的行为。从现存史料看,秦始皇通常不诛杀谏臣,"以太后事谏"是惟一的特例。在秦朝建立之前,尉缭有恶意攻击之嫌,他没有杀;茅焦言辞激烈,他没有杀;顿弱傲然直言,他没有杀;中期驳倒君王,他也没有杀[①]。秦朝建立后,淳于越当众攻击秦始皇不法古制、必将速亡,他也未动声色。像许多有为之君一样,秦始皇多有从谏如流、重赏谏臣的举动。像唐太宗多次想杀死谏臣魏徵而隐忍未发一样,秦始皇也常常勃然大怒,欲杀谏臣,又或被人劝止,或自我隐忍。不如此,他是不能取得政治上、军事上的巨大成功的。由此可见,素有"暴虐"之名的秦始皇还是很不简单的。古代名君多有类似的政治人格和政治行为。对于这一类政治现象,不能简单地下评语,而应深入地分析。在评说他们的时候,似应采用统一的尺度而"一视同仁"。

汉朝刘向在《战国策·序》中说:"始皇因四塞之固,据崤函之阻,跨陇蜀之饶,听众人之策,乘六世之余烈以蚕食六国,兼诸侯并有天下。"其中"听众人之策"是具有决定意义的主观因素。策者,谋也。善策佳谋必出自能臣之心,逆耳之言必出自志士之口,而采之、纳之,决策而行之,必有待于雄才大略的王者。秦始皇重视广泛招徕人才,基本上做到了用人不拘一格,任贤不别亲疏,纳言不计言辞。这是他取得成功的主要原因。

第三节　运筹帷幄、勇冠三军的善战之将

自古关中、陇西出名将。秦国的霸业、王业、帝业都是靠战士们一刀一枪地搏杀出来的。战国末期,七大"战国"之间大规模的

---

① 事见《战国策·秦策五》"秦王与中期争论"条。

恶战接连不断。国力强弱主要通过刀尖来体现,政治目标主要通过厮杀来达到,帝王之业主要通过战争来成就。战而胜者王天下。没有一批运筹帷幄之能臣统帅虎狼之师,训练精锐之卒,没有一批骁勇善战之将披坚执锐,冲锋陷阵,秦国就不能使国势越战越强,地盘越战越大,臣民越聚越多,敌国越打越少。

秦始皇身边不仅有一批深谋远虑的策士,还有一批勇冠三军的战将。见于历史记载并战功卓著者就有蒙骜、王龁、麃公、桓齮、尉缭、王翦、杨端和、羌瘣、辛胜、李信、王贲、蒙恬等。其中王氏父子王翦、王贲和蒙氏祖孙蒙骜、蒙恬最为著名。史称:"秦始皇二十六年,尽并天下,王氏、蒙氏功为多,名施于后世。"①这里主要介绍与秦始皇关系最密切且列于历代名将之谱的王翦、蒙恬。从秦始皇与王翦、蒙恬的互动中,也可以体察他的御下之才、用人之术。

一、王翦、王贲父子两世名将

王翦,生卒年不详,秦国频阳东乡人。他年轻时就喜好武器格斗之术、排兵布阵之法,投于秦始皇帐下为将。秦始皇灭赵、扫燕、亡楚、平越的关键战役都是由王翦指挥的,最终灭亡魏、代、燕、齐则由其子王贲率军完成。王翦、王贲父子两世名将为秦的统一战争立下首功。王翦的孙子王离也是秦朝名将之一,他曾作为蒙恬的副将镇守边关。

王翦为秦国宿将,建立"夷六国"的殊勋,"始皇师之"。有一则故事最能体现秦始皇与王翦君臣之间的关系。

秦始皇灭三晋,逐燕王,而数破楚军。轻敌之心也由此而生。在商讨灭楚之策时,李信认为动用二十万兵力足矣,而王翦则力主倾秦军主力,以六十万大军灭亡楚国。秦始皇认为王翦年老胆怯,

---

① 《史记》卷七三《白起王翦列传》。

而李信年少壮勇,于是命李信及蒙恬统帅二十万军队伐楚。王翦见自己的方略不被采纳,便托病辞职,回故乡频阳养老。

李信及蒙恬初战告捷,破兵斩将,攻城掠地。可是楚军趁李信轻敌不备,率军转移之机,尾追跟进,连续攻击三日三夜,大破李信军。楚军攻破两座营垒,杀死秦军七个都尉。秦军落荒而逃,楚军趁势进击。

秦始皇闻之大怒。军情紧急,他亲自赶往频阳,当面向王翦致歉,曰:"寡人以不用将军计,李信果辱秦军。"他恳请王翦抱病出征,率领秦军抵御乘胜西进的楚军。王翦托词老迈昏聩,病体疲惫,一再推辞,请求更择贤将。秦始皇再次表示歉意,不准王翦推辞。王翦当即提出任职的条件:"大王必不得已用臣,非六十万人不可。"秦始皇表示一切听从王翦的谋划,并亲手将上将之印交给王翦。于是王翦统帅六十万大军出征,始皇亲自送至灞上。临行之际,王翦请求赏赐大量条件优越的田宅园池。秦始皇说:"将军行矣,何忧贫乎?"王翦说:"为大王将,有功终不得封侯,故及大王之向臣,臣亦及时以请园池为子孙业耳。"始皇大笑。据说秦始皇不仅师事王翦,而且与王氏联姻,将华阳公主下嫁王家。王翦在征途中,先后派遣五批使者返回国都,请求秦始皇落实所赏赐的肥美土地。对王翦的这个举动,左右之人百思不得其解。有人问王翦:"将军之乞贷,亦已甚矣。"王翦解释是:这样做的本意不在于乞求财产。秦王为人粗暴、多疑,对于权臣、重将从不放心,"今空秦国甲士而专委于我,我不多请田宅为子孙业以自坚,顾令秦王坐而疑我邪?"①

王翦不负重托,很快大破楚军,杀其将军项燕。仅用一年多的时间,就俘虏楚王负刍,彻底灭亡楚国,并顺势南征百越之君。随

_____

① 以上引文均见《史记》卷七三《白起王翦列传》。

后他的儿子王贲与李信一起率军彻底灭亡燕、齐。

秦始皇对手握大权的亲信和统领重兵的战将保持警惕,王翦以恳请赏赐田宅方式表示忠贞不贰,打消秦始皇的疑忌。这件事历来被作为秦始皇本性专横多疑,其君臣之间互用权术的典型事例。其实这种现象在中国古代很常见,它是特定的权力关系法则所注定的,与个人性格的关系不大。唐太宗与李勣君臣之间互用权术的故事比这更严重。秦始皇勇于向臣下承认决策失误,以拜将、重赏、联姻、师事等方式与重要辅臣结为腹心,敢于比较放手地让出征的将领便宜从事,这是许多君主做不到的。王氏一家三代(王翦、王贲、王离)先后效忠秦始皇数十年,君王对他们恩宠有加,历久不衰。如果秦始皇的性格构成中只有"粗暴"二字,对群臣也只知"猜忌"二字,甚至兔死狗烹、鸟尽弓藏,他是很难做到这种程度的。

二、蒙骜、蒙武、蒙恬、蒙毅祖孙三代忠臣

可以与王氏相媲美的是蒙氏。蒙氏也是三代为将,功勋卓著,始终忠于秦始皇,且恩宠不衰,历经数十年之久。

蒙恬(?—公元前210年),秦始皇的主要辅臣之一。他的祖父蒙骜,本是齐国人,秦昭襄王时期从齐国来到秦国,因功获爵,官至上卿,想必本也是出身微贱之人。秦庄襄王、秦始皇时期,蒙骜为秦将,先后率军伐韩、攻赵、击魏,攻取敌国数十座城池。三川郡、东郡的设置都与他的战功有关。蒙骜死于秦始皇七年(公元前240年)。蒙恬的父亲蒙武也是一员勇冠三军的战将。秦始皇二十三年(公元前224年),王翦任上将军,统帅六十万大军攻楚。蒙武时任裨将军,参与指挥并实施破楚军、诛项燕之战,功勋卓著。楚王也是被他的部属俘获的。蒙恬及其弟蒙毅都是秦始皇的重要辅臣,因而获得特殊的恩宠。

年轻时，蒙恬曾学习法律，做过负责审理狱讼、掌管法律文书的官。秦始皇二十六年（公元前221年），蒙恬凭借父祖的功勋，成为秦将。他参与攻齐之役，大破之，被秦始皇任命为内史。统一天下以后，秦始皇令蒙恬统帅三十万众，经略北部边疆。他逐戎狄，收河南，筑长城，威震匈奴。后又受命辅佐公子扶苏镇守边疆。

在秦朝，蒙恬、蒙毅兄弟靠着才干、功勋和忠诚博得秦始皇的器重和信任，史称"始皇甚尊宠蒙氏，信任贤之。而亲近蒙毅，位至上卿，出则参乘，入则御前。（蒙）恬任外事而（蒙）毅常为内谋，名为忠信，故虽诸将相莫敢与之争焉。"

秦二世篡夺皇位，赐公子扶苏、蒙恬死。不久他得知扶苏已死，便欲赦免蒙恬。赵高担心蒙恬获得重用，千方百计诋毁蒙氏兄弟，必欲置之死地而后快。秦二世听信谗言，下令处死蒙毅。蒙恬吞药自杀。当秦二世派遣使者，以不忠之罪赐死蒙恬时，蒙恬表白说："自吾先人，及至子孙，积功信于秦三世矣。今臣将兵三十余万，身虽囚系，其势足以倍畔，然自知必死而守义者，不敢辱先人之教，以不忘先主也。"①

蒙氏家族，三代为将，忠心耿耿。蒙恬、蒙毅兄弟文武兼备，尽心所事，没有二心。他们手握军政大权，却甘愿蒙受冤屈而不忍谋反。这种政治行为固然与他们恪守忠君之道有关，而感念秦始皇的知遇之恩也是重要的因素。

"君臣一体，自古所难"。李斯、尉缭、王翦父子、蒙恬兄弟等都是秦始皇最重要的辅臣，又都属于旷世奇才，而秦始皇与他们都结成了比较牢固、比较紧密的君臣关系，共同构成相当稳定的统治集团的核心。如果是一人一事，或许会有偶然性，而秦始皇与他的

---

① 以上引文均见《史记》卷八八《蒙恬列传》。

众多辅臣大体都能如此,这就不能用偶然因素来解释了。这些现象证明:秦始皇的御下之才,非同一般。自古皆知:必有非常之人,方能用非常之才。秦始皇恩威兼施,赏罚并用,驾驭英豪,广纳贤才,其成就令许多有为之君也难以望其项背。对此不给予充分的关注和公允的评估,就无法恰当地解读"秦始皇现象",更无法准确地解释中国古代史上一段重要的历史过程。

第四节　秦始皇统治时期的君臣关系

李白诗曰:"明断自天启,大略驾群才。"自汉唐以来,许多有识之士看到了秦始皇身边积聚着一批能臣武将,充分肯定他善于驾驭英才。许多现代学者对此也有学术论证。然而秦始皇仅仅靠几员干将就能成就博大功业吗?这个问题值得深思。

笔者在读史时常常思考这样一个问题:与历代王朝相比较,在秦始皇统治时期,君臣关系的实际状况究竟属于哪一类?无论现存文献的记载,还是古今学者的评述,都容易给人们留下这样一个极其深刻的印象:秦始皇是一个刚烈暴戾的君王,他专横跋扈,颐指气使,猜忌群臣,甚至心理变态。在驾驭臣民方面,秦始皇一味依恃强权,严刑酷罚,玩弄权术,致使君臣关系始终处于一种极不正常的状况之下。秦的吏治更是一塌糊涂,毫无可取之处。如果确实如此,就会发生这样一个很难给予圆满解释的问题:靠着如此恶劣的君臣关系,秦始皇能够不仅维持其政权数十年,而且使王朝的规模不断扩大,朝廷的政治状况基本稳定,还成就了一系列的显赫功业吗?"治国之君,非一人之力也。"[1]如果秦始皇在选贤任

---

① 《慎子·知忠》。

能、驾驭豪杰方面没有令人称道之处,这个人何以能成为政治英雄并成就如此宏伟的帝业?

古人云:"非成业难,得贤难。非得贤难,用之难。非用之难,任之难。"得贤、用贤、任贤是成就帝业的主要条件。因此,君臣关系状况是评价一个帝王的素质、才干和功业的重要指标。历史事实表明,自秦始皇切实掌握国家政权以后,在相当长的一段时间内,君臣关系和吏治的状况比较正常,有一段时间甚至可能属于相当好的一类。秦始皇很善于招徕、笼络和使用王霸之士。他在驾驭群臣方面的成功,主要依赖一套行之有效的制度。对于这套制度,将在"制度篇"详细介绍。同时,秦始皇也很重视驾驭群臣的技巧,这主要体现在他与重要辅臣的君臣互动方面。如果客观地加以分析、比较的话,就不难发现:在处理与重要辅臣之间关系的技巧、能力和胸襟方面,与汉高祖、汉光武帝、蜀汉刘备、唐太宗等历代名君相比,秦始皇毫不逊色,甚至不乏过人之处。

首先,比较皇帝身边重要文武辅臣的质量、数量和功业。在质量上,秦始皇的辅臣班底不比任何一位帝王的辅臣班底逊色。就学识、谋略和驾驭全局的能力而言,秦始皇的李斯、尉缭足以与汉高祖的萧何、张良和唐太宗的房玄龄、杜如晦相媲美。就军事谋略、作战指挥能力和实际战功而言,秦始皇的王翦、蒙恬等诸将不次于汉高祖的韩信和唐太宗的李靖、李勣。在数量上,秦始皇身边也曾贤能满朝,谏臣盈庭,良将如云。秦始皇的一批能臣武将堪与汉光武帝的"云台二十八将"相匹敌。秦始皇的功业是在一大批足智多谋的霸王之士、能征善战的骁勇之将的共同辅佐下而成就的。这些人是秦朝政权体系的中坚和骨干。其中许多人出身卑微,本是"闾巷之黔首"、"一介之布衣"。没有这些人的才干和效命,秦始皇将一事无成。如果仅仅依靠专横霸道和阴谋权术,而没有合理的人事制度、恰当的施政方略和一定的人格魅力,秦始皇能够把这些人长期聚集在自己的身边,且使佐辅竭智、策士多谋、战将骁勇、百吏勤政吗?秦始皇的职官队伍的整体素质也比较高。秦朝的行政效率和实际政绩本身就是明证。国内外一些学者对秦朝的行政效率做出很高的评价①。秦始皇时期的吏治也比较清明。如果仅仅依靠独断专行,严刑酷罚,玩弄权术,秦始皇能够造就这样一个庞大的军政素质相当高的职官群体,并使整个官僚机构长期正常运转吗?

其次,比较皇帝与重要辅臣关系的亲密程度。亲密程度是考察信任程度的重要参考性依据。秦始皇通过信任、礼待、赐爵、重赏、联姻、执弟子礼等手段,与李斯、王翦、蒙恬等一批重要辅臣结成相当亲密的君臣关系。在历代雄才大略的皇帝中,秦始皇与其主要辅臣的关系最为亲密。秦始皇的主要辅臣李斯出身低微,是一位"布衣卿相"。自从君臣际遇,秦始皇对他一直信任有加,言听计从。早在就任丞相之前,李斯就长期处于秦始皇的首席助手地位。在秦始皇生前,李斯也可谓尽心所事,鞠躬尽瘁,卓有贡献。《史记》所记载的绝大多数军政要务及一批重大制度修订和工程建设,他"皆有力焉"。君臣二人又彼此结为多重亲家。李斯"诸男皆尚秦公主,女悉嫁秦诸公子"②。这种亲密关系维持了近三十年,直至秦始皇生命历程结束,没有发生重大曲折和变故。蜀汉刘备与诸葛亮的君臣际遇也不过如此。汉高祖对待萧何、唐太宗对待房玄龄则逊色得多,他们都曾出于猜忌而严重处罚并无罪错的主要辅臣。专制政治的权力法则注定秦始皇对李斯也有猜忌、监

---

① 参见黄留珠:《秦俑、秦俑学和秦之管理》,《文博》1990 年第 5 期;[英]崔瑞德、鲁惟一编撰的《剑桥中国秦汉史》第一章的《胜利的原因》一节,中译本,杨品泉等译,中国社会科学出版社 1992 年版。

② 《史记》卷八七《李斯列传》。

视和控驭。其实刘备对诸葛亮又何尝不是如此。就连善待功臣的汉光武帝也不敢轻易把大权托付于人。如果不是李斯的政治品质欠佳、晚节不保，这场君臣际遇堪称首屈一指，甚至可谓千古绝唱。这种现象不是单用李斯善于阿谀奉承所能解释的。能够使才智超人而心术不正的李斯尽心竭智数十年，且功勋卓著，足以见秦始皇知人善任、驾驭能臣的能力非同寻常。秦始皇不是一个任人摆布、容易欺瞒的君王。如果他的政治智慧和胸襟气量没有过人之处，能够出现这种罕见的政治现象吗？

再次，比较皇帝与辅臣群体关系的稳定程度。从现存史料看，被秦始皇罢黜并属于非正常死亡的相国有两位，即吕不韦和昌平君。吕不韦是特殊政治斗争的牺牲品。昌平君被罢黜的原因不详。他后来因被项燕立为楚王，反秦战败而死（云梦秦简《大事记》记为昌文君）。他们两人即使生活在其他朝代也不会有好下场。除此之外，秦始皇与其他位列三公九卿将军的重要辅臣之间基本上没有发生重大政治冲突。这个判断只要浏览一下《史记·秦始皇本纪》所一再列举的封君、丞相、御史大夫及九卿、将军等高官的名单，便可大体推定。秦始皇与李斯、王翦、蒙恬等人的君臣关系相当牢固，构成一个长期共事、相对稳定的权力核心。"焚书坑儒"之前，朝廷内部的政治状况也大体平稳。在历代王朝中，秦朝权力核心层的稳定性是最高的。只要看一看汉武帝如何走马灯似的更换丞相，如何诛杀了一批宰辅公卿，就不难明白秦始皇确有胜人一筹之处。在皇帝与重要辅臣群体关系的稳定性方面，大概只有汉光武帝等少数帝王的统治时期可以与秦始皇统治时期相媲美。如果仅仅依靠玩弄阴谋权术，秦始皇能够长期保持这样的政治局面吗？

第四，比较皇帝处置功臣的方式方法。善待还是剪除功臣宿将，这是判定君主的气度、才智、自信心和君臣关系状况的重要指标。自古以来，功高盖主者不赏，"威震主者不畜"①。这是专制政治的权力法则所导致的重要政治现象。开国君臣大多可以同甘苦，而不能共富贵。天下已定便黜罚乃至屠杀功臣，这更是中国古代司空见惯的政治现象，即所谓"狡兔死，良狗烹。高鸟尽，良弓藏。敌国破，谋臣亡。"隋文帝大肆剪除功臣，据说"其草创元勋及有功诸将，诛夷罪退，罕有存者"②。汉高祖诛灭韩信等一批王侯宿将、明太祖几乎将功臣屠灭殆尽也都是典型事例。唐太宗也有因猜忌而罢黜、诛杀功臣宿将的行为。在妥善处置功臣方面，汉光武帝历来受到赞扬。他的做法是让大多数功臣脱离政务，远离权力，把他们养起来，使之既可以养尊处优，又可以避免获罪受罚。宋太祖杯酒释兵权与此异曲同工。从现存历史记载看，秦始皇没有剪除功臣宿将，也没有让他们赋闲。如果没有一定的胸襟、气魄和自信，他能够做到这种程度吗？

上述所列现象，特别是秦始皇善待功臣宿将这个事实，前人没有予以充分注意。绝大多数评论者专注于秦朝君臣关系的负面，而很少作比较客观、比较全面的分析。这不利于恰当地评价一个历史人物，更不利于全面地评估一个朝代的政治得失。用简单化的方式批判暴君暴政，反而不利于深刻地分析和认识造成这种暴虐的历史性根源。

列举上述正面的事实绝不意味着忽略负面的事实。可以这样说，古代君臣关系中的各种负面现象，在秦始皇统治时期几乎应有尽有，有的还极其严重。前人对此多有论及，可谓广泛搜罗，无一遗漏。关键是应当如何恰当地予以评估。

许多研究者列举《史记》记载的某些现象，批评秦始皇玩弄权

---

① 《汉书》卷六八《霍光金日磾传》。

② 《隋书》卷二《高祖本纪下》。

术、猜忌群臣、诛杀谏士、独断乾纲。例如,秦始皇对尉缭等人的屈尊礼遇;对率军征楚的王翦的笼络和疑忌;对丞相李斯随从车骑太众的不满,以及监视朝臣、独断专行等等。其实浏览一下《二十五史》,看一看历代开国君主的本纪、实录,就不难发现:好用权术,猜忌大臣,独断乾纲,这是皇帝们的通病。有的甚至可以说是在当时的政治环境下很平常的政治行为。以屈尊结交豪杰,以联姻笼络辅臣,以礼遇招徕人才,以爵禄鼓舞士气,以各种方式监控、牵制大权在握或重兵在手的将相,这都是公认的为君之道,也都包含着权术的成分。与许多"明君圣主"相比,秦始皇的行为并没有什么太独特的地方。秦始皇赏赐王翦与汉高祖封赏韩信、秦始皇屈尊于尉缭与刘备枉驾于孔明、秦始皇和李斯联姻与唐太宗和房玄龄结亲等,其动机与性质大体相同。秦始皇、王翦君臣互用权谋也与唐太宗、李勣君臣彼此动用权术并无太大差别。因此,这类行为应视为古代社会君臣关系的正常状态。

秦始皇在处理君臣关系方面有一个重大缺陷,即驭下极严,治吏太甚,他对官吏的管理,极其严格,过于苛刻,乃至残酷。治吏严格有利于提高行政效率,惩处贪官墨吏,这有其合理性,并值得肯定。而秦始皇的法太严、律过苛、罚极重,官吏动辄获罪,大批被流放边疆,这是不利于政治稳定的。

与所有的有为之君一样,秦始皇在处理君臣关系方面也有一个明显的变化曲线,即功成之后不如创业之时,晚年之后不如青壮之时。秦始皇统治后期,骄奢之心日盛。据说他"意得欲从",独揽权力,"博士虽七十人,特备员弗用。丞相诸大臣皆受成事,倚辨于上。上乐以刑杀为威,天下畏罪持禄,莫敢尽忠。上不闻过而日骄,下慑伏谩欺以取容。"[1]这虽是攻击、谩骂之词,难免有夸大

---

[1] 《史记》卷六《秦始皇本纪》。

其词之嫌,却与事实相去不远。其他开国君主也有类似的变化,就连唐太宗也大体如此。他们只有程度轻重之别而已。秦始皇属于向负面转化的程度比较严重的一类。"焚书坑儒"更是秦始皇处理君臣关系的最大败笔。这时秦朝的君臣关系已经很不正常。

第四章 统一篇:横扫六合的天下共主

"秦王扫六合,虎视何雄哉!"作为一位政治英雄,秦始皇最重要的历史成就是完成了统一中国的大业。秦始皇挟祖宗之余威,恃霸主之优势,凭才干之高强,持续不断地攻击各国。秦军轻卒锐兵,所向披靡,威震中原,灭亡六国犹如摧枯拉朽。韩王安、赵王迁、魏王假、楚王负刍、燕王喜、齐王建相继成为阶下囚。六国的权贵豪强也被一网打尽,成了大秦帝国的臣民。弹指之间,天下大定。中原一统之后,秦始皇又分派军队,南征百越,北伐匈奴,西服川黔,东降辽东,缔造了中国历史上空前统一的大帝国。这个丰功伟业使秦始皇可以与中国古代史上任何一位开国君主相媲美。

中国古代的史学家、政论家们在论及这段历史的时候,往往使用这样的描述:"及至秦王,续六世之余烈,振长策而御宇内,吞二周而亡诸侯,履至尊而制六合,执棰拊以鞭笞天下,威振四海。南取百越之地,以为桂林、象郡,百越之君俯首系颈,委命下吏。乃使蒙恬北筑长城而守藩篱,却匈奴七百余里,胡人不敢南下而牧马,士不敢弯弓而报怨。"①秦始皇无愧为一代枭雄。

笔者认为,统一战争正式开始的标志是秦始皇十七年(公元前230年)秦灭韩。如果把统一战争比作一台大戏的话,那么这台大戏在正式演出以前,还应当有前奏、有序幕,正戏结束后还有

---

① 司马迁在《史记》卷六《秦始皇本纪》中引述汉代著名政论家贾谊的《过秦论》。

落幕、谢幕。统一战争的前奏早在秦昭襄王、秦孝文王、秦庄襄王时期就已经吹响，而且颇为雄壮。秦始皇即位后，这场大戏的序曲轻轻奏响，幕布徐徐拉开。紧接着便是展示一幕又一幕攻城掠地的破阵图，敲响一段又一段节奏铿锵的得胜鼓。吞并六国后，秦始皇并没有立即收兵，而是挥师南下，征服百越，随后又派兵北上，驱逐匈奴。这也应当算作统一战争的重要组成部分。

第一节　秦始皇统一天下的政治、
军事、外交谋略

秦始皇亲政之前，主持秦国大政的相国吕不韦从政治、经济、军事、外交、文化等各方面积极为统一天下做准备。从《史记》、《战国策》的记载看，随着秦始皇年龄的增长，他可能已经开始参与有关政务。秦始皇六年(公元前 241 年)，东方各国勉强拼凑的最后一次合纵攻秦被粉碎。以楚国为"纵长"的楚、赵、魏、韩、卫五国联军各自溃散。从此，"合纵"彻底瓦解。当时就有人断定："当如今日山东之国弊而不振，三晋割地以求安，二周折节而入秦，燕、齐、宋、楚已屈服矣。以此观之，不出二十年，天下尽为秦乎!"[1]这表明，统一战争的前奏已经吹响。

秦始皇亲政之初，魏、韩、楚、齐、赵先后走向衰弱，六国皆弱而秦独强的战略态势呈现几乎不可逆转之势。只要秦国的政治、军事、外交方略不出现重大的失误，只要各国得不到休养生息、重振旗鼓的机会，只要六国不能结成同心协力的抗秦联盟，就必然一一败在秦国手下。战国七雄的兼并战争进入尾声。

---

① 孔鲋:《孔丛子》卷中。

秦始皇立志吞并六国，一统天下。无论削弱强赵、并吞战国，还是南取百越、北却匈奴，秦始皇始终是最高决策者。经过八年的战略准备之后，他正式发动了统一战争。从秦始皇十七年（公元前230年）攻灭韩国，到秦始皇二十六年（公元前221年）不战而下齐，他仅用了十年之功便先后吞灭东方各国，继而又用数年时间开疆拓图，完成了统一大业。这场统一战争的规模之大、时间之长、对手之强劲、影响之深远，都是前无古人的。通观整个战争过程，秦国的战略方针正确，政治、军事、外交谋略相当出色，战争进展顺畅、有序，基本上没有重大失误，更没有给对手们留下任何喘息的机会。这一点充分展示了秦始皇的政治才干和军事谋略。一些学者认为秦始皇是中国古代"一位杰出的军事战略家"①。这是符合历史事实的。

一、秦始皇统一天下的战略决心

优势并不等于胜势，胜势并不等于胜利。在人类历史上，国家与国家之间或军队与军队之间以少胜多、以弱胜强、反败为胜、化弱为强的事例不胜枚举。在一定条件下，众多弱国完全有可能共同战胜霸权。殷商亡于以周人为首的"八百诸侯"，智伯亡于赵、魏、韩三家，都是先例。有时一个相对的弱者可以战胜一个相对的强者。夫差亡于勾践以及后世的官渡之战、赤壁之战、淝水之战等，都是弱者一战而扭转整个政治局势的范例。

秦始皇亲政之时，他的确手握胜算。然而他的对手皆非等闲之辈。秦国一招不慎就可能全盘皆输。要获得最后成功，他还必须充分运用智慧和资源，把胜势变成胜利。秦始皇的军事谋略和决策能力集中体现在他准确地把握了战略目标转移的时机，正确

---

① 参见熊铁基、周鼎楚：《秦始皇军事思想探微》，《文博》1990年第5期。

地决定了统一天下的战略方针。战略目标的选择和战略方针的确定关系到战争全局。准确地选择、适时地转移战略目标需要有战略头脑,需要从全局的高度深刻了解政治、军事、外交态势。秦始皇集思广益、多谋善断,没有出现任何战略性的判断失误,无愧为运筹于帷幄之中、决胜于千里之外的最高军事统帅。

秦始皇亲政之时,何时发动统一战争,如何筹划统一战争的战略,怎样安排统一战争的步骤等问题,已经提上议事日程。他与他的主要谋臣对当时的战略态势有清醒的认识,决心不失时机地完成统一大业。

李斯认为:"昔者秦穆公之霸,终不东并六国者,何也?诸侯尚众,周德未衰,故五伯迭兴,更尊周室。"当时还不具备实现天下一统的条件。"自秦孝公以来,周室卑微,诸侯相兼,关东为六国,秦之乘胜役诸侯,盖六世矣。今诸侯服秦,譬若郡县。"在这种形势下,秦国欲吞并天下,犹如炊妇扫除灶台上的各种杂物,轻而易举。凭借秦国的强盛,各国的衰弱,"足以灭诸侯,成帝业,为天下一统,此万世之一时也"。机不可失,时不再来。秦国不立即发动统一战争,灭亡各国,一旦"诸侯复强,相聚约从(纵),虽有黄帝之贤,不能并也。"①

尉缭的判断与李斯相合,他对秦始皇说:"以秦之强,诸侯譬如郡县之君,臣但恐诸侯合从(纵),翕而出不意,此乃智伯、夫差、湣王之所以亡也。"②尉缭列举了一系列历史教训,如吴王夫差没有在战胜对手之时当即灭亡越国,结果越王勾践卧薪尝胆,积蓄力量,反过手来灭亡了吴国;晋国的智伯没有果断地铲除比自己弱小的赵、魏、韩,反被三家联手攻灭;齐宣王没有趁攻占燕国之时吞并

---

① 《史记》卷八七《李斯列传》。

② 《史记》卷六《秦始皇本纪》。

它，齐潛王没有借燕国臣服之机灭亡它，反被燕昭王招贤纳士，合纵攻齐，报仇雪恨，致使齐国几乎亡国等。他也力主趁敌弱我强之机，毫不犹豫地立即攻灭各国，防止各国结成联盟，出其不意地发动反击，致使秦国功败垂成。

当时许多政治家都有同样的战略分析。韩非曾经向秦始皇献计献策，他认为秦国此前已丧失过乘胜灭亡楚国、魏国、赵国的时机，使这些国家得以"收亡国，聚散民，立社稷主，置宗庙令"，重整旗鼓，与秦国为敌。这是战略性的失策。他说："今秦地折长补短，方数千里，名师数十百万。秦之号令赏罚，地形利害，天下莫若也。以此与天下，天下不足兼而有也。"在这种形势下，秦国如果不图谋霸业，一旦失手，遗祸无穷。当年齐国强盛，"南破荆，东破宋，西服秦，北破燕，中使韩魏，土地广而兵强，战克攻取，诏令天下"，可惜没有及时成就霸业，败于弱小的燕国，"一战不克而无齐"。由此可见，斩草必须除根，"无与祸邻，祸乃不存"①。这个教训必须记取。

对于这个战略性的估计，秦国君臣达成共识。他们决定立即组织一系列不间断的战争行动，彻底消灭对手。

历代开国君主大多是杰出的军事战略家，而秦始皇确有略胜一筹之处。秦始皇面对的敌手是一批经营了几百年的国家，它们的政治、军事、外交组织能力理应高于王朝覆灭后应运而起的逐鹿群雄。比较历代统一战争的规模、烈度就不难发现，秦代统一的难度更大一些。然而从文献记载看，秦始皇出色地计划、组织了这场战争，没有犯任何战略性、方针性的错误，也几乎没有犯战役性的错误（只在对楚战争中犯过一次轻敌的错误），这是刘邦、刘秀、李渊、朱元璋等人有所不及的。

---

① 《韩非子·初见秦》。

秦始皇还是卓越的战争组织者。他在李斯、尉缭、王翦等人的辅助下，对吞并六国的战争进行了周密的谋划和部署。他们制定的统一天下的政治、军事、外交谋略也颇有可圈可点之处。

二、时不我待，当机立断，连续作战，不使喘息

在经过七、八年的战略准备之后，秦始皇正式启动统一战争。他与谋臣武将们对当时的战略态势有准确的估计和高度的共识，因而上下齐心，决策果断，执行坚决。对李斯、尉缭、王翦等人的谋划，秦始皇择善而从，指令他们按照既定的战略部署，有步骤地组织实施。从整个战争过程看，秦始皇及其辅臣对既定战略决策毫不动摇，指挥果断，行动坚决。他们调兵遣将如紧锣密鼓，行兵布阵如雷霆万钧，没有下一招缓棋。秦始皇命令秦军连年征战，马不停蹄，速战速决，不仅攻其人，夺其地，而且虏其王，灭其国。秦军发动的大规模攻势一个接着一个：秦始皇十七年（公元前230年）发兵灭韩，转年就挥师攻赵；秦始皇十九年（公元前228年）攻克赵国邯郸，转年就进军燕国；秦始皇二十一年（公元前226年）歼灭燕军主力，转年就攻楚，然后以得胜之师回兵灭魏；秦始皇二十三年（公元前224年）发兵六十万与楚决战，转年就灭亡楚国；秦始皇二十五年（公元前222年）平定江南之后，立即发兵北上，扫除燕、赵残余；秦始皇二十六年（公元前221年）覆燕灭赵之师南下，齐国不战而降。秦军将领不辱使命，坚定地贯彻了"宜将剩勇追穷寇"的精神，横扫千军如卷席，没有给对手留下任何喘息的机会。

三、致力连横，破坏合纵，远交近攻，孤立对手

在外交上，秦始皇君臣继续贯彻行之有效的远交近攻、破纵连横策略，即运用外交手段破坏各国之间的邦交，稳定秦国与远方大

国的关系,首先孤立打击临近秦国的强敌,然后由近及远,各个击破。合纵与连横是战国七雄相互较量的重要外交手段。所谓"合纵",即"合众弱以攻一强";"连横",即"事一强而攻众弱"①。在大国争霸中,一纵一横,其声势足以威震一时。随着秦国首强地位的确立,合纵逐渐成为各国共同对付秦国的主要办法,所谓"六国为一,并力西攻秦,秦必破矣"②。因此,秦国必然致力连横,破坏合纵。合纵的最大弱点在于各国之间有利益矛盾,难于齐心,易于分化。正如张仪所说:亲兄弟尚有钱财之争,何况几个强大的国家!秦国抓住这个弱点,以连横破合纵,或利诱,或威胁,屡屡得手。

秦始皇亲政以后,在李斯、尉缭等人辅佐下,以各种手段破坏东方各国的合纵。他们充分利用齐国目光短浅,意在苟安,重点拉拢齐国,使之无心合纵,保持中立,终于造成"秦日夜攻三晋、燕、楚,五国各自救于秦"③的局面。成功的外交策略使秦国常常可以各个击破对手。

四、收买内奸,巧施反间,败坏政治,弱化敌手

秦始皇十分重视瓦解敌国君臣团结、败坏敌人内部政治、破坏对手军事谋略的工作。他不仅精心谋划,大胆决策,而且派有专人,予以重金,不惜代价。在这方面他也做得相当成功。

李斯、尉缭、姚贾等谋士主张,不仅要强化军事打击,注重外交分化,而且要善于从敌国内部分化、瓦解对手。韩非也提出过类似的建议。尉缭献策说:"愿大王毋爱财物,赂其豪臣,以乱其谋,不过亡三十万金,则诸侯可尽。"④秦始皇从其计。他指派姚贾、顿弱

---

① 《韩非子·五蠹》。
② 《史记》卷六九《苏秦列传》。
③ 《史记》卷四六《田敬仲完世家》。
④ 《史记》卷六《秦始皇本纪》。

等人专门负责这方面的工作。他们携带重金财宝,贿赂诸侯,收买大臣,联络奸细,铲除对手。具体手段主要有:用离间之计破坏敌国的君臣关系,使其贤能之士得不到信任和重用;用重金收买其权臣、名士,使之或者主观上愿意为秦国的利益服务,或者谗言害贤,败坏政治,在客观上有利于秦国谋略的实现;用非常手段剪除敌国的忠臣义士,必要时不惜派人谋杀行刺等。史称秦始皇"阴遣谋士赍持金玉以游说诸侯。诸侯名士可下以财者,厚遗结之。不肯者,利剑刺之。离其君臣之计,秦王乃使其良将随其后"[1]。

这个谋略在统一六国战争中发挥了重要的作用。例如,王翦强攻邯郸不下,秦国改用反间计,促使赵国错杀良将李牧。秦国以重金收买齐相后胜,使齐国不战而降。

五、改善内政,顺从民心,调整政策,安抚降地

历来有"七分政治,三分军事"的说法。统一战争的胜利之本是成功的政治制度和政治方略。李斯曾告诫秦始皇切忌奉行"所轻者在乎人民"的政策。他指出:"太山不让土壤,故能成其大。河海不择细流,故能就其深。王者不却众庶,故能明其德。"因此,君王要有"地无四方,民无异国"的胸襟,不要做"损民以益雠"的蠢事[2]。尉缭也认为战争胜利的关键是内政修明,主张对占领地实行安抚政策。秦始皇在李斯、茅焦等人辅佐下,改善国内政治,以缓和君臣、君民矛盾,调整占领政策,以瓦解敌国的士气,安抚征服的地方。

在内政方面,秦始皇贯彻既定的各项法制及功勋爵制度,做到令行禁止,赏罚分明,又礼待李斯、尉缭、王翦等重臣大将,不惜高

---

① 《史记》卷八七《李斯列传》。
② 《史记》卷八七《李斯列传》。

官厚禄，田宅园池，从而使谋臣竭智，将士归心，三军效命。他采纳李斯的建议而废止逐客令，听从茅焦的诤谏而善待太后，又减轻对嫪毐、吕不韦仆从的处罚，令一些流放者回归。这就在一定程度上缓和了统治集团内部的矛盾，改善了政治形象。他重视各种利国利民的基础建设，兴修水利，发展生产，以富国强兵，安定民生。从现存文献看，在统一战争期间，秦国内部的君臣、君民关系基本正常。除樊于期叛逃事件外，没有重大的内争、民乱。内政修则国家强，这是对外战争取得胜利的根本保证。

秦始皇大力宣扬秦国发动战争的正义性和意义。他大造舆论，谴责诸侯或"倍盟"、或"畔约"、或"昏乱"、或"欲为乱"，声称自己是"兴义兵，诛残贼"，战争目的在于"兴兵诛暴乱"，"庶几息兵革"，结束"天下共苦战斗不休"[1]的混乱局面。在当时的历史条件下，这些宣传措施有利于鼓舞士气，争取民心，赢得同情。

秦始皇的占领政策也发生了一些变化。秦国以斩杀人首计算战功，一场大战辄斩首数万、数十万。这种野蛮处置俘虏的政策，常常波及平民百姓，导致敌国军民同心，顽强抗秦。启动统一战争以后，有关秦军斩首的记载减少，而迁徙六国贵族、豪民的记载增多。当时一批著名工商业主就是迁虏身份。这表明秦始皇的占领政策有所调整，开始减少屠杀，实行迁虏政策。这种占领政策有利于瓦解敌军士气，减轻抵抗力度，安抚当地百姓。

六、中央突破，由近及远，灵活机动，逐个击破

在军事上，秦始皇既善于准确地选择战略主攻方向，恰当地确定战略步骤，又善于根据具体情势，采取灵活机动的作战方针。秦

---

[1] 《史记》卷六《秦始皇本纪》。

国的军事战略既有连续性,又有所变化,在不同的阶段选择不同的战略重点和主攻方向。秦国的统治集团还善于根据不同的政治、军事态势采取灵活的对策。

史学界通常将东方六国灭亡的次序排定为韩、赵、魏、楚、燕、齐。其实还可以有另外一种排列方法:若以国家彻底灭亡论,其序应为韩、魏、楚、燕、赵、齐。后一个序列更接近秦始皇君臣当初的谋划,即先中间突破亡韩灭魏,拦腰斩断南北的联系,然后南灭强楚,北扫燕、赵,最后收拾齐国。

在秦始皇正式发动统一战争之前,秦军连续大举攻三晋,通过攻占韩、魏城池,将国土与齐国接壤,完成了中央突破,分割南北,切断山东六国合纵之脊的战略任务。接着又通过对赵国发动持续不断的进攻,大大消耗、削弱了赵国的实力,完成了破赵的战略目标。这些战略目标的实现标志着统一战争战略准备的完成。在统一战争的第一阶段,秦军的主要战略目的是灭亡韩、魏。韩、魏地处中原,临近秦国,国势很弱,秦国的收官之战自然还要由近及远,从吞并韩、魏入手。统一战争的第二阶段,秦军以中原为腹地,展开两翼进攻,征服楚国,平定南方;攻灭燕、赵,扫平北方。统一战争的第三阶段,秦军大兵压境,不战而收服齐国。至此,东方各国全部被征服。在统一战争的第四个阶段,秦军马不停蹄,集中数十万兵力,分数路南进,平定百越。大体完成这个任务后,又挥师北上,将匈奴驱逐出河套地区。

秦始皇曾得意地宣称:"异日韩王纳地效玺,请为藩臣,已而倍约,与赵、魏合从畔秦,故兴兵诛之,虏其王。寡人以为善,庶几息兵革。赵王使其相李牧来约盟,故归其质子。已而倍盟,反我太原,故兴兵诛之,得其王。赵公子嘉乃自立为代王,故举兵击灭之。魏王始约服入秦,已而与韩、赵谋袭秦,秦兵吏诛,遂破之。荆王献青阳以西,已而畔约,击我南郡,故发兵诛,得其王,遂定其荆地。

燕王昏乱,其太子丹乃阴令荆轲为贼,兵吏诛,灭其国。齐王用后胜计,绝秦使,欲为乱,兵吏诛,虏其王,平齐地。寡人以眇眇之身,兴兵诛暴乱,赖宗庙之灵,六王咸伏其辜,天下大定。"①统一天下以后,秦始皇常常以功德齐三皇、盖五帝、超三代自诩。就实现华夏国家空前统一而言,他的说法并非无根之谈、虚夸之言。

东方六国都是经营了数百年的强国,除韩、燕一直较弱外,其他国家都曾先后居于霸主、首强的地位。当初齐、楚、秦、魏、赵等皆有统一天下的可能性。可是群雄逐鹿,而鹿擒于秦皇之手,原因何在? 各国变法活动的实际效果、大国之间的谋略较量与六国覆灭的历史过程可以回答这个问题。

第二节　灭　韩

韩国是第一个被秦始皇吞灭的东方大国。它也是一个积贫积弱的国家终于被强邻吞噬的典型。

韩国是三晋之一。韩、赵、魏出自晋国三卿,立国于晋国故地,故称三晋。晋国长期跻身于综合国力最强的国家之列,政治上也多有革新。韩、赵、魏三家分晋之后,继承了晋国的政治遗产,政治革新的力度较大,所以在政治上、军事上处于优势地位。三晋立国之初,各自励精图治,积极向外扩张,又常常结为联盟,共同对付周边国家。一时间三晋国势强盛,兵连天下。

三晋又是法家学说的发祥地。著名法家思想家李悝、吴起、申不害、商鞅、韩非都是三晋之人。战国时期的变法运动首先在这个地区蓬勃兴起。魏文侯、赵烈侯、韩昭侯先后实行变法。在政治改

---

① 《史记》卷六《秦始皇本纪》。

革方面先行一步是三晋强盛一时的主要原因。

秦国向东方扩张,三晋首当其冲。自商鞅变法以来,秦国长期奉行远交近攻、蚕食三晋的政策,逐步攻占三晋大片领土。战国中后期,三晋与秦国之间的战争,负多胜少。领土的丧失,军力的消耗,使三晋国力不断削弱,先后丧失了与秦国抗衡的能力。当秦国统一天下的时机成熟以后,首先灭亡的也是三晋之国。在三晋中,韩国的国势最弱,地理位置最不利,所以成为最先被秦国灭亡的大国。

一、韩国的兴与衰

"韩之先与周同姓,姓姬氏",后以封地为姓。韩康子"与赵襄子、魏桓子共败知伯,分其地,地益大,大于诸侯"。公元前403年,韩景侯与赵、魏"俱得列为诸侯"①。

公元前362年,韩昭侯即位,他任用申不害为相,实行改革。韩昭侯的改革与齐威王的改革、秦孝公的改革大体是同时进行的。

申不害(?—公元前337年),郑国人。他和当时许多有为的政治家一样,主张君主集权,实行法治,是法家重"术"一派的代表人物。申不害的改革取得显著成效,史称"内修政教,外应诸侯,十五年。终申子之身,国治兵强,无侵韩者"②。但是,申不害的改革与同时代的商鞅变法相比,在制度创新和法制建设方面稍逊一筹。申不害更重视政治技巧,主要是驾驭臣民、督责百官的权术,在制度、法律建设上着力不够。在这一点上,他与重"法"的商鞅有明显的差距。因此,改革的成果难以长期存留。况且过分玩弄阴谋权术未必是可靠的强国之道,君臣之间尔虞我诈往往会酿成

① 《史记》卷四四《韩世家》。
② 《史记》卷六三《老子韩非列传》。

142

政治腐败。

在战国七雄中,韩国的疆域最小,政治改革成效较差,又处于各个强国之间,所以从来不曾强大到足以独自抗衡其他大国的地步。随着大国之间兼并战争的激化,韩国不断受到周边国家侵扰、蚕食而国力日削。韩国正处在秦国向东发展的要津。出于对秦国的畏惧和防范,韩国多次参加合纵攻秦,却收效甚微。公元前254年,韩桓惠王朝秦,称臣纳贡。秦始皇即位以来韩国已经势如累卵。

二、韩人郑国间秦与秦始皇修成郑国渠

为了令秦国无暇东顾,使韩国得以待变图存,避免亡国之祸,韩国君臣想出了一个"疲秦之计"。韩王派遣间谍郑国来到秦国。郑国是一位著名的水工,他经过实地考察,建议开凿引泾灌渠,以解除关中地区经常发生的旱灾。这个建议具有合理性、可行性,属于重大基础性建设,所以被采纳。工程进行过程中,郑国的身份和使命被发觉。秦始皇闻之大怒,欲杀郑国。郑国坦然相告:"始臣为间,然渠成亦秦之利也。"秦始皇以为然,令他完成此渠,并命名曰"郑国渠"。郑国渠首起池阳瓠口(今陕西泾阳县境内),由西向东,横跨渭北高原,连接泾水、北洛水,绵延三百余里,可灌溉关中东部泽卤之地四百余万亩土地。郑国渠水含有大量泥沙,不仅可以用来抗旱,而且有改造盐碱地之效,它使得"关中为沃野,无凶年"。这一带的亩产量大幅度增加,据说"收皆亩一钟"(折合一百多公斤)。于是"秦以富强,卒并诸侯"①。

韩国的这个谋略是否取得了成效很值得怀疑。秦国的确在一段时间内没有吞灭韩国。在这个意义上,韩国的谋略有一定的成

① 《史记》卷二九《河渠书》。

效,它延缓了韩国灭亡的时间。可是这个谋略对秦国有益而无损。在兴建郑国渠的期间,秦国吞灭韩国的时机还不够成熟,而郑国渠的建成却使秦国更加强盛,进一步增强了战略优势。郑国渠修成了,韩国也就临近大限了。正所谓"为韩延数岁之命,而为秦建万世之功"①。

战国末年,秦国相继兴建了先秦最著名的两个大型水利灌溉工程,即秦昭襄王时期蜀守李冰修建的都江堰和秦始皇时期的郑国渠。它们使成都平原和关中平原这两个"天府"、"陆海"变成沃野千里,极大地提高了秦国的农业生产能力。当时各国的战略家们都把农业技术先进和水利设施优越视为秦国的重大战略优势。在秦赵长平之战前,赵豹奉劝赵王不要招惹秦国而自取其祸,他认为赵国不能胜秦国,其依据之一是"秦以牛田,水通粮,其死士皆列之于上地,令严政行,不可与战"②。经济发达、制度合理、政令严谨、将士效命的强秦是不可战胜的。秦国以牛耕种地,灌渠浇地,生产技术先进,经济实力雄厚,又利用河道运送军粮,后勤保障有力。这是决定战争胜负的重要因素之一。

三、韩非使秦与秦始皇的战略决策

秦始皇亲政以来,韩国的境况更加不妙。韩王听说秦国重臣李斯等人极力主张首先灭韩,因而惶惶不可终日。他赶紧招来不受重用的韩非,请教挽救危亡的方略。韩非奉命出使秦国,劝说秦始皇先将矛头对准赵国。韩非的一番说词被秦始皇采纳,又为韩国争取到了数年的寿命。

决心发动统一战争之后,秦国内部在总体战略安排和第一个

①　《汉书》卷二九《沟洫志》。
②　《战国策·赵策一》。

主要攻击目标的选择上有不同意见,有两种针锋相对的主张摆在秦始皇面前。

第一种意见主张首先集中兵力吞并韩国。这种主张是李斯提出的,并得到许多朝臣的赞成。李斯鉴于韩国处于秦国东进的首冲地位,又弱小而不堪一击,提出"先取韩以恐他国"①的战略步骤。其战略考虑是:韩国的国土地处秦国腹地附近,严重牵制秦军行动,形同人有腹心之病。如果不先灭韩以解决后顾之忧,而专注于齐、赵,则这块腹心之病随时可能发作。灭韩也符合先弱后强、由近及远的战略。这个意见显然具有合理性。

第二种意见主张首先击溃或灭亡赵国。这种主张以韩非的看法为代表,在秦国内部肯定也有不少赞同者。韩非曾有一个精辟的分析。他认为,韩国向秦国称臣纳贡三十余年,经常出兵协助秦国攻击各国,其政治地位"与郡县无异",而秦赵两国积怨甚深。赵国联络诸侯,秣马厉兵,与秦抗衡,这是秦国之大患。现在秦国重臣主张先灭韩国,"释赵之患,而攘内臣之韩",这是非常不明智的。韩国虽小,却众志成城,未必可以一战而克。如果攻灭韩国之举导致诸侯震惊,韩国叛秦,赵魏出兵,强化了各国合纵,这是"赵之福而秦之祸也"②。秦国"成霸主之名"的方略应当是:首先把进攻的矛头对准赵国,并以各种手段破坏六国合纵,以迫使楚、魏向秦国称臣,齐、燕与秦国交好。赵国衰败,韩国必亡。待败赵、亡韩之后,再逐个击灭各国,即"赵举则韩亡,韩亡则荆(楚)、魏不能独立,荆、魏不能独立则是一举而坏韩、蠹魏、拔荆,东以弱齐、燕"。这就叫"一举而三晋亡,从(纵)者败"③。韩非的这个分析

① 《史记》卷六《秦始皇本纪》。
② 《韩非子·存韩》。
③ 《韩非子·初见秦》。

更加周到,比李斯的主张略胜一筹。

作为出谋划策者,李斯与韩非的政治立场和心态有明显的不同。李斯是秦始皇的亲信、秦国的大臣,他尽心竭智地为秦国谋取霸业,而韩非则不然。韩非出谋划策的目的是"存韩"、"弱秦"。韩国是韩非的宗国。他受韩王委派,特意到秦国进行游说,以求存续宗国。为了达到目的,他必须提出一套主张,讲出一番道理,使秦始皇乐于采纳。韩非有特定的政治目的,又是具有敏锐政治观察力的思想家,尽管他的建议可能有延缓自己的祖国灭亡时限的意图,却综合考虑了政治、军事、外交等因素,不失为正确的战略分析。李斯坚持自己的主张,揭露韩非所献方略是"诈谋",意在"钓利于秦"。但是,精明的秦始皇经过仔细斟酌,基本采纳了以韩非为代表的第二种意见。其战略意图是:先从北翼重点打击赵国,彻底压倒赵国,使之自顾不暇,无力援助韩、魏,以便于秦国启动逐一击灭六国的战争行动。

秦始皇亲政后的最初几年,秦国的战略重点是全面完成发动统一战争的战略准备。这个时期,秦军的战略目的可以概括为"破赵"二字,重点打击对象是赵、魏、韩。自秦始皇十一年(公元前236年)起,秦军连续大举攻赵,虽遇到赵国名将李牧的有效抵抗,却大大消耗、削弱了赵国的实力。待赵军丧失了牵制秦军、屏蔽关东、救援韩魏的能力后,秦军立即转移战略目标,发动扫灭六国的战争。

事实证明,秦始皇的战略决策是正确的。六国犹如一条龙蛇,赵国犹如其首。战国后期几次合纵攻秦,赵国都是主要发动者、参与者。秦始皇六年(公元前241年),赵、楚、魏、燕连兵攻秦,就是以赵国为首组织起来的。其余历次合纵攻秦,赵国也都是骨干力量。削弱赵国使之无首,结好齐、楚则断其身腰,秦国就可以一段一段分食龙蛇,鲸吞宇内。秦始皇动用数十万之众,选派得力战将,两度亲临战场,用了七八年的时间,终于完成了这个战略任务。弱赵之后,秦始皇不失时机地转移战略目标。赵国一经削弱,韩国举手就擒。赵国一旦灭亡,诸侯土崩瓦解。战争的结局正如韩非所料。

四、韩王请臣与秦王灭韩

韩非的献策延长了韩国的寿命,也注定了韩国的彻底覆灭。韩非死后,韩王派使节纳地效玺于秦,请为秦臣。在秦始皇为正式启动统一战争作最后的战略准备的期间,韩国又维持了一段称臣于秦又独立为王的时日,实际上是苟延残喘。

自秦始皇十六年(公元前231年)开始,秦始皇将战争目标锁定于灭韩。这一年的九月,秦军大兵压境,韩国为了延续一线生机,被迫剜肉医疮,再次割地求和,献出了南阳全境。占领南阳后,秦始皇没有给韩国留下喘息的机会,转年就命令内史腾灭亡韩国。这时的韩国已经弱不禁风。韩军一战而溃,韩王安被俘。秦始皇把新占领的韩地置为颍川郡。韩国彻底灭亡。事在秦始皇十七年(公元前230年)。

第三节 灭 赵

赵国是三晋之一。若以秦始皇十九年(公元前228年)王翦攻克邯郸并俘虏赵王迁计算,赵国是秦始皇吞灭的第二个大国。实际上赵国彻底灭亡是在秦始皇二十五年(公元前222年)。以此计算,赵国亡国稍晚于楚国、燕国,略早于齐国。

在秦始皇所灭各国中,赵国最为顽强。战国后期,秦、赵分居首强、次强之位,赵国成为秦国实现帝业的拦路虎,秦国也成为赵国的眼中钉。两国之间接连发生恶战,伤亡动辄十数万乃至数十万。在统一战争中,赵国的情况比较特殊,它始终扮演着重要的角色。摧垮了赵国,打天下的任务也就完成了一半。自秦始皇即位以来,赵国就是秦国的主要攻击对象,其残余势力一直支撑到最后。经过一二十年的残酷较量,秦始皇才拿下赵国。他也是在基本打垮赵国之后才正式发动统一战争的。赵国彻底灭亡不久,天下就归于一统。

一、赵国的兴与衰

"赵氏之先,与秦共祖"。他们都出自殷周之际的蜚廉一支,皆曾因造父受封于赵城,而姓赵。造父就是赵国王室的直系祖先。后来秦国王室的直系祖先非子号为"秦嬴",成为嬴姓的法定继承人。从此秦、赵各自发展,先后建立国家。

与秦国一样,赵国也是靠着祖传的养马善御技能而起家。造父的后裔奄父(公仲)、赵夙先后为周宣王、晋献公驾驭战车,立下战功。赵夙封为大夫,其后裔赵衰、赵盾、赵鞅(赵简子)、无恤(赵襄子)等都是晋国名臣。赵襄子又是"三家分晋"的主角之一。

赵国是一个新兴的国家。早在成为诸侯以前就在内部实行过一系列的改革,因此而争得民心,不断发展。赵烈侯支持相国公仲连进行政治变革,一方面大讲"王道"、"仁义",一方面实行"法治",奉行"选练举贤,任官使能"、"节财俭用,察度功德"的政策。

赵武灵王的改革使赵国国力迅速增强。赵国处于"四战之地",经常受到周边强国及匈奴、林胡、楼烦、东胡的侵凌。赵武灵王为了富国强兵,决心实行变革。他"胡服骑射以教百姓"①,仿照北方游牧民族的服饰、装备,建立强大的骑兵,使之成为军队新的

① 以上引文见《史记》卷四三《赵世家》。

主力兵种。骑兵能离能合,易散易聚,灵活机动,适于长途奔袭等运动性很强的野战。这项改革在中国军事史上有重大的意义。战国后期,惟有赵国能够在军事上与秦国长期抗衡,这得益于赵武灵王的改革。

赵惠文王即位以后,任用蔺相如、廉颇、赵奢、乐毅等,内安百姓,外拒强秦,不断攻占齐国、魏国的土地。从此,赵国也就成为秦国的主要对手。但是一系列大战的失利致使赵国衰亡。

二、秦、赵火并与统一战争战略准备的完成

战国后期,秦国与赵国是主要对手。两家本是同根生,却相煎甚急,恶战不断。在秦始皇即位以前,秦、赵之间的大战主要有阏与之战、长平之战、邯郸之战等。其中长平之战是一个重要的转折点。赵王急于战胜秦军,又中了秦国的离间之计,不顾蔺相如等人的劝谏,执意启用只会"纸上谈兵"的赵括为将,结果惨败于长平,被迫割地求和。赵国共损失有生力量四十五万人。尽管数年后在魏、楚联军协助下,赵国赢得邯郸之战,并乘胜进击,迫使秦国放弃此前侵占的魏地河东、赵地太原和韩地上党,使秦军东进势头受挫。然而赵国已经走向衰落,再也没有一个大国可以与秦国抗衡。

三、赵国合纵攻秦

在秦始皇正式发动统一战争之前,秦国有一个长期的战略准备阶段。自秦昭襄王时期以来,战略主攻方向就是三晋,主要战争对手就是赵国。赵国的顽强抗击迟滞了秦军的前进步伐。阏与之战,秦军遭受严重挫折。长平之战秦军也伤亡过半。邯郸之战,秦军又损失惨重。赵国还积极组织或参与历次合纵攻秦行动。秦庄襄王于公元前249年灭亡建都于巩的小国东周。又于公元前247

年趁魏、赵与燕大战之机,攻夺魏、赵大片土地。然而由于引发魏信陵君率五国联军救赵,合纵攻秦,秦军败退。

秦军必须首先切断各国之间的有效联系,才能从容地启动统一战争。秦始皇元年(公元前246年),秦军重新发动攻势,全部攻占韩国的上党郡,又平定赵国的晋阳,再次设置太原郡。转年,"麃公将卒攻卷,斩首三万"。秦始皇三年(公元前244),秦将蒙骜攻取韩国十三城。转年,攻克畼、有诡。秦始皇五年(公元前242年),秦军兵分两路攻击魏国,"定酸枣(今河南延津西南)、燕(今河南延津东北)、虚(今河南延津东)、长平(今河南延津长垣西北)、雍丘(今河南杞县)、山阳城(今河南焦作东南),皆拔之,取二十城。初置东郡。"①秦国通过攻夺魏、韩的城池,不断向中原发展。自设立东郡并进一步扩大战果之后,秦国国土向东大大延伸,已与齐国接壤。这就截断了"山东从(纵)亲之腰",基本上将六国分割于南北,并对韩、魏形成三面包围之势。

秦军的这些战果震动了各国。在赵国将领庞煖的组织下,韩、魏、赵、卫、楚五国发动了战国时期最后一次合纵攻秦。秦始皇六年(公元前241年),秦军击退五国联军,又攻取魏国的朝歌(今河南淇县)及其附庸卫国。从此以后,被分割于南北的六国再也没有组织联合军事行动。这个阶段战略目标的基本实现,为统一战争的启动创造了条件。

四、秦以救燕为名攻赵

长平之战以后,赵、燕相争,战事不断。秦始皇十一年(公元前236年),燕、赵之间再次发生战争。赵国以庞煖为将,率军攻燕,初战告捷,攻城掠地。秦始皇决定趁赵国内部空虚之

---

① 《史记》卷六《秦始皇本纪》。

机，以救燕为名，分兵两路大举攻赵。许多史学家将这视为秦始皇发动统一战争的标志。笔者认为这一战尚属于统一战争的战略准备阶段。

秦将王翦、桓齮、杨端和不负使命，先后攻破赵国九座城池，尽取漳河流域之地。秦军继续发动攻势。秦始皇十三年（公元前234年），秦将桓齮进攻平阳、武遂，击杀赵将扈辄，斩首十万。赵国以李牧为大将军反击秦军，战而胜之，桓齮落荒而逃。秦始皇十五年（公元前232年），秦军又分两路攻赵。李牧再次击败秦军。但是，赵军的损失也极其惨重。赵国领土仅剩下邯郸及其附近一些地区。至此，"破赵"的战略任务完成。转年，秦始皇发动了灭韩之战，统一战争正式启动。

五、秦始皇的离间君臣之计与赵国连失良将

表面上看，赵国亡于军事失利，而导致军事失利的重要原因在于赵王无能、权臣腐败、众将不和。秦始皇的反间计也起了推波助澜的作用。赵国多良将，而他们的才智都没有得到充分的发挥，廉颇、李牧等人或出亡，或被杀。赵国自毁长城，岂能不亡！

廉颇，中国古代名将之一。赵国没有充分信任廉颇是导致战争失利、国势衰落的重要原因。廉颇曾率赵军多次击败齐、魏、韩等，"有攻城野战之大功"，而官居上卿。秦赵长平之战，赵孝成王判断失误。他不采廉颇之谋，结果全军覆没。公元前251年，赵国以廉颇为将，大破来犯的燕军，迫使燕国割五城请和。廉颇被封为信平君，并代行相国职权。赵悼襄王立，任命乐乘取代廉颇。"廉颇怒，攻乐乘，乐乘走"。廉颇遂投奔魏国。秦始皇十二年（公元前235年），赵王迁即位，朝政操纵在宠臣郭开的手中。赵国屡败于秦兵，赵王想重新起用廉颇。他派使者探视廉颇，看其尚可用

否。"廉颇为之一饭斗米,肉十斤,被甲上马,以示尚可用"。郭开与廉颇有仇,他贿赂使者,令其贬损廉颇。使者还报赵王曰:"廉将军虽老,尚善饭,然与臣坐,顷之三遗矢(一作"屎")矣。"①赵王以为廉颇老迈无用,没有重新起用他。廉颇客死他乡,而赵国失一良将。

李牧,战国名将之一。赵王听信郭开的谗言,错杀李牧,加速了赵国的灭亡。李牧久经沙场,足智多谋,功勋卓著。他统帅十五万大军防御匈奴,设计诱敌深入。史称"李牧多为奇陈,张左右翼击之,大破杀匈奴十余万骑。灭襜褴,破东胡,降林胡,单于奔走。其后十余岁,匈奴不敢近赵边城"②。廉颇离赵以后,李牧成为赵国的主要战将,因抵御秦军屡立战功而封为武安君。

秦始皇十七年(公元前230年),赵国大旱,遍地饥馑,人心浮动,谣言四起,民谣曰:"赵为号,秦为笑。以为不信,视地之生毛。"③秦始皇抓住战机,在灭韩后立即组织大规模军事行动,集中精锐部队兴兵伐赵。他令王翦率领上党秦军直下井陉,杨端和率领河内秦军围攻邯郸城,并令羌瘣率兵助战。赵王派李牧、司马尚统帅赵军抵御秦军。名将王翦与李牧对阵疆场,真可谓"棋逢对手,将遇良才"。两军对垒,相持不下,达一年之久。

此时,秦始皇再次动用反间之计。他派人以重金贿赂赵王宠臣郭开,令其离间赵国君臣。郭开接受贿赂,向赵王诬告李牧、司马尚作战不力,图谋叛变降秦。赵王听信谗言,派遣赵葱及齐将颜聚取代李牧。李牧认为这两个人不是王翦等秦将的对手,便违抗王命,拒绝交出军权。赵王竟派人秘密逮捕李牧,处以死刑。司马

---

① 《史记》卷八一《廉颇蔺相如列传》。
② 《史记》卷八一《廉颇蔺相如列传》。
③ 《史记》卷四三《赵世家》。

尚也被免职。愚蠢的赵王自己除掉了干城之将,也就替秦灭赵扫清了道路。

六、赵国的灭亡

君主昏聩,权臣当道,致使李牧冤死。赵国良将尽丧,军心涣散。王翦等人趁机进兵,猛烈攻击,破赵军,杀赵葱,攻克邯郸,随后虏赵王迁及其将颜聚。赵国基本灭亡。此时距李牧之死仅相隔数月。赵公子嘉逃亡代郡,自立为代王,为赵国宗室延一线之脉。数年后,秦军灭代。至此赵国彻底灭亡。

秦始皇十九年(公元前228年)十月,秦始皇来到刚刚攻克的邯郸城。他故地重游,以征服者的姿态检阅奏响得胜鼓的秦军,并接受降臣的跪拜。他还下令将曾经与母家有仇怨者,一律坑杀。

第四节　灭　魏

魏国是第二个被秦始皇彻底灭亡的大国。魏国是三晋之一。战国初期,魏国国势强盛,一度居于首强的地位。但是由于内政、外交、军事的失策,很快便一蹶而不振。临近灭亡前的魏国与韩国相类似。

一、魏国的兴与衰

魏国的祖先毕公高,与周同姓,周初封于毕。晋献公时期,毕万因战功晋升为大夫,封邑在魏。毕万后裔魏桓子参与三家分晋而立国。

公元前445年,魏文侯即位。他励精图治,率先变法。在他当政的五十年间,先后任用李悝、翟璜、吴起、乐羊、西门豹、卜子夏、田子方、段干木等一批政治家、军事家。魏武侯、魏惠王进一步实行了一些改革措施。

魏相李悝主持的变法是战国时期第一次大规模的政治改革。这些改革的主要内容是：在政治上，实行"食有劳而禄有功"①的制度。这就必然冲破了旧的世卿世禄制度。这时的魏国在中央设置可以任免的相、将，在郡、县设置可以任免的守、令，还制定了系统的法典《法经》。在经济上，采取"尽地力"、"善平籴"②的政策，即兴修水利，开发川泽，鼓励开荒，并以平籴法调节粮价。这些措施促进了农业生产的发展。在军事上，建立名为"武卒"的常备军。据说选拔"武卒"的标准是：身穿全副铠甲，肩负十二石的弓和五十支箭，手持长矛，头戴盔，腰系剑，携三天食粮，日行百里（约合今25公里）。选中者奖给田宅，免除全家徭役③。这就增强了军队的战斗力。这个变法活动通过一系列制度创新，从政治上、军事上、经济上全面确立了魏国的强国地位。魏文侯严明法制，推行宪令，"有功者必赏，有罪者必诛，强匡天下，威行四海"④。魏国迅速发展成为七雄中的首强。

魏文侯、魏武侯时期，借助强大的实力和三晋联盟的协作，魏国四面出击。先夺取秦国的河西地区，灭亡中山国。然后又组织三晋联军攻破齐国长城，并屡次打败楚军。公元前391年，魏国占据大梁等地，并继续向黄河以南发展。魏惠王时期，魏军又先后对韩、赵用兵，攻占大片土地。经过几十年的经营，魏国领土迅速扩大，控制着大片具有战略意义的土地。公元前344年，魏国发起并主持了"逢泽（今河南开封附近）之会"。在这次盟会上魏国称王。

① 《说苑·政理》。
② 《汉书》卷二四《食货志》。
③ 参见《荀子·议兵》。
④ 《韩非子·饰邪》。

然而"逢泽之会"在魏国发展史上是一个转折点。它既是魏国霸权的高潮，又是魏国衰落的起点。

首先，魏国的政治改革不彻底，有反复，这是魏国在愈演愈烈的大国竞争中衰落的主要原因。魏文侯、魏武侯尊卜子夏、田子方、段干木为"师"、为"友"。他们都是孔子高足子夏的弟子，以宣扬"仁义"、"王道"为己任。这表明，魏国政治仍深受旧的政治传统影响。魏惠王没有接受公孙痤的推荐而任用商鞅为魏相，与一位旷世奇才失之交臂，也是重大失策。

其次，三晋联盟并不稳固，三晋之间由一致对外，到彼此争斗、厮杀，这是导致魏国衰落的重要原因。魏国的强盛必然引起韩、赵的疑忌。公元前370年，魏武侯逝世，诸公子争夺君位。韩、赵趁机攻魏，魏国几乎灭亡。魏惠王即位后，魏与韩、赵连年征战，虽胜多负少，还攻城掠地，而忧患亦由此而生。

再次，魏国处于"四战之地"，号称天下中枢，可以四面出击，也必然四面受敌。一旦周边强敌崛起，魏国首当其冲。齐威王革新政治，国势复兴，与魏争霸中原。秦孝公也开始任用商鞅变法，并挥师东进。齐、秦相继强盛，抑制了魏国的发展势头。

魏国的衰落还与统治集团在军事、政治、外交方面举措失当有直接的关系。魏惠王及其主要辅臣庞涓等人自恃强大，穷兵黩武，四面树敌，使魏国陷于孤立。魏惠王缺乏战略头脑，多次受挫，却不能汲取教训。这是导致魏国在争霸战争中失利的主观因素。在著名的齐、魏桂陵之战和马陵之战中，魏军均告失利。公元前341年，齐威王以田忌、田婴为将，以孙膑为军师，出兵攻魏救韩。齐军直逼魏国都城大梁。魏惠王命令魏军主力回兵，以太子申为上将军，以庞涓为军师，率兵十万应击齐军。齐军主将田忌采纳军师孙膑的建议，以"增兵减灶"的方法迷惑魏军，诱敌深入。庞涓果然中计，以轻兵锐卒，兼程追击，结果在马陵陷入齐军埋伏。庞涓兵败自杀。齐军乘胜进击，俘获魏军主将太子申，先后歼灭魏国主力军十余万人。魏国被迫向齐国做出让步，同意分享中原霸权，互尊对方为王。这标志着魏国首强地位的彻底丧失。

随着东齐、西秦的崛起，魏国再也没有重振雄风。魏国在齐、秦两强的夹击下，屡遭惨败，还不断招致楚、赵等国征伐。逐渐强盛的秦国不断攻击魏国，魏国处于被日益蚕食的境地。秦国相继占有了河西、上郡及河东、河南部分土地，黄河天险完全被秦国控制。到秦昭襄王时期，魏国向秦国称臣。

二、从秦攻魏拔卫到魏国献地请降

得人才者得天下，失人才者失天下。魏国之败首先应归咎于内政不修，其中人才的流失最为严重。秦孝公的首辅商鞅、秦昭襄王的丞相范雎都是由于不得志于魏国，而流亡到秦国。秦始皇时期的尉缭也是魏国人。就连王室宗亲信陵君无忌也无法为宗国大展其才。能臣良弼不得其用，有的反而成为敌国的将相公卿，不败待何？

信陵君无忌，是魏安釐王异母弟，著名的战国四公子之一。他礼贤下士，广揽人才，"士以此方数千里争往归之，致食客三千人"。他编有《魏公子兵法》，通晓兵法，颇富韬略，并多次率各国联军与秦军对垒，战而胜之，威震天下。据说"当是时，诸侯以公子贤，多客，不敢加兵谋魏十余年"。可是"魏王畏公子之贤能，不敢任公子以国政"，迫使信陵君长期流亡在外。

秦始皇的反间计也起了重要的作用。信陵君一度重新统帅魏军。为了除掉这个敌国的干城之将，秦始皇令人携带金万斤赴魏，收买信陵君的仇家。他们诋毁信陵君，对魏王说："公子亡在外十年矣，今为魏将，诸侯将皆属，诸侯徒闻魏公子，不闻魏王。公子亦欲因此时定南面而王，诸侯畏公子之威，方欲共立之。"秦国还故意多次派遣使者,无中生有地祝贺无忌立为魏王。魏王心中生疑,剥夺了信陵君的军权。从此信陵君"乃谢病不朝,与宾客为长夜饮,饮醇酒,多近妇女。日夜为乐饮者四岁,竟病酒而卒"①。

秦始皇四年(公元前243年),信陵君、魏安釐王先后死去。转年,秦军兵分两路攻击魏国,取二十城。转年,秦军击退五国联军,又攻取魏国的朝歌(今河南淇县)及其附庸卫国。从此秦国与齐国接壤,对韩、魏形成三面包围之势。此后秦军继续蚕食魏国。秦始皇九年(公元前238年),秦始皇令秦将杨端和伐魏,攻占一批城池,进逼魏都大梁。

秦始皇二十二年(公元前225),秦将王贲击楚,楚兵败。王贲率得胜之师回兵击魏。秦军掘开黄河大堤,引水灌魏都大梁。历时三月,城墙崩塌,魏王假被迫投降。秦始皇"遂灭魏以为郡县"②。

第五节　灭　楚

楚国是秦始皇彻底吞灭的第三个大国。灭亡韩、魏之后,秦始皇立即集中兵力解决地处南方的楚国。楚国在劫难逃。楚国之亡类似于赵国,它几经恶战终于不敌一个更强大的对手。

一、楚国的兴与衰

楚,芈姓。据说,"楚之先祖出自帝颛顼高阳"。楚国的先人鬻熊曾经为周文王立下功勋,因此周成王册封他的后人为诸侯。

<hr>

① 以上引文见《史记》卷七七《魏公子列传》。
② 《史记》卷四四《魏世家》。

西周时期,楚君熊渠施政有方,兴兵伐灭数国。他自称:"我蛮夷也,不与中国之号谥。"①于是封自己的三个儿子为王。春秋以来,楚国迅速发展,长期称雄一方,并与齐、晋争霸。楚国立国于"蛮荒"之地,凭借不断征战而生存,民风忠君、尚武,王权也比较强大。荆楚地区物产丰富,地广人众,文化兼具中原华夏文化和当地各民族文化之长,具有明显的后发优势。这一点楚与秦有相似之处。但是由于楚国立国比较早,受旧的政治模式的影响比较深,因此后发优势稍逊于秦国。

楚国也有变法活动。公元前390年左右,吴起由魏入楚,受到楚悼王的器重。一年后,他担任楚国令尹,主持变法。吴起认为,楚国之所以"贫国弱兵",是因为"大臣太重,封君太众",他们"上逼主而下虐民"②。他"明法审令",裁减无能之臣,革除封君的一些特权,整顿楚国的政治风气,以强化君主集权。他扩充甲兵,率兵出击,"于是南平百越。北并陈蔡,却三晋。西伐秦。诸侯患楚之强。"③楚悼王去世,吴起也被反对变法的贵戚大臣联手攻杀。吴起死后,许多变法措施没有坚持下去。

楚国最早称王,一直是最有可能统一中国的诸侯国之一。在春秋战国之际,楚国堪称首强。公元前307年,楚国吞灭疆域仅次于它的越国,夺取吴越之地,实力得到进一步的扩张。当时各大国的疆域以楚国为最大。楚国占有中国南部、东部、中部的广袤地区,人文荟萃,物产丰富,兵精粮足,国势强盛。虽然魏、齐、秦、赵的兴盛使楚国的优势地位相对弱化,而在纵横捭阖的大国较量中,仍有"横成则秦帝,纵成则楚王"④的说法。

---

① 《史记》卷四〇《楚世家》。
② 《韩非子·和氏》。
③ 《史记》卷六五《孙子吴起列传》。
④ 《战国策·楚策一》。

但是,总的说来,楚国与魏、齐、秦、赵等国相比较,新制度的发展举步维艰。楚国本是最早出现郡县制的国家之一。但是,吴起变法的时间较短,又昙花一现,变法的广度和力度也明显逊色于李悝变法、商鞅变法。因此,楚国的军政大权始终掌握在昭、景、屈三大贵戚手中,体制比较落后,治术比较陈旧,政治比较腐败。《吕氏春秋·察今》以刻舟求剑比喻不能适时变法的愚蠢,认为"荆(楚)国之为政,有似于此"。楚国政治的特点,由此可见一斑。著名思想家韩非认为:"楚不用吴起而削乱,秦行商君而富强。"①从当时大国实力对比的变化曲线看,政治、经济改革的深度、广度是决定兴衰强弱的主要因素。楚秦实力的此消彼长就是很有说服力的证据。

在战国七雄竞争的关键阶段,楚国出了一位昏庸的君主,这就是楚怀王。他在政治、军事、外交上的一再失误,导致楚国在大国竞争中彻底失去了固有的优势地位。

先说"伐交"失策。齐、楚是东方两个最强的国家。齐、楚一度联手抑制秦国,取得成效。公元前313年,秦国派张仪游说楚怀王。张仪以奉献商於之地六百里为诱饵,劝说楚怀王与齐国断交。楚怀王缺乏战略眼光,又贪图小利,竟与齐国断交。张仪改口说当初仅许以自己的六里封邑献给楚国。楚怀王大怒,又与秦国断交,派屈匄率兵攻秦。楚国"西起秦患,东绝齐交",同时与齐、秦两个大国交恶,在"伐交"斗争中大大失策。

再说"伐兵"失利。楚怀王"以怒兴师",犯了兵家大忌。公元前312年,楚军与秦军交战于丹阳(今河南丹水北),楚军败绩。秦军俘获楚军主将屈匄及其副将,斩首八万,占地六百里。楚国的汉中郡(今陕西东南汉水流域和湖北西北)从此纳入秦国的版图。

---

① 《韩非子·问田》。

楚怀王恼羞成怒,不讲谋略,不计后果,竟调动全国军队与秦国战于兰田(今湖北钟祥西北)。结果楚军再次一败涂地,被严重削弱。

最后说政治腐败。"伐谋"、"伐交"、"伐兵"的失利与政治腐败息息相关。比较陈旧、落后的贵族政治模式本身就是政争和腐败之源。楚怀王身边也有能臣。屈原(屈平)就是最著名的一个。楚怀王一度信任屈原,任命他为左徒,令其参议军国大事。可是楚怀王听信宠姬郑袖、权臣靳尚、上官大夫等人的谗言,改变了对屈原的态度。公元前299年,秦王以结盟为诱饵,诓骗楚怀王到武关赴会。屈原曾劝阻他。楚怀王听信子兰之言,贸然赴会,被秦军劫持,客死于秦国。史称"怀王以不知忠臣之分,故内惑于郑袖,外欺于张仪,疏屈平而信上官大夫、令尹子兰。兵挫地削,亡其六郡,身客死于秦,为天下笑。此不知人之祸也。"①

楚怀王以后,楚国政治没有太大起色,而秦国在秦昭襄王统治下更加强盛。秦楚之间的历次战争,秦军胜多负少。公元前280年,秦军"伐楚,楚军败,割上庸、汉北地予秦"②。公元前279年,秦将白起拔楚西陵。公元前278年,白起攻克楚国首都郢(今湖北江陵西北),焚毁楚国先王墓夷陵。楚襄王被迫迁都于陈(今河南淮阳)。公元前277年,秦军又占领楚国的巫郡、黔中郡。后来楚军虽收复部分失地,但是疆域大大缩小,国势今非昔比。

二、李园之乱

春申君专政时期,楚国一度复强。春申君名黄歇,是著名的战国四公子之一,因辅佐楚考烈王有功,获得封号,就任楚相。秦赵

---

① 《史记》卷八四《屈原贾生列传》。
② 《史记》卷四〇《楚世家》。

邯郸之战,他率军救赵,与信陵君等联手击败秦军,追至函谷关。数年后,他又北伐灭鲁。

李园政变断送了春申君性命,也破坏了楚国国力恢复的势头。李园是春申君的舍人。他贪图富贵,将妹妹进献给春申君。待妹妹怀有身孕后,李园怂恿春申君将这位美女献给楚王。春申君欣然采纳。"楚王召入幸之,遂生子男,立为太子"。李园之妹成为王后,他也获得楚王的宠幸。李园担心春申君泄露天机,"阴养死士,欲杀春申君以灭口"。有人劝春申君应有所防范,他却不以为然,结果"当断不断,反受其乱"[1]。秦始皇九年(公元前238年),楚考烈王卒。李园设伏于王宫的棘门之内,将春申君刺杀。太子即位,是为楚幽王。

此后,楚国内部政局不稳,又遭到魏、秦联军攻击。秦始皇十九年(公元前228年),楚幽王卒,同母弟犹代立。楚哀王即位仅二月余,庶兄负刍袭杀哀王而自立为王。

三、起用王翦,灭楚平越

秦始皇灭韩、魏,破燕、代,屡败楚军。灭楚的时机日渐成熟。秦始皇二十一年(公元前226年),秦将王贲击楚,取十余城。秦始皇决计趁势灭楚。

在商讨灭楚之策时,王翦与李信对敌我双方军事实力的估计不同。王翦认为非倾秦军主力不可,而李信认为仅用二十万兵力足以灭楚。李信年少壮勇,骁勇善战,曾经以数千兵马,破燕军,俘获燕太子丹,深得秦始皇赏识。他说:"王将军老矣,何怯也。李将军果势壮勇,其言是也。"[2]于是采纳了李信的方案。王翦回归

---

[1] 《史记》卷七八《春申君列传》。
[2] 《史记》卷七三《白起王翦列传》。

故里频阳。

李信与蒙恬统帅秦军伐楚，初战告捷。李信攻克平舆（今河南平舆西北），蒙恬攻克寝（今河南沈丘东南），大破楚军。李信又攻破鄢郢，于是引兵而西，与蒙恬军会师城父（今安徽亳州市东南）。李信轻率冒进，长驱千里。楚军趁机尾追跟进，连续攻击三日三夜，大破李信军。楚军攻破两座营垒，杀死秦军七个都尉，秦军落荒而逃。秦始皇闻讯立即赶赴频阳，向王翦承认自己判断失误。他亲手授予王翦上将军将印，又以下嫁信阳公主、赏赐大量田宅为手段，深结其心。

王翦取代李信，挂帅出征，率秦军主力六十万人击楚。秦、楚两国主力会战中原。王翦坚壁固守，养精蓄锐，疲惫敌军。王翦趁楚军移师东去之机，率精锐追击，杀其将军项燕。秦军乘胜攻城掠地，虏楚王负刍。接着秦军挺进江南，攻占附庸于楚国的越国，越君降秦。仅用一年多的时间，王翦便彻底灭亡楚国。

第六节　灭　燕

燕国是秦始皇彻底吞灭的第四个大国。它是一个大且弱的国家几乎一战而亡的典型。

西周初年，封召公于北燕，他的子孙逐步征服这一地区。燕国成为姬姓的"文武所褒大封"之一。春秋战国时期，燕国先是位列十二诸侯，后又跻身七大战国，也曾强盛一时。

一、燕国的兴与衰

燕国的始祖是召公奭。周成王时期，召公与周公共同辅佐幼主。召公之政甚得民心。他死后，民众作《甘棠》之诗来怀念他。

燕国立国达八九百年之久,在姬姓诸国中最后灭亡。

西周、春秋时期燕国国势较弱,在史书中没有留下引人注目的事迹。战国以来,燕国逐渐强盛。但是仍比诸雄要弱一些。燕国的社会改革晚于各国。燕国最值得夸耀的功业莫过于燕昭王变法图强,几乎将齐国灭掉。

约在公元前315年,燕王哙效仿古代的禅让制度,将王位转让给子之,引起政治动荡。齐宣王采纳孟子的意见,举兵伐燕,很快攻破燕都。燕王哙身死,子之被杀,燕国几乎灭亡。

燕昭王即位后,发愤图强,誓雪先王之耻。他师事郭隗,筑黄金台,求购千里马骨,"卑身厚币以招贤者"。于是"乐毅自魏往,邹衍自齐往,剧辛自赵往,士争趋燕"①。公元前284年,燕国参与五国攻齐。燕昭王以乐毅为将,命其直接进攻齐都临淄。半年之间,乐毅连下七十余城,几乎灭亡齐国。

战国中后期,燕国染指中原,多次参与合纵攻秦,与齐、赵也互有征伐。其中燕国与赵国之间战事频繁,虽负多胜少,却加速了赵国的衰落。"唇亡齿寒",失去了赵国的屏蔽,燕国也就直接暴露在秦军的兵锋面前。

二、秦国借赵攻燕与救燕攻赵

鹬蚌相争,渔翁得利。秦国击破赵、燕,得益于二雄相争。燕赵两强为邻,势必互有争夺,战事频繁。秦国利用两国相争,坐收渔夫之利,最终一举而兼得鹬蚌,一战而并擒双雄。

燕赵第一次恶战发生在公元前251年。秦赵长平之战、邯郸之战,赵国损失惨重。燕王喜目光短浅,欲趁机攻赵,首开兵衅。他不听昌国君乐间的劝阻,出动六十万大军,兵分两路伐赵。赵国

①　《史记》卷三四《燕召公世家》。

派廉颇率军八万对抗,将两路燕军击溃,追击五百里。廉颇包围燕都,迫使燕国割地请和。

在秦始皇统治时期,燕赵之间战事不断,秦国相机介入其中。秦始皇四年(公元前243年),赵王派李牧攻燕,占领武遂、方城。转年,燕王派剧辛率军击赵,赵王令庞煖率军御敌。剧辛、庞煖本是故交,他们各为其主,相互厮杀。庞煖消灭燕军二万,杀剧辛。秦始皇十一年(公元前236年),赵将庞煖再次攻燕,夺取狸、阳城。秦始皇遂以救燕为名,派王翦、桓齮、杨端和击赵,连克九座城池。秦赵两国的对决进入尾声,燕国也就岌岌可危了。

三、太子丹自秦亡归与荆轲刺秦

秦赵大战犹酣之际,在秦国做质子的燕国太子丹亡归故国。为了挽救燕国的危亡,他亲自导演了脍炙人口的历史故事——"荆轲刺秦"。

太子丹本是秦始皇孩提时代的挚友。当初太子丹在赵国做质子,与嬴政是幼年伙伴。可是,嬴政立为秦王,太子丹质于秦,而嬴政待之甚薄,不加礼遇。太子丹备遭凌辱,怒火中烧。

秦始皇十五年(公元前232年),太子丹寻机潜逃回国。他清醒地看到燕与秦势不两立,秦国"非尽天下之地,臣海内之王者,其意不厌"。他急于弱秦复仇,于是与太辅鞠武商议对策。鞠武劝他静观待变,不要因急于复仇而招惹强秦。

过了一段时间,秦将樊于期获罪,逃亡至燕,投在太子丹门下。鞠武认为,强秦积怨于燕,已足以令燕国心寒胆战,太子丹潜逃更加深了怨恨,如果再收留秦国叛将,势必激怒秦王。这就像将肉块投放于饿虎必经之路一样,势必招致吞噬。他主张尽快将樊于期遣送出境,联合三晋、齐、楚和匈奴共同对付秦国。太子丹认为这个方略很难收到成效,所以积极筹划刺杀秦王。荆轲因此而名著史册。

荆轲,卫国人,燕人称之为荆卿。他"好读书击剑",有谋略、有胆识,"其所游诸侯,尽与其贤豪长者相结"。他是一位慷慨悲歌之士。荆轲嗜酒,每日与两位至交好友高渐离及狗屠饮于燕市。酒酣耳热之时,高渐离击筑,荆轲和而歌,欢歌悲泣,旁若无人。燕国处士田光知其非寻常之人而善待之。

秦始皇灭韩攻赵,燕国情势紧迫,太子丹向田光请教对策,田光把荆轲推荐给他。太子丹恳请荆轲担当刺秦重任。他认为:"今秦已虏韩王,尽纳其地。又举兵南伐楚,北临赵。王翦将数十万之众距漳、邺,而李信出太原、云中。赵不能支秦,必入臣,入臣则祸至燕。"燕国弱小,不是秦国的对手,而诸侯畏惧强秦,不敢联手抗秦。因此,最佳的方略是派遣勇士出使秦国,设法胁迫秦王全部归还侵占各国的领土。如若无法实现,不妨刺杀秦王。这样一来,"彼秦大将擅兵于外而内有乱,则君臣相疑,以其间诸侯得合从,其破秦必矣。"荆轲略表推辞,见太子丹顿首固请,便慨然允诺。于是太子丹尊荆轲为上卿,优礼备至,提供最好的住房、食品和奇珍异物,"车骑美女恣荆轲所欲,以顺适其意"。

秦始皇十九年(公元前228年),王翦破赵,虏赵王,进兵至燕国南界,寻机渡过易水伐燕。燕国上下震动。太子丹敦促荆轲尽快赴秦。荆轲请求两样东西,一是燕地督亢的地图,二是樊于期的首级。他认为,秦始皇急于夺取燕国领土,又以"金千斤,邑万家"悬赏缉捕樊于期,献上这两样礼物,可以获得秦王的信任。太子丹当即答应提供地图,而樊于期的人头则不忍于心。荆轲亲自面见樊于期。樊于期报仇心切,当即自刎而死。

太子丹又为荆轲提供了四个条件:一是赵国工匠徐夫人锻造的匕首。这种匕首价值百金,锋利无比,又以毒药淬之,可以见血封喉。匕首藏于地图之中,以便携入秦宫。二是燕国勇士秦舞阳。

他"年十三,杀人,人不敢忤视"。太子丹令秦舞阳为荆轲副手。三是敢死之士二十余人。众勇士也随从入秦。四是价值千金的财物,供荆轲打通关节使用。

荆轲还约一位朋友同行,由于路途遥远,尚未赶到。太子丹急不可待,怀疑荆轲有改悔之意。荆轲怒,立即出发。太子及其亲信宾客都身穿白色衣冠送行。在易水岸边,众人敬酒壮行,"高渐离击筑,荆轲和而歌,为变徵之声,士皆垂泪涕泣。又前而为歌曰:'风萧萧兮易水寒,壮士一去兮不复还!'复为羽声慷慨,士皆瞋目,发尽上指冠。于是荆轲就车而去,终已不顾"。

荆轲至秦,通过秦王宠臣中庶子蒙嘉向秦王进言:燕国"愿举国为内臣,比诸侯之列,给贡职如郡县",还送来樊于期的人头。秦始皇闻之大喜,于是决定身着朝服,设九宾之礼,在咸阳宫接见燕国使者。

荆轲等人奉命晋见。荆轲捧着樊于期头匣,秦舞阳捧着地图匣,顺次入殿。走到王位的台阶下,秦舞阳被威严的朝仪所震慑,脸上色变,身体颤抖,群臣产生怀疑。荆轲回顾舞阳,微微一笑,走上前去向秦王谢罪,请求宽恕这个没有见过大世面而有失礼节的蛮夷之人。嬴政不加怪罪,下令献上地图。荆轲从容展开地图,"图穷而匕首见"。他左手抓住秦王衣袖,右手持匕首猛刺。"未至身,秦王惊,自引而起,袖绝。拔剑,剑长,操其室。时惶急,剑坚,故不可立拔。荆轲逐秦王,秦王环柱而走。群臣皆愕,卒起不意,尽失其度"。根据秦法,"群臣侍殿上者不得持尺寸之兵。诸郎中执兵皆陈殿下,非有诏召不得上"。事发于不测,而群臣手无寸铁,只能"以手共搏之"。侍医夏无且情急之中,提起药囊击打荆轲。嬴政惊慌失措,不知所为。经左右提醒,他把剑匣推到身后斜抽出剑,"以击荆轲,断其左股"。荆轲身受重伤,毫不畏惧,奋力将匕首掷向秦王,击中桐柱。嬴政连砍荆轲八剑。荆轲自知刺秦失败,他倚柱而笑,又开腿坐着,大骂秦王,说:"事所以不成者,以欲生劫之,必得约契以报太子也。"这时左右侍卫一拥而上,杀死荆轲。嬴政惊魂方定,"不怡者良久"。

太子丹设谋刺杀秦王,实数下策。这也是无可奈何之举。从当时的形势看,无论荆轲刺秦是否成功,都很难挽救燕国覆灭的命运。荆轲刺秦这件事本身没有什么值得称道之处,而荆轲的为人还是令人钦敬的。"自古燕赵多慷慨悲歌之士"。荆轲文韬武略皆佳,侠义胆识具备,可惜不得其用,只能以刺客闻名于世。慷慨悲壮的事迹,既令人赞叹不已,又令人悲之慨之。无论如何,荆轲也算是一位英豪。正如太史公司马迁所说:"此其义或成或不成,然其立意较然,不欺其志,名垂后世,岂妄也哉!"①

四、燕、代合兵抗秦与秦军扫燕灭代

荆轲刺秦不成,加速了燕国的灭亡。秦始皇大怒,下令增兵伐燕。燕、代也合兵抗秦。两国之兵难以抵御强大的攻势,被王翦、辛胜、李信等秦将打得落花流水,四散奔逃。秦军破燕、代于易水之西,乘胜进逼燕都蓟城(今北京城西南)。

秦始皇二十一年(公元前226年)十月,蓟城失陷,燕王喜与太子丹退守辽东。李信率数千精锐追击,再破燕军。燕王喜被迫采纳代王赵嘉之策,主动将太子丹的首级献给秦国,以求宽恕。

燕王斩太子丹以献秦只能收一时之效。秦始皇二十五年(公元前222年),秦始皇先后在南北发动大规模军事行动。他派王贲为将,统帅重兵,挥师北进,先攻辽东,俘燕王喜,然后回兵攻代,房代王嘉。秦先后吞并韩、赵、魏、燕、楚五国。为了隆重庆祝,这年五月

---

① 以上引文见《史记》卷八六《刺客列传》。

秦始皇下令"天下大酺"①,恩准天下臣民饮酒欢乐,举行大型庆祝活动。五国皆亡于秦始皇之手,剩下的只有偏安一隅的齐国了。

第七节　灭　齐

齐国是最后一个被秦始皇吞灭的大国。在战国七雄中,齐国的强国地位确立最早,维持时间最久。自西周建立以来,齐国就一直是一个举足轻重的大国。齐国地处古称"海岱之区"的齐鲁文化区域,文明程度比较高,政治改革也起步较早,经济、文化都比较发达。在春秋时期,齐桓公是第一位名副其实的霸主。在战国时期,齐国的综合实力也属一流,战国中期,一度出现"秦与齐争长"②的局面,两国还曾相约称帝。可是这样一个大国竟然不战而亡。

一、齐国的兴与衰

齐国本是姜尚(吕尚、太公望、姜子牙)的封地,国君为姜姓,战国初期被田氏取而代之。

春秋时期,齐国是首霸之国。齐桓公革新政治,首创霸业,"九合诸侯,一匡天下"。齐桓公在位期间,还发生了一件关乎齐国命运的事情。陈厉公死后,国内出现君位之争。他的儿子陈完因逃避内乱而来到齐国。齐桓公任命陈完为工正,并改称田氏。数代之后,田氏发展成为大族。田乞、田常(田成子)父子利用齐国内乱,先后杀死齐君荼、齐悼公。田氏占夺了君位,却保留了

---

① 《史记》卷六《秦始皇本纪》。
② 《史记》卷四〇《楚世家》。

"齐"的国号。史家称此后的齐国为"田齐"。公元前 386 年，田和在位期间，周王确认了田齐的诸侯地位。许多史家把这件事作为判分春秋时期与战国时期的标志性历史事件。

在齐威王、齐宣王时期，齐国曾盛极一时。齐威王励精图治，以邹忌为相、田忌为将，又任用著名兵法家孙膑为军师。他革新政治，任贤纳谏，果断地清理官场积弊，使齐国的政治面貌一新。齐国起兵西击赵、卫，迫使赵国归还侵占的国土和长城。田忌、孙膑又先后以"围魏救赵"、"增兵减灶"之计，在桂陵之战、马陵之战中大破魏国军队。齐宣王大开稷下讲学之风，任命一批思想家为上大夫。公元前 314 年，齐宣王趁燕国内乱，迅速攻占燕国都城，杀燕王哙和燕相子之。公元前 301 年，齐国联合魏国、韩国进攻楚国，大破楚军于垂沙（今河南唐河西南）。公元前 298 年，齐、魏、韩三国合纵攻秦，与秦军相持三年，终于攻破函谷关，迫使秦国归还部分此前占据的魏国、韩国土地。齐国接连压服魏、燕、楚、秦。当此之时，齐国威震诸侯。公元前 288 年，秦昭襄王自称"西帝"，尊齐湣王为"东帝"。不久齐国违背盟约，迫使秦国取消帝号。这表明了当时齐国是与秦国东西对峙的两大强国。

然而齐国也正是从此走向衰落。祸殃起因于齐湣王灭宋。公元前 286 年，齐湣王与魏、楚"灭宋而三分其地"[1]。他还图谋进而南侵楚国淮北地，西侵三晋，胁迫邹国、鲁国称臣，进而吞并周王室。结果招致秦、赵、韩、魏、燕五国联合攻齐。燕昭王欲报当年齐国伐燕之仇，积极参与组织合纵。他任命乐毅为上将军，率兵伐齐。齐国一败涂地。齐湣王逃奔到莒，不久被杀死。幸而田单坚守即墨（今山东平度境内），利用燕军中途换将，连施妙计，以火牛阵攻杀燕将骑劫，乘胜追击。各地齐人纷纷起兵，很快收复

---

① 《史记》卷三八《宋微子世家》。

失地。

经历一场浩劫的田齐虽得以光复,却从此一蹶不振。齐国的衰落,为秦国击破三晋,席卷天下,提供了便利。

二、君王后事秦与后胜误国

齐湣王被杀,莒人共立其子法章,是为齐襄王。齐襄王的王后是君王后,生子建。五年后,田单攻破燕军,齐襄王重归临淄。公元前 265 年,襄王卒,子建立,国事决于君王后。

君王后奉行事秦政策。秦赵会战长平之时,赵国请求齐国接济粮草。谋臣周子力主救赵,他认为:"唇亡则齿寒。今日亡赵,明日患及齐楚。"君王后不听。史称:"君王后贤,事秦谨,与诸侯信,齐亦东边海上,秦日夜攻三晋、燕、楚,五国各自救于秦,以故王建四十余年不受兵。"①

齐国的外交政策受秦国外交活动的影响很大。秦始皇用兵六国之时,担心齐、赵联合,特地派荆苏等人出使齐国,以计谋断绝齐赵之交。君王后死,后胜为齐相。秦国间谍以重金贿赂后胜,唆使他派遣众多宾客出使秦国。秦国又以重金收买这些齐国使者,使他们为秦国效力。这些使者纷纷劝说齐王奉行与秦亲善的政策。齐国长期奉行"朝秦"政策,"不修攻战之备,不助五国攻秦,秦以故得灭五国"。

齐国不仅不援助遭受秦军攻击的其他五国,而且自身也不做抵抗秦国入侵的准备。秦始皇二十六年(公元前 221 年),齐国成为秦国最后一个对手,齐王建与其相后胜这才开始仓促备战,"发兵守其西界,不通秦"②。可是当亡国之祸降临的时刻,原本强大

---

① 《史记》卷四六《田敬仲完世家》。
② 《史记》卷六《秦始皇本纪》。

到足以称帝的齐国却只能束手被擒,不仅毫无反击之力,就连抵御、反击的意志也丧失殆尽。

亡齐是秦始皇的既定之策,与齐亲善是表面现象。据说王翦灭燕之时,秦始皇曾与众将商议:"齐、楚何先?"李信曰:"楚地广,齐地狭,楚人勇,齐人怯,请先从事于易。"[①]李信的见解仅从军事角度着眼,而从齐国的实际状况看,先灭楚国更有利。秦始皇二十六年(公元前221年),秦将王贲率破楚扫燕灭代的得胜之师兵临齐境。齐国在劫难逃。

三、齐国不战而降

战乎?降乎?齐国内部有两种意见。即墨大夫、雍门司马是主战派的代表。即墨大夫认为齐国有战胜秦国的可能性,他指出:"齐地方数千里,带甲数百万。夫三晋大夫皆不便秦,而在阿、鄄之间者百数,王收而与之百万之众,使收三晋之故地,即临晋之关可以入矣。鄢、郢大夫不欲为秦,而在王城南下者百数,王收而与之百万之师,使收楚故地,即武关可以入矣。如此,则齐威可立,秦国可亡。夫舍南面之称制,乃西面而事秦,为大王不取也。"[②]当时齐国实力尚存,军队完好无损。各国贵族多逃亡齐国,寻机报亡国之恨,这也是一支可借用的力量。如果齐国君臣一心,借助各国人才,组织全国军民,尚足以一战。五国刚刚覆灭不久,各地还有图谋叛秦活动,一旦齐军挫败秦军,也存在着扭转局势的可能性。但是,齐王建和后胜一心事秦、降秦。齐国准备不足,军民也得不到有效的组织,以致"秦兵卒入临淄,民莫敢格者"[③]。这样的国家不

---

① 《太平御览》卷四三七引严尤《三将论》。
② 《战国策·齐策六》。
③ 《史记》卷四六《田敬仲完世家》。

亡待何？

秦始皇恩威兼施，一方面大兵压境，一方面诱齐降秦。秦使陈驰劝说齐王建降秦称臣，答应以五百里之地作为他的封邑。"齐王不听即墨大夫，而听陈驰，遂入秦"[1]。可是秦国把他安置在边远的共邑，将他活活饿死在当地荒僻的松柏之间。齐人闻之，歌之曰："松耶柏耶？住建共者客耶？"齐王建任用奸佞，苟且偷安，终于招致杀身亡国之祸。从此，"天下壹并于秦，秦王政立号为皇帝"[2]。

第八节　开拓疆土、巩固边防

兼并六国之后，秦始皇并没有刀兵入库，马放南山，而是进一步开疆拓土，巩固边防。他西抚诸夷，东占辽东，南平百越，北却匈奴，为中华帝国统一的多民族国家的疆域奠定了最初的规模。相关的军事行动也属于统一战争范畴。

一、南平"百越"

"百越"又称"百粤"，得名于南方诸越，是对名称各异的越人的总称、泛指。他们有与中原地区不同的文化特征和标志，其中断发文身、铸铜为鼓等是最显著的特征。"百越"的分布区域很广，许多部族的流动性也很强，其活动范围波及江淮以南的广大地区。对于"百越"的族属、分布、各支的分类等，学术界的看法有很大分歧。

---

[1]　《战国策·齐策六》。
[2]　《史记》卷四六《田敬仲完世家》。

百越很早就与中原有密切交往、联系。据说早在五帝三王时期,这一带就臣服于中原王权。岭南各族曾向商王、周王进贡珠玑、玳瑁、象齿、文犀、翡翠等地方特产①。《诗经·大雅·江汉》称周宣王"于疆于理,至于南海"。春秋时期,楚国的疆域大部取自诸越之地。在今浙江一带的于越曾建立越国。越王勾践是春秋霸主之一。公元前306年,楚国攻灭越国,部分越人南迁,扩散到今福建、台湾、海南岛、越南等地。南方广大地区成为楚国的势力范围。

公元前222年,秦灭楚后,趁势进兵,"因南征百越之君"②,统一江淮地区,拉开了南平百越的序幕。

秦朝建立不久,秦始皇集结五十万大军,分路向"百越"地区大举进攻。秦军很快占领东越(又称东瓯、瓯越,活动在今浙江南部的瓯江流域,大致以温州一带为中心)、闽越(活动范围在今福建省境内,以福州为中心)。这一路秦军顺势南下。与此同时,另一路秦军也从湖南向岭南地区的南越发动进攻,很快攻克番禺(在今广州附近)。这两路秦军进而对西瓯(活动在今广西一带)、雒越(活动在今越南北部地区)形成夹击、包围之势。

随着战线向南方纵深迅速推进,战事越来越激烈,秦军的进展遇到极大的阻滞。岭南地区丘陵遍布,山川纵横,交通不便,既便于越人与秦军周旋,也使秦军运输给养供应困难重重。越人剽悍善斗。他们顽强抵抗,英勇善战,充分利用地形地利和善于跋山涉水的优势,躲进深山老林,与秦军周旋。秦军"深入越地,越人遁逃。旷日持久,粮食乏绝,越人击之,秦兵大败"。③ 秦军一度甚至

---

① 参见《逸周书》的《王会》、《成周之会》等。
② 《史记》卷七三《白起王翦列传》。
③ 《汉书》卷六四下《严安传》。

进退维谷,"三年不解甲弛弩"①。

为了解决秦军的给养供应问题,秦始皇派监御史禄负责组织人力修筑运河,"凿渠运粮",并派遣一批战将率领"楼船之士南攻百越"②。最后终于全部占领"百越"之地,使秦朝的南部版图到达今越南境内的"北向户"。

秦始皇采取一系列措施巩固对岭南地区的统治。其主要措施可以概括为:置郡、驻军、移民、设关、筑路。秦始皇在这一地区设立南海郡(在今广东境内,郡治在番禺)、桂林郡(在今广西境内,郡治在桂平西南)、象郡(包括今广西南部、广东西南部,南达越南中部)等三郡,建立郡、县等地方政权组织,把这个地区置于中央政府的直接控制之下。秦始皇令任嚣、赵佗等统重兵戍守岭南。与此同时,他先后征发内地数十万人口,迁徙岭南各地,与当地越人杂处,垦荒戍边。秦朝政府在攻取的地方修筑了许多城池、关隘。如严关(在今广西境内)、梅关(号称"岭南第一关",在今大庾岭上)等。其中建立在连江上的横浦关(在今广东英德境内)、阳山关(在今广东阳山境内)、湟溪关(在今广东阳山茂溪口),地势险要,名曰"三关"③。为了打通南岭山脉的阻隔,便于物资流通、人员往来和军队调动,加强对这个地区的控制,秦始皇还命人在这个地区整修、拓宽道路,还兴建了一批"新道"。

二、设官治理"西南夷"

在西南方面,即今四川、云南、贵州一带,除"百越"以外,还生活着几十个少数民族。当时的中原人通称之为"西南夷"。考古

---

① 《淮南子·人间训》。
② 《史记》卷一一二《平津侯主父列传》。
③ 参见《文物》1975年第三期《长沙马王堆三号汉墓出土地图的整理》和《地形图》等。

发现证实,"西南夷"自古就与中原各部族有密切联系。殷周以降,"西南夷"与中原王权的联系更加紧密。殷周之际,这个地区的一些部族曾参与推翻殷商王朝的活动,并获得西周王朝的封赏。战国时期,楚威王派将军庄𫏋率兵"略巴、黔中以西",兵至滇池一带,"肥饶数千里,以兵威定属楚"。由于"秦击夺楚巴、黔中郡,道塞不通",庄𫏋"以其众王滇,变服,从其俗,以长之"①。

在秦始皇统一中国以前,"西南夷"的一部分已经纳入秦国的版图。公元前 316 年(秦惠文王九年),先后灭亡蜀国、巴国,在这里设置郡县,并将统治势力逐步扩张到今云南、贵州的部分地区。秦国最初对巴蜀地区采取羁縻政策,在设置巴郡,征收赋税的同时,改封蜀王子弟为"侯",改封巴的统治者为"君长","蛮夷君长,世尚秦女"②,并派遣蜀相代表中央政府治理巴蜀。

秦始皇进一步加强对"西南夷"的统治。他在这一带建立政权,设官置吏,修筑道路。据《华阳国志·蜀志》记载,秦国蜀守李冰曾以火烧山崖的方法在僰道(今四川境内)修凿通道。秦始皇又命常𬤇在此基础上修建道路。这条道路比中原的驰道窄得多,故名"五尺道"。这条道路沟通了四川、云南的交通,有利于加强各地的经济、文化交流,也便于中央政府强化对边疆的控制。史称"常𬤇略通五尺道,诸此国颇置吏焉"③。另据《汉书·司马相如传下》记载,司马相如曾对汉武帝说:"邛、筰、冉、駹者近蜀,道易通,异时尝通为郡县矣,至汉兴而罢。"由此可见,秦朝曾在这一带设置郡县,任命官吏,将其纳入全国统一的行政系统。

---

① 《史记》卷一一六《西南夷列传》。
② 《后汉书》卷一一五《南蛮西南夷传》。
③ 《史记》卷一一六《西南夷列传》。

三、经营北部边疆

就在大秦帝国崛起的同时,另一个帝国也正在中国大地上崛起,这就是匈奴帝国。匈奴族是中国北方的一支游牧民族。在欧亚大陆古代诸游牧民族中,匈奴族最强悍。匈奴帝国首先崛起于北部中国,长期雄踞北方,其活动范围广大,在世界古代史上扮演过重要角色。

关于匈奴族的起源与族属问题,中外学者众说纷纭。一般说来,夏商以来,进出"中国"的"狄"、"戎"大多与匈奴有关。长期以来,以匈奴为主的戎狄"侵暴中国"①,他们与中原王室和北方各诸侯国有战有和,互通婚姻、贸易。其中一些部族先后进入中原,融入华夏族群。

战国时期,中原各国的总体态势是领土不断向北发展。赵、秦、燕都曾攻占匈奴及其他少数民族之地。秦国不断蚕食其地。秦昭襄王时,宣太后以与义渠王长期通奸的方式,"诈而杀义渠戎王于甘泉,遂起兵伐残义渠。于是秦有陇西、北地、上郡,筑长城以拒胡"。赵武灵王胡服骑射,"北破林胡、楼烦。筑长城,自代并阴山下,至高阙为塞。而置云中、雁门、代郡"。其后燕将秦开袭击东胡,迫使"东胡却千余里。燕亦筑长城,自造阳至襄平。置上谷、渔阳、右北平、辽西、辽东郡以拒胡"②。中原与匈奴的相互对抗愈演愈烈。

秦王朝建立前后,匈奴首领为头曼单于。头曼单于号令各部,一个军政合一、游牧骑射的匈奴帝国已具雏形。在帝国崛起的过程中,匈奴不断向四方扩张,并趁中原各国战事方酣,无暇外顾,攻

---

① 《史记》卷一一〇《匈奴列传》。
② 《史记》卷一一〇《匈奴列传》。

占河套地区,控制着南至河套,北至贝加尔湖的广大地区。匈奴骑兵剽悍骁勇,来去飘忽,经常侵扰内地,掠夺人口、财物,对中原各国构成重大威胁。与所有刚刚兴起的游牧帝国一样,匈奴的侵扰具有明显的野蛮性、破坏性,动辄屠戮民众,视生命为草芥。秦始皇统一中原后,强盛的匈奴构成秦朝来自外部的最大威胁。

秦始皇灭亡六国之后,解除北方威胁,防范匈奴侵扰,成为秦朝边防的首要任务。秦始皇帝三十二年(公元前 215 年),秦始皇巡视北部边疆。分析政治军事态势之后,他决定对匈奴用兵,"乃使将军蒙恬发兵三十万人北击胡,略取河南地"①。蒙恬不负重托,很快夺回被匈奴占领的河套地区。第二年,秦军越过黄河,迫使匈奴放弃头曼城,向北退却三百多公里。

据说秦始皇之所以用兵匈奴,是由于燕人卢生所献"图书"中有一条"亡秦者胡也"②的谶语。这条谶语预言灭亡秦朝的将是"胡"。秦始皇为了避免亡于"胡",所以不惜大动干戈。实际上即使没有这条谶语,秦始皇也照样会动用大军进攻匈奴。匈奴是秦朝的心腹之患,并非癣疥之疾。与正在崛起的匈奴帝国的较量关系到大秦帝国的安危存亡。此时南平百越的任务基本完成,解决北方匈奴问题的时机逐步成熟。秦始皇及其谋臣不至于愚蠢到单凭一条谶语而发动如此规模的战争的地步。且不说当时是否有这条谶语,学者还有不同看法,退一步讲,即使当时确有卢生献谶之事,其作用充其量只是进一步促使秦始皇下定战争决心而已。

李斯曾经反对北伐匈奴。他的基本论点是:匈奴游牧而居,"迁徙鸟举,难得而制",而北方不生五谷,"得其地不足以为利";

---

① 《史记》卷六《秦始皇本纪》,《匈奴列传》记为"十万之众"。
② 《史记》卷六《秦始皇本纪》。

秦军"轻兵深入，粮食必绝"，而转运粮草辎重，则劳民伤财。为此而兴兵动众，"靡獘中国，快心匈奴，非长策也"①。李斯的基本论点见于历代君臣谏议。他道出了困扰历代王朝的一个难题：如何对付北方游牧民族的侵扰？驱逐他们，难免兴师动众，劳民伤财；不驱逐他们，则势必不断遭受侵扰，甚至被灭亡。只要读一读唐太宗的《金镜》一文，便可知中华帝国的皇帝在这个问题上的两难抉择。其实这也是欧亚古代农耕文明所共同面对的困境。在战国时期，匈奴就对秦、赵、燕构成重大威胁。在秦汉魏晋时期，匈奴帝国与中原王朝长期并存。匈奴始终是中原王朝最大的威胁，对付、化解匈奴的威胁也成为中原王朝最重要的政治课题之一。关于中原王朝与匈奴之间战争、"和亲"的记载不绝于史册。明乎此，就不难理解秦始皇为什么要花费那么大的气力去对付匈奴。

关于秦始皇动用的兵力，《史记》有三十万和十万两种记载。《秦始皇本纪》和《蒙恬列传》均称达三十万之众。实际情况可能是秦朝防御匈奴的总兵力约三十万人，而蒙恬第一仗收复"河南地"所用兵力则为十万人。汉代文献还有四十万、五十万的说法。这种说法可能有所夸大。战国时期，赵国的李牧曾率十五万军队攻击匈奴。当时赵国、秦国、燕国三国平时防御匈奴的军队人数估计也相当可观。秦朝北境为秦、赵、燕北境之总和，因此必须动用三十万之众才能抵御匈奴侵扰。这与匈奴所拥有的军事力量大体相当。

秦始皇经营这个地区的方略与其他边疆地区相似。一是设郡县，二是驻重兵，三是修道路，四是筑城池，五是置移民。秦朝在河套以北、阴山一带地区重新设置九原郡，并派遣蒙恬率数十万大军屯驻北部边疆。秦朝"筑四十四县城临河，徙适戍以充之。而通

① 《史记》卷一一二《平津侯主父列传》。

178

直道,自九原至云阳,因边山险堑溪谷可缮者治之,起临洮至辽东万余里"①。秦始皇三十六年(前211年)迁内地三万户,屯垦北河(今内蒙古伊金霍洛旗以北)、榆中(今陕西榆林)。蒙恬又沿北部边疆,借助地势,修筑长城。长城的军事作用至关重要,它消耗了民力,也节约了民力。如果没有长城的屏蔽、阻隔,秦朝是无法仅凭三十万军队来防范人数大体相当且机动性极强的匈奴骑兵的。当时蒙恬威震匈奴,终秦始皇之世,边境没有大的战事。

当此之时,秦朝的版图空前广大,其疆域"地东至海暨朝鲜,西至临洮、羌中,南至北向户,北据河为塞,并阴山至辽东"②。领土幅员辽阔是秦朝完成帝国化过程的重要物质标志之一。

秦始皇南平百越、北御匈奴是功还是过? 这个问题历来有争议。自古至今,许多人抨击秦始皇穷兵黩武,甚至把南平百越、北御匈奴说成是秦朝的亡国之因。这种说法缺乏分析。扫灭六国、南平百越、北御匈奴相互衔接,都是统一战争的重要组成部分。在这三个段落中,战争用兵的总规模递次缩减。如果维持三十万兵力防御匈奴足以导致秦朝亡国,那么怎么解释这样一个历史现象:战国之时,各国何以能常年汇聚数百万军队恶战而长期生存? 数十年来,秦国几乎年年以数十万乃至百万之众征伐四方,为何却越战越强? 从历史经验看,在王朝崛起、兵戈强劲之时,顺势解决北方威胁比较容易取得成效。秦始皇、唐太宗都是成功者的实例。汉高祖、宋太宗等则有其心而无其力,他们败于北方民族之手而贻患无穷。更何况北御匈奴是当时巩固国防的主要措施。刚刚建立的秦朝不攻匈奴,正在崛起的匈奴也要攻秦朝。秦朝除动用大军驱逐、防御匈奴之外,别无良策。有了长城之后,汉朝不是也需要

---

① 《史记》卷一一〇《匈奴列传》。
② 《史记》卷六《秦始皇本纪》。

驻屯二十余万众以防范匈奴吗?

第九节　秦始皇巩固国家统一的主要措施

　　秦始皇采取了一系列巩固国家统一的措施。主要有进一步完善中央集权政治制度,建立了以郡县制度、官僚制度、等级制度为基干的皇帝制度,并建立了相关的经济制度和文化制度;统一度量衡、统一货币、统一文字、统一道德规范和法律规范,推动中华文化共同体的发展和汉族的形成;修建以咸阳为中心、通达全国各地的陆路、水路交通网和传邮驿站网,夷平一些城郭险阻,既便于军队调动,维护国家政治统一,又有利于各地的经济、文化交流;修筑长城等一批重大军事工程,巩固边防;收缴散落于民间的兵器,聚集于咸阳销毁,防范、镇压各种分裂国家和反抗朝廷的行为;巡狩四方,播扬声威,足迹遍布黄河上下、大江南北。上述措施的具体情况在以后各章节将分别予以详细介绍。这里着重介绍一下秦始皇大规模移民的措施。

　　大规模移民是秦始皇维护国家统一、政治安定的重要措施之一。其特点是次数众多,规模巨大,持续时间很长。在《史记·秦始皇本纪》中,有关记载达十二条之多。其中一次迁徙达三万户以上的大规模移民至少有五、六次之多:

　　1、秦始皇六年(公元前241年),秦击败韩、魏、赵、卫、楚联军,攻克卫国。秦将卫国居民大量迁徙,"其君角率其支属徙居野王,阻其山以保魏之河内"。其他类似的移民可能很多。

　　2、秦始皇八年(公元前239年),王弟长安君成蛟叛变"军吏皆斩死,迁其民于临洮"。

　　3、秦始皇九年(公元前238年)嫪毐叛乱,其部属"夺爵迁蜀四千余家,家房陵"。后来秦始皇又准许这些人回迁。

4、秦始皇十二年(公元前 235 年),宾客数千人窃葬吕不韦,"其舍人临者,晋人也逐出之。秦人六百石以上夺爵,迁。五百石以下不临,迁,勿夺爵。"

5、秦始皇二十六年(公元前 221 年),"徙天下豪富于咸阳十二万户"。

6、秦始皇二十八年(公元前 219 年),秦始皇"南登琅邪,大乐之,留三月。乃徙黔首三万户琅邪台下,复十二岁"。

7、秦始皇三十三年(公元前 214 年),秦始皇"发诸尝逋亡人、赘婿、贾人略取陆梁地,为桂林、象郡、南海,以适遣戍"。据说当时共有五十万人戍守岭南地区。后来秦始皇又将数以万计的妇女迁往这些地区。

8、秦始皇三十三年(公元前 214 年),秦始皇在从匈奴手中夺回的地方设置一批郡县,并徙大批有罪者谪戍,"实之初县"。

9、秦始皇三十四年(公元前 213 年),秦始皇将一批"治狱吏不直者"迁居边疆,令他们"筑长城及南越地"。

10、秦始皇三十五年(公元前 212 年),在骊山一带修筑陵墓、离宫,"因徙三万家丽邑,五万家云阳,皆复不事十岁"。

11、秦始皇三十五年(公元前 212 年),秦始皇"益发谪徙边"。

12、秦始皇三十六年(公元前 211 年),秦始皇"迁北河榆中三万家"。

此外还有许多没有见于具体记载的迁移,如《史记·货殖列传》中的一批富豪曾被迁往各地。根据上述记载估算,秦始皇下令迁徙的人口数以百万计,甚至很可能达二三百万人以上。秦始皇大规模移民的原因和目的主要有以下几点。

其一,充实边疆地区。

秦始皇大规模移民的主要迁徙方向是边疆地区,移民路线指向北边、巴蜀、东越、南粤，其中向北方边地迁徙的人口数量最多。这些地区地处边疆，又都属于新占领的地区，向这里移民的主要目的是充实边防，巩固秦朝对这些地区的统治。

这种移民取得了显著效益。移民在边疆地区定居、生产，保证了对外用兵时的兵员和后勤补给。这些地区原来在经济、文化方面都比较落后，大批移民迁入以后，秦朝在这里设置郡、县等地方政权，移民带来了先进的农耕技术和汉族的礼乐文化。在北方牧区，主要是通过移民改变了居民的民族成分，变畜牧经济为农耕经济。在南方地区，新来的移民与当地土著杂居，相互影响，共同生活，促进了这个地区的开发。由于当时中原的华夏文化是优势文化，所以向边疆移民的总体效果是扩大了中华文化圈，促进了汉族的形成。

其二，直接控制豪强大族。

秦始皇统一天下不久，就下令迁各国贵族、天下豪强十二万家于京畿地区。这些人都是六国的旧贵族和富商大贾。他们称霸一方，武断乡曲，兼并土地，盘剥小民，有些人还积极策划危害秦朝政权和国家统一的政治活动。秦始皇将他们迁徙到国都周边地区，既可以割断这些富豪之家原有的社会的、政治的、经济的基础和联系，使之失去昔日的威势，又可以加强中央政府对他们的直接控制，消除鞭长莫及、无力统驭之虞。这种迁徙将大量的财富、人口和智能向关中汇集，还可以充实京畿地区。秦始皇一举而收监控豪强大族、削弱地方敌对势力和加强京畿地区之效。

其三，惩罚反叛、罪人。

各种政治罪犯及其他罪犯、贱民是历次移民的重要对象。这种迁徙具有强制性，有的属于"谪徙"，是一种刑罚或惩罚。应当指出的是：秦朝对其中一些强制性的移民有所照顾，采取了某些鼓励措施。有些迁徙边疆的移民得到晋升爵位和免除赋役等待遇。

其四,充实皇帝特别关照的地区。

秦始皇迁民于京畿及琅玡、丽邑、云阳等地,就是为了充实并建设该地,并给予长期免除赋役的优待。这类迁民往往与兴建某些工程有关。

秦始皇是春秋战国时期的最后一位君主。他横扫六合,混一天下。这个政治事件一直被史学界作为春秋战国时期结束的历史性标志。在这个意义上,秦始皇是一个历史过程的终结者。

关于秦朝统一的历史意义,历代史家有截然相反的评说。一些学者指出,中国第一任皇帝的宝座是由广大民众的鲜血染红的。这个看法符合历史事实。但是应当看到,这也是为实现国家统一所付出的代价,而这沉重的代价恰恰证明了国家统一的重要意义。自春秋以来,诸侯争霸,列国称雄,战争成为解决政治问题的主要手段。诸侯列国为了称霸道,王天下,动员人马,转运粮秣,士不解甲,马不弛鞍。打打杀杀,攻城掠地,堕坏城市,覆灭邦家,数百年无休无止,伤亡的生灵难于计数。天下动荡,诸夏怀霜,整个社会蒙受了巨大的灾难。秦汉帝国的建立结束了这个局面,其历史功绩还是应充分肯定的。

还有一些学者提出了这样的见解:秦始皇的统一推出了帝制,而帝制是暴虐的,它只有利于统治者,民众不可能从中得到任何好处。这种观点显然将复杂的历史现象简单化了。历史总是在善恶交织的复杂过程中推进人类社会文明发展的。实际上,秦汉帝制的文明发展程度明显高于商周王制。在一场历史大变革中,旧的社会秩序解构了,旧的政治隶属改变了,旧的经济关系更动了。它在一定程度上弱化了各种社会关系,特别是各种劳动关系中的人身支配性、隶属性和依附性。秦汉帝制的建立完成了这场变革,整个社会的总体文明程度也跃上一个台阶。如果帝制比王制更糟糕,那么又当如何解释汉唐盛世的成因？如何解释欧亚大陆帝国化以来人类社会文明程度的提高？笔者认为,任何低估这个重大社会历史进展的观点都是不足取的。

第五章 称帝篇：集先秦各种君权 观念之大成的始皇帝

在中国古代史上，秦始皇建立皇帝制度和汉武帝独尊儒术，是两个影响极其深远的重大历史事件。前者集先秦政治文化之大成，确立了此后两千年的基本政治制度；后者把儒家推上了统治思想的地位，为此后两千年的主流文化和学术发展确定了基调和方向。这两件大事标志着皇帝制度及其法定意识形态的确立。

中国古代政治传统历来讲究"圣王制度"、"新王改制"。据说一个新的王朝建立后，新兴的圣王必须"与民变革"，具体措施是：殊徽号，易服色，改正朔，异器械，考文章，权度量等。秦始皇自诩"大圣作治，建定法度，显箸纲纪"①。他仿效"新王改制"故事，不仅使秦朝的尊号、服色、正朔、礼仪等有别于前代，而且通过一系列的定制立法活动，使"大一统"政治理念物化为若干基本的政治制度和法制。这套制度的基本原则和基础框架此后通行了两千余年。这是界定秦始皇历史地位的一个重要的指标。

秦始皇在全国范围内建立了以"大一统"为基本特征的社会政治体系。这个社会政治体系集先秦政治文化之大成，其主要构成是：综合百家的统治思想；郡县制、官僚制、等级制三位一体的中央集权政治制度；与这套制度相匹配的法律制度、经济制度、文化制度。秦始皇还为这套制度设计了一个显赫的政治文化符号——

① 《史记》卷六《秦始皇本纪》。

"皇帝"。从此正式产生了寿命长达两千余年的皇帝制度。许多史学家把帝制的建立作为一个新的历史阶段的起点。这就使秦始皇成为一个历史篇章开端的标志性人物。

如果把政治制度及其演变作为社会政治历史进程的主要线索和界标的话，那么一部有文献可考的中国古代社会政治史可以称之为中国君主制度及相关社会关系、经济关系和思想观念的发展史。因为自夏、商、西周到宋、元、明、清，中国大地上只存在过一种政治制度，即君主制度（包括这种制度的各种变态形式）。依据政体及各种相关制度的基本模式，中国古代君主制度又可以明显地分为两大历史类型，前者是中国君主制度的原生形态，可以称之为"宗法等级式君主政体"，后者是中国君主制度的发展形态，可以称之为"中央集权式君主政体"。夏、商、西周的国家形态属于前者，秦汉以降的国家形态属于后者。两大类君主政体又有各自的历史发展过程。其中作为宗法等级式君主政体的成熟形态，西周政治制度及相应的社会形态最具典型意义；作为中央集权式君主政体的成熟形态，唐宋政治制度及相应的社会形态最具典型意义。在宗法等级式君主政体和中央集权式君主政体这两大历史类型之间还有一种混合类型，它实际上是从前者向后者演变过程中的过渡性产物。春秋战国时期的国家形态就属于这一类。秦朝的建立结束了中国君主制度前后两大历史类型之间漫长的历史过渡阶段。从政治制度史的意义上，秦始皇也是一个承上启下的重要的历史人物。

思想创新、制度创新是人类社会发展进程最重要的历史界标。作为有别于商周原生态君主制度的皇帝制度及其理论基础在春秋战国时期已经逐步形成。从中国古代社会历史的总体进程看，秦始皇的历史地位和历史价值主要不在于他是一个创造者，而在于他是一个总结者。秦始皇在理论指导原则以及基本的政治制度、法律制度、经济制度、社会制度、文化制度上并没有多少独创性的举措，他只是把前人的各项思想的、制度的创造汇总到一起，使之更系统、更完善、更规范、更严整，并推广到全中国而已。如果说他有什么重大的政治创造的话，那么只有"皇帝"这个称谓。他用这两个字高度概括了春秋战国以来形成的新的政治体制及相应的社会形态和意识形态，并为这种社会政治形态贴上了显赫的文化标签。然而总结者也就是创造者。总结前人需要汇集、选择、综合与概括，需要有所继承、有所修改、有所完善，缺乏洞察力和现实感，没有想像力和创意性，是无法圆满完成这个任务的。秦始皇相当出色地完成了这个重大的历史任务，他不仅以皇帝称谓概括了新的制度，在许多具体制度方面也有所创造。他所缔造的前无古人、后无来者的"法治帝国"，在中国古代史上具有特殊的典型意义。

任何国家形态都是一种政治—经济—文化结构。在实际历史过程中，思想创新和制度创新往往交织在一起，互为先导，互为依据。在政治领域中，没有没有"思想"的"制度"，也没有没有"制度"的"思想"。换句话说，"思想"是"制度"的灵魂，"制度"是"思想"的物化。"皇帝"称谓与"皇帝制度"之间的关系就是典型事例。例如，等级观念与等级制度二而一，一而二，互为依据，相互转化。有了等级制度和与之密切相关的等级观念就有了避讳制度，于是君主(皇帝)又有了"陛下"等一批与避讳制度相关的称谓。而"陛下"等称谓包含着丰富的政治文化意义，它们是等级制度的产物，是等级制度在文化观念上的体现，甚至可以说是一种制度的文化化。因此，在讨论各种君主称谓产生的原因及其文化意义的时候，必然要涉及到有关的制度。其实各种政治学说大多也不单纯是一种知识体系、思想形式，还是一种制度化的存在。以先秦法家为例，它通过与政治权力结合，而逐步完成其本身的制度化，并以体现其意识形态的各种社会结构、政治制度的方式而长期存在。

儒家、阴阳家等亦然。在一定意义上可以说,皇帝制度就是法家、儒家、道家、墨家、阴阳家、名家等重要思想流派的政治学说不断制度化的产物。

历代"圣王制度"活动都是思想与制度的互动过程,它既是一种思想现象,又是一种制度现象。秦朝的统治思想、基本政治制度和法律制度已经形成了完整的体系化的构架,很难将它们完全割裂开来。由于秦始皇奉行"以法治国"的方略,秦朝的政治制度和行政管理具有明显的法制化的特征,"制度"与"法律"也很难截然二分。这就是说,从客观事物本身固有的属性与特点的角度看,将思想、制度、法制截然相分的研究方法是值得商榷的。就具体研究对象而言,有关秦朝的史料相当贫乏、残缺,有关秦朝思想文化的史料更是如此,仅凭秦始皇的只言片语很难解读其整个思想体系的结构与特点。然而作为最高统治者,秦始皇毕竟是依靠一套制度、一批法律实现其统治的,而通过解读这些制度、法律所体现的统治意志、秩序法则,是完全可以对秦始皇的统治思想做定性分析和结构分析的。

制度是更加模式化的行为。乍然看来,秦始皇的"圣王制度"是一种个体的行为,其实这种行为还有更深刻的历史条件和社会背景。没有一定的经济模式、社会结构作为社会性的基础,没有一种广泛存在的社会普遍意识给予精神上的支撑,没有一种比较成熟的理论体系提供政治上的指导,作为君主专制制度发达形态的皇帝制度是不可能产生的。要全面地认识秦始皇的一系列"圣王制度"行为,还必须从全社会经过长期积累而形成的共同的"意识—行为"模式中去寻找更深刻的原因。

为了阐述的方便,下边把秦始皇一系列的"圣王制度"活动大致分为称帝篇、思想篇、制度篇、社会篇、经济篇、立法篇六个部分分别介绍。在称帝篇,侧重分析"皇帝"称谓所体现的君权观念,即皇帝制度的文化层面的内容;在思想篇,侧重分析秦朝的统治思想和秦始皇的政治倾向,即皇帝制度的理论层面的内容;在制度篇,侧重分析秦朝的基本政治制度,即皇帝制度的制度层面的内容;在社会篇,侧重分析秦朝的基本社会关系,即皇帝制度的社会层面的内容;在经济篇侧重分析秦的各种经济制度,即皇帝制度的经济层面的内容;在立法篇,侧重分析秦朝的法律体系,即皇帝制度的法律层面的内容。六个部分共同构成了皇帝制度得以产生和存在的各种条件及其基础框架。

第一节　秦始皇首创"皇帝"名号

秦始皇的第一个历史性的创造就是为在位的最高统治者发明了"皇帝"称号。从此以后,"皇帝"称谓一直是历代王朝最高统治者的正式尊号。"皇帝"也由此而成为秦汉以来君主制度的文化符号。与此相应的皇权观念一直是最高统治者权力和权威的来源之一。

"秦王兼有天下,立名为皇帝"。秦始皇二十六年(公元前221年),秦王嬴政称帝,并指令群臣上尊号。他历数自己横扫六合的功勋,指令丞相、御史等人曰:"寡人以眇眇之身,兴兵诛暴乱,赖宗庙之灵,六王咸伏其辜,天下大定。今名号不更,无以称成功,传后世。其议帝号。"丞相王绾、御史大夫冯劫、廷尉李斯等召集公卿百官集议,他们提出了一个供君王裁决的提案:"昔者五帝地方千里,其外侯服夷服,诸侯或朝或否,天子不能制。今陛下兴义兵,诛残贼,平定天下,海内为郡县,法令由一统,自上古以来未尝有,五帝所不及。臣等谨与博士议曰:'古有天皇,有地皇,有泰皇,泰皇最贵。'臣等昧死上尊号,王为'泰皇'。命为'制',令为'诏',

天子自称曰'朕'。"嬴政的裁定是："去'泰'，著'皇'，采上古'帝'位号，号曰'皇帝'。他如议。"同时"追尊庄襄王为太上皇"，不久又"更名民曰'黔首'"①。秦始皇遂成为中国历史上第一位皇帝。

"皇帝"一词，古即有之。《尚书·吕刑》有"皇帝哀矜庶戮之不辜"、"皇帝清问下民"等。这是现存文献中"皇帝"称谓的最早用例。对于《吕刑》所说的"皇帝"，古代学者大多认为是对尧、舜等前代帝王的尊称。在功盖三皇五帝的意义上使用"皇帝"一词，并将这顶桂冠加在当代君主的头上，显然始于秦始皇。

"皇帝"是一种名号、一种君主称谓。统治者设置名号的根本目的是利用社会大众对君主制度和王权的普遍信仰来统治、束缚社会大众。在秦始皇之前，最高统治者已经有过一系列的高贵名号。如夏朝的"后"、商朝的"王"、周朝的"天子"等。秦始皇认为这些称号还不足以概括其权势，显示其功德。于是指令群臣另上尊号。群臣引经据典，认为人类之中"泰皇最贵"，建议以"泰皇"为号。而秦始皇意犹未足，他干脆将概括天皇、地皇、泰皇之"皇"与上古最高统治者的"帝"号连缀在一起，创造了"皇帝"称谓。

秦始皇所谓的"皇帝"是对王权的新的概括，有权势与功德都超越"三皇五帝"的意味。"皇帝"称谓是在一系列君主称谓的基础上产生的，它既可以与"皇"、"帝"、"王"、"天子"、"陛下"等其他君主称谓并用，又作为最高统治者的正式尊号而凌驾于一切君主称谓之上。上面引用《史记》的这段材料就是一个实例。

皇帝，作为一种文化符号和政治制度，又是与一系列名与器相联系的。秦汉采六国之礼，确立了尊君卑臣的礼仪制度。蔡邕《独断》说："天子正号曰皇帝，自称曰朕，臣民称之曰陛下。曰言曰制诏，史官记事曰上。车马衣服器械百物曰车舆，所在曰行在，

---

① 《史记》卷六《秦始皇本纪》。

所居曰禁中,后曰省中,印曰玺。所至曰幸,所进曰御。"为了维护皇帝尊严还有一系列极为繁琐的礼仪规范,就连皇帝的衣食住行都打上了皇权至上的印记。这就从名号、制度、礼仪、法律等各方面,确保皇帝至高无上和不可侵犯。在制度与观念的互动中,"皇帝"不再是单纯的文化符号,而是统治思想和政治制度的最高概括。

皇帝称谓确定之后,中国帝王的正式尊号再也没有更改。原因很简单:在汉语中已无法找到更尊贵、更贴切的词汇。正如朱熹所说:"秦之法,尽是尊君卑臣之事,所以后世不肯变。且如三皇称'皇',五帝称'帝',三王称'王',秦则兼'皇帝'之号。只此一事,后世如何肯变!"①

乍然看来,"皇帝"名号的创造纯粹是秦始皇的个人行为,其实不然。皇帝名号是在一系列君主称谓的基础上,经过意义的不断叠加而形成的。与"皇帝"名号相关的君权观念,既有悠久的历史渊源,又有广泛的社会基础。在一定意义上可以说,"皇帝"及相应的皇帝观念与皇帝制度既是社会大众对君主制度普遍信仰的产物,又是君主制度在实践中不断发展的产物,即在君权观念不断扩张的历史条件下,社会群体性政治观念与秦始皇个性化的选择相结合的结果。"皇帝"囊括着一切君主称谓的文化意义。要解读秦始皇的帝王意识就必须了解"皇帝"一词的政治文化意义,而要了解"皇帝"一词的政治文化意义,就必须追寻君权观念及相应的君主称谓产生、发展的历史过程,并逐一分析各种君主称谓所负载的君权观念。

皇帝与黔首、君主与臣民都属于政治性人际称谓。称谓是通过语言文字表达的。语言是文化的载体,文化是语言的重要属性。

---

① 《朱子语类》卷一三四。

语言共同体所有成员对语言符号的意义及其之间的关系约定俗成的规定，是一种集体的文化模式和社会惯例。汉字注重形体的象征性和表意性，其文化符号作用更为鲜明、形象。以文字形式表达的人际称谓，是把个体与社会联系在一起的文化符号。政治性人际称谓体系是角色、地位、规范、价值和利益的网络，每一种称谓都是某种社会政治体系及其相应的文化体系的网结和概括。作为一种政治文化载体，政治性人际称谓以最简单的社会化方式，向人们灌输关于社会政治构成的自我意识，使人们习得和接受既成的社会规范，在错综复杂的人际互动中找到自己的角色和位置，并以相应的角色规范来指导言和行。称谓是一种制度化、道德化、文化化的规定。它纵向地一代一代相传而经历漫长的岁月，横向地从一个人传向另一个人而遍布整个社会。政治称谓规范、塑造着人们的政治心理和政治行为，又通过人们的观念、取向和行为，承继、维系、完善和延续既成的社会政治制度和政治文化体系。政治性人际称谓是认识和理解政治文化的一把钥匙。

什么是帝王（皇帝）？帝王（皇帝）拥有怎样的地位与权力？中国古代政治文化是通过一系列的称谓、名号、器物、制度及相关的政治理论回答这些问题的。其中包括"皇帝"在内的各种君主称谓最具概括性、形象性，是有关帝王及相应的社会政治体系的最重要的文化符号。它们都是整个社会群体给"君主"下的定义。这些君主称谓大多数转化为政治概念或由政治概念转化而成。它们全方位、多角度地界定着帝王，其主要政治功能是把人们引向帝王崇拜。

重名分是中国古代政治文化的一大特点。自孔子提出正名论以后，人们对此谆谆不已。古代人大多认同这样一个道理：名位不同，礼数亦异。称谓、名号，上以别贵贱，下以别异同。乱名即非圣、无法、违礼。在这种观念支配下，构架着一种可以贴上"名分主义"标签的政治制度。君君、臣臣、父父、子子是君主政治的基础、主干和核心。在君尊臣卑、君主臣从的等级制度下,帝王称谓的名目尤为繁多,字眼最为尊贵。成书于先秦的《尔雅》,是中国最早按照词义和事物分类编纂的词典,其中就列举了九种不同的君主称谓:"天、帝、皇、王、后、辟、公、侯,君也。"经过长期的繁衍变化,古代帝王称谓有数十成百之多。人们将这些君主称谓作为同义词或近义词使用。如《老子》使用过圣人、天子、王、侯王、王公、万乘之主(王)、君、人主、正、长、君子、官长等治者的称谓。《商君书》使用过圣王、天子、王、帝王、君人者、主、人主、臣主、上、万乘等君主称谓。这就把各种君主称谓的文化意义综合在一起。

皇帝制度的确立,不仅以"皇帝"名号概括了各种君主称谓的文化意义,囊括了各种君权观念,而且使相应的政治性人际称谓体系制度化和社会意识化。这些称谓及其基本内涵,在普通臣民那里,是理所当然的社会现实和政治规范;在一般政论和奏章中,是不言而喻的基础和前提;即使在经典文献及层次较高的理论著作中,通常也只是稍加注释、阐明,很少进行逻辑推理式的证明。这些称谓及其基本内涵,被人们普遍视为无须深思熟虑、详加论证的定理乃至公理。

中国古代的君主称谓,大体可以分为五类:宗法称谓、权势称谓、神化称谓、圣化称谓和礼仪称谓。这些称谓绝大多数产生于先秦,定型于秦汉,一直沿用到近代。在历史上,这五类称谓递次产生。尽管最初的君主称谓中就同时包含着各种君权观念的基本要素,但相关的字眼正式加诸王冠,又有一个历史演化过程。这些递次产生的君主称谓生动形象地记述着中国古代君权观念发生发展的历史过程。皇帝称谓则将君权至上观念发展到极致,它集中体现了皇权的垄断性、至上性、绝对性。

皇帝称谓既凝集着为全社会所普遍认同的君权观念,又展示着秦始皇个人的帝王意识。解读"皇帝"以及相关的各种君主称谓的文化意义是深刻理解秦朝的统治思想、基本制度和秦始皇的政治心态、政治行为的重要途径之一。从各种君主称谓的文化意义中可以推知：秦始皇的帝王意识有着更为深刻的社会根源和文化根源。他的许多政治行为与当时全社会普遍认同的君权观念有直接的关系。"秦始皇现象"和"皇帝制度"不是个人的创造，而是社会群体的创造。

第二节　宗法称谓：皇帝是天下一家的大家长

中国古代最高统治者最初的尊号具有明显的宗法属性。君主的宗法称谓主要有"后"、"宗主"、"君父"等，它们着重标明君权的宗法属性，其文化内涵是：君主为天下一家的大家长，他犹如天下臣民的父母。早期君主称谓的宗法属性对中国古代政治文化的影响是极为深远的。

宗法性君主称谓最先产生，主要是由中国古代国家形成之路的特殊性造成的。中国古代君主制度始终与宗法制度有着血肉联系。早期王权属于典型的君、家、国一体模式。宗法观念是被社会成员普遍接受的社会政治观念。宗法称谓不仅在实际政治中具有可操作性，而且在现实层次上直接肯定了君权的惟一性和绝对性。"后"之类的宗法称谓首先被加诸王冠之上，乃是宗法社会结构政治化的必然结果。

一、"后"：家国一体与天下父母

"后"，是有文献可考的华夏族"天下共主"的第一个正式尊号。据说,夏启以武力夺取最高权位,"遂即天子之位,是为夏后帝启"①。在古代文献中,夏王皆称"夏后",夏王室则称为"夏后氏"。"后"还可以用于泛称一切君主,如后稷、后羿。诸侯则被称为"群后"。最高统治者居于群后之上,故又称为"元后"。商周以降,"后"依然是君主称谓之一。与"后"有关的复合型称谓也很多,如后王、后帝、帝后、辟后、君后、皇后、后君、大后、王后、宗后等。在最高统治者这个意义上,"后"与"王"、"天子"、"皇帝"是同义词。

"后"的意义是什么?秦汉以后的人们普遍理解为发号施令者。《说文解字》说:"后,继体君也。象人之形。从口。《易》曰:'后以施令告四方。'"这就把"后"的字形赋予号令者的意义,并以"後"训解"后",以之为一切嗣君的称谓。段玉裁则引据《尔雅》、《毛传》等,正确地指出:"后"有时指嗣君,有时则泛称一切君主。

就本义而言,"后"是一个宗法称谓。"后"的本字为"毓"。殷墟甲骨文往往用毓为后。"后"是"毓"的讹变。甲骨文中的"毓"或"后"是妇女正在生育子女的象形。"毓"的本义是生育,"育"的本义是养育。在远古,生育、养育子女的母亲即一家之长。先民对母亲的依赖、崇敬乃至神化,使"毓(后)"成为社会权威的文化符号。因此,毓和育一直保留着"长"的意蕴。《广雅·释言》:"毓,长也。"《尔雅·释诂》:"育,长也。""毓(后)"之类的首领、官长是由父母之类的社会角色转化来的。国家产生之初,"后"蜕去了许多原始意蕴,成为君主的尊号。以"后"为"王",是以"家"为"国"的必然结果。《尚书》所谓"元后作民父母",在文化观念上更为接近"后"的本义。天下万民之父母,这是中国古代对最高统治者地位与权力最常见的一种诠释。

---

① 《史记》卷二《夏本纪》。

秦始皇自诩"皇帝躬圣,既平天下,不懈于治。夙兴夜寐,建设长利,专隆教诲","忧恤黔首,朝夕不懈"①。他以养育、教训广大臣民的治者和监护人自居。这种帝王意识与"元后作民父母"的君权观念有着直接的继承关系。

二、"宗":"天下宗主"与"天下一家"

"宗"、"宗子"、"宗主"本是宗法制度中宗族大家长的称谓,又都是产生较早的君主称谓。其宗法属性一目了然。

《尔雅·释亲》:"父之党为宗族。"宗族之长则称为"宗子"。宗子是祖宗的代表,一宗之主,其权力类似于君主。在三代,宗族组织是最基本的社会组织,宗法制度是社会政治制度的基干。以家为国,以国为家,既是一种政治现实,又为社会观念所公认。以西周姬姓宗族为例。周王室为姬姓宗族大宗,天子集王者与宗子于一身。姬姓诸侯集国君与宗子于一身,对王室是小宗,在封国则是大宗。卿大夫以下依法炮制,直至最低一级小宗。各级君主皆以大宗子的名分行使政治权力。在这种情况下,宗、宗子、宗主转化为君主称谓,宗法权力成为君权的重要构成和支柱之一。当时各级君主都是以宗主自居而君临臣民的。《诗·大雅·公刘》:"食之饮之,君之宗之。"毛亨传:"为之君,为之大宗也。"在这里,君与宗是同义语或近义词。"君之宗之"正是君主与宗主一而二、二而一的生动写照。

"宗"可以泛指各级君主,天子、诸侯、卿大夫皆可称为宗。群宗之间毕竟是有尊卑贵贱之分的,为了区别最高统治者和其他君主,帝王又被称为"天下宗主"、"天下宗"、"君宗"。《史记·楚世家》有"夫弑共主,臣世君",《索隐》:"共主,世君,俱是周自谓也。

---

① 《史记》卷六《秦始皇本纪》。

196

共主,言周为天下共所宗主也。世君,言周室代代君于天下。""天下共主"与"天下宗主"是同义词。政治上的"天下共主",亦是宗法意义上的"天下宗主"。

以"天下共主"为"天下宗主",根源于邦家合一的政治现实和政治观念。国便是家,家便是国,与之相应的政治观念必然凝聚为三个字:"家天下"。汉语将"国"与"家"连缀在一起,构成"国家"一词,正是邦家合一的历史现象的文化遗存,并长期作为家天下的文化载体而为人们所使用。

西周宗法制度对中国古代政治制度和王权观念影响最大的是以下几项具体制度。一是宗子至尊制度。宗子独占主祭祖先的权力,是族众的家长和族兵私属的统帅,有权依据家族礼法管理家族一切公共事务。对违反族规者,宗子可罚可逐可杀。宗子的权力形同一国之君,故又称之为"宗后"①。二是大宗小宗制度。一祖之孙嫡长为大宗,庶幼为小宗。每一世代都有类似的分化。大宗支配小宗。始祖嫡系传人永远为大宗子、总族长。这就形成了等级式的宗族支配体系。总族长支配一切族众。其三,嫡长子继承制度。宗子职位实行宗祧继承制度,诸子依据立嫡、立贵、立长、立贤等原则排定继承次序。嫡长子是最为名正言顺的继承人。其四,宗庙制度。宗庙是供奉祖先神主牌位、举行祭祖仪式的场所。它既是凝聚族众的纽带,又是宗子借祖先、神明声威号令族众的场所。宗法制度与宗法观念为宗子的权力和地位提供了制度和文化的依据。

正是在这样一种历史条件下,祖、宗、族、嫡、主等字都被赋予了"本始"、"正宗"、"尊长"、"主宰"的意蕴。《白虎通·宗族》说:"宗者,何谓也?宗者,尊也。为先祖主者,宗人之所尊也。"《广

---

① 《礼记·曲礼下》。

雅·释诂》说:"嫡,君也。"秦朝的臣民称秦始皇为"祖龙",这也与宗法性的君权观念有直接的关系。

宗法政治化,政治宗法化,为君主制度确立了一批基本政治准则。一是君主惟一原则。家无二主,土必无二王。君主惟一原则最初正是从宗子惟一原则推导、引申而来的。二是君主绝对权威原则。宗法家长权威以个人专断和绝对服从为特征,并以等级特权保证这种权威的实现。宗子对族人、大宗对小宗、父兄对其他家庭成员的特权,转换为政治关系准则,就是君主独裁与专制。三是君主领有一切原则。宗法家长是家庭一切财产的占有者和支配者,妻妾、子女、奴仆都是其私有财产不可分割的组成部分。这种法则转换为政治原则,就是尺土、子民莫非王有,王权占有和支配一切。四是君权宗法继承原则。依据宗法观念,父产子继乃是天经地义,转换为政治准则就是王位世袭。五是臣民绝对义务原则。这一原则集中体现为君父一体的政治规范使忠与孝成为政治道德准则的一般概括。六是治国犹同治家原则。家国一体是伦理政治的起点和依据,它为由家及国的政治范式提供了历史范本、文化渊源和现实依据。

秦始皇的统治理念受法家的影响较大,所以宗法伦理政治化的色彩较为淡薄,然而他基本上继承了上述的君权观念。他建立皇帝惟一、君主专制、中央集权的大帝国,把全国的土地和人民视为自己一家的私产,宣称"六合之内,皇帝之土"、"人迹所至,无不臣者"。他不仅要求全国臣民效忠于皇帝,还要把这份家业和皇位传之子孙,公开宣布:"朕为始皇帝。后世以计数,二世三世至于万世,传之无穷。"[1]宗法性君权观念依然是秦朝统治思想不可或缺的重要组成部分。

----

① 《史记》卷六《秦始皇本纪》。

三、"君父":君父一体与"王道三纲"

"君父",是古代文献中使用频率最高的宗法性君主称谓。"孝、敬、忠、贞,君父之所安也。"①顾名思义,所谓君父,即以父为君定位,以君为父定位。君与父二而一、一而二。与君父对称的是臣子。臣子称谓则以子为臣定位,以臣为子定位。君父一体、臣子一体,这就为忠孝一体提供了依据。

父即家君,君即国父。父与君最初可能是同义词。早期君主称谓多由家长称谓转化而来。《广雅·释亲》:"公,父也。"《尔雅·释诂第一》:"伯,长也。"显然,公、伯亦是父兄家长之称。在古文献中不乏父与君互训的实例。历代儒者更是一再强调父即君,君即父,谆谆不已。《孝经》关于君父一体、忠孝一体的论述最为典型。

君父与子民观念是中国古代政治文化一个极其重要的范式。作为中国古代文化正宗主流代表的儒家学派,就是以君父、子民观念为核心,构建其全部学说体系的。先秦的道、墨、法、阴阳、名、杂等诸家也都为这一文化范式的完善与发展做出过各自的贡献。基于君父观念而形成的"君臣大义"、"三纲五常"更是古代社会一块分量最重的精神枷锁。一切宗法文化的崇拜者都注定通过不同途径走向君父崇拜。

在秦始皇统治时期,"三纲五常"的理论还没有正式形成,而孔夫子讲究的"君君、臣臣、父父、子子"早已深入人心。《吕氏春秋·处方》说:"凡为治必先定分,君臣父子夫妇。君臣父子夫妇,六者当位,则下不逾节,而上不苟为矣。"《韩非子·忠孝》也引据前人的观点,说:"臣事君,子事父,妻事夫。三者顺则天下治,三

---

① 《国语·晋语一》。

者逆则天下乱,此天下之常道也。"先秦的主要思想流派在纲常伦理的若干基本点上是有共识的。秦始皇对韩非的理论赞赏有加,又自诩"端平法度,万物之纪。以明人事,合同父子"①。他不仅号召臣民做忠臣孝子,而且在定制立法过程中,对男尊女卑、夫尊妇卑、父尊子卑、君尊臣卑等各种专制主义社会法则严加保护。在秦始皇的统治理念中还是相当重视纲常伦理的。

后、宗主、君父等宗法性君主称谓是"先政治思维"的产物。在政治发展水平低下的时代,人们对政治现象尚无清晰的感知,以致宗族与国家、家长与政长、伦理与政治混淆不清。只要将某些固有的权威崇拜稍加改造,便足以从观念上维护君主政治体系。宗法性王权观念是中国古代君权信仰体系中最早、最重要的文化元素之一。但是,单凭这类较为朴素甚至愚昧的观念无法满足国家职能的全部需要,更无法圆满解释丰富多彩的政治现象。随着社会政治的发展,人们对政治的认知日益深化。新的一类君主称谓应运而生。

第三节　权势称谓:皇帝至高、至上、至尊、至贵

君主是一种政治角色。凭借至高无上的政治地位和权势,对外征服,对内强制,独断乾纲,宰制天下,这是王权的本质特征。因此标识君主权势、地位的文化符号,即权势称谓,种类多、数量大。它们分别从不同的角度或层面展示着王权的尊严与构成。这些称谓的政治文化意义把各种政治权力统统奉献给君主,概言之,即王

---

① 《史记》卷六《秦始皇本纪》。

权至上。

一、"王"：干戈威扬与"王天下"

"王"是天下共主的第二个正式尊号。在甲骨、金文及《尚书》、《诗经》中，商、周最高统治者皆称"王"。有时诸侯国君在封域内亦称王，如《散氏盘》铭文称矢侯为"矢王"。文献中又称这类王者为"王公"、"侯王"、"王侯"等。秦汉以后，王是贵族中的上品。不过"王天下"之"王"始终是最高统治者的称谓。与诸侯王相区别的王又称为"天下王"、"天王"。如《老子·七十八章》说："受国不祥，是为天下王。"王又可以与其他君主称谓连缀在一起，组成许多复合型称谓，如帝王、皇王、天王、圣王、君王、后王、王后、辟王、王君、王者、王人、霸王、王公、侯王、王侯、大王等。

"王"的本义是斧钺，斧钺是古代统治者的权杖。以权杖作为权力的象征和君主的徽号，主要是为了标识君主生杀予夺的权威。王是第一批着重渲染君主权势地位的文化符号，在它产生的初期，无疑属于权势称谓。

在甲骨文、金文中，"王"是"钺"的变形。钺是一种形制较大的斧，它既是一种兵器，又是权力的象征。斧钺是先民最重要的工具、武器和财富，并逐渐成为社会权威的文化符号之一。斧钺的象征意义主要有以下几点：

其一，斧钺是父权的象征。斧、父、王之间有内在的联系。在由父权向君权的演化过程中，斧钺由父家长的象征转变为统治者的徽号是顺理成章的事。《尔雅·释亲》说："父之考为王父，母之考为王母。""王"的这种用法取辈分尊高之义。换句话说，王的文化意义之一是地位尊高的宗主。

其二，斧钺是军事统率权的象征。作为礼器的玉钺最早见于良渚文化遗存。在夏文化遗存中，徽号化的玉钺与宫殿、都城一起,共同构成国家政权的象征。殷周文化遗存出土了大量具有象征意义的青铜钺。在文献中,军事统帅皆以斧钺为权杖。"汤自把钺,以伐昆吾,遂伐桀。"①这是最高军事统帅亲征的事例。"周公旦把大钺,毕公把小钺,以夹武王。"②斧钺的形制与大小又是区别权力等级的主要标志。这表明,军权是早期王权最重要的支柱。政权是由军权转化而来。

其三,斧钺是刑赏大权的象征。在古代人的政治意识中兵与刑不分。正如《汉书·刑法志》所说:"故圣人因天秩而制五礼,因天讨而作五刑。大刑用甲兵,其次用斧钺,中刑用刀锯,其次用钻凿,薄刑用鞭扑。大者陈诸原野,小者致之朝市。其所繇来者上矣。"早在尧、舜、禹时代就有了刑法,其中"大辟之刑"是最残酷的刑罚之一。所谓大辟,是用斧钺斩杀。《说文解字》说:"斩以车、斤,斩法车裂也。"段玉裁注:"此说以车意。盖古用车裂,后人乃法车裂之意用斧钺,故字亦从车。斤者,斧钺之类也。"斧钺既是兵器,又是刑具,它成为刑法的象征。以大钺碎人身躯,最能惊人心魄。以其象征王权意志、法制威严,怎不教人闻其名、见其形便顶礼膜拜,任凭驱使! 这正是以斧钺为王权徽号的本意。

其四,斧钺象征着公共秩序和社会正义。以兵刑惩处罪恶、征讨无道,必然使之成为秩序的标志、正义的化身。在先秦,斧钺的象征意义相当突出。《史记·周本纪》关于周武王执钺征伐,"以黄钺斩纣头",以玄钺斩其嬖女之头的记载,是一个典型的例子。王师所向,斧钺所及,正义便伸张于天下。因此象征王者躬行"天讨"的斧钺又称为"天钺"。由钺演化来的王也随之成为正义和秩序的化身。

---

① 《史记》卷三《殷本纪》。
② 《史记》卷四《周本纪》。

其五，斧钺是天下共主无上权力的象征。在人们的政治观念中，礼乐征伐大权应由王者独操，他人不得染指。斧钺的持有者并非仅有王者，还有诸侯和众将。但是，在观念上，诸侯、将帅的权力是王者赋予的。所以天子的斧钺与诸侯的斧钺不仅有形制的差异和等级的区别，更有质的不同：惟有王斧代表最高权力，其他斧钺只是它的派生物。最初惟有最高统治者可称为王，或许正是由于这个原因。《仪礼·觐礼》说："天子设斧，依于户牖之间。"《孔子家语·观周》称天子"负斧扆南面以朝诸侯。"斧扆状如屏风，上绣斧纹，置于天子行大典、宣政教的地方。它向进觐见的臣民宣布：坐在它前面的人是王，普天之下惟有王至高无上。这或许就是以斧钺之形创造"王"字的初衷。

在春秋战国时期的文献中，"王"是权势者。孔子说："礼乐征伐自天子出。"[1]荀子说："令行禁止，王者之事毕矣。"又说："臣诸侯者王。"[2]在诸子著作中，类似的言论几乎触目皆是。简言之，"王也者，势也，王也者，势无敌也。势有敌则王者废矣。"[3]

与此同时，王的文化内涵进一步丰富，主要表现为这一称谓的道德化、神圣化。老子说："公乃王，王乃天，天乃道，道乃久。"[4]后人沿着这个思路，使王与公、天、道成为互训的概念。老子又说："故道大，天大，地大，王亦大。域中有四大，而王居其一焉。"[5]后人依据这个思想为王增添了"大"的义训。《广雅·释诂》："王，大也。"孟子、荀子等儒家学者夸饰王道、王政在赢得民心中的作用。

---

　① 《论语·季氏》。

　② 《荀子·王制》。

　③ 《吕氏春秋·审分览·慎势》。

　④ 《老子·十六章》。

　⑤ 《老子·二十五章》。

后人发展这个思想，说："王也者，天下之往也。"①这种义训成为秦汉以后占主流地位的王权观念。自《庄子》提出"内圣外王"的思想命题以来，"王"与"圣"一道成为中国古代最重要的道德范畴之一。

秦始皇是由"王"而提升为"皇帝"的。秦孝公和商鞅明确地把行"王道"，进而"王天下"作为政治目标。自是以来，秦国王者不断以征伐和法制扩充了王业，终于在秦始皇这一代成就了帝业。秦始皇就是"王天下"之"王"。他的地位、权势和观念本身就是"王"的政治文化意义的具体承载者。

二、"君"：支配土地、子民的发号施令者

"君"，是使用最频的君主称谓之一。以君与主复合而成的"君主"称谓后来成为最具一般意义的政治范畴。与王一样，君的文化意义也相当丰富，其最主要的意义有以下三点。

其一，君是发号施令、支配他人的至尊。《说文解字》说："君，尊也，从尹、口，口以发号。"尹为治者，口发号令，君是统治者发号施令的象形。君的本义是发号施令的权威，气指颐使的尊者。君可称谓一切拥有政治权力的人，如天子为君宗、大君，诸侯为邦君、国君，卿大夫则为封君。他们又可通称为君主、君子。君又可泛称一切支配者，如子称父母为君，妇称姑舅为君，妻称丈夫为君，妾称嫡妻为君。在古代文化观念中，一切支配者在其权力范围内都是绝对权威，所以君又训为至尊。"父至尊也……天子至尊也……君至尊也……夫至尊也。"②父、天子、君、夫分别是子、诸侯、卿大夫、妻妾的至尊。父为一家之尊，天子为君中之尊，君为国中之尊，夫

---

① 《吕氏春秋·慎大览·下贤》。

② 《仪礼·丧服》。

为妻妾之尊。他们都属于"尊中至极",因此这些社会政治关系都属于或视同君臣关系。这就在文化观念上将一切为君者奉为"至尊"。君是一种权势称谓,它着重界定人与人之间的权力关系。

其二,君是土地和子民的支配者。《仪礼·丧服》说:"君谓有地者也。"郑玄注:"天子、诸侯及卿大夫有地者皆曰君。"这表明,作为政治称谓,君特指君臣之君,即土地与子民的支配者。

其三,君是聚合人群的角色。《周书·谥法》说:"从之成群曰君。"《荀子·王制》说:"君者,善群也。""群"是"君"的重要义训之一。在这个意义上,君聚合、统率、支配着广大的人群。以"善群"释君,既把君与群相提并论,在人际关系中认识君主,又把君与群区别开来。在政治上,君是高居于人群之上,拥有支配权力的人。

上述文化意义综合在一起,阐释了君的完整的政治形象:权力、土地、臣民的占有者和支配者。这就构成了政治学意义上的"国家"的三个基本因素。孟子说:"诸侯之宝三:土地、人民、政事。"①这比西方提出"国家三要素"说要早两千多年。

君可以泛称众多的社会角色,为了使各种各样的君互相区别开来,人们通常使用各种与君有关的复合称谓。其中"君主"专门用于称谓政治上的君,以与家君、严君、夫君等相分别。这类君主称谓还有很多,如君王、主君、辟君、王君、君宗、君长、君帝、帝君、君上、大君、君父、君子、天君、君后等。它们以君与另一种君主称谓搭配,从而强化了称谓的专用性。还有另一种搭配方式,即以人与君复合。人即民,君即主,"人君"即民之主,"君人者"即统治民众的人。这是以君与民之间的政治关系界定君主。在先秦,为了区别君与君之君,人们创造了"大君"称谓。《易·师卦》上六爻辞

---

① 《孟子·尽心下》。

有"大君有命,开国承家。"大君即君之君,指最高统治者。大君称谓直接把大与君联系在一起,从而为君注入大的义训。《诗·大雅·文王有声》:"皇王维辟。"毛亨传:"皇,大也。"孔颖达疏:"皇,君,君亦大之义,故为大。"君与皇、王一起标示着君主为天下之大的文化意义。

秦始皇无疑是一位"大君"。他实行"法令由一统"的制度,规定"命为'制',令为'诏'",自诩"日月所照,舟舆所载。皆终其命,莫不得意。应时动事,是维皇帝"。他还宣称:"六合之内,皇帝之土。"①他如此行事的根据,就是"君"所内蕴的君权观念。

三、"万乘":军事统帅权与征收赋役权

"万乘"、"千乘"、"百乘"都是君主称谓。在春秋战国的文献中,以万乘、千乘、百乘称谓三类规模不同的政治实体的用法很多。以万乘称谓国家,"万乘之主"也就成为君主称谓。《老子·二十六章》:"奈何万乘之主,而以身轻天下?"帛书甲、乙本皆作"万乘之王"。秦汉以后,万乘是最高统治者的称谓。

乘,是古代的一种计量单位。兵车一辆及甲卒若干为一乘。这既是一种兵力单位,又是一种军赋单位。《汉书·刑法志》说:"天子畿方千里,提封百万井,定出赋六十四万井,戎马四万匹,兵车万乘,故称万乘之主。"历代学者对一乘之赋的征收办法和一乘之军的兵力构成有不同的解释,而有一点是毋庸置疑的:等级高低、疆域大小、户口多寡和国力强弱决定着一位君主是万乘之君,还是千乘之君或百乘之君。

"今夫人众兵强,此帝王之大资也。"②万乘之称着重标示着王

①　《史记》卷六《秦始皇本纪》。
②　《商君书·弱民》。

206

权的两个重要构成:军事统帅权和征收赋役权。征收赋役权是帝王支配土地、臣民的体现,是国家财政的主要来源。军事统帅权则是王权的主要支柱。万乘称谓体现着君主对财政与军队这两项古代社会最重要的政治资源的支配。

在本书的制度篇、法制篇将详细介绍秦朝所赖以维持统治的军事制度、经济制度。从中可以看到秦始皇是名副其实的"万乘",他牢牢掌握着军事统帅权和征收赋役权,凭借雄厚的政治、军事、财政实力,夺取并驾驭天下。

四、"正长":最高行政权力的支配者

"正"、"长"、"官"、"令"都曾是君主称谓,它们的文化意义显而易见:君主是最高行政权力的支配者。

"正",是先秦文献中较常见的一种君主称谓。《广雅·释诂》:"正,君也。"最高统治者又称为"天下正"。正又与政互训。《说文解字》:"政,正也。"《说文通训定声·鼎部》引据大量文献训解正与政,指出正有君、长、政诸义。所谓政,即出令、匡正、刑禁、帅其属、正其民。"正"发号施令则为"政","政者,君之所以藏身也。"①作为一种君主称谓,正的政治文化意义是政事之主宰。

"长"是与正互训的另一种君主称谓。《尔雅·释诂》:"正,长也。"长,可以泛称一切拥有政治权力的人。为了有所区别,作为君主称谓的长多称为长上、君长。《诗·大雅·皇矣》有"克长克君。"长、长上、君长称谓着重标示君主的政治权力。

另有两个与正、长同训的君主称谓是官和令。《广雅·释诂》:"官、令、长、正,君也。"在三代,官曾是一种君主称谓。"令",本义为命令、号令。《说文解字》说:"命,使也,从口令。"段玉裁

①　《礼记·礼运》。

注："令者,发号也,君事也。"发号施令是君的特权,故可以"令"称"君"。官即管,令即命。君主是政治上的管理者、发号施令者。作为君主称谓的官和令都是政治权威的象征。

正、长、官、令等君主称谓的文化意义都是政治首长。在这个意义上,君主又称为"正长"、"政长"。墨家最喜欢用这类称谓,有时正长与政长混用。在《墨子》中,正长、政长可以用于称谓上至天子,下至家君的一切政治首长。天子是最高政长,他负责"一同天下之义"。

秦始皇掌握最高权力,是典型的"一同天下之义"的"政长"。他通过三公九卿制度、郡县制度、官僚制度以及一系列的具体制度,确保皇帝掌握一切政治权力,宰相公卿以下都是皇帝的臣属。颂扬者称赞他"职臣遵分,各知所行";批评者则指责他"丞相诸大臣皆受成事,倚辨于上"[1],皇帝成为名副其实的最高行政首脑。秦始皇的这些做法是符合当时通行的君权观念的,他对行政权力的垄断有着深厚的社会基础和文化基础。

五、"太上"、"元首"、"至尊"、"民主":"非天子不制度"

"上"、"元"、"首"、"尊"、"主"等君主称谓属于这样一类:它们侧重界定君与臣之间的社会政治等级关系。

"元"、"首"都是君主称谓。《广雅·释诂》:"元、首,君也。"又说:"元、良,长也。"元、首、良皆可训为君长。元、首的本义是头部。人生头先出,故引申为始。为头、为上、为始、为大,这些意义均可用来比喻或指谓君主。正如《尔雅》"大"字条邢昺疏所说:"君也,大也。居先者、始者,无先之称。君者,至尊之号。大则无所不包。"这种以词义义聚及其相互关联为君主注释的方式,在古

---

① 《史记》卷六《秦始皇本纪》。

代文献中司空见惯。词义义聚的系联工作,其根据是社会大众的文化观念体系。元、首、良的多层意义及其与众多词义义聚的广泛联系,使之成为重要的君主称谓。元首、元良、首长等就是由一批同义词复合而成的。元首通常用于称谓最高统治者。元良多用于称谓太子、储君。至上、尊大、主统是元、首称谓主要的文化意义。

"元首",是最高统治者的称谓之一。元首的主要文化意义是至尊、尊极,即最高首脑。元首是天下一切民众的支配者。与元相关的复合称谓,还有元后、元君等,其意义与元首一样,都是旨在标示最高统治者为天下第一王者。作为支配者,元首称谓又以形象生动的比喻界定君与臣之间的权力关系。与"元首"对称的是"股肱"、"爪牙"。"元首明哉,股肱良哉,庶事康哉。"①元首本义头颅,这里则喻君;股肱本义大腿、臂膊,这里则喻臣。元首与股肱之喻是人们论证君臣关系时经常运用的一种方法。它论证了君臣互补相需的关系。而对于人体来说,头颅是决定性的器官;对于政治来说,元首是支配性的角色。元首、股肱之喻是以两个不可分割的意义界定君臣关系的:一是君居支配地位,二是臣不可或缺。头颅是肢体的操纵者,君主是臣民的支配者。

"上",是古代最常用的君主称谓之一。《广雅·释诂》:"上,君也。"上与下之间是支配与服从的关系,正如《墨子·天志上》所说:"且夫义者,政也。无从下之政上,必从上之政下。"上的主要文化意义是社会政治等级中居高位者。上发号施令,下必须服从,上教化在下者,在下者不得犯上无礼。君上之间也是有上下之分的。为了区别最高统治者与其他君上,天子又称为"太上"。《慎子·民杂》说:"大君者,太上也。"大与太同训,君与上同训,故大君即太上。太上即无上之上。由上构成的复合性称谓很多,如君

---

① 《史记》卷二《夏本纪》。

上、主上、长上、皇上等。以"上"与"下"称谓君与臣,主要是为了界定君臣之间的等级隶属关系。

"至尊",是君主又一常用的称谓。在古代,一切君臣关系或视同君臣关系中的"君",皆可称为至尊。《史记·秦始皇本纪》称秦始皇"履至尊而制六合"。这里的至尊指皇帝。太上、元首、大君之类的称谓则表明最高统治者是一切至尊中的至尊,故又称为尊极、四海之尊。与至尊相关,专门标示最高统治者地位的称谓还有九五至尊、宸极至尊等。

"主",是又一种经常使用的君主称谓。《广雅·释诂》:"主,君也。"主可以泛指一切君主。《说文解字》说:"主,灯中火主也。"段玉裁注:"其形甚微而明照一室,引申假借为臣主宾主之主。"主,本义为灯中火主,其形虽小,却光耀照人,使人们仰望其明,引申为主宰之主。《管子·形势解》说:"主者,人之所仰而生也。"又说:"人主,天下之有势者也。"这就是说,君有威势,为臣所敬仰,犹如人们仰望火主。君与其他各种主的区别是君为天下人民的主宰,故又称之为"人主"。人主在上,故又称之为"主上"。"主者,国之心也。"①君主是臣民的主宰。在观念上最高统治者是"天下之主"、"万国之主",是普天之下一切国家和人民的主宰。

为强调主称谓的政治属性,人们使用较多的是与主相关的复合称谓。这种复合称谓又大体分为三类。一类是由两种君主称谓复合而成,如君主、主上。一类由国家称谓与主复合而成,如天下主、国主、邦主、社稷主、宗庙主。还有一类是由主与被统治对象的称谓复合而成,如人主、民主、臣主。人主的用例最常见。"民主"最早见于《尚书·多方》,所谓"天惟时求民主"。《诗经》中也多次出现。民主意为民人之主。臣主的用例较少。《商君书·算

---

① 《文子·上德》。

地》说:"故万乘失数而不危,臣主失术而不乱者,未之有也。"后世注释者多认为臣主之臣有误。其实,这里所谓的臣主与人主、民主属于同一种结构方式,且与万乘对举,显然是一种君主称谓。由国家称谓或被统治者称谓复合而成的君主称谓更加突出了帝王是国家、人民的主宰的文化意义。

太上、元首、至尊、民主称谓表明君主处于等级式社会政治结构的巅峰,惟我独尊,无匹无朋。"人君者,所以管分之枢要也。"①至尊的帝王是整个社会政治等级系统的统领。历代思想家对元首、至尊在等级制度中的地位和作用多方论证,其中最重要的一条是:"非天子,不议礼,不制度,不考文。"②礼,是中国古代各种社会政治制度和行为规范的总称。惟有天子可以定制度,立规矩,这就把制定一切制度和规范的权力奉献给帝王。

秦始皇居于等级金字塔的顶端,掌握王者制度的权力。他为民立极,对天下臣民的行为准则和道德规范做了详尽、具体的规定。秦始皇明令臣民严守等级制度,"尊卑贵贱,不逾次行"③。这正是对天子制度、圣王立法的君权观念的继承和实践。

六、"辟":"作威作福,君之职也"

"辟"是文献中常见的一种君主称谓。《诗·大雅·朴》:"济济辟王,左右趣之。"郑玄笺:"辟,君王。"辟可以称谓包括天子在内的各级君主,故有百辟、群辟之称。辟王则是最高统治者。与辟相关的复合称谓还有很多,如辟君、皇辟、辟主、辟后、辟公、辟一人等。

---

① 《荀子·富国》。
② 《礼记·中庸》。
③ 《史记》卷六《秦始皇本纪》。

辟,本义为刑罚、法度。《说文解字》:"辟,法也。"辟,由大辟之刑,引申为法律的总称,进而指代法律的奉行者。古代人普遍认为惟有君主有权立法。"君子者,法之原也"①。王是法的主人,法是王之本。以辟称君的文化意义显而易见:王者是法律的化身和秩序的代表。

辟称谓着重标示着刑赏大权。《尚书·洪范》说:"惟辟作福,惟辟作威,惟辟玉食。臣无有作福作威玉食。"帝王作威、作福的主要手段是赏罚,刑德为君之二柄,君主以法御天下,刑赏大权应由君主独占,他人一律不得染指。这几乎是儒、法、道、墨,诸子百家中尊君论的共识。

辟王称谓的文化意义,一言以蔽之,即君是法的主宰。这种观念对政治文化和法律文化都有深刻影响。作为一种稳定的内容广泛的社会规范,法律是系统化的价值符号。君即法的政治现实使古代社会法定化的主体意志是君主意志的转化物,乃至君主的意志就是法律。"君叫臣死,臣不死不忠"。人们之所以认同这一信条,是因为他们肯定君即法的价值观。王命即王法。辟王称谓是这种价值观的文化符号。

秦始皇是中国古代最著名的"法治"皇帝。在本书法制篇将详细介绍他的法制理念和秦朝的法律制度。秦始皇"以法治国",以刑御民,自作威福,他是一个典型的"辟王"。

七、"御":驾驭天下的主宰

"御",是秦汉以来最常见的君主称谓之一。"御者,治天下之名也,若柔辔之御刚马也。……是以秦汉以来,以御为至尊之称。"②

---

① 《荀子·君道》。
② 邢昺:《孝经正义》《御制序》注。

凡与皇帝有关的事物皆可冠以御字。如御衣、御马、御驾亲征。御马即皇帝的马。"御驾"本身就可作为君主称谓使用。

御即驭，本义是驾驭车马。《说文解字》："御，使马也。……驭，古文御。"《广雅·释诂》："御，使也。"御由驭马转注为驱使，进而引申为治理。在古代政治观念中，驭马、使民与治国属于同一类支配模式。

以驾车驭马比喻治国理民是中国古代政治思想的一大特色。这种思维方式在先秦已相当普遍。《周礼·天官冢宰》大讲"驭群臣"与"驭万民"。《文子·上义》称："治人之道，其犹造父之御马也。"在这里，君民关系被界定为驭者与牛马的关系，一切臣民都是君主的工具。君主治国实质是鞭笞天下。

御称谓主要有两层文化意义：一是将国家喻为君主的车驾，象征着帝王"临驭天下"。二是将臣民喻为牛马，治术喻为衔辔，象征着帝王对臣民的绝对支配。君主治国犹如驱使自己的私车，君主理民犹如鞭策自家的牛马。御称谓点画出这样一幅政治图画：国家犹如一驾马车，君主是高高在上的驭手，群臣是操纵牲口的辔绳，民众则是驾辕拉套的牛马。国家和臣民都是操纵在君主之手的工具或物品。御称谓无疑属于权势称谓。

秦始皇享御称尊，鞭笞天下，驱使臣民，"天下苦秦久矣"[1]。他的统治理念和统治行为将皇帝"临驭天下"表现得淋漓尽致。然而这种个体行为，在很大程度上是获得中国古代君权观念认可的。

八、"天下"、"国家"、"社稷"：君与国一体

"天下"、"国家"、"社稷"都可以作为君主称谓使用。在政论

---

[1] 《史记》卷四八《陈涉世家》。

中,天下、社稷多指国家。在君国一体观念支配下,君成为国的代表和化身。以天下、国家、社稷等称谓君主的文化意义一目了然:君主即国家。

"国家"又称"邦家"。这个词汇本身就是家国一体的产物。在三代,天子以天下为家,诸侯以邦国为家,大夫以封地为家。这些"有国有家者"常以朕、我等自我指代词与国、邦、家连缀在一起,把自己的势力范围称我家、我邦、我国家。这就是君、家、国一体观念的文化渊源。

"天下",即普天之下,是相对于"天上"而言。天在空间上无限,天下在地理上无边。天下的一切归天主宰。天子作为上帝的代理人,支配天下一切土地臣民。天下在地理上又称"四方",在政治上又称"万邦"。在观念上,天子是四方正长,万邦宗主。在"王有天下"的意义上,"天下"属于国家称谓。尽管天下一词后来被注入更为丰富的文化意义,但在政论中,天下通常指谓最高统治者的辖域。《中庸》说:"德为圣人,尊为天子,富有四海之内。"天下为王所有,王为天下共主,这也是君国一体观念的来源之一。天下王、天下正、天下主、天下宗等都是最高统治者的称谓。有些人干脆以天下指谓君主。《文子·九守》说:"天下公侯以天下一国为家。"这里将"天下公侯"与"天下一国"并提,前者指天子与诸侯,后者指天下与邦国。天下是天子之邦,天子是天下之主。天下即天子。

"社稷"是社与稷的合称,本指祭祀社神(土地之主)和稷神(五谷之长)的建筑。土地为家邦之本,五谷为人民之天,有土有民者皆立社稷。社稷坛是一个社会政治共同体的象征。社稷与宗庙在古代政治生活中占据举足轻重的地位。凡国家兴起,必立社稷、宗庙;凡国家灭亡,其社稷、宗庙必遭倾覆。主祭上帝、社稷、宗庙是政长、领主、宗主三位一体的象征。保社稷与保国家往往是一回事,社稷也就成为国家的代称。《荀子·富国》说:"利而不利之,爱而不用之者,取天下者也。利而后利之,爱而后用之者,保社稷者也。不利而利之,不爱而用之者,危国家者也。"在这里,天下、国家、社稷是同义词。"受国之垢,是谓社稷主。"①君主是主祭社稷者,故又称为社稷主。在文献中,以社稷称谓君主的例子很多。《唐律疏议·名例》为"谋反"一条所作注疏是:"谓谋危社稷。……不敢指斥尊号,故托云'社稷'。"

天下主可以称为天下,社稷主可以称为社稷,国主、邦主也就可以称为"国家"。这类用例在汉代最常见。《后汉书·祭祀志上》有"国家居太守府舍,诸王居府中,诸侯在县庭中。"国家指谓汉光武帝。

与君国一体观念有关的君主称谓有很多,如县官、皇舆等。《史记·李斯列传》有"财物入于县官"。《史记·绛侯周勃世家》有"盗卖县官器"。《索隐》:"王畿内县即国都也。王者官天下,故曰县官也。"县官是以国都或国都长官代称君主,反映着君国一体观念。"皇舆"称谓始见于楚辞。屈原行吟泽畔,有辞曰:"岂余身之惮殃兮,恐皇舆之败绩。"王逸注:"皇,君也;舆,君之所乘,以喻国也。"②皇舆是君、国双关语。它以君喻国、以国代君。忠君与爱国紧密联系在一起,这本身就是君国一体观念一种重要的表现形式。一语双关的文化符号又进一步强化了这种政治观念。

"君国一体"③。许多古代思想家一方面大讲天下、国家、社稷高于君主,另一方面又高唱君国一体。君即国家,国家即君,故天下之大,四海之内,惟君主独尊。

---

① 《老子·七十八章》。
② 王逸:《楚辞章句·离骚》。
③ 《公羊传·庄公四年》。

君国一体,这是古代臣民普遍认同的信条;朕即国家,这是一切专制君主的共同心态。秦始皇的许多心态和行为可以从君国一体的君权观念和朕即国家的帝王意识中找到其政治文化依据。

九、"一人":四海之内,惟王至尊

"一人",是臣下称谓君上;"余一人",是帝王自我称谓。卜辞中商王自称"余一人"。《礼记·玉藻》说:"凡自称,天子曰予一人。"《诗·大雅·下武》说:"媚兹一人,应侯顺德。"毛亨传:"一人,天子也。"秦汉以后,一人仍是较常见的君主称谓。经学家注"一人"以明王道,政论家据"一人"以论政治,从不同角度阐释了一人的地位与权力。"一人"称谓的政治文化意义是:天下之大,四海之内,惟王至尊。

一人称谓本身就是三代王权以一元化为准则的产物。最高统治权只能一人执掌,这是诸子百家的共识。以孔子、孟子、荀子为代表的儒家推崇三代王制,而独头政治则是王制的基本组织原则,所谓"天无二日,土无二王,家无二主,尊无二上。"①墨家鼓吹尚同政治,主张由天子"一同天下之义"。法家主张政治一统,君主惟一,民一于君。《庄子·天地》说:"天下虽大,其化均也;万物虽多,其治一也;人卒虽众,其主君也。"《吕氏春秋·执一》说:"天下必有天子,所以一之也。天子必执一,所以专之也。一则治,两则乱。"标示一元化的政治结构是一人称谓最基本的政治文化意义。

"一人"称谓是一人体制的文化符号,也是各种帝王权势观念的集合体。天子是天下一元之首,为天下立极定一,使天下归为一统,他是绝对的"一"。帝王独一无二的观念在中国古代人群的政

---

① 《礼记·坊记》。

216

治意识中植有深根。"一人"、"元首",这是尊称;称"孤"道"寡",这是谦语;"独夫"、"民贼",这是骂词。无论以何种态度评说君主,都渗透着"惟一"意识。一人称谓把帝王置于独一无二的专制地位。

秦始皇在制度上把"一人"独制天下的体制发展到新的高度,进一步强化了最高权力的垄断性。这一点表现为君主称谓,就是他明确规定:"天子自称曰'朕'。"蔡邕《独断》说:"朕,我也。古者上下共称之,贵贱不嫌,则可以同号之义也。……至秦,然后天子独以为称。汉因而不改。"秦始皇限定惟有皇帝可以自称"朕",独占了这个本来"上下共称"的自我指谓词。其目的在于强化"一人"的独占性。皇帝制度是"一人"政治体制的极致。

第四节 神化称谓:皇帝受命于天、体胤神圣

华夏族"天下共主"的第三个正式尊号属于神化称谓,即西周以来的"天子"称号。

自古以来,对天神、地祇、人鬼和祖宗的主祭权就是中国王权的主要依据和构成之一。如果说天神崇拜象征着君权神授、天佑王权,社稷神崇拜象征着王权的政治经济基础,那么祖宗神崇拜就是君权宗祧继承的依据。在中国古代社会,人们普遍相信神佑王权、君权天赋。然而神权并不真正具有超越王权的品格。神权是王权的工具,神的专断是君主专制的表现形式和文化依据。在这个背景下,一大批神化君主人格、权力和地位的君主称谓应运而生。神化称谓的文化意义和政治功能大多一目了然。仅以字面上就可看出,它们标示着王权的神圣。

一、"帝"、"天"、"上帝":天与王合一

"帝"、"天",是最早专门用于标示王权神圣的君主称谓。与帝、天称谓相关的"天子"称谓则是中国古代最高统治者的常用尊称。帝与天本来都是至上神称谓,把它们加诸王冠显然是将王与神相提并论。

早在殷周,帝就是至上神称谓。在西周文献中,上帝的别称名目繁多,如天、天帝、皇、皇天、昊天、昊天上帝、皇上帝、皇天上帝等。秦汉以后,"皇天上帝"一直是至上神的正式尊号。天上至尊为什么称帝?天何时成为至上神称谓?皇、帝、天、上、昊等其义何指?对这些问题的解释古今学者多有争议。限于本书目的,姑且不论。一般说来,帝、天除本义外,只用于指谓主宰者。

帝、天之类的称谓都是在殷周时期加诸王冠之上的。在卜辞中,对死去的王有时称帝,如"帝丁"、"帝甲",或泛称"王帝"、"帝"、"下帝"。后来,在位的王也开始称帝,如称商纣王为"帝辛"。西周初年,王的头上又被加上"天子"桂冠。天子又有天王、天君、帝君、皇王、皇天子、皇辟君等称谓。还有一种说法更为直截了当:"君,天也。"①这些称谓为王者加上了神的光环。它们标志着君与天同体、王与帝合一的观念已经形成。

《尔雅·释诂》:"天,君也。"《鹖冠子·道端》:"君者,天也。"天即君,君即天,以天称谓君主或比附君主是人们界定君臣关系时最常见的现象。君与天同称,故许多描述天的词语都可以用在帝王身上,如王位称为"天位",王权称为"天职",王听政称为"天听",王出行称为"天步"。如果说天代表着古代华夏族的最高信仰,那么王就是这套信仰体系中的教主。据说,这位教主可以谐人

---

① 《左传·宣公四年》。

218

神,和上下,故操持王权又称为"操皇纲"、"执大象"、"独断乾纲"。天称谓的政治功能是把臣民对上天的宗教感情转化为对帝王的信仰。

天与王合一,帝与君混称,因此有些人竟然把"上帝"的头衔也奉献给人间的君主。《诗经》多有以"上帝"指代君主的例子。《吕氏春秋·有始览·务本》引《诗·大雅·大明》"上帝临汝,无贰尔心"以喻"忠臣之行"。这就具有了以上帝比喻或指代下帝的意蕴,甚至使上帝成为君主称谓之一。它告诉广大臣民:君主就是人间的上帝。

君主专制制度惟一永恒的原则是帝王的意志高于一切。这条原则同一定的历史条件相结合,注定了神权在中国的宿命。自从君主有了神化称谓之后,神在意识形态领域中的地位便开始衰落。春秋战国以来的天道自然思潮广泛而又深入,它基本铲除了产生政教合一政治模式的文化基础。但是,王权离不开神权,二者之间既有冲突的隐患,又有和谐的一面。一方面神权不抑,王权不兴,另一方面神权覆灭,王权遭殃。"神道设教"的客观需要注定了王与神之争的微妙结局:形式上上帝高于一切,实质上天子高于一切。神化称谓的产生是从文化观念上调整天王关系、人神关系的开端。中国古代的天人合一论是这种调整后的文化观念的升华。

从秦始皇的曾祖父开始,秦国称帝的图谋就已经昭然于世。秦国、齐国一同称帝。只是由于秦国的实力尚不足以抵御东方六国的共同反抗,秦国才被迫放弃帝号。秦始皇的称帝完成了祖宗的夙愿,以"帝"号,取代了"王"号。

二、"天子":皇天上帝的嫡长子

"天子"是西周最高统治者的正式尊号。天子称谓最早见于西周成康时期的青铜器铭文。《井侯簋》铭文有"朕臣天子"。与后、王不同,天子这个称谓专属于最高统治者。秦汉以来,天子是皇帝最重要的别称之一。在通常情况下,人们大多称皇帝为天子。

顾名思义,天子即天帝之子。天子称谓所内蕴的政治文化意义是论证和认同最高统治者合法性及其权威的主要依据。其要旨可以概括为四点:一是上帝为万物宗祖,"君万物者莫大乎天"①。二是最高统治者乃天的嫡长子。他受命于天,奉天承运,代天理民。三是君命即天命。天子参通天地人,秉天命主宰人世,君的权威等同于天的权威。四是君主治理天下必须遵循天定法则。天子服从上帝,臣民服从天子,而天子则不怕人,只怕天。天帝至高无上,天子奉天承运,天人宗法一体,帝王代天行道,这就构成了一个完整的将宗教观念、宗法观念、权势观念结合为一体的文化逻辑,全面地论证了最高权力的一元性、绝对性和神圣性。

为了维护秦朝的统治,秦始皇紧紧抱住天赋君权观念不放。他依据阴阳家的"五德终始"说,推定秦朝是"水德王",以此论证自己是"真命天子"。他又广泛祭祀上帝及各种神明,以祈求保佑。他还大搞封禅仪典,以表达对上帝的敬畏,并借以向臣民显示自己受命于天,功德无量。这些行为都与天子观念有直接的关系。

三、"龙"、"日"、"九五之尊":皇权神圣与皇恩浩荡

"龙"、"日"、"九五之尊"等都是形成于先秦的君主称谓。它们的政治文化意义着重渲染最高统治者神异莫测的至上权威和泽及天下的无量功德。

"龙",既是一种备受崇敬的神物,又是一种最通俗的神化君主称谓。《广雅·释诂》:"龙,君也。"古代以"龙飞"、"飞龙在天"喻皇帝登基,以"龙犀"、"龙颜"、"龙体"喻帝王之表,以"龙行虎

---

① 《周易·系辞上》。

步"喻帝王之行,其中的龙都是指代君主。龙颜也是一种君主称谓。君主的俗称"真龙天子"则是由龙与天子两种君主称谓复合而成。秦朝的臣民称秦始皇为"祖龙"。秦始皇也默认了这个称谓。这是以龙指代君主的实例之一。龙、龙颜、龙驾、真龙天子是最典型的神化称谓,它们的文化意义显而易见:君为龙体。

龙成为社会权威的象征,其来甚古。自从文明的曙光降临中华大地,它就被用为酋邦君长的装饰,又逐渐演化为帝王权威的象征。作为一种神物,龙是神秘力量的象征。传说中的三皇五帝大多与龙有关,或为龙体,或乘龙蛇,或死后化龙。周秦以来,最高统治者以龙为徽号,为装饰,自命为龙种、龙体,成为历久不衰的文化传统。广大臣民称帝王为"真龙天子"正是一种文化定式的产物。

以龙称谓君主,侧重象征帝王的神圣之体、不测之威和博施之德。《周易·乾卦》及其历代传、注、疏者为龙德的不同表现形式及相关的帝王行为提供了一个历久不衰的阐释模式。其中九五的爻辞"飞龙在天"和用九的爻辞"见群龙无首",生动形象地显示着龙德(天德)与君德、龙性与君权的关系。人们以"飞龙在天"或"龙飞"比喻帝王登基,以群龙不见首比喻最高超的统治术,其文化渊源就是古老的《易经》。龙是一种神物,神龙降雨是其主要的恩德。龙称谓借重龙崇拜渲染帝王惟我独尊,凌驾一切,无所不在,无所不能,变化多端,高深莫测的个人权威。以神体、神威、神秘、神圣标示着皇帝的"贵不可言"和"泽及天下"。

与龙相似的是"日"。以太阳比喻君主是中国古代历久不衰的文化定式。自有文献以来,就有以日兴君、以日称君的文化现象。"皇"的本义为辉煌、黄白色、华美,最初可能是歌颂太阳之辞。以"皇"称帝称王是以日代君最早的用法之一。《诗·小雅·小明》:"明明上天,照临下土。"郑玄、孔颖达等皆以"喻王者当光明如日之中"训解。秦汉以来,"大明无偏照"、"正大光明"成为公正无私、泽及万物的君德、君道的象征。"太阳"被视为君之象,故成为君主称谓之一。《广雅·释诂》说:"日,君也。"以日论君象、君德、君道及以日称谓君主的实例,遍及百家,为古代人群的共同信仰。后来与太阳有关的"六龙"、"六飞"也都成为君主称谓之一。以太阳、日、六龙、六飞称谓君主,显然与太阳崇拜有直接关系,它们属于神化称谓。

"九五之尊"、"九五至尊"都是君主称谓,所以天子践阼称为"龙飞九五",登基之日称为"九五之日"。这些称谓均源于《易·乾卦》的"九五,飞龙在天,利见大人。""乾"本身也是君主称谓。《广雅·释诂》:"乾,君也。"《周易》及其历代传注者指出:乾为阳、为天、为神、为日、为龙、为君。以乾称谓君主实际上囊括了各种神化称谓的文化意义。

以九五称谓君主与古代人为数字注入的文化意义有直接关系。阳奇阴偶,奇为天数,偶为地数。天地之数始于一,终于九,九为阳数之大,故称之为"阳物"、"天数"。《说文解字》:"九,阳之变,象其屈曲究尽之形。"九是阳的本字"易"的形变。有人则以为九是龙蛇的象形。九为阳数之最,变化莫测,是天、阳、龙的象征。"九者,所以究极中和,为万物元也。"[①]九在等级制度中是至尊的象征。因此,天子著九尺,用九鼎,宫阙为九重,正殿采九开间。九本身就可以比兴君主。五也是一个富于神秘色彩的数字。五是阳数,在方位上指中央,在五行中代表土,在卦象中为天位。九五相叠则表示阳气极盛,上达于天,或神龙飞腾,显隐于云雾之中,或圣人有天德且居天位。这就是《乾卦》诸爻中,以九五表示德高位尊,以用九表示圣人能用天德的文化渊源。据说神圣的君主与乾同体,犹如纯一不二的太阳和刚健正直的天道。

---

① 《汉书》卷二一《律历志上》。

乾具有一个特定的文化功能和理论功能,即作为阴阳体系中阳范畴的代称界定了君主在政治中的主体地位和支配地位。与乾对称的是坤。乾的卦象为阳、为天、为君、为父、为男;坤的卦象为阴、为地、为臣、为子、为女。天高地卑、阳尊阴卑、乾刚健阴柔顺,这就注定了君刚臣柔、君健臣顺、君尊臣卑、君主臣从、君无为臣有为等一系列君臣规范。在政治生活中,君主处于纲纪、枢纽、积极、主导的地位,臣下只能"事主顺命"、"上唱下和"。以乾为君主称谓,正是为了标示君臣关系的这一属性。这是乾称谓在整个君主称谓体系中所着重负载的政治文化意义。

由于文献阙如,秦始皇是否精通易理不得而知。然而当时朝堂之上经常要为了重大政务而卜筮,他对《周易》的道理至少应当略知一二。他的焚书令也不包括《周易》。无论如何,秦始皇极力宣扬皇帝的神圣权威、博大功德的行为是明明白白地记载于史册的。他不仅宣扬自己是天命在躬、神龙体胤,相信自己是"祖龙",还自诩:"皇帝之德,存定四极。诛乱除害,兴利致福。节事以时,诸产繁殖。黔首安宁,不用兵革。六亲相保,终无寇贼。欢欣奉教,尽知法式。……功盖五帝,泽及牛马。莫不受德,各安其宇。"[①]秦始皇对各种神化君权的观念也是信奉有加的。

第五节　圣化称谓:皇帝是与道同体的
　　　　道德表仪和文化权威

华夏族"天下共主"的第四个正式尊号是"皇帝"。秦始皇自称"皇帝"、"圣人"。他创造皇帝尊号的主旨是宣扬"尊比三皇"、

---

① 《史记》卷六《秦始皇本纪》。

"功盖五帝"。皇帝之号着重标示最高统治者的智慧与功德,它属于圣化称谓。在中国古代的君权观念中,一切皇帝都是圣人,是与道同体的道德表仪和至高无上的文化权威。

中国,自古以来就是崇拜圣人的国度。传说中的三皇五帝首先是文化英雄、道德楷模,据说他们身兼君、师,创造了文明。西周以来,言"道"重"德"的政治思想进一步强化了圣人崇拜。最早的圣化君主称谓就是在这个背景下创造出来的。春秋战国以后,圣王论成为中国帝王论的固定模式。儒家的伦圣、道家的道圣、墨家的义圣、法家的智圣与王紧密地结合在一起。圣,是中国王冠上最为灿烂夺目的饰物。

圣化称谓的主要特点是把君主说成集理性、才智、品德、功业于一身。如果说宗法称谓来自于对传统社会习俗的继承和改造,权势称谓着重于肯定和摹写政治现实,神化称谓借重于神秘主义的信仰,那么圣化称谓最富理性思辨色彩,反映着一种哲理化的帝王观念。它为中国古代王权提供了一块最为牢固的基石。

一、"君师":君师合一与"以吏为师"

"师",是最早产生的圣化称谓之一。"君师"称谓表明,在观念上,帝王身兼君与师两种社会政治角色,他一手握着政治权力,一手握着教化权力。就师、君师标示教化权力而言,它们属于权势称谓。为"师长"者必德才兼备,以师、君师、师长称谓君主旨在表明帝王是有德行、有才智的教民者,他们是社会人群的表仪。在这个意义上,师、君师、师长等属于圣化称谓。

《尔雅·释诂》:"师,众也。"《释言》:"师,人也。"师本义为众人,引申为军旅、师长。师长即众人之长。古代为师长者皆为治者、教化者双兼,故率众之人称为师。《尚书·泰誓》说:"天佑下民,作之君,作之师,惟其克相上帝,宠绥四方。"这里的师指最高统治者。《孟子》曾引述这条材料，它是君师称谓的出处。

"天地君亲师"是中国古代社会公认的五大社会权威，彼此可以互相比附。在教化者的意义上，父、君、师属于同一类权威。晋国的栾成子引古语说："'民生于三，事之如一。'父生之，师教之，君食之。非父不生，非食不长，非教不知，生之族也，故壹事之。"①荀子说："故礼，上事天，下事地，尊先祖而隆君师，是礼之三本也。"②师父与弟子如同君臣、父子。父兄是子弟之师，君父是臣民之师。在教化者的意义上，一切治者皆可称为师。

在先秦，君师合一是许多思想家共同的政治理想。儒家是君师说的倡导者、推崇者。他们发挥《诗》、《书》、《礼》、《易》中的有关材料，热切期待世主效法古先圣王，做道德楷模，行教化于天下，为万民之仪表，以上行下效，风吹草靡，再造盛世。道家也是君师论者。《老子》一再奉劝君主执道、无为"以为天下正"。《文子·道德》说："天下安宁，要在一人。人主者，民之师也。上者，下之仪也。"这就从无为政治的角度诠释了君师说。法家认为圣者为王，圣者为师，自古已然。当今之世，君主仍应为天下师。具体办法是：君主制定法令，责令官吏修习，"置主法之吏，以为天下师"③。即君主为法吏之师，法吏为臣民之师，天下之人师法君主的法令。法家关于禁绝百家、言轨于法、以吏为师的政治主张，无疑是君师观念的一种表现形式，是君师说的法家版本。

正如章学诚在《文史通义》中所指出的："以吏为师，三代旧法也。秦人之悖于古者，禁《诗》《书》而仅以法律为师耳。三代盛时，天下之学，无不以吏为师。"儒法两家的区别不在于是否应当

---

① 《国语·晋语一》。
② 《荀子·礼论》。
③ 《商君书·定分》。

以帝王及其官吏为师,而在于学习的内容是周礼还是国法。无论是以法律和法吏为师,还是以伦理和伦圣为师,都把帝王置于文化主宰的地位。君师称谓和君师合一观念使帝王不仅是政治权威,而且是文化权威。他的意志既是法令律条,又是学术定论,这就是所谓"圣心独断"、"圣裁"。无论统一于王法,还是统一于纲常,由君师为臣民立极,根绝异端邪说,是君师合一的基本政治取向。这正是君师称谓所负载的最主要的文化意义。

秦始皇的确是以"君师"自命的。他自诩"作立大义,昭设备器,咸有章旗",对广大臣民"专隆教诲",使他们"训经宣达,远近毕理,咸承圣志"。又"外教诸侯,光施文惠,明以义理"。还以各种政治手段"匡饬异俗",教化臣民,使"职臣遵分,各知所行","黔首改化,远迩同度"。秦始皇又以文化权威自居,实行文化专制,"别黑白而定一尊"。他焚诗书,禁私学,下令学政术者"以吏为师"①。这些观念与行为显然与君师称谓所负载的君权观念有直接的关系。

二、"君子"、"大人":全社会的道德楷模

"君子"、"大人"最初应属于权势称谓。由于它们在字义上含有德、位双兼的意蕴,所以很早就开始向道德符号转化。西周、春秋以来,人们为君子、大人注入越来越多的道德意义,有时甚至用来泛指一切道德高尚的人。在这种情况下,再用它们称谓君主,实际上在君主与美德之间画上了等号。在这个意义上,君子、大人是最早产生的圣化称谓之一。

"君子"一词始见于《诗经》,是当时最常见的君主称谓之一。由于君子后来被道德化,所以后世多有以道德符号解释《诗经》

---

① 《史记》卷六《秦始皇本纪》。

者,并将一些诗句中的君子释为平民。实际上君子称谓最初只能指谓君主。对此,古今许多研究者有精辟见解。朱熹在《诗集传》中曾指出,《巧言》、《瞻彼洛矣》、《青蝇》、《既醉》、《假乐》、《泂酌》、《卷阿》等诗中的君子系指谓天子。《淇澳》、《东邻》、《终南》、《蓼萧》、《庭燎》、《雨无正》、《桑扈》、《采菽》等诗中的君子指谓诸侯国君。《采薇》中的君子指谓将帅。其实《庭燎》是天子朝会之诗,君子可以泛指诸侯、卿大夫等朝臣。《广雅·释诂》:"将,君也。"当时的朝臣、将帅通常都是拥有封地的君主。君子可泛称等级君主制下的一切君主。

与君子对称的是"野人"、"贱人"或"小人"。《左传·宣公十二年》说:"君子小人,物有服章,贵有常尊,贱有等威,礼不逆矣。"《墨子·非乐上》说:"君子不强听治,即刑政乱;贱人不强从事,即财用不足。"《孟子·滕文公上》说:"无君子,莫治野人;无野人,莫养君子。"君子治政,小人力农,君子劳心,小人劳力。君子与小人(野人、贱人)主要是政治等级概念。

"大人",是君主的又一个称谓。大人称谓始见于《易经》。《易经·革卦》九五爻辞:"大人虎变,未占有孚。"在这里,大人为王者之称。"大人"是与"小人"对称的。《广雅·释诂》说:"道、天、地、王、皇……,大也。"王念孙《疏证》引《老子》、《尸子》等文献,指出天、帝、皇、王、后、辟、君、公皆有大之义。王者与道、天、地同为"域中四大",权势大、功德大,故称之为大人。与大相对的则是小。《说文解字》:"小,物之微也。"臣民位卑德薄,身为下贱,历来有愚氓、霍食者、黔首之称,故称之为小人。大人称谓与君子称谓相类似,即最初是一个德、位双兼的称谓,后来逐渐演化为道德范畴。大人称谓从一开始就包含着位尊、德高、功大等文化意义,在众多的君主称谓中着重标示帝王功德。

大人、君子称谓的文化意义最初都是以权位论道德的。德与位双兼的称谓为一切君主戴上了道德桂冠。如果说宗法称谓以父子关系界定君臣，权势称谓以政治关系界定君臣，神化称谓以天人关系界定君臣，那么大人、君子称谓则是以道德关系界定君臣。以道德符号标示君主，无非是要向人们宣示并灌输这样一种观念：道德高尚的人理应占据权位，卑贱愚昧的芸芸众生理应接受他们的教化，君臣关系是道德法则使然。一言以蔽之，君主是道德的化身。

秦始皇创造"皇帝"尊号，正是为了标榜自己"体道行德"①，与三皇五帝一样在道德上至善至美。他不仅自命为"皇帝"，命名臣民为"黔首"，而且公然以道德权威和道德楷模的面目出现，行使对广大臣民的教化权。在道德意义上，皇帝与大人、君子等价，黔首与小人、野人等价。皇帝的尊贵不仅在于他权势极大、地位至高，还在于他道德至善。

三、"圣人"、"圣王"：君与道同体，圣与王合一

秦始皇是有文献可考的第一个到处宣扬自己为"圣人"的最高统治者。秦始皇的群臣在各地为皇帝刻石记功，张扬圣德。秦始皇对这些歌功颂德之词欣然受之。他自诩"皇帝躬圣"、"秦圣临国"，声称"圣智仁义，显白道理"，宣扬"圣德广密，六合之中，被泽无疆"，秦朝的臣民"咸承圣志"②。这就是说，秦始皇及其群臣都具有这样的君权观念：最理想的最高统治者应当符合君道同体、圣王合一的条件。秦始皇就是一位"圣王"。

"圣"、"圣人"、"圣王"等，是最典型的圣化君主称谓。以师、师长、君师、君子、大人等称谓圣化君主，还需要一定的解释和转

---

① 《史记》卷六《秦始皇本纪》。
② 《史记》卷六《秦始皇本纪》。

228

换。它们的圣化意义毕竟不能一目了然。为了明白无误地显示帝王的圣明，人们干脆把圣人的头衔加在王冠之上。与圣相关的复合称谓很多，如圣王、圣君、圣主、圣上、圣后、圣辟、圣驾等，它们明确把圣与王纠结在一起，标示着圣王合一的君权观念。

圣，本义是聪明睿智，通达事理，才能逸群。《中庸》说："不勉而中，不思而得，从容中道，圣人也。"据说，圣之人，不必思考，不必刻意，思虑与言行自然而然就会符合自然、社会、人生的各种法则、规律和规矩。他们察万物则无所不通，兴事功则无所不能。通达道理使圣与道成为互诠的概念，道是客体法则，圣是主体对这些法则的高度体认。圣是与道同体的超人。把这种人格归之于君主，就产生了圣化观念及圣化称谓。圣人与王者合于一体，这就是圣王。

作为一种君主称谓，"圣人"所涵盖的君权观念最丰富、最富思辨性。与其他几种称谓直接源于对君主的肯定、颂扬和崇拜有所不同，圣王观念发轫于统治阶级的自我认识和自我批判，有一个从以先王为圣，到圣应为王，再到圣化一切君主的演化过程。这种批判与造圣相辅相成的思想认识运动，主要是由思想家们推动并完成的。而圣人称谓由有限定的通名，即先王为圣人，演变成无限定的通名，即一切君主为圣人，则是皇帝制度的产物。圣人称谓完成了由"圣人最宜作王"到"帝王最有资格当圣人"的文化迁变过程。秦汉以后，"天纵圣明"成为歌功颂德的套语。

圣王观念的实质是通过把王权、认识、道德和行为准则、价值标准合而为一，使君主制度和君权绝对化。圣与道同体落实到政治上就是王与道同体。道是宇宙的本原、规律和法则及各种理想化的社会政治规范的总称。"圣人者，道之极也。"[1]圣王操持着

---

① 《荀子·礼论》。

道,掌握着自然和社会的各种必然性,又是肩负社会教化使命的伟大人物。圣王论从圣与王一体、君与道合一的角度,为圣人立制、圣王作师,即一种君主与道义、王者与圣人、政治与教化高度统一的政治模式提供了逻辑上的依据。圣化的实质是憧憬和信仰某种绝对化的个人权威。对圣人的认同,其最终归宿是皈依专制王权。因为圣贤主义教导人们:全社会服从圣人是逻辑的必然。君与道同体的文化意义是最丰富的。仅此一个命题或观念就足以把古代社会一切权威的属性统统归之于帝王。圣王合一为政治一统和文化一统提供了依据。

圣化称谓从政治理性的角度,论证了君权的必然性和绝对性,将帝王置于自然秩序、社会秩序主宰者的地位。但是,横扫六合,一统天下的秦王嬴政意犹未足,又自创另一个标榜功德的"皇帝"称谓,把君的权威、尊严和功德推向极致。

秦始皇创造皇帝称谓的主旨是圣化自己。据《史记·秦始皇本纪》记载,秦始皇命令群臣"议帝号"的动机是"称成功,传后世"。创造这个展示功德的尊号以后,他又利用皇帝称谓炫耀自己的功德,所谓"皇帝之功,勤劳本事";"皇帝之明,临察四方";"皇帝之德,存定四极";"皇帝明德,经理宇内,视听不怠";"皇帝并宇,兼听万事,远近毕清"等等。秦始皇这些观念和行为与中国古代圣贤主义的帝王观念完全吻合。在这个意义上,皇帝尊号属于典型的圣化称谓。

"皇帝"又是典型的礼仪称谓。政治权力是礼之本,区别贵贱是礼之质,行为规范是礼之仪。统治者把握礼之枢要,分之权柄,以繁琐的礼仪别贵贱、明等威,礼仪形式本身就是灌输君尊臣卑意识,培植君权崇拜观念的工具。礼仪也是一种文化符号。早在三代,统治者就以礼来宰制万物,役使群众,确立了礼乐征伐自王者出的政治体制。"至秦有天下,悉内六国礼仪,采择其善,虽不合圣制,其尊君抑臣,朝廷济济,依古以来。"①这一套礼仪制度包括许多具体的制度,如名号制度、冠冕朝服制度、宫廷制度、后妃制度、朝贺制度、避讳制度、卤簿制度、陵寝制度、宗庙制度等。汉代以后,礼仪制度虽多有增益减损,但基本精神大体相沿。

作为最高统治者的尊号、正号,皇帝称谓既是礼仪制度的产物,又是为礼仪制度服务的。其他礼仪称谓也具有同样的意义和功能。从现存文献看,至迟到西周已经开始出现与礼仪制度相关的君主称谓,如与冠冕朝服制度相关的"衮职"。此后又相继出现与避讳制度相关的"执事"、"陛下",与卤簿制度相关的"乘舆"、"皇舆",与陵寝制度相关的"山陵"等。秦汉以后,又出现更多的礼仪称谓。由于文献阙略,大多数礼仪称谓产生的年代和依据难以确说。但是,这些称谓都与很早就已经产生的各种维护君权的礼仪制度相关,它们的文化意义又都与尊君卑臣君权观念有关,这是显而易见的。

综上所述,皇帝观念是在君主制度漫长的历史演变过程中,各种君权观念不断生成、积累、组合、凝集的产物。皇帝观念是皇帝制度得以产生和存续的文化基础。在这个意义上,与皇帝观念相关的皇帝制度是专制主义政治文化高度发展的结果。当这种政治文化发展到一定程度的时候,当其他社会条件也大体具备的时候,就会导出皇帝制度和皇帝观念。如果把这种制度和观念比喻为一个丰硕的果实的话,那么秦始皇与其说是个播种者,不如说是个收获者。

皇帝名号具有丰富的政治文化内涵,概言之,即至神至圣,尊贵无比,功盖千古,支配天下,独断乾纲,为民立极。如果说皇帝称谓是君权观念的极致,那么皇帝制度就是帝王观念的全面实现。

① 《史记》卷二三《礼书》。

皇帝称谓内涵着政治、经济、法律、道德、文化等各种相关制度,概言之,即大一统。

皇帝一词涵盖了各种君主称谓的文化意义,它是综合性最强的君主称谓。皇帝称谓产生后,除王、公、侯、伯等改为贵族称谓外,其他各种君主称谓,包括"王天下"之"王",都是皇帝的同义词。《白虎通·号》说:"或称天子,或称帝王何? 以为接上称天子者,明以爵事天也。接下称帝王者,明位号天下至尊之称,以号令臣下也。……臣下谓之一人何? 亦所以尊王者也。以天下之大,四海之内,所共尊者一人耳。"这就是说,在具体用法上,各种称谓有所分工,用以标示特定文化意义。在实际生活中,人们往往随心所欲,任意选用称谓。这样就使皇帝称谓汇聚了各种称谓的意义。君父是全社会的宗法家长,天子是天地神祇的代表,王辟是国家政权的元首,圣人是与道同体的师长。皇帝集天地君亲师的权威于一身,其至上性、独占性、神圣性、绝对性,即使天帝、神佛也会自愧不如。

分析至此,已经可以全面地解读中国古代的君权观念和秦始皇的帝王意识了。中国古代政治文化是以这样一种方式来诠释君主的地位与权势的:大凡具有至尊、至上、至大、至神、至圣的字眼或事物,都可以用于称谓、指代或比喻最高统治者。秦始皇自称"皇帝"则囊括了有关的各种君权观念。

大、太、上、天、元等是一批以上、大、本、始为基本意义的字眼,它们全可以加诸帝王的桂冠之上。与此相应,王、皇、帝、君等一大批君主称谓也都被赋予同样的义训。祖、宗、庙、君等是一类可训读为尊的字眼,而它们都可以用为君主称谓。帝、天、道、极等是中国古代哲学中一批最高范畴或核心范畴,这些字眼皆可称谓、指代或比喻君主、君位。在帝王的各种名号中,古代一切智慧、美德、功勋、权势的符号几乎应有尽有。

在天人体系中,他是天子;在阴阳体系中,他是太阳;在政治体系中,他是辟王;在宗法体系中,他是父母;在尊卑体系中,他是元首;在学术体系中,他是师长。皇帝是至尊中的至尊。

帝至上,他可与上帝相称谓;天至大,他可与天地相比拟;道至尊,他可与道理相匹配。他就是神,他就是圣。神、圣、王合一,这就是皇帝。

皇帝像天文体系中的北辰,像地理体系中的山陵,像方位体系中的中央,像水文体系中的海洋,像鳞虫体系中的龙蛇。皇帝如万物宗主,臣民必须像环绕极点的群星,仰止泰山的丘陵,情系中央的六合,朝宗江海的溪流,尾随龙蛇的鱼虾,拱卫他,景仰他,依恋他,朝拜他,服从他。

讲仁政德化,他如严父慈母,哺育元元。讲止暴戡恶,他如干戈威扬,横扫阴霾。讲正大光明,他如皓日当空,普照四方。讲博施普济,他如神龙降雨,德泽广布。讲孝悌忠诚,他如孝子顺孙,恭事上帝。王道荡荡,王道平平,皇帝就是王道的代词、道德的化身。

这种文化现象必然把一切象征权威、尊严、美德、才智的文化意义凝集到"皇帝"称谓之中,并通过皇帝一词向人们宣示:帝王享有一切权力。

称谓是一种人格的比喻或隐喻。以父称君是利用父这一比喻形象对君进行人格和价值评估。以圣人称君则是隐喻君与道同体,为人间惟一者。对臣子的各种称谓其喻义又是与君主称谓相辅相成的。因此,政治性称谓体系对人们的政治人格有直接的影响。由于哲学思想和政治观念的差异,臣民中的一些人或许不认同某些称谓标示的君权观念,但是只要他们认同一种君主称谓的象征意义,就会拜倒在帝王面前。一般说来,帝王们是乐于占有尽可能多的象征意义的。当他们接受这些称谓的时候,无疑会形成一种惟我独尊的心理。皇帝一词对中国古代君与臣两方面的政治人格有极为深刻的影响。

有关皇帝地位与权势的观念是由各种君主称谓的权力观念综合而成的。皇帝称谓是古代各种社会权威政治化的结果,是人格化政治权威的极端形态。对于生活在皇帝制度中的人们而言,皇帝称谓既是一种历史悠久的文化符号,又是一种刻骨铭心的社会现实。

皇帝尊号及各种君主称谓以直观的方式向人们灌输着帝王观念及相应的臣民观念,塑造着政治行为主体的政治意识。帝王崇拜作为一种集体政治心理定式,为君主专制制度的生存与发展提供了牢固的社会心理基础。秦始皇之所以可以成为始皇帝,之所以可以建立中央集权的皇帝制度,之所以可以凭借这套制度临驭天下,之所以可以将各种帝国行为和帝王意识表达得淋漓尽致,是因为他所生存的时代不仅具备了这样的社会心理基础,而且具备了这样的社会物质条件。皇帝制度是皇权观念的物化。

第六章　思想篇:偏爱法家的"杂家"君主

自秦汉以来,人们普遍认为秦始皇是法家皇帝。其实这种看法似是而非。准确地说,秦始皇的统治思想具有以法家为主、综合百家的特点。他是一个比较偏爱法家的"杂家"皇帝。

自章太炎以来,许多学者认识到秦始皇的"杂家"特色。一批著名学者有所论述。例如,在《十批判书·吕不韦与秦王政的批判》中,郭沫若指出:秦始皇的精神,就严刑峻法而言,是法家;就迷信鬼神而言,是神仙家;就强力疾作而言,是墨家。许多后来者又做了更细致的分析,指出秦始皇的思想中还包含着儒家、阴阳家、道家的成分。这个思路已经被大多数中外学者所认同。

有些学者又走向另一个极端。有人认为秦始皇的思路杂乱无章,没有一个统一的思想。有人甚至把秦朝称为"一个没有理论的时代"。推而言之,秦始皇是一个没有理论的皇帝。这个说法很值得商榷。

秦始皇在统一天下、创建帝制过程中面临着一系列重大政治选择,这些选择涉及政治、军事、经济、文化、法律等各个领域,包括政策、策略、制度等各个层面。这些选择有很大的不确定性,在选择过程中也有很大的主观随意性。然而根据《史记》等文献的记载,秦始皇的政策、策略、制度选择大多有系统的政治理念作为指导,其强烈的理论选择意向也跃然纸上。秦始皇本人是一个颇有理论素养的政治家。在他的辅臣、谋士中也有一批理论造诣颇高的思想家。因此,秦始皇的许多政治选择都是在当时最为流行的理论学说的指导下做出的,有些政治选择很有创造性,具有为中国历史发展进程定向的意义。他的许多作为也在政治制度史、经济制度史、思想文化史、法制史上具有划时代的意义。如果这是"一个没有理论的时代",秦始皇能够做到这种程度吗?

只要对秦朝的统治思想做全面、深入、细致的分析,就不难发现,它的来源广泛,构成复杂,内容丰富。就基本内容而言,秦朝的统治思想与两汉的统治思想并无质的差别。如果说秦汉的统治思想有什么区别的话,主要在于具体的思想形式和基调有所不同,各种思想的整合程度有所不同。各种思想史的著作在论及以今文经学为代表的汉代统治思想的时候,常常使用"融合儒道法"、"兼纳阴阳、刑名"、"杂用王霸"之类的断语。其实这类断语同样可以用来为秦朝的统治思想定性。推而言之,不管具体的思想形式和基调是法家、道家,还是儒家、佛教,中国历代王朝的统治思想都具有"杂家"品格,甚至可以说,"杂家"品格是中国古代主流文化的特点。"杂家"并非杂乱无章,而是有所整合的,其基本属性是"杂用王霸"。

第一节　皇帝制度法定意识形态的初步形成

秦始皇在选择与确立皇帝制度法定意识形态方面做出过特殊的贡献。秦始皇自诩"原道至明","体道行德","匡饬异俗",他为秦朝创立一系列制度与法则,并指令"后嗣循业,长承圣治"。秦始皇力图从思想上、制度上寻求使"天下无异意"的"安宁之术"。他的一系列政治活动都体现着选择与确定法定意识形态的意图。他"悉召文学方术士甚众,欲以兴太平";他通过定尊号,除谥法,集先秦君权观念之大成;他又依据"五德终始"推定秦朝为水德,确定符合水德的政治方略;后来他又"别黑白而定一尊",禁私学,焚《诗》《书》,指令天下"以吏为师"①。秦始皇不是一位思想家,而他在确定皇帝制度的政治指导原则方面的确下了一番功夫。秦始皇以法家为主、综合百家的统治思想及相应的政治实践,在中国政治思想发展史上具有重要的地位和深远的影响。

探索专制主义中央集权政体的政治指导原则并确立维护这种制度的法定意识形态是一个长期的历史过程。它是思想家们不断奉献统一思想的方案,最高统治者在实践中不断筛选的结果。

春秋战国时期,"诸侯异政,百家异说"②,"道术将为天下裂"③。如果说列国群雄各自为政的政治局面为人们指点江山,独辟蹊径,开拓认识领域,提供了便利,那么政治变革、王制转型就是百家争鸣的政治根源和主要动力。争鸣的主题是政治,议论的中心是君主。什么样的国家体制、君臣关系和施政方式更有利于国家富强、君权稳固、政令统一?如何才能"定于一"、"王天下"、"为天下一统"?当时的人们围绕这个政治现实提出的重大课题进行了深入的思考。君主们以招贤谋霸王之誉,士子们以游说谋卿相之位,学者们以论辩谋一家之尊。一场广泛参与的政术大讨论和政治大实践勃然兴起。以孔子为代表的礼治仁政论,以老子为代表的自然无为论,以墨子为代表的尚同兼爱论和以商鞅为代表的法治论等相继问世。由此而形成礼治、法治、无为而治三大政治思潮。王制与王道是先秦诸子政治思维的关注点,也是百家之间学术争论的焦点。百家争鸣,就其主题而言,是几种不同类型的帝王

---

① 《史记》卷六《秦始皇本纪》。
② 《荀子·解蔽》。
③ 《庄子·天下》。

论之争。在先秦诸子的思辨与争鸣中,帝王观念逐步理论化、典型化、系统化。这就将历史长期积累的文化观念和思维方式上升为系统的富于思辨色彩的理论体系。

"天下一致而百虑,同归而殊途。"①早在战国时期,诸子百家就强烈要求以自己的学说来统一思想。各国统治者也有所青睐,有所采择。在维护君主专制的问题上,儒、道、墨、法的政治思想本来就有共同之处,存在着相互融合的政治基础和理论特质。它们之间的攻讦驳难,又促进了理论的扬弃与综合。随着中央集权政体的逐步确立,各家的政治学说逐渐相互融通。如果说春秋战国之际,帝王论发展演变的大趋势是类型化,并出现若干个性鲜明甚至极化的理论体系,那么进入战国以后,融通百家而成一家之言,逐渐成为政治学说发展演变的大趋势。《管子》这部兼收并蓄的论文集成,在一定程度上反映着时代的特点。道家流派中的《文子》及黄老学说可能是最早走向综合化的。《荀子》一书,以儒为主,儒法合流,兼采诸子,其思想杂而不乱,浑厚、充实,是综合化趋势的典型代表和成功范例。

在时代的大趋势下,理论的综合与政治的统一互为表里,互相促进。秦相吕不韦执政以后,正式将统一思想问题提上议事日程。从秦王嬴政登基,到汉元帝执政,大约花了二百多年时间,确定皇帝制度法定意识形态的过程才大体完成。反映这个历史进程的政治现象和文化现象很多,其中最突出、最典型的事件是秦汉统治者的四大政治实践和在此期间相继产生的四部政治名著。

从秦皇到汉武,先后有四部名著问世,它们是秦相吕不韦主编的《吕氏春秋》、法家学者韩非所著的《韩非子》、西汉淮南王刘安主编的《淮南子》和汉代大儒董仲舒所著的《春秋繁露》。这四部

---

① 《史记》卷一三〇《太史公自序》。

著作被分别列为杂家、法家、道家、儒家。就其宗本与旗帜而言,这种分类大体可行。但是,四本书都没有把先秦各种典型且极化的帝王论进一步推向极端。相反,它们都兼采博收,融会贯通,提炼综合。杂,即在先秦各种理论学派的基础上,向综合性发展才是共有的特征。四部名著分别是杂存杂通、以法为宗、以道为宗、以儒为宗等四大综合类型的典型代表。在当时的历史条件下,综合方式很难超出这四种类型。这四种综合类型都具有现实可行性,所以从理论的或然性前途预测,它们都有可能成为统一天下的指导思想。其中前两种综合百家的集萃之作都与秦代统治思想的选择息息相关。

与此相应,秦汉统治者四大政治实践进一步推动了思想与政治的整合。《吕氏春秋》可以说是统治者选择统一思想方案的第一次尝试。依恃吕不韦的权势,《吕氏春秋》占了先机,而吕不韦的失势又断送了杂存杂通综合方式的政治前程。秦始皇的政治实践属于以法为宗的类型。靠法家学说立国、图霸、进而王天下的秦君青睐法家学说,这本是顺理成章的事。秦始皇偏爱《韩非子》,积极贯彻"以法治国"的统治方略,而秦朝的速亡彻底败坏了法家的形象,以法为宗统一思想的方案被人们所摒弃。第三个登台扮演主角的是道家。汉初诸帝以亡秦为鉴,自觉地实践黄老政治,使道家一度实际占据统治思想的主导地位。《淮南子》就是这个政治实践的产物。可是,道家玄谈道论,夸大无为,以致"其辞难知",流于玄虚。以道为宗统一思想的方案很快就夭折了。到汉武帝时期,以儒为宗的统一思想方案被最高统治者选中。然而这时所谓的"儒术"已经兼采道、法、阴阳等,具有综合百家的特色。

上述发展过程表明,具体的政治形势和最高统治者个人的好恶会在一定程度上影响一朝一代统治方略的取舍,却又不足以确定一个历史时代统治思想的基本框架和基本要素的选择。这里还有更深刻的历史因素在起作用。

一般说来,秦汉以降历代王朝的统治思想都高举儒家的旗帜,而实际上在制度层面多以法家为主,在伦理道德层面基本以儒家为主,在哲学思辨层面大量吸收道家思想,在操作层面则兼采百家之长。在一定意义上可以说,秦始皇的统治思想和政治实践为皇帝制度的法定意识形态注入了最基本的内容,奠定了最基本的框架。

据实而言,秦朝的统治思想比以《韩非子》为代表的法家学说的内容更丰富。从《史记》、《云梦秦简》等保存的历史材料看,法家的"以法治国"论,儒家的礼仪、教化和忠孝之道,道家的玄学、方术,阴阳家的"五德终始"说、"四时之政"等,对秦朝的制度、法律和政策都有重大的影响。统治集团内部时常有以一定的学术流派为背景的政策之争。作为最高统治者,秦始皇在定制、立法、行政中广泛吸收了一切有利于维护秦朝统治的政治学说、思想观念和传统习俗,对各种学派有一定的包容性。在秦朝的治国方略、定制政令、纪功碑文、法律条文中包容着传统文化的成分和诸子百家的政见。秦朝统治思想的某些内容也与法家的思路相悖。这表明。秦朝的统治思想绝非"法家"二字可以概括,也不能用"霸道"二字简单定性。国家之大、政事之繁、臣民之众、风俗之异都决定了最高统治者不可能单凭一家一派之说来"一道同风"。秦始皇也从来没有像汉武帝一样公然宣称独尊某家某派。这就注定了秦朝统治思想的"杂家"品格。秦始皇的统治思想及其政治实践很值得进一步深入地研究。

第二节　秦始皇统治思想的主要
来源和基本构成

从现存文献看,秦王朝立国时日短促,还没有来得及进行全面的文化建设,更没有明确宣布以何家何派为官方学说,其法定的意识形态尚未明确。因此,在分析秦朝的统治思想和秦始皇的统治理念的时候,不能仅靠《史记》记载的有限的言论,而应当多方探索其主要来源和构成。

一、深入剖析统治思想的若干思路

笔者认为,研究一个朝代的统治思想必须有广阔的视野,采用多角度、多层次的分析方法,主要涉及以下几个方面的内容:

1、最高统治者的政见和政治倾向。统治者的言论、著作及其对各种政治思想流派和各种具体政见的好恶、取舍是判定统治思想属性、构成和特点的最直接的证据。但是,最高统治者的采择往往具有多样性、不系统性和不稳定性,有关的历史记载也很难做到全面、准确。依据最高统治者一时的好恶、采择去评说统治思想是不太可靠的。单凭最高统治者的言行很难整体把握统治思想。

2、官方学说。官方学说是居于法定的统治地位的思想。它在很大程度上决定着统治思想的思想形式和基调。官方学说往往打着某一学派的旗帜,如汉武帝明确宣布"尊儒术"。但是,儒学本身显然不足以完全包容汉代统治思想的内涵。统治思想的内容往往比官方学说的内容更丰富。全面、准确地把握一个朝代的统治思想还需要进一步拓展视野,在分析官方学说的同时,充分注意社会主流意识形态的内容和特点。

3、现行制度与政策的基本原理和基本原则。制度是观念的物化，政策是观念的操作。制度与政策都是某种观念获得认可的产物。物化为制度，规定为政策，并以制度、政策为载体而存在的理论、思想、观念、意识，可以同时影响甚至规范社会存在和社会意识。它比个别人一时的好恶、取舍，比以思想形式存在的学说流派，都更具一般性、稳定性和规定性。以分析秦汉统治思想为例，秦汉两朝的基本制度几乎一模一样，所谓"汉承秦制"，由此可以推定它们所依据的基本原理和基本原则是一样的。秦始皇与汉武帝的区别主要在于前者更偏爱法家学说，后者更欣赏儒家学说，而法家与儒家在政治思想上的分歧主要不在基本制度层面上，而在于操作层面上。"百代行秦制"的思想根源是"秦制"的基本原理和基本原则始终沿而未革，统治思想最基础的部分没有太大变化。因此，制度与政策的原理是分析统治思想的重要材料。

4、占统治地位或影响广泛的社会政治思潮。这类思潮比某个思想家、某个学派的影响要广泛得多、深刻得多，它们往往会造就主流政治文化或时代性的比较稳定的政治观念。以春秋战国时期的思想为例，当时的学派虽号称百家，而在政治上可以概括为三大思潮，即法治思潮、礼治思潮和无为而治思潮。法治、礼治和无为而治是百家争鸣的主要话题。三大思潮共同铸就了"大一统"理论，实行君主专制制度是其一致的取向。就绝大多数思想家而言，不是要不要法治、礼治和无为而治的问题，而是三种治术以何为主的问题。这就必然在纷纭的争论中，形成若干普遍性的共识。这些共识是超越学派的。无论某个王朝、某个最高统治者偏爱哪一个学派的政见，统治思想中都会包含礼治、法治、无为而治的内容。这些思潮所形成的共同的政治文化成果，才是皇帝制度统治思想的基础和主调。

5、社会大众普遍认同的政治观念乃至政治信仰。这类观念和信仰具有大众性和相对稳定性,它是任何一个朝代赖以实现其统治的社会心理基础。有些观念和信仰则是在统治思想的影响下形成的。古代统治者对于社会大众极度崇敬的学说、信奉的宗教及各种盲目迷信的东西,往往予以顺应,加以利用。有的时候他们本人也是虔诚的信奉者、宣扬者。社会大众普遍认同的政治观念乃至政治信仰必然与统治思想有一个互动的关系。在分析一个朝代的统治思想的时候应当予以充分的重视。

下面依据上述认识,全面分析一下秦朝统治思想的几个主要来源、构成和内容。

二、各种大众信仰对秦朝的统治思想的影响

战国、秦汉杂祀名目繁多。社会大众信奉天神、地祇、人鬼等各种神仙鬼怪。这类信仰大多与传统文化有关,有的直接为现实政治服务,有的或多或少包含着政治内容。统治者或出于自身的信仰,或出于"神道设教"的需要,积极提倡、鼓励、支持、参与这类祭祀。秦朝和秦始皇亦不例外。据历史记载,秦朝建立以后,秦始皇亲自祭祀和指令祭祀的神明很多。统治者所认可的各种传统文化和大众信仰是统治思想的重要来源和构成之一。

从《史记·封禅书》的记载看,秦朝的国家祭祀和大众信仰有的属于秦国特有的,有的则属于华夏传统文化所共有的。秦国在雍设星神庙祭祀参、辰、南斗、北斗、荧惑、太白、岁星、填星、二十八宿、风伯、雨师、四海、九臣、十四臣、诸布、诸严、诸逑之属等,皆由太祝主持每年按时奉祠。还祭祀天上其他诸神,如风、雷、雨。这些祭祀可能有一定的地方特色。秦朝的祭祀来自华夏传统文化的更多。秦始皇曾亲自"行礼祠名山大川及八神,求仙人羡门之属"。八神,即天主(祠天齐)、地主(祠泰山梁父)、兵主(祠蚩尤)、阴主(祠三山)、阳主(祠芝罘)、月主(祠之莱山)、日主(祠成山)、

四时主(祠琅玡)。"八神将自古而有之,或曰太公以来作之"。八神享受祭祀之地集中在山东半岛一隅,应来自华夏传统文化。秦统一以后在国家祭祀神明方面做了整齐划一的规范,使之与大一统局面相适应。"及秦并天下,令祠官所常奉天地名山大川鬼神可得而序也。于是自殽以东,名山五,大川祠二。"

秦朝的许多祭祀具有重要的政治功能。据董巴《舆服志》记载,秦始皇有"郊社"之礼,即祭祀社稷、太社。秦始皇还亲自祭祀上帝,封泰山,禅梁父。这些皆从华夏古代政治传统沿袭而来,具有论证王权神圣的政治功能。

许多学者认为,秦始皇信奉的上帝是秦人自己的上帝。这个看法值得商榷。春秋战国时期的许多史料证明,包括楚、秦等国家在内,华夏族群都信奉同一个上帝。楚庄王曾经饮马黄河,觊觎帝位,问"鼎之大小轻重"。王孙满答道:"周德虽衰,天命未改,鼎之轻重,未可问也。"①楚庄王无可奈何,引兵自退。如果楚王不信奉华夏共有的上帝,结果会大不相同。秦国很早就是周天子的附庸。秦国先公也早就以西周正统文化的继承者自居。与各国统治者一样,他们的许多信仰会有一定的地方色彩,有的纯属是地方特有的,而其所信奉的上帝不会是仅属于秦人的。秦始皇如果以秦人的上帝论证秦朝皇权受命于天,是很难以华夏共主的身份威服天下的。秦朝皇帝在都城南郊祭祀上帝。秦始皇在传国玉玺上刻有"受命于天,既寿永昌",在泰山封禅刻石亦有"事天以礼"。这个"上帝"、这个"天"必须是被天下所共同信仰的。

秦始皇显然是一个有神论者。他非常迷信,不仅沿守秦的多神信仰,还把中华大地所产生的诸多神灵都接受下来,一一加以崇拜。在他的心目中有一个多神的世界。他还对仙人世界的存在深

---

① 《左传·宣公三年》。

信不疑,企盼着羽化而成仙,变成长生不老的"真人"。在政治思想方面,他相信君权天授,"五德终始",于是频频礼拜上帝及众神,祈求保佑。他极力以华夏族共同信仰的皇天上帝来证明秦朝皇权的合法性,并自命为"水德"之王。他还千方百计地消除据说弥漫于东南大地的天子之气,以防范又一位获得天命的君主夺取嬴秦天下。

人们普遍把秦始皇界定为"法家皇帝",而法家著名思想家一般不相信天赋君权、神佑君权这一套。法家学者大多信奉自然的"天道"或客观的"道"、"理"。他们闭口不谈君权神圣,更不讲什么君权天授。在《慎子》、《商君书》、《韩非子》中,人们很难找到神秘主义的幽灵。仅就世界观而言,秦始皇与法家学说是格格不入的。他的信仰世界与芸芸众生以及大多数儒者、墨者、方术之士更相似。

无论从秦朝政权的崇拜对象和秦始皇的个人信仰看,还是从战国、两汉时期大众信仰的主要特点看,当时除部分头脑清醒的思想家以外,整个社会还弥漫在浓重的神秘主义迷雾之中。在分析秦朝的统治思想的时候不能忽略这个重大的历史现象。

三、各种源远流长的政治传统、政治惯例和政治经验

秦朝统治思想中的许多内容来自历史悠久的政治习俗、政治惯例以及各种政治经验。特别是秦朝的许多具体制度的基本原理和主体框架大多沿袭传统制度,有关思想的源头甚至可以追溯到夏、商、西周时期。

秦始皇的许多政治行为与政治传统、政治惯例有关。例如,中国古代有所谓"新王改制"的传统。一个新兴王朝通常要采取一系列"与民更始"、"与民变革"的措施。秦始皇称帝后,立即改尊号为皇帝,以十月为岁首的正月,以黑色为正式服色,并修订各种

礼仪制度。秦始皇巡狩天下、封禅泰山梁父等也与源远流长的政治传统、政治惯例有关。

　　秦朝流行的政治道德和有关的规范基本上来自传统观念和政治经验。云梦秦简中的《为吏之道》是一部训诫官吏的教令。它至迟形成于战国时期。作为官吏的教科书,《为吏之道》的内容包括处世哲学、纪律要求、施政规则、治民技巧等,颇似后世的《臣轨》、《官箴》。从其思想特点看,显然不属于一家一派,而是一种传之久远的政治经验总结。《为吏之道》的基本精神和原则,前有古人,后有来者,它普遍适用于中国古代社会的官吏。可以不无把握地断言:在秦朝的统治思想中,来自各种影响广泛、传延久远的政治经验、政治惯例的思想不会仅限于此。

　　秦朝的许多制度也基本上沿袭传统制度而有所损益。据《史记·礼书》记载,秦朝的礼制"悉内六国礼仪,采择其善"。汉朝制度"大抵皆袭秦故。自天子称号下至佐僚及宫室官名,少所变改。"这表明,秦汉礼仪制度的基本原则和主体框架"依古以来",基本上继承了传统的典章制度,只是在一些具体制度上"颇有所增益减损"而已。秦朝的宗庙制度、避讳制度等也基本上依照传统思想中的某些说法和制度确定。由此可见,秦朝许多制度的基本原理和主体框架来自历史上既成的习俗、惯例和制度。有关的思想作为政治经验的总结和政治惯例的归纳,不属于一国一地,更不属于一家一派,而属于一个时代乃至一种社会政治形态。因此,它们不仅被包纳在秦朝的统治思想中,而且贯通于历代王朝的统治思想中,在中国古代社会具有通行性。

四、影响广泛的全社会普遍政治意识

　　全社会的普遍政治意识是一种相对稳定的政治观念。普遍意识,即在某一社会群体中广泛存在的共同的信仰、信条、信念、心

态。全社会各阶层成员的普遍意识,特别是获得广大社会一般成员认同的政治意识、社会意识,往往是社会风尚、习俗、信仰的主体性支配因素,由此而形成的普遍化的"意识—行为"模式和社会人格最能体现某一历史时期全社会的精神风貌和社会的基本特征。它又是体现时代精神的所谓"精英思想"的社会背景和文化背景。因此,任何朝代的统治思想都是在全社会普遍政治意识的基础上构建的。作为法定的意识形态和主流文化的代表,统治思想又集中体现着全社会普遍政治意识。全社会普遍政治意识比个别政治家、思想家的好恶更具有普遍意义,也更具有稳定性。如果把某个个体的精神现象放到全社会普遍政治意识的平台上解剖,就可以更准确地把握个体的观念、意识、行为与一个时代、一种社会形态的相互关系。所以分析全社会普遍政治意识是解读一个朝代的统治思想和一个统治者的统治理念的重要途径之一。

秦始皇的皇权观念主要来自全社会普遍政治意识。在称帝篇对"皇帝"名号与当时全社会普遍认同的君权观念的关系已经做了全面的分析,并指出:"皇帝"称号和皇帝制度与其说是秦始皇的个人创造,不如说是社会大众对君主制度普遍信仰的产物和君主制度在实践中不断发展的产物。如果说人们的君权观念有什么差别的话,也只是在宗法、权势、神化、圣化等四种君权观念的要素中更突出某一种成分而已。秦始皇皇权观念的特点是以圣化为主,又比较突出权势的成分,兼有神化、宗法成分。其中宗法的成分比较淡薄。

与皇权观念密切相关的是"大一统"观念。这也是一个全社会普遍政治意识。儒、道、墨、法、阴阳等重要学派都对"大一统"理论的形成做出过重要的贡献。秦始皇是信奉"大一统"理论的,他所缔造的大秦帝国全面实现了"大一统"。在本章下一节将予以分析、介绍。

五、诸子百家的特色学说与秦朝统治思想的理论构成

秦始皇的统治思想多采自诸子百家的特色学说,他广泛采择各家之长,形成比较完备的统治手段及相关的制度、方略和政策。

先秦学术号称百家。诸子百家除了少数有无君论的倾向外,其余都是有君论者。从现存文献看,其中提出比较完整、比较系统的政治理论的只有儒、道、墨、法四家。在政治思想领域影响较大的还有阴阳家和名家。这六大学派的政治思维有共同的取向,即维护君主制度。然而对于实现和维护君主专制政治的主要途径和基本方略,六家的主张有很大差异,彼此争鸣不已。

比较异同,可以将先秦各种帝王论分解为八个层次的内容、取向或论点:1、有君论,即有君则天下大治,无君则天下大乱;2、天、道、圣立君,即君主制度是依据上帝、道义或圣人的意图设立的;3、国无二主,政治一元,即最高权力必须集中在君主手中;4、君尊臣卑,本大末小,即在等级地位上君是至尊,在权力配置上君权必须压倒一切;5、君为政本,即一人兴邦,一人丧邦,天下治乱取决于君主的素质;6、道义高于君主,即最高统治者必须服从君主政治的基本法则;7、君道、治道的主要内容,如任贤、纳谏、重民、守礼、执法等。8、君道的宗旨及君道各主要内容之间的相互关系和结构方式。

一般说来,序号越小,诸子的趋同性越高。对无君则乱,人们众口一词,高度一致。在君主制度天经地义、政治权力一元化、君尊臣卑、道高于君、君主决定治乱等层面,人们的认识大同而小异。在诸子的治国之道中,都有任贤能、纳谏诤、重民生、守礼法的主张,在一些基本点上大致相类。分歧集中在君道的宗旨上。儒家以礼为本,主张"以礼治国";法家以法为本,主张"以法治国";道家以自然为本,主张"无为而治"。这一争论及哲学思想的差异又

影响到序号在前的各层次的具体认识。例如,法家更重视强制性政治手段,把法制、赏罚、权术视为治国治民的主要手段;儒家则更重视政治中的道德因素,主张重视教化,德主刑辅,实行仁政。这一认识对两家的政治体制论和君臣关系论有深刻的影响。又如,由于哲学思想的差异,儒、墨两家大讲君主制度由上帝确立,道、法两家则认为君主制度依据道义确立。就基本文化取向而言,诸子的帝王论同大于异。"天、道、圣立君"、"乱莫大于无天子"、"土无二王,尊无二上"、"圣者为王"、"一人兴邦"、"道高于君"、"天下为公"等几乎是诸子百家的共识。这就铸就了一种共有的文化体系。无论人们尊奉哪家哪派,都会认同这一文化体系,从而形成对君主政治体系中基本因素的集体取向。这是诸子百家可以相互融通而殊途同归的政治基础和理论基础。

司马谈说:"夫阴阳、儒、墨、名、法、道德,此务为治者也,直所从言之异路,有省不省耳。"六家之说各有所长,又各有所短,每一家的主张中都有"虽百家弗能易"、"虽百家弗能改"、"虽百长弗能废"①的内容。这是颇有见地的。维护君主制度是六家的共性,而对实现政治目标的具体途径和措施各家的见解不尽相同。每一家都提出了有特色的君主政治不可或缺的主张。

秦始皇不是一个学问家,而是一个政治家。他专注于现实政治,这就决定了在思想上他是一位"杂家"。从现存文献看,秦始皇没有学者中间常见的党派意识和学术偏执。他对各种传统文化、思想流派和政治学说的取舍主要依据其实际政治需要。秦始皇受法家学说的影响较大,而他从来没有惟法家学说是从。在思想文化上,秦始皇基本上实行兼收并蓄政策。在他的群臣、博士中聚集着诸家门徒,也可谓人才济济。在具体施政中,秦始皇以实用

① 《史记》卷一三〇《太史公自序》。

主义的态度对待诸子百家的学说,依据有益于政治统治的标准广泛采择,并加以整合。因此在秦朝的官方思想中,法家、阴阳家、儒家、道家、墨家、名家等先秦主要学术流派的思想都有一席之地。即使在秦始皇严禁私学、"焚书坑儒"之后,兼收并蓄的基本方针实际上也没有重大改变。原因很简单,秦始皇实行文化专制的方略是一切统一于皇帝钦定的官方思想,官方思想的集中体现则是国家和皇帝颁布的各种法律、政令,而相关思想的来源与构成则是综合诸子百家的。

(一)法家

法家学说对秦朝统治思想的贡献最大,其中属于法家独特贡献的主要是法制至上思想及一些与中央集权政体有关的具体主张。自秦孝公以来,秦国的执政大臣如商鞅、张仪、樗里疾、甘茂、魏冉、范雎、蔡泽、吕不韦、李斯等,都不是儒者。他们注重功利、实力、谋略、耕战和法制,从不讳言"霸道"。其政治理念与商周以来的传统思想、礼乐政治多有不合之处。秦始皇赞赏《韩非子》,信用李斯、尉缭等人,其定制立法的依据多来自法家学说,行政的方式也深受法家学说影响。在这个意义上,甚至可以说他是一位"法家"皇帝。

"以法家为主"主要体现在秦朝皇帝的主要政治倾向及某些政治制度层面和常规性政治操作层面。即使在制度和操作层面,秦始皇也没有按照法家的教导亦步亦趋。他更没有宣布独尊法家。

法家著名代表人物,如慎到、商鞅、申不害、韩非等人,更相信"道"、"理"、"天"的自然法则属性。在他们的理论著作中也很少讲忠孝、仁义之道。有的人甚至对这一套很反感,主张以杀伐的手段禁绝之。韩非明确反对君主背法"专制"。一些严肃的法家思想家还反对繁法苛罚,更反对最高统治者谋私、极欲。在这方面,作为最高统治者的秦始皇与他们显然有所不同。他相信天赋君权,迷信神仙方术,宣扬忠孝仁义,不仅有其言,而且有其行。秦朝统治思想中的许多内容并不是来自法家学说,在有些方面甚至违背了法家的主张,这是显而易见的。

(二)儒家

儒家学说为秦朝的统治思想提供了许多重要的内容,其贡献仅次于法家。这是由儒家学说的本质和特色所决定的,主要有二:一是儒家鼓吹"王天下"、"土无二王"、"定于一"、"大一统",倡导君主专制,维护等级制度,又提出了比较多的调整王权的思想,其理论体系的基本内容很适合皇帝制度的需要。汉代以降二千年的历史一再证明了这个事实。其中儒家对秦朝政治的最大的贡献当数系统化的"大一统"理论。它非常合乎秦始皇的口味。二是儒家学说的特长是"序君臣父子之礼,列夫妇长幼之别",这一点对于皇帝制度也是"不可易"的。对这一类"虽百家弗能易"、"虽百长弗能废"的内容,秦始皇及其辅臣不可能视而不见,更不可能弃而不用。秦朝的礼制、法律、纪功刻石及道德规范等都体现着儒家学说的深刻影响。对于儒家学说在秦朝统治思想中的地位、作用和影响,可以从诸多层面分析。

其一,秦始皇、秦二世对儒学和儒生的态度。

秦朝朝廷一直征用、礼遇儒者,对于儒生与经学一度也相当重视。秦朝有"博士"之官。博士之下又设置"诸生"。博士、诸生皆征聘、召集"文学"之士充任。秦始皇曾征聘七十余名学者担任博士,又召集两千多人为诸生,他还以"悉召"、"甚众"自诩。"文学"特指研究儒学经典等文献。以"文学"获得征用的秦朝博士可能来自不同学派,而其中闻名于后世者大多可以确认为儒家学者。如精通《尚书》的伏生、被称为"汉家儒宗"的叔孙通和被《汉书·艺文志》列入儒家的羊子等。"焚书坑儒"事件发生以后,仍然有儒家学者被征召为博士。叔孙通"秦时以文学征,待诏博士"。秦二世时"拜为博士"。他有"儒生弟子百余人"①。叔孙通等儒家传人在当时的政治生活中相当活跃。

有秦之世,从政的儒者甚多。依据制度,博士、诸生"掌古今"、"辨然否"、"典教职",可以治学,可以参政,享有一定礼遇。每逢皇帝大宴群臣,或集议大事,都有博士、诸生参与。有人还引经据典,依据儒家学说,臧否朝政,献纳谏言,甚至公然"以古非今"而不受惩处。

与汉高祖一样,秦始皇时常流露出对儒者的轻蔑。《史记》生动地记述了秦始皇从征聘博士,礼敬诸生,"尊赐之甚厚",到"由是轻诸生",再到"益轻诸生",最后发展到"焚书坑儒"的过程。在中国古代,轻蔑"俗儒"、"文人"是许多直面现实、积极进取的政治家、思想家(包括信奉儒学者)的常态。这样的统治者为数甚多,秦始皇只是其中的一员。然而秦始皇对儒家经学一度还是比较重视的,至少曾经给予一席之地。秦始皇的失误在于他看到一些儒者不务进取,不切实际,迂腐不堪,却没有深刻体察到儒家学说比专注于政治层面的法家学说更贴近社会大众。儒学依托着传统文化,植根于宗法社会,专注于伦理道德,既有华丽动人的外衣,又有深厚的社会基础,还有丰厚的文化底蕴和丰富的政治哲理,因此儒学对于君主专制政治有特定的、不可取代的作用。它更适合调整复杂的社会与政治,更有利于守成,统治手段也更全面。作为最高统治者,他可以轻蔑儒者,却不可以轻蔑儒学,尤其不应当轻蔑那些有真才实学的儒家学者。这个经验教训被后来者汲取,这或许是秦朝政治与汉唐政治有所不同的原因之一。

其二,儒家学说对法家学说的影响。

---

① 《史记》卷九九《刘敬叔孙通列传》。

秦的政治模式和统治方略深受以商鞅、韩非为代表的法家学派的影响,而法家学说又受到儒家学说的影响,因此儒家学说中的某些内容也会通过法家代表人物的思想言论曲折地影响秦朝的统治思想。

就文化渊源而言,儒法同源,都是商周文化在新的历史条件下的变异和再创造,它们分别着重采撷商周的伦理观念、刑名思想,形成两种风格不同的救世、强国理论。然而儒法两家都鼓吹贵贱有等,维护君权尊严,主张"王天下"、"定于一"。儒家的"礼"与法家的"法"也有许多共同的社会政治内容。这些基本共识必然导致两家的社会政治主张有相互融通之处。这也就决定了尽管儒法两家的主张乍然看去风格迥异,形同水火,而实际上它们是可以互相包容的。先秦法家代表人物大多有儒家文化背景,他们曾是儒门弟子,有由儒入法的经历。在《汉书·艺文志》中,李悝的著作一部分列为法家著作之首,另一部分又列入儒家一类。主持楚国变法的吴起曾师事孔子的高足曾子。韩非、李斯都是荀子的得意门生。尽管他们在不同程度上摒弃了儒家的主张,而在思想上却又不能不或多或少地受到儒家思想的影响。法家学者的著作中的确包容着一些儒家思想。《管子》中的法家著作大讲礼、仁、忠、孝、义,在这方面最为典型。《韩非子》中的一些思想也明显受到儒家的影响。

其三,儒学对秦朝实际政治的影响。

秦始皇是一个重视礼制的皇帝。正如儒学在秦朝的境遇暴露了它的弊端一样,儒学对秦朝政治的影响最能展现它的优长之处。儒之弊端和优长皆在一个"礼"字,儒学正是靠着礼学给予秦朝的政治制度、臣范官轨、伦理道德以深刻的影响。

儒学对秦朝制度的主要影响之一体现在礼制方面。"人道经纬万端,规矩无所不贯,诱进以仁义,束缚以刑罚,故德厚者位尊,禄重者宠荣,所以总一海内而整齐万民也。……是以君臣朝廷尊卑贵贱之序,下及黎庶车舆衣服宫室饮食嫁娶丧祭之分,事有宜适,物有节文。"①人们通常把这类思想归之于儒家,归之于孔子。其实不然。无论其思想源头,还是制度原型,都远在儒家学说创制之前就发生了。在儒、墨、法、名、阴阳以及道家中主治派的政论中,都为"礼"保留了一席之地。这一套思想和制度为当时一切主张实行君主制度的思想家所拥护,其中儒家论证得最系统,提倡得最卖力。在功劳簿上,自然要首先为儒家记上一笔。

秦始皇的许多作为和言论颇像一个"礼治"皇帝。秦朝的礼仪制度受传统观念和制度的影响最深,而讲究这一套是儒者之长。秦始皇曾指令群儒议定封禅典礼的仪轨。秦二世令群臣议定宗庙制度,而群臣所提出的方案与儒家经典之义大体相合。儒家以"礼"作为其全部政治学说的主干和基础。有关的制度显然深受儒家思想的影响。在秦朝礼仪制度的建设方面,儒家功不可没。

儒家学说对秦朝政治的又一个重要影响是政治道德。在云梦秦简《为吏之道》中,对广大官吏提出了系统的道德规范和行为准则,其中有"宽裕忠信,和平毋怨";"慈上勿陵,敬上勿犯";"正行修身",为民表率,以身作则;"除害兴利,兹(慈)爱百姓"等。文中还大讲处世哲学,诸如"中不方,名不章,外不员(圆),〔祸之门〕"等。这些思想与儒家经典的主张相同或相近,有些词语甚至相似或雷同。例如,《礼记·曲礼上》说:"临财毋苟得,临难毋苟免。"《为吏之道》也说:"临材(财)见利,不取句(苟)富;临难见死,不取句(苟)免"。《为吏之道》认为,"为人君则鬼(怀),为人臣则忠;为人父则兹(慈);为人子则孝。……君鬼(怀)臣忠,父兹(慈)子孝,政之本殹(也);志彻官治,上明下圣,治之纪殹(也)。"

① 《史记》卷二三《礼书》。

254

这个思想与孔子、孟子、荀子等先秦大儒"君礼臣忠"、"父慈子孝"、忠孝为本的主张别无二致。这些思想也应主要来自以儒家为代表的传统观念。法家代表人物很少讲这一套。

儒家的许多政治价值也获得秦朝统治者的认同。秦朝在各地的纪功刻石中,宣扬"仁义",大讲秦始皇的"仁"、"义"、"圣"、"德"。这些思想来自以儒家为代表的传统观念,而秦始皇、李斯等人显然是信奉这一套的。秦朝政府依据某些儒家价值标准,评价秦始皇的功业,向广大臣民播扬皇帝的功德,这从一个侧面显示了儒家学说在全社会的广泛影响。秦始皇君臣不仅宣扬这一套东西,而且以法律、政令的形式贯彻下去,凭借国家政权的强制力来维护这一套道德规范和价值体系。云梦秦简《语书》以太守发布教令的形式,明确提出:"为人臣"要"忠",作"良吏"要忠厚、"廉洁"、"有公心"、"能自端(正)"。这样一来各种道德说教也就具有了强制性的约束力。秦始皇依据儒家提倡的伦理观念,为天下臣民设定道德规范、法律规范,这实际上是凭借国家权力贯彻儒家的某些社会政治主张。儒家学说在组织、维系秦朝社会政治体系中的作用不可低估。

其四,儒家对当时社会文化的影响。

大量可靠的历史记载表明,儒学在秦朝有广泛的影响,当时尊崇、传授、修习儒学的人为数众多。直到秦始皇"焚书坑儒"之前,儒学的显学地位没有受到重大影响。

在战国时期的各个文化区域中,儒学有其传统优势地域,即以齐鲁文化区域为主的东方各国。鲁国是周公姬旦后裔的封地,有遵守周礼、提倡"亲亲"的政治习惯和文化传统。在春秋时期"礼崩乐坏"的大环境下,鲁国成为传承正宗西周文化的地域之一。以继承、发扬西周文化传统为己任的孔子就是鲁国人。孟子、荀子等大儒都是齐鲁及其附近地区的人。深刻影响中华文化几千年的儒学体系，既是齐鲁文化的结晶，又有更广泛的影响。在秦朝，齐鲁一带仍然是儒学的大本营。孔子九世孙孔鲋（孔甲）在当地颇有影响，秦始皇曾召其为鲁国文通君。荀子的弟子浮丘伯和秦朝博士叔孙通也是这一带的人。许多人还积极参与政治，为官做宦。作为当时一大显学的儒家，在政治上、学术上一直保持着强势和韧性，是一支不容忽视的政治势力。这股势力以齐鲁为中心，向全国辐射，对当时的政治、学术、礼仪、民俗都有重大影响。

对于儒家的影响，秦始皇的长子扶苏曾有一个估价。当秦始皇策划"坑儒"时，扶苏劝谏说："天下初定，远方黔首未集，诸生皆诵法孔子，今上皆重法绳之，臣恐天下不安。唯上察之。"[①]杀几个"诵法孔子"的人竟会导致"天下不安"，可见儒学的信奉者之众和社会影响之大。

应当指出的是：尽管许多儒家传人喜欢"以古非今"，对郡县制和"以法治国"多有微词，而儒学所鼓吹的"王道"学说并不是秦朝统治体系的天敌。在儒学的理论体系中，"礼"与"法"、"德"与"刑"本来就不是截然相分的概念。作为礼治德化理论的重要组成部分，本来就有关于法制、刑罚的理论，如在构成"王道"的"礼乐刑政"中，有与"礼"、"乐"相配合的"刑"、"政"。又如作为"王道"的重要法制原则的"德主刑辅"，有与"德"相辅相成的"刑"。在儒学体系中，也有比较重视法治、刑名的学派。以荀子为代表的儒家学者还对法家思想有所吸收，有所改造。他的两个高足韩非、李斯出儒入法。儒家的"大一统"思想更是与法家的有关主张异曲同工，互相唱和。秦代儒者整理《尚书》，把历代王者的诏告按照历史顺序排列。这个经过加工、整理的本子，以《尧典》为首篇，以《秦誓》为末篇，其政治功能在于将秦朝纳入帝王之统。总之，

---

① 《史记》卷六《秦始皇本纪》。

儒家学说对秦朝统治思想和实际政治的影响不可低估。

（三）阴阳家

秦朝的统治思想、政治模式和某些制度受阴阳家的影响很深。这集中体现在两个方面：一是秦始皇采用邹衍的"五德终始"说，以此论证秦朝皇帝奉天承运，并据以确定了秦朝的政治模式和一系列具体的制度。二是秦朝的一些政治规范深受阴阳家"四时之政"的影响。

"五德终始"说的发明权属于邹衍。邹衍，齐国人，阴阳家著名代表人物，大约生活在齐威王、宣王时期。邹衍"论著终始五德之运"，"以阴阳主运显于诸侯"，"及秦帝而齐人奏之，故始皇采用之"①。"五德终始"说是当时很流行的一种学说，深得各国统治者的青睐。吕不韦曾将这种学说编入《吕氏春秋》，并广为宣扬。秦始皇也笃信这种学说，并将其纳入秦朝的统治思想。从此"五德终始"说正式成为秦汉皇帝制度法定意识形态的重要组成部分。

"五德终始"说的基本论点是：金木水火土这"五德"支配着社会政治的历史性变化，其规律是："五德转移，治各其宜，而符应若兹。"②每一种"德"代表着一种特定的政治模式。每一王朝都由特定的德支配，这种德的属性决定着最适宜一个王朝的政治模式，而它的盛衰又决定着这个王朝的兴亡。五德代兴决定了王朝的更替，即"五德从所不胜，虞土，夏木，殷金，周火"③。虞舜"以土德王"，夏禹"以木德王"、商汤"以金德王"，周文王"以火德王"，代周而兴者将"以水德王"。此后依据土胜水、木胜土、金胜木、火胜

---

① 《史记》卷二八《封禅书》。
② 《史记》卷七四《孟子荀卿列传》。
③ 《文选》沈休文《故安陆昭王碑》李善注引《邹子》。

金、水胜火，无限循环往复。王朝更替之际，一德已衰，一德方兴，自然界必然出现相应的征兆。这类现象称之为"符应"、"符瑞"。新兴王朝必须改变政治模式，补救旧的政治模式的缺陷，并与自己所属的德相适应。《吕氏春秋·应同》对"帝王之将兴"的征兆有详细论证。

"五德终始"说不仅论证了王朝更替的必然性，而且论证了政治模式改变的必然性。它告诉当时的人们：王朝的更替符合"天命"、"主运"；火德的周朝行将被一个水德的王朝取代；新兴的王朝应当改变政治模式，用符合水德的"法治"代替符合火德的"礼治"。这种说法无疑是非常符合秦始皇的政治需要的。

秦始皇刚刚称帝，就有人对他推论"五德终始"之运，说："黄帝得土德，黄龙地螾见。夏得木德，青龙止于郊，草木畅茂。殷得金德，银自山溢。周得火德，有赤乌之符。今秦变周，水德之时。昔秦文公出猎，获黑龙，此其水德之瑞。"[1]这就是说，周朝为火德，应当被水德的王朝所取代，而秦朝的先公早就获得了"水德之瑞"，理当由秦取代周。现在秦朝实现了国家统一，以水德灭了火德，应当开始以水德模式治理天下。秦始皇欣然采纳，并采取具体措施完成新王改制的政治任务。

秦始皇自命"方今水德之始"，依据水德更改正朔及各项制度。依据阴阳五行之说，水属阴，方位为北方，时节为冬季，色彩为黑色，数字为六，音律为羽。于是秦始皇下令：更改黄河的名称为"德水"；以处于冬季的十月为一年之始，以建亥之月为正月，"朝贺皆自十月朔"；以黑色为王朝的象征，"衣服旄旌节旗皆上黑"；"数以六为纪，符、法冠皆六寸，而舆六尺，六尺为步，乘六马"；音乐则以大吕为上。秦始皇认为，水属阴，阴主刑杀，水德政治模式

---

① 《史记》卷二八《封禅书》。

采取法治,并以刑罚为主。因此,"刚毅戾深,事皆决于法,刻削毋仁恩和义,然后合五德之数。于是急法,久者不赦"①。

值得指出的是:秦始皇崇尚法制,重用狱吏,嗜好刑罚,刻薄寡恩,与他相信秦朝为水德,施治之术应当符合"五德之数"有直接关系。有关的观念与行为不能完全归咎于法家。秦的政治模式本来就与水德模式类似。秦始皇迷信阴阳家的"五德终始"说,以水德自命,使这种政治模式固定化,甚至凝固化。其结果是强化了这种政治模式的弊端。

秦朝以水德称帝、立国、施治是毋庸置疑的。秦始皇规定服色尚黑,更民名为黔首。黔,即黎黑色。考古发掘也为秦朝色彩尚黑提供了实物证据。秦都咸阳遗址建筑和人物画一般为黑色。秦朝数字尚六的证据更多。秦朝的兵符、法冠皆六寸,车轨、步长皆以六尺为度,车乘则以六马为驾。秦朝的各种政治措施都偏爱使用六的各种倍数。如"分天下以为三十六郡";铸"金人十二";"徙天下豪富于咸阳十二万户";修筑封禅的祭坛"皆广长十二丈";秦代刻石三句一韵,一句四字,三句十二字。碣石刻石一百零八字。泰山、芝罘、东观、峄山刻石皆一百四十四字等。秦始皇统一天下后的"阳陵虎符"铭文是:"甲兵之符,右在皇帝,左在阳陵。"共三句十二字。而秦统一之前的"新郪虎符"、"秦国杜虎符"的铭文则不然。这很可能与秦始皇依据水德改制有关②。

阴阳家的"时政"论对秦朝的统治思想也有一定的影响。时政,即四时之政。有关的政治观念和政治行为由来已久,阴阳家只是集其大成而已。最早从理论上系统论述时政的是《月令》。《月令》是阴阳家的一篇重要的经典。《吕氏春秋》全文收录了这篇文

---

① 《史记》卷六《秦始皇本纪》。
② 参见林剑鸣:《秦为水德无可置疑》,《考古与文物》1985年第2期。

章,并将它作为全书的大纲。儒家也将其收入《礼记》。可以说有关的观念和理论一直是中国古代统治思想的重要组成部分。

四时之政与农耕文明有直接关系。阴阳家将长期积累的有关的知识和认识套用到政治上,提出了系统的理论。《月令》的作者以太阳为宇宙结构的最高层次。太阳运转形成四时,即春、夏、秋、冬;每时又分为三个月。阴阳、五行与四时相配合,制导着生产、政令等各种人事活动。在生产方面,春种、夏长、秋收、冬藏。在政治方面,也必须采取相应的措施。例如,春季属木德,为万物萌发之时,政令的基本精神是布德施惠;夏季属火德,为万物繁茂之时,政令的基本精神是讲究礼乐;秋季属金德,为万物凋零之时,政令的基本精神是尚武用刑;冬季属水德,为万物闭藏之时,政令的基本精神是强化治安。与此相应,还有一系列与四时相应的禁忌。如春季禁止伐木杀生,夏季禁止大兴土木等。

在文献中,四时之政对于秦朝政治的影响缺乏详细的记载。而云梦秦简保存的《田律》证实秦朝的法律和政治显然接受了有关的思想,特别是在指导农业生产方面基本上照搬了《月令》的各种禁忌。其具体内容将在法制篇详细介绍。

秦始皇之所以以"五德终始"说论证秦朝统治的合法性,以水德规范秦朝的政治模式,并依据四时之政制定有关的法律,是因为这既是他和群臣的政治信仰,又是社会大众的政治信仰。

关于阴阳五行思想的起源问题,学术界聚讼不已,迄今尚无定论。但是众多的历史材料表明,有关的思想因素很早就产生了。阴与阳这两个相反相成的哲学范畴是中国古代哲学的核心概念。古老的《易经》就是这种思维方式的渊源之一。到春秋战国时期,阴阳范畴的解释能力已经推及宇宙间一切事物,即可以用来解释自然、社会、人生的一切对立统一的现象。不仅专门讲究阴阳学说的阴阳家成为当时六个最重要的理论学派之一,而且儒、道、墨、法、杂、兵等各家各派的著名思想家和《老子》、《周易》、《墨子》、《孟子》、《孙子兵法》、《庄子》、《荀子》、《吕氏春秋》、《韩非子》等先秦思想名著,都曾按照各自的理解运用阴阳理论论证其学说。五行学说的情况大致相同。五行也是中国哲学史上古老的哲学范畴之一。"五行"一词最早见于《尚书·甘誓》。但是有的学者认为这里的"五行"并不是指金、木、水、火、土。有的学者则不同意这种说法。无论如何,到西周时期,著名思想家伯阳父就已经开始运用阴阳学说、五行思想来判断政治兴衰、君臣互补。伯阳父是周幽王的太史,又称史伯。他根据金、木、水、火、土相杂"以成百物",推定君主必须接受臣下的谏诤,又根据阴阳失序、天灾不断及其他因素,推定西周将亡,齐、晋、楚、秦将兴①。从此以后,许多思想家都援引阴阳、五行思想论说社会、政治、军事等。到秦汉时期,阴阳五行说是全社会的重要信仰之一。顾颉刚曾把这个学说称为"中国人的思想律"②。范文澜曾以孙悟空跳不出如来佛的手掌,来比喻阴阳五行学说对中国人的影响③。这种社会思潮性的政治理论和大众信仰不可能不被纳入秦朝的统治思想。

(四)墨家

墨家是战国时期的显学之一,其信徒很多,影响颇大。一种流行的观点是,墨家学说代表社会下层民众的意愿,其尚贤、非攻、兼爱、节用、尚同思想不合乎统治者的需要。许多学者甚至认为,墨家主张民主、平等、博爱。但是,上述看法忽略了这样一个事实:墨家的思想与实践都不具有与君主政治相对立的性质。墨家学者

---

① 参见《国语·郑语》、《国语·周语上》。
② 顾颉刚:《五德终始下的政治和历史》,见顾颉刚等编著的《古史辨》第5册,上海古籍出版社1982年版,第404页。
③ 范文澜:《与顾颉刚论五行说的起源》,见顾颉刚等编著的《古史辨》第5册,上海古籍出版社1982年版,第641页。

还得到包括秦国在内的一些国家君主的礼遇。在当时的历史条件下，一种否定君主专制制度的学说不可能成为一时之显学，更不可能得到君主们的青睐。仔细分析墨家的政治思想体系就不难发现：墨家的某些具体主张可能不能迎合统治者的欲望，而其政治思想体系与秦汉以来的统治思想并无根本性的矛盾。在政治上，墨家属于专制主义。

墨家主张尚同，其要点有六：一是人类必须实行君主制度。墨家认为，上古无君，以至"天下之乱，若禽兽然"。为了制止人们"自爱"、"自利"、"一人一义"而引起的纷争，实现兼爱交利，必须设立"政长"，实行"刑政"，由最高统治者实现"尚同"。二是最高政长至贵至智。墨家认为，由"贵且智"者治理"贱且愚"者是不可移易的根本法则。天子由天选贤而立，助天为治，他是人世间极贵、极富、极智的人。在人间，天子是最高的绝对权威。三是天子选拔任命各级政长。墨家认为，天子一人无法独治天下，他必须选贤任能，立三公、封诸侯，建立自上而下的政长体系，形成各级政权。三是政长逐级尚同。每一级政长必须对上级负责，逐级尚同。家君发布宪令于其家，并尚同于里长。里长尚同于乡长，乡长尚同于国君，国君尚同于天子，天子尚同于天。天子依据天意发布宪令，"一同天下之义"。四是下级绝对服从上级。墨家主张，上下级之间是绝对隶属关系，下可以规谏上，但下必须服从上，"上之所是，必亦是之；上之所非，必亦非之"。五是以赏罚保证政令实施。墨家认为，赏罚是政治之本。政长体系以刑政赏罚为治，"下比而非其上者，上得而诛罚之"。天子有权赏罚天下一切善者或不善者，以使广大臣民"无有敢纷天子之教者"。其六，维护等级制度。墨家认为，"无君臣上下长幼之节，父子兄弟之礼，是以天下乱焉"①。一切尚

---

①　以上引文均见《墨子·尚同中》。

同于天子的制度模式和组织原则表明,墨家的政长体系属于法制化的中央集权君主专制政体。换句话说,秦朝的制度模式和组织原则基本上符合墨家的政治设计。

墨家主张兼爱、尚贤、节用、非攻。这些政治主张与秦汉以来统治者的治国方略并没有根本性的矛盾,有的主张甚至非常符合秦的统治者的口味。以墨家尚贤说为例,墨家反对以分封亲亲为基本特征的世卿世禄制度,主张圣王治理天下任人唯贤,用人应当不论出身贵贱,"虽在农与工肆之人,有能则举之"①。天子对于贤者要"富之、贵之、敬之、誉之",对那些"不肖者"要"抑而废之,贫而贱之,以为徒役"②,从而使"官无常贵而民无终贱"。实际上,自秦孝公以来,秦国的功勋爵制度一直实践着这种政治主张。秦始皇等最高统治者怎能因为墨家尚贤而对之深恶痛绝呢?

早在战国、秦汉之时,许多非墨家的学者就已经指出,墨学中包含着有利于君主政治的内容。吕不韦主编《吕氏春秋》,吸收墨家学者参加,并把节葬、尚俭思想纳入书中。司马谈、司马迁、刘向、班固等都肯定了墨家之所长,认为墨家一些政治主张"虽百家弗能废也"。汉代的《淮南子》对墨家也推崇至。这些事实表明墨学与当时的统治思想并非格格不入。

墨家学说对秦的统治思想也有一定的影响。墨家学说主要通过三个渠道对秦朝统治思想产生影响。

第一个渠道是墨家学者与秦国统治者的密切交往。据《吕氏春秋》记载,秦惠王与墨家学者交往密切。如《去私》记载着秦惠王礼敬墨家钜子腹䪍,给予特别的优待。钜子又称"巨子",即墨家团体的首领。《首时》记载着墨者田鸠晋见秦惠王的故事。田

---

① 《墨子·尚贤上》。
② 《墨子·尚贤中》。

鸠还对秦王大讲"汤武之贤"、"桀纣之时"以及"得天下"之道。《去宥》记载着秦之墨者唐姑果与东方之墨者谢子争宠的故事。这些记载表明,墨家学者在秦国有一定的政治地位和影响。一些研究者早就指出:墨家有拥秦之嫌①。墨家学者在秦国从政是有历史传统的。在秦始皇统治时期也有一定数量的墨家学者参加到政权体系中。这些从政者会在一定程度上影响秦国的政治与学术。

第二条渠道是墨家对法家等学派的影响。在学术史上,墨家的君主集权思想、任贤使能思想和法制刑政思想等,对法家学说的形成和完善有一定的影响。儒墨两家的许多政见更是大同小异。一些儒家学者的强本节用思想与墨家很相似。这就使墨家的一些主张通过被其他学派认同而嫁接到统治思想中去。

第三条渠道是统治者的自觉采择。秦相吕不韦将墨家强本节用论纳入《吕氏春秋》,正是采择了墨家学说中"不可废"的特色思想。秦始皇骄奢淫逸,不可能实行"节用"政策,然而他也宣称:"上农除末,黔首是富","节事以时,诸产繁殖"②。他与历代皇帝一样,"强本节用"这块招牌还是要高举的。秦汉以后,许多皇帝把墨家的节用、节俭思想写入自己的诏旨、著作,甚至所使用的语言都抄袭于《墨子》。唐太宗的《帝范》等便是实例。"强本节用"一直是中国古代统治思想的基本构成之一,而墨家在这方面是有特殊贡献的。

(五)道家

由于文献阙如,很难找到有关道家对秦始皇有直接影响的可靠证据。但是,可以有把握地推断:道家学说对于秦朝的统治思想

---

① 参见方授楚:《墨学源流》,中华书局1934年版,第201—210页。
② 《史记》卷六《秦始皇本纪》。

也有一定的影响。

　　道家学派比较复杂。先秦道家中的一些学者有无君论的倾向，而更多的道家学者是主张实行君主专制的。特别是在战国秦汉之际，黄老一派在政治上颇有影响，并获得一些统治者的青睐，曾经为皇帝制度法定意识形态的确立做出过特殊贡献。先秦道家对秦朝统治思想的影响主要通过四个渠道实现。

　　第一个渠道是以区域文化为媒介。道家学派与楚人、楚国、楚文化关系密切，在以楚国为中心的南方地区有较大的影响。这个文化区域与深受法家影响的秦晋文化区域和深受儒家影响的齐鲁文化区域鼎足而立。道家学说可以通过一个重要的区域文化，影响大众心态和现实政治，进而或多或少地影响秦朝的统治思想。

　　第二个渠道是以其他学派为媒介。作为先秦无为而治思潮的典型代表，道家学说在当时有广泛的影响。道家的"臣有为而君无为"论基本上被儒家、法家吸收，并成为中国古代君臣论的纲领。其中法家关于君主无为之术的基本思路和主要内容来自道家学说。《吕氏春秋》、《韩非子》等都深受道家哲学的影响。从秦朝的制度和秦始皇的许多政治行为看，道家的君主无为驭臣之术确实被嫁接到秦朝的统治思想中来。秦始皇标榜"体道行德，尊号大成"[1]。学者多认为它来自道家。其实君主应当体道、守道、行道的思想可以说是百家共识。

　　第三个渠道是道家独有的学术优势。在先秦，道家的形上思维独领风骚。道家经典《老子》是一部在中国古代影响最为深远的政治哲学著作。它为历代统治者所津津乐道。法家著名代表人物慎到、申不害、韩非的哲学思想深受老子哲学的熏陶。慎到在哲学上可以划归道家，在政治上则属于法家。申不害以"道"论"术"

　　──────────

　　①　《史记》卷六《秦始皇本纪》。

也很有特点。《韩非子·解老》是现存第一部系统诠释《老子》的学术著作。韩非的"因道全法"思想显然受到道家"道生法"思想的影响。这种学术交流是潜移默化的,而它对人们思维方式的影响又是极其深刻的。

第四条渠道是道家自身的理论发展。在战国,许多道家学派已经奉行兼收并蓄的方针。《管子》中的道家著作,兼收法、儒,大讲道、义、礼、法的统一。《文子》也具有类似的特点。黄老一派则以道家为宗,综合百家,提出了系统的政治主张。在这一派的学说中,大讲文武、德刑、刚柔并用之术,将道家的法自然、阴阳家的合阴阳、儒家的崇道德、法家的重法治、名家的审刑名等结合在一起,提出了一整套君主集权主张。《经法》、《十六经》、《道原》、《称》等黄老派的著作力主以法治刑名实现君主集权。许多学者称其为"道法"家。就基本政治主张而言,这些思想与秦朝的统治思想是大体相合的。

（六）名家

先秦名家以重视"形名"之学著称,它既不是一个统一的哲学流派,更不是一个统一的政治思想流派。儒、墨、法诸家都很重视形名之学,而名家特指一批专门研究形名关系的学者。以形名之学讨论政治的学者大多把关于"形名"的哲学思辨与"刑名"、"名分"、"正名"等政治问题结合起来。例如,《邓析子·无厚》认为礼法、政令、爵号、仪式等社会规定性的东西都是名,其中法最具权威性。在政治上,"定名"之权属于君主,"明君审一,万物自定"。其具体主张是:明确区分"君之事"和"臣之事"。君操其名,"循名责实";臣效其实,"奉法宣令"。圣王明主的特点是:无为而治,独断专行,"循名责实,察法立威"。名家的这类思想基本上被法家、儒家、道家吸收,为法治论、礼治论和无为而治论提供了思想材料。

秦始皇在施政中,擅长运用刑名之术,他非常重视"审一"正名,立法定分,"循名责实"。这是符合名家"控名责实,参伍不失"的思路的。尽管秦始皇可能不是直接从名家那里学来的,但是名家的主要政治主张显然是当时统治思想的一个组成部分。

从以上分析不难看出,秦王朝的统治思想与西汉王朝统治思想就基本构成和基本取向而言,大同而小异。主要区别在于,由于皇帝制度的政治指导原则尚不成熟,法定意识形态尚未确定,秦王朝的统治思想比较粗糙,同时又受秦国的政治传统和秦始皇及其重要辅臣的政治倾向影响,其中法家思想的成分也比较浓重一些,而汉武帝以后,经过长期的选择,统治思想进一步完善,又确立了儒家学说的主导地位。无论如何,秦汉的基本政治制度和基本政治模式属于同一类型,它们的统治思想不可能有根本性的差别。最能体现秦汉统治思想一致性的是"大一统"。

第三节　"大一统"观念的全面实现

无论如何评说功过得失,有一个历史事实是毋庸置疑的:在中国历史上,秦始皇第一次从疆域上、制度上和文化上名副其实地实现了"大一统"。秦始皇的"大一统"观念及相关的制度堪称这种政治观念和政治制度的范本。因此,"大一统"是评价秦始皇和评说"秦始皇现象"所必不可少的话题。

一、从"王天下"观念到"大一统"理论

许多学者把"大一统"的制度与思想说成是自秦朝以来的历史现象。似乎有了秦始皇的帝制,才有了"大一统"和君主独裁。因而他们把构筑"大一统"制度的罪过或功劳加诸秦始皇头上。

其实这与历史的实际过程并不相符。客观公正地说，无论"大一统"理论，还是"大一统"制度，都不是秦始皇发明创造的。他的历史贡献在于通过缔造规模空前的大帝国并构建皇帝制度，第一次全面地、名副其实地实现了"大一统"。

"大一统"一词始见于《公羊传》。"大"，即张大；"一统"，即统于一。"大一统"，即张大一统，以一统为大。

如果把中国古代的"大一统"比作一条历史长河，那么先秦就是河水初丰之时。夏商周时期的"王有天下"观念是"大一统"观念的滥觞。当时的"天下共主"政治模式与王权至上观念为"大一统"思想的形成提供了基本条件。"大一统"的基础理论和制度模式到战国时期已经初具规模。秦始皇所创立的皇帝制度则集其大成。

先秦绝大多数思想流派和思想家都为"大一统"观念的理论化和制度化做出过贡献。其中孔夫子的许多思想一直是后世学者论说王权至上、政治一统的重要理论依据。他可以算作打造"大一统"理论的第一人。最终完成这个理论构思的也正是孔夫子的传人。以老子为代表的道家将"道"与"一"的思辨奉献给"大一统"理论，以"天大"、"道大"论证"王大"。从此以后，思想家们纷纷效仿和发挥，以"一"论说宇宙、社会和政治蔚然成风，遂成为中国古代政治哲学的一大特色。一批著名法家代表人物则无愧为专制主义中央集权制度这座政治大厦的设计师和建筑师，他们为"大一统"制度的建立做了许多实实在在的事情。墨家的尚同论也是典型的"大一统"论。先秦儒、道、墨、法等诸家都提出了各自的"大一统"理论，而战国七雄的政治制度都属于"大一统"模式。无论由哪个学派占据统治思想的主导地位，无论由哪一个国家统一天下，都不会背离"大一统"这三个字。

"大一统"是中国古代重要的政治思想命题之一。在政治上，

"大一统"包含着国家统一、中央集权和君主专制等多重意义。在当时的历史条件下,这些涵义具有内在的一致性。一统是与多元相对而言的。统一是与分裂相对而言的。所以,"大一统"论的基本价值取向是一而不二,合而不分。为了维护"大一统",思想家们有时也论及"一"与"二"、"合"与"分"、"本"与"末"的关系,诸如君主必有"辅贰"而政事应有所分工之类。但是天下国家不二,最高权力不二,帝王统绪不二,文化价值不二,历来被绝大多数学派和绝大多数思想家视为最理想的境界。"大一统"的内涵比"君主专制"的内涵要丰富得多,不能简单地将二者等同,然而在特定的历史条件下,二者总是纠缠在一起。对"大一统"的追求只能导向中央集权,而中央集权势必强化君主专制。王权一统的归宿是君主专制。

为了研究的方便,下面在分析"大一统"观念和皇帝制度的时候,将使用两个概念:"价值专制主义"和"制度专制主义"。价值专制主义特指专制主义的价值体系,属于精神层面的历史现象。制度专制主义特指专制主义的制度体系,属于物质层面的历史现象。在历史的实际过程中,它们既大致相分,又无法完全割裂开来,一方面属于观念形态的价值专制主义未必能够立即或全面体现为制度,其中某些理想主义的成分也未必能够原原本本地付诸实践,另一方面,价值追求显然不是纯粹观念形态的,论证、认同、追求专制主义价值目标,必然包括一定层次、一些方面、一定程度的践履,而全面践履专制主义,使之政治制度化,也必然推动这个价值体系的进一步发展。

如果把"大一统"观念归为"价值专制主义",那么皇帝制度就是"制度专制主义",二者相辅相成、互动互换、共寓一体。中国古代专制主义的价值体系很早就形成了。在先秦儒家、道家、墨家、法家手中这个价值体系已经达到高度理论化的程度。经过长期的历史演变,到秦始皇统治时期"价值专制主义"全面转化为"制度专制主义",二者互为里表,共同构成皇帝制度的基础和主干。皇帝制度将"大一统"观念与"大一统"制度有机地结合在一起,实现了价值与制度的统一。从此以后,中国式的专制主义在精神上和物质上都逐步达到其巅峰状态。

二、"大一统"理论的基本内容和秦朝的"大一统"

作为系统化的理论体系,"大一统"的内容十分丰富,它几乎可以包纳中国古代政治学说关于国家、政体的主要思路。就主要内容而言,宇宙一统是"大一统"的哲学基础,政治一统是"大一统"的核心内容,王权一统是"大一统"的基本宗旨,天下一家是"大一统"的社会理想。"大一统"论又可以分解为一批相关的具体论点。

(一)天道一统

天道一统是"大一统"的哲学基础。《老子》认为"道生一"。《庄子》、《韩非子》认为道即一,一即道。《吕氏春秋》以"太一"界定道。诸子百家皆以"一"论天道、道。无论人们认为天即道、道即天,还是道生天、天法道,他们都把"一"视为天道、道的本质属性。"一"是宇宙的基本法则,这就注定了"一"也是社会的基本模式和法则。

先秦绝大多数思想家认为,天道决定人道,天之"一"派生出王之"一"。《老子·六十二章》在论证"道者,万物之奥"时,提出必须"立天子,置三公"以维护道义。《周易》以"一阴一阳"之道论证人间的贵贱等级和君尊臣卑。《墨子》以"天"为"人"立义,论证必须由天子"一同天下之义"。《韩非子·扬权》以"道无双,故曰一"论证中央集权。人类社会中的政治一统、王权一统是符合天道一统的,人统一于天,必先统一于王,所以君临天下,又称为

"得天统"①。

秦始皇不是一个哲学家,然而他不可能不受到这种影响广泛的政治哲学思潮的影响,更不会反对用这种政治哲学论证由皇帝实行一统的制度。秦始皇的许多观念和行为证明他是笃信关于"一"的政治哲理的。

(二)江山一统

江山一统是"大一统"的国家形态。江山一统的具体历史内容是政权、土地、人民皆归最高统治者所有。自孔子以来,人们普遍认同"贵为天子,富有天下"②。江山一统的核心是皇帝对天下土地的占有,进而实现政治、文化的一统。

秦始皇自诩"六合之内,皇帝之土。西涉流沙,南尽北户。东有东海,北过大夏。人迹所至,无不臣者"。"日月所照,舟舆所载。皆终其命,莫不得意"③。他切实取得了对全国土地的有效支配权,第一次名副其实地实现了在华夏国家疆域内的"大一统"。

(三)治权一统

治权一统是"大一统"的政治结构。最高权力不可分割,这是"大一统"论的精髓。在实行独头政治这一点上,儒家、墨家、法家、杂家及道家中的求治派的认识是高度一致的。他们都有系统的理论阐述。其中孔子的"天无二日,土无二王"说 最具影响力和权威性。为了保证独头政治的正常运转,不仅要在等级制度上确保天子至尊,采取各种措施尊君卑臣,还要在权力配置上确保天子对臣下的有效支配,这叫做"隆一而治,二而乱"④。法家、墨家、道家都有类似的观点。治权一统排斥一切可能使治权分化的政治模

---

① 《史记》卷八《高祖本纪》。
② 《礼记·中庸》。
③ 《史记》卷六《秦始皇本纪》。
④ 《荀子·致士》。

271

式。因此,"大一统"以中央集权为基本取向。

实现治权一统的关键是强干弱枝,即采取一系列措施确保中央对地方的控制和支配。"国家之立也,本大而末小,是以能固。"①如何使"本大末小"? 当时有两种方案。大多数学者沿袭传统观念,主张实行分封制,又都认为"国不堪二"②,主张天子的直属领地要远远超过诸侯的领地,确保中央政府"以大使小,以重使轻,以众使寡",否则"势有敌,则王者废矣"③。另一种主张更彻底,即废除分封制,实行郡县制。

秦始皇自诩"海内为郡县,法令由一统,自上古以来未尝有,五帝所不及"④。他以君天下、国郡县、家编民体制彻底取代君天下、国诸侯、家大夫体制,彻底解决了强干弱枝的政治课题,这就从制度上真正实现了治权一统。

(四)政令一统

政令一统是"大一统"的政治操作模式。古今论者多认为这种政治理念和操作模式来自法家。其实不尽然。它应当来自一种普遍政治意识,也很符合儒家、墨家、道家等先秦主要政治思想流派的政见。

孔子对西周的王制与王政极口称赞。他认为西周王权的特征是天子执掌最高权力,诸侯以下莫不从命。他提出了一个重要的政治价值标准:"天下有道,则礼乐征伐自天子出;天下无道,则礼乐征伐自诸侯出。……天下有道,则政不在大夫;天下有道,则庶民不议。"⑤最高政治权力集中在最高统治者手中则为"天下有

---

① 《左传·桓公二年》。
② 《左传·隐公元年》。
③ 《吕氏春秋·审分览·慎势》。
④ 《史记》卷六《秦始皇本纪》。
⑤ 《论语·季氏》。

道",否则为"天下无道"。孔子的这个思想后来一直是"大一统"论的重要理论依据之一。

政令一统集中体现为天子是惟一的立法者。《商君书·定分》说:"人主为法于上,下民议之于下,是法令不定,以下为上也。"君立法,臣守法,民从法,下民不得议论法令,这是许多学派的共识。天子集权,独断大事,立法布令,临御天下。秦始皇"法令由一统"的统治理念和政治操作方式完全符合"大一统"模式。

(五)帝位一统

帝位一统是对实现"大一统"的主体的界定。《公羊传》的作者认为"君统"是实现大一统的基本条件。君国一体的具体表现之一是政权世袭。"国君何以为一体? 国君以国为体。诸侯世,故国君为一体也。"[1]"大一统"以君、家、国一体为基本特征,君权世袭才能保证最高权力的合法性。在通常情况下,惟有君主的合法继承人才是正统传人。这是为中国古代绝大多数人所认同的政治观念。

帝位一统是"大一统"的题中之义。对于帝位一统,法家等其他学派的论述远不如儒家充分、周到,而秦始皇并没有忽略这个至关重要的问题。他把帝位一统作为一项基本制度,一再重申,向广大臣民宣布:"朕为始皇帝。后世以计数,二世三世至于万世,传之无穷。"[2]秦始皇的这些做法都是符合"大一统"观念的。

(六)王道一统

王道一统是"大一统"的统治原则。人们普遍认为必须由"王者"立"王制",行"王政",以"王道"一天下、正天下。这就确立了"大一统"的一项重要的政治原则,即帝王必须以王道为统治

---

① 《公羊传·庄公四年》。

② 《史记》卷六《秦始皇本纪》。

思想。

秦始皇至少在口头上表示要遵循道义，所谓"圣智仁义，显白道理"，"皇帝躬圣，既平天下，不懈于治"①。在通常情况下，这位"法治"皇帝也是遵循有关政治原则施治的。那种认为秦始皇不遵循任何政治原则，总是一意孤行的见解，与历史事实有一定的距离。

（七）文化一统

文化一统是"大一统"在思想文化方面的特征。思想文化的统一是国家统一、万民归心的重要保证。文化一统的理论是先秦诸子所共同创造的。先秦诸子大多主张圣者为王、圣者为师。道家主张侯王"执一"，儒家主张王者"定于一"，墨家主张天子"一天下之义"，法家主张君主"作一"，《吕氏春秋》主张"天子必执一"，这里的"一"都包含着文化、思想、学术统一的内容。在理论上，"一"之者是"圣人"、"圣王"、"天子"。一涉及到具体操作，就必然落实到最高统治者身上。荀子说："圣也者，尽伦者也。王也者，尽制者也。两尽者，足以为天下极矣。故学者以圣王为师，案以圣王之制为法。"②由此而形成的文化一统，只能导向文化专制。儒、道、墨、法等诸家都主张由国家权力统一学术、统一思想。一些人甚至主张以烧、罚、诛等行政手段"禁言"、"禁心"。

秦始皇"别黑白而定一尊"的政治实践体现着文化一统的政治诉求，他甚至不惜动用专横的"焚书"手段。经过秦始皇的规范和整治，以文化专制为重要特征的文化一统成为现实。应当指出的是：秦始皇统一文字、统一风俗的措施，对于中华文化共同体的发展做出了历史性的贡献。

---

① 《史记》卷六《秦始皇本纪》。

② 《荀子·解蔽》。

（八）华夷一统

华夷之辨是"大一统"理论的重要内容之一。孔子及其传人是华夷之辨理论的主要创造者。《公羊传》及其历代注疏者认为：礼义是华夏的精髓，是华夷之别的关键；"尊王攘夷"、"华必统夷"、"以夏变夷"是"春秋大义"之所在，而"尊王攘夷"的目的是维护以华夏王权为天下共主、以华夏文明为共同取向的"大一统"。华夷一统是由政治统一逐步达到文化统一、民族统一的过程。最理想的境界是天下一家，遐迩一体。"大一统"论的这种认识有利于兼容并包，民族融合，对中华民族和多民族统一国家的形成发挥过积极的作用。但是，在当时的历史条件下，其主旨是论证王权与王道的重要性以及贯彻王权一统所应达到的终极目标。

秦始皇消灭六国之后，并没有停止战争的步伐，而是将疆域向南北两个方向大幅度扩张。尽管这些战争行动的直接动机与国家安全有关，而在秦始皇的政治意识中也有华夷一统，使天下"罔不宾服"[①]的政治诉求。无论秦始皇的主观意图是什么，他的政治功业促进了统一多民族国家的形成。

（九）天下一家

"大一统"的"王制"理想是"四海之内若一家"[②]。每当人们谈到理想政治时，常常会有这样的说法："圣帝在上，德流天下，诸侯宾服，威振四夷，连四海之外以为席，安于覆盂，天下平均，合为一家。"[③]普天之下，无论远近大小，共戴一主，并为一国，汇聚一族，合成一家，这种理想境界显然集天下一统、治权一统、政令一统、帝位一统、王道一统、文化一统、华夷一统于一体。"天下一

---

① 《史记》卷六《秦始皇本纪》。
② 《荀子·王制》。
③ 《史记》卷一二六《滑稽列传》。

家"无疑是"大一统"的极致。天下风俗划一,族群不分华夷,人人相亲相爱,这是"大一统"论为中华民族设定的一个理想,一个目标。

秦始皇全面实现"大一统"具有划时代的意义。在歌颂皇帝的功德时,秦朝群臣宣称:"古之帝者,地不过千里,诸侯各守其封域,或朝或否,相侵暴乱,残伐不止,犹刻金石,以自为纪。古之五帝三王,知教不同,法度不明,假威鬼神,以欺远方,实不称名,故不久长。其身未殁,诸侯倍叛,法令不行。今皇帝并一海内,以为郡县,天下和平。"[1]这个估价在很大程度上是符合历史事实的。

三、"大一统"的政治意义和历史意义

"大一统"论是一套完备的、体系化、哲理化的政治理论。这套理论主要是为了论证国家形态、制度原理及相关的政策而设的。"大一统"论及相关的政治观念在中华民族的形成和发展、中国统一的多民族国家的形成和发展以及专制主义中央集权制度形成和发展的过程中发挥过重要的作用。在当时的历史条件下,"大一统"论既包含着理性的思考并有利于中华民族的整合,又包含着价值悖谬并导致王权的极端化。

如果说皇帝观念是皇帝制度的政治文化基础,那么"大一统"论就是皇帝制度的政治理论基础。这种文化基础是先秦绝大多数社会成员所共同创造的,而这种理论基础则是先秦绝大多数思想家所共同构思的。随着专制主义中央集权政体的成长壮大,这种文化和理论逐步转化为现实。秦始皇缔造"大一统"的帝国,不是一种个体行为,而是一种群体性的行为。战国时期各国的政治体制都属于"大一统"模式,无论哪个国家统一天下都会建立"大一

---

① 《史记》卷六《秦始皇本纪》。

276

统"的帝制。实际上这是历史演变大趋势使然。在制度演化过程中,实现和维护国家统一、政治安定是一种自发的内在驱动力。在中国古代特定的历史条件下,这种驱动力的政治目标直指"土无二王"与中央集权,其结果必然造就大帝国和帝制。秦皇为"五帝所不及"者,主要不在于疆域,而在于制度。秦始皇确立的皇帝制度是全面实现"大一统"论的根本保证。

"大一统"王朝的建立和"大一统"理论的发展促进了中华文化共同体的基本形成,并从政治、经济、文化、民族等诸多层面维护着国家的统一。秦始皇把更加辽阔的版图统一于中央王权的政令、军令之下,又通过大规模的移民和边境开发把中华文化播扬四方。"大一统"体制雷厉风行地扫荡着各地之间的形形色色的"异",包括政制之异、法令之异、道德之异、文字之异、货币之异、车轨之异等。在秦汉时期,汉族正式形成。一统的帝国、一统的制度、一统的文化造就了统一的国家、统一的民族。在广阔的疆域内,人们书同文,车同轨,度同制,行同伦,地同域。文化的、民族的凝聚力进一步强化了国家的凝聚力。

王权的不断强化和中央集权政体的不断完善是国家统一的重要的制度保证。而"大一统"的理论对这种制度的强化与完善具有重要的指导作用。王权与中央集权政体的发展集中体现为地方行政制度的演变。总的发展趋势是中央对地方控制越来越严密。这种制度通常有利于社会安定和经济发展,可是由此而导致的王权过度强化又会引发许多政治弊端。

与"大一统"论互为因果的王权制度曾对中国古代社会历史发展起过积极作用,这是不能否认的历史事实。它使中华文化在长达数千年的时间里成为具有真实意义的统一文化,并曾造就了汉唐盛世。在某种意义上可以说,没有依据"大一统"论而缔造的政治、经济、文化空前统一的中华大帝国,或许就没有中国这个幅员如此辽阔、人口如此众多、历史如此悠久,万世一脉,统一的、多民族的泱泱大国,也不会有令炎黄子孙自豪,令世人钦敬不已的华夏古代文明。

在世界古代史上,中华民族的文明发展程度最高,经济与科技成就最大。这是毋庸置疑的历史事实,也获得世界上一切不带偏见或比较客观而略有偏见的史学家的公认。

一些西方史学家在编写世界通史的时候把近代以前的世界史划分为四大段落,即文明之前的人类、欧亚大陆的古代文明(公元前 3000 年—公元前 1000 年)、欧亚大陆的古典文明(公元前 1000 年—公元 500 年)、欧亚大陆的中世纪文明(公元 500 年—1500 年)。他们依据这个分析框架,充分肯定了华夏文明的成就。

在"文明之前的人类"阶段,华夏先民就已经创造出独特的文化类型。在"古代文明"阶段,中国是公认的世界四大文明古国之一。在"古典文明"阶段,南亚次大陆、东亚大陆的中原地区和欧洲的地中海沿岸地区形成了三个文化高度发达的核心区。在这个时期,欧亚大陆完成了帝国化。中华大地产生了组织能力和统一程度均优于罗马帝国的秦汉帝国。在"中世纪文明"阶段,中华文明可以用"首屈一指"、"无与伦比"、"傲视群雄"、"独占鳌头"等字眼点评而当之无愧。汉唐以降,明清以前,中国无论在文明发展程度,还是在人口数量、经济规模、科技发明等方面,都在世界上居于绝对优势地位。斯塔夫里阿诺斯的说法很有代表性:"中世纪时期,中国则突飞猛进,仍是世界上最富饶、人口最多、在许多方面文化最先进的国家。……这一点不应抹杀:整整 1000 年,中国文明以其顽强的生命力和对人类遗产的巨大贡献,始终居世界领先地位。"他指出:当时中国对世界的最大贡献是技术。"中世纪时期,中国人在欧亚大陆的交流中,通常是捐献者,而不是接受者。……在公元后的 14 个世纪中,中国则是技术革新的伟大中心,向欧亚大陆其他地区传播了许多发明。"①技术对人类文明发展具有决定性的作用,这也是人所共知的。

在世界四大文明古国中,美索布达米亚文明、古埃及文明、古印度文明都因居民人种或种族的改变而中途断绝自然历史过程,惟有中华文明历经各个历史阶段而传延至今。中华文明不仅传承数千年而长盛不衰,而且曾将领先优势地位保持了近两千年。在世界古代文明史上,中华文明的统一性、连续性及其历史成就都是无人可比的。

然而皇帝制度是中华古代文明赖以维系的政治制度,这个文明的历史性贡献与皇帝制度直接相关。在剖析、评价中国的皇帝制度并批判其历史性暴虐的时候,如果忽略了它曾经创造过人类历史上最伟大、最持久、最辉煌的古代文明这个重要的历史事实,就很可能得出与客观事实不尽相符的结论。

在当时的历史条件下,"大一统"论显然是一种尊君的理论。依照"大一统"论所建立的国家体制是以专制王权为基本模式的。因此,它在历史发展过程中的消极作用也是不能否认的。

---

① 参见[美]L.S.斯塔夫里阿诺斯:《全球通史——1500年以前的世界》,中译本,吴象婴、梁赤民译,上海社会科学出版社1988年版,第429页。

第七章　制度篇：确立中央集权政治制度的"圣王"（一）

秦始皇又一个创造性的政治功业是建立了可以称之为"皇帝制度"的统治体系。皇帝制度将政治统治和社会控制结合在一起，形成体系化的统治模式及管理模式。"统一"和"一统"是这套制度的基本特征。

秦始皇非常重视政治的规范化、制度化、法制化，在制度建设上下了很大功夫。在《史记·秦始皇本纪》中，关于制度建设的内容很丰富，涉及到政治制度、等级制度、经济制度、军事制度、文化制度、法律制度等。其他历史文献和出土文物则保存了这套制度的许多细节。围绕一些重大制度，朝堂之上不断引发争论。这也透露了习惯势力的强韧和制度创新的艰辛。秦始皇总结历史的经验教训，以秦国制度为主，兼采六国制度之长，有所补充，有所修改，有所创造。秦朝的政治制度几乎汲取了春秋战国以来一切重大的制度革新成果，不仅逐一建立了各方面的具体制度，而且使这些制度相互匹配，构成比较完备的制度体系。这套制度还在很大程度上实现了法制化。与历代王朝相比较，秦朝的政治结构受宗法关系的影响最小。除皇权层面外，基本上排除了宗法制度在政治结构中的作用。这都是很有特色的。

秦始皇定制立法的成果可以说达到了在当时的历史条件下所能达到的最高成就。他比较全面地实践了世界史上第一套真正的国家与法的理论，即法家学说。在秦始皇所生活的时代，建立帝制,建立帝制统治下的大帝国,是欧亚大陆各地社会历史演变的大趋势。这个共同的大趋势有其历史的合理性。建立帝制也是人类社会文明发展过程中的历史性标志之一。比较一下同一时代世界各地大帝国的政治理论和政治制度,就不难看出秦朝制度的成功之处:在那个时代,秦朝政治的规范化、制度化、法制化程度是最高的,因而也是最有效率的。秦朝的一些具体制度,如面向全民的功勋爵制度、具有相对流动性的等级制度及统一文字、统一伦理的文化制度等,在当时也是最具合理性的。它们为中华古代文明注入了活力,并为其步入鼎盛奠定了制度的基础。因此,今人在批判秦朝制度的历史性暴虐的时候,不应忽略了这种制度在人类文明史上的历史性成就。

秦始皇创立的皇帝制度属于专制主义中央集权的政体。君权至上法则是皇帝制度最基本的构建法则,一切具体的制度都体现着这个原则。它有三个基本特征:一是最高权位只能由皇帝一个人占据,实行终身制、世袭制。二是最高权力不可分割,皇帝一人独占一切最高权力,他拥有支配天下一切土地和人民的主权以及立法权、最高行政权、最高司法权、最高监察权、军事统帅权和国家财政大权。三是地方绝对隶属于中央。上述政治原则使皇帝在政治生活中处于主宰和中枢地位,他几乎成为国家政治制度的人格化身。这样一来,君主实际上兼国家元首、政府首脑、最高立法者、最高军事统帅和最高司法官于一身。各种国家机构都是君主的办事机构,宰相以下公卿百官都是君主的办事人员。君权至上法则又把纵横的各种关系综合为一体,形成至高无上的个人政治权威。

在政治上,秦始皇主要是一个践履者、行动者。他以各种政治行为践履着"大一统"理论,而构建制度是更深刻的行为,更全面的践履。自秦始皇确立皇帝制度,古代君权观念所奉献给最高统治者的权力,皇权可以说是应有尽有,无一遗漏。秦朝的皇权具有毋庸置疑的独占性、排他性。皇权的这种属性不仅得到与"皇帝"尊号有关的各种君权观念的认同，而且得到一系列制度的保证。

秦朝的皇帝制度是一个政治—经济—文化结构，仅就政治体制而言，它由三项基本制度构成，即官僚制度、郡县制度和等级制度。这三项基本制度相辅相成，又得到一系列经济的、社会的、文化的、法律的制度的支持。

第一节　皇权支配下的"三公九卿"制度

完善中央权力机构，特别是宰相（宰执）制度是秦始皇制度建设的重点。建立一套从中央到地方的官僚机构内部相互制衡的政治机制，又是秦始皇制度建设的着意之处。秦始皇总结各国官僚政治的经验，依据分化事权、彼此制衡、监察相司的原则，进一步使最初由宰相一人统管的行政机构、军事行政机构和监察机构各自相对独立，并由直接对皇帝负责的三公，即丞相、太尉、御史大夫分别统管。在制度上三者互相牵制，任何一人都不能总揽大权。其中御史监察机构的相对独立及其首长地位的提高具有制度创新的意义。

一、皇权与相权的基本关系准则

"相权"即宰相类职官的权力。"宰相"是对协助君主宰制万端的一类职官的通称。宰相称谓最早见于《庄子·盗跖》、《韩非子·显学》，可是除较晚的辽代正式以"宰相"为官职外，其他朝代类似职官的正式名称并不叫宰相。如秦国的宰相叫"相邦"、"丞相"，而楚国的宰相叫"令尹"。宰相为"百官之长"。这一类职官"经邦论道，燮理阴阳"、"佐天子，总百官，治万事"，品秩高、权势重,号称"一人之下,万人之上"。宰相职权较大,颇似政府首脑。然而在观念上、法理上和制度上,宰相只是君主的辅佐者,论名、论实都不是政府首脑。君权(皇权)与相权的关系集中反映了君主(皇帝)与百官的权力分配关系和君权至高无上的属性。

君主必须有最直接的推行政令的助手,否则就真的成了"孤家寡人"。辅佐君王必然染指最高权力,进而可能危及最高统治者的地位和权威。君权与相权的关系和配置直接关系到君主政体的稳固和效率。因此,这个问题是先秦诸子普遍关注的政治课题之一,由此而形成若干基本的共识。在理论上、观念上,君主与宰相、君权与相权的关系是从以下几个方面界定的。

其一,君主与宰相有君臣之别。"君尊臣卑"是君臣关系最基本的定位原则。对于这个原则,儒家、道家、墨家、法家、名家、阴阳家等都有充分的论证,有关的言论不胜枚举。其中最具有经典性的是《周易·系辞下》以"天高地卑"的自然定位论证君尊臣卑的社会政治定位和《韩非子·扬权》以"道无双"论证"君不同于群臣"。这个定位方式适用于君主与宰相。其实仅从宰相的头衔就可以显示出宰相在君主面前地位的卑微。宰相一类职官的头衔最初几乎都是卑微者的称谓。在先秦,宰相有"宰"、"太宰"、"冢宰"之称。《说文》:"宰,罪人在屋下执事者。"宰本是家奴或家奴总管的称谓。后世宰相的名号"司徒"、"司空"、"司马"、"尚书"、"侍中"等,原本也都是家臣或宦官的头衔。宰相的身份相当君主的家奴总管,实属幕僚长。因此,他们位居相位,权势炙手,号称"宰天下",而在君主面前必须俯首称臣,自称"待罪宰相"[1]。秦朝丞相王绾、御史大夫冯劫等歌颂秦始皇的功德,奉上尊号,还要口称"臣等昧死上尊号",皇帝与宰相之间的尊卑关系由此可见

---

① 《史记》卷五六《陈丞相世家》。

一斑。

其二，宰相是君主的辅佐者。在政论中，人们总是以辅佐者来诠释宰相一职。《论语·季氏》说："危而不持，颠而不扶，则焉用彼相矣。"相即辅佐者、襄助者，他是权力者的助手，必须尽忠主人，扶危救困。秦以丞相为宰相之称。丞，同承。相，助也。"丞相"即承受皇帝之命，辅助其总理国政。《史记·陈丞相世家》有一个广为征引的"宰相"定义："宰相者，上佐天子理阴阳，顺四时，下遂万物之宜，外镇抚四夷诸侯，内亲附百姓，使卿大夫各得任其职焉。"宰相是君之佐，又称为"股肱之臣"。秦始皇与李斯君臣际遇，他们之间的主宰与辅相关系是皇帝与宰相政治关系的典型。

其三，宰相由君主任免。《尚书·说命》说："爰立作相，王置诸左右。"《周礼·天官》说：王"乃立天官冢宰，使率其属而掌邦治，以佐王均邦国，治官之属。"《荀子·王霸》称"人主之职"是"论一相而兼率之"。《韩非子·显学》说："明主之吏，宰相必起于州部，猛将必发于卒伍。"宰相是君主之吏，只能由君主选拔任免。宰相权力很大，却毕竟是君主的属官，必须惟君主之命是从，对君主负责。君主不仅有权随意任免、责罚宰相，就连宰相的身家性命也操在皇帝手中。右丞相冯去疾、左丞相李斯、将军冯劫只因请求减轻徭役负担，便触怒了皇帝。秦二世命令将他们逮捕。二冯被迫自杀，李斯被抄家灭门。

其四，君权高于相权。宰相是仅次于君主的权力者。春秋战国时期的宰相权力最大，甚至曾出现"天下事皆决于相君"[1]的现象。然而当时就有许多思想家指出：宰相只是君主的佐助者，君权支配相权。《管子·君臣下》说："君者执本，相执要，大夫执法，以牧其群臣。"又说："主画之，相守之；相画之，官守之；官画之，民役

---

[1]　《史记》卷七九《范雎蔡泽列传》。

284

之。"君主才是最高行政首脑，"执要"的相必须服从"执本"的君。这个思路具有普遍意义。相权是由君权派生的，而君主才是最高主宰。秦始皇乾纲独断，"丞相诸大臣皆受成事，倚辨于上"①。他与宰相之间的权力关系为此提供了具体的实证材料。

其五，君主必须重视宰相的作用。宰相的地位和权力直接威胁着君主的地位、权力和威望，因而君主总是猜忌宰相。这就使宰相的作用往往得不到正常发挥。许多思想家强调宰相职能的重要性。《荀子·王霸》认为："彼持国者必不可以独也，然则强固荣辱，在于取相矣"，选任贤相辅政，君主就可以"守至约而详，事至逸而功"。这是很有代表性的言论。在秦始皇的政治行为中，既有猜忌宰相的典型事例，也有重视发挥宰相作用的事例。他对李斯颇为赏识，宠信有加，李斯对他也可谓知恩图报，尽心竭力。

其六，必须限制相权。《韩非子·爱臣》说："人臣太贵，必易主位。"如果大臣专擅人权、财权、兵权和刑赏大权，君主就会失去德与威，甚至失去权威和君位。这个思想是在制度上逐步削夺相权的理论依据。"官分文武，王之二术也。"②最初的宰相兼管文武，权力很大。战国时期总理国政的大臣有了相与将的区别。这是宰相制度的重大变化。在制度上，相不再领有军事行政权和指挥权，从而降低了这类职官在政治结构中的地位与作用。秦始皇设置"三公"，从制度上进一步分化了相权。

秦始皇对上述君权与相权的基本关系准则心领神会，他不仅非常善于任用、驭使宰相等公卿大臣，牢牢地掌握着中枢权力，还通过完善宰辅制度，强化了皇权对相权的控制。与此相关的中央

---

① 《史记》卷六《秦始皇本纪》。
② 《尉缭子·厚官》。

政府权力机构可以概括为"三公九卿"制度。

二、秦朝的三公九卿及相关的中央政府机构

秦朝的中央政府制度可以概括为:两府并设、三公鼎立、五权相制、九卿分工、博士议政。秦朝宰相公卿等宰辅类职官号称"三公九卿"。如果再加上"博士及其他议政的加官"这一条,就基本上勾画出秦朝的中央权力机构和官僚体系的基础框架。

两府,即丞相府和御史大夫府。两府分立并设,互不统辖,国家重大政务基本上通过两府运转。

三公,即丞相、太尉、御史大夫。在权力配置上,三公鼎立,各司其职。丞相与御史大夫互相辅助、互相制约。尽管副相御史大夫秩禄较低,却单独开府办公,其权力具有独立性。

五权,即行政、监察、军事、司法、财政,五种权力各自有相对独立的机构和职官,互相配合,互相制约。立法权则专属于皇帝,在中央政府中只有议事制度,没有立法机构。

九卿,即三公之外,一批位居诸卿、分管主要政府机构的官员,主要有奉常、郎中令、卫尉、太仆、廷尉、典客、宗正、治粟内史、少府等。从云梦秦简提供的材料看,九卿之外还有一批重要的机构和职官,如将作少府、司空、主爵中尉、典属邦等。各个机构各司其职,分工负责,各自承担一个方面的行政管理职能。

秦朝中央政府机构还设置博士及其他加官与三公九卿共同参议朝政。秦朝的博士不仅从事文化教育活动,还活跃在朝堂之上,在当时是一种重要的职官。

(一)三公与廷尉

秦朝中央政府最重要的职官是丞相(相国)、太尉、御史大夫和廷尉,他们分别是直接对皇帝负责的最高行政长官、最高军事行政长官、最高监察长官、最高司法长官。其中丞相、太尉、御史大夫

并为三公。廷尉属于九卿之列。在秦朝,最高司法机构的首脑廷尉的实际地位与权力很高。作为秦始皇主要助手的李斯曾长期担任这个职务。三公与廷尉分别代表与行政、军事、监察、司法等四种重要政治权力相关的中央机构。将这四种权力及其机构相对剥离开来,体现着秦始皇对战国制度的改进和完善。

1、丞相与中央行政体系。

秦朝的最高行政权属于皇帝。皇帝的第一助手是丞相。《汉书·百官公卿表上》:"相国、丞相,皆秦官,金印紫绶,掌承天子助理万机。"丞相位居三公之首,金印,紫绶,秩万石,是直接听命于皇帝的文官之长。

秦朝通常设置两位丞相。秦国自开始置相,就分为左、右二职。秦以左为上,左丞相即"第一丞相"。在秦朝,这种制度延续下来。秦朝建立之初,二丞相分别是隗状和王绾。《史记索隐》引颜之推云:"隋开皇初,京师穿地得铸秤权,有铭,云始皇时量器,丞相隗状、王绾二人列名,其作'状'貌之字,时令校写,亲所按验。"李斯、冯去疾曾分别做过秦朝的最后一任左、右丞相。《全秦文》卷一所载秦朝刻石多列有丞相隗林(状)、丞相王绾或丞相李斯、丞相冯去疾的署名。可见在通常情况下,秦朝有两位丞相。秦朝末年,丞相设置一度出现变态。秦二世倚重赵高。赵高是宦官,时称"中官",故称这位独揽朝政的宦官宰相为"中丞相"。

丞相总领百官,主要职责是辅弼皇帝,参议军国大政,并主持宰辅会议、百官会议;总理万机,主持中央政府机构的日常行政事务;典领百官,负责选用官吏,指挥并督察百官;主管地方上计及相关的考课事宜等。丞相之下设丞相府及一批下属机构和职官。

君权与相权的具体关系既受制度性规定的约束,又与实际政治情势相关,特别是君主与丞相的政治素质、政治威望有关。秦皇父子分别代表两个极端变例:秦始皇干练、勤政、刚烈,他牢牢地控制着最高权力,许多政事亲自处理,后来发展到"博士虽七十人,特备员弗用。丞相诸大臣皆受成事,倚辨于上"①。他又善于控御大臣,恩威兼施。制度的约束与个人的制御相结合,使秦始皇稳稳地居于权力的巅峰,终其一生,公卿大臣都绝对听命于他。从现存文献看,自秦始皇统一天下、自称皇帝以后,没有相权敢于公开对抗君权的记载,也没有公卿大臣和封疆大吏抗君命、专权势的记载。秦二世庸碌、怠政、专横,一方面他可以运用权势恣睢跋扈,对李斯等公卿大臣任意处置,甚至动辄抄其家,灭其族;另一方面他又委政于权相赵高,难免受制于人。赵高不仅"指鹿为马",欺君罔上,专断朝纲,而且公然弑君篡权,差一点夺取帝位。

比较而言,秦朝丞相的地位与权力仍相对较大,实际上仍然可以染指各种重要权力。因此,汉唐以来,中央机构的变革以进一步削夺相权为主线。

2、太尉与中央军事行政体系。

秦朝的最高军事统帅权属于皇帝,太尉只是武官之首,助理军事行政。《汉书·百官公卿表上》:"太尉,秦官,金印紫绶,掌武事。"太尉是三公之一,地位与丞相相当,排序其后,金印,紫绶,秩万石。太尉是直接听命于皇帝的最高武官,有时带兵,无调兵权。

太尉一职是官分文、武的产物。战国时期,各国均以国君为最高军事统帅,军队组建、调动、征伐之权由国君独揽。各国普遍实行文武分职、将相分权制度。齐、赵、燕、魏设将、将军、上将军、大将军统帅军队。楚国武官之长为柱国、上柱国。秦国武官之长先称大良造,秦昭襄王时始设将军,后来设有国尉。国尉即秦国的最高军事行政长官。尉缭曾任其职。各国武官之长以下的武官设置也相当完备。例如,赵国设左司马、都尉。齐国设司马。秦国设都

---

① 《史记》卷六《秦始皇本纪》。

尉、中尉、卫尉。各国在郡一级设立都尉一职。秦始皇在上述基础上进一步完善有关制度,遂改最高武官之设的国尉为太尉。

现存文献均没有秦朝具体任命太尉的记载。在历次重大军事行动中也没有以"太尉"职衔出场的历史人物。许多学者据此认为秦朝没有太尉一职。他们说:"从历史记载看,秦国与秦朝似乎都没有这个职务,只有与此职务相近的国尉。不过,国尉的地位不高,只是大将之下比千石官吏略高一点的一个武职而已。因为皇帝是军队的最高统帅,秦国与秦朝从来不设专管军队的最高武官。""秦皇朝时,朝廷还没有太尉一官"①。有些学者持存疑态度,如白寿彝总主编的《中国通史》第五卷。还有许多著作沿用《汉书》的说法。

笔者读史多年悟出一个道理:依据各种历史文献易于证"有(有或可能有)",很难证"无"。仅仅依据"史无明文",便断定"史无其事",这种考据方式似乎有道理,却并不可靠,它常常犯错误。原因很简单:人类的社会历史丰富多彩,这就决定了各种历史记载只能是其片断,更何况许多当时的文字记载由于种种原因而失传。历史上确有其事而记载阙略或不详,这种情况极其常见,即使很重要的事情也可能失传于文献。

这里仅举一个与秦朝有无"太尉"类似的事例。关于秦始皇的后妃,特别是王后(皇后)的姓名、事迹,现存文献没有留下确切的具体记载。在二十五史旧史体系中,对"母仪天下"的皇后通常是要记上一笔,甚至是要立传的。从秦始皇在位多年且有众多子女的历史事实可以有把握地推断:他肯定按照后妃制度娶有配偶,既有正妻,又有偏妃,而且妻妾众多。然而她们的姓名、出身和

---

① 白钢主编:《中国政治制度通史》第三卷秦汉,人民出版社 1996 年版,第 163、336 页。亦可参见李福泉:《秦无三公九卿制考辨》,《求索》1992 年第 3 期。

事迹却一概史无明文,甚至无从可考。就连秦始皇的长子扶苏和秦二世的母亲的姓氏都不见于记载。从《史记》等文献记述秦始皇事迹的笔法看,如果秦始皇在后妃问题上有反常之举,反而会大书特书。即使史书不记,汉初的政论家们也会提及,以作为他"不合圣制"的证据。由此可以推测,秦始皇在这方面没有多少值得人们做文章的特异行为。难道可以因为历史记载的阙略而断定秦始皇没有配偶吗? 不仅如此,推测秦王嬴政(秦始皇)有王后(皇后)要比断定他无王后更有可能与事实相符。

学术史上的大量事例已经证明,仅仅依据文献阙如或不详或有误,不能轻易断定史无其事。近年来的许多重大考古发现并不见于文献记载。有些考古发现还使许多古今著名学者的"证无"、"证伪"之说(有的观点来自历代以擅长考据闻名学界的"学术大师")不攻自破。许多被古今著名学者断定为"无"的历史事物,一一被确凿的事实判定为"有"。例如,由来已久的关于先秦道家著作《文子》和兵家著作《孙膑兵法》的有无、真伪之争就是被有关文物的出土终结的。云梦秦简的发现使我们了解了一系列原有文献所没有记载或错误记载的历史真相,也是很有说服力的一个事例。

笔者主张:对于类似"秦朝有无太尉其人"的史学难题,在找到确凿的证据之前,不必急于下断言,以存疑的方式对待为好。

存疑就意味着尚且不能断定有无,存在"有"与"无"两种可能性。就秦朝太尉其官、其人的问题就有以下几种可能:

第一种可能性是秦朝不仅有太尉之职,而且有任职之人,只是由于历史记载阙略或不详,而无法考订。如"太尉"可能简略地记为"尉"或记为旧有的"将军"。据《史记·秦始皇本纪》记载,右丞相冯去疾、左丞相李斯和将军冯劫因劝谏秦二世而获罪下狱,二冯根据"将相不辱"的观念而自杀。这位将军与丞相一起参与议政、谏君,又以"将相"自居,很可能不是寻常的将军而更可能是相当于"太尉"、"大将军"的职官。秦朝还有一些"尉"曾经统帅重兵,征战四方。如尉屠睢曾统帅重兵进攻南越。他们是"太尉",还是独当一面的"都尉"已经无从考证。秦汉之际有些将领就曾以太尉头衔领兵。这种头衔应当是沿用秦朝官职制度。上述记载都表明,在没有发现更可靠的实证材料之前,不能轻易下秦朝没有太尉其官、其人的结论。

第二种可能性是秦朝自统一以来,虽有太尉之设,却又由于种种原因而虚其位,无其人。自古以来,"三公,不必备,惟其人与使能也"①。因此存在这样的可能性:由于没有合适人选,秦始皇迟迟没有任命太尉。秦国本有国尉,这一点有确凿的历史材料可为证据。尽管国尉的秩禄可能比许多资深将军低,而这个职务的设置在政治制度史上具有重要意义。它意味着武官开始与文官分列,军事行政体系开始与相国领导的行政体系相对剥离。在战国,将与相并立具有普遍性,这种制度有利于中央集权。笔者认为,秦国国尉之设很像宋朝枢密院的枢密使。将这类机构和职官设在统军将领之上,更有利于君主独揽军权。秦始皇统一天下之后,没有任何理由取消这个制度。从秦始皇的行事方式推测,类似国尉的职官不仅应当在制度上仍然保留,而且还极可能改换一个更响亮的称谓。"皇帝"及"御史大夫"之称便是例证。简言之,既然国尉或太尉之设体现着新制度的合理性,既然秦国确实有"国尉"一职,既然汉代人明确记载"太尉"为秦官,那么就很难找到确凿无疑的证据来证明秦朝没有类似职官。秦朝在官制上确有此职的可能性要远远大于没有此职的可能性。

第三种可能性是秦朝既无太尉之设,更谈不上太尉其人。

笔者更倾向于第一种可能性。第三种可能性虽不能完全排

① 杜佑:《通典》卷二〇《职官二·三公总叙》。

除,却几乎可以断定不存在。秦始皇为了把持军权而有意不任命太尉的说法是颇值得商榷的。一切调兵权专属于君主,这是中央集权制度的定制。秦始皇要专擅军权,大可不必在任命太尉上做文章。

无论具体情况如何,在秦朝法定的职官体系中,官分文武,军权与相权相分,当数事实。从官制上将最高官僚列为文、武两类,以分解、制约宰相类职官的权力,这是宰相制度的一大演变。

3、御史大夫与专职监察体系。

秦朝的最高监察权属于皇帝。御史大夫是直接听命于皇帝的专职监察官员之长。《汉书·百官公卿表上》:"御史大夫,秦官。位上卿,银印青绶,掌副丞相。"御史大夫是三公之一,其实际权力地位仅次于丞相,而秩位不高,银印,青绶,秩二千石。

御史大夫主要负责监察,单独开府办公,是诸御史的首领。御史大夫府与丞相府并称"二府"。御史大夫府的下属机构和属员较多。御史中丞,秩千石,是御史大夫的第一助手,下属侍御史若干,主要负责监察朝廷百官,承办诏狱。御史大夫府还有监御史若干,他们作为中央监察机关的派出机构和人员,掌管监察郡县各级官吏。这就构成了从中央到地方的专职监察体系。

在记载战国历史的文献中,秦国及东方六国早就有御史之设,而不见有御史大夫之设。关于这种职官的记载始见于秦始皇时期。秦始皇二十六年参与议帝号的有御史大夫冯劫。秦二世元年有"御史大夫臣德"。有些学者认为,由此"可证御史大夫确为秦统一后所设"①。将专职监察机构及官员的首脑命名为"御史大夫",并将其提升到三公的地位,极有可能是秦始皇的一大创造。这个举措使专职监察机构和职官相对独立于丞相以下的行政体

---

① 林剑鸣:《秦汉史》,上海人民出版社 1981 年版,第 96 页。

系,体现了分化相权、分权制衡的宗旨。

秦朝的御史大夫印绶、秩位虽低于丞相,而其实际权力不在丞相以下。他"掌副首相",参与议决国家大政,协助丞相总领百官,处理政事。御史大夫以副相身份,分担丞相的部分权力,凡丞相有权处理的政务,御史大夫均可参与、过问。他又有许多职权为丞相所无,如专司监察、弹劾,掌管图籍秘书,典政法度等。

御史大夫是皇帝的枢机秘书,掌管国家文件,审阅四方文书。对此《汉书·百官公卿表》有明确记载。从《汉书》、居延汉简保存的史料看,汉代许多重要诏令需要由丞相、御史大夫共同签署。文书下达程序是:由皇帝交给御史大夫,再由御史大夫下达给丞相办理。皇帝颁行地方的诏、告、命、令等政令、法令,一律由御史大夫下达丞相,再下达秩二千石的朝官和郡守,进而下达百官。这个程序显然有更为古老的渊源。秦朝亦当如此。这种制度和相关的权力,使御史大夫在中枢权力体系中占据特殊的位置。

御史大夫在秦朝的法制体系中也占据举足轻重的地位。秦始皇"以法治国",而御史大夫有参与制定法律、保管法律文本和解释法律的职责。云梦秦简《睡虎地秦简·尉杂》有一条规定:"岁雠辟律于御史。"即廷尉每年须到御史府核对刑律。这条法律印证了《汉书·百官公卿表》的有关记载。御史大夫及其属史在秦朝的司法活动中也很活跃。秦始皇重用法吏,许多重大狱案交由御史审理。对于"坑术士"案件、"黔首刻石"案件等,秦始皇都派遣御史查办。

御史大夫由"史"官演变而来。御史本是君主的文书小吏,虽官卑人微,却是君主的亲信。君主既要防范相权及外朝群臣,又不能事必亲躬,于是常常委任亲信小臣以重任,甚至由自己的亲信组建新的权力中枢。在中国古代政治制度史上,从枢机秘书类职官向宰相类职官发展,具有普遍意义。御史由文书小吏发展为君主的喉舌之官,又发展为享有监察权的官员,最后发展为三公之一,就是典型事例之一。

御史大夫基本上不受丞相的节制。他负有协助、监督丞相的职责,有权弹劾丞相。一旦丞相去职,他又是顺理成章的继任者。这就在丞相与副相之间形成一种分权、共事、相累、相司的政治关系,构成了宰相之间的相互制衡机制。

御史大夫之设颇有深意。它表明秦始皇深谙无为之术、御臣之道。商鞅学派有一个重要的思想:"夫利异而害不同者,先王所以为保也。"①三国时期的夏侯玄对这种制度设置的指导思想也有准确的解释:"始自秦世,不师圣道,私以御职,奸以待下。惧宰官之不修,立监牧以董之,畏督监之容曲,设司察以纠之。宰牧相累,监察相司,人怀异心,上下殊务。汉承其绪,莫能匡改。"②将这类思想制度化,是秦始皇对中国古代中央集权政体的重大贡献。

据实而言,在秦始皇的制度建设指导思想中,既有"阳谋",又有"阴谋"。所谓阳谋,即借鉴历代制度的成败得失,将区分文武、分化相权、重视法制、强化监察、提高效率的指导思想落实到制度上,充分借助机构和职官之间的分工合作与监督制约关系,保证权力结构的稳定和权力运作的顺畅。所谓阴谋,即将诸子百家有关驾驭重臣的权术思想,以各种方式加以运用,充分利用群臣之间的利益矛盾,使之相互牵制。无论阳谋也好,阴谋也好,在当时的历史条件下,这套制度在维护长治久安、皇权稳固方面是成功的。因此,尽管不断有人批评秦始皇"不师圣道","阴"、"私"、"奸"、"独",可是秦朝制度建设的基本原则却一直是历代王朝政治制度的灵魂,历经二千多年而"莫能匡改"。

---

① 《商君书·禁使》。
② 《三国志》卷九《魏书·夏侯尚传附子玄传》。

与隋唐两宋的宰相制度相比,秦朝的宰相制度尚属粗糙。比较而言,秦汉宰执的权势仍比较大,一旦皇帝平庸或幼小就很容易导致权臣专擅甚至篡夺最高权力。秦朝有赵高弑君、西汉有王莽篡位、东汉有曹操专政。两汉至魏晋南北朝,外戚专权、权臣篡位现象不绝于史,以致有"自魏晋以来,相国、丞相多非寻常人臣之职"①的现象。君权与相权关系问题经过数百年的演变,直到隋唐时期才在制度上得到比较恰当的处置。

4、廷尉与最高司法机构。

秦朝的最高司法权属于皇帝。廷尉作为直属皇帝的最高司法官员,是全国最高司法机构的首脑。《汉书·百官公卿表上》:"廷尉,秦官,掌刑辟。有正、左右监,秩皆千石。"中国古代兵刑不分,管理刑狱的廷尉是由原为军事类职官的"尉"转化而来。

廷尉既是官名,又是机构名。作为最高审判机关,廷尉依照法律程序受理朝廷大案或地方无法解决的疑难案件,复审全国的死刑案件,接受各地臣民的上诉,并定期处理积案。作为职官,廷尉主管廷尉机构及属吏,参与皇帝指派的"杂治",即会审。

廷尉被后人列入"九卿"之内。在九卿之列,廷尉的秩位、序位也不是最高的。然而廷尉是皇帝之下国家最高司法机构的代表,所以他在国家权力体系和实际政治生活中的地位很重要。在秦朝,廷尉的权势在诸卿之上。在议定帝号时,由丞相王绾、御史大夫冯劫、廷尉李斯等领衔报告百官会议的结果。在琅玡刻石中,属于卿的李斯排位仅次于丞相王绾,可见其政治地位的显赫。李斯长期以廷尉或御史大夫的身份参与甚至具体主持大政,体现了法制类职官和机构在秦朝制度和政治中的特殊地位。

---

① 郑樵:《通志》卷五二《职官二》。

（二）其他诸卿与机构

在秦朝的中央政府中，三公之外，还有以诸卿为名、主管主要政府机构的高级官员，如奉常、宗正、郎中令、卫尉、太仆、廷尉、典客等，号称"九卿"。

秦朝主要政府机构和主管职官是：奉常，管理宗庙礼仪，兼管文化教育，位居九卿之首，属清要之官。宗正，管理皇帝宗族、外戚事宜，皆由皇室贵族担任。皇亲犯罪由宗正转报皇帝处理，其他司法机构无权过问。郎中令，负责掌管宫殿门户、宿卫侍从。卫尉，秦朝初设，统辖宫内武士，护卫宫门以内。太仆，秦朝所设，主管国家马政，指挥皇帝出行车马次第，负责亲自为皇帝驾车。中尉，负责京城之内、宫门之外的警卫，皇帝出行时充当护卫，指挥仪仗队。典客，秦设，掌管四方"归义蛮夷"的朝贡、行礼、接待等事宜。将作少府，掌管宫殿、宗庙、陵寝的修缮及全国重要的基建工程。治粟内史，秦朝将其提高到卿的地位，主管天下钱粮和全国的财政收入与支出。少府，秦朝设立，主管山林池泽税收和关市之征，专门供应皇室的开支，下属有庞大的专门负责皇室饮食起居的机构。在诸卿中，少府的机构最大、人员最多，其掌握的财富也比治粟内史多。秦朝将其提高到卿的地位。

第二节　中央集权与单纯的郡县制度

秦始皇对于确立专制主义中央集权制度的最大贡献是进一步推行郡县制度。

在秦始皇的各种定制立法中，实行单纯的郡县制度是最有争议的。朝堂之上围绕这个问题一再发生激烈的争论，反对与支持两种意见针锋相对。一些朝臣甚至当面指责秦始皇"事不师古"。

著名的"焚书"事件就是以此为导火索而引发的。在秦汉之际,人们几乎众口一词:实行单纯郡县制是秦朝灭亡的主要原因,并据以断定秦政"不合圣制"。从此以后,对秦始皇实行单纯郡县制是否正确的争议不绝于史册。几乎每一个新兴王朝立国之初,都有人引据秦制的利弊及秦朝速亡的教训,主张实行分封制度,并由此而引发朝堂上的制度、政策之争。在思想界、学术界,关于秦制成败得失的争论主要围绕秦始皇推行单纯郡县制度这个问题展开。许多著名思想家指责秦始皇违背"圣王之制",秦制"大私"而秦政"苟简",属于最糟糕的政治模式。另一批著名思想家则认为秦始皇与时俱进,秦制体现了"大公"原则,郡县制度有利于国家统一,选贤与能。自秦以来,围绕秦制得失而展开的"分封"与"郡县"之争,一直是波及政治界、思想界、学术界的重要历史现象。

一、"郡县"与"分封"之争

《史记·秦始皇本纪》记载了朝廷之上围绕"郡县"与"分封"而发生的两次大的争论和秦始皇的最终裁决。这也是有确切文献记载的第一场有关郡县制的大争论。

第一次争论发生在秦始皇刚刚统一中国不久。秦始皇二十六年(公元前221年),秦朝实现了"王天下",与此同时,一个重大政治课题摆在了秦始皇及其辅臣的面前:实行什么样的的政治体制才能巩固秦朝统治,实现长治久安?秦始皇与汉高祖、汉光武帝、唐太宗、明太祖等人一样,把这个重大政治课题提交群臣商议。

丞相王绾等人依据政治传统和惯例,结合战国以来的制度与经验,建言:"诸侯初破,燕、齐、荆地远,不为置王,毋以填之。请立诸子,唯上幸许。"他主张在边远地区沿用商周以来亲亲封王的方式,建立若干诸侯国,以皇子为诸侯王,镇守封疆,藩屏中央,维护"家天下"。王绾等人的建议实际上主张实行郡县与封国共存的混合体制。这也是当时的人们最容易想到的"王天下"方案。由于当时缺乏维护"大一统"历史经验，大多数人的政治思维还局限在西周王制和春秋战国以来政治经验的框架内，所以群臣之见并没有像后世的王朝一样，立即形成两派对立、方案众多的局面。史称"始皇下其议于群臣，群臣皆以为便"。

提出异议的是廷尉李斯，他认为："周文武所封子弟同姓甚众，然后属疏远，相攻击如仇雠，诸侯更相诛伐，周天子弗能禁止。今海内赖陛下神灵一统，皆为郡县，诸子功臣以公赋税重赏赐之，甚足易制。天下无异意，则安宁之术也。置诸侯不便。"李斯的见解颇有道理，也与秦国的政治传统和现行制度基本相合，所以得到皇帝的赞赏。秦始皇采纳了李斯的建议，说："天下共苦战斗不休，以有侯王。赖宗庙，天下初定，又复立国，是树兵也，而求其宁息，岂不难哉。廷尉议是。"于是他决定"分天下以为三十六郡，郡置守、尉、监"。后来他又在一些新征服的地区设置了郡县。这就将秦国制度推行到全中国，确立了实行单纯郡县制度的中央集权国家形式。所谓单纯郡县制度并不意味着没有封君食邑，而是指地方政区"皆为郡县"，封君食邑实际上相当于郡县。

许多迹象表明，自秦始皇推行单纯郡县制度以来，在朝野就多有质疑者、非议者和抨击者。这种做法不仅遭到习惯势力的反对，就是在忠诚于皇帝的群臣之间也必然有争论。笃信儒家经典、崇拜西周王制的学者对秦始皇不建国、不封侯的做法更是深表不满。绝大多数人是在私下议论。有的人则出于对道义的执著、对朝廷的负责和对皇帝的忠诚，而敢于公开阐明自己的观点。这些争论和不满终于导致了朝堂之上又一次公开的交锋。

秦始皇三十四年（公元前 213 年）的某一天，秦始皇"置酒咸阳宫"，大宴群臣。百官纷纷向皇帝祝酒，"博士七十人前为寿"。仆射周青臣奉上一段歌功颂德的祝酒辞，曰："他时秦地不过千里,赖陛下神灵明圣,平定海内,放逐蛮夷,日月所照,莫不宾服。以诸侯为郡县,人人自安乐,无战争之患,传之万世。自上古不及陛下威德。"始皇帝闻之大悦。周青臣的这段祝酒辞不无阿谀奉承之嫌,却也大体符合事实。但是他把"以诸侯为郡县"作为秦始皇的主要功德,必然引发争议。博士齐人淳于越进言说:"臣闻殷周之王千余岁,封子弟功臣,自为枝辅。今陛下有海内,而子弟为匹夫,卒有田常、六卿之臣,无辅拂,何以相救哉?事不师古而能长久者,非所闻也。今青臣又面谀以重陛下之过,非忠臣。"对于淳于越的直言极谏,秦始皇不会满意,但也曾为所动。他没有怒责淳于越,也没有立即裁断是非,而是"下其议",把这个问题交给群臣讨论。

由于文献记载的阙略,群臣之间的争议已不得其详。从后世历代王朝有关类似事态的记载看,这种争论应当是相当激烈的。这一次又是李斯力排众议。他说:"五帝不相复,三代不相袭,各以治,非其相反,时变异也。今陛下创大业,建万世之功,固非愚儒所知。且越言乃三代之事,何足法也?"他还把这个关于政治体制的争论与学术思想扯在一起,指责"今诸生不师今而学古,以非当世,惑乱黔首"。秦始皇采纳李斯的政见,从而导致"焚书"事件。从此以后,也就再没有人敢于公开主张封建诸侯。

在当代史学界,许多学者把这场争论归结为保守的习惯势力与先进的政治势力之争。从历史发展的过程看,这种观点是有一定道理的。分封制和郡县制分别与华夏旧王制和中华新帝制相匹配,后者比前者更合理,这是历史事实。许多学者把这场争论归结为儒法之争。从学术特点看,这种观点也是有一定道理的。儒家"祖述尧舜,宪章文武",笃信"圣王之制",讲究"亲亲"、"尊尊",因此多数儒家传人在感情上怀恋着西周王制,政见上倾向于分封制度。法家主张与时俱进,摒弃宗法政治,因此他们的政治设计更容易导向彻底抛弃分封制。许多学者把这场争论归结为集权制与分权制之争。从实际的政治内容看，这种观点也有一定的道理。郡县制无疑有利于集权，而分封制势必导致权力的流失。然而笔者认为实际情况可能比上述几种简单的二分法要复杂得多。在一定意义上或一定条件下，这种争论不是先进与保守之争，也不是儒法之争，更不是集权制与分权制之争。如果把这种争论放在更广阔的历史背景和时空中去考察就会发现，它虽然有一定学术背景，也不无是非曲直之分，有时还夹杂着政见之争乃至权力之争的性质，却主要与各种实际政治考虑有关。为了全面地、准确地把握这个问题，下面简要地介绍与此相关的各种争论。

在中国古代，分封称为"封建"。"封建"与"郡县"是历史上两种不同的国家结构形式。西周分封制是"封建"的典型，其具体的做法是：天子除掌握部分直属领地外，分封亲戚与功臣为诸侯。在天子的直属领地和各个封国之内亦逐级分封，从而形成具有世袭领地性质的各级地方政权。这些地方政权实行政长、领主、宗主三位一体制度。各诸侯国几乎相当于独立的王国，大夫的封邑也具有相对独立性。秦朝是郡县制的典型，其具体做法是：将天下分成数十个郡，郡下设县，郡县直属中央，由皇帝派遣官吏治理。这两种国家结构形式是在不同历史条件下形成的。两者的目的都是维护天子权威和家天下。一般说来，郡县制是更高级的国家形式，它基本杜绝了封君依恃土地、臣民、权力与中央政府相抗衡的问题，更有利于中央集权、政治一统。历史上的"封建"与"郡县"两种体制之争主要围绕国家调整中央与地方、整体与部分之间相互关系所采取的形式及中央与地方的权力配置问题展开，涉及到政治领域的许多问题。讨论这类问题的文章往往以"封建论"标题。

西周、春秋实行普遍化的分封制。直到春秋中后期才产生郡县制的萌芽。为区别于后世的郡县与分封混合体制,可以称之为早期分封制。早期分封制的目的与基本原则主要有以下几点认识。

其一,"封建亲戚,以蕃屏周"①。当时的人们普遍认为分封亲戚,以维护国家与宗族,理所当然。这样做既可以亲亲、赏功,分配财产与权力,又可以以亲戚之国护卫天子,共御外侮。

其二,逐级分封,亲疏有等。分封制的基本原则是:"天子立国",即分封诸侯;"诸侯立家",即分封卿大夫;"卿置侧室,大夫有贰宗"②,即分立小宗为士。逐级分封必然依血缘亲疏形成贵贱分明的等级。天子是天下之君,诸侯是一国之君,卿大夫为封邑之君。这就在家天下的范围内形成梯级分布的等级君主制度。

其三,本大末小,强干弱枝。分封者的直属领地必须大于被分封者的封地,以确保宗主对附庸的支配,即"国家之立也,本大而末小,是以能固"③。天子所封诸侯国又依据大小、尊卑、地位分为公、侯、伯、子、男等。

其四,天子至尊,号令诸侯。在观念上,"礼乐征伐自天子出"。在制度上,王为天下"共主",诸侯之权受命于王权,对天子履行报政、朝觐、贡赋、勤王等义务。

值得指出的是:分封有分权之实,然而在观念上当时的人们把这看成是一种授权、分事,它只是最高权力得以实现的一种方式,并不具有分化最高权力的性质。这个观念对后世的有关理论有深刻的影响。

在经济落后,人口稀疏,交通不便的历史条件下,"封建"有效

---

① 《左传·僖公二十四年》。
② 《左传·桓公二年》。
③ 《左传·桓公二年》。

地维护了天子权威和家天下。然而随着历史条件的变化,分封制逐渐背离"蕃屏宗周"的本意,封国演化为独立的政治实体。在错综复杂、血腥残酷的权力争夺中,中央集权体制初露端倪。各国纷纷设置由国君派遣官僚实行直接统治的"县"、"郡"等地方政区。与此相应,先秦诸子都非常关注中央与地方的关系问题。诸子百家几乎众口一词:地方必须服从中央,应由最高统治者统一政令。他们一般不反对分封,但在政治倾向和一些具体问题上又有明显的分歧。

一般说来,儒家维护亲亲分封原则。孔子歌颂西周王制。孟子认为"身为天子,弟为匹夫"则算不得"亲爱"。荀子认为分封是宗法伦理原则的体现。孔、孟、荀都主张尚贤,这对世卿世禄制度有所冲击。法家诸子鼓吹中央集权,又大多是分封制的受益者。商鞅、吴起等人都是封君,他们热衷于追逐封君特权。法家反对亲亲分封,世卿世禄,但没有在理论上明确提出废除分封制问题。他们的主张可以概括为任贤使能,量功分禄,控制分封规模,限制封君权力。如《韩非子·爱臣》明确提出,分封"必适其赐",封君不得"臣士卒"、"籍威于城市"。值得注意的是:法家著名代表人物都不反对适度封建。

后世的分封与郡县之争实际上可以追溯到春秋战国时期。面对新旧制度交替、分封与郡县并存的局面,儒家大多主张重建西周王制,而法家则主张改革旧的制度。儒、法两种政见可以代表对立的两极,常常被后世有关争论的双方引为各自的证据。如果据此认为分封与郡县之争是儒法两家之争,又与历史事实不尽相合。准确的说法应当是:笃信儒家经典的人更容易走向主张实行全面的分封制,而受法家学说影响较大的人更容易走向主张实行单纯郡县制。实际上绝大多数人无论其学术背景如何,其政见往往界乎于二者之间。正像许多法家代表人物不反对适度封建,而许多儒家著名思想家大力鼓吹中央集权一样,学术背景对有关政见的影响是相对的。

还有一点要特别指出:先秦诸子中,没有一个人是从分权制的角度论证分封制的,而"大一统"则是其共同取向。如果轻易地断言这种争论属于政治理论上的集权制与分权制之争,是无法找到可靠的历史依据的。一般说来,历代统治思想代言人,无论是儒家、法家,都没有现代政治学意义上的"分权"观念,而只有"分事"之说。笔者学习、研究中国古代政治思想史多年,浏览过的历代文献颇多,还没有发现关于有人在朝堂之上奉献"分权制"理论及其操作方案的记载。可以肯定地说,历代朝堂之上的分封与郡县之争,一概不具有集权制与分权制之争的意义。这些争论属于维护皇权至上体制的两种有所不同的操作方案之争。许多皇帝把争论的双方都视为忠臣,这就是明证。这种争论还有一个特点:有人主张实行单纯的郡县制,却没有人主张全面恢复分封制。丞相王绾等群臣只是"请立诸子",以镇守边远地区。淳于越只是反对"子弟为匹夫",并担心因此而"卒有田常、六卿之臣,无辅拂,何以相救"。他们并没有提出全盘照搬西周王制的主张。后世主张分封者也大多有类似特点。

秦汉以来,是否分封诸侯,如何分封诸侯,一直是朝野上下争论不休的问题。自秦始皇时期的争论开其端,此后每当王朝更替或天下动乱之际,这种争论就会从理论层面转化到政策层面。"封建"问题涉及国家制度、皇位继承、君臣关系和宗法伦理。帝王必须兼顾国与家,处理好中央与地方、集权与分事、君与臣之间的关系,因此它一直是困扰最高统治者的难题。难就难在皇帝制度具有"公天下"与"家天下"两种属性。与西周王制比较而言,皇帝制度高度政治化,在社会公职选任和权力分配上基本上废止了亲亲原则,在一定程度上实现选贤与能,"赏不私其亲",这就是所谓的"公天下"。然而皇权世袭，天下是皇帝自家的产业，这就是"家天下"。由此也就产生了制度选择上的困难。分封与郡县两派的争论集中体现了这种制度的微妙之处。

分封派的共同论点是：分封宗亲有利于巩固中央权威，皇帝犹如树干，诸侯犹如枝叶，干与枝是相互扶持的关系，由一家人分控中央与地方权力，他人就不敢叛逆。即使中央皇权出了问题，还有地方上的同姓诸侯王可以东山再起。反对分封派大多不正面否定分封论的意见，却又指出了封建亲族的隐患：数世之后，亲缘疏远，彼此就会化为仇敌，大动干戈。分封使"家殊俗，国异政"，也不利于政令统一。从强化皇权和中央权威的角度看，反对分封派的意见显然占上风。从维护家天下的角度看，分封派的意见也不无道理。"救土崩之难，莫如建诸侯；削尾大之势，莫如置守宰"。从皇帝的角度看，两派的主张都有一定的道理，取舍之间是一种两难的抉择。

秦始皇、汉高祖、晋武帝、唐太宗、明太祖等都曾面对这个难题。实行郡县制，有利于皇帝集权，这是有目共睹的。所以没有一个皇帝主张废除郡县制。可是他们不可能不考虑如何保住自家的基业问题，因此，两种意见都会受到皇帝们的关注。两种体制之争的目的都是为王权的实现寻找恰当的途径、手段和机制。只要家天下存在一天，有关的理论和政策之争就不会停止，在实践上也会有反复。

秦始皇坚定地选择了单纯郡县制，并贯彻始终。然而在他心中并非毫无顾虑。特别是第二次朝堂大辩论，淳于越以激烈的言辞批驳周青臣的颂词，公然把矛头对准秦始皇钦定的单纯郡县制度，甚至发出了王朝不能久远的警告。秦始皇没有当机立断，而是再次交由群臣会议。尽管后来他采纳李斯的意见，没有改变既定的制度，但是淳于越的一番话对他还是有所触动的。

实行郡县制的目的是在国家结构形式上维护皇帝支配一切土

地臣民的主权。皇权至上法则是中国古代皇帝制度最基本的构建法则。因此,在决定行政关系的横向的区域结构中,区域政权机构之间只有共同的绝对统一,而无制度上的权力制约关系。在决定权力关系的纵向的层次结构中,只有自上而下的逐级统辖关系,中央永远制约地方,上级永远制约下级。皇权至上法则又把纵横的各种关系综合为一体,形成至高无上的个人政治权威。国家统一、权力集中都体现于皇帝的主宰地位。郡县制可以从制度上有效地维护皇权至上,维护君尊臣卑。因此,它是战国秦汉以来历代王朝的基本政治制度之一。

二、秦朝的封君食邑制度

秦朝仍然存在封君食邑制度。它是由裂土分封制度和世卿世禄制度蜕变而来的。在商周,爵位、政权、土地、臣民一并封赐,诸侯至大夫各级封君享有封地内的立法权、行政权、司法权和宗法权。每一块封地就是一个相对独立的王国,每一位封君在各自的封地内就是名副其实的世袭君主。春秋以来的政治动乱与这种制度造就的政治结构有直接的关系。因此,社会政治大变革的主要内容之一就是铲除裂土分封制度和世卿世禄制度。

在春秋战国时期,裂土分封是政治惯例,追逐权力是时代潮流,因此很难找到只讲集权,不搞分封,或者只讲分封,不搞集权的当权者。正如著名学者刘泽华所指出的:"在当时的历史条件下,诸侯、卿大夫既是分封的拥护者,又是集权的当事人。""集权与割据是一个问题的两个方面,凡置身于分封制的人都具有两重性格,只不过因条件不同突出的方面不同罢了。"[①]当时的人们都具有两

---

① 参见刘泽华:《中国传统政治思想反思》"中国封建君主专制制度的形成及其在经济发展中的作用"一章,生活·读书·新知三联书店 1987 年版。

重性格,即一方面企盼建立功勋,靠旧制度获得封爵、采邑,另一方面又自觉或不自觉地成为改造旧制度的现实力量。商鞅一方面积极设计新的中央集权体制,另一方面又心安理得地享有赐爵、采邑,堪为这一批人的典型。制度演化的大趋势指向中央集权,而由于积极参与现实政治的主体普遍存在的"两重性格",又不可能一下子摧毁裂土分封、世卿世禄的旧制度,所以新的封君食邑制度是通过旧制度的蜕变而逐步形成的。

新的封君食邑制度保留了旧制度的基本形式,又在内容上做了实质性的改革。改革的过程是渐进的,在旧的形式中不断加入新的内容,因此新、旧两种制度之间存在着许多中间类型或过渡类型。

战国时期,各国都出现具有新内容的封君食邑制度。各国皆有封君,见于文献记载、铜器铭文、出土竹简的各国封君数以百计(实际上可能比这要多得多),其中见于文献记载的秦国封君二十二人(因投靠秦国获封者未计在内)①。但是封君食邑的具体做法和内容发生很大变化,其中最大的变化是封君基本上丧失了在封地内的统治权。新、旧两种封君食邑制度的不同之处主要是:由官爵一体变为官爵相分;由以地权为禄变为以租税为禄;由主要封赐亲戚变为主要封赐功臣;由各级官员普遍封赐采邑变为个别高等爵位封赐采邑;由长期世袭变为很难世袭。其中秦国的制度改革的程度最为彻底。

秦始皇沿袭祖制,不行分封,因此秦朝不存在裂土封国食邑制度,没有既是赐爵,又是封国,还有食邑的王公之国。但是,各级官僚有官职,有爵位,其中二十等功勋爵的最高一级"彻侯",既是赐爵,又有食邑,属于封君范畴。秦始皇统治时期,见于《史记·秦

---

① 参见杨宽:《战国史》附录二,上海人民出版社 1980 年版。

始皇本纪》记载的封君就有十几位,他们是文信侯吕不韦、文信侯成蛟、长信侯嫪毐、昌平君、昌文君、武成侯王翦、通武侯王贲、李斯(列侯)、建成侯(伦侯)赵亥、昌武侯(伦侯)成、武信侯(伦侯)冯毋择等。

秦始皇实行的封君食邑制度有以下几个特点:

其一,只有最高爵位可以享有食邑。在秦朝,只有获得功勋爵制度最高一级"彻侯(列侯)"者才有食邑。"爵卑于列侯"的伦侯只有封名而无食邑。原来秦国制度的标准要比这宽一些。这表明,秦始皇统治时期进一步提高了封君资格的门槛。这就大大减少了封君的数量。

其二,将相未必是封君。从《琅邪刻石》所记载名单看,隗林(状)、王绾两位丞相都排在五位侯爵之后,没有提及他们是否也有侯爵,可见其位秩序列低于侯爵。秦国相国多为封君,而秦朝许多在职的将相不是封君。这与汉朝也有很大的不同。三公九卿虽官高权重,却未必封侯食邑;列侯封君虽爵高位重,却未必执掌大权。这表明,爵位与官职已经基本分成两个不同的等级与权力系列。

其三,公子王孙鲜有封君。从历史记载看,秦朝的公子王孙鲜有封君。秦始皇采纳李斯"诸子功臣以公赋税重赏赐之"的主张,对亲儿子也只是多赏赐些钱财而已,不仅不予立王封国,而且无功者一律不赐爵封侯,以致有"子弟为匹夫"之讥。王子不封王侯,宗室多有无爵者,这是秦朝制度和政治的一大特点。

其四,不肯轻易封侯。王翦受命率军灭楚时,秦始皇亲自送行。王翦借机索要大量田宅,他的理由是"为大王将,有功终不得封侯"①。王翦终因功大而封侯。由此可见,秦始皇严格掌握赐爵

---

① 《史记》卷七三《白起王翦列传》。

封邑的标准,不肯轻易封侯。秦朝封君不会只有《史记》等记载的十数位,而显然数量不会很多。

其五,封君传世极难。据《史记·李斯列传》记载,赵高称:自己在宫廷之中"管事二十余年,未尝见秦免罢丞相功臣有封及二世者"。他指出,要想"长有封侯,世世称孤",必须一直处于掌握大权的地位。这表明,秦朝的封君传世极难。

其六,秦朝受封者都是地地道道的官僚。把全体臣属都变成从君命、食君禄的官僚是秦朝制度重要原则之一。秦朝没有彻底废除封君食邑制度,而这种封君食邑制度已经被纳入官僚制度范畴。"秦汉之制,列侯封君食租税"①,而列侯封君所食的"租税"相当于分割部分国家赋税,实际上是"俸禄"的一种形式。食邑之赐并不附带统治权。封君的爵位与他的官职也不是一回事。这种制度只保留了分封制度的一些形式。因此,保留封君食邑制度与"废封建,置郡县"并不矛盾。

秦朝的封君食邑制度沿袭秦国制度,而秦国的封君早已官僚化。换句话说,早在秦始皇之前,秦国已经彻底废除了分封制度。元代著名史学家马端临在《文献统考·封建考》中指出:"盖秦之法,未尝以土地予人,不待李斯建议而后始罢封建也。"这个说法是有道理的。秦始皇的贡献不是"罢封建",而是从制度上、政策上进一步巩固了"罢封建"的各种成果。

应当指出的是:在评价秦朝政治制度的时候,不仅不应夸大秦始皇在确立郡县制度方面的历史功绩,也不应夸大秦朝郡县制度与后世有关制度的差异。自战国以来,郡县制度就一直是历代王朝的基本制度之一。除个别王朝、个别时期曾出现实权较多的诸侯国以外,基本上都属于单纯郡县制度的范畴。如果说有什么差

---

① 《汉书》卷九一《货殖列传》。

别的话,主要在于有王侯头衔而不掌握地方政权的皇亲国戚勋臣数量的多寡和特权的大小有所不同。秦朝的特点主要在于秦始皇对封君的级别、数量、特权限制极严,甚至达到对子孙也毫不例外的地步。这样做的目的是维护中央集权,使地方"甚足易制"且不再"树兵"。这无疑体现了秦始皇很强的权力欲。但是在全面评价这种历史现象时,又大可不必夸大这种权力欲的作用。秦朝的制度只是以一种比较极端的方式展现着郡县制度的基本政治原则而已。历史上任何一个皇帝在考虑有关的政治问题的时候都毫无例外地把强化皇权,使天下"甚足易制"作为核心意图和基本取向。夸大秦始皇的权力欲对秦朝制度的影响,不利于更深刻地把握皇帝制度的成因、特点和本质。如果把与秦朝制度有关的一些历史现象,看成是皇帝制度尚且不够成熟的体现,可能更客观一些。

三、秦朝郡县制度的内容和特点

秦朝的地方政权分为两大类:在首都设内史,为中央政府直辖政区;在全国各地则设置数十个郡。内史地处首都、京畿,为帝王所居,宗庙所在,地位特别重要,所以地方行政机构也有别于其他郡县。内史的行政长官也称为"内史",通常由皇帝最信任的大臣担任。其他地方的行政机构设郡县两级。

秦朝的郡有郡廷组织及相关的一系列机构。主要职官是"守、尉、监"①,三者有所分工,守治民,尉典兵,监察官。守、尉、监均由中央政府任命或派出,可以随时任免。

每郡设守一人。郡守又称"守"、"太守"。学界历来认为"太守"之称始于汉代。云梦秦简《封诊式》的《迁子》一目中提到"太

---

① 《史记》卷六《秦始皇本纪》。

守"。可见这个称谓出现不晚于秦朝。郡守是一郡之首,郡的最高行政长官,大凡郡内的民政、财政、司法、军事、考课、监察、选举、教育等均由其掌管。

郡守主持郡廷组织,领导佐官属史。关于秦朝郡守的职权,文献记载比较零散。总的说来,秦朝郡守的权力很大,他有权依法颁布地方性政令,自设条教,整齐风俗,选举人才,辟除属吏,监察属县,黜罚官员,审判狱案,掌握郡兵,支配财政。但是,郡守由中央政府任免,必须对中央政府负责,每年向朝廷"上计",即报告全郡政务。他必须依法行政、断案,在法律上无专杀之权。他也无权自行任免郡尉、郡丞、长史及各县令、县丞等。

云梦秦简《语书》、《编年记》等为研究秦代郡守的权力提供了可靠的实证材料。这位奉秦始皇之命在"南郡备警"的南郡郡守腾显然拥有军事指挥权。作为一郡之首他无疑拥有郡的最高行政权。《语书》是秦始皇二十年(前227年)四月初二南郡守腾颁发给本郡各县、道的一篇文告,全文共十四简。作为郡守向所属县、道官吏发布政令的文告,它是地方官根据国家统一的法令,针对本地区具体情况,以政令、法令形式颁布的。《语书》的主旨是宣传法律,发布条教,要求所属县、道官吏贯彻国家法令,教导民众,"除其恶俗"。这反映出郡守拥有根据国家法律、政令,颁布地方法规,治理地方民众的权力。南郡郡守明确告诫所属官吏必须守法、勤政,要做"良吏",不要做"恶吏",还宣称郡守将"令人案行之,举劾不从令者,致以律,论及令、丞"。这表明他拥有监察郡内大小官吏的权力。但是,郡守以下各类佐官,凡秩二百石以上者,皆由中央政府任命,属于朝廷命官。郡守处罚县令、县丞等要上报朝廷批准。他的用人权受到很大限制。郡守的其他属吏,均由郡守自主辟除,选拔任命,通常只用本郡人士。与后世相比,秦朝郡守的用人权力还是相当大的。

郡守的主要佐官是郡丞（边郡设长史）、郡尉。郡丞，秩六百石，协助郡守总理全郡政务。从云梦秦简提供的材料看，郡丞的主要职责是处理全郡司法事宜。郡尉，秩比二千石，主要在军事方面辅佐郡守。其地位与郡守相当，一般有单独治所和单独属官，并具体负责郡内一切军事、治安行动，拥有实权。郡守以下还有许多机构和职官。如负责管理工程建设和有关刑徒的郡司空（邦司空）等。

在郡县两级还有中央政府的派出机构及职官。其中最重要的是监察御史。秦朝的郡既是行政区，又是监察区，有行政系统（郡守、县令）和专职监察系统（监察御史、县御史）两套班子分别负责监察工作。秦朝设置隶属于御史大夫的监察御史，负责监郡，代表皇帝监察包括郡守在内的郡内所有官员，即所谓"省察治政，黜陟能否"①。监察御史秩位较低，而权力很大，不仅省察郡守，还可以监军、带兵、主持工程建设等。都官极有可能也是相当重要的中央机构派出职官。云梦秦简《厩苑律》、《仓律》、《金布律》、《司空》、《置吏律》、《内史杂》、《效律》等，都涉及到都官。都官与令丞常常并列见诸文字。都官直属朝廷，驻在郡县，主要负责管理与财政、经济有关的事物。

郡的下一级行政区划和机构是县、道和彻侯食邑。道和彻侯食邑相当于县一级行政机构。道设在少数民族聚集区域。有些郡兼有县、道。秦朝的彻侯食邑称"国（邦）"。国（邦）直属于郡，相当于县一级建制。各种县级行政机构皆由郡统辖。县、道的主官是县令（县啬夫）、道令（道啬夫）。

县令及其主要佐官县丞、县尉均由中央政府任免。秦朝县一级机构与职官很可能与郡一级相关职官与机构相互对应。县的主

---

① 《汉书》卷一九《百官公卿表》注引《汉官典职仪》。

要职官是县令、县尉、县御史,其职权的性质与分工大体与郡的守、尉、监类似。县令是一县之长,主管本县各种政务。县尉负责军事、治安。县御史负责监察。睡虎地十一号秦墓的墓主喜就曾担任"安陆御史"。这表明,在县一级也有御史系统的职官专司监察职能。县令的主要佐官是县丞。县丞辅佐县令,兼主刑狱、仓库等。此外,县令还有一批属吏,如令史等。

从云梦秦简提供的材料看,秦朝县一级的经济管理机构比较多,也比较完善,有一批重要的机构及其主官,如掌管全县工程的县司空(司空啬夫)、掌管全县军马的县司马(司马啬夫)、掌管全县亭的亭啬夫、掌管全县仓库的库啬夫和掌管田政的田啬夫等。

县以下设乡、乡下设里。乡、里是国家最基层的政权组织,国家的赋役和地方的教化、刑狱、治安等,绝大部分由乡里官吏直接承担。

秦朝的郡县制度有以下几个特点:

其一,地方行政机构设郡、县(道)两级,县以下有乡、里等基层政权组织。基本上实行单纯的郡县制。封君食邑的"国"数量很少,且实际上相当于县一级建制。中央政府之下设数十个郡。作为地方最高行政区划的郡规模相对较小。

其二,郡县主官一律由中央政府任免,其他各种重要官吏的任免权也操在中央政府手中。各级官吏的基本职责和行政行为主要依靠国家制定的各种法规加以规范。一切地方官都属于官僚制度中的官僚,他们必须服从国家及上司的法令、政令,定期向上一级政府报告政务,并接受上一级政府的考课。中央在地方设置专门的派出机构以监察郡县百官或直接管理有关事务。

其三,国家将各项重大权力集中于中央政府,通过掌握大政方针的决策权、国家法规和制度的制定权、各级主要官吏的任免权、所有军队的调动权、最高司法权、最高监察权和财政管理权等,加强对郡县的控制,使地方很难形成对抗中央政府的政治势力。

其四,地方官吏分权、制衡的机制初步形成,如在郡一级,郡守、郡尉、监察御史在行政、军事、监察方面有所分工,军事、监察权力有一定的相对独立性。但是,在这方面还有许多有待进一步改进、完善的地方。

其五,中央赋予地方较多的实权,使之与后世郡县相比有较多的自主权。各级政权机构基本上实行行政、司法、军事、财政、监察等诸权合一。郡守和县令长还有制定地方法规、政令和选任低级官吏、属吏的权力。每一级行政机构只有一个权力中心,行政首长的权力仍然比较大。地方享有的权力尚足以承担属于其职权范围中的各项日常政务。必要时郡守还有条件集中包括军事力量在内的各种资源应对危机。

许多政治史及政治制度史的著作认为秦朝灭亡的原因之一是秦始皇嗜权如命,导致中央集权过甚而地方政权权力太少。这是值得商榷的。综观中国古代政治制度发展史,在历代王朝中,秦朝郡县一级政权及其行政长官的实际权力属于较大的一类。在当时的历史条件下,这是容易出问题的。

从历史发展的角度看,秦朝郡县体制的弊端主要有两个:一是地方主官的权力太集中。由于秦朝立国时间太短,这个问题还没有从内部充分地暴露出来。但是在发生动乱时,项梁、刘邦等一批豪杰只要夺取守令印信,便可以形成一股势力,在一定程度上暴露了这个问题。二是地方最高一级行政区划的规模太小。全国分划为四十多个郡,中央直接管理的下一级政权机构数目太多。从管理学的角度看,这是有问题的。郡一级的行政区划太小,致使力量过于分散,在国家出现危机时,单凭各个郡县的力量,很难在更大的范围内组织有效的应对措施,而中央权力又难免鞭长莫及之叹。秦末天下动乱之际,这个弊端暴露无遗。这些弊端的产生主要与郡县制度还不够成熟有关,而制度演变的大趋势主要就是解决这两个问题。此外,从稳定"家天下"的政治结构的角度看,在认同旧的政治体制的传统势力仍然相当强韧的秦代,特别是在刚刚实现国家统一的立国之初,如果秦始皇在关键地区适度分封若干秦姓王国,可能在政治上更有利一些。这样做既可以减少一些舆论的批评,使"以古非今"者少一些,又有利于保持嬴秦王朝的家天下,使整个国家的政治状况增加一些稳定性。

第八章 制度篇:确立中央集权政治制度的"圣王"(二)

"自周衰,官失而百职乱,战国并争,各变异。秦并天下,建皇帝之号,立百官之职"①。秦始皇不仅确立了与国家政权机构有关的基本制度,还完善了与人员管理和监督有关的一系列制度。这一类的制度为政权的具体操作提供了制度上的保证。

第一节 官僚制度与法制化的行政管理

官僚制度是皇帝制度的基础性制度,它是作为世卿世禄制度的对立物而出现的。官僚制度的基本特点是:除君主以外,其他一切国家公职都不能世袭;各级官僚均实行任命制,由君主或君主指定的机构任免;各级官僚享受俸禄,都不是有政、有土、有民的封君。这个制度有利于维护中央集权,有利于选拔优秀人才入仕,有利于保证官僚队伍的素质,有利于扩大统治基础。它还具有改造社会结构和等级关系的意义。

秦朝有一支精干的职官队伍,把他们组织到皇帝周围的基本制度是官僚制度。这种制度形成于春秋战国时期,秦始皇在位期间进一步完善了这种制度。秦代与前代最大的不同之处有两点:

---

① 《汉书》卷一九《百官公卿表上》。

一是一切国家公职人员都是官僚。少数官僚有封君头衔,而其实际政治地位属于"官僚"范畴。二是行政体系制度化程度很高,许多行政管理实现了法制化。正是由于在当时的历史条件下,这种制度可以在很大程度上改善职官队伍的素质,提高行政效率,所以秦始皇才得以统一六国,缔造帝国,并创造了许多闻名世界的奇迹。

一、入仕与选官制度

由于史料缺乏,秦朝的选官制度,难以详考。然而从战国和汉初通行的制度,结合秦朝政治的特点及秦始皇有关的行为,还是可以大体知道其纲要的。

(一)入仕资格

比较而言,秦朝的入仕资格最强调一个"能"字。在秦朝统治者的心目中,所谓"能"的核心是一个"智"字。检验"能"、判定"智"的主要标准不是言,而是行。以"智"为核心的"能",必须展示于"用",显现于"功"。所以秦朝选拔官吏更看中一个"功"字,并通过制度化的措施加以贯彻。西周主要靠论"亲"选官,秦朝主要凭论"功"选官,而汉代以降主要以论"学"选官。与历代王朝比较而言,在强调"能"与"功"这一点上,秦朝是很有特色的。

战国时期各国的变法运动都把"因能授官"作为一项重要的内容,而秦国在这方面又做得相当到位。先秦诸子都把任贤使能作为君主无为之术的核心内容和要诀之一,其中法家讲得最到位。法家在"能"与"德"、"功"与"忠"之间更看好前者,他们认为"智盈天下,泽及其君;忠盈天下,害及其国"①,主张主要依据才能,广

---

① 《慎子·知忠》。

泛招揽人才,且用长弃短。法家主张"任贤",而他们为"贤"设定的标准首先不是"德",而是"能",即"官职者,能士之鼎俎也,任之以事,而愚智分矣。"①检验人才的可靠途径是"任之以事",这就像用举鼎来选拔大力士,一目了然。因此,对于各种人才要"试以官职,课其功伐",然后根据政绩、功勋进一步选拔,实行逐级晋升,"故明主之吏,宰相必起于州部,猛将必发于卒伍"②。

秦始皇颇得这套思路的要旨,他所重用的能臣武将都符合"能"、"智"、"功"的条件,又都是通过逐级晋升而高居于将相之位的。云梦秦简《除吏律》明确规定:"发弩啬夫射不中,赀二甲,免。"不具备任职能力的官吏,必须予以罢免。由此可见,秦朝制度和秦始皇的任贤使能方略还是颇有令人称道之处的。

总的说来,秦朝在任能授官、因功晋爵方面,制度比较严明,贯彻得也比较彻底。自秦孝公以来,秦国重视耕战、法制,衡量功劳与能力的主要标准在于"法"、"战"、"耕"这三个字。全面考察之后,不难看出秦朝的做官资格还应加上"学"、"德"二字。

"法",即明达法令。《通典·选举典》说:"秦自孝公纳商鞅策,富国强兵为务,仕进之途,惟辟田与胜敌而已,以至始皇,遂平天下。"这种说法大体与事实接近,可惜忘记了最重要的一条,即"法术之士"。这类人兼文武之才,仕途大多优于农夫、战士。秦国、秦朝号称"以法治国",其高官显宦大多精通法律、谋略、治术,具有浓烈的求实精神和功利诉求,其中不乏干练之才和治国高手。秦国历代将相及秦始皇的将相吕不韦、李斯、尉缭等堪为典型。这些人都属于"法术之士"范畴。贯彻法治不仅需要高官显宦精通法术,而且需要各级官吏学法、知法、懂法、执法。没有大量具有法

---

① 《韩非子·六反》。
② 《韩非子·显学》。

律修养的中下级官吏具体操作政务,法治原则就无法贯彻到底。秦朝为各级政府大量配备法吏,各级政府的主官兼有司法职责。这就决定了"明达法令"是入仕或晋升资格之一。法吏又被人们卑称为"狱吏"。秦始皇以法吏为骨干组织秦朝的官僚体系。当时就有人抨击他"专任狱吏,狱吏得亲幸"①。精通法律无疑是当时仕途得意的重要保证。出身极其卑贱的赵高就是因为"通于狱法"而被秦始皇重用。在秦朝法律中有一系列关于法吏培养、配备和提拔的规定。秦始皇曾明令"欲有学法令,以吏为师"。由此可见,秦朝官僚队伍的一大特点就是具有较高的法律素养。通晓法律是在秦朝做官的最重要的条件。

"战",即军事素质与战功。秦朝官吏多以战功博取爵位。战功越大,爵位越高,官职也越大。因此秦朝高官大多具有很高的军政素质,有出将入相之才。王翦父子、蒙恬兄弟堪为典型。在统一战争中,许多臣民,包括贱民、奴隶,以战功获得赐爵,凭爵位进入仕途。"战"也是在秦朝做官的主要途径之一。

"耕",即致力垦荒,善于种植。在秦汉,朝廷为了鼓励垦殖,明确规定"辟田"、"力田"是仕途之一。秦汉都有纳粟拜爵的做法。一些人循着这条路径获得爵位,进入官僚体系。然而单凭这一条难以做高官。在文献记载中,找不到只因是个农业模范、种田好手而跻身公卿者。

秦朝还有一条重要仕途,即"学"。自春秋战国以来,大量士人步入仕途,"学"成为重要的仕途捷径。秦朝七十博士,官高秩重,靠的就是"文学"等知识、技能。秦相多是饱学之士,如李斯、赵高之辈。云梦秦简《内史杂》规定:一些专业性很强的官吏必须经过"学室"专门训练。秦始皇及南郡守腾都曾指令广大官吏认

---

① 《史记》卷六《秦始皇本纪》。

真学习法律,以便具备从事职务活动的能力。这些事实表明,秦朝对官吏队伍的"学"的素养还是相当重视的。

此外,还有"德"字。据说,韩信当年"贫无行,不得推择为吏"①。云梦秦简《为吏之道》、《语书》等都对官吏的道德准则有很高的要求,还号召广大官吏做忠臣。云梦秦简《除吏律》、《内史杂》都有关于不得任用"废官"和罪犯的明确规定。即使受过较轻刑罚的人也不得担任低级官吏。《行书律》还规定:"不可诚仁者勿令。"在秦朝,这个"德"字还是颇要讲究一番的。

总而言之,做秦皇之官靠的是能力和功勋。无能、无功者侥幸入仕者极少,即使是王子公孙,如果没有功劳,也不能得到高官显爵。检验能力的主要标准有"法"、"战"、"耕"、"学"、"德"这几个字。不仅要有其名,而且要有其实。只要能拿出真招,做出劳绩,就有可能做官。

秦朝对官吏的任职条件还可能有一些限制,如财产、职业、身份、学识、年龄等。例如,《内史杂》有"除佐必当壮以上"的规定,禁止任用新傅籍的年轻人为吏。

(二)入仕方式

秦朝选任官员的方式,可谓集战国之大成而有所损益,许多具体的措施与汉代大体相似。主要的入仕方式有以下六种。

1、征辟。

征辟是自上而下选择官吏的制度。一种是皇帝征聘,即皇帝采取特征与聘召方式选拔有名望、资历、才学的社会人士到中央政府做官。设置这条入仕途径意在笼络名流,搜罗遗才,有助于政教。直接被皇帝征聘入仕是当时最有尊荣的仕途。接受征聘者大都待以宾礼,高官厚禄。被征聘者来去自由,如不应命,也不勉强。

---

① 《史记》卷九二《淮阴侯列传》。

秦始皇时期的博士们多由此途进入宦海。如叔孙通以文学征、王次仲以隶书征①。汉初的"商山四皓"也曾被秦朝皇帝征聘入仕。另一种是公府、郡县辟除，即中央机构长官和郡县长官及其他高级官员根据国家规定，自主选聘掾属、佐吏。其中丞相在这方面的权力最大。公府、郡县属吏经过试用之后，可以通过长吏荐举、察举晋升，其中公府掾属官位虽低，却易于显达。在当时这是一条重要仕途。各郡县都有大批才俊之士由此入仕。其中许多人经过试用，被荐举到更高的职位，升任中央官吏或地方长吏。秦相李斯走的就是这条仕途。他是从担任相国吕不韦的属吏开始在秦国的宦海生涯的。

2、荐举。

秦朝实行自下而上推举人才为官的制度，荐举（"察举"、"选举"、"推择"）是一种常见的入仕方式。做官通常要由现职官吏保举。从云梦秦简《法律问答》提供的材料看，现职官吏既可以保举他人担任同级或下级官吏，又可以保举他人担任比自己官职高的职务。其中有一条法律解释就涉及保举人的法律责任问题："任人为丞，丞已免，后为令，今初任者有罪，令当免不当？不当免。"保举人如果失察，将被罢官，只有在特定情况下可以不追究责任。这条法律印证了文献记载的说法："秦之法，任人而所任者不善，各以其罪罪之。"②被保举人犯了罪，保举人与被保举人以同罪论处。秦相范雎就是触犯了这一条，而罢相免职，很可能因此被杀。这类法规的存在也说明荐举、保举在当时的确是重要的入仕之途，因而需要制定相关的行政法规加以规范。秦朝可能已经形成各级政府及其主要官员向中央举荐人才的制度。

---

① 《水经·溧水注》。
② 《史记》卷七九《范雎蔡泽列传》。

3、战功。

在秦朝,功勋爵制度主要为奖励军功而设。由于国家长期处于战争状态,国家急需大批能征惯战的军官,所以以军功博取赐爵,以爵位博取官职,这是当时最常见的仕途之一。依据秦律,就连奴隶、贱民也可以凭借战功博取爵位。可以由此推断:秦朝的官僚体系中有一批原本身份低贱而战功卓著的人。

4、纳粟。

秦代有一条政策叫做"百姓纳粟千石,拜爵一级"①。有了爵位,也就有了做官的资格。纳粟拜爵实际上就是卖官鬻爵。不过在当时这种做法含有奖励农耕的意图,与后世的卖官鬻爵并不完全相同。

5、自荐。

春秋战国以来,自荐是一种常见的仕途现象。"毛遂自荐"的故事脍炙人口。许多士人周游各国,寻求做官的机会,一旦受到赏识就可以成为低级官吏、"客卿"乃至将相。秦相张仪、范雎、蔡泽等都是循着这条途径入仕的。

6、任子。

任子,即高官荐举其子弟为官。在秦朝,任子也是一条常见的仕途。这种制度源于先秦。在世袭观念支配下,中国古代社会始终存在着这种制度。云梦秦简多处提到"葆子",并为官吏子弟设置"弟子籍"。凡纳入"弟子籍"者可以享受一定特权。还规定在一定条件下儿子可以继承阵亡父亲的功勋爵位。《内史杂》还规定只有"史"的子弟有资格到"学室"学习,接受培训,以便承继职务。蒙恬初仕亦沾门荫之光。秦相李斯的儿子大多位居高官,未必都是靠着个人的才能和功劳。这条仕途受世袭观念的影响很

---

① 《史记》卷六《秦始皇本纪》。

大,显然背离惟才、惟功是举的任贤使能原则,不过与后世许多王朝相比较,秦朝为这条仕途开的口子还不算太大。在秦朝,单凭父祖恩荫也很难做高官。

(三)任用制度

实行任免制度是官僚制度的重要特征之一,而官僚制度下的"官"与世卿世禄制度下的"官"的主要区别之一就在于前者可以随时任免,不实行终身制,更不实行世袭制。在秦朝,官吏的任免已经制度化、法制化,有关政务大多有明确的法律规范,其中任用资格、任用方式、保举者的责任等都有具体的法律条文加以规定。这是官僚制度基本成熟的标志。

秦朝任命官员称为"拜"、"除"。正式任命以"令"的形式下达。从云梦秦简看,至少正式任命县令、县丞以上的各级官员都被授予官印。官印是任官的凭证。任官受印,免官收印,印随官转。拜除之权属于皇帝,中央与地方各级主要官员均由朝廷任命。名见于《史记》的秦朝高官皆由君王拜除。皇帝不可能一一拜除百官。秦朝很可能与汉代一样,将秩位较低官员的拜、除、调、迁的具体操作权下放给三公九卿,并经由中央政府批准,予以正式任命。公府、郡县等所辖机构的低级属吏则由长官依法自主选任。

在云梦秦简中,有一批涉及官吏任免的行政法规,如规范行政、财务部门官吏任免的《置吏律》、规范军事官吏任命的《除吏律》和规范高官子弟培训、任用的《除弟子律》等。还有规范军功爵位的《军爵律》和规范劳绩呈报的《中劳律》等与官吏任用制度相关的法律。由此可以推定:秦朝的官吏任免制度已经法制化。这些法律、法规对官吏的资格、任免、考核、奖惩及相关政务等,都有具体而又严格的规定。例如,《置吏律》规定:县、都、郡原则上应在每年的十二月初一至来年的三月底任免属吏。如果由于死亡及其他缘故而出现空缺,可以"为补之,毋须时"。县内各官府的

322

啬夫等属吏被免职后的二个月内,县令、县丞必须及时任命继任者。官吏必须经过正式委任,才能任职或派遣;官吏一经任命,必须绝对服从派遣。如果违反上述规定,将"以律论之"。《置吏律》还规定:啬夫等主管官吏调任他职时,"不得除其故官佐吏以之新官",即不得偕同下属一起赴任。制定这条法律的目的是,防止地方官朋比结党,盘根错节,专擅权力。

(四)官吏级别

秦朝的官吏等级分明。官吏在官僚体系中的等级地位主要根据权位、爵位、秩位确定,此外还有一系列标示官吏地位和权力的措施。由此而形成官吏内部的权力关系和等级制度。

权位,即在权力体系中的实际地位,秦朝通常以职务确定权力的范围和大小,所以权位主要取决于官职。在实际政治生活中,有时权力的大小不完全取决于职务的高低,皇帝的亲信大臣的实际权位往往高于其职务本身所赋予的权力。自秦始皇十年(公元前237年)"李斯用事",到秦始皇二十八年(公元前219年)他仍然还是一个"卿"。在担任丞相以前,李斯实际权位很高。秦始皇的这种用人方式在中国古代社会很常见。

权位是构成官僚之间上下级关系的主要标志。"不怕官,只怕管",当时的上下级之间的关系具有很强的人身依附性质,在主官与属吏之间甚至构成君臣关系。属吏必须视主官为"君",并恪守臣属义务。这种现象源于世卿世禄制度,不仅得到当时社会的认可和道德观念的维护,又有现实制度的依据,直到魏晋以后依然存在,秦朝当不例外①。

爵位,即以勋爵的高低确定等级。由于秦朝主要以爵位标示

---

① 参见拙著《亦主亦奴——中国古代官僚的社会人格》第二章第一节君臣之义与人的臣仆化,浙江人民出版社 2000 年版。

个人的社会政治地位,所以爵位的高低是官僚地位高低的重要标志。例如,秦代琅玡刻石所记载的朝臣排序依次为列侯、伦侯、丞相、卿、五大夫。

秩位,即以秩禄薪俸确定官阶等第。从云梦秦简及《汉书·百官公卿表》记载的材料看,秦朝以粮食数量表示官吏的薪俸、秩位,如秩有"千石之官"、"百石之官"、"五十石之官"等。秩是官阶,按照秩发放的禄米才是实俸。由于史料阙如,秦朝各级官吏的具体官秩很难确说。估计当与汉代大体相当,诸如丞相万石、郡守二千石、县令长一千石至五百石等。"石"的数量既标示着薪俸的多少,又标示着官阶的高低。秩位是划分官僚等级的重要依据之一。

在秦朝,确定高级官吏、中级官吏和低级官吏的主要依据是秩位。云梦秦简《法律问答》有:"可(何)谓'宦者显大夫'?宦及智(知)于王,及六百石吏以上,皆为'显大夫'。"六百石以上,为"显大夫",又称"大吏";六百石以下、一百石以上,为"有秩吏";一百石以下,为"少吏",又称"斗食、佐史之秩"。秦始皇在处分窃葬吕不韦一案时就曾以"六百石以上"、"五百石以下"作为量刑的依据。秦朝的显大夫包括皇帝的亲信以及秩位六百石以上的官吏。一般说来,中央政府的三公九卿及其重要佐官和博士、议郎、郎中等;郡一级政府的守、尉、丞、长史等;县一级六百石以上的县令及其他职官等,都属于"显大夫"。各级官吏的政治地位、法律地位有明显的不同。例如,云梦秦简《金布律》规定:有秩吏每人可以配备一名伙夫,而斗食之吏则每十人配备一名伙夫。

印绶,即官印、绶带。印绶是官吏的官阶、等级、职务和权限的象征。印绶的政治功能是表明治事之官受命于君王,并通过官印的质地、绶带的颜色和刻在印上的文字等表明其官阶级别和职权范围。在实际生活中,人们可以通过"方寸之印,丈二之组"识别官员地位。官印在行政过程中还是行使职权的信物,用于公文封缄、库府封存等。在汉朝,丞相、太尉等皆为金印紫绶,御史大夫等秩比二千石以上的官吏皆为银印青绶,秩比六百石以上的官吏为铜印黑绶,秩比二百石以上的官吏为铜印黄绶。秦朝的情况可能也大致如此。

冠服、车舆。与历代王朝一样,秦朝有一套复杂的车舆、官服制度,并通过车舆的规格、冠冕服饰的制式、颜色和文饰等,标明官阶、文武、职权等。其政治功能就在于明尊卑,辨等级,示名分。

朝位,即官僚上朝面君时所应处的排列班次。秦朝朝位制度已不可详考。秦始皇采择六国之礼,制定了一套朝堂礼仪,其中对于朝位必定有详细的规定。估计与汉朝大体相同,综合考虑爵位、权位、秩位、印绶等确定。

(五)休假、致仕

秦朝官吏有休假制度。李斯之子李由担任三川守期间曾经"告归咸阳"[1]。刘邦担任亭长时,"常告归之田"[2]。

秦朝官吏可能与汉朝一样没有任职期限,又不实行终身制。依据现存史料分析,秦朝的制度有三个比较明显的特点:一是官僚晋升没有严格的年资、等级限制,而职务规范相当严格。因此,官僚的实际境遇往往起伏很大,有人起家而为高官显贵,有人由卿相一变而为布衣、刑徒。二是没有明确的任期限制。当时各级官吏的任职期限往往很长,见不到调动频繁的迹象。有人长期身居一职,有人任职数月便罢官。三是没有终身的保障。任职则为官,不任职则为民。没有品级的积累,官位可升可降,做什么官,食什么禄。由于制度如此,宦海沉浮,司空见惯,所以官吏能上能下,社会

---

① 《史记》卷八七《李斯列传》。

② 《史记》卷八《高祖本纪》。

对此也习以为常。这种制度使官吏没有任期保障,更没有终身保障,想任职就得称职,想晋升就得有政绩,想保荣华富贵就的兢兢业业保住职位。这种制度有促使官吏奋发努力的作用,也有弊端。不实行终身制是其利,长期任职一官则容易滋生各种弊端。官吏的迁降赏罚主要取决于政绩考核,这是合理的,然而在当时的政治体制下,考核不可能不受到长官意志和情感的影响,这也必然滋生弊端。没有一定的资格积累及相应的待遇保障,也会对吏治产生一些负面影响。这些现象表明秦朝的官僚制度还不够完善。

二、法制化的行政管理

司马迁对秦始皇政治统治的特点的概括就是"事皆决于法"①。以法治国就必须依法治国。依法治国的要旨有两点,即依法行政和公正断案。行政管理法制化正是秦朝政治制度的显著特点之一。

(一)初具规模的行政法规体系

行政是国家的组织活动,而行政法规是规范各级政府行政行为的法律部门。在云梦秦简中,规范行政管理和职务行为的法规比较多,其中有一系列成文的单行行政法规,如关于廷尉机构行政管理的《尉杂》,关于治粟内史机构行政管理的《内史杂》、关于司空机构行政管理的《工律》、关于公车司马机构行政管理的《公车司马猎律》、关于户籍行政管理的《傅律》、关于徭役行政管理的《徭律》、关于文书传递管理的《行书律》、关于边防事务管理的《屯表律》、关于戍边管理的《戍律》、关于驿站食物供应管理的《传食律》、关于出入境管理的《游士律》和关于少数民族事务管理的《属邦律》等。有关法律的内容涉及到经济行政管理、军事行政管理、

---

① 《史记》卷六《秦始皇本纪》。

外交行政管理、司法行政管理、社会治安管理、监狱行政管理、户籍行政管理、交通行政管理、文化教育行政管理等。由此可以推断：秦朝的各种行政管理都有相关的法律、法规,充分体现了"以法治国"、"依法行政"的精神。

秦朝的行政法规的规范类型完全,结构严密,规范明确。以云梦秦简《徭律》为例,律文规定：县令有权征发禁苑周围有农田的居民兴建防护措施,"无贵贱,以田少多出人"；县一级政府机构拆改官衙等公房必须事先向上级报告；对修缮工程必须准确计算工作量,如果所估不实,对估算者以法论处等。这就对县一级政府机构征发徭役时,有权做什么、可以做什么、必须做什么、不准做什么以及违反规定的后果等,都有明确的规定。从规范类型看,包括了授权性法律规范、义务性法律规范、禁止性法律规范和惩罚性法律规范等。秦朝的行政法规绝大多数属于确定性规范,对规则的内容、适用的条件和制裁的尺度都有明确具体的规定,甚至达到精确量化的程度。只有个别法律规范准许官吏酌情处理,为有所变通留下一点余地。比较系统的行政法规为"依法行政"创造了条件。

秦朝的官法官规充分体现着秦始皇以法治吏的法治理念和将行政管理法制化的意图。它不仅内容广泛,规范严整,条文具体,而且惩处严厉。秦朝行政法规所规定的法律制裁有经济制裁、行政强制、行政处罚和刑事处罚等。秦朝对官吏触犯行政法规的处罚相当严酷,一些服苦役的行政处罚无异于刑事处罚。官吏违规行政,动辄处以口头责罚或罚款,"赀盾"、"赀甲"属于常刑。重者则"赀徭"、"赀戍"、"免"、"废"。秦始皇常常将大批违法的官吏流放到边疆服苦役。重罚主义的刑罚原则同样适用于当官为宦的人。

(二)官僚的政治规范

与前代之周朝、后世之汉朝相比,秦朝治吏,最为得法。这一点集中体现在秦朝的官规、官法很多,要求得很严格,贯彻得很坚决。秦朝的官僚规范主要有两个来源：一个来源是国家制定的基本制度、行政法规及相关的政令、条例等，这些属于强制性的行政规范和法律规范。另一个来源是流行的官箴臣轨，这些属于社会通行的道德规范。

秦始皇把"法"作为治国理政的不二法门，力图使大小政务皆有章可循，有法可依，各种行政法规是其规范各级官僚从政行为的主要手段。有关规定职责分明，详细具体，要求严格。有功者赏，有过者罚，赏罚皆有法可依。

在秦朝法律中，对广大官吏提出了一系列的要求。《法律问答》要求官吏必须履行职责，一心为公，对"不以官为事，以奸为事"的官吏要处以流放之刑；要求官吏必须服从政令，依法办事，令行禁止，明确规定："令曰勿为，而为之，是谓'犯令'；令曰为之，弗为，是谓'法（废）令'"，对犯令（违反禁令）、废令（有令不行）者要依据法律惩处。《秦律杂抄》要求官吏必须不折不扣地执行君主命令，不得有丝毫不敬之心，明确规定：对皇帝的政令阳奉阴违、拒不执行者要判处"耐为候"；宣读命令时，听者态度不恭敬，将撤职查办而永不叙用。

依据秦法，犯法的官吏负有民事、行政、刑事责任。为了保证官吏奉公守法，尽心尽职，秦朝法律对各种失职、渎职行为规定了严厉的处罚。在民事责任方面，凡是因失职造成国家财产损失的，一律要赔偿。在行政责任方面，凡玩忽职守者，或当面斥责，或处以罚款，或降级降职，或解除职务。不胜任的官吏予以免职。罪错严重者开除官吏之籍，永不叙用。在刑事责任方面，凡属职务犯罪，一律要负刑事责任，处罚大多很重。《法律问答》等规定：利用职务之便侵占、挪用公款者，"与盗同罪"；官吏错断了案子，要负刑事责任，如果属于故意断案不公者，处以流放戍边的重刑；被保举做官的人犯了罪，保举人负有连带责任。秦法对行贿受贿罪的处罚很重。《法律问答》有一条法律解释表明,只要行贿一钱,就要处以"黥城旦罪"。估计对受贿罪的处罚也会很重。

以通行的道德规范训诫官吏,也是秦朝治吏的重要手段之一。秦始皇在诸多纪功刻石中提到许多官吏的道德规范。云梦秦简《为吏之道》、《语书》等也为道德规范对秦朝吏治的影响提供了实证材料。

《为吏之道》既像一纸教令,更像一本道德读物。有的段落采用四字一句的格式,有的段落采用民歌式的韵文,满篇说的是居官做吏、为人处世的道理、规矩、戒律,讲的是官吏在治民施政中的各种行为方式的是非善恶标准。这本书的文字多有犯秦国国讳之处,可能是传诵各国、流行甚久的一本类似后世官箴的书籍。这本书被一位秦始皇的法吏抄录并珍藏,说明它在当时颇有影响。

《为吏之道》认为,"君鬼(怀)臣忠,父兹(慈)子孝,政之本殹(也);志彻官治,上明下圣,治之纪殹(也)。"全篇从维护这种政治伦理和施政理念出发,相当系统地罗列了官吏必须遵守的各项准则和应当注意的各种事项。如果把《为吏之道》和唐代武则天所著的《臣轨》加以比较,就不难发现在若干基本内容上二者是相似的。

在道德品质方面,《为吏之道》要求大小官吏必须为人清白正直,谨慎细致,公正无私,温良不苛,"审当赏罚",宽容忠信。处事要刚正严厉而不粗暴,清正廉洁而不伤人,不仗势欺人,不意气用事。这些道德规范正是后世"清、勤、慎"之类的官箴臣轨的前身。

在处理政治关系方面,《为吏之道》要求大小官吏对上司要"敬上勿犯",服从命令,谨慎从事,恪尽职守。对下属要"兹(慈)下勿陵",为民表率,以身作则;要慎重行使权力;要知人善任,根据能力,选任人才;要让属吏助理政事,不要让他们安享官职、俸禄;要力求政令正确,不要朝令夕改;要维护等级制度,制止百姓的欲望,打击邪恶之人等。对民众要"审智(知)民能,善度民力",要

"除害兴利,兹(慈)爱万姓","施而喜之,敬而起之,惠以聚之,宽以治之"。具体措施很多,诸如施政要正大光明,断案要处以公心,要惩罚不忠不义之人,要救济孤寡老弱,要扩大农田垦殖面积,要均衡徭役赋税,不要加罪于无罪之人,不要赋敛无度,不要无节制地滥用民力,不要令百姓惧怕,不要故意为难百姓,不要目中无人,不要经常对百姓发怒等。这些道德规范颇似后世的"忠君报国"、"爱民如子"等。

在道德修养方面,《为吏之道》要求大小官吏"正行修身",要"处如资(斋),言如盟,出则敬,毋施当(意为不要废弛应当遵守的原则),昭如有光"。它谆谆告诫大小官吏:要永远保持一颗怵惕之心,深知"戒之戒之,材(财)不可归;谨之谨之,谋不可遗;慎之慎之,言不可追;綦之綦[之],食不可赏(偿)。"

在处世哲学方面,《为吏之道》期望大小官吏要深知"中不方,名不章,外不员(圆),[祸之门]",要做到"怒能喜,乐能哀,智能愚,壮能衰,恿(勇)能屈,刚能柔,仁能忍,强良不得";"安乐必戒,毋行可悔";临财毋苟得,临难毋苟免;"毋喜富,毋恶贫,正行修身"。《为吏之道》谆谆告诫官吏们:只有忠诚正直,"慎前虑后",不为已甚,行为有所节制,才能"过(祸)去福存"。

作为一种流行于世的官箴、条规,《为吏之道》或许不具有法令的强制力,却显然具有道德的约束力。其中一些内容写入政令法规。《语书》便是一例。《语书》是郡守向所属县、道官吏发布的条教,具有政令法规的性质。

在这篇太守发布的教令中,明确提出:"为人臣"要"忠",做"良吏"要忠厚、"廉洁"、"有公心"、"能自端(正)"、"明法律令"、不争权夺利。"恶吏"的特点则是不懂法令、不习政务、苟且懒惰、搬弄是非、巧言令色、自高自大、争名逐利、弄虚作假、贪赃枉法。这篇郡守发布的条教宣称:对恶吏要绳之以法,严厉惩罚。这样一来各种道德说教也就具有了强制性的约束力。

秦朝关于惩处官吏的法律相当细密而完备,对违反规范者动辄"致以律"。秦始皇先后将成批的执法断案不公的官吏流放边疆,从事苦役,其对官吏的要求甚至有严酷之嫌。秦末天下动乱,当时的人们抨击时政及吏治,多言秦政之暴、秦法之苛、秦官之酷,很少有史料涉及秦官之贪。由此大体可以推测:秦始皇时期的吏治还是比较清廉的。秦始皇治吏有方,官吏不敢怠于职守,办事效率较高。吏治比较清明,这是他能够统一中国、成就帝业的重要原因之一。

(三)考课与赏罚

秦朝对各级官员的考核主要通过上计制度进行。上计制度是秦朝中央政府加强对地方政府和官僚控制和管理的一项重要制度。这种制度既是皇帝和中央政府掌握和监控全国各地人口、土地、资源、收入、治安状况的重要手段,又是监察百官、考核政绩、奖善惩恶、澄清吏治、征收赋役的重要手段。其形式和目的都以考核官吏为主,主要着眼于控制地方各级官吏。

上计制度,即各级地方政府定期向上一级政府汇报辖区基本情况的制度。"计",即"计簿"之类。各级政府为了政务的需要,必须设置机构和职官将户口、土地、收成、财政、治安等情况记载于簿籍,以作为征收赋役、计划开支、制定政策的依据,这就是"计"。各级政府按照规定将有关情况报告上一级政府,这就是"上计"。"上计"具有下级向上级汇报政务和上级考课下级政绩的功能,这类制度与郡县制同时产生。

秦始皇进一步完善上计制度。秦朝以十月为岁首,所以上计时间大体在八、九月份。汉承秦制,汉高祖时期在丞相府中设有专职官员负责"领主郡国上计"①。秦朝可能也有这样的制度、机构

----

① 《汉书》卷四二《张苍传》。

和职官。每年岁末各郡必须派员向朝廷上计,将该郡的户口、垦田、税收等呈报中央政府。上计者必须同时携带有关账目、簿籍,即《金布律》所说的"与计偕"。在此之前,各郡的属县先期集课。对各级小吏均要按照职责考课,然后由县令汇集本县的情况上计到郡。郡核对计簿,根据实际政绩评定殿、最等级。郡将各县上计情况汇总后,统一上报朝廷。中央政府根据考核结果评定各郡的等级。上计制度实质是每年对全体官吏进行一次全面的检查,自下而上逐级报告政务,并由上级对下级逐一进行考评。每年的考课材料都要归入档案。根据考察结果,决定迁降、赏罚。凡考课为"最"者,升迁;有罪错、过失者,给予责罚、降职、削爵等处分。

秦朝重视法制,所以考课的重要内容之一是官吏是否知法、守法、执法。云梦秦简《语书》提供了一个个案实例。在这篇郡守教戒所属各级官吏的文告中,明确宣布:官吏知法、守法、执法的情况是监察、考课的一项重要内容。"明法律令"者为"良吏";"不明法律令"者为"恶吏"。不懂法律的官吏必然无德无能,不忠不义,对他们"不可不为罚"。凡居官为吏者不明习法律,或不举劾犯令者,或所属吏民违法而不知情,都将受到处分。如果令、丞有此类问题,郡守将上报处理。《语书》还提供了有关程序的信息:行政体系实行自上而下的监察和考课。郡守、县令负责监察、考课、查处郡、县下属官吏。县官有过错,郡守有权上报处理。行政体系内部构成中央政府—郡—县—乡逐级监察、考课制度。

第二节　强化政治监控机制与完善
监察制度、谏官制度

秦始皇在政治制度上的一大贡献是全面强化了政治监控机制

及相关的制度。他在固有的行政体系及其政治监控、监察机制之外，建立了相对独立、自成体系的监察机构和职官体系，还进一步加强言谏机制，增加言官设置，使国家的政治监控机制更加完善，在很大程度上实现了行政监察、司法监督活动制度化乃至法制化。

秦朝的政治监控、监察职能主要由行政官员体系、监察官员体系和谏议官员体系分工负责。在常规行政体系中，各级行政机构都有监控政情的职能，从丞相到郡县长官都负有报告政务、谏诤上司、监察属官、了解民情的职责，构成由丞相、郡守、县令等组成的一套监控、监察体系。例如，郡守兼领监察郡内各级官吏的职责，每年都要巡视属县，广泛接触吏民，考察地方政绩，了解民间情况，并向中央政府报告。云梦秦简《语书》为此提供了可靠的实证材料。此外，还有制度化的"上计"。在常规行政体系之外，秦始皇又另建了一套专门负责监控政情、监察百官的机构。他首设御史大夫，以之为副丞相，令其独立开府办公，建立了一套从中央到地方的专职监察体系。御史机构与系统直接对皇帝负责，专司监察百官、监控政情，在整个官僚体系中具有相对独立性。秦始皇重视朝廷议事制度的建设，他继承、发展了战国时期的相关官制，增加了兼职、专职谏官的数量。在秦朝，谏议职官体系初步成型，已有专职谏官之设。谏官之设与固有的朝议制度相结合，强化了谏议机制。谏议机制和相关制度的发展，不仅进一步完善了中央政府的决策机制，而且为强化政治监控、官吏监察提供了重要的渠道和手段。秦汉以后，监察制度、谏官制度的发展与完善一直是中央集权政体演变的重要内容之一。秦始皇在这方面有发轫之功。

下面简要介绍一下秦朝有关制度的历史渊源、理论依据和具体内容。

一、秦朝谏议制度、监察制度的历史渊源

中国古代谏议制度、监察制度的历史渊源可以追溯到古老的政治传统,它随着王权的不断强化而不断完善,并与皇帝制度相始终。据文献记载,早在传说中的尧舜禹时代就有这类政治设置和机制,到中央集权政体产生之初,开始出现专职机构和职官。皇帝制度下的谏议制度、监察制度在秦汉时期已初具规模,到隋唐时期臻于完备。它是中国式的君主专制制度为强化对各种权力机构和权力者的监控而自身主动设置的,又随着这种制度的逐步成熟而不断完善。换句话说,它是历代君主为防止自身施政失误、防范政情失控而特意设置的,具有监君、监官、监民等多种政治功能,其中谏议制度具有明显的监君功能,而监察制度则以监官为主。从政治实践看,凡是雄才大略的皇帝(君主)都善于发挥这种制度和机制的作用,并在一定程度上尊重有关的运作机制和法定程序。秦始皇并不例外。他不仅善于运用这些制度和机制,还对这些制度和机制的完善做出过历史性的贡献。只是由于人们过于强调秦始皇的暴戾,夸大了秦制的专横,反而忽略了对这些制度和机制的深入分析,更没有做出准确的全面的评价。深入研究和分析这类制度的原理、内容和特点,有助于全面、深刻地认识和评价中国古代君主制度。

谏议制度和监察制度大致相分,又密切相关。两类职官都属于言官范畴,被称为"言路官"。这些身居"言路"、专司"言谏"的言官是君主的耳目喉舌之臣、检押风宪之官,他们都肩负着谏诤君王、监察百官、监控政情的重任。谏议官体系与监察官体系职能相近,它们互不统属,相互监督,又有所分工,相互补充。谏议类职官主要为议政、谏君而设;监察类职官主要为察官、治吏而设。言官专司纳谏诤,正吏治,观民风,职卑而权大,官轻而势重,官之雄峻,

莫与之比,故历来被视为风霜之任、清要之职。言官之设的宗旨和目的,归根结底是为了维护王权至上的政治体制和一家一姓的王朝,这是毋庸置疑的。然而言官之设采取了一种自我约束、自我调整、自我监督的方式来实现和维护君主专制。它常常形同虚设,却又对君主政治至关重要。因此,至少在唐宋以前,有关的机制日益强化,有关的制度日益发展,有关的职官日益增多,就连以"专横"、"暴虐"著称的秦始皇也在完善相关制度方面有所作为。这是一个很值得研究的历史现象。

有的学者把中国古代监察制度比作国家政权内部的"万里长城"①,即国家和君主赖以整饬吏治、振肃纲纪的政治防御工程。其实谏议制度也适用这个比喻,甚至比监察制度更为重要。如果这个比喻成立的话,那么秦始皇可以说为中国古代国家和帝制修建了两个"万里长城"。一个是雄伟的实体建筑,作为军事工程,它被用来抵御外侮;一个是精致的政治设置,作为统治手段,它被用来防范内乱。

就像万里长城是秦始皇在前代遗留的一批防御工程的基础上进一步修缮、加固和扩建而成的一样,政治监控体系也是秦始皇在历代传延的各种政治设置的基础上进一步整理、完善和扩充而成的。从现存文献看,关于政治监控、政治监察制度的传说可以追溯到三皇五帝时代。据说,黄帝有明台之议,唐尧有衢室之问,虞舜有诽谤之木,夏禹有敢谏之鼓,商汤有总街之庭,武王有灵台之复。这些政治设置都是先王、圣君为广开言路、听取批评、体察民情而设。当时还有朝堂之议、四岳之议、庶民之议以及监官、谏官。三皇五帝三王以此采集民意,决断朝政,监督政务,监察百官。这些传说并非全是空穴来风,它们或多或少传达着上古君主政治的一

---

① 参见彭勃、龚飞主编:《中国监察制度史》导言,中国政法大学出版社1989年版。

些特点。从现有研究成果看,学者们普遍认为,夏、商、西周时期可能还没有专职的谏议监察机构和职官,更没有相关的法定程序,有关的政治功能主要通过各种政治惯例、议事制度、臣下的政治义务和一些非制度化的渠道来实现。无论实际情况如何,有关的政治传说和政治传统都是相关制度形成和发展的历史渊源。

从《尚书》、《诗经》、《左传》、《国语》、《周礼》等文献提供的材料看,西周、春秋时期的三公四辅卿士佐官都有谏议的权利和义务,已经有一些机构、职官负有采集民意、尽规纳献、监控政情的职责,还形成了许多政治惯例。《尚书·酒诰》引用古语,主张"人无于水监,当于民监。"《诗·大雅·民劳》说:"王欲玉汝,是用大谏。"这是文献记载中最早出现的谏议思想、谏议行为和"谏"字。当时人们普遍认为理想的决策模式是:"天子听政,使公卿至于列士献诗,瞽献典,史献书,师箴,瞍赋,矇诵,百工谏,庶人传语,近臣尽规,亲戚补察",在广开言路、兼听博纳的基础上,"王斟酌焉"①。据说这是"先王之政"、"圣王之制"。《周礼》中也记载了许多具有政治监控、行政监察性质的政治设置和职官职责。周厉王还曾经指令卫巫"监谤"②。由此可以推断以巫史类职官担当谏议、监察职能来自更为古老的政治传统。这些政治传统及相关的政治思想、政治设置、政治机制为中国古代的谏议制度、监察制度的完善提供了历史依据、文化先导和经验教训。

春秋战国时期,各种政治监控、监察机制逐步制度化。这个时期的历史文献记载着许多关于君主广开言路、从谏如流、鼓励进谏、强化监察的事迹。郑国执政子产不毁乡校、齐威王重赏谏臣以及许多权势者养士议政等都是脍炙人口的政治佳话。在君主集权

---

① 《国语·周语》、《左传·襄公十四年》都记载了类似的思想。
② 《史记》卷四《周本纪》。

政体不断完善这个大的历史背景下,专司政治监控、行政监察的机构和职官产生了。据说,齐桓公设置"啧室之议",倾听"极言",并指派东郭牙担任"大谏",负责管理纳谏进贤方面的政务①。"啧室"很可能是个专职机构。齐桓公在相之下置"五官制度",即大田、大行、大谏、大司马、大理。其中"大行"专门负责监督朝会、祭祀的礼仪规章,其职能相当于秦汉以后的侍御史、殿中御史。"大谏"专门负责规谏国君,其职能相当于后世的谏议大夫。在战国七雄的中央集权政体中都有专门的监察机构和职官。秦、韩、赵、魏都有御史担当纠察百官之任,有郎官(中郎、郎中、议郎等)担当谏议之任。楚国的箴尹、司箴谏,赵国的左右司过,齐、赵、秦等国的内史等,都属于言谏、监察类职官或负有这方面的职责。各国的地方监察制度均已初具规模,谏议制度也呼之欲出,这就使以言官为主的政治监控体制逐步发展。战国时期秦国自身的制度和各国的相关制度都是秦朝制度的历史渊源,而秦朝的制度又启发了汉唐的制度。

二、先秦诸子的政治监控理论

以谏议理论为中心的政治监控理论的不断完善,为相关政治制度和政治机制的完善提供了政治文化基础和理论的指导。

谏议论,就其整体而言,它是中国古代最重要的政治监控理论;就其主旨而言,它是中国古代最重要的政治调节理论。谏议机制与君主政治日常运作的关系相当密切,它涉及政治决策、政治监控和君臣互动。在朝堂议政时,各种政治理论都是谏议的依据,又都在不同程度上依靠谏议发挥其政治调节作用。

作为一种政治文化,谏议观念与君主政体相伴而生,一道兴

---

① 参见《管子·桓公问》等。

盛，一同沉沦。谏的观念和理论发端于相当久远的历史年代。尧舜设置谤木、谏鼓，禹咨询四岳。这些传说对后世的谏议理论有重大影响。西周初年的政治文诰中《酒诰》、《牧誓》、《召诏》诸篇中的一些言论具有明显的倡导听谏的性质。这些思想材料都成为谏议论的重要依据。周幽王的太史伯阳父（史伯）以"和"与"同"的哲理，论证君主纳谏的必要性。这表明，至迟到西周末年，谏议已从一种政治意识上升为政治理论。

春秋战国时期，谏议成为公认的政治准则，形成了系统的理论，主要表现有四：一是诸子百家都提出了各自的谏议理论，这些理论分别从不同角度论证了谏议的政治功能和必要性，从而使谏议的基础理论大体完备。二是谏成为公认的政治美德。思想家们一致认为君主纳谏与否关系到盛衰兴亡，臣下进谏与否则是忠与奸的分野。许多思想家、政治家还依据谏议的运行状况判断各国的政治情势。三是谏议机制在政治运作中发挥着重要的作用，开始出现专司谏议的机构、职官。四是纳谏、进谏技巧日趋成熟。《论语》、《孟子》、《荀子》、《韩非子》等都对君臣在谏议中的微妙关系及行为规范有所论及。其中《韩非子·说难》是这方面的名篇。许多思想家曾论及兼听与独断的关系及君主听言纳谏的政治艺术。《国语》、《左传》、《战国策》等都记载了大量君主乐于纳谏、臣下善于讽谏的事例。邹忌讽齐王纳谏、触龙说赵太后等，都是脍炙人口的历史故事名篇。

在这个历史背景下，几种基础性的谏议理论先后提出。在中国古代政治思想史上，广为人们征引的谏议理论主要有四个，即和同论、以道事君论、兼听论和疏导论。这几个理论都产生于先秦，它们从哲学、伦理、政治、舆论等诸多角度，全面地论证了谏议的必要性和政治功能，一直是后世谏议论的基础理论。

和同论着重从哲学的角度论证了君臣相互配合的必要性和进

谏与纳谏的重要性。在文献中,和同论最早见于《国语·郑语》。史伯以"和"与"同"论兴衰、论君臣。"和",指事物相杂、配合;"同",指事物单一。他认为,事物相杂,协调配合,相互补充,才能生机勃勃。这是自然与社会的一般规律。例如,五行相杂生万物,五味相配调众口。事物单一则毫无价值。例如,只有一种声调则无悦耳的音乐,只有一种味道则无好吃的食物。扬"和"弃"同"表现在政治上就是君臣配合,取长补短,其最佳途径就是"择臣取谏工而讲以多物",即君主任贤纳谏,广泛听取臣下的批评意见。如果君主拒谏饰非,任用奸佞,排斥忠良,就会走向灭亡。西周王权的式微,其原因就在于此。春秋时期,齐国大夫晏婴发挥和同论,提出"献可替否"说。晏婴对绝对服从式的君臣关系提出批评。他认为,"同"是无差别、单一或同一之物;"和"是各种事物的互相协调和补充。"和"犹如以水、火、盐、梅等烹调肉羹,"齐之以味,济其不及,以泄其过",火候和作料适当,才能美味可口。君臣之间应像调羹作乐一样,互相配合。如果一味强调"同",君曰可,臣亦曰可,君曰否,臣亦曰否,这就像白开水煮肉,谁能下咽。正确的做法是:君曰可,而有可有否,臣应指出其否,而助成其可;君曰否,而有否有可,臣应指出其可,而去掉其否。后人称之为"献可替否"[1]。这就充分肯定了进谏的必要性。孔子赋予"和"与"同"更为广泛的意义。他明确指出:"君子和而不同,小人同而不和。"[2]从此,"君臣和若盐梅"、"献可替否"、"君子和而不同"等成为论说谏议的主要依据之一。和同论的实质是以哲理的方式,论证了臣下对君主实行政治监督的必要性。

以道事君论依据社稷重于君主,道义高于权势,讨论君臣规

---

[1] 《左传·昭公二十年》。

[2] 《论语·子路》。

范,主张以谏议方式"正君以礼"、"致君尧舜"。以道事君论强调进谏是臣之轨度、忠之极致,实际上是一种政治道德论。最先明确提出"以道事君"的是孔子。《论语·先进》说:"所谓大臣者,以道事君,不可则止。"谏是事君之道。君主有过错,大臣必须反复谏诤,实在听不进去,才可以闭口不言。《孟子·离娄上》有"格君心之非"说,即以道义原则去矫正君主的私心杂念。《荀子·臣道》明确提出"从道不从君",倡导做谏臣、争臣、辅臣、拂臣。为了国家利益和君主尊严,必要时臣下可以擅君之威、抗君之命。谏、争、辅、拂之人是"社稷之臣也,国君之宝也"。孔子、孟子、荀子的论点成为后世论谏的主要思想材料。孔孟后学对这个思想多有发挥,使"以道事君"成为占主流地位的臣道规范。

兼听论着重从政治操作技巧的角度,论证了谏议的必要性。其基本思路是:君主不可能遍知天下之事,也不可能事事考虑周到,因此他必须借助臣的聪明智慧,善于集思广益,在广泛咨询的基础上决断政务。《尚书·洪范》提出一个君主政治决策的最佳方式,即遇到政治难题,君主应与群臣、庶人商议,还应以卜筮贞问,然后做出决策。若君主自己的谋划与群臣、庶人、卜筮的意见一致,称之为"大同"。这就是说,君主决策若能广泛咨询,求得多数的赞同,就能取得最佳政治效果。"朝议"、"廷议"正是这种决策思想的制度化。这种决策方式把独断与兼听结合起来,以兼听辅助独断,所以获得普遍的赞同。荀子、韩非子都对兼听有深入的论证。荀子认为兼听的功能是使君主"不视而见,不听而聪,不虑而知,不动而功,块染独坐而天下从之如一体"。"兼听齐明则天下归之",这样便可达到"政教之极"[①]。韩非的基本思路是:君主一人智能有限,以寡治众,力不能敌,所以"下君尽己之能,中君尽

---

① 《荀子·君道》。

人之力,上君尽人之智。与其用一人,不如用一国"①。具体办法之一就是兼听。纳谏兼听,集思广益,就会使君主不用亲自去看、去听、去想,借臣下的耳目而遍知天下之事,用臣下的智慧决断大事,令亲信之臣代为监控政治和百官。韩非说:"忠言拂于耳,而明主听之,知其可以致功也。"②他一再告诫君主要重视兼听的政治功能,要让群臣把各种意见摆出来,"说于大庭"③。"兼听则明"是古代论谏的著名命题之一,也是对皇帝制度影响最大的谏议理论。

疏导论从疏导舆论、上下沟通、监控政情、倾听民意的角度,论证了谏议机制在社会政治生活中的重要意义。最先明确提出疏导论的是西周的邵穆公。他认为"防民之口,甚于防川"。正如治河贵在疏导,对洪水一味阻挡,一旦溃口,伤人必多一样,对于批评意见,不能压制,只能疏导,让民众把不满发泄出来,君主亦可从中知道政治得失,及时调整政策。"是故为川者决之使导,为民者宣之使言"④。疏导舆论,听取批评的具体措施是广开言路。郑子产的"小决使导"论和"不毁乡校"的做法,也是这方面的著名事例。孔子对这个思路表示赞扬。《吕氏春秋》的《达郁》、《壅塞》、《贵直》、《直谏》、《自知》等篇进一步指出:君主不纳谏诤是自我壅塞。通则生,郁则败,这是自然、社会、人生的一般规律。水郁则污,树郁则蠹,人郁则病。君臣上下不能沟通,这是"国郁"。国有郁则万灾丛至。因此,君主应广开言路,任用豪士、忠臣,倾听直言,以决郁塞。自知者明,而纳谏才能自知。

疏导论提出了三个基本原则:一是舆论反映了政治得失,统治

---

① 《韩非子·八经》。
② 《韩非子·外储说左上》。
③ 《韩非子·喻老》。
④ 《国语·周语》。

者倾听臣民心声,有利于及时调整政治,修订政策,以避免政治失误。二是与其弹压舆论,防民之口,不如因势利导,宣泄积怨,否则一旦酿成事端,王朝就难免倾覆。三是统治者应广开言路,沟通上下,体察政情,监控政治。在历代论谏的文章中,这三个原则经常被提到。广开言路是绝大多数思想家、政治家的共同主张,而君主广开言路的主要目的之一就是加强政治监控。

上述理论的提出不仅使以谏议论为中心的政治监控理论日益成熟,还形成了一种影响广泛的政治文化。人们普遍认为,拒谏国亡,纳谏邦兴,君主是否纳谏关系政治盛衰,于是将纳谏与进谏分别作为君道与臣道的重要内容之一。纳谏成为对一切帝王普遍适用的政治原则。许多思想家从不同层面、不同角度论证君主纳谏的必要性及政治功能。他们认为君主纳谏不仅仅是为了听取批评,下情上达,它还具有综合性的政治功能,是君主招纳谋略、调整政治、支配臣属、掌握政治枢机的重要手段。奉劝帝王纳谏,教导君主听言艺术、纳谏技巧的言论不胜枚举。人们普遍主张君主兼听博纳,闻过补阙,通下情,防壅蔽,辨忠奸,去谗佞,甚至主张君主尊师重道,师事臣属。与此相应,臣子进谏理论也不断发展。《易经》的"王臣謇謇"说、晏婴的"献可替否"说、孔子的"以道事君"说、孟子的"格君心之非"说、荀子的"谏争辅拂"说、《礼记·礼运》的"君臣相正"说和《孝经》的"争臣"说等,都是论说进谏的重要思想材料,并广为征引。

谏议论及相关的制度是专门为缺少最高权力制衡机制的君主专制制度设计的。谏,是独断与兼听结合的产物。纳谏是君道,进谏是臣道。它以肯定和维护君主的主宰地位为基本前提,为君主政治的日常运作提供有效手段。作为一种帝王之道,纳谏是君主控制政权、驾驭群臣的重要手段。作为一种为臣之道,进谏显然是为君权服务的。谏议为专制、独断的政治模式提供了自我监督、自我约束的机制,既有利于强化政治监控,又有利于减少政治失误,所以它受到普遍的重视。

秦始皇是如何看待谏议问题的?由于文献阙如,很难考证。但是,可以肯定地说,他不仅不可能无视一种为全社会普遍认同的政治文化和诸子百家共同主张的政治理论,而且势必对这些理论有所采择,对有关的政治技巧心领神会,并一一付诸实践。在秦始皇统治时期,谏议机制有所发展和监察制度进一步完善,这显然是最高统治者有意为之。秦始皇对待谏议的态度及相关政治心态的变化曲线也与著名的纳谏皇帝唐太宗颇相类似。这些政治行为背后必有相应的政治理念支配。许多事实表明,秦始皇明了兼听与独断的哲理,还有所践履。

除谏议理论外,先秦诸子有关"治吏"的思想也对秦朝政治监控、监察制度和机制的完善提供了重要的理论指导。在这方面,法家诸子的贡献最大。法家以法、势、术为中心构思政治理论,他们在以术防奸、以法治奸方面提出了系统的政治设计。法家指出,君臣关系是权力关系、利害关系甚至是买卖关系。君臣之间"一日百战",有权势的臣下都是虎狼之辈,时时刻刻觊觎着最高权位。法家认为,治吏比治民更重要。韩非说:"闻有吏虽乱而有独善之民,不闻有乱民而有独治之吏。"据此他主张"明主治吏不治民"①。法家还为防范臣下、监控政治设计了一套周密的方略。"术",既有阴谋诡计,又有积极的考课、监察,如强本弱枝、任能授官、兼听博纳、形名参验、赏罚分明等。韩非等人还对君主如何借助臣下的智慧、耳目制驭群臣、监控政治等多有论述。实际上先秦儒家、道家在这方面也多有贡献。"术"的具体内容大多属于操作层面,然而其中一些操作方法一旦制度化、法制化就会形成更加可

---

① 《韩非子·外储说右下》。

靠的政治监控、监察机制。

三、秦朝的政治监控制度和秦始皇的主要贡献

皇帝制度的政治监控、行政监察机制主要由两类基本制度及相应的职官构成：一个是御史制度（监官），一个是言谏制度（谏官）。前者以对百官的行政监察为主要职能，后者以对帝王的献可替否为主要职能，两者的职能和权限又有所交叉。它们互相制约，互相补充，构成了较为全面的立法、行政、司法监督、监察机制，并主要以参与决策，规谏君主，封驳诏书，审核奏章，纠弹失职，检举不法，平抑冤狱，采集民意等方式发挥作用。这两类基本制度及相应的职官都渊源于先秦而形成于秦朝。在秦朝，御史制度已经备其大体，并开始相对独立于传统的行政体系，而言谏制度也初步成型。

（一）秦朝的监察制度

秦朝的监察机制和监察制度比前代有重大的进展。秦始皇进一步发展、完善原有的各种监察机制和制度，在监察制度方面的贡献和创造主要体现在以下几个方面：

其一，进一步完善行政体系自身的政治监控和行政监察职能，从中央到地方构成由丞相公卿、郡守、县令等各级行政官吏组成的一套行政体系内部的监控、监察体系。这个体系是由前代直接继承下来的。利用《史记》和云梦秦简《语书》等所提供的材料，结合西汉的有关制度，可以推定：在秦朝，这个体系在政治监控和行政监察中发挥着重要的作用。这个体系是秦朝监察制度的重要构成之一。

其二，进一步凸显御史类职官的政治地位和作用，加强御史监察制度，将御史体系的主官升格为副相，从而形成了相对独立的完整的从中央到地方的立法、行政、司法监督、监察体系。秦始皇以

相对独立的监察体系直接监控、监察行政体系。御史体系在政治监控,特别是监控百官方面发挥着日益重要的作用。这个体系是秦朝监察制度的主体部分。

其三,设置谏议大夫等一批专司谏议的职官。各种议事制度与各种言谏类职官相辅相成,共同构成了更为完善的对立法、行政、司法活动的监督、监察机制。

秦朝的监察制度是由行政体系、御史体系和言谏体系及相关的各种具体制度共同构成的。这也是秦汉以来历代王朝的共性。

在中国古代监察制度发展与完善方面,秦始皇最大的历史性贡献是将御史体系基本上从行政体系中分离出来,而其主要措施是以御史大夫为副相,独立开府办公,大大提高了监察机构和职官在整个政治体系中的地位和作用。

关于御史大夫的地位与职权,前一章已经介绍。作为监察机构的首脑,御史大夫位列三公,身居副相,他有权参与立法、行政、司法、监察等各项重大政务。在权力关系上他只受皇帝的节制和法令的规范,不受包括宰相在内的其他官僚的节制。御史大夫的地位与职权充分反映了御史监察制度在整个权力体系中的相对独立性和重要性。御史大夫之设是御史体系从行政体系中分离出来的重要标志。这在中国古代政治制度史上具有划时代的意义。比较而言,在历代王朝的御史监察制度中,秦汉御史大夫的地位是最高的。

秦朝的御史监察机构与职官属于纳言之官、耳目之司、监察之职、法制之任,其主要职能是谏净得失,监督宰执,弹劾不法,纠举失职,维系纲纪,整饬吏治。在实施监督、监察的各种主要方式和手段中,参与决策,规谏君主,封驳诏书等,具有立法、决策监督的功能;审核奏章,纠弹失职,检举不法等,具有行政监察的功能;平抑冤狱,采集民意等,具有司法监督的功能。

御史监察机构和职官的权力地位体现在以下几个方面：一是参与制定国家法律。秦始皇"明法度，定律令"，均召集丞相、御史大夫等合议。汉承秦制，有御史参与"论定律令"①的规定和事例。二是稽查百司，弹劾非法。御史体系职官有权监督一切政务，一切机构，一切官职。其检举、弹劾的范围，上至丞相公卿，下至百官小吏。三是考核群臣，参与铨选。御史体系职官负责或参与考课、上计。张苍"秦时为御史，主柱下方书"，而"明习天下图书计籍"②。各郡每年岁末必须向侍御史上报政绩，其上报的簿籍称为"上计簿"。监察机构有权根据各级官吏的政绩考核评定优劣。汉相萧何在秦朝曾担任泗水的低级官吏，工作称职。"秦御史监郡者与从事，常辨之"，考评为"最"，位列"第一"，还打算向中央政府推荐他③。"法考"是秦始皇厉行"法治"的手段之一。四是驳正狱案，纠理冤狱。御史体系职官在授权范围内享有司法之权，主要是承办涉及官吏职务犯罪的案件。五是掌管国家法律文件。监察机构负有维护国家法制统一，监督国家各项政令贯彻实施的职责。秦朝法律要求司法、行政官员必须定期从负责监察自己的官员处抄录、核对与本职工作有关的法律。六是担任皇帝的耳目。监察官员之设，意在以卑监尊，御史类职官秩位偏低，而权大责重。御史体系职官的重要职责之一就是监控各地的政情和百官的活动，将有关情报及时报告中央政府和皇帝。皇帝允许言谏官员，特别是御史根据"风闻访知"，行"风闻奏事"，即弹劾百官不必说明调查材料的来源和揭发检举者的姓名。汉代就有这样的规定。由此可以推断：秦朝的御史也有这类特权。

① 参见《汉书》卷九〇《酷吏传》及《汉书》卷九七《外戚传》等。
② 《史记》卷九六《张丞相列传》。
③ 《史记》卷五三《萧相国世家》。

御史体系的职官有一个明显的特点：秩低而势大，官卑而权重。御史大夫论职位、秩禄和印绶都比丞相低一截，然而却拥有许多特权。御史中丞、侍御史掌朝廷监察、执法之任。秦始皇将楚国的王冠赏赐给他们作为职务象征。侍御史秩位不高，却享有皇帝的特殊授权，他们头戴獬豸冠，在朝堂上弹劾公卿百官，犹如护法的神兽，"抵触不直者"，"辨别是非曲直"，其权势足以震慑百官群僚，就连宰相公卿也要惧怕三分。秦朝在各郡设置的监郡御史，其官秩仅六百石，却有权监察包括秩二千石的郡守在内的各级官吏。论秩位，监郡御史刚刚达到"显大夫"的最低线，属于"显大夫"中秩位最低的，而作为钦差大臣，他们不仅可以与郡守等高官平起平坐，分权而治，而且有权监督、弹劾他们。监郡御史还参与考核官吏、荐举人才、率兵作战、主持工程等政务，并有权处置皇帝和中央政府交办的其他事务。监郡御史只对皇帝和中央政府负责，与封疆大吏们没有统属关系，基本上可以不受制约地履行自己的职责。御史体系职官上可以谏君王，下可以监百官，他们在整个权力体系中的位置举足轻重。

秦始皇以相对独立的御史监察体系监控行政体系，赋予很大的权力，实行上下相监、以卑监尊、以内监外，由此而形成一个重要的政治监控体系。同时，为了防止御史监察体系失控，他也对这个体系实行有效的监控。主要表现在四个方面：一是御史监察体系完全受皇帝节制，其职官由皇帝任命，其职权由皇帝赋予。作为皇帝的耳目之司，御史类监察官员的权力基本上限于举奏弹劾，最终处分权掌握在皇帝手中。二是御史监察体系的行为受国家法制的规范。秦始皇"以法治国"，各种治官治吏的法律大体完备，御史监察机构也只能"以法理官"或遵旨办事。御史监察官员必须接受法律的约束，其活动也要遵守有关诏令、法规。三是各种机构和官员互相纠察。秦朝允许各类职官上书言事，御史监察体系职官也必然受到其他职官的监控。四是严格御史监察官员的选拔标准。御史监察官员既属于言官范畴，又属于特殊的法吏。在中国古代政治体制中，言官历来受到特殊的重视，皇帝总是慎重其选。中国历代王朝都明确规定：监察官员必须选任文化素养较高、具有实际政治经验的干才充任。这类职官秩卑、权重、赏厚，从政素质往往较高，被奉为"百官表率"。秦朝当不例外。法吏在秦朝的特殊地位更是有目共睹。从历史记载看，秦朝的御史与其他朝代一样大多仕途得意，当时很可能初步形成了一条由低级言官、法吏（御史）到中高级言官、法吏（御史中丞、廷尉等），再到御史大夫、丞相的晋升途径。一般说来，这些人政治素质较高，又得到皇帝的信任，其自我约束能力也比较高。在通常情况下，上述四条措施可以保证皇帝将御史体系牢牢地掌握在自己手中。

御史体系主要为监官而设，这种以卑监尊、以内监外的制度和职官对于强化皇权、稳固统治有重要的作用。御史体系的相对独立和日益完善是专制主义中央集权政治体制进一步发展的历史标志之一。

（二）秦朝的谏官制度

秦始皇刚毅果断，往往独断专行，甚至刚愎自用。然而他深谋远虑，进一步完善了言谏机制，使专职言官职数有所增加，开启后世相对独立的谏议制度之端。他在这方面还是有所贡献的。

秦朝的言谏制度主要由两个部分构成：一是比较完备的议事制度，二是设置一批言路官，其中包括若干专职谏官。秦朝的议事制度来自中国王权的古老传统，且在制度上更加完善。在通常情况下，皇帝尊重这种制度，并借以决断军国大政。秦始皇的高明之处就在于，他在使专门负责察官的御史体系独立成军的同时，也开始注意提拔专门负责谏君的官员。谏官与御史同属言谏类职官，肩负着相近的职责，又大体有所分工。谏官主要盯着"君"，御史主要盯着"官"。秦始皇设置以"谏"为名的职官及其他一批与谏议有关的职官,标志着有关的谏议机制开始了向制度化发展的演变过程。

秦朝的专职谏官设在郎中令下,统称大夫。《汉书·百官公卿表》称:"大夫,掌议论。有太中大夫、中大夫、谏大夫,皆无员,多至数十人。"谏议大夫(谏大夫)是专职谏官中的一种,"秦置谏议大夫,掌议论,无常员,多至数十人,属郎中令。"①这些记载表明,在秦朝的中央机构中有一批专职谏职之设,这些职官专掌议论,并归属于郎中令。当时各种以议论为专门职责的大夫没有定员职数,说明这种制度还处于初创阶段;谏议大夫有时多至数十人,表明这种政治设置逐渐受到重视;"谏大夫"之设,则说明已经开始明确地以"谏"设置这类职官,并规范其职能,专职谏官制度初步成型。

以"谏"命名职官具有重要意义,它表明皇帝任命这些官员的主要目的不是泛泛地发表"议论",也不是只"议论"具体政务,而是"谏",即谏诤君王,献可替否。谏,即规劝,指通过批评、劝戒、说服、建议等手段,使他人改过从善。在朝堂之上特别设立谏官,其"谏"的对象只能是皇帝。设置谏官的主要目的就是要他们专门负责注意防范朝廷的决策和施政出现错误,一旦出现错误,就要以"谏"的方式加以阻止。以"谏"命名职官,这表明最高统治者有意从制度上强化这方面的机制和职能。专职谏官之设可以追溯到春秋战国时期,而秦始皇使这种设置初步实现制度化,这是值得肯定的。

在秦朝,除了专司议论的职官外,还有一批特别赋予谏议职责的加官。谏议类加官的目的是以授予其他职官某种头衔的方式使

---

① 杜佑:《通典》卷二一《职官三》。

之负有言责。秦朝的给事中属于加官,无定员,通常加授给近臣侍官,由大夫、博士、议郎等兼领。加授给事中的官员有更大的议政权,"日上朝谒,平尚书奏事,分为左右曹。以有事殿中,故曰给事中。"①南北朝以后,给事中逐渐发展为负有重要职责的专职谏官。在唐代,给(给事中)、舍(中书舍人)、台(御史)、谏(谏议大夫等)分别在门下省、中书省、御史台等机构供职,形成若干专职言谏机构。溯其源流,秦始皇当属开端之人。

在秦朝,还有一条重要的言路,即臣民上书。一般说来,一切臣民都可以利用这条途径陈情建言,议论得失。这条言路也来自古老的政治传统。商周以来,国家设有专门机构和职官负责管理有关事务。在秦朝,臣民可以到皇宫门前的公车上书。有关事务由卫尉的属官公车司马令负责,凡"天下上事"皆由其负责转达。秦二世时期的丞相赵高就曾在秦始皇时期担任过公车司马令。臣民上书这条言路具有通下情、纳谏诤、平冤狱、抑权豪等政治功能。它有利于皇帝监控政情,制驭百官,所以历来受到重视。秦朝有鼓励"告奸"的政策和法律,所以理应像历代王朝一样,相当重视臣民上书这条言路。

由于秦朝制度尚处于中国古代帝制的初期阶段,还有许多不够成熟、不够完善的地方,所以其言谏制度存在明显的弱点。主要有二:一是言谏机构没有独立,附属于丞相主管的机构;二是专职谏官尚无定员,负有言谏责任的职官多非专职。这些问题经过几百年的演变之后才得到解决。

与隋唐两宋时期的言谏制度相比较,秦汉的言谏制度还很粗糙。然而秦朝制度的开创性是毋庸置疑的,它大体确立了这种制度的基本规模、宗旨和若干具体思路。在隋唐两宋时期的给(给

---

① 杜佑:《通典》卷二一《职官三》。

事中)、舍(中书舍人)、台(御史)、谏(谏议大夫等)四类专职言谏职官中,有三种的官名在秦朝已经出现。经过秦始皇的制度立法,中国古代以御史、谏议大夫、给事中为主体的言谏、监察制度初具规模,纵横监督监控立法、行政、司法三权的机制进一步完善。

在世界古代史上,中华帝国的政治监控制度,特别是监察制度最完备,没有任何一个帝国的有关制度可以与其相媲美。经过漫长的历史演化过程,经过一番精巧构思和细密构造,中华王权逐步组建成一套完整的制度,在官僚体系内部形成一批政治监控、政治制衡机构。这种政治构思的主旨固然在于维护王权至上的"家天下"体制,主要目的是控制各级政权和官吏,但是它在保持政治稳定方面的积极作用也不容忽视。其中某些制度的原理、原则仍然适用于现代社会。以秦始皇为代表的中国古代政治家的政治智慧还是应当充分肯定的。

第九章　社会篇:改造并重构等级秩序的国家元首

自国家文明的曙光初照以来,中国古代社会就一直以等级制度为基本结构模式。等级制度既是君主制度最基本的社会基础,又是君主制度最重要的政治制度。郡县制度、官僚制度和等级制度是专制主义中央集权政体的三大基本制度。它们鼎足而三,共同支撑着高高在上的皇帝。这种社会政治体系最基本的结构就是等级。皇帝是高踞于社会的、政治的等级金字塔顶端的国家元首。等级制度及相应的等级观念一直是皇帝权力和权威的主要来源之一。

等级制度是中国古代最基本的社会政治制度。整个社会依据社会身份、政治身份以及政治资源(组织资源)、经济资源和文化资源占有状况,划分为各个不同的等级,社会人群由各种社会地位构成多级的阶梯。有等级必有阶级,有阶级必有等级。在等级分明的社会中,等级是阶级差别的一种重要表现形式。等级关系与阶级关系有所不同。阶级关系是最基本的社会关系,它通过与物质生产直接相关的生产关系或经济关系形成。在这个意义上,阶级关系属于"物质的社会关系"。阶级关系在各种社会关系中具有基础性,它客观存在,不以人的意志为转移。等级关系归根结底是阶级关系的一种曲折的表现形式。在中国古代社会,人们并没有清晰地觉察到阶级关系的存在,而主要依据等级关系结构社会、维系社会,并认知人与人之间的各种社会关系。等级不等于阶级,它与阶级并不严格对应,有些个别情况还可能有所颠倒,而阶级主要通过等级体现,等级关系状况大致可以体现阶级关系状况。在通常情况下,生活在中国古代社会的人们主要以等级的形式界定人与人之间的社会关系,包括经济关系、政治关系、家庭关系、法权关系、道德关系等。等级关系既是社会的,又是政治的、法律的、观念的,还与经济关系有一定联系。等级关系主要通过人们的意识结成并维系。在这个意义上,等级关系是一种典型的"思想的社会关系"。等级制度则是等级关系的制度化,它是人们有意识地设置的。

依据中国古代的社会观念和政治观念,人们普遍认为,最高统治者是等级秩序的缔造者和维护者。作为最高统治者,秦始皇以等级制度的"元首"、"太上"、"至尊"自居,致力于为天下臣民"立极"、"立义"。他重视等级制度的建设,从政治、社会、道德、法律等各个方面强化有关的规范,自诩缔造了"尊卑贵贱,不逾次行"的社会秩序。在秦始皇及其群臣看来,"作立大义,昭设备器,咸有章旗",这是始皇帝制度之作为;"贵贱分明,男女礼顺,慎遵职事",以使"男乐其畴,女修其业,事各有序",这是始皇帝制度之道理;"职臣遵分,各知所行,事无嫌疑。黔首改化,远迩同度,临古绝尤",这是始皇帝制度之功德①。

秦朝的等级制度既具有中国古代等级制度的共性,又有其特性。早在商周时期就形成了以"亲亲"、"尊尊"为宗旨、以"礼"为规范的严格的等级制度。春秋战国时期,与社会大变革相呼应,现实中的政治结构、社会结构发生重大变化,许多思想家也随之提出变革礼制的课题,其中以孔子的"损益"说和商鞅的"易礼"说最有代表性。各国变法的重要内容之一就是建立与新的政治结构、社

---

① 《史记》卷六《秦始皇本纪》。

会结构相适应的等级制度。秦始皇综合春秋战国以来改造旧的等级制度的各种成果,建立了与中央集权政体相匹配的等级制度,并把等级原则贯彻到社会生活的各个方面。

第一节　皇帝(君)、官僚(臣)、黔首(民)三大政治等级

在中国古代社会,区别上下、贵贱、尊卑是等级制度的基本宗旨和核心内容之一。在政治上,等级制度主要为界定、规范政治关系而设。政治等级主要依据政治身份及对政治资源(组织资源)的实际占有状况确定,它决定着一个人的政治地位、政治权利及相关的政治规范。在行政权力支配社会的历史条件下,政治身份是划分阶层的重要依据。一个人的政治身份是确定其等级地位的主要因素,乃至决定性的因素。政治等级还在很大程度上决定着一个人对经济资源、文化资源的占有状况。因此,依据实际政治身份确定的政治等级最具有纲领性。政治等级制度是整个社会结构体系的主干。

一、君、臣、民政治等级的重构与相关的社会普遍意识

中央集权政治制度的建立在很大程度上简化了中国古代社会的政治关系。在夏商周的等级君主制度中,政治关系相当复杂。以君臣关系为例,天子以诸侯为臣,诸侯以卿大夫为臣,卿大夫以士为臣,而反过来,士以卿大夫为君,卿大夫以诸侯为君,诸侯以天子为君。在名义上,天子是天下之君,诸侯是一国之君,然而他们却不能实际支配"陪臣",即天子不能真正支配作为诸侯之臣的卿大夫,诸侯不能真正支配作为卿大夫之臣的士。在中央集权政治

制度中,政治关系相对简化。由于秦朝实行单纯郡县制度和官僚制度,使等级君主制一变而为彻底的君主集权制,天下只有一个君主,即皇帝。这样一来,君、臣、民构成了界限清晰的三大政治等级。最高统治者皇帝是君,各级官僚是臣,其他没有政治身份的人是民。天下是皇帝一人之天下,臣民是皇帝一人之臣民,皇帝是天下臣民惟一的君主。臣就是臣,官僚化的彻侯封君、公卿百官、郡守县令都不再是亦君亦臣的政治角色。庶民依然是庶民。政治关系的简化必然导致政治等级制度的变化。内容有所更新的政治等级制度及相应的等级观念逐步取代了西周、春秋时期的政治等级制度及相应的等级观念。尽管新的制度与观念是在旧的制度与观念的基础上产生的,二者的本质和最基本的法则并无二致,一些制度、规范和观念还有相当大的承继关系,而实际的社会政治内容已经发生很大的改变。

这样一来,金字塔式的政治阶层结构形态有所调整。首先,"君"阶层简化到只有一人的程度。换句话说,整个社会阶层结构中的最高支配阶层缩小到了极限。这既是专制主义中央集权制度的产物,又是维护中央集权、君主专制的需要。其次,"臣"阶层的规模有所扩大。"臣"的绝大部分又是地产主,他们与其他庶民地产主、工商业主共同构成古代社会阶层结构的中间阶层。在春秋战国时期,他们又是社会变革的动力阶层。在人类文明史上,社会中间阶层的扩大是文明程度深化的重要标志。社会中间阶层规模越大,社会资源的配置越趋于合理,整个社会越容易保持相对稳定。从春秋战国的历史过程看,当时"臣"及其他中间阶层的膨胀是客观的历史自发性演变和主观的统治者制度安排、社会政策共同作用的结果。

在秦朝,君(皇帝)、臣(官僚)、民(黔首)是三种最基本的政治身份和政治等级,它们又分别构成君与臣、君与民、官与民三种基本的政治关系。君、臣、民都是历史范畴。在春秋以前，"君"用于称谓每一独立或相对独立的政治实体的最高权力者，如天子、诸侯、卿大夫都是君主。下一级君主是上一级君主的臣。"臣"本义是奴隶，即臣、妾、仆、隶、宦、宰等。由于家国一体，家事、国事搅混在一起，君主的家臣往往染指政治而成为显宦、家宰，而诸侯又多是称"臣"者，于是"臣"逐渐演变为官吏的称谓。"庶民"、"庶人"、"国人"通常属于平民百姓之称，他们的社会地位一般高于臣妾仆隶。战国、秦汉以后，君（皇帝）、臣（官僚、贵族）、民（良民、贱民）构成三大社会政治等级。秦朝的政治关系模式就属于这一类。皇帝君临天下，其余都是臣民。由此形成了与之相应的社会普遍意识。

在秦朝，皇帝是最高统治者。如前所述，秦始皇统一天下后，改帝号为"皇帝"。在观念上，皇帝权威凝集着中国古代各种绝对权威的属性。在实际政治中，皇帝居尊高之位，执无上权力，是一切臣民的主宰。

君与臣相对而言，在上为君，在下为臣。在甲骨文、金文中，"君"为发号施令者的象形；"臣"为屈服顺从者的象形。这两个象形字本身就生动地揭示着君与臣在地位和功能上的巨大反差。在文献中，"臣"的称谓含义比较复杂，大体有四类情况：一是使用臣的本义，用于称谓家臣、奴仆或部曲。二是泛指一切臣民。三是特指有政治身份的官僚、贵族。凡是论及君臣关系和臣道规范的地方，大都在这个意义上使用"臣"字。四是用于称谓在视同或类同君臣关系中居于"臣"的地位的角色。例如，父与子、夫与妇等类同君臣，有时在下者称之为"家君"、"严君"或"君父"而自称为臣或妾。"臣"最基本、最稳定的文化意蕴是"奴才"。在专制主义社会政治体系中，一切被支配、被奴役的社会角色都可称之为臣。在各种政论文章中，臣通常指与君（皇帝）、民（庶民）对称的官僚。

官僚(臣)是主与奴、贵与贱的统一体。相对于君,他们是下,是奴,是臣子;相对于民,他们是上,是主,是父母。他们出则舆马,入则高堂,一呼百诺,权势炙手,而在君主和长官面前却必须俯首从命。其实"官僚"、"官宦"称谓本身就生动地刻画出这种政治角色的双重地位。"官",本义为官府、官衙,引申为官吏,是权力者、管理者的称谓。《广雅·释诂》:"官,君也。"官,最初是君主称谓,后来一般泛指天子以外的一切国家公职人员。"其诸侯以下,及三公至士,总而言之,皆谓之官。官者,管也。"①"僚"、"宦"的本义则是奴仆。"宦"即家奴。甲骨文中的"宦"字是房屋下臣隶的象形。《左传》将人分为十等,其中"隶臣僚,僚臣仆",僚属于仆隶之类。臣僚的地位极其卑贱。将官与僚结合在一起,是君主制度发展史的产物。在中央集权政体形成过程中,君主将家相、群僚提升为官,又将诸侯、卿大夫贬抑为僚,这就造就了官僚,造就了亦主亦奴、亦贵亦贱的群体。"官"与"僚"也就粘连一体,成为这一群体的文化符号。官僚是君主的"臣"。君主称他们为"臣工",他们在君主面前自称为"臣"。因此,在各种政治理论著作中,"臣"大多是特指官僚。官僚在政治上属于统治阶级,在经济上大多属于剥削阶级。同时他们又是君主的统治对象。

相对于君、臣等"肉食者",民是"藿食者"、"蔬食者"。在经典注疏、政治论著中经常可以看到"民者,冥也"、"下民难与图始"的说法。民被视为愚昧无知的一群。君主与官僚被称为"大人"、"君子",而庶民则被称为"小人"、"野人"、"愚氓"、"庶人"等。秦始皇统一天下以后,"更名民曰'黔首'"。黔首,顾名思义,指一群没有冠冕、裸露着黑色发髻的人。用黔首称谓没有政治身份的平民百姓还是很贴切的。在法律上,"民",又称"庶民",特指没有政

---

① 《礼记正义·王制》孔颖达疏。

治身份的芸芸众生。依照古代法典,民又有良、贱之分,其中良民包括平民地主和自耕农,而部曲、奴婢等属于贱民。在民事案件中,奴婢等贱民视同畜产、财产。民并不是一个阶级范畴,而是一个依照政治地位划分社会等级的概念。那些豪强大姓,富商巨贾,纵可横行乡里,富甲一方,除非设法获得政治功名,否则列入庶民。民在政治上属于被统治阶级。他们绝大多数是劳动者,其中大多数人在经济关系上属于被剥削阶级。

在中国古代社会,上述对于君、臣、民三种政治角色的界定获得广泛的认同,有关的政治观念属于一种社会普遍意识。历代思想家还将有关的政治观念理论化。因此,与君(皇帝)、臣(官僚)、民(庶民)三种政治角色相关的定位与规范,不仅是一种文化定位,又是一种制度定位。各种相关的政治规范、法律规范和道德规范共同维护着这种既定的政治等级制度。秦朝并不例外。

秦始皇是如何认识和界定君(皇帝)、臣(官僚)、民(黔首)基本政治关系的? 由于史料的缺乏,现在只能通过其所欣赏的政治论著,其所制定的制度、法律、政策及有关的行为来推断。根据秦始皇所关注的诸子百家学说、所确立的"大一统"政治制度和他所制定的相关的政治称谓、政治规范、法律规范和道德规范,可以有把握地断言:秦始皇关于君、臣、民基本政治关系的理念,来自于在战国时期基本形成并获得广泛认同的政治意识和政治理论。因此,在进一步研究秦朝的政治等级制度和政治关系时,有必要先了解一下有关的政治观念和政治学说。

二、先秦诸子论君、臣、民的基本政治关系

君尊臣卑,自古以来就是中国古代社会制度、政治制度的基本法则。其历史根源至少可以追溯到夏、商、西周。与此相应的文化观念也早已成为社会共识。君尊臣卑观念不仅为广大臣民所认

同,还被儒、道、墨、法、名、阴阳等诸子百家所反复论证,形成了系统的政治理论。君尊臣卑观念是中国古代政治文化的基础框架。

正如内容有所更新的政治等级制度形成于春秋战国时期一样,内容有所更新的政治等级理论也是由先秦诸子共同构建的。重视政治关系的讨论是中国古代政治思想的一大特色。先秦诸子在讨论社会结构、政权构成及统治手段和管理方法的时候,总是首先论说政治关系,从君臣关系、君民关系、官民关系的角度探究驭臣、治民的方略和政策,提出维持政治体系稳定并使之正常运转的艺术和方法,即治国之道、为君之道。

君、臣、民称谓本身就是对三种政治角色及其基本政治关系的规范和界定:君是主宰天下的最高统治者;臣由君主册封或任命,占有较高的社会等级和一定的政治职位,是政治权力的实际执行人;民处在社会政治体系的底层,他们向国家缴纳贡赋,却不享有任何政治权利。对于这种基本关系,除无君论者外,诸子百家不仅从来没有提出过异议,而且多方予以论证。

早在春秋以前,社会政治体系中三大政治分层已初步形成。《尚书》、《诗经》、《国语》、《左传》中的大量历史材料表明,在当时的政治观念中,王、王以下的其他执政者、庶民分属于不同的政治等级,享有不同的政治权利。东周内史过在论证"长众使民之道"时,引据《夏书》的"众非元后,何戴? 后非众,无与守邦"以及《汤誓》、《盘庚》的"余一人"思想,指出:"古者先王既有天下,……诸侯春秋受职于王以临其民,大夫、士日恪位著以儆其官,庶人、工、商各守其业以共(供)其上。"[1]这就明确规范了君、官、民三种角色的政治关系:天子主宰天下,设官分职;诸侯、大夫、士受职于上,守官临民;庶民百姓从事物质生产以供奉其上。

_____

① 《国语·周语上》。

先秦诸子关于君、臣、民基本关系的认识在很大程度上继承了传统的君臣、君民观念，只是在新的历史条件下有所发挥、有所改造而已。先秦儒家是传统政治文化的直接继承者。孔子以"礼乐征伐自天子出"、"政不在大夫"、"庶民不议"作为"天下有道"的标准①。孔子的这个思想明确规范了最高统治者、其他执政者、庶民的政治关系与政治权利。孟子、荀子等也认为天子有天下，诸侯有国家，士大夫有田邑，官人百吏有禄秩，庶民只能辛勤劳动，奉养君子。这些思想虽略显陈旧，却是儒家全部政论的基础。先秦法家对政治关系的界定相当清晰。《管子·任法》说："有生法，有守法，有法于法。夫生法者，君也；守法者，臣也；法于法者，民也。"君是法制政令的制定者，臣是法的执行者，民则仅有守法从命的义务。在墨家、道家及其他政治学流派的政论中也可以找到类似的提法。这就是说，诸子百家形成了一个基本共识：君是政治的主宰，臣是执行君命的工具，民众是有政治义务而无政治权利的被统治者。这一切是由"天"或"道"规定的，每一等级都应各守其职，各尽其分。不得染指最高权力的官僚和毫无政治权利的庶民只能永远受君主的支配和驱使，否则就是灭天常，背道义。先秦诸子的政治分层理论所提出的基本法则，简言之，即君尊臣卑。

　　先秦诸子的尊君卑臣论可以大体分为两个相辅相成的板块，即君主至上论和臣民卑贱论。关于君主至上观念和相关的理论，前面各章已有详细的介绍，这里着重分析一下臣民卑贱论。

　　君主尊而臣民卑、君作主而臣民从，这是中国古代政治学说最基本的政治关系定位。诸子百家以各种方式为君主和臣民定位，系统地论证了臣民的卑贱地位和工具属性。如果说臣民卑贱观念主要是结构定位，那么臣民工具观念则主要是功能定位。两种定

---

　　①　《论语·季氏》。

位相辅相成,浑然一体。结构上的卑贱地位注定了功能上的工具属性;功能上的工具属性又表明了在结构中的卑贱地位。中国古代政治学说以多种形式为帝王和臣民定位,每一种定位方式都兼包结构定位与功能定位。据说这是天秩,是命定,是自然之理,且最合乎人情。这类理论观念对帝王与臣民两方面的政治意识都有深刻的影响。

先秦的君尊臣卑观念和理论的内容和类型很多,限于篇幅,这里着重从政治比喻来分析君尊臣卑观念的特点。诸子百家在阐释帝王与臣民关系时,往往多方设譬,以一种形象化的方式为君、臣、民定位。这些譬喻获得全社会的广泛认同,有的甚至成为文化符号。最常见的君臣之喻有以下几种。

帝王为天与臣民为地。《管子·明法解》说:"君臣相与高下之处也,如天之与地也。"帝王处于至尊至上之位,臣民处与至卑至下之位,高下相悬犹如天壤之别,故素来有君为臣天之说。《周易·系辞上》说:"天尊地卑,乾坤定矣。卑高以陈,贵贱位矣。"天高地卑历来被视为君主制度和等级制度的法象。类似的君臣之喻还有很多,如雁阵的头雁与群雁,哺乳的母羊与跪乳的羔羊等。中国古代政治学说喜欢以"自然之理"来论证结构模式、秩序法则和社会规范的必然性、合理性和绝对性。天地自然之喻是臣民卑贱论的主要论据之一。它认为君尊臣卑是"天经地义"的。

君主为父母与臣民为子女。《尚书》有帝王"作民父母"之说。这一观念是古代文献中最常见的社会政治定位理论。其基本思路是:在上者与在下者属于一种类同亲子的关系。于是人们以"君父"为帝王定位,以"臣子"、"子民"为臣民定位。这就是说,天下一家,家国一体,君父一体,忠孝一体。在这囊括众生的政治大家庭中,为帝王者无论长幼永远是父母,为臣民者无论老少永远是孩子。这种关系定位不移,它不以帝王与臣民的实际年龄和辈分为转移。广大臣民是帝王养育、监护、教化、支配的对象，为子为臣者只能尽忠尽孝，惟命是从。在宗法观念占支配地位的时代，这种定位方式本身就确认了臣民的卑贱地位。

君为元首与臣为股肱。以"首德"喻君，以"股肱"喻臣，这种观念可以追溯到三代。西周金文就有这类比喻。在历代文献中，元首与股肱之喻最为常见。以致"元首"成为一种君主称谓，而"股肱"也成为辅臣的文化符号。人们常常以此论证君为主、臣为辅、民为本，告诫帝王千万不要做自损手足，割股啖肉的蠢事。然而手足无论多么重要，毕竟要由头脑来指挥，为元首服务。头脑高高在上，支配四肢运动；手足处于下位，为头脑取物、行走。首足之喻生动形象地揭示着臣民在帝王面前的卑下地位与工具属性。

君为腹心与臣为九窍。《文子·上德》说："主者，国之心也。"心脏是主宰的喻体之一。与心脏对称的是九窍、肢体。心脏是人体的中枢，九窍则是附属与配件，故心又与君互喻。"心之在体，君之位也；九窍之在职，官之分也。心处其道，九窍循理。"[1]心把握道理，九窍遵循而行，彼此犹如君臣。君臣关系犹如心与九窍、四肢。心脏、九窍、肢体相须一体，谁也离不开谁。因此，为君不可独治，必须置群官，以备爪牙耳目。贤臣良佐犹如君之耳目，代替帝王视听于四方。心脏、九窍、肢体之喻表明帝王是臣民的主宰，臣民是帝王的工具。

帝王为御者与臣民为车马。思想家们常以驾车驭马比喻治国理民。《孔子家语·执辔》将臣民、治术喻为牛马、衔辔最为典型。以牛、马、鹰、犬作为臣民喻体，这是中国古代政治文化的一大特点。在文献中，人们常把良将贤才比为良弓、走狗、鹰犬、骐骥。以犬马喻臣民，以人马、人犬关系喻帝王与臣民关系，这既生动，又贴

---

① 《管子·心术上》。

切。帝王重视臣属如同猎手珍爱行围打猎的鹰犬,重视民生如同驭者养护负重远行的牛马。臣民只是一种工具的人格化。

君主为舟与臣民为水。《荀子·王制》有一段名言:"君者,舟也;庶人,水也。水则载舟,水则覆舟。"民既可以择君拥君,又可以弃君诛君,这就像水平则载舟,水激则覆舟。舟水之训千古传诵,它着重论证了君权的相对性,从而为民本思想张目,为重民政策呐喊。然而水永远是水,舟永远是舟。水不载此舟,仍要载彼舟;民不拥此君,仍要拥彼君。舟水之训从不具有改变民的卑贱地位和工具属性的意义。舟水之喻着重强调帝王对臣民的依赖,臣民对帝王的制约。即使这类思想也未能脱出臣民卑贱论和工具论的窠臼。

君主为阳与臣民为阴。以阴阳法则论证、比喻帝王与臣民之间属于天秩定位,这是最富哲理性的君尊臣卑论。中国古代思想家们大多认为:道(天道、自然之理)是宇宙间最高存在,阴阳是天地间最普遍的矛盾规律。物之有形者皆根于道,生于阴阳。阴阳相摩相荡,促成天地万物的生灭变化。阴阳存在于世界上一切对立的事物和现象之中,大凡先后、始终、动静、晦明、上下、进退、往来、开阖、盈虚、消长、刚柔、尊卑、贵贱、表里、隐显、向背、顺逆、存亡、得失、出入、行藏等,都是"一阴一阳"的具体表现。阴阳既是一切事物对立性的概括和抽象,也是事物对立性的普遍依据。这就是说,作为实体,阴阳化生万物;作为属性,阴阳遍布一切事物之中。阴阳是表述形而上学和普遍联系的范畴,它可以解释自然、社会、人生的一切对立统一现象。这样一来,阴阳成为为一切事物定位、定性的理论工具。阴阳就是道,或是道所确立的法则;天之道曰阴曰阳,天地是一大阴阳;人类社会中的男女、夫妇、父子、君臣皆为阴阳关系。因此,依据阴阳法则为社会角色的定位又被称为"天秩"。《易传》把君、父等列为阳,臣、子等为阴。"制人者阳,制于人者阴。"①这种定位的依据是阴与阳的属性和形式。阴与阳分别代表两类截然相对的事物。归入阳类则高贵、刚强、完善、主动；归入阴类则低贱、柔弱、残缺、被动。各种阴阳论都把帝王置于阳位，把臣民置于阴位。在等级关系中，尊者为阳，卑者为阴。阳尊阴卑，注定君臣之分，贵贱有恒。君尊臣卑，定位不移，臣民只能永远处于卑贱地位。在支配关系中，主导者为阳，从属者为阴。阳刚阴柔，阳动阴静，注定君道刚严，臣道柔顺。《周易·坤卦》以"坤道其顺"、"地道无成"论臣道。其主旨是强调臣不可先君，卑不可先尊，臣民不能自作主张而充当具有完全主体性的主动者。以天道与地道、阳与阴、乾与坤等为君臣上下定位，这就为君尊臣卑、君主臣从的观念找到了哲学依据。它从哲学的高度向人们宣示：帝王永远处于尊、贵、刚、健、主的地位，臣民永远处于卑、贱、柔、顺、从的地位，这是天的规定、道的本质，是上帝的律令或自然的法则，任何人都不能违逆。

实际上有关君臣关系的喻体还有很多。如把帝王比作龙虎，臣民比作风云；把帝王比作太阳，臣民比作葵花；把帝王比作凤凰，臣民比作百鸟；把帝王比作北极星，臣民比作群星……云从龙，风从虎，葵花向阳，百鸟朝凤，群星绕北斗，万物靠太阳，因而臣民是帝王的附庸、从属。又如把臣民比作附丽苍穹的日月星辰，装点大地的山川岭岳；鸿鹄凌云的羽翮，巨鲸遨游的溟渤；集成珍裘的狐腋，汇成大海的涓流；……无论哪一种比喻，帝王的喻体都处于主体、主导地位，而臣民的喻体则处于附属、工具地位。又如把帝王比作源，臣民比作流；把帝王比作容器，臣民比作液体；把帝王比作工匠，臣民比作器物；把帝王比作冶人，臣民比作矿石；把帝王比作陶工，臣民比作泥土；……无论哪一种比喻，帝王的喻体都是主体，

---

① 《黄老帛书·称》。

臣民的喻体都是客体。

中国古代政治观念和政治理论以各种方式诠释臣民的地位与功能：在等级体系中，他们是卑、是下；在政治体系中，他们是臣、是民；在宗法体系中，他们是子、是女；在学术体系中，他们是生、是徒。他们像天文体系中的群星，必须环绕北斗；他们像水文体系中的江河溪流，必须朝宗大海；他们像地理体系中的沙砾壤土，必须仰望山陵。以鳞虫为喻，他们是尾随龙蛇的鱼虾；以禽鸟为喻，他们是朝见凤凰的百鸟；以毛兽为喻，他们是陪衬麒麟的群兽。帝王为圣人，臣民则为愚氓；帝王为大人，臣民则为小人；帝王为主子，臣民则为仆役；帝王为至贵，臣民则为至贱。说来说去，都是要告诉人们这个一定之规：臣民只能作政治的客体，不能作政治的主体。

先秦诸子的高明之处在于，他们在君尊臣卑定位不易的前提下，对君臣民一体以及君、臣、民关系的纽带有清晰的认识和深入的探讨。除个别无君论者外，思想家们普遍将君臣民视为政治统一体。三者缺一不可，共同构成社会政治共同体。各种君臣论、君民论、官民论见仁见智，风格各异，颇多分歧，而争论的焦点不在于是否应当确立君主、臣辅、民从的一般原则，而在于如何维系君臣民之间的关系，切实贯彻这个原则。

无论儒、道、法三家的先哲们在重视臣民方面讲了多少古训名言，诸如孔子的"仁"、老子的"慈"、商鞅的"爱民"之类，他们都丝毫没有改变君尊臣卑等级关系的意图。相反，他们在设计维护君臣关系、君民关系的方略时都明确地把臣民置于卑贱、工具的地位。在这方面，最为典型的当属"愚民之术"、"弱民之术"。孔子说："民可使由之，不可使知之。"①这是有文献可考的儒家最早的

---

① 《论语·泰伯》。

愚民主张。老子所谓"圣人之治"的纲领是："虚其心,实其腹,弱其志,强其骨,常使无知无欲,使夫知者不敢为也。"①这恐怕是最彻底的弱民之术。商鞅认为,"民弱国强,国强民弱。故有国之道,务在弱民。"在他看来,"朴则强,淫则弱"②,最好的方略是使臣民保持纯朴、愚昧的状态。三家的愚民、弱民之术有惊人的相似之处,其根本目的无非是使臣民永远处于可以任意支配的卑贱、工具地位。秦朝的统治思想在这方面实际上也是兼采众长。在秦始皇驾驭臣民的各种制度、政策和行为中,法家、儒家、道家所提供的手段几乎应有尽有,只是法家的色彩更浓一点而已。

三、秦始皇规范君、臣、民政治等级关系的主要措施

政治等级关系的重构是春秋战国社会历史大变革的一项重要的内容。在政治等级关系重构过程中,各国统治者的变法活动起着举足轻重的作用。政治等级关系的重构是一系列相关的政策调整和制度创新的产物。它适应中央集权的政治需要,并通过一系列的政治的、社会的、经济的和文化的调整完成。新的政治等级关系是与中央集权政体相匹配而形成的社会结构体系的主体部分。尽管等级制度的调整有更深刻的历史动因,但是统治者基于实际需要而做出的主观设计和大力推行显然起着主导的作用。

对于政治关系的相对简化,秦始皇及其群臣是有所感知并极力维护的。比较明显的具体表现有三:一是他们清晰地感知"古之五帝三王","实不称名",而"海内为郡县,法令由一统"的新制度,改变了旧制度下"诸侯或朝或否,天子不能制"的政治状况,真正实现了"人迹所至,无不臣者"。秦始皇及其群臣对秦朝的这个

---

① 《老子·三章》。
② 《商君书·弱民》。

政治成就颇为得意,大肆宣扬。在他们看来,秦始皇缔造"并一海内"的政治局面,这是旷古之盛事,"自上古以来未尝有,五帝所不及"①。这表明秦始皇对于新的政治等级关系是充分肯定的。二是秦始皇改帝之号为"皇帝",改民之名为"黔首",而贵族、公卿和百官皆是官僚,且以"臣"为称。确定"皇帝"称号的目的无疑是旨在宣扬君主的至上性、独一性和神圣性。独一无二的"皇帝"与官僚、黔首称谓相匹配,具有在观念上明确界定君、臣、民三大政治等级及其相互关系的意义。秦始皇的这个行为实际上从文化制度和政治规范的角度巩固了新的政治等级关系。三是秦始皇及其群臣自觉地通过完善或创立各种制度,来维护这种新的名副其实的"大一统"政治结构和政治关系,许多相关的规范和制度都有明确界定和规范君、臣、民三大政治分层及其相互关系的意图和功能。不管秦始皇是否清晰地意识到这些做法的历史意义,他的一系列"制度"行为都实际上具有在新的历史条件下将三大政治等级的政治称谓、政治规范及相互关系伦理化、制度化乃至法制化的意义。秦朝在华夏民族历史上第一次实现了君主独一、一统天下的政治局面,这个政治实践也具有全面确立新的政治等级关系的历史性作用。

上述事实表明,秦始皇在重新构建政治等级结构方面不仅相当自觉,而且颇有作为。从秦始皇所确立和依恃的政治制度与统治手段看,他极力维护君尊臣卑,从制度上将臣民置于卑贱的地位。他在前人的基础上,将君、臣、民之间基本关系进一步制度化、法制化,从而基本上完成了从旧的政治等级制度向新的政治等级制度转变的历史过程。

围绕基本政治等级关系,秦朝还有一系列操作性很强的具体的等级制度,如功勋爵制度、官僚职秩印绶制度和各种礼仪制度

---

① 《史记》卷六《秦始皇本纪》。

等。这些制度既是政治的,又包含或涉及到社会、经济等各个领域,从而使等级法则贯彻到社会生活的各个领域。秦始皇还在法律上、政策上为各种政治的、社会的、经济的等级结构提供保护。这就构成了以皇权为中心的等级分明的社会结构体系。

第二节　规范臣民等级特权的二十等功勋爵制度

秦朝实行二十等功勋爵制度。在秦朝各种人为的等级制度中,功勋爵制度与新的政治等级制度关系最密切。它既是政治制度,又是规范臣民社会地位、等级特权的主要制度,还与新的经济关系息息相关。功勋爵制度是秦朝的基本政治制度之一,也是秦朝最重要的等级制度。

功勋爵制度是依据臣民为国家和君主建立的功劳、做出的贡献而确定爵位,并相应赐予土地、田宅、食邑及各种等级特权的爵禄制度。功勋爵制度首先是一种政治等级制度,它是确定臣民在社会政治体系中所处地位的主要依据。功勋爵制度同官僚制度、徭役制度、经济制度、法律制度等都有密切的联系。一般说来,有了爵位才有资格做官。爵位不同,不仅政治地位不同,而且法定的社会权利、经济权益也不同。一个人的爵位发生变化,他在等级社会体系中的地位(包括政治的、社会的、军事的、经济的、法律的)也随之变化。功勋爵制度是一项操作性很强的社会等级制度。它涉及到各种重要的地位、权利、价值、利益的分配。

一、功勋爵制度的产生与发展

功勋爵制度是秦朝帝制与商周王制的重大区别之一。它的产生是政治制度、等级制度的一大创新,并对春秋战国秦汉时期的社会政治结构变革有着直接的、重大的影响。作为一种政治制度,功勋爵制度是裂土分封制度和世卿世禄制度的替代物。它从根本上改变了君主以下各级国家公务人员的选拔、任命、晋升办法,促进了分封制度的瓦解和官僚制度的发展。功勋爵制度还为新的政治体制培植了坚实的社会基础。它的产生标志着中国古代君主制度的重大改革。正是有了这种制度,才使得"宰相必起于州部,猛将必发于卒伍"①逐渐变成现实。比较而言,功勋爵制度在政治地位和社会资源的分配方面,更强调能力准则,它比裂土分封制度更趋近于"公平"、"合理",有利于提高行政效率,还在一定的程度上实现了社会公正。能力准则相对凸显与身份准则的相对弱化在很大程度上推动了社会阶层的流动。

在中国古代,食邑赐爵制度源远流长。据说,"古者明君爵有德而禄有功"②。在《史记》中,记述了许多夏、商、周时期因为各种功勋而获得爵位或晋升爵位的故事。其中许多人最初只是一个奴隶、家奴。他们完全凭借功勋而获得君王的封赐。秦始皇的祖先就是因为在西周时期立有军功,才获得周王的赏赐,循着臣民、大夫、诸侯的阶梯,而立家立国的。在春秋时期,主要靠着军功起家的卿大夫不胜枚举,晋国六卿堪为典型。因此,自从有了封邑赐爵制度就有了因功勋赐爵的现象。这是功勋爵制度的历史渊源。但是,春秋以前"亲亲贵贵"、"裂土班爵"的爵禄制度与战国以来"不别亲疏,不殊贵贱"、"见功而与赏,因能而受官"的功勋爵制度有很大的不同。在新的功勋爵制度下,爵位主要凭功勋获得,有爵位者大多不是封君,而高爵位的封君也开始向官僚转化,不能再

---

① 《韩非子·显学》。
② 《礼记·祭统》。

"食其田并主其邑，治以家宰私臣，又子孙得世守之"①。

新的功勋爵制度形成于春秋战国时期。春秋战国史颇似一部战争史。车辚辚，马萧萧，战鼓擂，飞鸣镝，争霸战争、兼并战争奏鸣着时代的主旋律。为了适应"大争之世"的需要，为了在"争于力气"的环境下生存和发展，新的功勋爵制度萌芽。晋国大夫赵简子在打败郑兵之战的战争誓词经常被史家引用。为了鼓舞士气，赵简子在大战之前明确宣布赏罚条例："克敌者，上大夫受县，下大夫受郡，士田十万，庶人工商遂，人臣隶圉免。"②这就是说，凡立下军功者，大夫、士可以获得晋升和赏赐，庶人工商可以跻身仕途，人臣隶圉可以免除奴隶身份。这在当时属于临时性政策措施，并没有形成制度。但是，这种政策已经具有新的内容，它的效益也是明显的。正是在这样的历史条件下，旧的制度开始瓦解，新的措施开始制度化，并逐步取代旧的制度。战国时期，各国都在不同程度、不同规模上先后实行功勋爵制度。

秦国的功勋爵制度正式形成于秦孝公时期，由商鞅主持制定。这种制度形成之初以奖励军功为主。此后其爵名、等级和赐爵的标准、程序等显然有一个损益、沿革的演变过程。到秦始皇统治时期已经形成比较成熟的二十等功勋爵制度。云梦秦简有《军爵律》，可见这种制度达到法制化的程度。从《史记》记载的有关史实看，这种制度的本质和内容只用"军爵"二字是不足以概括的。至少在秦始皇手中，已经使它的各种社会政治功能都得到了充分的发挥。

许多史学著作喜欢称这种新的爵位制度为"军功爵制"。这个概括有一定道理，却不够准确。准确的概括应当是"功勋

---

① 孙诒让:《周礼正义》卷二。
② 《左传·哀公二年》。

爵制"。

秦国的二十等爵制的主要目的和本质属性是以赐爵的形式奖赏功勋。在其建立之初,秦国政治的重心是战争,富国强兵是战争之本,所以设置功勋爵制度以后,授爵的对象主要是荣立军功的将领和战士。在这个意义上,可以称之为"军功爵制"。这个特点适用于各国的类似制度。可是,自功勋爵制度创立之初,获得和晋升爵位等级的途径就不仅仅限于军功,对国家的其他贡献也可以获得同样的待遇。大量事实表明,战国七雄所授的功勋爵显然不局限于军功。一般说来,只要君主认定属于功劳的,都可以论功行赏。法术之士可以靠着政绩立功;谋士可以靠建言献策立功;纵横之士可以靠外交活动立功;王子宗亲可以靠为国家充当质子立功;告奸者可以靠揭发罪犯立功;间谍、刺客可以靠着为君主完成特殊任务立功;投诚的地方官或将领可以靠献纳土地、部属为新的主人立功;奸佞之辈也可以靠着君主的宠爱"立功"等等。除从军、从政立功赐爵,还有纳粟赐爵。作为鼓励农耕的一项重要措施,功勋爵制度也适用于勤于垦殖、精于稼穑的农夫。农民可以靠向国家交纳粮食立功;普通民众可以靠着按照国家的意图移民垦荒立功。正如许多学者所指出的:各种事功也可以获得爵位。新的爵位制度"实际上也包括事功"①。这是符合历史事实的。

设置功勋爵制度的初衷在于赏功。"功劳"的内容是由国家和君主根据自己的意志和现实政治的需要确定的,"爵位"则是依据功劳授予的。当国家的政治重心是军事活动时,功勋以军功居多,事功居少。可是情况一旦发生变化,功勋的内容和主次也会发生变化。秦朝建立后就明显发生了相应的变化。汉朝继承了这套制度,且立国时间长久,其"功勋"内容的变化更为显著。因此称

---

① 参见朱绍侯:《军功爵制试探》,上海人民出版社1983年版,第2页。

之为"功勋爵制"更准确。

二、秦朝二十等功勋爵制度的基本原则和主要内容

关于东方六国功勋爵制度的具体内容,由于史籍阙如,已经无法知其详情。然而秦国(秦朝)的情况比较清楚。尽管有些记载可能不够全面或有些出入,一些具体的规定也有一个历史变化过程,但是综合秦及六国有关的历史记载,当时功勋爵制度的基本原则、主要内容和显著特点还是可以大体了解的。

从云梦秦简、《史记》及《商君书·境内》①等文献的记载看,秦国(秦朝)的功勋爵制度有以下几个基本原则和主要内容:

基本原则之一:面向全民,不论贵贱。

功勋爵制度的基本特点是只认功劳,论功行赏。从这个制度的具体实践看,没有对赐爵对象的社会身份做明确的限制。全体臣民,包括奴隶,都可以因功受爵。云梦秦简《军爵律》有"隶臣斩首为公士"。睡虎地秦墓四号墓出土的秦军战士的家书,要求家人"书到皆为报,报必言相家爵来未来",这显然与军功赐爵有关。由此可见,处于社会底层的人的确可以凭借军功获得爵位。这一点是功勋爵制度与世卿世禄制度的主要区别之一。

对这种制度,当时及后世的许多儒家学者看不惯,他们说:"传曰:诸侯之有关梁,庶人之有爵禄,非升平之兴,盖自战国始也。"②"庶人之有爵禄"正是功勋爵制度的基本特点。

这项原则的贯彻有牵一发而动全身的效果,它具有全面改造政治制度及政治关系、等级关系和经济关系的作用,对中国古代社

---

① 关于《商君书·境内》内容的可信性及有关研究,参见高敏:《从云梦秦简看秦的赐爵制度》,《云梦秦简初探(增订本)》,河南人民出版社1981年第2版。

② 《盐铁论·险固》。

会历史进程的影响极其重大而深远。甚至可以说,"庶人之有爵禄"(无论通过功勋爵制度实现,还是通过科举制度实现)是战国、秦汉以来中国古代文明最重要的特点之一。在当时的历史条件下,"庶人之有爵禄"在一定程度上为人们提供了"公平竞争"的环境。它不仅扩大了王朝的统治基础,改善了官吏队伍的军政素质,促进了社会等级的流动,而且给整个社会带来生机与活力。秦朝的巨大功业和汉唐的盛世景观都与这项原则的贯彻有着密切的关系。

基本原则之二:有功者有爵,无功者无爵。

功勋爵制度的赐爵条件只有一个,即功劳。云梦秦简《军爵律》明确规定:"从军当以劳论及赐。"只要有功有劳,经评定合乎法定标准,就可以获得赐爵。《商君书·境内》言及当时有"军爵"与"公爵"之别。秦律有专门的《军爵律》。这证明秦的功勋爵制度有"军爵"、"公爵"之分。无论制度的目的,还是政治的实践,都不会也没有把功劳仅限于军功。

秦朝在维护有功者有爵、无功者无爵原则方面做得最到位。云梦秦简《法律问答》有关于"内公孙毋(无)爵者"在适用法律时的具体规定。"内公孙"即宗室贵族后裔,"毋爵者"即没有爵位的人。可见当时公子王孙没有爵位的很多。宗室成员无功则不享有爵位这个规定显然是制度化、法律化的,并得到比较好的贯彻。

基本原则之三:爵位迁升与功勋相称。

以军功为例,政府以法令形式明确规定了一系列赏格,诸如普通士兵"能得(爵)〔甲〕首一者,赏爵一级";下级军官率部"得三十三首以上"者,赐爵一级;高级将领率部获得"全功"者"赐爵三级"①等。《军爵律》对于赐爵具体办法有若干法律规定。赐爵大体要经过"劳爵"、"论盈"、"赐爵"等程序。在核实功绩、论定功

---

① 《商君书·境内》。

劳后决定赐爵等级及其他赏赐。功勋的大小直接决定着爵位等级,功勋越大,爵位越高。这项原则是前两项原则的推演和具体化。

基本原则之四:官职与爵位大体相称。

爵位与政治地位及官职直接挂钩。据《韩非子·定法》记载,"商君之法曰:'斩首一级者爵一级,欲为官者为五十石之官;斩首二级者爵二级,欲为官者为百石之官。'"有爵则可做官,爵高则官大。秦将白起、王翦等都是凭着军功封侯拜将的典型。睡虎地秦墓十一号墓主喜曾经从军,十九岁开始做小吏,不久先后任县御史、县令史等,很可能是一位普通人靠军功或劳绩获得爵位、官职的实例。爵位越高,政治地位也越高。"秦民爵公大夫以上,令丞与亢礼。"①公大夫以上为高爵,公大夫的礼仪地位相当于令丞。有些彻侯、伦侯的礼仪地位甚至高于三公。

有爵位才有做官的资格,步入仕途才能分享政治权力。爵位越高,可以担任的官职就越大,享受的俸禄也越多。能否做官及官职大小、俸禄多少,取决于有无爵位及爵位高低。换言之,有功勋才能步入仕途,功劳越大,官职及相应的待遇越高。由于爵位的取得不受社会身份的限制,所以这项原则实际上向全体臣民敞开了仕途的大门,为他们铺设了通向权贵的道路。自功勋爵制度实行以后,大批的平民、贱民取得了爵位,步入了仕途,他们取代旧的贵族,成为炙手可热的权贵。整个等级体系也因此产生较大幅度的对流。这在中国古代社会史、政治史上无疑是一个重大的进步。

"庶人之有爵禄"必然造成"布衣将相之局"。依据功勋确定爵位,依据爵位任命官职,这条原则的贯彻为提高各级官吏的素质和能力提供了可靠的保证。长期以来,秦国的将相多有出身微贱

---

① 《汉书》卷一《高帝纪》。

者,张仪、陈轸、范雎、蔡泽、李斯以及白起、王翦等,都属于"布衣将相"。功勋爵制度在一定程度上保证了"能者在位"。这在当时的历史条件下是难能可贵的。

基本原则之五:等级特权与爵位相称。

爵位等级还与一系列等级特权挂钩,包括政治特权、经济特权、社会特权、法律特权等。对于不同爵位的等级特权,秦国(秦朝)有明确的法律规定。如每赏爵一级,"益田一顷,益宅九亩,益除庶子一人"①。每获得爵位一级,都会获得与之相适应的田宅、庶子。庶子,即依附农民,他们每月要为主人服役六天,还要随时听从驱使。对一些爵级的赏赐还有"税邑"、"赐税"、"赐邑"、"受客"等重赏。爵位越高,赏赐越重,等级特权也越多。爵至"不更"以上,可以"不豫更卒之事",免除徭役。爵至"公乘"以上,可以"乘公家之车"。爵位高者可以支配无爵或爵位低者。如"左更"、"中更"、"右更"的命名之义是"主领更卒,部其使役也";"少上造"、"大上造"的命名之义是"言皆主上造之士也";"驷车庶长"命名之义是"言乘驷马之车而为众长也"②。根据云梦秦简的《传食律》,有无爵位或爵位高低还决定所享受传食待遇的标准。

在秦律中,有爵位的人的法律地位要高于没有爵位的人,爵位高的人的法律地位要高于爵位低的人。秦法允许以爵位抵罪或换取免除父母、妻子"隶臣"、"隶妾"身份。如《军爵律》规定:允许"归爵二级",以免除"亲父母为隶臣妾者一人";隶臣获得"公士"爵位,允许以此免除"故妻隶妾一人"。有爵位的犯罪服劳役时可以得到优待。如《司空》规定:有爵位的罪犯服刑时,在一定场合可以不穿囚服,不戴刑具。

---

① 《商君书·境内》。
② 《汉书》卷一九《百官公卿表上》颜师古注。

爵位不只是一种荣誉,它与一系列政治权利、等级特权、经济利益直接挂钩,可谓名至实归。这项原则的贯彻调动了广大臣民为国家和君主效劳的积极性。惟有建功立业,才能博取富贵荣华。作为界定社会等级的基本制度,功勋爵制度比分封制度要合理得多。

功勋爵制度这个原则的贯彻有重大的社会历史意义,即它造就了数量众多的地产拥有者。赐爵位必赐地产。爵位越高,占有的地产就越多。获得爵位者越多,不同规模的地产拥有者就越多。地产可以继承,于是又分化出更多的中小地产拥有者。这就逐步造就了大量的地产拥有者。他们构成了规模较大的社会中间阶层。这种地产形式又很容易向土地私有制演变。换句话说,这种制度及相关的社会政策有意无意之间培育着新的社会阶层结构形态和新的经济关系。从一部战国史看,这批人在当时的社会历史进程中扮演着积极的角色,甚至可以说他们是那段历史的主角。

基本原则之六:爵高者赏重,爵低者赏轻。

功勋爵制度所确定的赏格明显有等级差别。据《商君书·境内》记载,军队围邑攻城能斩获敌军首级八千或者布阵野战能斩获敌军首级二千,即为全功。获得全功的军队"吏自操及校以上"尽赏。具体的赏格规定:爵高者赏重,爵低者赏轻。

这项原则体现了等级制度的一般法则,它符合功勋爵制度自身的逻辑。然而它也有一定的合理性。在通常情况下,军事统帅及各级军官在战争中的作用要大一些。有时军事统帅起着决定性的作用。功高者赏厚,这也符合功勋爵制度的基本逻辑。

基本原则之七:赏罚并行,有赐有夺。

功勋爵制度是贯彻信赏必罚思想的产物。秦朝政治讲究恩威兼施,明赏严责,赏罚公正。这就决定了功勋爵制度的基本原则之一是赏罚并行,有赐有夺。赐爵是赏功,夺爵是罚过。有些人以爵位替父母妻子免除隶臣身份等也会导致爵位的降低或丧失。有赐有夺,爵位也就有升有降。

在秦朝政治生活中,因犯罪降爵、夺爵的现象司空见惯。激烈的政治斗争有时会导致大规模的夺爵。嫪毐作乱,其舍人夺爵迁蜀四千余家。

基本原则之八:设置官吏,专司其事。

功勋爵制度是重要的政治制度之一,涉及到国家政治目标的实现和广大臣民的切身利益,关系重大。国家设有专门机构和职官管理有关事宜。秦朝中央管理赐爵事宜的官吏是主爵中尉。对于爵位的授予、继承、剥夺等,秦国有一套法制化的程序规定。有关的法律内容详细,具有可操作性。

秦朝的功勋爵制度分为二十个等级。据《汉书·百官公卿表上》记载,"爵:一级曰公士,二上造,三簪褭,四不更,五大夫,六官大夫,七公大夫,八公乘,九五大夫,十左庶长,十一右庶长,十二左更,十三中更,十四右更,十五少上造,十六大上造,十七驷车庶长,十八大庶长,十九关内侯,二十彻侯。皆秦制,以赏功劳。"

古代史家、学者大多认为,秦朝的二十等级爵位始于商鞅变法,自秦孝公以来沿用不变。许多当代学者认为,商鞅开创的爵位制度后来不断调整,秦朝统一以后,才最后确定下来[1]。一些学者还依据有关史料,详细列举了商鞅之制与秦朝之制的区别,指出二者在爵类、爵名、爵级、爵序、获爵者权益等方面都有所不同。商鞅变法以后,还曾出现一些不见于二十等爵制的爵位名称[2]。尽管一些具体问题还可以进一步研究,但是大体说来,秦国的功勋爵制度的确有一个不断调整、不断完善的过程,并非一定而不变。

---

[1] 参见朱绍侯:《军功爵制试探》,上海人民出版社1980年版,第2页。

[2] 参见柳春藩:《秦汉封国食邑赐爵制度》,辽宁人民出版社1984年版,第18至23页。

三、秦始皇贯彻实行功勋爵制度的一些特点

秦始皇统治时期,功勋爵制度的具体贯彻有一些新的特点:

其一,坚持贯彻宗室无功则无爵的规定,没有任何动摇、通融。

秦始皇不仅拒绝分封诸子,设立王国,而且对亲生儿子也一律按照无功则无爵的制度办事。他以"公赋税重赏赐"诸子,使之得以有优越的生活条件,而不轻易授之以爵位,赐之以食邑。秦始皇曾因此一再遭到批评。他有子孙数十人,胡亥等诸子没有"尺土之封",历史记载中从没有提及这些公子王孙的爵号、食邑。可以推定,其中绝大多数人没有高等爵位。

中国古代政治思想历来提倡"贤圣之君不以禄私亲,其功多者赏之,其能当者处之。故察能而授官者,成功之君也。"①自秦孝公以来,秦国长期实行有功者晋爵、无功者无爵的爵禄制度。公子王孙们必须通过从政、参军、做人质等方式建立功勋,才能获得爵位,否则只能富而不贵。在秦始皇统治时期,这项原则得到坚定不移的贯彻,以致大臣公开批评"今陛下有海内,而子弟为匹夫"②。在这一点上,包括秦始皇在内的一批秦君堪称"贤圣之君"、"成功之君",甚至可以说"前无古人,后无来者"。两汉以后,历代王朝都有爵王族、禄私亲的制度。在"察能而授官"方面,秦朝的制度与历代王朝的制度相比,是最彻底的,也是最成功的。除皇位和爵位继承依然实行宗桃继承外,宗法家族制度及宗法观念对秦朝政治制度和施政方式的影响较小。比较而言,在中国古代历代王朝中,宗法制度在政治生活中的地位和作用以秦始皇统治时期为最低、最小。这是秦朝政治值得充分肯定的地方。

---

① 《史记》卷八〇《乐毅列传》。
② 《史记》卷六《秦始皇本纪》。

秦始皇"大公"乎？"大私"乎？这一直是古代学者们争论不休的问题之一。无论如何，在"察能而授官"方面，秦朝的制度最接近"大公"的标准。这也是秦始皇得以建立宏大功业的制度性因素之一。

其二，以其他功勋晋升爵位的人员比例逐步扩大。

功勋爵制度设立于"大争之世"，当时国家政治的重心是战争。因此，功勋爵制度主要为奖励军功而设。秦朝建立前后，大战频仍，军功授爵依然盛行，晋升爵位的主要依据还是军功，即李斯所说的"官斗士，尊臣功，盛其爵禄"①。为官者一般要先有爵位，获得爵位是入仕的主要途径。秦朝的各级职官主要由以军功封爵的人占据。这是历代新兴王朝的共同特点。

治民理政毕竟与从军打仗不是一回事，善战之士未必善于从政。这个问题早已被一些思想家察觉。《韩非子·定法》指出：秦国行商鞅之法，"官爵之迁与斩首之功相称"，这种做法有问题。"斩首之功"凭借勇力，而"治官者智能也"。以有勇力的人担任"智能之官"，就像以战士担任工匠、医生一样，必然"屋不成而病已"。作为精通治道并实际操持国家政治的君主，秦始皇不会看不到这个问题。《韩非子》这本书他也曾熟读。统一战争结束之后，国家政治的重心发生重大变化，战争活动减少，军功的重要性下降，二十等爵制的具体内容也不可避免地发生变化。其中最显著的变化之一是"军功爵制"的性质逐渐淡化，以其他功勋晋升爵位的人员比例逐步扩大。例如，纳粟赐爵现象更普遍。秦始皇四年(公元前243年)，"十月庚寅，蝗虫从东方来，蔽天。天下疫。"为了增加财政收入，秦始皇下令："百姓内粟千石，拜爵一级。"此外，赐爵的对象扩大到修驰道者、受命迁徙者及自愿徙边

---

① 《史记》卷八七《李斯列传》。

的刑徒等。这类赐爵规模往往很大,如秦始皇三十六年(公元前211年),"迁北河榆中三万家。拜爵一级。"①这一类贡献主要不是军功,而是符合国家政治需要的各种事功。

其三,功勋爵制度向民爵制度演变。

在秦朝,官职(包括政治权力、秩禄和其他政治特权)与爵位相分的发展趋势很明显。这必然导致功勋爵制度性质、功能与内容的变化。当时赐爵的对象和范围不断扩大,社会上有爵位的人很多,就连大批徙边的刑徒也保有原来的爵位或者获得爵位。特别值得注意的是向广大臣民广泛赐爵的现象日益增多。有时一次向数万家民众赐爵,有时甚至向更广泛的对象赐爵。例如,秦始皇二十七年(公元前220年),"赐爵一级"②。其赐爵对象可能具有普遍性。这些受爵者大多不能进入仕途,这就必然出现所谓"民爵"现象。与此相应,官职与爵位进一步相分,二者之间的对应性明显降低。官高爵低、爵高官低、有爵无官、无爵为官等现象增多。功勋爵制度逐渐不再肩负分配政治权力的重任,在功能上从主要规范政治地位的政治等级制度向比较单纯地规范社会地位的社会等级制度演变。它原有的许多政治功能逐渐改由专门规范官僚等级和权益的职位、秩禄制度发挥。这个变化过程始于先秦,发展于秦朝,到西汉时期基本完成。在中国古代政治制度史上,这是一个重大的变化。

第三节　秦始皇对家庭内部等级关系的保护

中国古代家庭内部有明显的等级关系,秦朝的家庭组织亦然。

---

① 《史记》卷六《秦始皇本纪》。
② 《史记》卷六《秦始皇本纪》。

由于文献阙如,对于秦朝的家庭组织很难做细致的描述和深入的解剖,然而从云梦秦简、《史记》、《韩非子》所提供的有关的制度、法律、思想的材料看,战国、秦汉的家庭组织属于同一模式,彼此大同而小异,因此其基本结构法则和内部等级制度的主要特点还是大体可以了解的。

一、宗法家庭组织及其政治功能的重大变革

家庭是主要以亲子血缘关系组成的共有财产的亲属集团。在中国古代社会,以宗法关系构成并维系的家庭是最基本的社会单位、经济单位和政治单位。以"户"的形式存在的家庭组织是一个基本的生产单位,在财产上成为权利和义务的主体。家长与家庭其他成员、亲与子、长与幼、男性家庭成员与女性家庭成员、夫与妻、主人与奴婢之间有明确的尊卑等级关系。宗族内部也有尊卑等级。父家长对其他家庭成员拥有统治权,甚至有生杀予夺的支配权。"族"、"户"还被依法赋予连带刑事责任。这种家庭的基本等级结构是其他重要的社会等级结构的根源,其统治模式是国家统治模式的缩影,其伦理道德理念是其他社会道德和政治道德的基础。在这种历史条件下,家族、家庭制度不单纯是一种社会现象,还是一种重要的政治现象,实际上它也是政治体系的重要构成之一。

在秦朝,与前代和后朝一样,以宗法关系构成并维系的家庭依然是最基本的社会单位、经济单位和政治单位。但是与西周春秋时期相比较,宗法家庭、家族的内部结构、具体社会内容和政治功能发生了重大变革。

宗法家庭的等级制度和统治秩序发端于原始社会末期的父家长制家庭组织。在父权支配下的家庭内部,父家长与其他家庭成员之间存在着与奴隶制、农奴制相同或相似的劳役关系。这种家

庭组织也是专制主义的历史渊源之一。马克思、恩格斯认为，"它**以缩影的形式**包含了一切后来在社会及其国家中广泛发展起来的对立。"①这个论断是精辟的，也是符合人类社会文明演变的实际历史过程的。

春秋以前家庭、社会和国家发展演变的历史过程及当时的宗族制度与经济制度、社会制度和政治制度的密切关系，也为马克思、恩格斯的论断提供了实证材料。如果说借更改名称以改变事物乃是人类天赋的诡辩法的话，那么借用旧名称来偷换事物就是人类天赋的遮眼术。西周时期家国一体的统治模式就是在宗法制度和政治制度互动的过程中逐步形成的。它为"家"的躯壳注入了"国"的内容，又以"国"的名称改变了"家"的性质。这样一来，"家"与"国"具有了相同或类似的结构和统治秩序。维护"国"必然维护"家"，因为"家"是"国"的社会基础，"家"的统治秩序为"国"的统治秩序提供了合法性的重要来源。维护"家"也必然维护"国"，因为具有特定政治内容的"国"为具有特定社会内容的"家"提供着政治的、法律的支持。正是由于这个原因，改造"国"也就必然要改造"家"。

春秋战国时期历史大变革的重要内容之一是家庭组织的变革。这在很大程度上是政治上改造"国"的结果。具体地说，这是王权支配社会，特别是政治支配经济运动的结果。"国"的改造导致"家"的改造。王权主要通过三条途径改变了家庭组织的性质和功能：

第一条途径是王权改造政治结构，从而使家族的政治属性和

---

① 参见马克思：《摩尔根〈古代社会〉一书摘要》，人民出版社1965年版第38页；恩格斯：《家庭、私有制和国家的起源》，《马克思恩格斯选集》，人民出版社1972年版，第四卷上第53页。黑体字为原著所固有。

政治功能有所改变。政治的发展必然导致国家制度逐渐从宗法制度的躯壳中解脱出来。中央集权体制的建立要求大幅度地降低"家"在政治生活中的地位和作用,导致众多的实际上具有国家实体性质的政治家族向普通家族转化。分封制度的没落、世卿世禄制度的瓦解及与此相应的封君贵族的官僚化,大大减少了"家国一体"的"家"和"有国有家"的"家君"的数量。秦始皇实现统一以后,这样的"家"只剩下皇族一个,这样的"家君"只剩下皇帝一人。其余的家君不再具有政治上的君主身份和地位。在秦朝,国家事务和皇室事务也开始逐渐相互分离。这既是国家政治制度的深刻变化,又是宗法家族制度的一大巨变。

第二条途径是王权改造经济关系,从而使家庭内部的经济关系发生重大变化。在政治体制变动的过程中,王权改变了控制土地的方式。春秋战国时期,各国统治者普遍推行"授田"制,把土地分配给被称为"公民"的编户农民。君主们还用田宅土地赏赐臣属、招徕人口,甚至形成了依据功勋爵制度赐予田宅土地和依附农民的制度化的政策。国家通过赋役制度与编户农民和其他土地占有者形成新的经济关系,这在客观上有改造家庭组织,特别是其经济属性的作用。经济关系和经济属性的改变是一种质的改变。一家一户小农经济模式的形成与发展,对家庭组织及其内部关系的性质和内容有深刻的影响。

第三条是王权改造家庭规模。这是王权对家庭组织有目的、有计划、有措施的直接干预。秦自商鞅变法以来,采取一系列措施改造旧的家庭制度,特别是分化"户"的规模,强令数代同堂的大家庭分化为核心家庭,从而进一步促进了一家一户小农经济的发展。它造就了小农经济的汪洋大海。这是最有利于专制主义中央集权政治体制的经济模式和家庭模式。这种经济模式和相应的家庭模式是王权通过一系列政策和制度造就的。

上述三条途径相互作用,使家庭、家族组织发生了与国家体制相适应的一系列变化,从而为专制主义中央集权政治制度提供了坚实的社会基础,也使社会的文明程度有所发展。值得指出的是:上述变化并不意味着宗法制度走向瓦解和宗法观念渐趋淡薄,而是这种制度及相应的观念在新的历史条件下的更新改造。宗法制度和宗法观念仍然是秦朝政治体系的重要社会基础和支柱,只是在政治体制发生重大变化之后它们的具体形式、社会内容和政治功能有所变化而已。

为数众多的秦史研究者将秦文化的特点概括为:重功利,轻伦理。其中许多人认为:秦文化区域缺乏严格的宗法制度,宗法观念淡薄。甚至有人认为秦人反对周礼、轻视宗法、鄙弃伦理。他们列举了许多相关的历史现象,诸如秦人多神崇拜色彩浓重,漠视祖先崇拜;《急就篇》等文献有重视实际办事能力甚于伦理道德的价值倾向;秦国的王位没有严格贯彻嫡长子继承制度;秦国没有以宗法制度为社会基础的分封制和井田制;秦国没有任用宗室执掌国政的政治传统;荀子曾经指出秦的"父子之义,夫妇之别,不如齐鲁"①;汉朝贾谊抨击秦国"遗礼义",弃伦理②等。有的学者认为这构成了秦文化特质或最基本特征。有的学者认为这表明秦文化天生就有不重伦理的倾向。有的学者还把秦朝速亡的原因归咎于秦始皇完全废除宗法制度。许多学者甚至据此断定秦文化落后于周文化。至于产生这些现象的原因,许多学者认为这是嬴秦带有游牧民族特色的独特文化渊源的产物,是嬴秦不曾根本接受周人宗法文化的结果,还与关中地区生活着大量不讲宗法的"戎狄"有密切关系。

---

① 《荀子·性恶》。
② 《汉书》卷四八《贾谊传》。

除了有些证据明显与历史事实相悖之外,上述一些认识注意到秦文化的某些现象,抓住了它的一些特点,一些思路也并非全无道理,但是又颇值得商榷。其实秦国没有严格的宗法制度的说法违背历史事实,秦人"宗法观念淡薄"的断语也不够准确。许多现象也不意味着秦国的宗法制度和宗法观念与当时东方各国有本质的差异。由于这个问题关系到如何认识秦始皇的历史地位和政治行为,所以有必要花费一些笔墨加以辨析。

宗法制度和宗法观念是一种世界性的历史现象。它起源于原始社会后期父系氏族社会的父家长制度,通行于世界各地区的古代社会。宗法制度与宗法观念是古代社会的重要的社会基础,它在古代农耕文明区域体现得尤为突出。在实行君主制度的地区,宗法制度始终是君主制度重要的社会基础之一。世界各地的宗法制度和宗法观念的具体表现形式的确有明显的差异,而造成差异的主要原因有两个:一个是时代差异,它与文明发展程度有关;一个是文化传统差异,它与民族或地区特点有关。

在古代中国,宗法制度和宗法观念是普遍通行的社会法则和社会规范,它不仅来自古老的传统,而且获得普遍的认同。自夏商周以来,宗法制度和宗法观念就是王权的重要支柱。西周家国一体的政治体制曾将宗法全面政治化,并将宗法政治模式发展到极致。战国秦汉以后,宗法制度一直是皇帝制度的重要社会基础,又一直是维护等级制度和皇帝家族世袭统治的基本政治制度。从历史的逻辑不难推断:至迟从文明曙光初照开始,嬴秦先民(包括其他"戎狄")就已经有了宗法家庭制度及相应的观念。大量历史事实还表明,在政治上,秦人也深受宗法政治模式的影响。至迟从嬴秦成为西周臣属开始,他们就开始受到西周宗法政治文化的深刻影响;至迟到春秋时期,嬴秦王室已经基本接受了宗法政治模式及相关的西周礼乐制度;秦孝公以后,与各国一样,秦国的宗法制度和宗法观念也发生一定的变革,主要是弱化其对政治的影响;秦始皇不仅没有废除宗法制度,而且通过政治的、法律的、社会的手段极力维护有所变革的宗法制度和宗法观念。

其一,嬴秦盛行祖宗崇拜。春秋以前嬴秦先民祖宗崇拜的具体情况已经很难考证。然而世界各民族先民,无论农耕民族还是游牧民族,在步入文明时代前后都经历过一个盛行祖宗崇拜的历史发展阶段。嬴秦族属及秦地的戎狄并不例外,他们都应有各自的祖先崇拜传统。封侯建国后,秦国统治者一再声称"赖宗庙"、"赖宗庙之灵",把为政叫做"奉祀"。考古发掘证明:春秋时期秦国的宗庙制度和祭祀用牲基本符合周礼,而略有差异。秦国、秦朝的宗庙祭祀礼仪繁缛、隆重,并设有专门职官主管宗庙祭祀,还特意制定了保护朝廷祭祀的律条。秦始皇自诩"上荐高庙,孝道显明"①。秦二世采众儒之言,仿周代庙制,立天子七庙。这一套基本为汉朝继承。目前还没有发现任何足以证明包括秦始皇在内的历代秦君不重视祖宗崇拜的证据。秦国的祖宗崇拜、宗庙制度属于华夏文化类型。

其二,秦国实行比较严格的宗祧继承制度,其君位传承法则基本符合周礼。首先做总体估计:从嬴秦得姓至嬴政即位,秦国实有三十六君,其中符合父死子继法则者计有三十人(父死子继者二十五人、太子早死而立其子者三人、原应父死子继而终于复位者二人)。自嬴秦至武公十世九君严格地贯彻了父死子继制度,其中两个变例都有特殊原因,即世父作为长子而自愿放弃君位、宪公(宁公)以太子长子身份继位。应当指出的是:当初嬴秦之立,就曾涉及废嫡问题,周王室权衡之后,采取了妥善措施。这说明当时周朝的诸侯、附庸普遍接受周礼所确立的政治原则。嫡子死而立

① 《全秦文》卷一《绎山刻石》。

嫡孙更是严格维护周礼的典型事例。由此可见,在嬴秦立国之初,父死子继就是基本制度和政治原则(不能排除有立嫡立长法则的可能性)。后来秦国曾出现过一些变例,而其他王族成员继立者仅六人,其中兄弟相继者五人,且多半可以确认有特殊政治原因,属于非常规继承。这种君位继承状况在东方各国也属常见,很难据此证明秦国有"兄终弟及"的制度。更何况"兄终弟及"本身也属于宗法制度范畴。由于历史记载阙略,秦国君主非嫡子继承者的数量难以统计,而反映维护嫡子继承原则的事例很多:三个立太子之子的变例显然是出于维护嫡子继承法则;秦昭襄王在立安国君为太子前,曾立长子为太子,前太子死于魏国,才另立他子;安国君立子楚,首先以法定形式确立其嫡子地位;胡亥图谋篡位时也曾担心因违背公认的嫡长子继承法则而遭到谴责。在整个中国古代社会,违背周礼的君位继承司空见惯,其原因很复杂,用这类现象不足以证明一个国家是否严格遵守周礼。齐桓公称霸,与诸侯盟誓,其中一条就是禁止废嫡立庶,可见东方各国也多有违背周礼的做法。总的说来,秦国的君位继承基本符合周礼。特别是秦献公以后,比较严格地执行了符合周礼的宗祧继承原则。目前还没有发现任何足以证明秦始皇废除周礼所规定的君位继承制度的证据。

其三,宗法制度对秦国的政治制度有重大影响。除宗庙制度、君位继承制度外,宗法制度对政治的影响主要体现为与周礼有关的等级制度、礼仪制度、世卿世禄制度和井田制等。秦国的等级制度、礼仪制度及其时代性的变化都大体与当时各国类似。战国以来,秦国还将有所调整的等级制度、礼仪制度法制化。见于《史记》记载的秦国王族封君有好几位,其他封君也有一批。这说明秦国很早就有宗室封君、世卿世禄现象。商鞅变法主要目的正是要消除西周政治模式的影响,主要内容是变礼治为主以法治为主;

革新封君制度,剥夺宗室的相关特权;废除井田制等。由此可见,秦国变法前的政治基本属于西周模式。

秦国的宗法文化的确与西周的宗法文化有一些区别。如果说秦国的宗法制度与观念有所不同的话,主要是由于地区文化差异和发展程度造成的,而不是制度的"严"与"松"、观念的"厚"与"薄"造成的。

嬴秦立国前后的文明发展程度相对落后,而当时西周宗法制度的发展程度更高一些、制度更严整一些、礼仪更考究一些、规范更细密一些,因而也就更森严一些,甚至更僵化一些。东方的齐鲁文化区域、三晋文化区域地处中原,春秋时期的鲁、晋、郑、卫等又都是姬姓大国,所以这个地区受西周正统文化的影响较深。关中秦地受"夷狄"之风的影响也较大,所以其宗法制度和宗法观念与东方有所差异,主要表现为对一些"别"不那么讲究,对一些"义"不那么固执,特别是宗法制度对政治模式的影响相对"轻"一些。这对形成秦地宗法文化的某些特点有一定影响。其实在道德、风俗方面深受"夷狄"影响的现象在东方各国也具有普遍性。

然而春秋战国以来秦文化与西周文化的主要差异不是种族性的、地区性的,而是时代性。造成这些主要差异的根本原因在于决定文化本质属性的经济结构、社会结构和政治结构发生了重大变化。西周文化的显著特点是将宗法原则贯彻到社会政治生活各个领域、各个层次,其政治模式全面宗法化,而社会历史演变的大趋势恰恰是相对缩小宗法制度在政治领域的作用范围,相对弱化宗法观念对实际政治的影响。因此,春秋以来的西周文化已经沦落为文明发展程度相对落后的文化。后来秦国社会政治发展的程度相对超前,因此其宗法制度和宗法观念有重大调整,注入了时代的特点。这个现象在其他国家也普遍存在。

秦国的封君较少,传世很难,这个特点主要是时代造成的。在秦国立国之时,西周家国一体政制模式已经开始崩溃,宗亲分封制的弊端已经暴露,不久中央集权体制又开始萌芽。当秦国地位有所提高,国土逐步扩大,有条件大规模分封宗室时,行将取而代之的郡县制已经诞生于世。商鞅推行功勋爵制度和县制又使秦国最先废止了宗室公族的这类特权,并在很大程度上改变了封君的实际政治内容。因此,秦国基本上没有经历过普遍分封宗亲的历史阶段,也没有形成强大的由公室封君和其他封君构成的贵族势力,更没有任用宗室王族执掌国政的政治传统。这种现象是特定历史条件造成的,是时代的产物,它不应用"不重视宗法制度"、"宗法制度不严格"或"废除宗法制度"来解释,而应当用宗法制度的影响范围和宗法观念的具体形式发生了与新的政治结构相适应的变化来解释。秦文化从来不具备轻蔑宗法的文化特质,而相对弱化宗法对政治的影响则是当时社会历史演变的大趋势。与其说它来自秦文化的本性,秦文化有与生俱来中央集权倾向,不如说是时代性的社会政治演变为秦文化注入了新的特质。新的政治特质决定了新的文化特质。这种新的文化特质在其他国家也已逐步形成、发展,只是由于习惯势力更强大,不如具有后发优势的秦国那么鲜明、那么彻底而已。

战国以来,由于秦国没有形成典型的宗法政治模式,秦地的传统势力又相对薄弱,新的制度反而成长更快。新的制度恰恰要在许多方面突破旧的东西,它对社会结构的改造也会导致宗法道德的调整。例如,依照秦国法令,家庭规模只能保持在最小的程度,儿子成人必须分家别居。父子之间经济关系(主要是财产关系)及相应的法律关系的变化,必然导致其道德关系的相应变化。在人类文明史上,家庭规模的缩小是文明发展程度提高的重要标志之一。"父子之义,夫妇之别,不如齐鲁",这正是社会向前发展的产物。但是这并不意味着秦人不重视区分等级贵贱、规范父子夫妇的宗法。与此相反,无论商鞅还是秦始皇都非常重视规范君臣、父子、夫妇的伦理纲常,并从思想上、制度上、法律上维护这种社会关系及相应的道德关系。

文化是一个历史范畴,它是时代性、流动性极强的概念。决定文化本质和主要特点的基本层面,如经济结构、社会结构、政治结构等,都具有鲜明的时代性,因此文化具有与时俱进的品格。完全离开文化的时代性去解读文化,很容易提出似是而非的见解,甚至跌入文化决定论的泥坑。秦文化的区域特色正式形成于春秋战国之际,它主要是"先进"的产物,而不是"落后"的产物。无论是相对落后,还是相对超前,秦人实行宗法制度、恪守宗法观念这一点并没有变化。以宗法制度"严"与"松"、宗法观念的"厚"与"薄"评判有关的历史现象,显然不够准确。

应当进一步指出的是:战国以来,主流政治文化鄙弃周礼的某些原则和内容,这在各国具有普遍性。正如顾炎武所说:"春秋时犹尊礼重信,而七国则绝不言礼与信矣。春秋时犹宗周王,而七国则绝不言王矣。春秋时犹严祭祀、重聘享,而七国则无其事矣。春秋时犹论宗姓氏族,而七国则无一言及之矣。春秋时犹宴会赋诗,而七国则不闻矣。春秋时犹有赴告策书,而七国则无有矣。邦无定交,土无定主。此皆变于一百三十三年之间,史之阙文,而后人可以意推者也。不待始皇之并天下,而文武之道尽矣。"①抛弃西周礼制,改行有所变革的礼制是一个时代性的历史现象。

这里还应指出一个重要的解读性错误。许多学者喜欢引用贾谊的一段话证明秦人不重伦理。这段话说:"商君遗礼义,弃仁恩,并心于进取,行之二岁,秦俗日败。故秦人家富子壮则出分,家

---

① 顾炎武:《日知录》卷十三《论周末风俗》。

贫子壮则出赘。借父耰锄,虑有德色。母取箕帚,立而谇语。抱哺其子,与公并倨。妇姑不相说,则反唇而相稽。其慈子耆利,不同禽兽者亡几耳。"但是他们忽略了贾谊讲这段话的主旨在于强调汉代"其遗风余俗,犹尚未改",甚至出现"今其甚者杀父兄矣"①等更严重的现象。这段话恰恰表明有关现象具有时代性和普遍性,形成这种现象很难归因于一个秦国和一个短命的秦朝。它是家庭结构发生重要变化在道德文化方面的具体反映。在儒家学者看来,这是世风浇漓,离经叛道,背弃伦理,是历史的倒退。而从社会历史演变的角度看,这恰恰是战国、秦汉历史大变动的结果。它不意味着背弃宗法和伦理,而是人们的伦理观念有所变化的表征。

应当指出的是:自商鞅以来,秦国统治者就力图以国家强制力建立与中央集权及其经济基础相匹配的道德体系。商鞅变法,强制父子兄弟分户而居,改变"父子无别,同室而居"的"戎翟之教"②,其意图之一就是造成与一家一户的个体经济家庭相匹配的道德体系。经济关系是各种社会关系的基础,家庭是社会的细胞,经济关系、家庭关系的变化,必然导致道德关系的变化。新的经济关系、家庭关系也需要新的道德关系的维系。商鞅变"父子无别"、合居共财的宗法大家庭,为父子分户、各自有独立经济的小家庭,由此而产生的道德上的后果之一就是旧的道德关系中的某些因素的弱化或更新。荀子、贾谊、董仲舒等儒家学者非议性的道德评价从一个角度证明,秦人的道德体系更有利于父子分户、子妇独立。这种道德体系与其说是文化落后的产物,不如说是新的社会关系所派生的,是社会关系发展演变的产物。

---

① 《汉书》卷四八《贾谊传》。
② 《史记》卷六八《商君列传》。

二、维护父家长特权的主要措施

在秦朝的政治生活中,宗法的地位、功能和作用与前代相比有明显的降低。然而当时不仅依然保持着"家天下"的政治模式的某些特征,而且依然是以宗法父家长制为本位的社会。作为社会的细胞和国家的基础,宗法家庭依然是一个政治的、经济的单位,而宗法的基本原则依然是维护家庭内部的等级关系。因此,保护这种家庭、家族制度也必然是秦朝政治及法律的主要任务和重要内容之一。

在秦朝,别亲疏、明贵贱依然是宗法的基本宗旨和家庭组织的基本法则,而其某些具体做法则有时代性的特色。在社会上,父子、夫妇、男女、长幼之间的尊卑关系获得普遍的认同。在思想界,伦理纲常思想进一步发展,后世的"三纲五常"理论初步成型。儒家势力依然强韧,其宗法思想、纲常理论影响广泛,这自不待言。法家在某些方面更胜一筹。《韩非子·忠孝》公开鼓吹维护"孝悌忠顺之道",称之为"定位一教之道",其依据就是"臣事君,子事父,妻事夫,三者顺则天下治,三者逆则天下乱。此天下之常道也,明王贤臣而弗易也。"这个认识在当时是诸子百家、社会大众的共识,尤为儒、法两家所提倡。在政治上,秦始皇及其辅臣明确地把这种观念、思想、理论贯彻于法制。他们标榜定制立法的目的是"以明人事,合同父子",其作用在于使"贵贱分明,男女礼顺,慎遵职事","男乐其畴,女修其业,事各有序"①。这就把维护宗法家庭制度列为一项重要的法律原则。

在秦朝,家庭内部的等级关系集中体现于父对子、夫对妻、主对奴的支配。这里着重利用云梦秦简提供的材料,分析一下父子、

①《史记》卷六《秦始皇本纪》。

主奴之间的等级关系。

父家长的权力首先体现为对家庭财产的支配权。家产为父家长所有,家庭(户)的共有财产以家长的名义加以管理和使用。在法律上,户同国家和其他人发生债务、买卖、不动产处置等经济往来关系,只能由家长做主。户在财产上的权利能力与行为能力集中体现为父家长的权利能力与行为能力。云梦秦简《法律问答》在解释"家罪"时说:"父子同居,杀伤父臣妾、畜产及盗之,父已死,或告,勿听,是胃(谓)家罪。"这条法律解释表明:一般说来,儿子以任何形式侵犯父亲的财产都是违法的。父亲死后,儿子事实上已经继承家产,因此有关罪行可以不予追究。秦朝法律还有一条规定:"父盗子,不为盗。"儿子分户而居以后,父母依然有权侵犯儿子的财产权,不视为"盗",法庭也不受理有关告诉,而儿子侵犯父母的财产权则属于"盗",要负刑事责任。这就使父亲在法律上有权支配分户独立生活的子女的财产。上述事实表明,秦朝在维护家长财产权的基本原则的同时,又制定了与分户法令相应的适用法律。这是一个时代性的变化。

父家长的权力主要体现为人身支配权。秦朝法律禁止家长任意处死亲生子女或严重体罚子女,这是时代性的变化。但是法律同时规定家长的这类行为属于"非公室告"的"家罪",即使告发,法庭也不予受理。如果不听劝阻,坚持告诉,"告者有罪"。同时,秦朝法律有"不孝"之罪。从某些案例看,子女不孝属于重罪,要根据情节轻重处以"鋈足"、流放,甚至死刑。各种侵犯父母、祖父母人身的行为也被列为重罪,如"殴打父母,黥为城旦舂"。这就以法律的形式为家长的尊者地位提供了保护。

奴隶在家庭内部处于最底层,他们没有任何权利可言,具体体现在以下几个方面:奴隶完全没有人身自由,作为物而为主人所占有,在法律上属于财产的范畴。在《封守·爱书》中,"臣某、妾小女子某"被列入主人的财产清单。奴隶必须为主人服役,听命于主人。《告臣·爰书》有一个案例:奴隶丙骄横强悍,"不田作"、不听命,他必须负刑事责任。在秦律中,奴隶不负家庭连带法律责任。《法律问答》有一条法律解释:"户为同居,坐隶,隶不坐户谓殴(也)。"依据连坐法,"同居"、"同户"要负连带法律责任,而奴隶却不必连坐。没有任何权利,也就没有任何责任。这条法律得以成立的依据来自现实社会中奴隶在家庭中的实际地位。秦律禁止主人擅自杀戮、刑罚奴隶,这也是时代性的变化。然而秦律又规定这些行为属于"家罪",法庭不受理有关告诉。奴隶的生命权依然得不到可靠的保障。

从《法律问答》等提供的法律条文和法律解释看,父与子、夫与妻、主与奴的法律地位有明显的不同。在父子关系方面,秦朝法律明确保护父家长在家庭中的统治地位及其支配子女的各种特权。在实体法上,严禁家长任意处死子女或严重体罚子女;在程序法上,又规定这些行为属于"家罪",法庭不予受理。实际上家长只有擅杀非亲生子女,才会受到法律惩处。依据秦朝法律,子女不孝属于重罪。虽然与汉律、唐律相比,秦律的有关刑罚要轻一些,而其保护父家长特权的用意却是相同的。在夫妻关系上,秦朝法律只保护经政府登记认可的婚姻关系,并对夫权多有保护。法律明确禁止妻子背夫逃亡。触犯者无论出于何种原因,都要予以处罚。不过,秦朝法律对妻子权利的保护较历代法律为多。例如,禁止丈夫任意殴打妻子,即使轻微殴伤蛮横的妻子,也要负刑事责任。妻子杀死与他人通奸的丈夫,可以不负刑事责任。这是很有特点的。在主奴关系上,秦朝法律保护主人对奴婢的私刑权,同时明确规定奴婢对主人人身和财产的任何侵犯,都构成严重犯罪。上述法律规定表明,秦朝在以国家法律限制家法的某些内容的同时,又为家长在家庭内部的统治权提供了必要的保护。

第四节　秦朝法律中的等级关系

在秦朝法律中，依据不同的政治、经济、血缘关系及其他社会关系，人们被区分为不同的身份。在刑事、民事法律关系中，不同身份的人具有不同的法律地位。身份实际上是基于各种等级关系而形成，因此法律地位从一个方面体现着全社会的等级关系。

在秦朝法典中，皇帝根本不受刑法和民法的规范和调整，他的各种特权受到法律的周密保护。在刑法中，官僚与平民、有爵者与无爵者、家长与其他家庭成员、主人与奴婢的法律地位有明显的差别，各种在上者的特权受到明确具体的保护。在民法中，除皇帝外，各种社会成员的身份与权利大体可以划分为四种类型，即具有完全民事法律权利能力的社会身份、民事法律权利能力有所限制的社会身份、具有不完全民事法律权利能力的社会身份和完全不具有民事法律权利能力的社会身份。

1、具有完全民事法律权利能力的社会身份。

官吏、有爵者和平民百姓等社会身份具有完全民事法律权利能力。在法律上，这些社会身份除必须向皇帝履行臣民义务外，不属于他人的奴婢和财产，享有法律所赋予的其他人身权利。他们有被任命为官吏的权利、单独立户的权利和完全的财产权利及婚姻权利。在民法中，不仅赋予他们完全民事法律权利，也没有规定歧视性的条款。

2、民事法律权利能力有所限制的社会身份。

作务、商贾、赘婿、后父等都属于这一类。作务、商贾属于工商业者。赘婿、后父多来自穷苦人家。这些人不属于他人的奴婢和财产,有的大作务主、大商贾相当富有,拥有大量财产和奴婢。他们本应属于平民百姓的范畴,然而由于国家政策及其他社会性因素受到歧视,在法律中也规定有一些歧视性的条款。有些规定使他们在某些权利方面还不如社会地位更低贱的人。因而他们的民事法律权利受到一定的限制。云梦秦简保存的《魏户律》将作务、商贾与赘婿、后父同等看待,对这批人有一系列的歧视性规定,如不准单独立户,不予分配田宅,不准做官等。他们的曾孙可以做官,但必须在簿籍上注明其祖先的社会身份。魏王还命令征发其"宗族昆弟"从军服役,并指令将军们在打仗的时候不必怜惜他们。这个法律在秦朝依然适用。秦始皇曾大量征发这些人移民戍边。从这些法律规定看,作务、商贾、赘婿、后父等在民法上的地位低于一般平民。

3、具有不完全民事法律权利能力的社会身份。

有一类社会身份介乎于奴隶和庶民之间,如隶属于官府的隶臣妾和隶属于主人的人貉。隶臣妾必须终身服刑役,其子孙还要接替。然而他们有为法律所确认的财产权利,如《仓律》、《金布律》规定官府仅负责隶臣妾为官府服役期间的口粮,发放衣服时必须按价缴费或酌情减价收费。法律允许他们有财产,有家庭,有"其从事私"的条件。他们还可能可以自立门户,有"名籍"。人貉近似于私家奴隶。他们的子女可以自立门户,有合法的婚姻权利,但必须履行供养主人的义务,至少要为主人提供粮食才不至于受到法律制裁。他们显然有一定的土地可供独立耕种,有为法律所确认的一定限度的财产权利。这些人介乎于奴隶与农奴之间。在法律上,这一类社会身份的人已经不再属于国家或主人的财产,却又对国家或主人有很强的人身依附关系,其法律地位明显低于平民百姓以上的社会等级。然而他们已经有了独立门户的权利,在这一点上又优于作务、商贾、赘婿、后父等。

4、完全不具有民事法律权利能力的社会身份。

在秦朝，还有相当数量的人属于奴隶身份，他们是官府或个人的奴婢。在法律上，这些人属于国家或主人的财产，并与衣服、畜产相提并论。国家或主人可以把他们作为商品买卖，还有法定价格和市场价格。主人犯罪可以由自家奴婢代替服刑。

第五节　综合性的社会阶层结构与相对流动的等级秩序

在秦朝，各种等级制度的因素形成综合性的社会阶层结构。以政治地位为主，综合经济、政治、社会等各种因素，特别是对政治资源、经济资源和文化资源的占有情况，秦朝大致存在以下十大社会阶层：1、君主（皇帝）；2、贵族和高级官僚；3、其他大地产主和大工商业主；4、中低级官僚和有中低爵位者；5、无政治身份的中小地产主；6、中小工商业主；7、自耕农和其他自由劳动者；8、国家授田农民和其他各种形式的依附农民；9、雇农及各种佣工；10、各种公私奴隶或近似于奴隶身份的劳动者。1、2、3处于社会上层，其中最上层的君主只有皇帝一人；4、5、6处于社会中层；7介于中下层之际；8、9、10处于社会下层，其中10处于最底层。与前代相比，最上层和最底层的人数比例大幅度减少，处于社会中层的人数比例明显增加，而大多数人处于社会下层，他们都是人身依附性、隶属性有所降低的各种劳动者。各种社会阶层的社会地位有以下特征。

1、皇帝。

代表人物秦始皇、秦二世。在政治上，皇帝是最高统治者，其余的人都是他的臣民。在家族内，皇帝是皇族的族长和子女妻妾的父家长。在经济上,皇帝是全国土地的支配者,不仅直接占有大量国有土地,并通过各级政权机构直接经营,而且有权以任何方式处置任何臣民所占有的土地。在各种制度、政令和法律中,对皇帝及其特权只有周到的保护,没有任何限制性的规定。在等级上,皇帝处于金字塔式的社会等级制度的顶端,在这个等级中,惟此"一人"。

2、封君和高级官僚。

处于这个阶层的人有的是彻侯、伦侯等封君,有的是朝廷公卿高官,有的是皇帝近侍,有的是将军校尉,有的是封疆大吏,有的是郡县守令。其代表人物是王翦、李斯等一批青史留名的能臣。在政治上,他们是贵族、重臣、高官,有的位极人臣,权势炙手可热,地位仅次于皇帝。在经济上,他们拥有巨大的田产和财富,田连阡陌,门客众多,家童成群。这些财富主要来自皇帝的封赐、俸禄。他们还享有免税免役的特权,并凭借各种特权聚敛财富。在等级上,他们拥有法定的高级爵位和官场的高级职秩,又是家童和依附农户的主人,处于等级金字塔的上层。在秦国、秦朝,秩六百石以上的县令属于高级官吏范畴。他们尊比封君,权势很大。韩非曾论及县令地位之尊荣,他说:"今之县令,一日身死,子孙累世絜驾,故人重之。"①县令以上高官的等级地位可想而知。

3、其他大地产主和工商业主。

这个阶层的特点是:虽然没有政治身份,却有很高的社会地位,掌握着雄厚的经济资源,有的还有很大的社会影响和政治影响。其中有些人是刚刚失势的旧贵族。有些大地产主、大工商业主又是豪强大族。在政治上,他们属于"黔首",却有能力勾结官

①　《韩非子·五蠹》。

府,武断乡曲,称霸一方;在经济上,拥有数量可观的土地和财富,使用数量不等的奴婢,占有众多的劳动人手。可谓"千金之家比一都之君,巨万者乃与王者同乐",故号称"素封"。他们的实际社会地位处于等级金字塔的上层。这个阶层人数不少,其中大工商业者的崛起与社会变革有密切的关系。《史记·货殖列传》记载了一批春秋战国以来的大地产主、大工商业主,如以贸易致富的"陶朱公"范蠡、白圭,以盐业起家的猗顿,以铁冶成业的郭纵和卓氏、程氏、宛孔氏家族,他们都家财巨万,"与王者埒富"。秦始皇一方面奉行重本抑末和抑制豪族的政策,另一方面承认并保护这个阶层的社会地位。秦朝的乌氏倮以畜牧和贸易致富,"畜至用谷量马牛"。"秦始皇帝令倮比封君,以时与列臣朝请"。巴寡妇清一家靠开采丹穴致富,"擅其利数世,家亦不訾"。"秦皇帝以为贞妇而客之,为筑女怀清台"。后来成为汉相的王陵"始为县豪"①,也是一方豪强。司马迁认为:这些边鄙牧人、乡野村妇,却地位高贵,甚至"礼抗万乘,名显天下,岂非以富邪?"这个看法是正确的。巨大的财富是支撑这个阶层社会地位的根本。

4、中低级官僚和有中低级爵位者。

在政治上,他们有的是朝廷命官,有的是中央或地方政府的属吏,有的因军功获得爵位和土地。一些有爵位者虽无官职,却有资格享受各种法定的特权。在等级上,他们绝大多数人还拥有爵位。在经济上,他们通常拥有大量或较多的地产、依附农民和奴婢。在这个群体中,有一批号称"豪吏"。后来成为汉相的萧何、曹参原是县令的属吏,分别担任沛的吏掾、狱掾,史称他们"居县为豪吏"②。他们是秦朝统治的骨干力量和地方实力派。他们也属于

---

① 《史记》卷五六《陈丞相世家》。
② 《史记》卷五四《曹相国世家》。

社会中上层人物。

5、无政治身份的中小地产主。

这个阶层的来源很多,有的是高官显贵的庶子孽孙,有的是没落权贵的后裔,有的经营工商致富,有的从更低的层次跃升上来。他们的共同特点是拥有自己的地产,可以通过租佃、雇工、蓄奴等方式取得财富,因此也可以支配一定数量的下层民众和家奴。云梦秦简许多民事案件案例中的有一定地产的事主就属于这个阶层。他们处于社会中层,在政治上属于黔首,却又属于统治阶级范畴。

6、中小工商业主。

这个阶层的人数也应较多,其经济地位与无政治身份的中小地产主大体相当。但是由于国家政策、法律和社会偏见,使他们的社会地位有所下降。

7、自耕农和其他自由劳动者。

自战国以来,这就是一个不断发展的阶层,来源很多,特征是拥有自己的地产、农具或其他可供自食其力的生产条件。在各种农民和劳动者中,他们属于拥有较多人身自由的阶层。在整个社会的等级结构中,他们处于中下层。

8、国家授田农民和其他各种形式的依附农民。

他们占当时普通劳动者的大多数,是典型的编户农民。大多数人从国家接受 100 亩到 300 亩不等的土地耕种。一家一户,交纳租税,承担赋役,不得随意迁徙。还随时可能被皇帝连同土地一起赏赐给封君、功臣。实际地位相当于国家的农奴。其中有一部分人是佃农,又叫"私人",他们"耕豪民之田,见税什伍",须将一半以上的收获交给主人,与主人的关系实际上是地主与农奴的关系。与受田农民相比,又多了一层与主人的依附关系。

9、雇农和各种佣工者。

他们是"卖庸而播耕者"①，又称为"庸客"、"庸夫"、"持手而食者"。他们属于雇农，除了双手之外，一无所有，靠出卖劳动力为生，是农民中地位最低下，生活最困苦的一群。后来建立大楚政权的陈胜就曾经是雇农。

10、公私奴隶及各种近似于奴隶的人。

在秦朝，有大量奴隶或大体相当于奴隶的人。史籍中经常出现关于"奴"、"隶"、"虏"、"仆"、"臣"、"妾"、"竖"、"僮"、"隶臣"、"隶妾"、"人貉"等记载。在一些达官贵人、富豪地主家内往往有数以千百计的奴仆，文献中多有"家僮万人"的记载。官营工商业主要依靠这一类劳动者。许多地产主、工商业主在生产中也大量使用这一类劳动者。秦朝法律规定可以将罪犯罚作奴隶，这类刑徒有时多达百万人。他们与主人形成人身依附性极强的社会关系，政治地位、等级地位和法律地位都十分低下；在民事法律中被视同财产。在整个社会等级机构中，这些人地位最低，境遇极差，有的没有丝毫的人身自由。

值得注意的是：秦朝的奴隶大多已不属于典型的奴隶制度中的"奴隶"，其中许多人或多或少有法定的或为社会所承认的人身权利及其他权利，实际上属于一种贱民。秦朝法律明令禁止债权人强行索取以人质抵债。在现知的秦律条文中，只有关于转卖奴隶的规范和事例，没有卖庶民为奴的规范和事例。这就在很大程度上消除了强制债务人沦为奴隶的可能。奴婢等奴隶或贱民还可以通过功勋爵制度获得爵位或通过取赎、主人认可等免除奴隶身份。

社会阶层结构形态体现着一个国家或地区文明程度的整体发

---

① 《韩非子·外储说左上》。

展水平。社会阶层结构形式比较复杂还是比较简单,处于社会中层的人数相对较少还是相对较多,各个社会阶层间的流动性相对较大还是相对较小等,都是判断社会发展水平的重要依据。它更深刻、更具本质性地体现着一个社会的文明程度。

与欧亚大陆其他古代文明的等级社会,特别是欧洲中世纪的封建制度相比,中国自战国秦汉以降的等级制度具有明显的流动性。在中世纪欧洲,整个社会的等级和封建主内部的等级并非纹丝不动,也会由于战争和政争等原因而有国家的兴衰、贵族的没落和等级的升降,但在通常情况下,整个社会等级结构复杂,政治等级制度严格,个体等级地位稳定,很难发生社会各个等级之间的频度较大的相互流动,甚至给人一种凝固化的感觉,特别是封建主与农奴之间极少等级地位的对流。可谓等级森严,凝固僵化。这与中国商周时期的情况大体形似。战国秦汉以降的情况则明显有所不同。尽管等级结构大体稳定,等级规范也相当严格,而个体的等级地位却变动不居,各个社会阶层之间的流动幅度较大、数量较多、频率较高。

欧亚大陆古代文明的社会阶层结构形态都是以政治等级为基干的。身份主义原则是普遍通行的社会等级划分法则。因此,社会阶层结构形态都是金字塔式的。中国并不例外。造成国家或地区之间明显差别的根本原因是中华帝国有其自身的一些特点。首先,大致从战国时期开始,等级地位的构成不再是单一的,政治等级基本决定一切的格局被打破,经济因素在确定社会等级中的作用逐渐强化,到秦汉出现了官职等级、民爵等级和财产等级三大相对独立的等级序列。其次,等级地位很不稳定,随时可能有升有降。每天都会有人因为政治身份的得失、官职爵位的升降、土地财产的进出等而改变社会地位。再次,等级地位对流的幅度极大。对流幅度最大的莫过于化君为臣、化臣为君。在观念上和实际中,皇帝这个等级也是可以流动的。"公天下"论的君位为天下公器说、"革命"论的诛除独夫民贼说以及"五德终始"论和"三统三正"论的政治模式轮回说等,都从理论上肯定了君臣更迭的必然性、合理性。统治者与被统治者的对流、高等级者与低等级者的对流更加频繁。郡县制度基本上剥离了政权与土地权,这就使土地和政权都很难固定在一个贵族家族,贵族很容易由于各种原因而沦为平民,所谓"君子之泽,三世而斩"。权臣犹如走马灯,一朝得势,位极人臣,土地连阡陌,忽而失势,罢官降职,土地易主。功勋爵制度及后来的科举制度使低贱者步入仕途的途径敞开、机会增多,乃至大量出现"布衣卿相"。就连奴隶也可以通过法定途径进入权贵行列。土地制度的变化以及诸子析产、土地买卖等也在不断地改变着人们的经济地位。

总之,与西周时期的社会阶层结构形态相比,秦朝的社会阶层结构形式相对简单,处于社会中层的人数相对较多,各个社会阶层之间的流动性明显增大。这表明秦朝的文明程度高于商周的文明程度。换句话说,皇帝制度及相应的社会政治体系的建立从总体上推动了社会文明的发展。在评说这种社会政治体系的时候,不能只看到它专横暴虐的一面。

第十章 经济篇:富有天下的 最高统治者

先哲有一句名言:"强有力的政府和繁重的赋税是同一个概念。"秦始皇建立了那个时代最强有力的政府。维系这种统一的高效能的统治机器,需要一套完备的军事—官僚机构和一支庞大的官僚队伍和军队,还需要兴建大批相应的工程。秦始皇通过向全体臣民征收具有超经济强制性质的相当繁重的赋役及其他租税,建立起帝制最基本的财政基础。他在完善相关的各种财政经济管理措施方面下了一番功夫,并通过定制立法把有关措施制度化乃至法制化。

第一节 制度化、法制化的财政经济管理

秦始皇废除六国各自实行的经济制度,建立了统一的经济制度。财政、经济管理在一定程度上法制化,是秦始皇施政的一个特点,也是秦朝法律制度的重要特点之一。

一、统一度量衡

统一度量衡是秦始皇巩固国家统一的一项重要措施。度量衡是经济活动的重要工具,在战国时期各地已经自发地出现计量标准趋同的现象。秦始皇二十六年(公元前221年),秦始皇发布诏

令,"一法度衡石丈尺"①。他统一度量衡,规定统一的度量单位和进位制。为了保证这项法令的贯彻落实,由中央政府向各级地方政府颁发统一制作的标准量器。凡制造度量衡器,都要刻上皇帝诏书全文。不宜刻字的陶器也用刻字木戳印上字样。从现存秦代量器看,秦始皇把商鞅变法时确立的度量衡标准推行到全国,也就是说,他以秦国的标准统一了各国有所不同的标准。

秦始皇的这个措施得到大量考古文物证实。《考古图》曾记载当时人们所见的两个秦朝铜权,"权各高二寸,径寸有九分,容合重六两"。其一有铭文云:"二十六年,皇帝尽并天下诸侯,黔首大安,立号为皇帝。乃诏丞相状、绾,法度量则不壹,歉疑者,皆明壹之。"传世的商鞅方升于秦孝公十八年(公元前344年)铸造并颁发给重泉(今陕西省蒲城县)作为标准量器。秦始皇统一度量衡时,又把它调回咸阳检定,刻上新的诏令,颁发给临县作为标准量器。1964年在阿房宫遗址出土的铜质的高奴禾石权是在秦昭王时期铸造并颁发给高奴(今陕西省延安县东北)的,秦始皇把它调回咸阳检定并刻上诏令后,准备发还给高奴。

秦始皇还以法律形式保证统一的度量衡标准。云梦秦简《效律》规定:"衡石不正,十六两以上,赀官啬夫一甲;不盈十六两到八两,赀一盾。"其他桶不正、斗不正、升不正、斤不正等,凡误差超过一定限度,都要受到法律的惩罚。

二、统一币制

秦始皇以法令的形式划一币制。战国时期各国货币本位制、单位和铸币的轻重、大小、形制都不一致。"及至秦,中一国之币

---

① 《史记》卷六《秦始皇本纪》。

为二等,黄金以溢名,为上币。铜钱识曰半两,重如其文,为下币。而珠玉、龟贝、银锡之属为器饰宝藏,不为币。"①秦始皇依法统一币制并加强货币管理,还制定了中国现存最早的货币金融法规《金布律》及一系列有关法规。秦朝在货币管理方面主要有以下几个重要的规定。

其一,统一货币本位制。

秦始皇规定黄金为上币,铜钱为下币,二者都是通行全国的法定金属货币。其余曾经作为货币使用的物品不再属于货币范畴。他将法定货币的黄金、铜钱、布帛三本位制,改为黄金、铜钱二本位制,还将珠玉、龟贝、银锡等排除在法定货币之外。这就进一步提升金属货币的地位,在制度上取消以实物作为等价物。

其二,统一铜钱形制。

废除各国不同形制的货币,形制一律仿照周秦制度,采用方孔圆形。从此外圆内方的铜钱形制通行于历代王朝。

其三,统一货币的单位重量和兑换率。

秦始皇将上币黄金的单位从"斤"改为以"镒"(24两,一说20两)为单位。下币铜钱则以半两为单位,每枚符合标准的铜钱重半两,并铸有"半两"二字。云梦秦简《金布律》对货币规格与比价有明确的规定。秦国通行的货币有"钱"(铸币)、"布"(布帛)、"金"(贵金属)等三种。《金布律》规定:"布袤八尺,福(幅)广二尺五寸。"如果布帛的质量和尺幅不符合规格,则禁止流通。《金布律》还规定了钱与布的兑换比价,钱十一兑换一布。货币兑换必须依据法律规定进行,"其出入钱一当金、布,以律"。秦朝建立后,布不再属于法定货币,而在实际生活中仍充当货币使用。

其四,统一货币铸造。

---

① 《史记》卷三〇《平准书》。

秦律规定:货币铸造权由国家掌握,私人铸币属于违法行为。云梦秦简《封诊式》就记载着查抄、没收私铸货币和铸钱模子,并将"盗铸"者扭送官府治罪的案例。秦朝将铸币权收归中央政府,明令禁止民间私铸铜钱。这与前代、后世有所不同。统一货币铸造是秦始皇强化财政金融管理的重要措施。

其五,依法保证货币的流通和管理。

为了保证货币流通,《金布律》规定:凡国家铸造发行的货币,无论质量好坏,均可正常流通。官府征收上来的货币,"钱善不善,杂实之";在日常流通中,"百姓市用钱,美恶杂之",禁止挑挑拣拣。《金布律》还严格禁止官吏、商贾拒绝接受符合流通条件的货币。如果有人"择行钱、布",将触犯刑律。不予告发的伍长和检察不严的官吏"皆有罪"。

三、法制化的经济行政管理

秦始皇继承并进一步发展各种制度化、法制化的经济行政管理措施。在秦朝各级政府都设立了管理经济的行政机构,还制定了一系列管理经济的法规,以行政的、法律的手段对经济生活进行广泛的管理、控制和干预。

秦朝中央政府的内史、少府以及太仓、大内、大田等机构都有经济管理的职能,有的则专职负责管理某一类经济事务。从云梦秦简提供的材料看,在县一级有主管财政的少内啬夫、主管田政的田啬夫、管理畜牧的苑厩啬夫、管理漆脂生产的漆园啬夫、管理禁苑的禁苑啬夫、管理粮仓的仓啬夫、管理皮革的藏啬夫、管理军库的库啬夫、管理手工业的工室啬夫、管理矿冶的采山啬夫等。这些机构和职官涉及各个主要的经济部门,并按部门各自形成从中央到地方的垂直管理体制。

秦朝的政府中经济管理机构比较多,也比较完善。与此相应,秦朝管理经济的行政法规也很多,如云梦秦简中的《田律》、《厩苑律》、《仓律》、《金布律》、《关市》、《工律》、《工人程》、《均工律》、《效律》、《藏律》等。这些机构及法律大多与国家对经济的行政管理和官营经济有直接关系,有关法规大多是规范管理某一种经济活动的行政机构的单行法规。这反映出秦朝经济总体特点是,在整个经济生活中官营经济占的比重比较大,国家对官营经济分门别类实行集中统一管理。秦的许多法律对私人经济活动也进行直接的行政干预,这反映出秦朝政府对一切重要的经济领域的控制也比较严格。

四、"重农抑商"政策与管理工商业的法律

与历代秦君一样,秦始皇奉行"上农除末,黔首是富"政策,力图使"百姓当家则力农工"[1]。在对商业有所抑制的同时,秦始皇制定了一系列有关法律,加强对工商业的管理。

(一)国营手工业管理

秦朝的官营手工业规模较大,国家直接支配大批工匠,他们从事各种制造业,以满足政府和皇帝的需要。为了加强管理,秦朝设立了"漆园啬夫"、"司空啬夫"、"采铁啬夫"等职官,还制定了《工律》、《工人程》、《均工律》、《效律》等法规,内容丰富而具体。在其他法律中,也有一些有关的规定。这些法律涉及劳动定额、产品规格、产品质量、工匠培训等。《工人程》依据季节、身份、性别、年龄、劳动熟练程度和技术水平等,对工人、工匠的工作量做了具体的规定。《工律》规定同一产品必须规格一致,"为器同物者,其小大、短长、广亦必等",严禁擅自改变产品制造标准。凡产品质量不合格者,要予以处罚。《司空》对修缮车辆所使用的胶、脂等材

料的用量有具体的规定。《金布律》对各种规格囚衣制作的原材料和价格也有具体的规定。秦律还对有关机构和主管官吏的考核及奖惩做出了详细的规定。考核涉及履行管理责任和生产责任,保证产品质量,减少原材料消耗,提高经济效益等。考核定期举行,列为下等者,令、丞、佐等主管者和具体责任人都要受到处罚。连续数年考核为下等,主管的啬夫撤职且永不叙用。《均工律》鼓励工师培养新工和新工提高技术,还规定:"隶臣有巧可以为工者,毋以为人仆、养。"从上述情况看,秦朝法律对官营手工业管理有明确具体的规范。

(二)民营商业管理

依据云梦秦简提供的材料推测,秦朝政府可能不直接经营商业或政府直接经营的商业规模很小。秦的历代君主和地方大吏重视市场建设和管理。他们建立市场制度,在城市设立固定市场,对于市场贸易有关的货币金融活动及度量衡等,都有法制化的管理措施。当时的民营商业相当发达,有大量的民间商贾从事贸易活动。

秦朝法律在保护合法商业活动的同时,明令禁止一切非法的经商活动,没有特许权力的政府机构以及官吏、农民从事商业经营一律属于违法行为。《田律》禁止农民卖酒。《厩苑律》禁止乘用公家车马的官吏出卖死马的肉和皮,这类物品必须统一交县一级政府处理。《金布律》禁止都官自行出售需要处理的物品,必须统一送大内或县处理。《秦律杂抄》有一条法律规定:严禁低级官吏利用为其配备的马匹和差役进行牟利活动,否则处以流放的重刑。

秦朝法律还有限制商品价格、保护公平交易、禁止走私等规定。《金布律》明文规定:除价格在一钱的小商品外,出售者必须明码标价。《司空律》规定:粮食价格每担三十钱,劳动力价格"日居八钱,公食者日居六钱"。《法律问答》规定:其他国家的商贩必须呈验经营凭证,禁止百姓与非法的外商进行交易。珠玉等贵重商品不准卖给"邦客"、"旅人"等其他国家的商人。破获的走私珠宝必须缴送内史,由内史酌情奖赏。

第二节　国有土地的管理及相关法律

在土地制度方面,秦始皇也颇有作为。秦始皇三十一年(公元前216年),他下令:"使黔首自实田也。"即占有土地的人自动呈报实际占有土地的数量,并按照规定缴纳赋税。这个法令承认各类土地的实际占有状况,在客观上具有推动私有土地数量不断发展的意义。他还改变各地"田畴异亩"①的状况,统一土地度量制度,规定6尺为步,240方步为一亩。这一亩制沿用千年而大致不变。

一、皇权支配下的土地占有形式

关于秦朝的土地所有制,学术界众说纷纭,莫衷一是。有代表性的意见可以分为三大类:1、土地国有为支配形式②。2、地主土地私有制占支配地位③。3、国有、大土地私有、小土地私有三种所有制同等重要④。由于这个争论涉及的理论问题和其他学术问题很多,因而学者们提出的具体见解不胜枚举。

---

① 《史记》卷六《秦始皇本纪》。
② 参见侯外庐:《中国封建社会土地所有制形式问题》,收入《中国封建社会史论》,人民出版社1979年版。
③ 参见林甘泉:《论秦汉专制主义经济基础》,收入《秦汉史论丛》第二辑,陕西人民出版社1984年版。
④ 参见赵俪生:《论两汉土地所有制和社会经济结构》,《文史哲》1982年第5期。

从现存材料看,秦朝的土地制度很可能以国家所有占主导地位,与此并存的其他各种所有形式也无不受到行政权力的支配。一是云梦秦简证明当时有大量国有土地,有专门规范、调整国有土地使用和管理的法律。二是记载有关秦朝以前及秦朝土地买卖的史料很少。三是没有可以充分证明秦朝非身份性地产主数量很大的史料。四是尚未发现毫无争议的秦朝专门用于规范、调整非国有土地使用、转让、买卖的法律。更重要的是:在当时的历史条件下,还远不具备存在纯粹土地私有制的条件。至少行政权力对土地类财产施加支配性影响的状况还不可能消除。即使土地私有制已经有所发展,它也不是现代意义上的私有制。

君国一体的皇帝制度是一种独特的国家形式。在皇权支配下,政治权力与经济权力不可分割,国家主权与所有权统一,主权就是所有权;在君臣关系制导下,政治身份与经济义务统一,臣民必须承担各种义务。事实上,臣民自身及其包括土地权益在内一切财产都从属于国家和皇帝的最高权力。就本质属性而言,当时无论在观念上、事实上,还是制度上、法律上,都不存在现代意义上的土地私有制。这一点具体体现在以下几个层次。

在观念上,当时通行的说法是"尊为天子,富有四海之内"、"天子无外,以四海为家"。思想家们常常把天下、国家说成是最高统治者的府库。秦始皇统一天下之后公开宣称:"六合之内,皇帝之土。"最高统治者享有对天下一切人和物的所有权,国家所有权所包括的范围可以说是无限的。皇帝有处置人世间一切人与物的权力,就连国家所有权实质上也是皇帝所有权,更何况其他的所有权形式。

在现实中,国家和皇帝所有权的客体是极其广泛的。从云梦秦简、《史记》等提供的材料看,社会基本的生产资料以及各种设施几乎皆为国家所有。国家统治的各种设施毋庸置疑地全部为国家所有。海洋、河川、山脉、林泽、荒原皆为国有，这是法定的。政府除直接经营一部分土地外，将一部分土地赏赐给有功勋的臣民，其余的土地则实行授田制度，直接分配给广大庶民耕种。对于取得土地占有权和使用权的广大臣民，国家通过征收租金与税收合一的赋税，实现其支配权或所有权。国家对全国的可耕地实际拥有最高主权。国家还拥有大量的其他生产资料和生活资料。

在制度上，国家与皇帝之间也有公、私之分。财政管理有两套班子：一套是分管政府公有财产的治粟内史及其派出机构。治粟内史是国家赋税征收机构，负责征收田税等。这些税收归国家所有。史论称之为"大用"、"大藏"。另一套是分管皇室私家财产的少府及其派出机构。少府是皇家税收机构，负责征收人口税、山川林泽之税等。这些税收归皇帝私家所有。史论称之为"小用"、"小藏"。尽管清楚地划分出"公"、"私"两个税收机构，而实际上"公"、"私"不分。以养马为例，据《汉书·百官公卿表》记载，太仆的属官"有大厩、未央、家马三令"。颜师古注："家马者，主供天子私用，非大祀戎事军国所须，故谓之家马也。"国家公用与皇帝私用，大到财政，小到养马，皆分别设置机构管理，可谓泾渭分明。然而国家的库府和马匹的处置权明确无疑地属于最高统治者，就连广大国土也是任由皇帝赏赐、赠与或剥夺。在皇帝切实掌握最高支配权的条件下，国家公有与皇家私有之间并无本质的区别。"天子富有四海"绝非阿谀奉承之词。

战国以前，土地一律实行国有（王有、君有）。实际上天子只拥有直属领地的土地支配权，全国土地由天子和诸侯、卿大夫等各级封君多级占有。西周制度最为典型。春秋战国以来，这种制度随着政治制度的演化而演化，逐步消灭了等级君主土地所有制，到秦朝代之以皇权统一支配下的多种形式占有、所有或使用土地的制度，其中一些占有形式具有私有制的主要特点。这个时期土地制度的演变集中体现为土地实际占有形式发生了引人注目的重大变动,而占有形式的变化迟早要引起所有制的变化。

在秦朝已经有土地私有制逐渐发展的迹象,然而私有化的程度以及土地私有制是否已经占据支配地位等,都有待于进一步研究。对于有关研究,现有的历史材料还没有提供确凿无疑的直接证据,各种佐证还不足以构成牢不可破的证据锁链,因此很难据此做出准确的结论。例如,许多学者依据云梦秦简《田律》的有关规定论证土地国有制在当时占主导地位。然而这些材料也可以解释为地方官对各类土地占有形式的日常行政管理。又如,许多学者把云梦秦简《法律问答》关于禁止私自移动田界的规定视为国家承认和保护土地私有制的重要证据。然而这条材料实际上是"中性的"。田界既可以划分私有土地的界限,也可以划分国有土地的界限。无论土地所有制采取何种形式,私自移动田界都会破坏既定的社会秩序。因此,禁止私自移动田界并不一定意味着只是保护私有土地所有权,它也可以适用于保护其他各种土地占有和使用形式。

笔者总的感觉是:现有史料更有利于在秦朝国有土地占主导地位的观点。还没有可靠的事实足以证明土地私有制已经居于主导地位。在云梦秦简中保存了许多规范财产关系的法律和案例,可是从中没有发现一条法律与确认土地所有权有关。除了一条关于移动地界的法律涉及禁止妨害他人土地使用权或私有权以外,也没有涉及规范和调整有关私有土地的转让、买卖、返还、赔偿方面的民事法律条文和案例。云梦秦简的所有者是一位生活在标榜"以法治国"、号称"皆有法式"的时代的法吏。在他所珍藏的私用档案、笔记中,竟然找不到确凿无疑的规范、调整私有土地的民事法律条文和案例。这至少说明这类法律在当时还不那么重要。

这里着重讨论皇权对全国土地的各种控制方式。在皇权的支配下,在君臣关系这个大框架内,在国家拥有最高土地所有权的前提下,秦朝实行以国家所有制为主,多种实际占有、所有和使用形式共存。其主要特点是:国家予夺为取得土地占有权、所有权或使用权的主要方式;土地以国有居多;"私田"还没有获得法律意义上的完全所有权,即使拥有"所有权"也是有限度的。依据国家控制形式和占有、使用权取得形式,主要分为以下几种类型。

1、国家赐予土地与封赐土地占有者。

皇帝经常对臣下实行赐爵与赐土,其中依据功勋爵制度赐爵、赐土是一种经常性的政务。依据法制,功劳越大,爵位越高,赏赐的土地也就越多。秦始皇还经常在制度外根据政治需要和个人好恶赏赐宗室、大臣、亲信田宅、食邑。王翦奉命率兵灭楚时,趁机向秦始皇请求赐予大量田宅,获得应允。这类事情在当时也应属司空见惯。这就不仅需要国家有任意支配全国土地的权力,还需要国家直接掌握着大量的国有土地,可供随时赏赐。毫无疑问,这些用作赏赐的土地应当属于国家所有制。

与此同时,君王还有权夺爵与夺土。相国吕不韦田连阡陌,家童万人;丞相李斯位极人臣,既富且贵;蒙恬兄弟备受宠幸,权倾朝野。他们都是官僚加地产主。然而君王赏赐给他们的土地和财富,只需一道诏令,便可化为乌有,就连他们的身家性命也一同被剥夺了。此外大批"为国不忠"或为吏"不直"者也因夺爵、谪戍失去了富贵和土地。无论以何种形式为臣民占有、所有和使用的土地都可以根据最高统治者的意志授予或剥夺,这是国家拥有全国土地最高支配权的集中体现。赏赐的土地还可以随时收回,占有者显然不拥有完全土地私有权。

2、国家授田与受田土地使用者。

从云梦秦简提供的史料看,当时国家拥有并直接经营很多的可耕土地。这一部分的土地由国家各级政府直接控制、直接经营,

414

其所有权无疑属于国家。国家直接管辖的耕地主要采取授田制的经营方式,即按人丁分配土地。"受田者"按照国家规定缴纳赋税(包括地租)。这些经营活动由各级政府直接参与,相当于国家(皇帝)直接经营土地。

有国家授田,也就有受田农民。这部分土地所有权属于国家,使用权属于受田农民。战国、秦汉的一些史料表明,当时国家授田大体以每个农夫百亩为限。文献中诸如"五口之家"、"治田百亩"之类的记载,可能大多是指这一类土地使用者。授田制度与赋役制度相结合,构成了国家对土地的主要经营形式,也是君民关系的主要的具体形式之一。国家与接受份地的农民之间的经济关系类似于租佃关系。这种君民关系具有双重属性,既是一种政治关系(皇帝与黔首),又是一种经济关系(地主与佃农)。处于双重支配下的臣民实际上是农奴。

3、其他国家直接经营的耕地与其耕种者。

政府直接控制的土地还有两种常见的经营方式。一种方式是由"隶臣"耕种,另一种方式是租佃给民众。

云梦秦简《仓律》有一项规定涉及供应"从事公"的隶臣的口粮标准。其中"隶臣田者"在农忙季节每人每月可以增加供应半石口粮。这说明使用隶臣耕种国有土地在当时绝非个别情况。秦朝驱使大量具有奴隶身份或近似于奴隶身份的隶臣从事各种劳动,其中包括耕种土地等。这在当时是重要的国有经济经营方式,也属于一种相当落后的生产方式。这一类土地属于国家所有、国家使用。

政府把国有土地租佃给民众的经营方式属于比较进步的生产方式。《法律问答》有一则关于"部佐"隐匿"民田"问题的司法解释。其处理办法是:已向百姓收取田赋而不上报,"为匿田";未收田赋,则不以隐匿田亩论处。这条法律与政府以租佃形式直接经营所掌握的土地有关。各种租佃关系的发展意味着生产关系正在发生重大演变。这类土地属于国家所有,租佃者使用,所有者与使用者属于租佃关系。租佃国家土地的农户除缴纳租金外,还要依据赋役制度向国家履行各种义务。他们的政治地位与受田农户相同,而经济地位略有差别。

此外,《仓律》有关于播种数量的硬性规定,《厩苑律》有关于使用"公牛马"耕种的规定,这些都是国家和各级政府直接管理、经营大量土地的佐证。

4、具有国家直接经营性质的其他土地。

国家直接控制的土地还包括苑囿园池、山林川泽。云梦秦简《为吏之道》提到"苑囿园池",可能包括国家牧场、王室园林和供君主游猎的围场等;《厩苑律》专门规范官吏对国家的"厩苑"的管理,涉及"牧公马牛"的评比和使用"公马牛"的有关规定等;《徭律》涉及到维修"禁苑"、"公马牛苑"以及对"苑史"的要求,从中可以知道当时的苑囿周围修建有堑壕、墙垣、藩篱,并设有专职管理苑囿的官吏。从《史记》、《汉书》的记载看,秦汉皇家苑囿园池的数量很多,面积很大,圈占着大量的可耕地和山林川泽。这些土地都属于国家所有。秦朝继承前代的做法,以法律形式明确把山川林泽列为皇帝所有,对其使用有一系列的限制,并通过税收实现所有权。一般说来,山川林泽属于国家所有,民众可以依据国家规定使用,须缴纳相关的赋税。所收赋税归皇室所有。

5、各种类似私有的占有形式。

自春秋战国以来,从自耕农到大地产主等各种类似私有的占有形式不断发生、发展。这是毋庸置疑的历史事实。各种功名赐地及其亲属继承很容易向私有制转化,由此而形成的土地转让、买卖、租佃等,都会强化土地私有属性。在秦朝,各种类似私有的土地占有形式,其所有权受到的限制也比较明显。这些土地并没有摆脱国家支配乃至直接控制。秦始皇大量迁徙豪族,表明国家有权剥夺以各种形式占有的土地。因此,各种类似私有的占有形式不具有法律上的完全所有权。

云梦秦简《田律》现存法律六条,都是有关的土地及农业管理的规定,如有关官吏必须及时报告各种灾害及庄稼的生长状况的规定,以及使用山林河流、缴纳租税、使用官府牛马的有关规定和禁止百姓卖酒等。《田律》为田啬夫、部佐、农民具体规定了管理责任与生产责任。这些材料虽不足以证明所涉及的土地一律归国家所有,却可以表明当时政府对全部或大量土地有强化控制,甚至直接管理和经营的行为。这也是最高支配权、所有权的一种体现。

上述各种控制方式,实际上将全国的土地一律视为国家和皇权可以支配、控制的。秦朝的赋役制度则是国家实现最高土地所有权的操作手段。

二、土地管理制度

秦朝的土地主要为国家所有,大量土地需要国家直接管理和经营。为了有效地控制和管理大量的国有土地,秦朝不仅设置了系统的管理土地的政府机构和相关的职官,还有相关的立法。云梦秦简《语书》证实《田令》是备受各级政府重视的法律文件。

相关职官,见于云梦秦简的有大田、田啬夫、部佐、田典、牛长等。大田,官名,主管农事。据说齐国曾设有此官。《汉书·百官公卿表》没有提到秦朝设有这种职官,而云梦秦简《田律》证实秦朝也有称为“大田”的机构和职官。地方的有关政务必须向大田报告。

云梦秦简《田律》、《秦律杂抄》等保存着一些有关土地管理的法规。主要包括以下内容。

1、明确国家所有权。

《田律》通过有关各项规定,以直接有效的管理和租税征收,体现国家对这部分土地的所有权。《法律问答》也涉及到国有土地的租佃问题。《秦律杂抄》中的"采山重殿"等条还明确规定山林、水泽均为国家所有,不经国家允许,矿山、漆园及其他物产,不得攫为己有。这些法律规定与国家的赋税制度相匹配全面维护并实现了皇帝对全国土地的最高支配权。

2、规范各级官吏对土地的管理责任。

秦朝设"大田"、"田啬夫"、"部佐"等官吏专职主管农田耕作事务。《田律》规定:负有土地管理职责的地方官吏必须及时以书面形式向中央政府报告土地的使用情况,如雨后的墒情、谷物抽穗和尚未垦殖土地数目等情况。如果发生旱涝、蝗灾,也要及时、快速报告受灾面积。《厩苑律》对耕牛的管理、饲养及其考核有具体的规定。如果耕牛死亡率高于三分之一或考核为下等,田啬夫、里典要负刑事责任。《法律问答》还规定:田官不得隐匿土地数量及其使用情况。

3、明确国家土地使用者的义务。

《田律》等明确规定:凡国有土地使用者,无论是否耕种,一律"以其受田之数",向国家交纳租税。依照秦朝的财政管理制度和赋役制度,凡使用国家的山林、水泽、矿产,从中获取物产者,必须向国家交纳租税。《仓律》明确规定稻、麻、禾、麦、黍、菽等各类作物的每亩播种数量,"其有不尽此数者",依律处罚。《田律》规定:禁止"百姓居田舍者"酿酒贩卖,由田啬夫、部佐等负责监督,不从令者有罪。《田律》还禁止农民损坏庄稼、随意壅堤提水等。

4、要求吏民通晓国家关于土地管理的法令。

作为郡守行政文告的《语书》,命令下属官吏"明布"法令,要求吏民都要"修法律令、田令",并严格遵守。其中特别提到田令。

《田律》及各种田令的重要性从一个侧面体现了当时国有土地的规模及国家对各类土地的支配权乃至直接管理权。

5、以法令形式保护国家认可的土地占有或使用权益。

秦始皇"令黔首自实田",承认了一些土地的占有或私有权。《法律问答》规定："盗徙封,赎耐。"私自移动土地界标,要处以赎耐之刑。土地界标标示着土地权益的范围。私自移动土地界标必然侵犯他人的权益。无论土地权益拥有者的具体身份是占有者(所有者)还是使用者,都需要由土地界标界定其权益范围。这条规定旨在保护国家认可的合法权益。

6、保护农业生产条件和资源。

《田律》规定:春季禁止采伐山林和堵塞水道;不到夏季禁止烧草为肥、采集刚发芽的植物和捕捉幼兽、幼鸟等;在禁猎期内禁止毒杀鱼鳖,不准设置捕捉鸟兽的罗网;禁止其他破坏资源的行为。这表明,秦朝法律继承了传统的"四时之政"的合理成分。有关的法律规定具有保护环境和资源的作用,有利于发展农业生产。

第三节　秦朝的赋税制度及相关法律

中国古代赋税制度的性质很复杂。赋税主要与国家的财政行为有关,属于现代社会的"税"的范畴。征税是国家存在的经济体现,各种税收是国家财政的主要收入和经济基础。然而赋税不是单纯的财政行为,它还包含着现代意义上的"租"的成分。国家以土地所有权为前提所收取的地租及其他租金,是土地所有权借以实现的经济形式。这就使赋税具有租、税合一的性质。赋税还具有明显的超经济强制性质。它不是单纯的经济形式,它还包括国家和君主凭借对全国土地、资源的占有权和对广大臣民的各种人身支配权而行使的超经济强制。赋税制度将国家税收、物权租金和强收硬敛结合在一起,许多具体的赋税征收项目很难明确地归类,往往兼而有之。

赋税制度是皇帝制度的财政经济命脉,也是专制主义社会控制模式的有机构成之一。它侧重体现着这种制度、这种社会控制模式的经济层面的各种现象,却又绝对不是一种单纯的经济现象。征收赋税是君主制度最重要的政治行为之一。准确地说,赋税制度是一种把君主与臣民之间的经济关系和政治关系统一在一起的制度。它既是一种经济制度,也是一种政治制度。赋税制度主要基于政治关系而设,又是国家财政制度的重要构成之一,它实际上属于政治制度范畴。由于赋税制度集中体现着君主专制国家与其广大臣民的经济关系,体现着君臣关系的经济内容,所以又可以把它作为一种经济制度来研究。在研究中国古代赋税制度的时候,必须充分注意到它的这个性质和特点。

中国古代赋税制度的性质决定了它的内容也很复杂。赋税,包括租税与徭役。在战国、秦汉时期,赋税主要以"布缕之征"、"粟米之征"、"力役之征"等方式征收,还包括其他税收。其中国家无偿役使民众的"力役之征"的超经济强制性质尤为明显。

一、秦朝赋役制度的历史渊源

与其他各种基本制度一样,秦朝的赋役制度也是春秋战国时期社会历史大变动的产物。

许多有关专著注意到春秋战国时期一项政策上、制度上的重要变化,即"税亩"、"税田"的出现与普及。人们大都称之为"土地征税制度的起源"。许多学者还把土地征税制度的产生与土地私有制度的产生联系起来,认为后者是前者之因。其实这种说法不够准确。

"税"是国家赖以存在的财政基础,征税与纳税是与国家同时产生的,而土地是古代社会最重要的政治资源和最主要的财产,所以以土地为对象的"税"(以政府的身份征收)与"租"(以土地所有者的身份征收)肯定早已产生。土地征税制度的产生与土地所有制的性质无关。如果说春秋前后有什么不同的话,其差别仅在于征纳的方式有所改变,而征纳方式的变化是与经济关系(包括土地所有制)的变化相关的。大量史料证明,春秋以前,"税"与"租"主要以"力役"方式征纳。由于以贡纳力役为主,故有"助而不税"[1]、"藉而不税"[2]的说法。"不税"的意思不是不缴纳现代意义上"税"与"租"。春秋以来,齐、晋、鲁等国相继开始改革有关做法。公元前594年,鲁国"初税亩",赋税实行"履亩而税"[3]。史学界普遍把它视为重要的标志性历史事件。它表明,一种新的征纳"租"的方式正在逐步取代旧的征纳"助"的方式。"助",从"力"与"且";"租",从"禾"与"且"。"助"以贡纳力役为主;"租"以贡纳实物为主。征纳方式的改变与土地制度的某些变化可能有密切关系,而更直接的动因是土地占有者与生产者劳动关系的变化,即土地占有者开始普遍以"租"的方式与生产者缔结经济关系。新制度最重要的特点是实物租税与徭役并行。从春秋战国之际的文献记载看,当时已经有了"常征"、"常役"并行的赋役制度。战国以来,各国普遍实行这种制度。

二、秦朝的主要租税征课项目

秦朝租税征课以土地租税为主。由于注意到秦朝赋役制度有

---

① 《孟子·公孙丑上》。
② 《谷梁传·宣公十五年》。
③ 《公羊传·宣公十五年》。

租、税不分的性质,这里没有采用人们习惯使用的"土地税"、"土地征税制度"的提法,而使用"土地租税征课制度"这个概念。秦朝的租税征课内容丰富,主要有以下几项。

1、土地租税。

土地租税即田租及各种田亩税,它以国家耕地使用者为征收对象。秦朝的土地租税有二:田租、刍稿。它们都属于实物租税。"田租"征课农作物果实。关于秦朝田租税率的具体数字,史料阙如,难以详考。"刍稿"征课牧草和谷物茎秆。谷物、刍稿都属于种植农作物的收获物。青禾、牧草为"刍"(又称"青稿"),谷物秸秆为"稿",主要用于饲养牲畜和建筑材料。刍稿之税古即有之,属于"先王之制"。《尚书·禹贡》、《国语·鲁语上》、《仪礼·聘礼》等都曾提到此类贡赋。国家及各级政府都有大量牲畜需要饲养,庄稼秸秆还在建筑工程中大量使用,因此民众必须"入刍稿之税,以供国用"①。《田律》、《仓律》均涉及刍稿的征收、保管事宜。如《田律》规定:"入顷刍稿,以其受(授)田之数,无垦不垦,顷入刍三石,稿二石。"

2、人头税。

秦朝人头税有二:口钱、算赋。属于户口之税,以适龄人口为征收对象。

"口钱",即计口征税。关于这种制度的起源,古今学者聚讼不已。类似的制度可能古即有之。秦朝制度沿袭了战国时代的旧制。汉代文献曾言及秦朝的"口钱"之课。至于其具体征收办法已不得而知。从汉代的制度看,口钱的征收对象是一定年龄以上至服役年龄以下的人口,每人每年出口钱若干(关于年龄和钱数的具体规定有变化)。秦朝想必亦大体如此。

---

① 《淮南子·氾论训》高诱注。

"算赋"是口钱既除以后的另一种人头税,征收对象的年龄与口钱相衔接。它的征收对象主要是处于服役年龄的人口。它的特点是《文献通考·户口考一》所说的"且役之且税之"。类似算赋的制度起源于何时已不可考。《后汉书·西南夷传》曾提到秦昭襄王免除了有功的少数民族的算赋。秦朝的制度也是继承而来。算赋的征课办法是"头会箕敛"①。云梦秦简《金布律》规定:"官府受钱者,千钱一畚,以丞、令印印。"算赋征课由官吏按照人头,持畚箕逐户收敛,每一千钱为一个征收单位,交由官府封存。秦朝的"头会箕赋,输于少府"②。这项收入算作最高统治者的私藏。

3、其他赋税。

秦朝有关市之征、山泽之税,包括诸如关税、市租、酒税等商业税,盐、铁等特产税和以私营手工业为征课对象的工税等。

春秋以来,个体工商业迅速发展,行商坐贾贸易于市场。国家开始对商品买卖征收营业税、通关税,这就是关市之征。当时各国有关卡、市场则必有官吏主其政,关市之征成为"常征"。关税、市租等也逐渐成为国家财政的一个重要来源。

许多文献记载表明,秦国的商业相当发达,咸阳及许多大城市都有政府设置的商品集散地,因而"市张列肆",店铺林立,市场繁荣。《辛氏三秦记》记载了这样一则传说:"秦始皇作地市,与生死人交易。令云:'生人不得欺死者物。'市吏告始皇云:'死者陵生人,生人走入市门,斩断马脊。'故俗云,秦地市有断马。"③这个传说显然是杜撰的。《三辅黄图》卷二有关于秦文公曾设立"直市",要求"物无二价",童叟无欺。这个故事当数事实。秦朝政府重视

① 《史记》卷八九《张耳陈徐列传》。
② 《淮南子·氾论训》。
③ 《太平御览》卷八二七引《辛氏三秦记》。

市场的管理和有关的税收,设有专门的官员,并颁布相关的法令。酒税的征收与国家经济政策有关。据说商鞅曾"重关、市之赋"。他为了重农抑末,禁游荡奢侈之俗,对酒类经营课以重税,"贵酒肉之价,重其租,令十倍其朴"①。

关于秦朝关税、市租的具体征收办法,已难详考。《关市律》、《金布律》规定着一些与"市租"有关的罪名,用以规范市场管理者和经营者的行为。由此可以推断:当时对关市之征有明确而详细的法律规定,违犯者将触犯刑律。

山泽之税,即盐铁之税和山海池泽之税等。山泽之税、盐铁之政自古有之。在秦汉,山海池泽皆属国有,凡"山泽之利"皆归皇室支配,即"山海之利,广泽之畜,天地之藏也,皆宜属少府。"②战国时期各国有盐官、铁官负责盐铁之征。据说商鞅"设百倍之利,收山泽之税"③。秦国的民营盐铁业很发达,国家征税的税率也很高。秦始皇继承祖宗的制度和政策,重视发展盐铁业。在统一六国过程中,秦始皇把中原一些善于经营盐铁业的大族迁到巴蜀地区,使这个地区的盐铁业尤为发达。据说,"始皇,克定六国,辄徙其豪侠于蜀,资我丰土,家有盐铜之利,户专山林之材,居给人足,以富相尚。"④

秦朝民众的各种租税负担相当沉重,而其大致比率是"收泰半之赋"⑤。这个比率可能是指总的负担。在正常情况下,民众辛辛苦苦劳动一年,收获的大部分被无偿剥夺。民生之苦可想而知。

---

① 《商君书·垦令》。
② 《盐铁论·复古》。
③ 《盐铁论·非鞅》。
④ 《华阳国志·蜀志》。
⑤ 《汉书》卷二四《食货志上》。

三、法制化的徭役制度

徭役是国家以行政强制手段对臣民实行超经济强制的主要形式之一,征调徭役是地方政府的基本任务之一。为了规范、加强对徭役的管理,秦始皇颁布了一系列政令、法律。云梦秦简就有《傅律》、《徭律》等专门的单行法规,还有一些法律也涉及到对徭役的行政管理。这些法律明确规定了服役的起止年龄、免役条件、对逃避徭役的惩处及各级政府的相关职责等。

秦朝徭役有更卒之役、正卒之役、戍卒之役三大类,称相应的服役者为"更卒"、"正卒"、"戍卒"。据说秦朝"又加月为更卒,已,复为正一岁,屯戍一岁"①。在正常情况下,一个人进入服役期后,大体先服更卒徭役,再服正卒徭役,接着服戍卒徭役,然后继续服更卒徭役直至达到免役年龄。

更卒是在本郡的徭役。更,即更换。服役者到达规定的服役期限后由接替者更换,故称之为"更卒"。秦朝规定:在服役年龄期限内的无爵位和爵位在不更以下的人每人每年在郡县服役一个月。服徭役者从事的劳动涉及到修筑城池、道路、河渠、宫室等工程项目,还有运输物资、饲养马匹、煮盐冶铁及各种杂务等。正卒属于正役性质,在京师、内郡服兵役官差,服役期可能是一年,故称"正卒"。戍卒是戍守边疆的徭役。从《左传》、《史记》、《管子》、《尉缭子》等记载的一些事实看,春秋战国时期的戍卒徭役以一年为期。秦朝的戍守制度大体沿用战国制度。从历代戍卒徭役的执行情况看,一年的定期常常不能严格执行。"逾时之役"、"逾期不还"的情况经常发生,严重超时服役的情况也并非罕见。戍卒徭役的主要任务是守望边境,抵御入侵,具体任务有烽燧、亭侯、邮

---

① 《汉书》卷二四《食货志上》。

驿、屯田等。

在秦始皇统治时期,除徭戍之外,还大行谪戍之制,经常以"发谪"形式征发大批人众戍守边疆。这种发谪形式很早已有之,不是秦始皇创造的,而秦始皇经常性的大量发谪当属事实。"发谪"的对象都属于有罪错或社会地位低下的人,主要有五种人:1、诸尝逋亡人,即各种逃犯。从秦律的有关条文看,这些逃犯有的是触犯了"盗"的罪名而逃亡;有的是刑徒逃亡;有的是奴隶逃亡;有的是服役者逃亡;有的是因为其他社会原因逃亡,如男女私通者,女子"去夫亡"等等。2、赘婿,即出赘妇家为婿的贫苦人。这种人不能立户、不能受田、不能做官,等同贱民。3、贾人,即商人。他们因国家的重农抑末政策和社会偏见而受到歧视。4、治狱吏不直者,即在执法中有徇私舞弊行为的官吏。5、其他刑徒。在一个时期内,这种征发相当频繁,迁徙人口的数量也很大。这类戍边的性质应有所区别。一类仍属于征发性质,如对诸尝逋亡人、赘婿、贾人等贱民;一类属于"谪罚"性质,即所谓"科谪"。这种行为旨在以"科谪"惩罚犯罪,又具有"以谪徙民"的性质,不是纯粹的徭役。

征发徭役是各级政府一项经常性的行政事务,又关系到国家重大利益,所以形成了一套完备的法制化的制度。

(一)傅籍制度

傅籍制度,相当于现代的户籍制度。户口管理是制定法令、征发徭役、课取赋税、辨别等级、分配权力的重要依据,又是国家控制编户农民,保证赋役征发,加强治安管理的重要手段。秦朝对什伍编制、户籍制度有一整套制度化、法律化的规定。

自秦献公以来,秦国的户籍管理制度逐步形成。商鞅变法的一项重要的内容就是加强户籍管理,实行什伍编制。全国人口无论男女必须登记在册,"生者著,死者削",禁止擅自迁徙,迁移户

426

口必须到官府办理手续,以使"民不逃粟,野无荒草"①。各地居民编为什伍,大致以五户为伍,十户为什,十什为里。里以上为县乡行政机构。乡里居民互相监视,五家相保,十家相连,凡有善恶之事,必须报告官府,实行什伍连坐,即一家有罪,四邻共同纠举,九家相连告发,否则十家连坐。云梦秦简《法律问答》等有关于"伍人"、"四邻"、"什伍"的法律规范,还有关于"伍人相告"必须属实、"什伍知弗告"则有罚和官吏不在连坐之列等规定。《法律问答》将大夫爵获得者排除在伍人编制连坐之外,什伍连坐制度很可能只适用于平民百姓。

秦始皇进一步完善户籍管理制度,使之更加严格、规范。秦始皇十六年(公元前231年)"初令男子书年"②,明确要求全国男子必须依法登记年龄。云梦秦简《编年记》的作者在这一年也记有"自占年"三个字,即向政府申报自己的年龄。在此之前,征发徭役时主要通过测量身高判定是否达到服役年龄。从此以后,征发徭役依据比较可靠的申报登记在册的年龄。秦始皇以法令形式规定:全国男子必须申报户口、年龄,著于户籍,不得隐瞒、虚报。从现有材料分析,秦朝的户口册要求写明户主姓名、籍贯、身份、家庭人口、祖宗三代的出身以及户主及家庭成员的年龄、身高、健康状况等。户籍可能还有民户户籍和"宗室籍"、"宦籍"、"弟子籍"等区别。

秦朝有专门规范傅籍的法律,即《傅律》。《傅律》规定:登记户口由"百姓"自报,经由典(里典)、老(伍老)核对。典、老若发现申报不实,必须向上级官府报告,否则将受到惩处。登记户口时,必须申报姓名、年龄及疾病、伤残情况。当百姓达到可以免役

① 《商君书·去强》。
② 《史记》卷六《秦始皇本纪》。

的年龄时,也要向官府提出申请,经批准后方可生效,否则仍以"为诈伪"论处。法律禁止任何不依法登记、隐瞒户口、逃避徭役的行为。如果出现此类情况,有关人员要受到法律惩处,知情不报的同伍、典、老也要受到惩罚。

（二）徭役征发管理

在徭役征发条件上,秦朝有"傅"、"免"制度。"傅",即"傅籍",男子达到一定年龄必须著于徭役名册,开始服徭役。"免",即"免老",达到一定年限可以免除役籍,不再服徭役。

关于秦朝始傅年龄,史学界原有"二十岁"说、"二十三岁"说,这些说法根据"汉承秦制",以汉推秦,"二十岁"说依据汉景帝之制推定;"二十三岁"说依据汉昭帝以来的汉代定制推定①。发现云梦秦简以后,又有"十七周岁"说②、"十五周岁"说③。上述说法都有历史记载为据。其中"十七周岁"说比较可靠一些。这个说法是根据秦简《编年记》中的有关记载推算出来的。它也获得大多数学者的认同。关于秦朝的止役年龄,据《汉官旧仪》卷下记载,"秦制二十爵。男子赐爵一级以上,有罪以减,年五十六免。无爵为士伍,年六十乃免老。"汉朝沿用此制。这就是说,秦朝止役年龄有等级差别,有爵者五十六岁就可以止役,无爵者则要服役到六十岁。其中爵位在"不更"以上者,可以免除更卒之役。爵位在五大夫以上者可以免除戍卒之役。

一般说来所有臣民都有服役的义务,普通黔首从十七岁至六

---

① 参见钱剑夫:《秦汉赋役制度考略》,湖北人民出版社 1984 年版,第 12—20 页。

② 参见睡虎地秦墓竹简整理小组:《睡虎地秦墓竹简》一书中的《编年纪》注,文物出版社 1987 年版;《云梦秦简研究》一书中的《秦简所反映的军事制度》、《珍贵的云梦秦简》等文,中华书局 1981 年版。

③ 参见高敏:《关于秦时服役者年龄问题的探讨》,收入《云梦秦简初探》(增订本),河南人民出版社 1981 年第 2 版。

十岁都可被征发徭役。对于各种逃避徭役的行为,秦朝以明确的法律形式规定了处罚办法。例如,县一级官吏设法使自己的子弟逃避徭役,犯有"匿敖童"或者"敖童不傅"等,"尉,赀二甲,免;令,赀二甲"。

秦朝还有关于徭役行政管理的专门法律。在有关徭役的法规中,对官吏行政行为既有授权性、准用性规范,又有义务性、禁止性规范,还明确规定了各种违法现象的行政责任、刑事责任,及处罚手段、量刑标准。云梦秦简《戍律》明确规定不得一家男丁同时征发戍卒徭役,即"同居毋并行"。如果县啬夫、县尉不依法征发戍卒,"赀二甲"。凡戍卒参加修缮城垣等重体力劳动者,不得再派服其他劳役。否则主管官员也要受法律处罚。《徭律》在授权地方官征发徭役以修缮禁苑防护工程的同时,对征发对象、具体方法等有明确的规范。它明确要求主持工程的官吏必须精确计算工作量,依据工程实际需要征发徭役。如果因计算有误,"赢员及减员自二日以上,为不察",要依法论处。《效律》明令禁止地方官将朝廷为运输而征发的"输者"转为其他用途,否则"以律论之"。秦朝法律还注意到了不违农时的重要性。《司空》律规定:凡是以劳役抵赀赎债务的人在农忙时也"归农田,种时、治苗时各二旬"。一家如果有两人同时以劳役抵罪、赎刑或还债,必须放回一人安排农活,但并不免除他的劳役。这些规定体现了重视农时和珍惜民力的精神。制定这些法律的目的是保证国家对徭役的集中管理,禁止郡县滥兴徭役。秦朝统治者深知徭役对民众正常生产、生活的干扰,所以以法律形式严禁有关官员弄虚作假,欺压民众,保证每一户人家都有男丁在家从事农业生产。

(四)徭役劳动管理

秦朝法律对于服役劳动的质量也有很高的要求。《徭律》规定:不按征发命令准时出发或到达目的地的时间延误都要处罚,延误时间越长,处罚越重。所修筑的工程须保用一年以上,不足一年坏损,工程的行政主管和技术主管有罪,责令原修筑者重新修筑,所需时间不计入服役时间。从《秦律杂抄》的有关规定看,凡建筑工程考核列为下等、浪费建筑材料、损伤牲畜等,都要依法予以处罚。

(五)复除制度

"复除",本名"施舍",即根据君主的诏令或法律规定,免除民众应纳的租税、徭役。国家与帝王以"舍"、"复"、"复免"、"复除"赋税徭役的方式"布施德惠",故称之为"施舍"。一般说来,秦朝在徭役(含兵役)征发对象方面具有普遍性,一切臣民都要为国家服役,高官显贵之子不能例外。同时又存在徭役豁免制度,如规定一定爵位享受一定的徭役豁免待遇。

复除有"赐复"与"买复"之别,复除的目的和对象主要有:1、奖赏功勋。"僇力本业,耕织致粟帛多者复其身。"①凡致力于农耕而大幅度增产者可以免除本人的赋役。这类复除的目的是奖赏符合国家耕战政策的人,其对象相当于现代的"劳动模范"。2、笼络功臣。据《史记·甘茂列传》记载,秦国曾以复除甘茂全家赋役的方式,企图感召当时在齐国的功臣甘茂回国服务。3、招募民众。商鞅招募三晋的民众到秦国开垦荒地,以使秦国士兵专心从事军事,其鼓励措施是"利其田宅,而复之三世"②。这类复除的目的是以经济利益为诱饵,保证国家既定政治方略的实现。4、奖赏移民。秦始皇曾迁徙"黔首三万户琅邪台下,复十二岁","三万家丽邑、五万家云阳,皆复不事十年"③。复除的目的是使大批移民有足够

---

① 《史记》卷六八《商君列传》。

② 《商君书·徕民》。

③ 《史记》卷六《秦始皇本纪》。

的条件完成国家赋予的各项任务。5、安定边疆。秦昭襄王优宠内附的边疆少数民族，"复夷人顷田不租，十妻不算"①。6、纳粟复除。纳粟可以拜爵，爵位提高到一定程度就可以享受减免徭役的待遇。

四、常税、常役状态下的民众负担

秦朝常税、常征状态下的民众负担主要由两大部分构成，一是田租和人头税，二是各种徭役。秦朝的民众负担很重这是毋庸置疑的，这是秦朝灭亡的主要原因。但是，"征税尽，人力尽"是在常税、常征状态下形成的，还是在非常状态下造成的？这是一个值得深入研究的问题。

纵观中国历代王朝的兴亡史，不难发现这样一个现象：常税、常役状态下的民众负担都很重，没有一个王朝实行过名副其实的"轻徭薄赋"制度，也没有一个王朝因常税、常役而亡国。甚至可以说凡是基本上坚持常税、常役的皇帝都实现了"某某之治"。问题主要出在加税、加役上，即苛捐杂税，繁征酷役。秦朝的问题可能也在于此。

汉代学者董仲舒抨击秦朝暴政，其中一条就是常税、常征竟然达到"收泰半之赋"、"力役三十倍于古"②的程度。"收泰半之赋"符合事实，"力役三十倍于古"显然失实。但是，值得注意的是这些材料不仅用于抨击秦制不合乎王制，而且意在批评汉制因循不改。西汉的董仲舒、东汉荀悦等许多学者都曾批评汉朝"收泰半之赋"、"输其赋太半"。这提示人们：秦汉常税、常役的负担大体相当。秦朝的问题可能主要不是出在"收泰半之赋"上。

---

① 《后汉书》卷一一六《南蛮传》。
② 《汉书》卷二四《食货志上》。

按照董仲舒等人的说法,如此沉重的赋税系从秦始皇开始。其实不然。早在春秋时期就出现"民参其力,二入于公,而衣食其一"①的现象。在当时,这是很重的租税率。在战国时期,这种税率逐渐在各国实行,成为"常征"。由于每户的垦殖面积扩大,单位面积产量有较大幅度增加,民众对这个租税率已经大体可以承受。因此,不仅秦朝沿用这个制度,而且"汉兴,循而未改"②。由此推断,这是战国秦汉通行的赋税负担。正如有的学者所说:秦代田租的租率"实际上只是继承六国的旧制,没有加重也没有减轻。"③徭役的问题与此类似。从许多文献记载看,战国时期各国徭役的起役年龄普遍在十五岁或十五岁以下,止役年龄最高达六十五岁。秦朝止役年龄在六十岁,相当或低于战国时期的水平。关于秦朝起役年龄学术界有争论,而无论是十五岁、十七岁还是二十岁,都不存在进一步加重负担的问题,还存在着负担有所减轻的可能性。基本可以断言:如果秦朝皇帝严格按照常税、常征制度收敛赋税,还没有超越民众所能负担的极限。秦始皇正是靠着这种制度征服了天下,又怎么会因此而亡国呢!

还有一个很常见的说法:秦朝的役法异常残酷,如戍卒"失期,法皆斩"④。从云梦秦简《徭律》的有关规定看,服役的戍卒不得延误到达戍地的时间,若延误三到五天,予以申斥;若延误六到十天,罚一盾;延误超过十天,罚一甲。如果遇到雨天,可以免除这次征发。汉代人的记述则与此有很大的不同。延误抵达戍地时间究竟是轻罚还是"皆斩"?这两种量刑尺度真可谓有天壤之别。

---

① 《左传·昭公三年》。

② 《汉书》卷二四《食货志上》。

③ 参见钱剑夫:《秦汉赋役制度考略》,湖北人民出版社1984年版,第12—20页。

④ 《史记》卷四八《陈涉世家》。

由于秦朝法律仅存留着一些断片,这个问题已难详考。从许多现知秦朝法律条文看,它们大多依据情节轻重规定不同刑罚。无论有无客观原因,无论情节轻重,无论责任大小,一律实行"失期,法皆斩",这种做法与通常的立法原则相悖。当然也存在这种可能性:秦二世另立苛法而加重了刑罚,或根本不尊重法律而滥施刑罚。

秦朝赋役制度的剥削掠夺程度的确很高,而这个制度在秦朝建立之前已经形成。战国七雄依靠这种制度得以长期立国,秦国还依靠这种制度越战越强。秦朝建立前后,在制度上徭役负担还有所减轻。所以秦朝灭亡的原因不在于"制",而在于"政",即问题主要不是来自常规定制,而是来自过于繁苛的定制之外的赋役征发,特别是毫无节制地繁兴徭役。借用《墨子·辞过》的说法,百姓非苦于"常征"、"常役",乃是"苦于厚作敛于百姓"。

立法是立法,执行是执行,从来就是既相关又相分的两码事。这种情况即使在现代实行"民主"、"法制"的各个国度,都无法避免,何况在行政权力支配社会的时代。在中国古代史上,皇帝、官僚法外行事可谓司空见惯。秦二世征发已经复除徭役的"闾左"之民,使有关的制度、法令形同虚设。不仅普通民众苦于"常役"之外的频仍征发,而且许多不该征发的人群也被迫出征。从秦隋亡国的教训看,问题主要出在肆无忌惮地征发徭役。

第十一章　法制篇：中国古代首屈一指的"法治"帝王

　　秦始皇是中国古代首屈一指的"法治"皇帝，在他统治下的秦朝则是世界古代史上首屈一指的"法治"王朝。秦始皇试图建立君与法的单一权威支配原则，他在治国方略、基本制度和法律实践上都致力于贯彻"法治"原则，从而使君主专制条件下的"法治"模式登峰造极。在一定意义上甚至可以说，在中国古代史上，秦朝的"法治"程度前无古人，后无来者。

　　自秦孝公、商鞅变法以来，秦国的政治和法律深受法家学说的影响，政治规范化、制度化、法制化的程度不断提高。自是以来，秦国君王多有尊重既定法制和"法治"原则的嘉言懿行。秦国堪称是法治王国。这是秦国在"大争之世"取得胜利的主要原因。

　　秦始皇继承先王的政治传统，坚持"法令出一"的政治制度，奉行"事皆决于法"的治国方略。秦朝的主要行政活动"皆有法式"，在一定程度上实现了依法行政。秦始皇"专任狱吏"，重视司法官吏的培养、使用和提拔，并强化对司法活动的控制、监督和检查，以严刑酷罚防范、惩处司法腐败。"法令由一统"的政治制度、详尽具体的法律条文、通晓法律的法吏队伍和严厉的司法监督，在一定程度上保证了公正断案。秦始皇明确宣布学术以国家法令为本。秦朝各级政府还以行政手段强化法制教育，力图"令吏民皆明智(知),毋巨(距,至)于罪"①。由于秦始皇比较全面地贯彻了法家的法治学说,"法"在秦朝政治生活中有着举足轻重的地位和作用。

关于秦始皇的法制理念和秦朝的法律制度及其主要形式、基本内容,《史记》《汉书》等早期历史文献语焉不详,仅记载了一些片断。有关的法令、法规,如关于司法制度、功勋爵制度、官吏考核制度、赋役制度、户籍制度、国有经济管理制度的各种法律、政令,《史记》《汉书》很少涉及或基本没有涉及。由于许多问题文献无征,所以20世纪70年代以前的有关研究主要以《史记》《汉书》等留下的只言片语为线索,依据战国或汉朝制度推断秦朝的法律制度,依据法家的学说推测秦始皇的法制理念,依据文献记载的断片来分析和评论秦始皇的有关行为。以战国推秦和以汉朝推秦的研究方式,实属无可奈何。由源逐流和追流溯源,从其源其流推测未知历史事物的主要特征,这种研究方式在方法论上是成立的。可是,作为秦朝法律先导的战国法律和以秦律为基础的汉代九章律,原文也久已佚失无存。关于战国、汉朝的法律制度的记载也属于残简断片。这就更增加了研究秦朝法律制度的难度,有许多重大问题令人无法置喙。由于实证材料的局限并受到汉代一些情感化言辞、抨击性记载的影响,当时人们对秦朝法律制度和秦始皇法制理念的了解是概要的、片断的,很不系统,很不具体。有关研究的许多描述和判断与历史事实有一定的距离,有的甚至严重背离历史事实。

1975年12月,中国的文物考古学者在湖北省孝感地区云梦县睡虎地发掘出一批秦代简牍(学界简称云梦秦简或睡虎地秦

---

① 睡虎地秦墓竹简整理小组整理:《睡虎地秦墓竹简》,文物出版社1978年版,第15页。

简）。这是文物考古学者第一次发现秦简。其中睡虎地十一号墓的墓主名叫"喜"。根据墓中出土的《编年记》推测，喜生于秦昭襄王四十五年（公元前262年），大约死于秦始皇三十年（公元前217年）。他曾在秦始皇时期担任安陆御史、安陆令史、鄢令史及鄢的狱史等与司法相关的职务。他还有可能亲眼见到过秦始皇出巡的大驾卤簿。这位秦始皇时期的法吏以大批内容与政治、司法活动有关的竹简为自己殉葬。经整理拼复，他的墓中总计有简一千一百五十五支（另残片八十片），内容计有《编年记》、《语书》、《秦律十八种》、《效律》、《秦律杂抄》、《法律问答》、《封诊式》、《为吏之道》、《日书》甲种、《日书》乙种等十种。这批秦简大部分是法律、文书，不仅有一批秦律的要点摘抄，而且有解释律文的问答和有关治狱的文书程式。经过由中国史学界一批著名学者组成的"睡虎地秦墓竹简整理小组"的整理、考据、注释，证明云梦秦简确实是秦始皇统治时期遗存的文物①。据有关专家考证，云梦秦简的法律多是从前代继承而来的。如《置吏律》只提到"十二郡"，可能形成于秦昭惠王时期。还有一些法律基本可以确认制定于秦始皇时期，如一些律条称乡官为"典"、"老"，即里典、伍老。里典本称"里正"，改"正"为"典"是为了避秦始皇的名讳。无论产生于什么时期，从云梦秦简的所有者是秦始皇时期的法吏可以推断，这些法律在秦始皇时期依然有效。这就为研究秦朝历史，特别是秦朝的法律制度提供了丰富的材料和可靠的实物证据。

云梦秦简保存的法律文书是现知最早的中国古代成文法典汇编，在世界史上同一时期也很难找到如此众多而详细的法律规定。

---

① 本书引用关于云梦秦简的材料皆出自睡虎地秦墓竹简整理小组整理、李学勤定稿的《睡虎地秦墓竹简》（文物出版社1978年版）一书，一律简称"云梦秦简"，不再注明出处。简文的内容和释读亦基本采纳此书的见解。

这些简牍或出自私人笔记,或抄录政府文件,或摘自国家法令,比之经过史臣裁剪、文人修饰的史书更具有真实性、客观性。它们因殉葬而免于焚书之秦火和秦末的战乱,留下了极其珍贵的历史材料。

学术界运用云梦秦简提供的材料,结合各种文献记载已经对秦朝的各种制度进行了比较系统、深入的研究。这些研究成果表明,许多原来认为"为秦所无"的事物而秦朝确有其事,许多原来认为汉人所创的事物却仍属"汉承秦制"。尽管现有关于秦朝法律制度的历史材料依然很不完备,许多重要内容和大量的细节还不太清楚,然而这些材料已经可以充分证明秦朝的确是一个以"法治"为特色的王朝,秦始皇无愧为"法治"皇帝。在世界古代史上,秦朝也是第一个比较全面地实行"法治"的古代王朝。在评价秦始皇这个历史人物的时候,必须充分注意到这个事实。

第一节　秦始皇的法制理念与政治行为方式

秦朝政治的法制化程度较高。这与秦始皇的法治理念和法律实践有直接的关系。秦始皇在很大程度上实践着法家的法治理想,而法家的法治理想又是先秦法治思潮的产物。法治皇帝秦始皇实际上是一个影响广泛的政治思潮的代表人物之一。

一、先秦的法治思潮与法家的法治理想

法治思潮是与礼治思潮、无为而治思潮同时流行的先秦三大政治思潮之一。法制与法治的凸显是春秋战国社会政治大变革中一个十分显著的政治现象。从宗法化的礼治,发展为政治化的法

治；从具有神秘性的礼制，发展为具有公开性的法制；由从属于礼的刑罚体系，发展为规范一切的法律体系；从习惯法的罪刑擅断，发展为成文法的罪刑法定等等，都标志着政治活动日益规范化、制度化、法制化。与此相应，在思想界出现了影响广泛的法治思潮。

先秦的法治思潮影响到诸子百家。法家是这个思潮中的典型代表，自不待言。儒家大量吸收了这个思潮的思想成果，并做出了自己的理论贡献。荀子提出兼综儒法、礼法结合的学说体系是最典型的事例之一。就连大讲仁政的孟子也肯定了"刑"在政治中的地位和作用。墨家鼓吹建立"刑政"，力主强化法制。道家中的一些学派，如黄老学派认为法是道的体现，立法、执法是为政之本，主张法治、法断。《邓析子》、《尹文子》等名家代表著作力主由君主以正名和法治使"万物自定"，他们以哲学思辨的方式为盛行一时的刑名思想提供了哲学依据。阴阳家也认为政治、法律据道而生，由道而定。他们的"四时之政"以秋季的金德论证了立刑罚、决狱讼、戮有罪的必然性、必要性。邹衍的"五德终始"说则论证了充满杀气的"水德"政治模式①。先秦法治思潮提出了系统的法制原则，其中法家构思的法治王国最具有典型性、完整性和理想性，代表着中国古代法治理想的极致。

法家是最典型的"法治"论者。他们主张"以法治国"，基本论点有五条：一是严法而治是历史发展的必然。《商君书·开塞》、《韩非子·五蠹》都指出：古代民风淳朴，故可行德治；当今人民奸巧，故应行法治。二是治国安邦，不可无法。《商君书·定分》认为法是"民之命"、"治之本"，治国而无法，犹如饥而无食，寒而无衣。《慎子·佚文》指出："法虽不善，犹愈于无法，所以一人心

① 以上参见刘泽华主编：《中国政治思想史（三卷本）》有关章节，浙江人民出版社1996年版。

也。"恶法胜于无法,"治国无其法则乱"。三是德生于法。《商君书·开塞》认为"德生于刑","利天下之民者"莫大于以法为治。仁义礼乐都是法的产物,法制的功德至厚。四是尚法不尚贤。法家认为法在政治中表现为一般规定性,而人的因素则有偶然性。《韩非子·用人》说:"释法术而任心治,尧不能正一国。"圣君明主离开法也不能治国,更何况世上庸人居多。《韩非子·守道》指出:法制正是为庸主而设,即使桀纣只要"抱法处势",也可以治天下。五是一切从法,天下大治。《管子·任法》认为只要"明法而固守之","君臣上下贵贱皆从法,此谓大治。"

法家的法治理想可以概括为四句话:君权至上,中央集权,以法治国,天下为公。实际上这四句话是先秦许多思想家的共同主张。儒家中许多有真知灼见的思想家也强调法的作用。如果说他们与法家有什么争议的话,其争议主要在于是否应当把"法"置于"礼"之上。法家之所以被称之为"法家",是因为他们把"法"在政治中的地位和作用提高到无以复加的地步。因此,法家的法治理想最典型。

法家从哲学、历史、王道、政治的角度,全面地论证了"法"与"法治",提出系统的法治理论和法治理想,主要包括以下几个层次的内容:

1、以法为本,实行王道。

法家认为,道是宇宙的本原,万物的法则,政治的依据,因此道是法的依据,法是"道"的人事化、社会化。道包容万物,法包容一切人事;道对宇宙万物一视同仁,法对世间万事一视同仁。"法者,王之本。"[1]君主必须"以道为常,以法为本"[2]。

---

① 《韩非子·心度》。
② 《韩非子·饰邪》。

"王道"是法家的政治理想。《商君书》明确以"王道"概括法治学说，认为圣王的共同特点是与时俱进，厉行法治。法家认为，法治也是霸道的核心，行霸道虽不能"比德于殷周"，却是王天下的手段，"一国行之，境内独治；二国行之，兵者少寝；天下行之，至德复立。"①在法家看来，"至德"的王道政治是最高理想，王道政治的特点是实行法治，而厉行法治又是实现"王道"理想的必由之路。

中国古代思想家普遍认为天或道是王道与法制之本，并以"天"、"道"论证了王道及礼法制度的合理性、神圣性。礼法据于道的思想也被人们奉为定礼立法的基本原则。据此，法家提出了系统的立法理论，如顺天道、随时变、因人情、遵事理、量可能等②。儒家也提出类似的制礼原则。

2、设君立禁，定分止争。

法家认为，法的主要目的与功能是设立公义，定分止争。法家以野兔入市则百人竞追为喻，证明名分不定则竞争不止，"名分定，势治之道也；名分不定，势乱之道也。"③他们主张制定法律，设立公义，以定分立禁的方式，平息社会纷争。在法家看来，"国无君不可以为治。"④定分立禁必须设君，而设君的目的是立禁定分。

"分"的内容很丰富，涉及到各种社会分层及相应的权利、义务。国家有君臣、上下、贵贱之分，天子、诸侯、大夫各有其位，不得僭越；家庭有父子、嫡庶、长幼之分，夫妇、亲子、兄弟各有名分，不

---

① 《商君书·开塞》。
② 参见刘泽华：《先秦政治思想史》第五章法家以法、术、势为中心的政治思想，南开大学出版社 1984 年版。
③ 《商君书·定分》。
④ 《韩非子·难一》。

得无序;社会有职业之分,"士不得兼官,工不得兼事";施政有功罪、赏罚之分,"定赏分财必由法"①;官场有职守、权限之分,大小群僚"职不得过官"②。这一切都应当由法来明确规范。

设君立禁、定分止争也是先秦主要思想流派的共识。儒家主张君主以"礼"定分止争,使君臣有别、贵贱有等,进而实现"君君、臣臣、父父、子子"③、"农农、士士、工工、商商"④。墨家主张天子、政长立"义"而天下国家无争。在这方面,他们的基本思路与法家相同。

3、君主立法,权势独操。

法家认为立法的权力专属于君主,"以力役法者,百姓也;以死守法者,有司也;以道变法者,君也。"⑤君主立法又称为"作一"。所谓作一,即制定并贯彻统一法令、统一制度、统一思想、统一利途的政策。王道,一言以蔽之,"身作一而已矣"⑥。

圣人王者立法设刑也可谓百家共识。儒家说:"礼义法度者,是圣人之所生也。"⑦法制由圣人创立,惟有王者有权制定法律,立法权是君主不可转让的权力。

4、法制至上,皆有法式。

法家认为法制至上,法律一经制定,就具有绝对权威。有了法律,就要"缘法而治"⑧。由于他们对法的有效性深信不疑,所以在变法活动中不断扩展法的适用范围。战国以来,各国逐步形成了

---

① 《慎子·威德》。
② 《慎子·知忠》。
③ 《论语·颜渊》。
④ 《荀子·富国》。
⑤ 《慎子·佚文》。
⑥ 《商君书·农战》。
⑦ 《荀子·性恶》。
⑧ 《商君书·君臣》。

比较系统的刑法典及有关行政、军事、经济、文化的各种法规。这与法家学说的影响有直接关系。

主张法制至上是法家学说的特色。但是儒家礼至上、墨家义至上的思想中也包含着类似的思想因素,这也是显而易见的。

5、因时立法,政令有信。

因时立法、变俗易教的思想古即有之。《尚书·吕刑》有"刑罚世轻世重",即根据形势和治安状况采取相应刑法对策。春秋战国时期,思想家们普遍有改良政治、变革制度的思想。孔子主张"损益"礼制。法家则大讲变法,主张法令要"随时而变,因俗而动"①。其他流派的思想家也多有同样的主张。

法家既主张变法,又注重保持法律的统一、稳定。《管子》反复强调法令必须像天地一样稳定,像星座一样准确,像日月一样鲜明,像四季一样有信。韩非一方面主张"不期修古,不法常可"②,另一方面又主张"有道之君贵静,不重变法",并指出"治大国而数变法,则民苦之。"③这也是许多论法者的共识。

6、明令禁止,广布天下。

法家主张立法要刑名明确,简明易懂,公之于众。商鞅认为法律必须"明白易知",不仅官吏要熟知法令,还要达到"愚知遍能知之"。百姓咨询法律问题,官吏必须如实解答,否则百姓因此而犯法,官吏也必须负连带责任。国家还要加强法制宣传,"为置法官,吏为之师,以道(导)之知",使"天下之吏民无不知法者"④。这就使法律成为尽人皆知、必须遵守的强制性社会规范。

---

① 《管子·正世》。
② 《韩非子·五蠹》。
③ 《韩非子·解老》。
④ 《商君书·定分》。

7、事断于法,信赏必罚。

法家极力强调法的公开性、客观性、严肃性,认为"民一于君,事断于法,是国之大道也。"①法家主张"法不阿贵"、"刑无等级",在既定法律面前,人人平等,"刑国不避大臣,赏善不遗匹夫"②。法家还主张依法定罪,据法刑人,"不引绳之外,不推绳之内,不急法之外,不缓法之内","使人无离法之罪"③。这个思想颇有"罪刑法定主义"的意味。

8、人人守法,臣民自治。

法家认为,法律是最高的价值尺度,君主、官吏、民众都必须遵守法律。在一切决断于法的意义上,"有道之国,治不听君,民不从官。"从决断的主体可以分为"君断"、"里断"、"家断"、"心断"等。"家断"则不必惊动四邻;"里断"则不必告官,更无须"君断"。因此"治则家断,乱则君断,治国者贵下断。"事断于法的最佳境界是人人皆能"心断",事事皆能"日断"。如果是非曲直都可以在社会的基层组织依法解决,便不必延误时日,这就实现了"日断",而"日治者王"④。

"心断"是每个人都自觉地依照法律约束自己。君"作一"则民"自治",民众皆自觉依法办事,政治就达到理想的境界。

9、君主守法,天下为公。

法家称国家利益为"公",称个人利益(包括君主的个人利益)为"私"。他们主张"尚公"、"贵公",包括君主在内的任何个人都不得以私意废法。实现公、维护公的惟一有效途径是君主立法制,守法令,君臣上下都严格依法办事。立法是为了确立公的标准,法

① 《慎子·逸文》。
② 《韩非子·备内》。
③ 《韩非子·大体》。
④ 《商君书·说民》。

令行则私道废,因此君主也要尊重既定法令,"任公而不任私"①。行法、守法才能切实保证公的实现。

法家认为"法之不行,自上犯之"②,实现法治理想的关键是君主守法。既然崇公,就要去私;既然"作一",就要"守一";既然行法,就要奉法。在他们看来,公,则为明主;私,则为乱君。五帝、三王、五霸之所以为圣王明君,是因为他们"皆非私天下之利"。法家诸子激烈抨击君主徇私乱法,认为:"今乱世之君臣,区区然皆欲擅一国之利而管一官之重,以便其私,此国之所以危也。"③

国家公利至上,君行其私则乱国。推而论之,必然主张公天下,反对私天下。《慎子·威德》提出:"古者立天子而贵之者,非以利一人也。曰:天下无一贵,则理无由通。通理以为天下也。故立天子以为天下,非立天下以为天子也。立国君以为国,非立国以为君也。"《商君书·修权》表达了同样的思想。贵天子是为了平天下,立国君是为了治国家。天下、国家重于君主,天下正义、国家公益才是目的,立君仅是手段。这就在理论上把天下与天子、国家与君主区别开来。法家的基本思路是:设立君主制度是合乎天经地义人情的,立君为公,无君则不能实现天下公利,而君主若利用权势地位谋取个人利益,就违背了立君为天下的本意。

在先秦其他学派的政论中,"公天下"的思想也在不断发展。儒家发展社稷重于君主的观念,侧重从立君为民的角度论证天下之公。孟子的"民为贵,社稷次之,君为轻"④是对这个思路的高度概括。《吕氏春秋·贵公》则综合各种思路对先秦的公私之辨做出理论总结。许多思想史研究者对《孟子》、《吕氏春秋》的有关思

---

① 《管子·任法》。
② 《史记》卷六八《商君列传》。
③ 《商君书·修权》。
④ 《孟子·尽心下》。

想高度评价,而对《慎子》、《商君书》的有关思想却视而不见。这是不足取的。

10、体道全法,道高于君。

与天下为公、君主守法思想相应,法家还主张道义高于君主。法家的理想王国是君主独尊独裁的法治社会。这一理想王国的基本景观是:"事在四方,要在中央,圣人执要,四方来效。"①所谓"圣人执要"之"要",即道、一、法。道是最高法则,法是道的化身,因此道义、法制高于君。法家诸子对"道高于君"论之甚详,这里仅以韩非的见解为例,以窥一斑。

"道高于君"的第一层含义是君主必须"贵独道之容"。韩非认为,君主必须遵循"道无双"、"君臣不同道"普遍法则,建立独一无二的绝对权威。建立"要在中央"的法制是君主体道的第一要义②。

"道高于君"的第二层含义是君主必须"因道全法"。韩非虽主张"独断"、"独制",却又反对"专制"③。背法而治属于"专制","专制"就会违背法治原则。韩非期望君主"以道为舍"、"因道全法"④。君主必须遵循由道法引申出来的政治原则,道义高于君主即法制高于君主。

"道高于君"的第三层含义是君主必须公私分明。韩非认为,公私相背,势不两立。"明主之道,必明于公私之分,明法制,去私恩。夫令必行,禁必止,人主之公义。"⑤"守法"则为"奉公","释法"则为"用私"。在这个意义上,公与法、道互训。道义高于君主又可称为公利高于君主。

---

① 《韩非子·扬权》。
② 参见《韩非子·扬权》。
③ 《韩非子·南面》
④ 《韩非子·大体》。
⑤ 《韩非子·饰邪》。

"道高于君"的第四层含义是君主必须以法术之士为辅佐。韩非充分肯定辅弼之臣的作用,主张任"霸王之佐",行"霸王之道",成"霸王之名"①。君主重用精通法术、王道的臣下,实际上是为了遵循道义,奉行法治。

"道高于君"的第五层含义是君主必须"以道正己"②。至于如何以道正己,韩非语焉不详。《管子·法法》主张君主必须"置法自治,立仪以自正"。法家不大讲君主修身养性,但要求君主守法奉公、自治自正、德泽天下,这又与儒家有类似之处。

"道高于君"的第六层含义是有道者得天下,无道者失天下。韩非子指出:遵循道义是普遍适用的社会规范,"夫缘道理以从事者,无不能成。无不能成者,大能成天子之势尊,而小易得卿相将军之赏禄。"③他还引据大量历史经验教训,谆谆告诫帝王要懂得这样一个道理:"战战栗栗,日慎一日,苟慎其道,天下可有。"④有道是王天下必备的条件,道无疑是高于君主的。

法家的法治理想,简言之,即圣王加法治。法家明确反对"人治"、"身治",但是法家的法治论有一个致命的缺陷,即以君为惟一立法者,以法为君的政治工具。法家毫不迟疑地把立法的权力托付给君主一人,这就使君在法外,不在法内,在法上,不在法下。君主实际上不受法律的有效制约,这就必然重蹈"人治"的覆辙。法家的"法治"实质上是"人治"的一种形式。它不仅在理念上把君主置于法律之上和法律之外,而且使法成为"帝王之具"。"以法治国"一旦与君主专制结合在一起,就会导致许多法治原则无法得到确实的贯彻,也就很难真正做到

---

① 参见《韩非子·初见秦》等。
② 《韩非子·观行》。
③ 《韩非子·解老》。
④ 《韩非子·初见秦》。

"依法治国"。

然而法家的"法治"毕竟不同于儒家的"人治"。在世界史上，法家学说是第一部系统的国家与法的理论。它包含着许多合理的政治理念，其中一些法制原则在现代社会依然适用，这是难能可贵的。可惜的是，由于历史条件的限制，法家的法治理想只能是一种理想化的王权专制。

二、秦始皇的"以法治国"统治方略

秦始皇是一位非常重视"法治"的皇帝。秦朝是一个厉行"法治"的王朝。秦始皇深受法家思想影响，重视以法为治。他公开宣称以法治国，把法作为治国之本，于是立法度，行法治，任狱史，严刑罚。这就使秦朝的政治模式和秦始皇的统治方略与后世历代王朝有所不同而别具特色。

秦始皇比较全面地实践着法家的法治理念。秦朝的群臣颂扬他："皇帝临位，作制明法，臣下修饬。……治道运行，诸产得宜，皆有法式"[1]。后世也有人以"繁法严刑而天下振"、"禁暴诛乱而天下服"[2]来评说他。秦始皇汲取先秦法治思潮的各项成果，基本上将有关的法治理念贯彻到实际政治中。

秦始皇是一位"因道全法"的皇帝。这一点可以从三个重要事实推定：一是秦始皇欣赏韩非的政治学说，而韩非坚信道是"万物之始"、"是非之纪"，国家法制、治国之道、赏罚之术等，都因道而设，依道而行。二是秦始皇相信阴阳家的"五德终始"说，并依据"水德"确定了秦朝的政治模式和法制风格，而阴阳家相信一切根源于道，"五德终始"则是天道运行在政治上的体现。三是秦朝

---

① 《史记》卷六《秦始皇本纪》。
② 《汉书》卷二三《刑法志》。

的三公、九卿、博士大多有法家或儒家学术背景,都相信法据于道(天道)。自百家争鸣以来,道或天(天道)一直是中国政治哲学的最高范畴,它必然被历代统治者引为一切政治活动的最高依据。秦朝并不例外。

秦始皇是一位讲究变法的皇帝。秦始皇及其群臣认为"古之五帝三王,知教不同,法度不明,假威鬼神,以欺远方,实不称名,故不久长。"因此,统一天下之后,秦始皇不仅没有以古代王制为范本,定制立法,反而汇集、整理、修订战国以来历经改革的各种制度、法规,创立出新制度,编纂出新的法典。秦始皇及其群臣声称:"秦圣临国,始定刑名,显陈旧章。初平法式,审别职任,以立恒常。""圣法初兴,清理疆内,外诛暴强。"①他们认为自秦始皇"始定刑名"方使"圣法初兴",显然有夸大其词之嫌。然而秦始皇显然颇有一点与时俱进的精神。秦朝在制度上、法律上有所改革、有所创新,这也是历史事实。

秦始皇是一位重视立法定制的皇帝。他集先秦法学理论和法制实践之大成,在"天下大定"之后,以法为本,逐步建立"法令由一统"的制度。秦始皇自诩大小政务"皆有法式","除疑定法,咸知所辟",实现了"职臣遵分,各知所行,事无嫌疑。黔首改化,远迩同度"。群臣颂扬他"大圣作治,建定法度,显箸纲纪。""普施明法,经纬天下,永为仪则。"②李斯也称赞"明法度,定律令,皆从始皇起"③。秦始皇进一步完善法制,有关的法律规定涉及到社会、政治、军事、经济、文化制度。这套法律体系比较完备,从残存的云梦秦简所保存的具体律条及其他历史文献的概要记载

---

① 《史记》卷六《秦始皇本纪》。
② 《史记》卷六《秦始皇本纪》。
③ 《史记》卷八七《李斯列传》。

看,秦朝重要制度和重要政务都有法可依,许多日常事务也有专门的立法和具体的法律规范。秦朝立法通常不采取概括的方法,而采取一事一例具体规定的方法。有关规定详细、具体,可操作性很强,这说明其立法已经达到相当发达、相当完善的程度。云梦秦简的抄写者死于秦始皇三十年,可以推测在此之后秦朝的法律还有一个更加系统、更加完善的过程,而其详情现在还不得而知。由此可见,秦始皇及其群臣的说法距离历史事实并不太远。

秦始皇是一位热衷普及法制的皇帝。秦朝的法制具有公开性。秦律在依法规定臣民必须履行某种义务时,总是预先宣布对于违反者的处罚手段及其量刑标准,以明令禁止、事前告诫乃至威吓的方式,敦促臣民履行义务。秦始皇明确规定:秦朝各级官吏都要学习法律,精通法律,他们还有责任向民众宣讲法律,并回答有关法律问题的咨询。《语书》为秦朝各级政府注意成文法的公布及国家法制的宣传、教育工作提供了一个可靠的事例。《内史杂》规定有关官吏必须及时抄写其职责范围内所需要的法律。《法律问答》还明确规定:官员必须及时地、正确地解答百姓的法律咨询,否则有可能负连带法律责任。在这方面,秦始皇的理念和行为完全符合法家学说的要求。

秦始皇是一位善于依法施治的皇帝。为了使秦朝政治"合五德之数",他"刚毅戾深,事皆决于法"。为了贯彻法制,秦始皇建立了以法吏为基干的官僚体系。与历代王朝相比较,秦朝的法吏体制和法吏责任制很有特色。秦朝尚法而治,因此法律和法吏在政治生活中的地位和作用与其他朝代有所不同,有关体系之完备和制度之严密也非常突出。从现存文献看,在通常情况下,秦始皇注意依据制度和法律实施政治,办理政务。甚至他的许多暴政,如"焚书坑儒"等,也基本上是按照既定的制度和法律办事的。当时的政治反对派攻击秦始皇"乐以刑杀为威","专任狱吏,狱吏得亲幸"①。这从一个侧面证实了秦始皇的确重视依法为治。秦始皇的暴政在很大程度上不在于"无法无天",而在于秦法繁苛。依据繁苛的法律施政,即使原原本本地照着法律行事,也只能制造暴政。秦政之得与秦政之失都与一个"法"字有关。

秦始皇在一定程度上实践了罪刑法定原则。长期以来,由于大量历史文献和各种著作对中国古代的专制主义缺乏客观的具体的记述与分析,特别是对秦始皇和秦朝政治的评论方式有片面性、简单化之嫌,从而使人们有一个误解:秦始皇赏戮由心,罪刑擅断。法家"刻薄寡恩",秦始皇"暴虐无道",以致"亡秦横暴",法繁刑酷,随意行事,无法无天,秦朝的"法治"政治没有多少理性可言。其实不然。恰恰是在秦始皇统治时期,恰恰是这位骄横残暴的皇帝,曾经把罪刑法定奉为重要的法律原则,并在一定程度上实践了"依法治国"的思想。

有的学者依据可靠的史料指出:秦朝实行过罪刑法定主义。首先,"秦朝没有承认习惯法的任何痕迹";其次,《法律问答》规定:国家大赦、特赦后,不得追究赦前犯罪。可见"秦律也没有溯及以往的效力";再次,"在秦律中所规定的刑罚,都是具体的、固定的,没有任何伸缩"。尽管"廷行事"的存在没有彻底排除适用类推的原则,"但对绝大多数的刑事案件的定罪科刑是根据事前公开颁行的成文法或官府认可的廷行事"。现代罪刑法定主义有四条基本原则,即定罪量刑只能依据既定的成文法,不能依据习惯法,更不能依据道德观念;刑法不能是有溯及力的;只能依法判处定期刑,而不能判处不定期刑;法律没有明文规定的不得适用类推原则等。秦朝的刑事立法和司法实践,排斥习惯法、排斥法律有追

---

① 《史记》卷六《秦始皇本纪》。

溯力、排斥不定期刑,这是符合资产阶级实行的罪刑法定主义的①。

应当指出的是:这四条标准也是原则而说、大致而言,即使在现代法治国家的法律实践中也很难找到完全彻底、纯而又纯的例证。如果从这个事实出发去分析的话,秦朝的法治理念和法治实践是基本上符合罪刑法定主义的。它的问题只在于"皇权"二字。

以往的研究者普遍认为,在君主专制制度下,不可能有主张罪刑法定的法律理论及相关的做法,只能是罪刑擅断主义横行。这种观点有失于简单化。纵观人类文明史,就不难发现:无论古今中外,罪刑法定思想有一个漫长的历史发展过程,它也不是"民主制度"的专利。罪刑法定是"法律"这种社会现象自发的要求之一。自产生了法律现象,就或多或少产生了罪刑法定的理念,而这种理念又随着法律实践和法律思想的发展而发展。在古代史上,凡是主张"法治"和中央集权的思想家、政治家,必定具有肯定罪刑法定的倾向。这是因为罪刑法定不仅与罪刑擅断相对抗,符合法治理念,而且可以在一定程度上防止各级领主、官吏操纵和滥用司法权力,有利于中央政府统一政令、法制。实行统一的法制,由国家明确制定刑名与刑罚,并要求各级官吏一律依法断案,这是维护中央集权、君权至上的重要的、可靠的手段之一。"法治"与"集权"这两种因素的结合也会形成类似于罪刑法定主义的理论和实践。秦朝的治国理念和法律原则就是典型的事例之一。自春秋战国以来,中国的罪刑法定思想伴随着中央集权政体的发展而发展,到秦代得以比较全面地贯彻,其原因就在于秦朝正是一个既实行高度

---

① 参见栗劲:《秦律和罪刑法定主义》,《法学研究》1984 年第 3 期。栗劲:《秦律通论》第三章第三节我国古代的"罪刑法定主义",山东人民出版社 1985 年版。本书其他有关秦律的内容也大多参考了这部著作。

中央集权,又十分强调法治的朝代。从此以后,历代王朝的明智之君都有类似于罪刑法定主义的言论。这是很值得深入研究的历史现象。

但是,在当时的历史条件下,无论在法理上、法律中,还是在法律实践中,都没有也不可能彻底排除罪刑擅断。在理论上、制度上君主享有各种法律特权,其中一条叫做"权"、"权断",即"权制断于君"①。这个特权专属于君主。《唐律疏议》明确规定:惟有君主可以"量情制敕"。秦朝很可能也有类似的规定。这就充分肯定最高统治者有权不受成文法的约束而决断政务、刑狱。

大量历史事实表明,尽管在实践中,罪刑法定原则常常被破坏,无论君主专横、官僚枉法,都会导致罪刑擅断,而秦朝法制至少在理论上和规定上还是明确宣布既定成文法至上,强调法的严肃性和普遍适用性,主张以法听讼、据律论罪、依典刑人的。秦法还明确规定各级官吏无权法外行事。这与汉代公然标榜"经义决狱",允许甚至鼓励各级官吏"春秋决狱"、"据义行法"、"量情断狱",在法理上还是有很大的不同的。秦朝的罪刑擅断现象与汉朝的罪刑擅断现象产生的原因有很大的不同。前者来自专制政治的本质和法制的弊端,而后者在此基础上又增加了儒家经学的驳杂和伦理纲常的暴虐。汉代儒家化的法制思想严重破坏了罪刑法定原则,从而导致律条之滥、刑名之繁及罪刑擅断现象之多比秦朝更甚。这在法律发展史上是严重的倒退。

秦朝的罪刑法定全面体现在法制的各个层面。在立法上,秦始皇力图"皆有法式",强调"除疑定法,咸知所避"。这一点得到云梦秦简的证明。秦律的规定非常具体。以斗殴、伤害罪为例,根据不同的凶器、不同的后果,分别规定具体明确的刑罚,仅造成的

---

① 《商君书·修权》。

后果就有"拔法"、"拔尽须眉"、"斩人发结"、"断齿"、"断鼻"、"抉耳"、"折肢"、"杀人"等细致的区分。法律条文具体有利于罪刑法定。可是由于缺乏概括力,不能"以简驭繁,以类行杂,以一行万",难免有法繁之弊。法繁不仅容易失之于苛,而且条文再详细,也不可能包罗万象,立法所留下的空白,又为破坏罪刑法定原则提供了可能。

秦始皇是一位依法严格治吏的皇帝。他对违法的权贵、官吏严惩不贷,在很大程度上贯彻了"不别亲疏,不殊贵贱,一断于法"①这条法治原则。在适用法律面前,一律平等,只要触犯法律,无论贵贱亲疏,都要受到制裁。为了保证国家法制的贯彻,秦始皇在方略上实行"事皆决于法",司法官吏很难违法定罪科刑或贪赃枉法而不受惩处。这是值得肯定的。

秦始皇的基本政治模式是统一于"法治"、"法吏"、"法教"。但是许多学者认为秦始皇从根本上否定道德的价值和作用,这种看法是值得推敲的。秦始皇在政治领域基本剔除了道德的作用,的确具有明显的"唯法论"的倾向。然而他不仅注重道德规范的法律化,将许多适用道德纳入法律体系之中,还通过法律、政令的形式移风易俗。在法律与道德的关系上,秦始皇的思路是法律至上,道德从属于法律。他只是张扬法律的地位和作用,弱化道德在国家政治生活中的地位和作用而已。在今天看来,这个思路依然有其合理之处。

在政治理念上,秦始皇对法制和"法治"的重视和强调居历代皇帝之首。在政治实践上,秦朝前期的依法为治也堪为典范。汉代以降,历代王朝都奉儒家学说为统治思想的基干,提倡以"礼"、"德"、"仁"为主的政治方略,大大降低了"法"在政治中的地位和

---

① 《史记》卷一三〇《太史公自序》。

作用。秦朝和秦始皇也招致"专任刑罚"之讥。在这个意义上,秦始皇是中国古代史上惟一的"法治"皇帝。

有一个问题是值得深入探讨的:秦始皇是否接受"天下为公"、"道高于君"之类的观念?人们的回答很可能都是否定的。从目前的各种研究成果看,还没有人直接提出这个问题,所以也就没有人正面回答这个问题。人们强调秦始皇的集权、专制、极欲、暴虐,许多有关的抨击和批判也符合历史事实。依照常理推断,一个实行"家天下"的专横暴虐的专制君主怎么可能接受"天下为公"和"道高于君"之类的观念呢?人们对这个问题给出否定性的答案似乎是理所当然的。但是笔者认为,秦始皇极有可能是接受,至少在表面上是接受这些观念的。这是由中国古代统治思想的特点和自身逻辑所决定的。

笔者在浏览了自先秦至明清历代统治思想代言人的著作以及许多皇帝的著作和言论之后,发现这样一个事实:中国古代的统治思想不仅不排斥"天下为公"、"道高于君"的说法,反而把这些说法纳入统治思想的基本框架之中。不仅统治阶级的思想家们对此津津乐道,就连许多帝王将相也经常把这类思想挂在口头上,其中包括一些专横霸道的暴君。

在统治思想代言人中,先秦法家诸子历来被视为"绝对君权"的鼓吹者。然而正是这些非常讲究集权、独断的思想家最先将社稷高于君主、国家利益高于天子的思想升华为"公天下"论。《吕氏春秋·贵公》发展这个思想,提出"天下非一人之天下也,天下之天下也。"汉代以后,作为统治思想代言人的历代大儒也举起了这个旗帜。他们普遍认为"天下者,天下之天下,非一人之私有"①,"人君

---

① 《孟子集注·万章上》。

当与天下大同,而独私一人,非君道也。"①"公天下"成为中国古代帝王论中历久不衰的信条之一。最先在理论上提出系统的"以道事君"、"道高于君"理论的是孔子、孟子、荀子等大儒(有关的思想因素至迟可以追溯到商周时期)。如前所述,集先秦法家之大成的韩非的"道高于君"论也形成了相当完整的思路。法家的"道高于君"论并不比儒家逊色多少。秦汉以后,法家与儒家的有关思想相互融合,也成为历代统治思想的重要构成之一。

"天下为公"、"道高于君"的思想不只是个别思想家的宏论。在朝堂议政中,这类思想经常被引用,一些皇帝也把它作为口头禅、座右铭。隋炀帝说:"非以天下奉一人,乃以一人主天下也。"②唐太宗也赞成这样的观点:"以一人治天下,不以天下奉一人。"③他们一个是遗臭万年的暴君,一个是名垂青史的明主,却又吟诵着同一个戒铭。历代皇帝大都认同这类戒铭所表达的政治观念,津津乐道者代有其人。北京故宫几处殿阁都高悬着清雍正帝、乾隆帝等手书的条幅:"惟以一人治天下;岂为天下奉一人?"④这表明推行专制政治、维护"家天下"的皇帝们并不讳言"公天下"。"天下为公,一人有庆。"⑤依照统治思想的思维逻辑,"天下为公"与"一人有庆"不仅不相互矛盾,而且是相辅相成的。天下需要一个大公无私的圣君。"一人有庆"才能"天下为公","天下为公"才能"一人有庆"。

秦始皇是否像隋炀帝、唐太宗一样把"天下为公"挂在口头上,这一点已无法确认。如果《说苑·至公》所记述的秦始皇与鲍

---

① 《周易程氏传·同人卦》。
② 《隋书》卷三《炀帝纪上》。
③ 《贞观政要·刑法》。
④ 《日下旧闻考·国朝宫室》。
⑤ 《贞观政要·刑法》。

白令之讨论五帝"官天下"的故事基本属实,那么这是秦始皇承认"公天下"的重要证据。无论如何,商鞅、韩非等人的书秦始皇是一一拜读并赞赏有加的。韩非与秦始皇初次见面,坐而论道,开篇伊始就公开批评秦国政治,大讲"苟慎其道,天下可有"。秦始皇对这一套很可能是有所认可的。更何况诸如"天下为公"、"道高于君"之类的思路已经成为许多重要的思想流派的共识。即使为了装装样子,秦始皇也不会公开压制有关言论。即使为了粉饰统治,他也不会公开与许多公认的政治法则唱反调。

像隋炀帝、唐太宗一样,秦始皇不可能真正做到"天下为公",更不可能时时刻刻牢记"道高于君"的信条。这是不言而喻的。因此,秦始皇不可能原原本本地按照法家的法治理想去做。秦朝的法治实践也的确在一些方面偏离了法家的政治设计。

法律制度是一种社会现象,它是现实社会关系的体现,而不是单个个人的恣意横行。实行法治必然在一定程度上遵守、贯彻有关的政治原则,用当时的术语说就是在一定程度上体现"公"、遵守"道"、恪守"法"。深入分析秦朝的法律制度的方方面面,就不难发现:在讲究法治这一点上,秦始皇还是有许多体现"公"的理念和遵守"道"的行为的。在秦朝,许多重要的政治关系、社会关系、经济关系有了法律的规范,摆脱了主要靠各种道德规范、风俗习惯和惯例调整政治与社会的局面。这是国家政治乃至社会文明向前发展的重要标志之一。无论如何,秦始皇在建设中国古代国家法制过程中的重大贡献是无法抹煞的。

秦始皇运用法律组织"大一统"式的国家政治,把各种人际关系、人际互动和社会秩序用法律的形式固定下来,并用国家强制力保证其得到施行。他以法律来规定等级化的社会地位,规范社会生活方式,维护社会秩序,以强制性手段对臣民做出种种限制,以严刑酷罚惩处一切违背这种生活方式和社会规范、破坏这种社会秩序的叛臣乱民。这样一来，"法治"成为行政权力支配社会的一种形式和重要手段。秦始皇"重之以苛法峻刑，使天下父子不相安"，以致秦朝臣民普遍感到"秦法重"①。秦制之失与其说是"法治"之失，不如说是"政制"之失。皇帝兼握最高立法权力、最高司法权力和最高行政权力的政治制度不仅很容易使"法治"的理性成分化为乌有，而且常常使"法制"与"法治"助纣为虐，成为暴君专横跋扈的政治工具。

第二节　秦朝的法律制度与法律形式

法律是统治阶级意志的集中体现，是统治阶级维护政治统治的重要工具。"法治"皇帝秦始皇主要依靠法律手段维系其统治。他的统治思想和政治行为与秦朝的法律制度密切相关。解读秦始皇及其创立的皇帝制度，必须研究秦朝的法律制度、法律形式和法律的基本原则。

一、秦朝法制的基本制度

秦朝法律制度的基本特征是：立法权与司法权合一，即立法权专属于最高统治者，最高司法审判权也属于最高统治者；行政与司法合一，即各级司法组织体系基本与行政组织体系合一，各级行政长官及其主要助手兼理司法；设廷尉作为中央最高专职审判机关，其首长廷尉为九卿之一，主管国家刑狱，并对皇帝负责；国家政治"专任狱吏"，建立了以法吏为主体的官僚体系，法律和法吏在政治生活中的地位和作用举足轻重；通过国家立法的方式，确定诉讼

---

① 《史记》卷八九《张耳陈馀列传》。

制度、审判制度和监狱制度,对各级主管司法、刑狱的官员的司法行为有比较明确具体的法律规范;初步形成以刑法为主体的、内容丰富的法律体系,在一定程度上提高了政治活动、经济活动及社会生活的法制化程度;从中央到郡县普遍建立监狱,对于监狱的安全管理、生活管理、劳役管理也有法制化的规范。

最高立法权、行政权和司法权合一是秦朝政治制度、法律制度最显著的特点之一。独享立法权的皇帝是最高行政首脑,也是最高审判官。他是全国司法事务的最高决策者,拥有最高裁判权、各级法吏的任命权和宣布大赦的权力。全国各级司法机构都对皇帝负责。他还亲自判决大案,史称秦始皇"专任刑罚,躬操文墨,昼断狱,夜理书"①。《史记·秦始皇本纪》所记载的当时发生的重大政治案件都是由秦始皇亲自审判或派法吏处理的。作为皇帝的主要行政助手丞相、御史大夫都负有司法责任,但是丞相府、御史府都不是专职司法机构。他们可以根据皇帝的指示审理重大案件,而最后决定权仍然操在皇帝手中。在中央机构中,有两套与执法有关的系统,其一是作为专职司法机构的廷尉系统。其二是御史系统,这个系统主要负责与监察职能相关的司法活动。

行政体系与司法体系基本合一是秦朝法律制度的又一个最显著的特点。在秦朝,朝廷、郡、县三级行政机关本身就是三级法院,各级行政主官都负有司法职责,从而构成以皇帝为首的从中央到地方垂直领导的司法体制和相应的法吏体系。各级地方长官同时兼理司法,是所辖地区司法的最高负责人。当时已经形成了县、郡、廷尉三个审级的司法制度和多审级的司法审判程序。云梦秦简《法律问答》规定"郡守为廷",即郡是一级法庭,受理诉讼。在郡的范围内,郡守是首席审判官。秦朝的最下一级法庭设在县里。

---

① 《汉书》卷二三《刑法志》。

云梦秦简《封诊式》记载的刑事、民事案例大部分是在县一级审判的。县令是县一级政权的行政长官，同时也是该县的首席法官。据说，范阳令在任十年"杀人之父，孤人之子，断人之足，黥人之首，不可胜数"①。可见其权势之大。各级行政长官的副手也负有司法职责。

上述两个最显著的特点决定了秦朝的司法体系基本上与行政体系合一。这就是说，秦朝的"法治"实际上是行政权力支配社会的重要手段和途径。在秦始皇统治时期，"天下之事无大小皆决于上"，"事皆决于法"②。依据中央集权、君权至上的政治原则和法制原则，天下之事"皆决于上"与"皆决于法"具有同等意义。

二、秦朝主要的法律形式和内容

秦代法律的种类繁多、形式多样、内容庞杂。现将已知的秦朝法律形式及其主要内容介绍如下。

1、政令。

这种法律形式主要以政令的形式制定与发布。政令主要来自中央政府和皇帝。皇帝的"命为制，令为诏"，它们都是秦朝法律的主要形式之一。《史记》记载了一批由秦始皇亲自颁布的制、诏、法、令，内容涉及一批重大制度。有关国家基本政治制度的法规和许多单行法规，如"焚书令"、"挟书令"等，都是以政令的形式发布的。在秦朝的法律体系中，皇帝的制、诏具有最高法律价值。云梦秦简《法律问答》涉及"犯令"、"废令"两个罪名。所谓"犯令"，即"律所谓者，令曰勿为，而为之"。所谓"废令"，即"令曰为之，弗为"。通常情况下，"律"的制定在前，多为先王颁布，"令"的

---

① 《史记》卷八九《张耳陈馀列传》。
② 《史记》卷六《秦始皇本纪》。

发布在后,多为时君意旨。"令"是对"律"的发展或修订,在法理上以"令"为准有一定的合理性。汉代有"前主所是著为律,后主所是疏为令"①的说法。秦代将"令"置于"律"之上,主要是为了维护当今皇帝的至上权威。

还有一类政令来自地方政府和地方长官。云梦秦简《语书》就是南郡守腾向下属发布的教诫性法律文告。《语书》是竹简原题,凡十四枚简文。简文开头语是:"廿年四月丙戌朔丁亥,南郡守腾谓县、道啬夫"。这位郡守以政令的形式,要求属吏贯彻国家法令,他"为是而修法律令、田令及为间私方而下之"。这表明,秦朝允许地方官在职权范围内,根据所辖区域的具体情况,以政令的形式,制定、发布地方性法规。

2、式。

云梦秦简中有《封诊式》,共九十八支简。简文分二十五节,每一节的第一简首写有小标题,如《治狱》、《讯狱》、《有鞠》、《封守》、《覆》、《盗自告》等。其内容有对法官审理案件和各种法律文书(供词、记录、报告书等)的具体规范,还涉及各类案例。《封诊式》有"讯狱"和"治狱"各一篇。其中明确规定:允许司法官吏依法刑讯,但是这种"笞掠"必须记录在案,并说明理由。凡不用拷打就查清犯罪事实的,为上等;凡借助拷打的,为下等;有恐吓行为的,为失败。在法律上,秦朝并不鼓励司法官吏刑讯逼供。

3、刑法典及其他律条。

秦朝法律的主要形式是律典与其他各种律条。秦朝的刑法典即"六律",包括《盗律》、《贼律》、《囚律》、《捕律》、《杂律》、《具律》。商鞅改李悝《法经》的"六法"为"六律",秦的刑法典可以称为律典。其中《盗律》是有关惩处盗窃犯罪方面的法律规定;《贼

---

① 《汉书》卷六〇《杜周传》。

律》是有关惩处斗殴、伤害、杀人等方面犯罪的法律规定;《囚律》是关于诉讼、侦察、审讯、判决和执行刑罚等方面的法律规定;《捕律》是关于逮捕被认定犯有罪行的人的法律规定;《杂律》是关于惩处"轻狡、越城、博戏、淫侈、逾制"①等犯罪的法律规定;《具律》是关于刑名的法律规定,具体规范罪名与量刑标准,相当于现代的刑法总则。云梦秦简的《法律问答》解释刑法的内容大体与六律相合,被解释的律文很可能出自秦代的刑法典。

律典之外还有许多针对一些专门问题制定的单行法律及相关的具体律条,大多也称为律。

云梦秦简《秦律十八种》,共二百零一支简,涉及十八种律名,即《田律》、《厩苑律》、《仓律》、《金布律》、《关市》、《工律》、《工人程》、《均工律》、《徭律》、《司空》、《军爵律》、《置吏律》、《效》、《传食律》、《行书》、《内史杂》、《尉杂》、《属邦》等。这些竹简全部是秦代的法律条文。每一种大约都不是该律的全文,可能是抄写人根据需要从秦律中摘抄出来的。《秦律十八种》的内容相当广泛,涉及国家耕地和牲畜的经营与管理、国营手工业管理、国家粮库的仓储管理、货币与市场管理、徭役的征发、官吏的任免与职责、爵位的赏赐等一系列重要的制度和相关法规。有关的法律规定详细、具体、明确。

云梦秦简《效律》,共六十支简。《效律》书题见于原简,可能是一篇首尾完具的律文。这部法律是有关核验县和都官所管理的各种物品的制度和法规。其中对军用物资,如兵器、铠甲和皮革等,规定尤为详尽。特别是对度量衡器的精度规定了明确的误差限度。

云梦秦简《秦律杂抄》,共四十二支简,其中一部分标有律名,

① 《晋书》卷三〇《刑法志》。

还有一部分没有律名,律名是云梦秦简整理小组根据简文内容命名。律名计有《除吏律》、《游士律》、《除弟子律》、《中劳律》、《藏律》、《公车司马猎律》、《牛羊课》、《傅律》、《敦表律》、《捕盗律》、《戍律》。《秦律杂抄》的十一种律名与《秦律十八种》并无重复。它大约是根据需要从秦律中摘录的,有的在摘录时还做了简括和删节。这些简文领域广泛,内容庞杂,涉及官僚制度、军事制度、赋役制度等。

从上述材料看,历来认定秦律只有刑法的看法不符合历史事实。秦朝法律以刑法为主,又不限于刑法和刑事诉讼法,还包括民法、行政法、经济法、军法、诉讼法等许多部门法。其中行政法和有关经济管理的法规在秦朝体系中占有重要的地位,其内容相当丰富、相当系统。秦朝还有了调整民事纠纷的民法和民事诉讼法方面的内容。由此可见,秦朝的法律体系的确已经发展到前无古人的程度,堪为中国古代法律史上的里程碑。

4、法律解释。

法律解释是秦代法律的一种重要形式。云梦秦简《秦律问答》,共二百一十支简,涉及一百八十七条解释。主要以问答形式解释诉讼程序、法典中的术语、律条及相关问题,也有关于犯罪、刑罚、刑罚适用原则的规定和说明,内容涉及到犯罪构成、量刑标准、刑事责任、共犯、犯罪未遂、犯罪中止、自首、累犯、数罪并罚、损害赔偿、婚姻的成立及解消、财产继承等一系列理论原则和概念,还涉及到诉讼权利、案件复查、诬告、告不实、失刑、不直、纵囚等诉讼法方面的理论原则问题。根据秦朝的法制原则判断,《法律问答》决不会是私人对法律的理解,而是国家的统一解释,在当时应具有法律效力。它与刑法典相互匹配,其地位与作用类似于《唐律疏议》的疏议部分。

《法律问答》所解释的是秦法的主体部分,即刑法典。解释内容所涉及的范围大体与《盗》、《贼》、《囚》、《捕》、《杂》、《具》等秦律六篇相符。有一部分内容涉及诉讼程序。从《法律问答》及其他史料看,秦朝法律已经有了区分罪犯身份地位、区分共同犯罪与非共同犯罪、区分故意犯罪与过失犯罪、区分犯罪行为危害程度、区分刑事责任能力、区分认罪态度、数罪并罚、不追究赦前犯罪等一批法律适用原则。这些原则的提出与贯彻表明,秦朝的刑法制度比前代更加具体、系统、完整。在秦朝,官方的法律解释与律条一样具有法律效力。这种"问答"形式的法律解释是中国古代法律注疏的滥觞。

5、"廷行事"(旧案成例)。

"廷行事",即法庭的旧案成例,是成文法的补充形式。秦法以详细、具体、明确为特征,然而无论如何也不可能包罗万象、周到详尽。在司法实践中,当法律没有明文规定时,就必须以类推等形式加以解决。由此而形成的案例也就为此后的司法提供了可以参照的先例。

秦朝法律规定:司法官吏可以援引旧案成例判决狱案。云梦秦简《法律问答》多处提到"廷行事"、"行事"。如"盗封啬夫"条有"可(何)论? 廷行事以伪写印"。"廷行事"的成因主要有三种:一是成文法的规定不明确、不具体,需要以"廷行事"的方式加以补充;二是成文法的规定不够合理,需要以"廷行事"的方式有所修订;三是政府的刑事政策改变,需要以"廷行事"的方式加以调整。还有一些"廷行事"旨在维护既定的成文法。这些"廷行事"都具有法律效力,可以在司法实践中引用,也是法律的一种形式。"廷行事"的主要作用在于通过司法实践,总结经验教训,并以官府认可的"类推"、"比附"案例,补充成文法的不足。即使是现代大陆法系国家也在坚持成文法阵地的同时,允许判例占一定地盘。这种法律形式并没有违背罪刑法定原则。

战国秦汉时期的法律体系脱胎于商周法制,尚处在初创阶段,因此秦朝法律具有明显的过渡性特点。秦的法律有一个逐步积累的过程,如云梦秦简中的律名和法律细目比商鞅变法时期大幅度增加,在律之外出现了"程"、"课"、"式"、"比"等发展或补充律文的法令。从法律的形式和内容看,秦朝的法律体系存在明显的缺陷,同时又有许多值得称道的地方,不仅多有创造和发展,而且有些成就就连后来者也有所不及。

　　汉魏以来,学者普遍认为汉相萧何在秦法六篇之外,增加户、兴、厩三篇,发展成汉朝九章之律。这种说法几成定论。然而云梦秦简的发现使这种说法变得很不可靠。云梦秦简有《厩苑律》,而《傅律》相当于户律,《除吏律》、《除弟子律》、《徭律》等相当于兴律。可见萧何所增三律依然有所本。如果说他有所创造的话,可能仅在于使之更加完善、规范而已。

　　秦朝法律体系的明显弊病可以概括为:繁杂、苛细、严酷。为了使社会生活的各个层面"皆有法式",秦始皇力图设置一个严密的法网。然而由于各种历史条件的限制,这个法律体系过于庞杂、繁苛。主要表现是:法律概念不够规范,刑名尚未定型,如秦朝的基本法典称"律",而一些规范驿传供食之类的章程(《传食律》)也称为"律",显得有些杂乱,不够严整。有关的法律解释也不够周全、不够严谨。《法律问答》对"同居"、"家罪"等概念就有不尽相同的解释,对"妻知夫盗"等罪名的量刑也有不同说法。秦朝的法律条文散乱,许多性质类似的律条散见于不同名目的法律篇章中,而规范同类事物的法律又有多种。如规范制造方面的法律规定散见于《工律》、《均工律》、《工人程》及其他法规中。秦朝的法网太密,法规琐碎、苛细,就连牛瘦一寸、偷盗不足一钱等都纳入律条。法繁必苛,由于法网太密,臣民举手投足之间,动辄触犯刑律。如此一来,即使薄罚亦属严苛,更何况秦律实行轻罪重罚。上述缺陷导致"秦法繁于秋荼,而网密于凝脂"①。"制"之失难免导致"政"之误。秦政严苛与其法律制度的缺陷有直接的关系。

从历史发展和历史比较的角度看,秦朝法律又有一些值得肯定的地方。云梦秦简具备刑法、诉讼法、行政法、军法、经济法、民法等方面的内容。这些实证材料证明:秦朝已经把统治阶级的意志及各种重要的政治、经济、军事、法律制度,以立法的形式,用法律条文固定下来。其中刑法制度最为成熟、系统。秦始皇在政治活动、经济活动及社会生活法制化方面的贡献尤为突出。

秦朝法律重视依法治吏,这是值得称道的。秦朝法律的主体是刑法。这也是中国历代王朝法律的共同特点。有关律条的许多具体内容不仅属于刑法,还有行政法规的性质。其中有关规范官吏行为的行政法规及对违规犯法的官吏的刑罚的内容很丰富,体现了秦朝重视以法律规范、整饬吏治的特点。这一点仅从上述律名中便可一目了然。许多不属于行政法规的法律中,也时常可以看到对管理者、司法者的法律限制。秦朝对以法治吏的重视不仅表现为在成文法典中规范官吏行为的律条、法令很多,而且表现为在司法中执行得也比较严格。秦始皇动辄将大批的贪赃渎职的官吏流放边疆,可见当时触犯渎职罪的官吏数量甚多。这从一个侧面体现了秦朝法律在规范、整饬吏治方面的严格性、严肃性。秦法不只是镇压黔首的工具,它也是高悬在官僚贵族头上的一把利剑。秦朝严格禁止官吏法外侵民,这有利于维护政治稳定,对于广大黔首也有一定的保护作用。尽管其最终目的是维护皇帝权威,又难免严苛之讥,而其依法治吏的思路和治吏之严还是值得肯定的。

注重经济活动的法制化是秦朝法律的又一优长之处。在经济

---

① 《盐铁论·刑德》。

法规的制定、有关法规内容的丰富和系统、运用法律调整经济关系的广度和深度等方面，秦朝的作为都是空前的。在有些方面为汉朝及后世许多王朝所不及。有关的具体内容参见"经济篇"。

秦始皇还试图将社会生活纳入法制轨道，这就使秦朝法律中包括了民事法规，特别是关于调整婚姻家庭的法规，诸如婚姻的登记和解除等。值得一提的是：在处理家庭关系时，注重"法治"的秦始皇的做法，比讲究纲常伦理、维护宗法道德的汉唐法律更合理一些。有关具体内容参见"社会篇"。

三、秦朝法制的罪名与刑罚体系

秦朝法律中的法定罪名很多，见于现存文献的约有二百种，诸如侵犯皇权罪，如"谋反"、"诽谤"、"以古非今"、"方术不验"等；其他政治犯罪，如"操国事不道"、"挟书"、"偶语诗书"、"妖言"等；危害公共安全罪，如纵火、失火等；破坏经济秩序罪，如"匿田"、"匿户"、"匿敖童"、"乏徭"等；侵犯人身罪，如"杀人"、"贼伤"、"斗伤"等；侵犯财产罪，如各种主体、形式、种类、时间的"盗"；妨害社会管理秩序罪，如"投书（匿名信）"、"匿奸"、"诬人"等；破坏婚姻家庭关系罪，如"子盗父"、"父盗子"、"擅杀子"、"伯擅杀侄"、"殴父母"、"殴大父母"、"为人妻去亡"、"弃妻不书"等；官吏渎职罪，如"犯令"、"废令"、"不胜任"、"不智"、"不直"、"不廉"、"纵囚"、"失刑"及"失期"、"誉敌"等。

在秦朝法律中，规定着一系列残酷的刑罚。见于《史记》、秦简的秦朝刑罚种类繁多，主要有以下几种。

1、死刑。

死刑是剥夺罪犯生命的刑罚，历来属于极刑范畴。秦朝法定死刑在设置目的上注重对社会的威慑作用，在执行方法上种类繁多且野蛮残酷，集中体现着重刑主义的原则。有关刑罚夏商以来一直沿用,并为汉代所继承。

秦朝死刑的执行方式主要有:1、"斩",即以斧钺等利器斩杀罪犯。秦始皇之弟长安君成蟜率军反叛,其"军吏皆斩死"。2、"腰斩",古代斩刑大多以斩断腰身的方式处决,故称"腰斩"。《秦律杂抄》规定:"不告奸"等罪名适用腰斩刑罚。李斯就被秦二世腰斩而死。3、"弃市",即在闹市当众处死。秦始皇"焚书",规定对"偶语《诗》《书》"者适用弃市刑罚。4、"枭首",即将犯人斩首之后,把他的首级悬于木竿之上示众。秦始皇镇压嫪毐之乱,其同党"卫尉竭、内史肆、佐弋竭、中大夫令齐等二十人皆枭首"。5、"戮死",又称"生戮"。《法律问答》说:"生戮,戮之已乃斩之之谓殹(也)。"即先以刑辱示众,然后斩首处死。"誉敌"而扰乱军心者就适用此刑。与此相关的刑罚是"戮尸",即罪犯未经法定程序而死亡,追加损毁尸体的刑罚。成蟜率军反叛,秦始皇将阵亡的反叛兵卒"戮其尸"。6、"磔",即以割裂罪犯肢体的方式处死,并陈尸示众。《法律问答》规定:教唆未成年人盗窃、杀人者适用磔刑。7、"车裂",俗称"五马分尸",即将罪犯头及四肢分别捆绑在车上,向五个方向撕裂肢体。嫪毐等兴兵作乱也被"车裂以徇"。8、"坑",又称"生埋",即将罪犯活埋致死。《法律问答》规定有"生埋"的刑罚。秦始皇将"诸尝与王生赵时母家有仇怨,皆坑之"。他还曾"坑术士"。9、"具五刑",即先执行各种肉刑,再执行死刑,枭首示众,然后在闹市中将尸体粉碎如泥。据《汉书·刑法志》记载,汉兴之初,虽有约法三章,却尚有夷三族之令。令曰:"当三族者,皆先黥、劓,斩左右止(趾),笞杀之,枭其首,菹其骨肉于市。其诽谤詈诅者,又先断舌。"这种酷刑适用于判处"族"刑的罪犯。秦始皇曾经立法:"以古非今者族。吏见知不举者与同罪"。触犯这条法律者一律适用"具五刑"。李斯也是死于"具五刑"。10、"族"、"灭其宗"、"三族之罪",是连坐刑罚中最重的一种。一般说来,罪犯的刑罚越重,连坐的范围越广。嫪毐、李斯都被灭族。11、"定杀",即将罪犯投入水中溺死。《法律问答》规定:"疠者有罪,定杀。"这种刑罚适用于患有麻风病的罪犯。12、"赐死",实际上就是逼迫自杀。赐死多适用于皇亲、贵族、功臣。胡亥为了篡夺皇位,编造秦始皇的诏书将公子扶苏、蒙恬赐死。

在法定刑罚之外,统治者有时还动用私刑。据《说苑》记载,秦始皇曾以"囊扑"的方式将其母亲所生的两个私生子杀死。"囊扑"即将人装入袋中,然后扔到河中淹死。据《汉书·刑法志》记载,秦朝还有"凿颠"、"抽肋"、"镬烹之刑"等刑罚。这些刑罚很可能并非法定常刑。

2、肉刑。

秦朝沿袭了自古以来实行的许多肉刑,诸如黥、劓、刖、宫、斩趾、笞杀等。这类刑罚以"斩人肢体,凿其体肤"的方式执行,极其残酷暴虐。在秦律中经常可以看到"黥为城旦"、"黥劓为城旦"、"斩趾"等刑罚。《盐铁论·诸圣》称"秦时断足盈车",《三辅故事》称"始皇时隐宫之徒七十二万人,所割男子之势高积成山"。这些说法可能夸大了事实,而秦朝的确较多地使用过刖刑、宫刑。云梦秦简曾提到"宫隶"、"宫均人"、"宫更人"、"宫狡士"等称谓,可能大多是受过宫刑的犯人。

3、徒刑。

秦朝的徒刑名目很多,适用范围广泛。依据劳役内容和时间,主要分为以下几种。

"隶臣妾",即罚作在官府从事各种杂役的徒刑。男性罪犯称为"隶臣",女性罪犯称为"隶妾"。"隶臣妾"实际上是一种无期徒刑,且多附加其他刑罚。秦始皇将嫪毐、吕不韦的党羽、门人"籍其门",即籍没其一门皆为徒隶,其子孙不得仕宦。

"城旦舂",即以从事各种苦役的方式服刑。"城旦",即必须黎明即起、终日服苦役的徒刑,主要从事修城筑墙等重体力劳动,适用于男性罪犯。"春",即春米,其劳役内容不限于春米,适用于女性罪犯。刑期一般为五年,不附加肉刑的则为四年。其中不附加肉刑的称为"完城旦"、"完为城旦",附加肉刑的属于"刑城旦"、"刑为城旦",依据所处肉刑的种类称为"黥为城旦"、"黥劓为城旦"等。秦始皇下令焚书,明令"令下三十日不烧,黥为城旦"。"城旦春"属于重刑,与其他重刑一样,有时会株连亲属。

"鬼薪白粲",即以为宗庙祭祀劳役的方式服刑。刑期一般是三年。"鬼薪"适用于男性罪犯,主要从事砍柴采薪等劳役。"白粲"适用于女性罪犯,主要从事择米等劳役。"鬼薪白粲"也常常附加其他刑罚,如"耐为鬼薪"、"刑为鬼薪"等。嫪毐作乱,"其舍人,轻者为鬼薪"。

秦朝的徒刑还有"司寇"、"春司寇"、"候"、"下吏"等。如"司寇"的服刑方式以从事防御寇盗的劳役为主。刑期一般是二年。

4、流刑。

流刑(迁刑、谪刑等),即流放,简称为"迁"、"谪"。秦朝法律规定,受刑罪犯的家属通常必须一同流放。在秦朝,"迁"广泛实行,一次刑狱而大批迁徙的事例并非罕见。嫪毐作乱,受牵连"夺爵迁蜀四千余家"。秦朝治吏严格,官吏触犯法律者众多,所以"科谪"者也甚多,有的甚至不仅罢官,而且夺爵、"徙谪"。吕不韦服毒自杀,许多门客前去吊唁。秦始皇下令:"秦人六百石以上夺爵,迁。"他开拓边疆,大量谪戍有罪官吏。在秦朝,见于记载的"迁"很多,被处罚者大多来自社会上层,诸如权臣、官吏、豪强及其仆从。秦始皇统治方式的严厉乃至严酷,由此可见一斑。

5、教刑。

中国自古有"教刑"之说。所谓"教刑",即以鞭笞、羞辱等方式惩戒罪犯。这类刑罚主要有"谇"、"笞"、"髡"、"耐"等,通常适用于轻微犯罪。谇，即申斥责骂。如戍役延期到达目的地三至五日等适用此刑。笞刑，即以竹条木板等捶打罪犯，目的是用羞辱的方式教训有过错的人，类似于家法。髡刑、耐刑，即剃光罪犯的胡须、鬓毛。中国古代有一个观念叫做"身体发肤，受之父母，不敢毁伤，孝之始也。"[1]因犯罪而被剃去毛发是个人与家族的耻辱。髡刑、耐刑具有耻辱刑性质，常常作为附加刑使用。

6、罚刑与赎刑。

秦朝有"赀刑"，即仅判处缴纳罚金、劳役等而不予收监的刑罚。"赀"有赀金、赀物、赀作之别。赀金，即缴纳罚金。赀物，有赀甲、赀盾等。赀作，有赀戍、赀役、赀徭等。这种刑罚经常被使用。秦朝广泛适用赎刑。一般说来，各类人等、各种刑罚都可以用交钱赎罪的方式免除刑罚。

在秦朝法律体系中，刑名众多，刑罚严酷。各种刑罚还可以结合使用，许多罪名可以同时使用多种刑罚，这就使刑名更繁，刑罚更酷。

第三节　重刑主义的刑罚原则

秦朝正处于中国古代法律制度史上重刑主义流行的时期。秦始皇公然奉行重刑主义的刑罚原则，他集前代之大成，汇集成一套庞杂的法定刑罚体系，有时还在法定刑名之外滥施酷刑。时代性暴虐、社会性暴虐、制度性暴虐和个体性暴虐交织在一起，致使秦朝政治以法严刑酷而著称于史，秦始皇也落下了一个"残酷"的骂名。

秦始皇的重刑主义法制思想集中体现在以下四个重要的法律

---

① 《孝经·开宗明义章》。

原则。

其一,轻罪重罚原则。

秦朝法律实行轻罪重罚原则。以严刑峻罚治民的思想古已有之。自春秋以来,重视法制的思想家、政治家大多主张重刑,强调政要猛,刑要威,使民畏惧。孔孟主张严禁"小人犯刑",对情节严重者可"不待教而诛"。法家认为法律是"制民之本",在法制思想上,他们主张"以刑去刑",严刑禁奸;在刑法强度上,他们主张轻罪重罚、"刑于将过"、"细过不失";在适用刑罚上,他们主张大搞连坐;在刑罚方式上,他们主张多用酷刑。这对秦朝法制有深刻的影响。

秦朝法律相当严酷。《法律问答》规定:五人共同盗窃一钱以上就要斩断左趾。偷人桑叶价值不到一钱,也要罚劳役三十天。又规定:诸如欲行盗窃而中途返回或欲撬门而未打开等盗窃未遂也要判刑。这些都属于"将过"、"细过"、"微奸"、"小奸"之类,却一律实行重罚,不予宽恕。如果负责防范、查处盗窃的官吏"宪盗"、"求盗"触犯盗窃罪,也要处以重刑。秦朝的各种附加刑也种类繁多,这也必然加重刑罚,使酷刑变得更加酷毒。

其二,重典治盗贼原则。

秦朝法律对"盗"的处罚尤为严苛。自人类社会有了政治统治以来,产生犯罪的条件与产生现行统治秩序的条件就一直是相同的,而刑罚则是现行统治秩序维护自身生存条件的一种手段。中国古代统治秩序得以产生和存在的最基本的条件是私有制度,因而最常见的犯罪是对私有制度下一系列社会法则的侵犯,其中最主要的是"盗贼"。据说李悝著《法经》,"以为王者之政莫急于盗贼"[①]。其律六篇,以罪统刑,深文峻法,且以"盗法"、"贼法"为前二篇。战国、秦汉法典深受其影响。秦朝法律对各种侵犯公私

---

① 《晋书》卷三〇《刑法志》。

财产和危害人身安全的行为,依据其形式、程度,不厌其烦地规定出各种罪名和刑罚。有关律条既详细,又具体。即使偷盗未遂或盗窃物品价值"不盈一钱"的桑叶、猪心、猪肾等也要判处刑罚。即使接受不足一个钱的赃物,也要与偷盗价值千钱财物的主犯同样论罪。就连"盗而未到盗所",没有在事实上造成任何后果,也必须加以处罚。盗窃国君祭祀用品比一般盗窃罪处罚更重,凡是情节比照一般盗窃应当判处罚款以下的都处以"耐隶臣"。

其三,严惩政治犯罪原则。

与历代王朝的法律一样,秦朝对政治犯罪实行严厉惩罚,政治犯罪重于一般刑事犯罪,对君主的犯罪重于一般政治犯罪,且罪名繁多,刑罚残酷。在秦朝的刑事立法中,对危害国家以及侵犯君主权力、尊严、人身安全的政治犯罪实行重刑原则,法定刑罚极重。秦始皇对于一切非议朝政、诽谤法令、蛊惑民心、谋反谋逆的政治反对派禁其行,破其群,散其党,不惜以血腥的手段,斩尽杀绝。其中见于《史记》的罪名有"操国事不道"、"为乱"、"谋反"、"谋逆"、"诽谤"、"妖言"、"以古非今"、"偶语诗书"、"挟书"等。见于云梦秦简的就有不从或不敬君命、资助秦人外逃、盗窃王室祭品、纳奸、叛逃、誉敌、降敌、写匿名信等。秦始皇统治的后期和秦二世统治时期法律更为严苛,竟然诛及"偶语者"。有关的刑罚有"戮其尸"、"枭首"、"车裂"、"籍其门"、"灭其家"、"灭其宗"、"夷三族"等。不仅刑罚残暴,而且广泛株连。这条立法原则集中体现了中国古代法制为王权服务的本质。

其四,家属、邻里、职务连带责任原则。

家属、邻里、职务连带责任原则,即连坐原则。"连坐",又称"缘坐"、"从坐"等,具体表现为一人犯罪而与其相关的无犯罪行为的人也连带受刑。连坐之制起源于国家法制产生之初。秦国沿袭这种制度,根据犯罪的性质、情节确定了不同的连坐范围,如三族、全家、同伍、里典、同僚等。秦律中的"同居所当坐"、"与盗同法"、"与同罪"、"收"、"族"、"夷三族"等都是根据连坐原则定罪的。法定的连坐有家属连坐、邻里连坐、职务连坐等。在秦律中，政治犯罪、盗窃犯罪、累犯加刑以及在徭役上弄虚作假等都适用家属连坐。严重的政治犯罪往往诛连宗族甚至"灭其宗"、"夷三族"。邻里连坐与居民组织什伍制度相关。秦律要求邻里互相保证，互相监督，一家有罪，四邻必须告发，否则要受到株连。居民组织的伍长、里典对所属居民监督不力也要受到株连。在秦律中，只有知情不举，才适用邻里连坐。并非所有罪行都适用邻里连坐，如杀人罪、伤害罪、诬告罪、行贿罪都不适用连坐原则。职务连坐主要体现为上下级、同级连坐。《效律》规定：如果县尉属下的官吏犯罪，县尉和县尉府中的其他官吏及其上级县令、县丞都要负连带责任，并根据隶属关系的远近，处以不同的刑罚。这就使同级、直接上级和再上一级的官吏都负有了连带责任。这一类连坐涉及行政、军事、经济等各个部门。在人事方面的职务连坐有时甚至处以死刑。实行连带责任原则的主要目的是人为地制造一种利害关系，强迫人们互相监视，互相告发，以此达到加强统治的目的。应当指出的是：这个重罚主义原则贯穿于整个中国古代社会，并非秦法所独有。它充分揭示了中国古代法制的残酷性。

追根溯源，秦朝重刑主义的刑罚原则及相关的罪名、刑罚有三个主要来源：

第一个来源是自古以来的刑罚传统。春秋以前的刑罚野蛮残酷，令人发指。这个传统一直延续下来。秦朝的刑罚，特别是各种死刑、肉刑，基本上是继承而来的。许多历史记载把这些刑罚说成是不合圣王之制的"秦法"所特有的，这与事实有相当大的距离。总体说来，秦朝的刑罚要轻于商周时期的刑罚。

第二个来源是依据"五行终始"所确立的统治方略。秦始皇确认秦朝为水德,而水主阴,阴刑杀,所以水德之朝,应当以严刑峻法施治,以合"五德之数"。

第三个来源是先秦诸子的刑罚思想,特别是以商鞅、韩非为代表的重罚主义思想。秦朝法制受法家中的商鞅学派和韩非的思想影响很深。秦法的创立者商鞅属于法家中重法的一派,他主张"以刑去刑",认为"王者刑九赏一"①。深受这类思想影响的秦始皇不仅不会想到减轻刑罚的问题,还在立法中集前代、各国刑罚之大成,积累、增补出庞杂的法目刑名。

这三个来源的相互作用导致了秦法的暴虐。秦始皇为人"刚毅戾深,事皆决于法"。秦二世即位以后,"用法益刻深"②。秦朝皇帝的个性又进一步强化了秦法的暴虐。从历史过程看,轻罪重罚问题直到秦朝灭亡数百年以后才逐步得到解决。轻罪重罚反映了当时法制不够成熟的时代特点。

应当指出的是:汉代以来的各种记载与评论又有意或无意地夸大了秦法的严酷程度,许多说法与历史事实不符。例如,秦有告奸、连坐之法,并有重赏重罚之条,这是事实。为了证明秦法重赏重罚,司马迁在《史记》中的说法是"不告奸者腰斩,告奸与斩敌首同赏,匿奸与降敌者同罪"。《盐铁论·申韩》为了贬斥法家,渲染秦法恐怖,竟然说此法的目的是"设罪以陷人",乃至"以陷无辜,累无罪,以子及父,以弟及兄。一人有罪,州里惊骇,十家奔亡"。而云梦秦简提供的材料表明,秦律法定的告奸之赏、连坐之罚远未达到这种程度。揭发杀人犯的告奸之赏是奖给黄金二两,并未言及赐爵。适用连坐法而受到牵连的家属也仅是与罪犯本人同罪同罚。对不告发罪犯的同户、同伍、伍老、里典则区别对待,递降刑

---

① 《商君书·去强》。
② 《史记》卷六《秦始皇本纪》。

罚,有的只是罚些款物而已,根本没有一律腰斩的规定。"同居"的主人犯罪,其奴隶还可以不必连坐。在秦律中,伤害御驾之马,轻者"赀一盾"、"赀二盾",伤之较重者也不过"赀一甲";盗窃国家祭祀神明的贡品,判处"耐隶臣"。而在《唐律》中,加诸这种行为的罪名重者是"大不敬",属于"十恶"之罪,定斩而不赦。情节较轻者也处以"流二千五百里"等刑罚①。对比两者的最高刑罚,秦律反而为轻。

应当指出的是:秦朝还有一些法律原则是值得称道的,有的在一定程度上体现了"慎罚"的思想。主要有以下几个法律原则。

其一,刑事责任年龄原则。

秦法明确规定:未成年人犯罪不负刑事责任或减轻刑事责任。《法律问答》有关于身高"未盈六尺"而牧马"食人稼一石"不予处罚和"盗牛时高六尺,系一岁,复丈,高六尺七寸"而依律处罚的说法。依据秦代制度和法律,男子身高达到六尺五寸,女子身高达到六尺二寸,方完全按照成年人对待。六尺身高男子大致年龄不足十五岁(虚岁),而十五岁以下属于未成年人,可以不负刑事责任。这类规定把定刑量罪与认知能力、行为能力联系在一起,无疑具有积极意义。秦朝所规定的不负刑事责任的年龄大致与我国现行法律的规定相当(不满十四周岁者不负刑事责任)。由此也可见其合理性。它标志着当时刑法理论的发展水平。

其二,自首从轻原则。

自首从轻是秦朝的法律原则之一。《法律问答》、《封诊式》有一批关于"盗自告"、"亡自出"、"先自告"、"来自告"的案例。对这种有自首行为的罪犯在量刑时给予从轻处罚。一个盗窃钱财的

---

① 参见《唐律疏议》卷一《名例》"大不敬"条、卷十九《贼盗》"诸盗大祀神御之物者"条。

罪犯,本应"耐为隶臣",由于"先自告",从轻处罚为"赀二甲"。这表明秦律并非一味追求重罚而毫无理性可言。

其三,诬告反坐原则。

秦朝法律鼓励"告奸"。可是秦朝法律同时规定:诬告他人也属于犯罪。凡故意捏造事实向司法机关控告他人者,通常以所告之罪加诸诬告者之身,有时还会根据情节加重惩处。秦律还严格区别诬告与控告不实的界限。这个法律原则无疑是合理的。

其四,区别故意与过失原则。

秦朝法律继承前代法制传统,对故意犯罪量刑从重,对过失犯罪量刑从轻。《法律问答》规定:举告他人盗牛、伤人而情况不属实,故意者按照诬告处罚;过失者按照控告不实论处。司法官吏断案有误,也要区别是故意,还是过失。因过失而犯"失刑"罪属于"不端为",故意加害或故意包庇则属于"不直"或"纵囚"。在秦律中,对官吏"不直"的处罚很重,"纵囚"罪则更重。区别故意与过失原则也属于秦律中的理性成分。

在秦朝诉讼法中,也包含着"慎刑"的理念。秦朝诉讼的基本原则是"有罪推定",而同时也存在着某些"无罪推定"的实际成分,如明文规定对刑事被告人采取逮捕系狱等强制措施,必须事前掌握足够的证据;司法官吏有权多方搜集和运用证据;刑事被告人的自供不能作为定罪的最后依据,对供词要进行查证核实;对法官刑讯逼供有所限制等。

应当指出的是:在中国古代法制史上,隋唐以前的法律制度都属于重刑主义范畴。《荀子·正名》说:"刑名从商。"这表明,春秋战国时期的罪名与刑罚深受商朝刑罚的影响,而秦朝的严刑酷罚有久远的历史渊源。从各种文献的记载看,尽管向着律简刑轻的方向发展演变是中国古代法律制度史的大趋势,秦汉刑罚比商周刑罚要轻一些,可是商周时期的许多酷刑在战国、秦朝、两汉、魏晋依然存在。这个问题直到隋唐时期才有所解决。

旧的史家常常将秦与汉对照,认为秦法"不合圣制"而汉法符合"圣人之制"。其实刑罚严酷是秦汉法律制度的共性。秦朝的各种罪名、刑罚在两汉的文献中几乎都可以找到。如果说二者有什么区别的话,主要在于秦朝把公开鼓吹重刑主义的法家学说奉为政治指导思想,而汉朝以儒家为宗本的统治思想更讲究一个"德"字,乍然看来,似乎反对严刑酷罚。汉朝的高祖、惠帝、文帝、景帝等的确都曾有过简化刑名、减轻刑罚的举措,也取得了一些成效。可是多属一时之举,许多法定罪名、刑罚后来又被恢复,或者即使有所减轻,也仍属严刑酷罚。汉文帝宣布废除"收孥之法"之后不久又恢复了"夷三族"的刑罚。他提出了废除肉刑的改革,却又实际上扩大了死刑的适用范围。司马迁对此的评价是:"外有轻刑之名,内实杀人。"①许多汉朝宰相还公然鼓吹、维护重刑主义原则。从《史记》、《汉书》记载的大量事实看,这个时期盛行"夷三族"、"具五刑",对政治犯罪的处罚尤为残酷。见于司法实践的罪名就有"非议诏书"、"非所宜言"、"诽谤"、"诋欺"、"欺谩"、"不敬"、"不道"、"大不敬"、"大逆不道"等。群臣议政奏事,动辄触犯刑网。甚至"腹诽",即君主认定属于心怀不满者,也要依法处死。对于犯有"诽谤"罪的先断舌,再处死。对于严重的政治犯罪的株连动辄达万人以上,有的多达三万人,其残酷程度比秦始皇统治时期更甚。汉武帝"独尊儒术"之后,儒家"先德后刑"的主张占据统治地位,然而刑罚不仅没有减轻,反而日益加重。据说,汉武帝时期,"律令凡三百五十九章,大辟四百九条,千八百八十二事,死罪决事比万三千四百七十二事"。汉成帝时期,"大辟之刑,千有余条",远远超过秦律。此后愈演愈烈,甚至达到"郡国被刑者

---

① 《史记》卷一二《孝文帝本纪》。

岁以万数,天下狱二千余所,其冤死者多少相覆"①。汉朝还盛行"以经义决狱",各种儒家经典及其解释都可以作为法律援引,从而导致罪名繁多,罚滥刑重。汉儒还特别讲究"诛心"二字,有些罪名甚至可以随心所欲而滥加于人,使人无所适从。在司法实践中,汉代使用过的酷刑与秦朝大体相同。汉法之繁与酷并不逊色于秦法。

总体而言,两汉魏晋的严刑酷罚与秦朝相差无几。在一些时期甚至有过之而无不及。汉朝许多儒家思想家对秦朝严刑酷罚的指责大多基本上符合事实。他们也的确使统治思想有所调整。然而在儒家思想指导下的汉代法制比秦朝法制强不了多少,这也是历史事实。严刑酷罚是一种历史性的现象,秦朝只是更典型一点而已。在评价秦始皇和秦制、秦政的时候应当看到这一点。

第四节　与文化制度相关的法律、法规

秦始皇将规范化、制度化、法制化的行政管理推行到广泛的领域。这里再介绍一下秦朝与文化行政管理相关的法令、法规。

秦始皇以武力征服天下,摧毁了政治疆域的篱笆,建立了统一的政治制度。他没有停步于此,又把目光对准了斑驳陆离的文化领域,致力于构建"大一统"的思想文化形态。秦朝建立不久,秦始皇就雷厉风行地扫荡各种文化差异,推行书同文、车同轨、度同制、行同伦的政策。他统一文字、轨度,规范道德、风俗,还健全博士制度,广召文学之士,讲究学术,整理秘府文献。在文化领域,秦始皇颁布了一批强制性乃至制度化、法律化的法令,可以称之为

---

① 《汉书》卷二三《刑法志》。

"文化制度"。

一、"书同文"

统一文字、简化字形是秦始皇在统一文化制度方面最重要的举措。秦始皇称帝不久就下令"书同文字"①。他针对各国"文字异形"的状况，统一文字的字形、书体。

秦始皇首先推行经过整理的秦篆（小篆）。小篆是以秦国文字为基础，以西周以来通行于周地、秦国的《史籀》大篆为蓝本，又汲取齐鲁等地通行的蝌蚪文笔划简省的优点，修改而成的。秦始皇将李斯、赵高、胡元敬等人用小篆编写的《仓颉篇》、《爰历篇》、《博学篇》作为标准的文字范本。李斯等人创造的"小篆"又称"秦篆"。秦篆形象匀圆、字体齐整、笔划简略。它作为官方规范文字，颁行全国。

秦始皇的"书同文"还有更大的贡献，即推行隶书。早在云梦秦简发现之前，就有学者指出："秦始皇改革文字的更大功绩，是在采用了隶书。"②云梦秦简的发现证实了这个观点的正确。

隶书的诞生是中国文字史和书法史上的一件大事。它打破了古体汉字的传统，提高了书写效率，奠定了楷书的基础，代表着汉字字形的合理发展方向。秦朝通行程邈整理的隶书。据说狱吏程邈得罪入狱，潜心创造出一种更为省便的文字。这种文字将小篆圆转的字形、笔划改变为扁平、方折，书写更加简便、流畅。秦人重法治，多狱案，需要草拟大量公文。为了节省时间，简化文字的书写方法，于是产生了隶书。刑狱事务涉及徒隶，故有隶书之名。实际上隶书脱胎于古隶。有的学者指出：早在春秋时代，秦国文字的

---

① 《史记》卷六《秦始皇本纪》。
② 郭沫若：《古代文字之辩证的发展》，《考古学报》1972 年第 1 期。

字体已不同于东方列国。战国时期较早的秦器铭文字与隶书差距尚远，而秦昭王时期的器铭文字的字体逐渐向隶书趋近。到秦始皇时期，现存众多兵器上的铭文，如四年、五年、八年相邦吕不韦戈和五年、六年、十年、十二年上郡守戈等，其字体"多与秦简相似，可资对照。这说明隶书的滥觞应上溯至战国晚年。"①

秦代通行隶书已经得到实物材料的证实。睡虎地秦墓十一号墓主喜死于秦始皇三十年。在这位秦始皇时期的法吏的墓中所保留的各种法律、文书抄件都采用墨书隶体。位于一地的四号墓出土了两个前方战士的家信，其中一件约有二百余字，另一件约有一百余字。这两件木牍的文字也都是墨书隶体。这两位战士曾参加了秦国灭楚的战争。上述事实表明隶书在秦简时代已经成为社会通行的字体，无论朝廷法吏的公文和笔记，还是平民、战士的家书，均使用隶书。写于秦始皇时期的云梦秦简字迹清楚，全体为墨书隶体，这证明当时隶书已然臻于成熟。由此可见，所谓程邈作隶，其功绩不在于首创一种字体，而在于对已经产生的隶书作了一番整理，使之更加规范，更加便于通行。

秦始皇简化汉字、统一字形，对于中华文化的发展有重大的影响。中国地域辽阔，各地方言、乡音差别很大，而汉字的表意性很强，有了统一的文字，基本上克服了各地经济文化交流中的方言障碍、乡音隔阂。统一文字不仅对促进政治统一、经济交流有积极的意义，还促进了中华文化共同体的迅速发展和汉族的形成。许多中外著名学者高度评价秦始皇的这个历史功绩，这是完全正确的。

二、"行同伦"

"行同伦"，即统一人们的文化心理。秦始皇以政令、法律等

---

① 李学勤：《秦简的古文字学考察》，收入《云梦秦简研究》，中华书局 1981 年版。

形式,统一道德规范和法律规范,诸如"依法为教"、"禁止淫泆"等。秦朝政府还在各地设置专掌教化的乡官,名曰"三老"。在颂扬秦始皇功德的秦代刻石中,列举着一批与"行同伦"相关的政治措施。旧史也很早就把"行同伦"归功于秦始皇。至于秦始皇是如何具体推行"行同伦"政策的,有关记载语焉不详。

云梦秦简的发现在一定程度上补充了文献记载的阙失。秦简保存的各项法律文本揭示了秦朝各种维护君主制度、等级制度、宗法家庭及相关道德规范的法律原则和具体规范。《为吏之道》开列了一批当时流行的道德规范。《语书》则提供了一个地方政府贯彻秦始皇的统治意志的实例。这篇南郡守腾颁发给所辖县、道啬夫的政令,明确宣布要以国家法令统一思想,矫正民心,改造乡俗民风,并指令各级官吏"明法律令",把这项政务切实做好。

《语书》开宗明义,写道:"古者,民各有乡俗,其所利及好恶不同,或不便于民,害于邦。是以圣王作为法度,以矫端民心,去其邪避(僻),除其恶俗。"各地民间习俗、道德规范、是非标准不尽相同,这有害于国家,不便于民生。为此,圣王制定法度,以统一的规范和价值标准,矫正民心,铲除恶俗。文告认为:"法律未足,民多诈巧",这就会导致有人犯上作乱,而法律政令的目的和作用就是铲除恶习陋俗,使民众臻于至善。

这位南郡守指出:南郡的现状并不理想。"今法律令已具矣,而吏民莫用,乡俗淫泆(泆)之民不止,是即法(废)主之明法殹(也),而长邪避(僻)淫泆(泆)之民,甚害于邦,不便于民。故腾为是而修法律令、田令及为间私方(即惩办有奸私行为的法令)而下之,令吏明布,令吏民皆明智(知)之,毋巨(距,至)于罪"。可是,这些法令公布之后,"闻吏民犯法为间私者不止,私好、乡俗之心不变",而各级地方长官又或知情不举,或不予惩处。这种行为违背君主的法令,庇护邪恶之人,"如此,则为人臣亦不忠矣"。他宣布:凡不了解下情的官吏,属于"不胜任";凡知情而不敢查处者,属于"不廉","此皆大罪"。

为了改变现状,这位南郡守采取的措施可以概括为三条:一是将各项法律公之于众,使全郡官吏、民众都知法、懂法、守法。二是要求所属官吏要做"明法律令"的"良吏",不做"不明法律令"的"恶吏"。三是加强检查,"令人案行之,举劾不从令者,致以律"。还要考核各县、道的主要官吏,哪个地方多有违法者而令、丞不予查处,要将令、丞上报处理。

这篇文告发布于秦统一六国前。它表明,秦始皇曾制定法律,以规范臣民的行为,而秦的地方官与历代地方官一样,负有整饬民风乡俗的职责。

秦始皇不仅以法律的形式明确地推行并保护后世称之为"三纲五常"的伦理道德,而且在祭祀神明方面也作了整齐划一的规范,使之与大一统局面相适应。秦始皇以政令的形式规定了各种应当祭祀的神明。秦朝法令对祭祀什么神,什么时间祭祀,用什么仪式祭祀等都有法律规定。除国家广设庙宇并指派官吏主管祭祀以上帝为首的诸神外,"郡县远方神祠者,民各自奉祠,不领于天子之祝官"①。但是这并不意味着国家对宗教信仰和各种民间的祭祀放任而不加管理,而是对此进行严格的行政管理。《法律问答》有一条法律解释:"'擅兴奇祠,赀二甲'。可(何)如为'奇'?王室所当祠固有矣,擅有鬼立(位)殹(也)为奇,它不为。""奇祠",即不合法的祠庙,后世称之为"淫祠"。不经官方批准而擅自设立神位,就是奇祠、淫祠。这是违反法律的。这条法律很早就颁行了,在秦始皇时期依然有效。

---

① 《史记》卷二八《封禅书》。

秦始皇颁布的"一法度衡石丈尺"、"车同轨"①等法令也具有统一文化的意图和政治功能。秦始皇改变各国车轨尺寸不一的状况,实行"车同轨",并将全国车轨统一为六尺。

总的说来,秦始皇推行书同文、车同轨、度同制、行同伦等统一文化的政策是值得肯定的。它有利于在一些基本层面形成统一的生活方式和民族心理。"书同文,行同伦"标志着中华文化共同体的重大发展和汉族的基本形成。这在中华文化史上具有划时代的意义。政治的统一为文化的统一创造了必要的外部条件,而文化的统一又势必促进政治的统一。作为这些政策、制度的制定者、推行者,秦始皇的历史功绩不可磨灭。

三、"以吏为师"、"以法为教"

秦朝建立之初,秦始皇在统一思想文化方面还是比较慎重的。在统一文字时,曾经颇加整改,便是一例。在规范社会风俗方面,也没有关于他大规模实行暴力强制的记载。在对待思想、学说方面的问题,他也曾实行兼容并蓄的政策。但是后来竟然发展到强令人们"以法为教"、"以吏为师",严令禁止普通百姓读《诗》、《书》、百家语",甚至达到以焚书、诛杀、灭族等手段禁止异端的地步。这就强化了文化专制、思想专制。有关"焚书坑儒"问题,将在骄奢篇详细介绍。

第五节　秦始皇在中国法制史上的历史地位

中国古代法制属于礼法结合的统治模式,礼法结合是中华法

---

① 《史记》卷六《秦始皇本纪》。

系最显著的特点之一。礼法结合的统治模式初创于春秋以前，形成于春秋战国，定型于秦汉，成熟于隋唐，宋元明清继续有所发展。礼法结合有一个历史过程，在不同历史时期礼法结合有不同的历史内容。秦朝法制是礼法结合统治模式形成过程中的一个重要环节，在中国古代法制史上有过重大的历史贡献。

春秋以前礼法结合的基本特点是：以礼为法，寓刑于礼。其主要特点是：本属风俗习惯的礼被统治者制度化、政治化。国家以礼为主要统治工具，不仅用礼规范一切，而且依礼定刑，以刑护礼。"礼"是普遍适用的行为规范，它既具备道德规范的形式和结构，又具备法律规范的形式和结构。从属于"礼"的"刑"具有擅断性和残酷性。以刑罚严酷著称的商周法律对后世的法律有很大的影响。西周时期的"周公制礼"、"吕侯制刑"及由此而形成的"明德慎罚"、"德主刑辅"指导思想，使礼法结合的统治模式初具规模，为中华法系的发展确定了基本方向。

春秋战国社会历史大变动的重要内容之一是法制思想和法律制度的大变革。这一时期的特点可以概括为：礼法相分，法理凸显。具体表现是：随着人们对政治和法律的认识不断深入，礼与法开始从理论上和形式上区别开来。诸子百家对法的概念、起源、本质、功能及其同政治、经济、伦理、风俗的关系进行了系统的探讨，奠定了中国古代法学的理论基础。与此同时，各国纷纷制定成文法典，法律由简入繁，"以法治国"的思想广为流传，法在政治中的地位显著提高。法家最先明确提出"以法治国"的主张，在法律从礼法混淆状态中逐步解脱出来，形成独立的法律形态的演变过程中，法家居功甚伟。这一时期在法学和法典方面的建树，为中华法系构建了基本框架。

礼法相分，法理凸显，这只是相对而言，它并不意味着礼法结合统治模式的终结。且不说儒家从理论上发展了礼法结合的指导思想,就是法家代表人物也在理论上常将"立法"与"制礼"、"变法"与"易礼"相提并论,在立法中将许多礼的规定纳入法典。各国的法律条文都有明显的儒法合流、以礼入法的特征。礼法结合的统治模式在新的历史条件下得到更新和发展。

秦汉魏晋是中华法系的定型期。秦始皇集先秦法制之大成,又有所创造,有所发展。秦始皇的统治方略具有明显的"法治"倾向。乍然看来,秦朝的法制思想和法律体系似乎与"礼法结合"这个发展方向不相符合。其实不然。首先,如前所述,秦朝的统治思想具有明显的兼收并蓄、百家合流的特点,而从现存秦律条文看,其礼法合流的特点也相当明显。自秦孝公、商鞅以来,秦国的立法者将经过改造的等级原则、宗法原则,以立法的形式逐一加以规范、落实。这就将贵贱有等之礼与等级特权之法相统一。其次,秦朝重视以法律调整社会、经济、政治,据说"莫不皆有法式"。在从商周以"礼治"为宗本,向唐宋礼法高度结合发展的过程中,法制的大体完备是不可或缺的中间环节。再次,从历史过程看,汉唐法制基本上继承了秦朝的成果。汉唐法制思想的儒家化使"法治"思想有所削弱,而法家提出的许多重要的思路并没有销声匿迹,而是融入统治思想。且不说历代都有重法的思想家和帝王将相,就连号称"纯儒"的朱熹等宋明理学大师也都"言则孔孟,行则申韩"。总的说来,秦朝属于礼法结合统治模式中比较强调法的作用的类型。汉唐以后复归轻法制、重教化的发展途径。

从历史发展和历史比较的角度看,秦朝法律有一些值得肯定的地方。云梦秦律,内容庞杂,已经具备刑法、诉讼法、行政法、军法、经济法、民法等方面的内容。这些实证材料证明:秦朝已经把统治阶级的意志及各种重要的政治、经济、军事、法律制度,以立法的形式,用法律条文固定下来。其中刑法制度最为成熟、系统。秦始皇在政治活动、经济活动及社会生活法制化方面的贡献尤为突出。

古今许多论者把秦朝灭亡的原因归咎于法家与法治。这种看法似是而非，似非而是。

笔者有一个感觉：对于先秦法家的性质、特点和历史地位有待于进一步的研究。限于篇幅这里仅为读者提供两个参考性素材：一个是德国政治学家罗曼·霍尔佐克的观点，一个是笔者的一个见解。

罗曼·霍尔佐克指出：法家学说是世界上现存"第一套真正的国家理论"，而"在西方，我们是从公元16世纪起才看到这种理论的"。他认为，秦始皇的制度证明了这套理论的可行性，而汉朝皇帝全盘继承了这种制度。法家学说没有民主选举的内容，还有严酷之弊，"而法这个新颖的、颇有现代意味的概念，显然已构成内政上各种要求的核心"。在他看来，不能将法家学说与马基雅维里主义相提并论，它们的主张"在两个根本点上是不同的，第一，法家将全部增强国家权力的活动都用来服务于建立和平和秩序，第二，即使为了达到这个目的，他们也并不要求建立一个权力无限的国家，而是建立一个法制国家。一直过了很长时间，西方研究国家理论的专家们在法制国家的问题上才达到了这一水平。"①实际上中国许多学者早就提出了类似的观点，然而这个见解出自从世界史的角度全面研究古代国家问题的西方现代学者之口还是值得人们予以注意的。

在读到上述观点之前，笔者有感于许多政治学教科书的错误说法，曾经写过这样一段话："一般认为，古希腊的亚里士多德是最早将伦理问题与政治问题有所区别的西方政治学家。他使政治

---

① 参见［德］R.霍尔佐克：《古代的国家——起源和统治形式》（德文版1998年慕尼黑），中译本，赵蓉恒译，北京大学出版社1998年版，第274—278页。

学成为一门独立的学科。亚里士多德指出,伦理学研究个人的善,政治学研究群体的善。但是,他把国家说成是'最高的善',把政治归结为伦理的目的,道德仍然与政治混淆在一起。在整个中世纪,西方政治学说一直是神学的婢女,根本无法摆脱宗教教义和伦理道德的纠缠。在世界的其他地方,情况亦大体相同。在中国古代,绝大多数政治学流派也是把政治与伦理混为一谈的。但也有例外,这就是先秦法家。先秦法家是世界上最先使政治理论摆脱道德观念桎梏的政治学流派。法家,特别是商鞅一派,具有强烈的非道德主义倾向。他们以现实的态度审视人与人之间的权力关系,认为政治地位和政治关系既不依据道德、是非标准而确立,又不依赖忠孝信义去维系。他们把政治权力视为决定一切社会生活的力量。据此,他们以君主独一与以法治国为核心命题,以法、术、势为主要概念,设计政权组织形式,规划政府机构,设置暴力机关,确定权威性政策制定和执行的途径及社会价值权威性分配的方式。他们对君主专制政体的产生、形式和权力等问题进行了系统的论述。有时,法家也论及道德,但在他们看来,道德只是政治的工具,不是政治的目的。法家的思想无疑是一种相当纯正的政治学说。如何评价法家学说的内容,是另外一回事。仅就这种政治思维方式本身而言,的确是难能可贵的。在中国古代,这种政治思维方式曾形成影响深远的学术流派,这是中国古代政治学比较发达的标志之一。"①

笼统地将秦朝灭亡归咎于法家与法治,很难解释这样一个现象:自秦孝公以来,秦国正是靠着这套有专制、严苛之弊的国家学

① 参见拙著:《中华文化通志·学术典·政治学志》导言,上海人民出版社1998年版。该书导言及第一、二、三、四、五、六章由笔者独立撰写;第七章由萧延中独立撰写。笔者的书稿完成于1996年12月。

说和法律制度,不仅守成,而且创业,不仅长期守住一方沃土,而且终成帝业。因此,秦朝亡国的原因不在于实行"法治",甚至不在于"法繁刑酷",而在于统治者,主要是秦二世一系列摇动国本的政治失误,甚至在法外滥施暴政。

笔者在多年读史中悟出一个思路:仅仅依据官方学说属于"严猛"类型还是"宽柔"类型,依据法定的制度属于"绝对专制"还是"开明专制",依据法定的刑罚属于严酷还是宽平,依据法定的赋役属于繁重还是较轻等,来议论、评价战国秦汉魏晋时期的政治变动容易失之于简单化。广为流传的法家学说不利于守成的观点也颇值得推敲。总体而言,这个时期无论学说、制度、刑法、税法,都属于专制、独裁、严酷、繁重之类,而在通常情况下,这不足于导致王朝覆灭。秦始皇还靠着这一套夺取了天下。秦、汉两朝都亡于皇权的变态和与此相关的政治腐败。一旦权力结构失常、政治腐败失控,必然导致法外之刑更加泛滥,法外赋役更加无度,这才是王朝覆灭的主要原因。这就是说,在分析当时的政治兴亡的时候,制度、法律之内的因素不能忽略,而主要着眼点很可能不在于此,而在于正常制度、法律之外。如果简单地认为法家学说、君主专制和法网繁密是秦朝的亡国之因,那么就很难解释秦国为什么正是靠着它而日益强盛? 也很难解释为什么汉朝靠着"汉承秦制"而享国久远? 更难解释后世一些"法简刑宽"的王朝何以迅速灭亡? 从现存记载看,隋炀帝的《大业律》是中国古代法制史上刑罚最轻的一部法典。在这方面,唐太宗的《贞观律》也相形见绌。然而隋炀帝还是成了亡国之君。原因很简单:隋炀帝把自己制定的宽平之法抛在脑后,轻用民力,滥征徭役,赏戮由心,滥施重罚。笔者认为,关于秦朝法制的利弊得失大体也应如是看。

第十二章 工程篇:前无古人的 工程皇帝

秦始皇亲自组织兴建了一大批重大工程,主要有郑国渠、灵渠、驰道(包括直道等)、长城、咸阳宫廷建筑(阿房宫等)和骊山陵(包括兵马俑)等。除郑国渠外,它们都兴建或完成于秦始皇称帝以后。这些工程前无古人,世所罕见,许多在当时堪称世界奇迹,有的直到今天还被誉为世界奇迹。秦始皇是一位名副其实的工程皇帝。

秦始皇的这些工程为他招来了毁与誉,至今学者们还在为此争论不休。其实这些工程在当时都是典型的"帝国行为",大多属于正常的统治活动。它们共同构成帝国化完成的重要物质标志。

欧亚大陆的大帝国都有类似的帝国工程,即兴建大规模的军事防御工程、建立并维护遍布帝国疆域的驿道网和建筑各种宏大的公共工程、宫廷设施以及帝王陵墓等。罗马帝国在北部边界修筑从福斯湾到克莱德湾的大规模防御工程,其功能类似于中国的长城。罗马帝国、波斯帝国的公路交通网可与秦朝的驰道相媲美。波斯帝国的"御道"从波斯湾北面的苏撒城向西通到底格里斯河,再由此经叙利亚和小亚细亚,抵达爱琴海沿岸的以弗所,全长近2700公里,沿途设数以百计的驿站。后来随着帝国疆域的扩大,又开辟了几条岔道,向西通往埃及,向东南通到印度河流域,从而形成遍布帝国疆域的陆路驿道网。阿黑门尼德王朝2600多公里的王家大道和孔雀王朝近2000公里的王家大道也具有同样的政治功能。许多大帝国的公共工程、宫廷建筑、帝王陵墓等也成为现存著名的世界文化遗产。

秦始皇的大部分工程是在前人的基础上扩建而成的,如全国的陆路水路交通网、以长城为标志的军事工程体系、咸阳都城及宫廷建筑等,它们负载着大量的有关华夏文明发展史和中华帝国形成史的历史信息。其他建筑基本上也是根据华夏礼制、王权观念而修建的。秦始皇与众不同之处不在于建筑的目的和内容,而在于工程之浩大乃至豪华奢靡空前绝后。

秦始皇的帝国工程行为是功乎?是过乎?这要做具体的分析。它们有的是功,有的是过,有的功过参半。无论功过,它们都旨在维护现存统治秩序,因而都不可避免地打上时代的烙印,与支配、奴役、压榨、掠夺等字眼直接相关。非但秦始皇的帝国行为应当如是看,世界历史上一切类似的帝国工程都应如是看。

第一节　以长城为主要标志的军事工程体系

"长城首筑,万里安边"。万里长城是一项被誉为世界奇迹的特大型工程,其工程之浩大、气势之雄伟,在世界军事工程史上可谓首屈一指。一提到长城,人们就会想到秦始皇;一提到秦始皇的功与过,人们也总要论及长城。万里长城是秦始皇统一天下之后修筑的最重大的军事工程。它与秦始皇有不解之缘。

城(城墙、城池),一向被视为人类文明的标志。文明产生的实质性内容是国家政权的产生。然而远古的人类社会遗址通常只能留下一些建筑设施、生活用品及刻画的遗迹。因此,在考古学界只能通过聚落规模、文字、设防城市、大型公共工程等,推断一个社会组织是否已经步入文明时代。大多数学者将设防城市作为国家文明所必备的标志性文化遗存。

城的发展又是判定文明发展程度的重要历史性标志。城最初以城墙为标志,城墙、城池最初为军事防御而修建。一个文明发展了、扩张了,属于它的城墙、城池也就拓展了、扩散了。先是城和城墙的拓展,再是一个个城池的扩散,再次是城池化的国境……伴随帝国化的进程,城由一个封闭的方圆,扩散为一群规模不同的方圆组合,再由方圆构成点线,最后变成一个漫长的曲线化的大城墙。这个大城墙围护着一个大帝国和这个大帝国的众多的城池。中国古代的长城就是这种性质的大城墙。

长城的出现是华夏文明帝国化的重要标志。秦始皇最终完成了绵延万里的长城。如果有人怀疑记述秦朝制度的历史文献的可信度,那么可以请他看一看万里长城。这座气势恢弘的大城墙可以证明:秦始皇终结了华夏文明的帝国化过程,秦朝确实实行帝制。

秦朝的军事工程体系是一定历史条件的产物,它是在前人的基础上不断发展、不断完善、不断扩充而逐步形成的。春秋以前,除国都及各地的城堡外,无力修建更多的国防工程。一般城邑和关隘要津多不设防。因此,一个国家的军队通过敌国或他国的领土常常进军千里,通行无阻。春秋时期,各国开始在边界修建一些关塞,然而由于人力、物力等方面的原因,禁防疏阔,通常没有常驻军队防守。因此,他国之兵往来其境依然如入空虚之地。到了战国时期,各国开始在大小城邑和关塞要津普遍设防。随着骑兵、步兵野战成为战争的主要方式,对险要地区的争夺往往决定战事的胜负,各国纷纷在边境地区修建关塞,设关驻防。秦国的函谷关最为著名。经济的发展也为军事工程的建设提供了物质基础。各国还大量修建亭、障、烽燧等军事工程。亭是具有瞭望功能的军事工程,通常建立在高高的土堆上。障是规模较大的城堡。烽燧主要用于报警,一旦发现敌情,就按照约定点火放烟为号。大一统的政治需要大一统的军事工程体系。在统一天下过程中,秦始皇在战略要地又修建了一批类似的军事工程。

"马上得天下"的秦始皇十分重视国防设施建设。为了巩固统一,北御匈奴,南抚百越,他指令扩建或修葺长城、直道以及与此相配套的关隘、亭障、烽燧、驿传等,完善了整个帝国的军事防御体系。其中长城是秦朝最为浩大的一项军事工程。

长城属于大规模长久性军事防御工程。人类很早以"城"、"城堡"的形式作为军事防御工事。"长城"实际上是扩大的城堡。它是由一系列利用地形构筑的堑壕、城垣和防御性小城逐步发展而来。

在中国,现知最早的长城出现于春秋战国时期的楚国。最初楚国把潕水、沘水的堤防相连,加高加固,筑成东起鲁关,南达沘阳的军事工程,号为"方城"。这类军事防御工程不断发展完善。秦国先后利用黄河堤防、洛水堤防构筑防御性军事工事。这种工程既加固了堤防,又可用于军事防御。齐、魏、赵、燕也相继以同样的方式构建军事和水利两用的工程。各国又相继出现边塞长城。秦昭襄王在陇西、北地、上郡修筑长城以防御匈奴。这种长城依山傍水,多为土石结构。近年来在河南省境内发现楚长城遗址,其中在南召县板山坪镇发现的楚长城为石制干垒建筑,蜿蜒二十多公里,依山而建,连接六座山峰,整个城垣由外廓城、内城、瓮城构成。

战国时期各国都有长城。齐长城的规模很大,据说"齐宣王乘山岭之上筑长城,东至海,西至济州千余里,以备楚"①。魏国地处中原,无险可守,筑长城以为屏障。燕国有南、北两条长城,南界

---

① 《史记》卷四〇《楚世家》《正义》引《齐记》。

"易水长城"主要防御秦、赵、齐，长达五百多里。北界长城主要防御匈奴、东胡、山戎等，由上谷至辽阳蜿蜒两千多里。赵国也有南北两道长城。一条长城在漳水之北，主要用于防御魏、秦。赵北界长城全长一千三百里，主要用于防御燕和匈奴等三胡。韩国长城原为郑国长城。韩国灭郑后，迁都于郑。经过扩建，这条长城成为韩国抵御秦国的屏障。中山国筑中山长城以防范四面强邻。

战国时期，为了防御匈奴，秦、赵、燕三国都曾在边境修筑长城。秦昭襄王灭义渠，"于是秦有陇西、北地、上郡，筑长城以拒胡。而赵武灵王亦变俗胡服，习骑射，北破林胡、楼烦。筑长城，自代并阴山下，至高阙为塞。而置云中、雁门、代郡。……燕亦筑长城，自造阳至襄平。置上谷、渔阳、右北平、辽西、辽东郡以拒胡。"①

秦朝军队收复、攻占河套、阴山一带以后，匈奴势力范围北移，却依然对内地构成严重威胁。为了阻止匈奴骑兵南下，秦始皇决定修筑一条横亘于匈奴南进中原道路上的人工军事屏障。蒙恬率军队三十万众，"筑长城，因地形，用制险塞，起临洮，至辽东，延袤万余里。于是渡河，据阳山，逶蛇而北"②。新的长城在各国旧的长城的基础上修葺、扩建而成。这条长城贯通东西，屹立在秦朝北部边疆，是名副其实的"万里长城"。

作为军事防御工程体系，长城由关隘、城台、城墙、烽燧等构成。关隘、边城居高临险，扼守要冲，"一夫当关，万夫莫开"。城墙依山傍水，阻隔交通，可以有效地防止匈奴剽悍骑兵的长驱直入和大规模运动。城墙上每隔大约500米设有城台、敌楼可供屯兵、据守。敌楼上准备着报警用的烽燧。在长城沿线设有重兵驻守，

① 《史记》卷一一〇《匈奴列传》。
② 《史记》卷八八《蒙恬列传》。

还有大量移民实边,军民可以利用长城的各种军事设施及时抵御匈奴的侵扰。

筑城与拆城同步进行。在修筑漫长的边墙城防的同时,秦始皇下令拆除、夷毁东方各国在各自边境修建的城郭濠堑及其他不必要的关隘、沟堑,使国家成一体,大道变通途。主要目的是便利交通,也便于军队迅速调动,防止这些旧的军事工程被反叛、割据者利用。正如《碣石刻石》所说:"堕坏城郭,决通川防,夷去险阻。地势既定,黎庶无繇,天下咸抚。"

万里长城,工程浩大,仅数年即告完成。这不仅有赖于设计者、建筑者的聪明才智,还必须集中大量人力、物力。修筑长城的劳动力有三个主要来源:一是蒙恬所率领的三十万常驻军队和从全国各地征发的戍卒;二是在附近地区征发的服徭役的民众;三是发配边疆的罪犯。人数最多时可能达到五十万。在工具简陋、交通不便的条件下,完成如此艰巨的工程,民众负担的沉重是可想而知的。

长城主要靠强制性的兵役、徭役劳动建成。秦治尚法,秦法严苛,对各种劳役的强度、工程的期限有极严的要求和规定。据说开凿灵渠时就有两位将军因延误工期而被处以死刑。其他工程也势必有类似现象。长城工程多建于偏僻险要之地,劳动条件恶劣,军民的伤亡病死也相当惨重。秦人留下一首《长城歌》,歌中唱道:"生男慎勿举,生女哺用脯,不见长城下,尸骸相支拄!"广为流传的孟姜女哭长城、吊亡夫的故事虽为民间传说,却在一定程度上反映了百姓的哀怨与愤怒。

轻用民力几乎是人们对秦始皇修长城的共同评价。司马迁曾经说过:"吾适北边,自直道归,行观蒙恬所为秦筑长城亭障,堑山堙谷,通直道,固轻百姓力矣。"①但是,许多学者把秦朝亡国归咎

---

① 《史记》卷八八《蒙恬列传》。

于修建长城,这是值得商榷的。

工程浩大,糜费良多,的确是导致秦王朝短命的主因。在战乱残破,大局甫定,急需休养生息的时期,好大喜功,骄奢淫逸,糜费资财,轻用民力,这是政治之大忌。秦始皇恰恰犯了这个大忌。然而据此断定修长城是秦始皇的一大暴政又失之于简单化。各种帝国工程有"合理的"与"不合理的"之分,不能笼统地斥责"轻用民力",更不应简单地评说功过。秦朝的一些工程属于合理或基本合理的。这些工程多为当务之急,且大多是在原有工程的基础上扩建的。工程的完成还有增收节支之效,有的还有利于整个社会经济的发展。笔者认为,历来争议颇大的修长城、筑驰道,均应划入这一类。

修筑长城,基本合理。首先,阻止正在崛起的匈奴帝国侵扰中原是当务之急。长城不能不建,否则军费、劳役的消耗和生命、财产的损失会很大,未必小于修建长城的消耗和损失。其次,长城是一项扩建工程,尽管工程浩大,而其总体负担不会超过六国各自修筑和维修军事工程所需负担的总和。正如秦始皇动用三十万军队防御匈奴二三十万骑兵,其兵力大体合理一样,秦始皇筑长城基本上没有增加全国军事工程费用总量,其开支也大体合理。再次,长城筑成以后,在抵御匈奴侵扰方面可以节支,在发展内地经济方面可以增收。秦朝与匈奴之间十年不动干戈,这个工程的总体收益是合算的。值得指出的是:在军事技术相当落后的历史条件下,长城有积极有效的防御作用,只要中原政治稳定,它足以防范剽悍凶猛、来去飘忽的北方游牧民族骑兵。汉朝初年,汉高祖动用二十余万军队防御匈奴,汉惠帝不仅大体保持用兵规模,还动用近十五万人修缮长城。这也表明秦始皇动用数十万人北御匈奴、修筑长城有其必要性、合理性。历代王朝一再耗费巨资维修或重建长城也充分证明了这个工程的重要性。修驰道、开运河、整沟渠等大体与此相仿,且都属于有巨大经济效益、社会效益的工程项目。这类工程项目都应列入秦始皇的政绩。

中国古代史上有两个颇相类似的工程皇帝,一个是修筑万里长城的秦始皇,一个是开凿大运河的隋炀帝。这两个皇帝都"为祸一时",而这两个工程都"造福百代"。筑长城、凿运河都被后人列入他们的虐民之罪、亡国之因。其实这是不客观、不公正的。他们的罪过在于兴办许多于社会无益、于民生有害的事项,糜费了大量的人力物力。这样一来,本应修建,也有能力修建的工程也成了害民之举。如果秦始皇不消耗大量的人力、物力用于建宫室、筑皇陵、祭天地、求仙药,后人很可能会不断地颂扬他的"筑城御胡"之功。

近年来有一种奇谈怪论:中国的四合院是小的围城,中国的长城是大的围城,它们都是中国文化天生具有封闭性的产物和象征。这纯属无稽之谈。建设长城出于军事目的,并不旨在阻断经济的、文化的、人口的交流,事实上也没有因此而把中华文化圈封闭在长城以内,把外来的文化排斥在长城以外。就中国本身而言,长城诞生的时代,中国古代文明正处在上升期,秦汉隋唐文化的开放性毋庸置疑。到清朝,闭关锁国政策呈现出明显的封闭性,而在出色地解决了团结北方各民族这个难题的条件下,康熙皇帝反而不主张修建长城。长城与文化的封闭性毫不相干,这是风马牛不相及的两种历史现象。展望世界历史,近代以来的西方文化无疑具有一定的开放性。而看一看罗马帝国留下的长城遗迹,再看一看西欧中世纪到处林立的封建城堡,难道可以因此而断言西方文化天生具有封闭性吗?大大小小封建贵族的城堡以巨石垒砌而成,大多登高据险,墙峦沟深,可谓遍布各地,森严壁垒,其封闭程度远甚于中国的城邑和四合院。其实世界各地的古代文明大多如此。难道可以由此断定世界各地区、各民族的文化都天生具有封闭性吗?

长城是中华民族的骄傲,是多民族统一国家的象征。它曾为中华民族的形成与发展,为中国古代文明的繁荣与鼎盛,做出过重大的历史性贡献。在人类文明史上,它也是颇为壮观的奇迹。随着人类文明的发展,长城已经失去军事防御的价值,转化为供人们游览、观赏的历史文化遗迹。直到今天,"万里长城"仍以其雄姿向世人展示着无与伦比的中华古代文明。

秦始皇修筑举世闻名的"万里长城"是功,不是过。

第二节　驰道与遍布中华的通衢驿道网

秦始皇无愧为中华帝制的第一位皇帝。秦朝建立后,他所明令兴建的第一个重大的交通工程就是遍布中华的通衢驿道网。在当时,它也是世界上首屈一指的人工修筑的路陆交通网。

修筑大规模的通衢驿道网是典型的帝国行为。交通网是天下动脉,邮传号称"天下血脉"。由大道通衢和驿站邮传共同构成的路陆交通驿道网是一切大帝国所必备的军、政、民三用公共工程设施。通衢驿道网的形成对于维护帝国的统一、稳定和发展具有重要的政治、军事、经济、文化意义。

秦朝的路陆交通体系也是在前代基础上扩建而成的。战国时期,各国都修建了便于交通运输的路陆交通网。有些道路最初专门为军事目的修建。例如,秦国为攻灭巴蜀,曾在陡峭岩壁上凿孔架桥连阁,"栈道千里,通于蜀汉"。各国的道路彼此沟通,构成更大的网络。当时地处中原的魏、赵、齐等国修建了许多纵横交错的大道,称之为"午道"。利用既宽又直的午道,数百里的行程,可以"马驰人趋,不待倦而至"①。这些午道多与秦、楚的午道沟通,其

---

① 《战国策·魏策一》。

中著名的"成皋之路"常常被东方各国合纵攻秦的大军作为战略要道使用。

秦始皇二十七年(公元前 220 年),刚刚扫灭六国后不久,秦始皇就下令"治驰道"。为了打通障碍,他还下令"坏城郭,决通堤防"①。据说"为驰道于天下,东穷燕齐,南极吴楚,江湖之上,濒海之观毕至。道广五十步,三丈而树,厚筑其外,隐以金椎,树以青松。"②驰道以首都咸阳为中心,横纵贯通,遍于全国。这些驰道宽五十步,用铁锥夯实,两边植树,掩映如盖,颇为壮观。驰道主要为了政治、军事目的而建,它是国家的重要设施,所以当时的人们视之为"天子之道"。秦朝四通八达的驰道显然是在原有道路的基础上扩建而成的,其中包括拓宽或修整原有大道、拆除阻碍交通的关隘路障和开辟新的大道通衢。

秦朝的路陆交通网不断扩建。秦始皇专门为军事目的修建了一些国防通道,如通向云贵地区的"五尺道"、通向南海的"杨越新道"和通向北方边境的"直道"等。秦始皇为了进一步密切巴蜀与西南边疆地区的联系,派常頞修筑通往云贵地区的大道,其遗迹至今尚存。这条道路凿山以通,大约有五尺宽,又称"五尺道"。在平定百越过程中,秦始皇下令按照驰道标准,修筑杨越新道。这条大道沟通中原与湖南、江西、广东、广西,直达南海。秦始皇三十五年(公元前 212 年),秦始皇为了便于对匈奴用兵,又下令修筑"九原直道"。它由咸阳经上郡、云阳,达九原,沿途开山凿岩,夷平险阻,用时两年半。这条大道"堑山堙谷,千八百里"③,自咸阳直通九原郡治所(今内蒙包头市西南)故名"直道"。

---

① 《史记》卷六《秦始皇本纪》。
② 《汉书》卷五一《贾山传》。
③ 《史记》卷八八《蒙恬列传》。

据说，秦始皇还曾亲自参与修路筑桥。据《水经·济水注》记载，秦始皇东巡，路遇河水阻挡，无路无桥。他亲率百官，各提一石，填河铺路。由于相传是"秦始皇东巡所造"，故称之为"秦梁"。

与所有大帝国一样，国家兴建的公路网同时也是驿站网。20世纪80年代以来，许多考察秦代驰道遗迹的学者发现了傍道而建的驿站馆舍遗迹，为此提供了实物证据。交通网又与信息网密切相关。骑马飞奔的驿卒、信使可以迅速地传达中央政府的指令或地方政府的报告。这种大型驿站邮传网是维护庞大帝国统治所必需的。

公路交通网是一个国家最重要的基础工程，它又是文明发展程度的重要标志。关于秦始皇修筑路陆交通网的目的，历史文献多持巡幸说、用兵说，有人甚至认为驰道是秦始皇专为游观天下而建，其余道路也是为了穷兵黩武，均属于奢靡之举。这种认识过于狭隘，不足以解释这种帝国行为。就许多道路修筑的直接动机而言，巡幸说、用兵说或许有一定的道理，然而这类行为的目的和功能显然具有综合性。它是一个大帝国控御之术的产物，也是政治、军事、经济、社会发展的产物。换句话说，它是文明发展到一定程度的必然产物。当年罗马帝国凡得一国，必造大道，且标准高、质量好，从而使"条条大道通罗马"，这与秦始皇使"条条驰道通咸阳"属于同一类历史现象。世界上的其他帝国也大体如此。甚至可以说，只要有大帝国，便有这种"大道通衢现象"。大帝国造就了大道通衢，大道通衢造就了大帝国。大道通衢一旦联网成片，人类社会的文明就上了一个台阶。从人类文明史的角度看，不管筑路者最初的目的是什么，交通设施通常都具有综合性的社会功能，既有利于政治统一、军事调动，又有利于经济发展、通商贸易和文化交流。大道通衢的网络将一个国家连成一体，并构成这个国家的命脉。从现存记载看，秦始皇时期的路陆、水路交通网建设基本上属于有较高效益的公共工程。且不说它对国家统一、政治安定、经济发展和文化交流的重大促进作用，仅以车船运输取代人力搬运而节约兵员、辎重运输费用一项便相当可观。一些学者把修建驰道列为秦始皇的一大罪状乃至秦朝的亡国之因，这是值得商榷的。

第三节　灵渠与沟通大江南北的水运交通网

在世界古代农耕文明史上，组织修建水利设施是国家的重要职能之一，后来兴修运河等又发展成为一种典型帝国行为。作为缔造大秦帝国的始皇帝，秦始皇也有这种帝国行为。

中国先民历来重视水利建设。大禹治水，开渠导河，史称"诸夏艾安，功施于三代"。此后，中原有从荥阳引黄河而成的鸿沟，连接济、汝、淮、泗四水。楚国有通渠连接汉水、云梦，有通沟介于江、淮之间。吴国有通渠连接三江、五湖。齐国有运河连接菑、济之间。秦国有都江堰"穿二江成都之中"。"此渠皆可行舟，有余则用溉浸，百姓飨其利"①。此外还有魏国的引漳水溉邺工程和秦国连接泾水、洛水的郑国渠。开凿运河以输送兵员和辎重史有先例。上述河渠大多不是单纯为民用目的而兴建。春秋时期，吴王夫差为争霸中原，于公元前486年开凿邗沟，沟通长江、淮河水系，又于公元前482年开凿从淮河通往宋鲁之间的运河，沟通长江水系与黄河水系。这样他就可以通过水道从地处长江流域的吴地运送兵员、粮秣至黄河流域的中原地区。战国时期，中原的鸿沟最为著名，它以黄河为主要水源，构成连接各国的水运交通网。秦始皇

---

① 《史记》卷二九《河渠书》。

为保证楼船兵的远程进军和军粮长途转运,开凿灵渠,沟通湘江水系和桂江支流漓江之间的交通。秦始皇统治时期还兴建或疏浚了郑国渠、鸿沟等一批重要水利工程。其他见于记载的秦朝水利工程还有通陵、汨罗之流、兴成渠、秦渠、琵琶沟等。上述人工运河与分布各地的天然水道沟通了黄河、淮河、长江、珠江各个重要水系,形成水运交通网。它对于维护国家统一,促进经济发展,扩大文化交流,都有重大作用和积极意义。这个水运交通网经历代统治者不断维修、扩充,一直是中国古代重要的基础性水利交通设施。

灵渠是出于军事目的而修建的大型水利交通工程。大约始建于秦军进军岭南之时,建成于秦始皇三十三年(前214年)。秦军平定楚地不久,便开始南平百越。当时岭南一带,山路崎岖,交通不便,不利于军队及辎重的输送。为了解决秦军进兵和给养供应问题,秦始皇命监御史禄负责"凿渠运粮"①,输送楼船之士。于是史禄开始着手在湘水、漓水之间修凿运河,以通粮道。

灵渠,又称兴安运河,起点在湘江上游海洋河畔(今广西兴安县城东南)。在这一带,湘水、漓水相距仅1.5公里,水位相差不到6米,其间只有一些低矮的山坡,相对高度只有二三十米,因此灵渠工程具有可行性。史禄经过实地勘察,选择适当位置动工开渠。他利用自然地势,修建了由铧堤、大小天平、南渠、北渠和秦堤、泄水天平、陡门等构成的配套工程。史禄组织人力在此处江中筑起犁铧形石堤,分湘水为南北两渠,七分经北渠(约4公里)导归湘水,三分经南渠(约30公里)与漓水上游的大榕江合流。所经之处都是高地,靠人工凿渠通行。渠道迂回,以降低坡度,平缓水势。渠中设若干斗门,船只通过斗门上升或下降。南北往来之船浮舟过岭,"循崖而上,建瓴而下"。这条人工运河全长34公里,连接湘

---

① 《史记》卷一一二《平津侯主父列传》。

水和漓水,沟通了长江水系和珠江水系。

灵渠修成,秦军加快了军队的调动和粮草的运输,终于征服了南越和西瓯。它的效用不止于此。灵渠成为"三楚两粤之咽喉",不仅是沟通南北的交通枢纽,还可供引水灌溉。灵渠无疑是一个高效益的水利公共工程。

秦朝的水陆交通网是历代先民不断扩建的成果。始建于秦的都江堰、郑国渠、灵渠等直到今天仍发挥着重要的作用,长期给各当地民众带来福祉,真可谓"造福万代"。其中灵渠在世界航运工程史上占有光辉的地位。这个功绩应当记在包括秦始皇在内的工程组织者、设计者和建设者的账上。作为修建或疏浚水陆交通网的工程组织者,秦始皇功不可没。

第四节　十二金人与"销锋铸镰"工程

史称:"始皇既立,并兼六国,销锋铸镰。"①兴建大型纪念性、象征性建筑物也是一种比较常见的帝国行为。秦始皇下令"铸镰"可以列为这种行为。他把"铸镰"工程与"销锋"工程有机地结合在一起,强化了这个工程的纪念意义和象征意义。在文献中,这两个工程合称"销锋铸镰"。"销锋铸镰"是秦始皇统一六国后,为了巩固秦王朝的统治而兴建的又一个重大工程。这个浩大的工程分为"销锋"、"铸镰"两个步骤。其标志性成果则是闻名于世的"十二金人"。

秦始皇二十六年(公元前 221 年),齐国灭亡,天下一统。秦始皇在确立王朝的各项重要制度的同时,下令"收天下兵,聚之咸

---

① 《史记》卷一三〇《太史公自序第七十》。

阳,销以为钟镶,金人十二,重各千石,置廷宫中。"①这就是所谓的"销锋铸镶"。"销锋",即收缴并销毁大量的兵器。"铸镶",即用这些废弃的兵器作原料,大规模地铸造在宫廷中使用的钟镶之类的各种铜器,其中"金人十二"是当时铸造的最大的青铜器物。由于这些金人是秦始皇命令工匠以收缴的兵器为原料铸造而成的,所以"销锋铸镶"往往相提并论。硕大的青铜人像是这个工程的最显著的标志物,后世论及这个历史事件时主要围绕"十二金人"展开话题。

关于秦始皇"销锋铸镶"的目的,学者们有几种说法。

第一种说法是"弭兵"说。这种说法把"销锋铸镶"看成是秦始皇的功绩之一。汉朝初年,严安曾上书汉高祖,议论时政,文中写道:"及至秦王,蚕食天下,并吞战国,称号曰皇帝,主海内之政,坏诸侯之城,销其兵,铸以为钟虡,示不复用。元元黎民得免于战国,逢明天子,人人自以为更生。"②这就是说,秦始皇"销锋铸镶"的目的是避免战乱再起。这个举动也是动乱甫平、天下一统的象征,颇有一点"铸剑为犁"、"放马南山"的意义。

第二种说法是"弱民"说。这种说法从秦始皇的统治方略角度立论,强调"收天下兵"的政治目的。"弱民"说与"弭兵"说完全相反,它们对同一类历史现象做出了截然相反的价值判断。汉代的贾谊、司马迁是持有这种说法的代表人物。在《史记·秦始皇本纪》中,司马迁引用贾谊的《过秦论》,以评价秦政得失。他们认为,秦始皇为了维护"鞭笞天下,威振四海"的政治局面,"于是废先王之道,焚百家之言,以愚黔首。堕名城,杀豪俊,收天下之兵聚之咸阳,销锋铸镶,以为金人十二,以弱黔首之民"。这就是说,

① 《史记》卷六《秦始皇本纪》。
② 《史记》卷一一二《平津侯主父列传》。

收缴并销毁"天下之兵"的目的是"弱天下之民",使之无力反抗秦王朝的统治。这个说法是当时许多人的共识。他们把"销锋铸镶"与"以法治国"、"焚书坑儒"相提并论,视为秦始皇的败政之一,所谓"于是秦兼天下,废王道,立私议,灭《诗》《书》而首法令,去仁恩而任刑戮,堕名城,杀豪桀,销甲兵,折锋刃"①。这个说法为后世大多数学者所认同。"铸金人,发谪戍"②成为秦始皇的罪状之一。

第三种说法是"符瑞"说。据《汉书·五行志下之上》记载,"秦始皇帝二十六年,有大人长五丈,足履六尺,皆夷狄服,凡十二人,见于临洮。天戒若曰,勿大为夷狄之行,将受其祸。是岁始皇初并六国,反喜以为瑞,销天下兵器,作金人十二以象之。"这就是说,秦始皇错将灾异理解为符瑞,"销锋铸镶"的目的是为了宣扬符瑞降临,显示秦王朝的合法性和一统天下的功勋。如此说来,"十二金人"具有特殊的政治意义。由于这些青铜人物铸像"皆夷狄服",所以许多文献称之为"铜狄"、"金狄"。符瑞、祥瑞本属无稽之谈,而在当时的政治生活中又有举足轻重的作用。秦始皇是个尊崇上帝、迷信天命的皇帝。当临洮的地方官报告"符瑞"的时候,他深信不疑,认为这是天下一统、中外一家的象征,于是就铸造"十二金人"宣扬并纪念这件事。持"符瑞"说的许多古代学者既相信符瑞,又非议秦政。在他们看来,秦始皇误以"天戒"、"天谴"为"符瑞",并以此证明秦皇无道。

第四种说法是"翁仲"说。高诱注释《淮南子·氾论训》,他认为:"秦皇帝二十六年,初兼天下,有长人见于临洮,其高五丈,足迹六尺。放写其形,铸金人以象之。翁仲,君何是也。"这就把金

---

① 《汉书》卷六十四上《吾丘寿王传》。
② 《淮南子·氾论训》。

人与翁仲联系在一起。《史记·秦始皇本纪》《索隐》引谢承《后汉书》："铜人，翁仲，翁仲其名也"。这种说法认定"十二铜人"就是"翁仲"。许多文献论及翁仲，如《山堂肆考》、《广宇记·陕西临洮府名宦》、《古今图书集成·坤舆典》等。所记略有差异，基本内容相同。据说翁仲姓阮，身材高大，相貌威武，是秦始皇手下的大将。秦朝建立后，秦始皇命阮翁仲镇守临洮。他战功卓著，威震匈奴，"秦人以为瑞"。阮翁仲死后，秦始皇命人按照他的形象铸造铜像，立于咸阳宫司马门外。铜像栩栩如生，匈奴人见之，以为翁仲尚存，礼拜有加。然而这些记载都没有直接把铜翁仲与"十二铜人"联系起来。"翁仲"说将秦始皇铸金人的目的解读为：纪念声播域外的战将，用以威震远方的匈奴。

第五种说法是"仿效圣王"说。这种说法是日本汉学家泷川龟太郎提出的。他认为"始皇销兵，学周武放牛马也；铸十二金人，效夏禹铸九鼎也。"[1]这就是说，秦始皇"销锋铸镰"旨在仿效古代圣王故事。他为了表示刀兵入库，放马南山，偃武修文，以铸造大型标志性器物，凸显博大功业。

第六种说法是"废弃铜兵"说。郭沫若明确提出此说。在他看来，秦始皇"销锋铸镰"是一个标志性历史事件，"这标志着铜器时代与铁器时代的转折点。"[2]江淹在《铜剑赞序》中有一段议论。他指出：从春秋至两汉有一个从铜兵器向铁兵器转化的历史过程。战国以来，兵器需要量很大，而"铸铜甚难，求铁甚易。故铜兵转少，铁兵转多，二汉之世，既见其微"。这是符合历史事实的。尽管铁兵器的普遍化是汉代的事情，而铁兵器的增多毕竟增加了铜

---

①　泷川龟太郎：《史记会注考证》第二册，东方文化学院东京研究所昭和七年版，第29页。

②　郭沫若：《〈侈靡篇〉的研究》，《历史研究》1954年第3期。

兵器的淘汰数量。

笔者认为，上述这些说法都有一定道理，实际上可能是各种成分都有一些，而总的说来，"销锋铸镶"属于一种正常的统治行为，只是在特定的历史条件下，其规模空前绝后而已。

"销锋铸镶"是秦始皇为巩固统一所采取的一系列措施的两大成果。秦始皇收缴天下兵器与铸造钟镶金人本来是两件事，只是由于都属于巩固统一的政治措施，几乎同时进行，而铸金人的材料又取自兵器，这才把两件事关联在一起，使之成为一个浩大工程的两个步骤。如果没有如此规模的收缴兵器之举，就很难有如此浩大的青铜铸造工程。"销锋"与"铸镶"的原因和目的应当分别考察，统一归纳。

秦始皇"销兵"的主要目的是在特定的历史背景下处理战争善后问题，加强兵器管理。秦始皇收缴天下兵器的原因首先与秦的制度有关。从云梦秦简提供的材料看，秦国有兵器国有的传统。依据制度，平时由国家统一制造并保管兵器；动员军队时由国家统一发放兵器，并登记造册；军队复员时，统一收回兵器，凡与登记不符者，必须照价赔偿。除少量赐予贵族、官吏的佩剑等礼仪性兵器外，用于战争的兵器一律由国家统一保管，不准私人平时拥有武器。这很可能是一个行之久远的制度。这就决定了在战争结束后，政府必然将大量兵器收归国库所有。

秦始皇销毁兵器的主要原因是兵器总量过剩。秦始皇收缴的兵器来自六大"战国"，这就决定了他所收缴的兵器数量巨大。战国末年，大国之间的兼并战争已是旷日持久，各国军队的总兵力约有数百万。当时每一个士兵配备的兵器至少 3 件，如果再加上散落在民间的兵器，估计兵器总量数以千万计。统一天下之后，全国军队总数大幅度下降，对于缴获的、残损的、流散的和过剩的兵器必须有一个适当的处置办法。大规模收缴并销毁兵器势在必行。

加强兵器管理的目的显然有维护统治秩序、防范民众反抗的意图。大功告成之后销毁兵器,也有偃武修文的用意。在秦始皇收缴、销毁兵器的动机中,还很可能包含着各种政治考虑,其中也有仿效圣王故事的意味。这种现象史有先例,鲁国的季武子就曾用缴获齐国的兵器,"作林钟而铭鲁功"①。结束战争之后,大规模地销毁武器更是一种很常见,也很正常的历史现象。秦始皇"销兵"之举与既定制度有关,也有利于国家统一,社会安定。在评论这个事件的时候不必过于夸大"弱天下之民"的成分。

天下刚刚统一,秦始皇就立即下达了收缴兵器的命令。数以千百万计的兵器收集于国家库府,汇聚到首都咸阳,恐怕用"堆积如山"都不足以形容其数量之多。秦朝政府必须以适当方式处理这些闲置不用的兵器。在当时,兵器以青铜质料居多,而青铜是比较贵重的金属,用销毁的兵器铸造铜器又是一种最常见的选择。自商周以来,历代统治者就嗜好以大型青铜制器显示权威和富贵,秦始皇亦然。于是秦始皇决定把这些宝贵的青铜用于铸造奢华的宫廷用品,特别是纪念性、象征性的大型器物。这在当时应属很正常的现象。

秦始皇铸造"十二铜人"的目的显然与符瑞有关。这可以依据铜人的形制断定。"十二铜人"依据"临洮长人"的身材、形象而铸造,它们"皆夷狄服"。这表明,"符瑞"说是可信的。

秦始皇用销毁的兵器铸造的器物显然不限于"十二铜人"。秦朝宫廷之中拥有大量铜质器物,许多文献有秦人多铸千石之钟的记载。这些器物有的是继承前代的,有的是秦始皇监制的。据刘歆所著的《西京杂记》卷三记载,刘邦初入咸阳宫,"周行库府,金玉珍宝不可称言",其中有一批"尤惊异者",如"复铸铜人十二

① 《左传·襄公十九年》。

枚,坐皆高三尺,列在一筵上,琴筑笙竽,各有所执,皆缀花采,俨若生人。筵下有二铜管,上口高数尺,出筵后。其一管空,一管内有绳,大如指。使一人吹空管,一人纽绳,则众乐皆作,与真乐不异焉。"这显然是一个大型的铜人乐队。这里所提到的"铜人十二枚"是否就是"十二金人",不得而知。从其形制、尺寸来看,似不是"十二金人"。值得指出的是:大型铜制乐队不是秦始皇首创的。1978年在湖北随县发掘出战国时期的曾侯乙墓,其中的大型编钟就是由六具铸镂铜人承托的。裴松之为《三国志》作注,他引《魏略》记述魏明帝大规模搬运铜器的材料以补《魏志》的不足。这段文字是:"《魏略》曰:'是岁,徙长安诸钟簴、骆驼、铜人、承露盘。盘折,铜人重不可致,留于霸城。大发铜铸作铜人二,号曰翁仲,列坐于司马门外。又铸黄龙、凤皇各一,龙高四丈,凤高三丈余……'"①这段史料说明,不仅秦汉宫廷的大型铜质器物甚多,而且铸造"翁仲"之类的铜人并置于宫廷的适当位置也是很常见的帝王行为。从这些史料可以大体推断:在统一天下不久,秦始皇就用销毁的兵器铸造了许多器物,其中以"十二铜人"最为著名。后来还可能又陆续铸造了"翁仲"等大型器物。

秦始皇"销锋铸镂"的成果都被置于宫廷之中。"十二金人"显然安放在阿房宫的显要位置,很可能置于阿房宫前殿之前。翁仲则被立于宫门之外。它们使阿房宫更加壮美、更加庄严。在这个意义上,"销锋铸镂"又是扩建咸阳都城和宫廷建筑工程的一个组成部分。

这项工程的规模是可以大体估算出来的。征集并销毁数以千万计的兵器是一个很大的工程,然后还要把它们熔铸成各种大型器物。关于"十二金人"的高度,有关文献记载不一致。有立姿五

---

① 《三国志》卷三《魏书·明帝纪》。

丈说、坐姿三丈说等。五丈说见于《史记·秦始皇本纪》、《汉书·五行志》，恐怕很难简单地推翻。有人据此推定金人为立姿，高五丈。《三辅黄图》有"坐高三丈"之说，还记载了十二金人胸前的铭文："皇帝二十六年，初兼天下，改诸侯为郡县，一法律，同度量，大人来见临洮，其大五丈，足迹六尺。"当时的坐姿与后世不同，通常是踵足席地而坐，即跪坐。身高五丈，跪坐高三丈，也是符合比例的。《三辅旧事》、《水经注》等皆采此说。这里姑且采用坐姿三丈说。秦代一尺约合 23.1 厘米。铜人的三丈金身大约在 7 米左右。关于金人的重量，《史记·秦始皇本纪》记作"各重千石"。秦代一石约合 60 公斤，千石约有 6 万公斤。依此推算，十二金人总重量达 72 万公斤。实际上高达 7 米的仿人跪坐铜像，其重量应高于 6 万公斤。《史记·秦始皇本纪》的《正义》引《三辅旧事》云："聚天下兵器，铸铜人十二，各重二十四万斤。汉世在长乐宫门。"一说为"三十四万斤"。这样一来，金人的重量成倍增加。即使金人的身高、重量皆从其数量较小者，其工程总量也相当可观。兵器的数量巨大，金人的结构复杂，从收缴兵器、汇集兵器、运输兵器，到建造工场、融毁兵器、浇灌冶铸，再到精心打磨、修饰成器、置于宫廷，其工程之规模是可以想像的。再加上众多的千石之钟、巨大的翁仲铜像及各种铜铸的飞禽走兽、车马、器皿、装饰等，"销锋铸鐻"工程所耗费的人力、物力可想而知。

秦始皇的"销锋铸鐻"工程，是非参半，功过相杂。"销锋"是势在必行的功德之举，不能简单地斥之为"粉饰太平"、"压迫民众"。"铸鐻"基本上是无益有害之举，本应铸为犁的剑，却被秦始皇铸成了豪华的宫廷饰物。铸造这些宫廷饰物不仅无益于国计民生，而且消耗民脂民膏。许多古代思想家把"销锋铸鐻"视为秦始皇的无道之举，这是颇有几分道理的。

秦朝灭亡后，"十二金人"历经磨难，终归于泯灭。由于文献记载的阙略，"十二金人"的最终结局已经很难详细考证。关键在于汉代以来的文献中所提到的"金人"、"铜人"、"金狄"等是否就是当初的"十二金人"，这一点很难确说。"十二金人"的损毁过程很有可能是这样的：秦朝覆灭，阿房宫毁于战火，金人掩弃于废墟之中。刘邦建立汉朝后，命人将"十二金人"运到长乐宫的大夏殿，铜翁仲则立于司马门外。在西汉，"销锋铸镶"的主要成果完好无损。两汉之际，王莽篡汉，建立"新"朝，他的一次梦魇，致使"十二金人"的金身破损。据《汉书·王莽传下》记载，有一次，王莽"梦长乐宫铜人五枚起立，莽恶之，念铜人铭有'皇帝初兼天下'之文，即使尚方工镌灭所梦铜人膺文。"这些铜人可能就是"十二金人"。它们胸前的铭文被王莽命尚方监的工匠全部凿除。东汉末年，天下大乱，群雄割据，董卓一度挟持皇帝，专擅朝政。汉献帝初平元年（公元190年），董卓改变币制，"坏五铢钱，更铸小钱，悉取洛阳及长安铜人、钟虡、飞廉、铜马之属，以充铸焉"①。据说遭此一劫，"十二金人"大多毁损，仅余其二。三国时期，魏明帝将长安的大型铜质器物迁往洛阳，幸存的铜人也在计划之内。据说"金狄或泣，因留霸城"。实际上是由于"铜人重不可致"②，运输困难，未能达到目的。魏明帝只好另铸了两尊铜翁仲立于宫廷之前。到十六国时期，后赵皇帝石季龙命人将铜人运抵邺都。后来，前秦皇帝苻坚又将其运回长安销毁。至此"十二金人"损毁殆尽。

"十二金人"是当时最大的青铜器，其体积、重量前无古人。如此规模的熔铸能力、高超的冶铸技术和精美的艺术造型，堪称中国古代乃至世界古代手工业史上的壮举。令人遗憾的是，这些精

---

① 《后汉书》卷一〇二《董卓传》。
② 《三国志》卷三《魏书·明帝纪》裴松之注引《汉晋春秋》、《魏略》。

美的钟镶、铜人因一个王朝的政治需要而被铸造,又因另一个王朝的政治需要而被损毁。王朝的兴替使它们当初所负载着的特殊的政治意义不复存在,以致后世的皇帝视之为废铜烂铁。秦始皇的奢靡、王莽的愚昧和董卓的贪婪都令人唾弃,而这些大型青铜艺术珍品的毁弃实在令人扼腕叹息。

第五节　阿房宫与秦都咸阳的扩建工程

大帝国都有宏伟壮丽的国都及相应的政治性建筑群。秦始皇也有他的宏大帝都和壮美宫室。

秦国历代先公先王长期经营关中,早已形成了庞大的都邑和宫室体系。特别是自秦孝公以来,经过六代君主的不断建设,秦国都城咸阳宏伟壮丽。可是秦始皇意犹未足,继续大建宫室苑囿。据《史记·秦始皇本纪》记载,秦始皇大规模扩建咸阳都城及宫室的过程大体可以分为三个段落。

第一个段落是统一六国前后。当时"诸庙及章台、上林皆在渭南。秦每破诸侯,写放其宫室,作之咸阳北阪上,南临渭,自雍门以东至泾、渭,殿屋复道周阁相属。所得诸侯美人钟鼓,以充入之。"这个建筑群全部按照各国的王宫复制,并安置从各国掳来的宫人、器物。这些宫殿很可能以各国名称命名,如"楚宫"、"卫宫"等。

第二个段落是统一天下不久。秦始皇二十七年(公元前220年),"焉作信宫渭南,已更命信宫为极庙,象天极。自极庙道通郦山,作甘泉前殿。筑甬道,自咸阳属之"。这个段落的核心建筑是极庙。它是宫殿式的宗庙,比附天上的北极星座,又称太极庙。中国古代认为北极星座是天极、帝座、紫微帝宫,它居中不动,为群星所拱,在星辰体系中最为尊贵。极庙的象征意义是:皇帝在人间的地位相当于上帝在天国的地位。后来秦二世将极庙改为始皇庙,尊为"帝者祖庙"。

第三个段落是秦始皇晚年。秦始皇三十五年(公元前 212年),秦始皇觉得"咸阳人多,先王之宫廷小",决定大规模改建咸阳城,将宫室的重心移向西周故都遗址"丰镐之间"。"乃营作朝宫渭南上林苑中。先作前殿阿房,东西五百步,南北五十丈,上可以坐万人,下可以建五丈旗。周驰为阁道,自殿下直抵南山。表南山之颠以为阙。为复道,自阿房渡渭,属之咸阳,以象天极阁道绝汉抵营室也。阿房宫未成。成,欲更择令名名之。作宫阿房,故天下谓之阿房宫。"

秦始皇大规模扩建都城和宫室的目的主要有四个:

其一,威服天下。汉高祖刚刚称帝,丞相萧何就修建未央宫,"立东阙、北阙、前殿、武库、大仓",颇为壮观。汉高祖指责萧何:"天下匈匈,劳苦数岁,成败未可知,是何治宫室过度也!"萧何认为:"天子以四海为家,非令壮丽亡以重威,且亡令后世有以加也。"①汉高祖闻之大喜。萧何的说法符合中国古代的统治术。体现皇权不可一世的气势、君临天下的威严、皇家地位的尊贵,这是包括秦始皇在内的历代帝王修建宫廷的主要宗旨。

宫廷制度是皇权的物质标志。宫廷制度包括地理位置、建筑格局、内侍组织及其相关的规制等。在观念上,皇宫内院是帝王齐家之所,朝堂大殿是帝王治平之地,帝都京城是国家政治中心。据说,"王者居宸极之至尊",天下第一家的居所亦法象"宸极",即"宫者,天有紫微宫,人君则之,所居之处故曰'宫'。"②在陕西澄

---

① 《汉书》卷一《高帝纪下》。
② 《唐律疏议·名例》。

城县良周村出土的战国秦汉帝王行宫的瓦当上,有这样的铭文:"与天无极"。这正是宫廷制度所物化的政治文化意义的高度概括。宫廷的各种称谓,如天宇、天衢、天阙、天邑、宸极、皇州、帝乡等,都旨在尊崇天子。各种建筑也皆具政治功能和象征意义。建筑设计刻意在空间和色彩的对比变换中营造富贵、崇高和威严的气势。巍峨的宫阙、恢弘的门楼、雄伟的围墙、宽阔的广场、壮丽的殿堂,装饰以河桥、华表、金龙、石兽,再渲染以白玉、碧瓦、红砖,构成了富丽堂皇、庄严肃穆、凌驾一切的意境。再加上隆重、神圣、威严、繁缛的大典仪轨。在这种意境和氛围中,皇帝行使着"官天下"的权力,扮演着"家天下"的大家长。人们只能顶礼膜拜,谁又敢对君王怀有贰心?

其二,炫耀功德。秦始皇建立极庙以与皇帝尊称相匹配,复制各国宫室,以炫耀横扫六合的武功。大规模扩建咸阳城固然与实际需要有一定的关系,而其主要目的还是为了进一步营造超迈五帝三王的氛围。

其三,穷奢极欲。秦朝的皇家建筑群集当时各种技术、工艺之大成,堪称亘古罕见的建筑艺术瑰宝。它以宫室建筑为主,配以各种苑囿园林,依山傍水,布局严整,错落有致,气势雄伟。秦始皇还将分布在各地的各国王宫、离宫统统据为己有。然而面对如此规模、如此壮丽的宫室,秦始皇意犹未足,又大规模扩建从秦惠王开始动工兴建的阿房宫,并在各地大量建造离宫。据说,"关中计宫三百,关外四百余。于是立石东海上朐界中,以为秦东门"。如此规模的宫殿、苑囿和遍布各地的离宫显然远远超过礼制的规定和豪华的帝王日常生活的实际需要。

其四,修炼仙道。秦始皇听信术士卢生之言,为了见到"真人",将自己隐秘宫中。为了适应这个特殊需要,"乃令咸阳之旁二百里内宫观二百七十复道甬道相连,帷帐钟鼓美人充之,各案署不移徙。行所幸,有言其处者,罪死"①。

以阿房宫为主体的秦都宫室苑囿规模极其宏大,建筑极其豪华。据说,阿房宫由秦惠文王始建,秦始皇大规模扩建。直到秦始皇辞世,阿房宫的主体工程阿房前殿等尚未完工。此外秦始皇还先后兴建梁山宫、曲台宫、长乐宫、兰池宫、宜春宫、望夷宫、南宫、北宫、兴乐宫、林光宫等。近年来的考古发掘证实了一些有关的记载。为了扩建宫室、陵墓,秦始皇派遣"隐宫徒刑者七十余万人,乃分作阿房宫,或作丽山。发北山石椁,乃写蜀、荆地材皆至"。又"因徙三万家丽邑,五万家云阳,皆复不事十岁"②。

如此大规模地建筑都城、宫室、苑囿,劳民伤财,且毫无益处。这是秦始皇统治时期一大弊政,甚至可以说是导致秦朝速亡的重要诱因。据说当时流传一个民谣:"阿房,阿房,亡始皇。"这个褒贬时政的警世妙语不幸而言中。秦朝灭亡,这些宫殿也大多焚毁。正如《三辅皇图序》所说:"始皇并吞六国,凭借富强,益为骄侈,殚天下财力以事营缮。项羽入关,烧秦宫阙,火三月不灭。"

第六节　兵马俑与空前奢华的骊山陵工程

帝王陵墓属于帝国工程。建筑豪华奢靡的陵墓,是维护皇权、巩固统治的一种手段。无论中外,有帝国必有帝王陵墓。在通常情况下,帝国越强盛,帝陵越宏伟。这类工程前有古人,后有来者。秦始皇亦不例外。但是"自古至今,葬未有盛于始皇者也"③。在

---

① 《史记》卷六《秦始皇本纪》。
② 《史记》卷六《秦始皇本纪》。
③ 《汉书》卷三六《楚元王传》。

中国历史上,秦始皇骊山陵工程的特点是:其规模之大,耗费之巨,可谓前无古人,后无来者。秦始皇陵的发掘已经证实了《史记》有关记载的真实性。1987 年,它被联合国教科文组织列入"世界遗产保护名录"。

远古人类相信灵魂不灭,这种观念至今尚存。因此,权贵们几乎无一例外地出于向往天国、迷信鬼神、维护尊严和炫耀富贵,而兴建陵墓,厚埋陪葬。在中国,厚葬之风古即有之,还形成"事死如事生"的礼制。考古发现的商王及后妃、贵族之墓就是先例。春秋战国以来,厚葬之风更盛,还增加了封土山陵。近年来,经考古勘察、发掘的秦公大墓、曾侯乙墓等都为当时王侯的厚葬之风提供了实物证据。史称"吴王阖闾,违礼厚葬",此后,"秦惠文、武、昭、严襄五王,皆大作丘陇,多其瘗臧"①。秦始皇更是登峰造极,堪称中国古代帝王厚葬之最。

君主生前预造寿陵可能始于春秋战国时代。依据古代制度,"天下贡赋三分之,一贡宗庙,一贡宾客,一充山陵。"②秦汉时期政府财政与皇室财政是分开的,但这并不妨碍皇帝任意把国家财政拨作己用。所以名义上秦始皇是在用自家收入为自己修筑陵墓,实际上所用金钱是民脂民膏,所用劳力是国家徭役。

秦始皇从十二岁即位伊始,就开始为自己修建骊山陵,直到死时尚未完工。史称:"始皇初即位,穿治郦山,及并天下,天下徒送诣七十余万人,穿三泉,下铜而致椁,宫观百官奇器珍怪徙臧满之。令匠作机弩矢,有所穿近者辄射之。以水银为百川江河大海,机相灌输,上具天文,下具地理。以人鱼膏为烛,度不灭者久之。"③

---

① 《汉书》卷三六《楚元王传》。
② 《日知录·厚葬》。
③ 《史记》卷六《秦始皇本纪》。

秦始皇陵园南依骊山,北临渭水,远远望去像一座巍峨耸立的山丘。它是中国历史上第一个皇帝陵园,也是最豪华的皇帝陵园①。秦始皇陵园是在战国君王陵寝制度的基础上创建的。秦始皇继承前代制度并多有创新,他通过修筑骊山陵形成了许多影响深远的帝陵制度,如封树制度、陵邑制度、园寝制度等。

秦汉时期的帝王之陵以秦始皇骊山陵的封土规模最大。秦始皇还命名自己的陵冢为"山"。封,即封土,积土成山;植,即植树,广植松柏。封树,即封土植树如山似陵。封土的大小、高低标志着墓主人生前的等级与地位。据说罔象专食亡人肝脑,而松柏可以使之避易。秦始皇的陵冢呈覆斗状,全部由人工积土成山,精心夯筑而成。陵冢原高五十丈(约 115 米),陵基东西长约 485 米,南北宽约 515 米。经两千多年的风雨侵蚀和人为破坏,至今尚保存高 76 米、宽 350 米、长 345 米的夯土陵丘。

秦始皇建立陵邑制度和园寝制度。他"因徙三万家丽邑"②,令大量关东之民到陵园附近居住。这些居民的任务是修建、维护皇帝的陵园。"骊山园"仿照都邑建造,是一座由内外两重园垣围成的陵园。考古勘察表明,陵冢围有长方形的内、外二城,其规模也比汉代为大。内城、外城四面有门,门上有阙楼。在陵冢的北侧和西侧建有大片地表建筑,模仿生前宫殿的"前朝后寝"制度。陵园设专职职官负责管理。

秦始皇的陵邑、陵园、陵冢、寝殿、地宫、寺吏舍、陪葬墓及各种陪葬坑,模拟天地、国家、皇宫、政府、军队、臣民、苑囿等,形成一个完整的冥世帝国。据说地宫中有各种象征日月星辰、山川河海、林

---

① 本书有关秦始皇陵的内容主要参考了秦始皇兵马俑博物馆所编辑的《秦俑学研究》等,陕西人民出版社 1996 年版。

② 《史记》卷六《秦始皇本纪》。

木禽兽的图画、装置,还有百官位次和各种奇珍异宝、玉门机关。各处点燃灌注鲸油的长明灯。此外还有大量的殉葬品。1974 年,在陵冢东侧 1.5 公里处发现陪葬的兵马俑坑。三个俑坑埋藏着与实物同样尺寸的兵马俑八千多件。这些兵马俑制作仿真,构成庞大的军阵序列,规模宏伟,威武雄壮,大气磅礴。1980 年底,在陵冢西侧深 7 米的陵道附近又出土了两组精美的铜车马。它们是皇帝出行的銮驾乘舆。此外还发现许多象征宫廷苑囿的马厩坑、珍禽异兽坑。由此可见秦始皇陵规模之宏伟,陪葬品之丰富,工程之浩大。

秦陵附近出土的每一件文物都令人惊叹不已。举世闻名的秦陵兵马俑被誉为"世界第八奇迹"。铜车马等也堪称"世界奇迹"。而它们仅仅是秦陵布局的一小部分。殉葬明器坑都有如此惊人的规模,陵墓总体规模之宏大可想而知。

秦始皇的骊山陵前后修建将近 40 年,常年劳作的主要是刑徒和工匠。他们多达数十万人。秦始皇还调用各地工匠以及荆楚木材、北山石料等,以木兰为梁,磁石为门,铜水灌浆,米汁刷饰。为了采取合用的石料,秦始皇命令"发北山石椁"①。据说当时有民谣曰:"运石甘泉口,渭水为不流。千人唱,万人讴(一作钩),金陵余石大如坵。"以人拉手推的方式运输一块块大如土屋的巨石,仅仅这个工程的耗费就是极其惊人的。

无节制地广建宫室,大修陵墓是加速秦朝灭亡的重要原因。这些工程无益而有害,仅阿房宫、骊山陵这两项就长期占用七十万刑徒及大量工匠,其人力消耗相当于甚至超过北御匈奴、南平百越所用人力的总和。汉代的贾山批评秦始皇,他说:"贵为天子,富有天下,赋敛重数,百姓任罢,赭衣半道,群盗满山,使天下之人戴目而视,倾耳而听。一夫大呼,天下向应者,陈胜是也。秦非徒如

---

① 《史记》卷六《秦始皇本纪》。

此也,起咸阳而西至雍,离宫三百,钟鼓帷帐,不移而具。又为阿房之殿,殿高数十仞,东西五里,南北千步,从车罗骑,四马骛驰,旌旗不桡。为宫室之丽至于此,使其后世曾不得聚庐而托处焉。为驰道于天下,东穷燕齐,南极吴楚,江湖之上,濒海之观毕至。道广五十步,三丈而树,厚筑其外,隐以金椎,树以青松。为驰道之丽至于此,使其后世曾不得邪径而托足焉。死葬乎骊山,吏徒数十万人,旷日十年。下彻三泉,合采金石,冶铜锢其内,柒涂其外,被以珠玉,饰以翡翠,中成观游,上成山林。为葬薶之侈至于此,使其后世曾不得蓬颗蔽冢而托葬焉。秦以熊罴之力,虎狼之心,蚕食诸侯,并吞海内,而不笃礼义,故天殃已加矣。"①

在今天看来,一切帝王陵墓工程都是糜费民脂民膏之举,其现存的文化遗产价值与评价当时的帝王是两回事。在当时看来,帝王修建陵墓是理所当然的事,它不是一件养生送死的生活琐事,而是关乎礼制和政治的大事。只要符合制度,只要不超过一定的限度,这类工程就合礼、合法,是公,是天理,属于理所当然之举。以孟子、朱熹为代表的鼓吹礼治仁政的历代大儒对此多有论述。这个观念也获得大多数臣民的认同。但是,秦始皇的骊山陵显然逾越了制度,无论用什么尺度衡量都属于骄奢淫逸之举,可以毫无疑问地使用穷奢极欲、暴虐无道、残暴虐民之类的字眼予以抨击。

秦始皇堪称盖世英豪,然而骊山陵未竟,霸业已成泡影。此后的两千年中,骊山陵累遭人为破坏。先是楚霸王项羽放火焚毁地面建筑,后有汉代牧羊人失火焚毁部分地下建筑。唐末黄巢起义时,也曾发掘秦始皇陵。清代袁枚有一首《始皇陵咏》:"生则张良椎之荆轲刀,死则黄巢掘之项羽烧,居然一抔尚在临潼郊,隆然黄土浮而高。"秦始皇若地下有知,不知当作何感想。

---

① 《汉书》卷五一《贾山传》。

第十三章　生活篇：享御称尊的大秦天子

　　作为最高统治者，秦始皇是王，是天子，是皇帝。依照礼制，他有权享御称尊。秦始皇的政治地位、社会身份与众不同，他的整个人生之旅，包括日常的家庭生活、政治生活也必然与众不同。他既是一个极特殊的人，又是一个很普通的人。与众不同之中，有与众相同之处；与众相同之中，又有与众不同之处。秦始皇的家庭生活、衣食住行、社会活动和日常政务，从一个侧面展现着中华帝制的特点及其个人的人格特征。

第一节　中华帝王家的家庭制度　与秦始皇的家庭生活

　　秦始皇生于一个中华帝王家。在中国古代社会，家庭一直是一个政治单位。脱离了政治的视角，就很难认识古代家庭的本质与内涵。帝王家更是典型的政治家庭（家族）。中华帝王家有一套来自传统的独特的家庭制度。在帝王家族内，一切亲属关系都高度政治化，家庭成员大多扮演着特定的政治角色。其家长是"临御天下"的皇帝，其冢妇是"母仪天下"的皇后。皇帝的妻妾是有爵秩的"女官"，子女或是储君（古代人视之为"国本"）或是贵族，姻亲是王亲国戚，大多高官显爵，就连家奴也是有秩禄的"宦官"。

帝王的家庭生活本身就是国家政治生活的一个重要组成部分。

自古有"祸起萧墙"之说。父子相猜、诸子争立、储君弑父、后妃干政、外戚擅权、宦官专政等当时最重大的政治祸乱,都是由帝王家庭内部的纷争引起的。当年齐桓公在葵丘之会以霸主身份代行天子之权,与会诸侯盟誓"五毋",其中有三条关乎君主的家庭生活,即不准废黜嫡子,不准以妾为妻,不准使妇人干政。帝王之"家"常常成为"国"乱之源。秦始皇亲政前就曾面对太后专政、兄弟叛变、宦官谋逆等发端于家庭内部的政治祸乱。亲政以后,他以"看似无情却有情"的方式,小心翼翼地维护着这个家庭的内部秩序。与历代帝王相比,秦始皇掌握大权期间的皇家内部状况可以算是相当稳定的一类。妻妾、宦官都在牢牢的控制之中,父子、兄弟之间也大体相安无事。可是他刚刚辞世就"祸起萧墙"。秦朝之国难,还是由家难而起。

一、君臣关系制导下的家庭关系

在对秦始皇的家庭生活作个案分析之前,有必要先对当时公认的帝王家庭关系准则及相关的帝王规范作简要的介绍。

在中国古代社会,围绕"家"这个概念,形成了复杂的家庭观念体系和相应的家庭关系规范。在这个观念体系中,帝王的地位最特殊,有关规范也最复杂。

当时的人们普遍认为,宇宙是一个大家庭。天(上帝)是宇宙的最高主宰,天地是生化万物的亲体,是全人类的祖宗、家长。因此,在宇宙王国中,天是至上之君,人间的王无论生前死后都是上帝的臣子。在宇宙大家庭中,天地是万物的父母,王必须将其作为父母侍奉。"人无幼长贵贱,皆天之臣也。"①事天如君,事天地如

---

① 《墨子·法仪》。

父母,这类规范是天命观念的产物。帝王祭祀天地,对天称臣,就是对这类观念和规范的认同和践履。由于天子是天地的嫡长子,所以他又是"天下之父母"。天下众生,包括帝王的亲属,无论贵贱长幼都要称君主为"君父"。在"天地"这个大家庭中,帝王是一个亦臣亦君、亦子亦父的角色。

当时的人们普遍认为,"天下一家",而帝王是这个大家庭的家长兼君主。但是人们又认为,尽管一切臣民都是帝王的子民,可是为君者必有师傅、师臣,他还必须尊老敬长、礼贤下士。在古代社会关系体系中,师徒如父子,师徒关系类似于君臣、父子关系。"事师之犹事父"这条原则适用于一切人①。这就要求南面之君屈尊事臣,北面稽首,甚至以师为父。事师如父规范为帝王做了这样的文化定位:帝王是人君,而在道德上他又必须师事其臣、父事其臣。秦始皇呼吕不韦为"仲父",师事王翦、茅焦等人,就是这一类拟宗法化的政治现象的实例。在这种情况下,帝王与师臣都扮演着双重角色。在"天下"这个大家庭中,帝王依然是一个亦臣亦君、亦子亦父的角色。

除了观念上的拟宗法化的宇宙、国家大家庭外,帝王还有一个实实在在的专属于自己的家庭。在家庭内部,帝王既有祖宗、父母及其他长辈,又有兄弟姐妹、妻妾及其他平辈,还有子女儿孙等晚辈。因此,帝王家与臣民家一样,都有父子、夫妇、长幼、兄弟之别,都要遵守相应的社会规范。"虽天子必有尊也,言有父也。"②帝王在祖宗、父母面前是臣是子,必须恪守孝道,行"天子之孝"。依照当时通行的道德观念,父子如君臣,君臣如父子。家庭内部的父子、夫妇、兄弟之间都包含着一定的君臣属性,内蕴着"君臣之

① 参见《吕氏春秋》的《孟春纪·尊师》、《孟春纪·劝学》。
② 《孝经·感应章》。

义"。与广大男性臣民一样,帝王在家中也是一个亦臣亦君、亦子亦父的角色。

帝王毕竟不同于臣民,帝王家也毕竟不同于臣民家。帝王是名副其实的君主,无论在国家中,还是在家庭内,他首先是君。按照商周以来的礼制和中华帝王家的规矩,君主(王、天子、皇帝)既是一国之君,又是一家之长。围绕帝王而形成的一切家庭关系都具有双重意义,既是君臣关系,又是亲属关系。帝王的各种亲属关系首先是君臣关系,并受君臣关系的制导。这样一来,帝王的家庭生活本身就是一种特殊的政治生活。帝王的敬祖奉亲、养老送终、娶妻生子、选立嫡嗣、缔结姻亲等等,都成为国家大事。就连帝王的衣食住行也无不与政治息息相关。

根据中华帝王家的规矩,秦始皇在家中扮演着十分复杂的社会政治角色。秦始皇既是其祖辈的子孙,又是他们的臣民。这位显赫一时、惟我独尊的始皇帝也曾经为人臣、为人子,先后做过曾祖父秦昭襄王、祖父秦孝文王和父亲秦庄襄王的臣子,还曾受到过母后的监护。在祖先、长辈面前,他必须行人臣大礼,尽孝子贤孙的义务。也正是根据这个规矩,从继承王位开始,在名分上,秦始皇已经是秦国之君和秦国广大臣民的父母,同时又是嬴秦王族的家族长。在亲政前,母亲赵姬以太后身份监护儿子,操持国政,实际上是国家的代理君主和家族的代理家长,秦始皇与母亲之间的母子君臣关系更为复杂。亲政以后,他正式肩负起秦国这个大"家"(国家)、嬴秦王族这个中"家"(宗族、家族)和自己这个小家(核心家庭)的家长责任。按照中国的帝王观念,秦始皇身兼国家、家族和家庭等三重家长的身份。在臣民、族众和家庭成员面前,秦始皇既是君主,又是家长,他拥有绝对的支配权。无论年岁长幼,家属和臣民都要尊秦始皇为"君父",履行为子为臣的义务。他的长辈也要对他称臣。但是,在文化意义上,秦始皇依然要遵守某

522

些臣子规范,诸如事天帝如君父、事师臣如父以及行"天子之孝"等。

上述的帝王家庭制度和君臣关系制导下的家庭关系,深刻地影响着秦始皇的家庭行为和政治行为。这使他常常面临棘手的选择,有时甚至深深陷入两难的道德困境。他与亲属,论亲缘是家人,论政治是君臣。就亲属关系而言,感情因素较浓厚。就君臣关系而言,他必须依据权力法则理智地对待家人。一旦感情与理智发生矛盾,他就会陷入两难境地。

二、秦始皇与家庭中的尊长、兄弟

秦始皇的直系尊长是秦国的先公先王。他生于曾祖父秦昭襄王在位期间。当时秦始皇的父母在赵国充当质子。秦始皇个人的家庭生活应当从这个时期说起。

从现存记载推测,曾祖父死时秦始皇可能尚滞留在赵国,他没有见过大名鼎鼎的秦昭襄王的仪容。祖父秦孝文王五十三岁即位,他尊已故生母唐八子为唐太后。唐太后是秦始皇的亲生祖母,她本是昭襄王的姬妾。孝文王将她与昭襄王合葬。秦始皇的父亲子楚被立为太子,赵国也随即礼送赵姬母子归秦。可是祖父正式为王仅三日,便撒手归西,葬于寿陵。秦始皇是否亲眼见过祖父的面容,不得而知。父亲秦庄襄王即位,身为嫡长子的秦始皇被立为秦国的太子。四年后,秦始皇登上王位。十二岁小小年纪便开始了享御称尊的生涯。

秦始皇自诩"上荐高庙,孝道显明"①。这个说法基本符合事实。作为宗子和嗣君,秦始皇不仅谨守宗庙之礼,依礼祭祀祖先,而且养老送终,恪尽子孙义务,主持了数位尊长的葬礼,将他们隆重发丧、安葬。这些事件在当时被视为家国大事,所以在《史记·

---

① 《全秦文》卷一《绎山刻石》。

秦始皇本纪》中一一记载。

第一位是他的父亲秦庄襄王子楚。公元前247年五月丙午，年仅三十五岁的秦庄襄王去世。嗣君兼长子嬴政依照礼制，将父亲安葬在阳陵。

第二位是他的亲生祖母夏太后。夏太后是秦孝文王的姬妾、秦庄襄王的生母。依照"母以子贵"的礼法，秦庄襄王在尊嫡母华阳王后为华阳太后的同时，尊生母夏姬为夏太后。秦始皇七年（公元前240年），夏太后去世。按照礼制，夏太后的丈夫秦孝文王应当与嫡妻华阳太后合葬，所以夏太后事先在位于丈夫的寿陵和儿子的阳陵之间的杜东为自己选好了墓地。她对这块墓地很满意，曾自豪地说："东望吾子，西望吾夫。后百年，旁当有万家邑。"①秦始皇遵从祖母遗愿，将她安葬于此。这里的居民果然越聚越多。一百六十余年之后，汉宣帝起杜陵于此地，汉家皇陵周边出现聚居数万户人家的城邑。

第三位是他的嫡祖母华阳太后。华阳太后是秦孝文王的王后、秦庄襄王的嫡母。在她还是华阳夫人的时候，便选中子楚为继承人。没有她的选择，秦始皇父子都难以登上王位。由于这个缘故，秦庄襄王和秦始皇对她感恩戴德，优礼有加，对其生前死后的安排，完全符合礼制。秦始皇十七年（公元前230年），华阳太后去世。秦始皇遵从礼制，将她与祖父合葬于寿陵。

第四位是他的生母太后赵姬。秦始皇与母亲赵姬的关系比较复杂，母子关系出现过重大曲折。在滞留赵都邯郸期间，年幼的嬴政与母亲一起经历过风雨，靠着母亲的呵护，长大成人。父亲继承王位以后，母亲尊为王后，嬴政立为太子，母子安享尊荣。问题出于赵姬以太后之尊垂帘听政期间。赵姬与嫪毒等人通奸，还有合

---

① 《史记》卷八五《吕不韦列传》。

524

谋除掉嬴政之嫌。当时的母子关系可想而知。平定嫪毐之乱以后，秦始皇盛怒之下，曾将母后打入冷宫。公正地说，对于母子关系的严重恶化，太后赵姬难辞其咎，主要责任不在秦始皇这边。经茅焦等人苦苦劝谏，秦始皇将母亲接回咸阳，使之复居甘泉宫。从此母子和好如初。大约十年之后，即秦始皇十九年（公元前228年），秦将王翦攻克邯郸，夺取赵国大部分领土，又俘获赵王。秦始皇亲临邯郸，大开杀戒，将与母亲家族有仇怨的人一律坑杀。他回到咸阳，将此事报告母亲。赵姬闻之想必快心称意。不久太后去世。秦始皇将她依礼安葬，与父王合葬芷阳。

关于秦始皇的亲兄弟，见于记载的仅有三人。秦始皇是长子，这三个人都是他的弟弟，也是他的臣民。秦始皇的三个弟弟都死于非命[1]。

王弟成蟜死于率军反叛。他可能是秦始皇的同胞兄弟，小小年纪便被封为长安君。依据秦法，无功勋者无爵位，王室宗亲亦不例外。如果不是父母或兄长有所偏爱而特加褒封的话，成蟜获得封爵理应与他的功劳有关。据《史记·秦始皇本纪》记载，秦始皇四年（公元前243年），"秦质子归自赵，赵太子出归国"。存在着这种可能性：这位质子就是成蟜，而为国家做质子是有功勋的。成蟜不仅是封君，而且是战将。秦始皇八年（公元前239年），长安君成蟜被任命为秦军统帅，率兵进攻赵国。他竟然率领所部在战地发动兵变，具体原因不明，但显然涉及到君臣关系或与其他当权者的关系，这就必定与他的兄长有直接或间接的关系。这次反叛行动被镇压下去。成蟜"死屯留，军吏皆斩死，迁其民于临洮"[2]。

---

① 关于秦朝第三代国君秦王子婴，《史记》有秦始皇之弟、之孙等不同记载。秦始皇之弟的说法可能有误。

② 杨宽依据《史记·赵世家》等考据，认为成蟜降赵，受封于饶，可备一说。参见《战国史》，上海人民出版社1982年第2版。

从这个事件的杀人之多、惩罚之重、牵连之广,可以断定这是秦国内部一次重大的非常政治事件。它甚至可能与秦始皇即将亲政有关。兄弟首先是君臣,君臣之义高于兄弟之情,无论兄弟之间是否有矛盾,发动叛乱的成蟜只有受死或逃亡这两条路可走。

秦始皇的另外两个弟弟是被他下令处死的。这两个弟弟是秦始皇的同母异父兄弟,他们都是太后赵姬与宦官嫪毐通奸而生的私生子。赵姬与嫪毐惧怕奸情败露,将这两个私生子藏匿起来。秦始皇九年(公元前238年)嫪毐兴兵谋篡,欲对秦始皇下毒手。这场叛乱被迅速平定。依据秦法,嫪毐被处以车裂极刑,并夷三族。他的这两个儿子虽年幼无辜,也适用连坐之罪,被依法处决。

后世一些旧史家或政论家把这件事作为秦始皇残暴的证据之一,似乎他不应该车裂"假父",扑杀两弟,而有悖人伦,寡情薄义。这种说法颇有一点"欲加之罪,何患无辞"的味道。嫪毐是太后赵姬的情夫,与秦始皇无所谓亲情,也论不得"父子"。无论在家庭意义上,还是在政治意义上,其关系都具有敌对性质,他们之间的矛盾势必引发你死我活的争斗。即使嫪毐不先下毒手,只"淫乱宫闱"这一桩罪过,在法律上、道德上他也注定只有死路一条,更何况兴干戈,谋篡逆! 在那个时代,秦始皇杀其身,灭其族,于法于理无可非议。论血缘,他与这两位弟弟确实是一母同胞,但又很难以亲情论之。他们是太后奸情的人证,事涉秦国王室及秦始皇个人的声望、尊严,只这一条便很难保全。更何况他们是"欺君谋逆"的"乱臣贼子"的亲生子。嫪毐犯了夷三族之罪。他的"三族"亲属都必须诛灭净尽,何况亲儿子! 可以这样说,依据那个时代的"礼"、"法"、"道德",即使是"圣王"在位,也要诛杀这几个人,不杀之不足以明"君臣大义",不诛之不足以正"伦理纲常"。如果说这种做法暴虐,那么它是时代性的暴虐。据此断言秦始皇心理变态,寡情薄义,生性残忍,显然缺乏足够的说服力。

与许多帝王相比较,秦始皇所面对的长辈和平辈亲属关系更复杂一些,处理起来更棘手一些。这集中体现在围绕他的生母赵姬所形成的错综复杂的亲属关系。就既成事实的亲属关系而言,秦始皇有三位"父",一位是基于合法婚姻的、为社会公认的父亲,即父王子楚;一位是经父母指定,以拟宗法关系认下的干亲义父,即"仲父"吕不韦(他存在着是秦始皇生物学意义上的父亲的可能性);一位是以母亲的非法两性关系为媒介形成的事实上的继父,即太后幸臣嫪毐。这三位"父"分别是王、相国和宦官,他们都与秦始皇的生母赵姬关系密切:第一位是她的丈夫,第二位是她的前夫,第三位是她的情夫。这种亲子关系已经相当复杂,一旦再加上政治关系,就会更加复杂,何况这种关系又属于古代社会最敏感的亲属关系和君臣关系。秦始皇与一母三父分别构成亲子加君臣的关系,任何人面对这种亲属关系都会感到困惑、棘手。秦始皇与这三位"父"的关系多层面地揭示了帝王家庭生活中复杂的人际关系和角色规范。然而从现存材料看,秦始皇在处理现实生活中所必须面对的长幼、兄弟关系方面,没有太多的异常之处。一切都在那个时代的情理之中,且大多中规蹈矩,合情合法。

　　首先,他对王族尊长的供养、礼遇符合公认的制度和情理,几乎无可挑剔。秦庄襄王死时,秦始皇年仅十二岁,这对君臣父子之间大概不会有什么问题,理应是正常的,甚至是十分亲密的。秦始皇依礼安葬父王,并定时祭祀,便尽到了人臣人子之责。他对嫡祖母华阳太后和亲生祖母夏太后的供养和礼遇,也完全符合礼制,并没有因血缘亲疏而乱了祖宗留下的制度。他以嫡祖母为尊的做法与周礼完全相符,依据"醇儒"的价值尺度还应当予以高度赞扬。他这样做也有利于安定朝廷,提高个人威望。由此可见,秦始皇在处理与尊长的关系时,能够坚持恪守礼法、中规中矩、不乱章法的办事原则。这表明,在通常情况下,秦始皇根据礼制、伦常处理亲属关系,至少可以算作一个平常人,还可能是相当循规蹈矩的人。

其次,他与"仲父"吕不韦的君臣父子关系很复杂,也很难妥善处理。依照常理判断,两人之间一度存在非常亲密的关系。吕不韦对子楚、嬴政父子的恩德不言而喻,他先后辅佐两位君王,政绩还是相当突出的。秦庄襄王对他信任有加,委以相国重任,又令儿子尊其为"仲父"。在秦始皇幼年时期,吕不韦以相国加托孤大臣的身份教导、辅佐这位孺子君王,加上他与太后赵姬的特殊关系,按常理判断,他与秦始皇之间不会有太大问题。名为父子,实为君臣。论父子,吕不韦为尊;论君臣,秦始皇为尊。君王与相国本来就是极其微妙的权力关系。随着秦始皇长大成人,相国必须将实权归还君王,这就极有可能引发政见之争、权力之争,进而导致君臣彼此猜忌。吕不韦是否有篡国的野心和图谋? 君臣之间是否有激烈的权力之争? 他们之间的政见分歧究竟达到什么程度? 依据现存文献很难确切断定。目前学界的各种说法都是通过分析和演绎而间接得出的。但是可以有把握地说,二人之间的关系有了裂痕,甚至可能相当严重。吕不韦与赵姬、嫪毐的特殊关系使问题进一步复杂化。在当时的条件下,吕不韦的结局是正常的,甚至是不可避免的。评价这类问题似不应太多地渲染人格和道德因素。吕不韦的悲剧与其说是秦始皇个人的"专制"本性造成的,不如说是专制权力结构和法则所注定的。从现存文献所提供的蛛丝马迹看,在处理吕不韦的问题上,秦始皇还是有一定的理性因素和感情因素夹杂其中的。起初,他只是把吕不韦逐回封地;后来,他也没有对吕不韦下诛杀令,更没有灭吕不韦的宗族,杀吕不韦的亲信。这与处理嫪毐问题的方式有明显的差别。而在许多朝代,即使亲父子遇到这种情况也是要彼此大开杀戒的。无论出于何种动机,这位专横的君主毕竟还有不太暴虐的行为。这就很难认定他心理变态。

再次,秦始皇处理嫪毐及其两个儿子的手段和方式也很难为道德分析和个性分析提供可靠的证据。这三个人落在任何一位皇帝手中,都很难有另一种结局。实际上,这个问题能不能从家庭与亲情的角度评说都颇值得推敲。如果不是秦始皇的母亲深陷其中的话,它更像是纯粹的政治问题。

最后,看一看秦始皇的母子关系。从实际过程看,母子关系的曲折变化,全部责任或主要责任在母亲一方。这是显而易见的。任何人面对这种情势也会感到左右为难,甚至盛怒难平。秦始皇落入了与郑庄公类似的情感困境,也找到了类似的解决办法。很难根据这件事对秦始皇的心理状态和道德人格做负面的定性,因为他并没有做出依据常情常理难以解释的行为。在对母亲的处理中,秦始皇更像一个有血有肉、有喜有怒的正常人,甚至更像一个善于调控自我心态的胸襟宽阔的人。

在秦始皇的一生中,他所面对的最棘手的家庭问题,莫过于处理与母亲、吕不韦这两个人的关系问题。它不是单纯的母与子、义父与义子的亲属关系问题,也不只是君王与太后、君主与宰辅的政治关系问题,而是以最高权力的交接为核心的,关系到国家安危、个人荣辱又交织着复杂亲情的,生死攸关的重大政治难题。在那个时代,秦始皇能够以这种方式了结这场政治风浪,已属不易。只要看一看历代君王是如何处理类似问题的,就很容易同意这样一个分析意见:秦始皇属于比较妥善地解决了这个政治难题的那一类。没有很强的政治能力、较好的心理素质和人格特质,是很难做到这种程度的。

三、后妃制度与秦始皇的后妃姬妾们

男尊女卑是中国古代社会两性关系的主旋律,帝王家亦不例外。按照当时的后妃制度,秦始皇理当妻妾成群,也的确妻妾成

群。秦始皇与其后妃姬妾的关系也具有双重性,论家庭关系,他们是夫妻;论政治关系,他们是君臣。男权、夫权、君权三者合一,使秦始皇高踞于后妃姬妾之上。

早在夏商时期,帝王便实行一夫一妻多妾制度。商王武丁的妻妾有数十人之多。西周实行媵婚制度,有"天子一娶十二女"、"诸侯一娶九女"之说。王(天子)之正妻称为王后。天子的后妃姬妾为数甚多,且大多有爵秩、有名号、有官职。这套制度形成于三代,完备于秦朝。秦朝后妃姬妾女官的制度、名号为汉朝所沿袭,至汉武帝时期又进一步扩充。

据说,秦始皇后宫的嫔妃女官达万人之多。"秦并天下,多自骄大,宫备七国,爵列八品。"①所谓"宫备七国",即在征服六国的过程中,将各国宫廷的美女、珍宝统统掠到秦地。这样一来,除秦国原有的妃嫔宫女之外,赵女、楚娃、燕姬、齐姜等各国宫廷中的佳丽也先后充斥秦宫。《三辅旧事》云:"始皇表河以为秦东门,表汧以为秦西门,表中外殿观百四十五,后宫列女万余人,气上冲于天。"这个描述虽有夸张的成分,却也揭示了秦始皇的骄奢淫逸。所谓"爵列八品",即后妃姬妾分别有皇后、夫人、美人、良人、八子、七子、长使、少使等名号,各种不同名号有禄秩之差。据《汉书·外戚列传》记载,"汉兴,因秦之称号,帝母称皇太后,适称皇后,妾皆称夫人。又有美人、良人、八子、七子、长使、少使之号焉"。其中皇后是正嫡冢妇,夫人是地位较高的姬妾。秦始皇巡游各地时也携带一批姬妾随行。据说,"盐官县……有秦延山。秦始皇巡此,美人死,葬于山上,山下有美人庙。"②这位随巡"美人"的地位相当高。

---

① 《后汉书》卷十《皇后纪上》。
② 《水经·沔水注》。

秦朝选择宫廷女官的方法和后妃姬妾的爵位、禄秩等,现已不得其详。汉承秦制,汉朝的做法可供参考。"汉兴,因循其号,而妇制莫厘……汉法常因八月筭人,遣中大夫与掖庭丞及相工,于洛阳乡中阅视良家童女,年十三以上,二十已下,姿色端丽,合法相者,载还后宫,择视可否,乃用登御。"①在汉朝,皇后与皇帝地位匹敌,负责主持后宫之政,其他妃妾则依次"位视丞相,爵比诸侯王";"视上卿,比列侯";"视中二千石,比关内侯";"视真二千石,比大上造";"视二千石,比少上造"……直至"视百石"、"视有秩斗食"②。其爵位、禄秩及等级序列大体比照朝廷百官。秦朝制度的基本原则与此相同,而具体做法大同小异。

秦始皇生命历程中必定有过隆重的婚礼。依照礼制,王者的婚礼隆重无比。婚姻决定权,父母在听父母之命,不在则由君主自择。王者的配偶必须是良家童女、姿色端丽、合乎法相。迎娶嫡妇有一套繁琐、复杂的婚仪,大体依序为:"纳采",即媒人到女方家中提亲;"聘礼",即订立婚约;"请期",即择定"吉日"作为结婚日期;"迎娶",即派遣大臣以乘舆法驾迎接新嫁娘;至宫,行"同牢礼",饮"合卺酒",行新妇见公婆礼等,亲朋皆往祝贺。婚后三月新妇拜祖庙,标志婚礼完成。

秦始皇的众多妻妾之中,皇后为"至尊"。皇后之宫一般称中宫,中宫有常设官属。见于现存文献的秦朝皇后宫官有詹事、将行等。西汉时期的詹事(又名中少府)总管宫内事务,将行(后改名大长秋)主管宫外事务,此外还有主管车马舆服的中太仆、主管警卫的中宫卫尉等一批官吏和大量从事宫廷服务的宦官和女官。秦朝的制度大体也应如此。

① 《后汉书》卷十《皇后纪上》。
② 《汉书》卷一八《外戚传上》。

秦始皇的皇后是谁？这是秦史之谜。不仅文献没有记载，就连秦始皇陵中可能也没有特意为她安排墓地。秦始皇确曾娶过正妻，这当无疑问。因为娶妻之事由父母包办，且在年少之时，这不是秦始皇个人意愿所能左右的。他与正妻（王后、皇后）之间或许没有大的风波，否则无论是作为家国大事，还是作为政治丑闻，都应见于文献记载或民间传说，至少也会留下蛛丝马迹。

秦始皇的后妃姬妾都没有青史留名而湮没无闻。这可能与秦始皇的政治理念有关。《尚书·牧誓》有曰："牝鸡司晨，惟家之索。"后妃干政常常导致恶果。秦国有太后摄政的惯例，秦始皇曾深受其害。受儒、法两家防范后妃、外戚干政思想的影响，再加上亲身体验，秦始皇这位集权皇帝势必加强对后妃的控制。秦朝皇后姬妾均名不见于史册，大概与此有关。有后妃必有外戚。后妃的母家大多也是显贵之家。外戚是帝王的外姓亲属，他们依附于太后王妃，往往凭借裙带关系而染指权力。秦国也有外戚专权的先例。秦始皇统治时期，不仅后妃姓名不见于史籍，就连后妃母家的父兄也一概名不见经传而湮没无闻。这从一个侧面反映着秦始皇政治化的家庭婚姻生活的特点。

四、秦始皇与子女和姻亲的关系

秦始皇是一位父亲。他后妃妻妾成群，因而也子女成群。依据宗法家庭制度，作为父家长，他有权主宰子女的一切，包括婚嫁。于是他又通过安排子女的男婚女嫁，缔结了一批姻亲。

秦始皇共有子女数十人之多，准确数字不详。其中"有二十余子"①。皇子姓名见于历史记载的有四人，即长子扶苏、公子将闾、公子高和胡亥。第十八子胡亥后为秦二世。公主则不少于

---

① 《史记》卷八七《李斯列传》。

十人。

秦始皇与儿子们的关系,可以确知者有三件事:其一,秦始皇不封诸子,父子君臣关系相对简化。其二,长子扶苏备受器重,地位特殊,后因劝阻"坑术士"受到斥责,派遣到上郡监兵。秦始皇临死命其会葬咸阳。其三,第十八子胡亥受到宠爱,秦始皇为其安排师傅,修习法律,又携他一起出巡,使之得以篡夺皇位。其中第一件事标志着秦始皇对帝王家庭关系的一大变革,也是秦朝所特有的政治现象。

秦始皇彻底废除分封制度,坚决贯彻功勋爵制度,不仅功臣及宗室的公子王孙,就连自己的皇子皇孙也概不例外。他没有封赐诸子尺土寸地,只是对子孙、亲属实行"以公赋税重赏赐之"的政策,让他们安享富贵荣华。临终时,他依然"无诏封王诸子"①。秦始皇的这个行为旨在维护一种他认定合理且亲自制定的制度,与其个人的权力欲并无直接关系。从文献记载看,秦始皇在世时,皇子皆称"公子",都没有贵族头衔。除地位特殊的长子扶苏外,其他皇子一律没有官衔。

对此当时一些人就颇有微词。后世的绝大多数儒者及一些旧史家和政论家也认为这是秦始皇贪图个人权势而导致的失策乃至无道,甚至将这列为秦朝亡国之因。其实秦始皇这样做,与其说是主要出于对个人权势的关切,不如说是探索"安宁之术","而求其宁息"的结果。在当时的历史条件下,适度分封子弟以体现其贵族地位或许是更有利于秦朝统治的长久之计,然而秦始皇的做法与汉唐宋明诸侯王仅食租税的制度没有太大的差别。在"家天下"的时代,秦始皇这样做对制度之"公"是有所贡献的。在秦始皇在位期间,君臣父子之间大体相安无事,也得益于这种政治安

---

① 《史记》卷八七《李斯列传》。

排。从今天的角度看,秦始皇的做法颇有值得肯定的地方。

或许正是由于"子弟为匹夫",诸子不参与政治,父子君臣之间的关系相对简化,所以历史文献没有留下有关秦始皇与其诸子之间发生权力之争和皇子受到处罚的记载。秦始皇在世期间,除地位特殊的长子扶苏因劝阻"坑儒"受到斥责外,也没有皇子皇孙过问政治的现象。后来秦二世将十几位兄长一网打尽,斩尽杀绝,竟然没有遭到有力的反抗,这也与皇子无权无势有直接关系。但是,汉高祖以秦始皇为教训,大封宗亲诸子,使他们有权有势,不是照样引起了骨肉相残吗?在当时的历史条件下,处理受君臣关系制导的亲属关系是很难找到万全之策的。

在诸子中,惟一受到秦始皇重用的是长子扶苏。首先,依据宗桃继承制度,长子是名正言顺的皇位继承人,立嫡立长是最高权力平稳传承的最佳选择。秦始皇是计划让扶苏接班的,他的选择符合公认的政治准则。其次,扶苏的政治素质很高,也博得父皇的赏识。阴谋害死扶苏的赵高曾经有这样一个分析:"长子刚毅而武勇,信人而奋士。"在赵高看来,在秦始皇的二十多个皇子中,扶苏的政治素质最高,他品格高尚,知人善任,能够赢得士人的忠诚。从扶苏的作为看,他很有政治眼光,"数直谏上",符合忠臣孝子标准。再次,秦始皇付以重任。秦始皇令蒙恬北御匈奴而扶苏为监军。扶苏是最受赏识的皇子,蒙恬是最受信任的将领,秦始皇把秦朝最精锐的边防军托付给他们,这是莫大的信任。正如蒙恬所说:"陛下居外,未立太子,使臣将三十万众守边,公子为监,此天下重任也。"①由此可见,这对君臣父子的关系相当好。如果在寻常百姓家,他们的父子关系状况应当属于相当好的。

秦始皇早就在内心中选定了扶苏。他对扶苏情有独钟,在政

---

① 《史记》卷八七《李斯列传》。

治结构中给予特殊安排,使之在诸子中一枝独秀,这便是明证。秦始皇临终前,特赐扶苏玺书,令他:"以兵属蒙恬,与丧会咸阳而葬。"正如赵高的分析:秦始皇临死"无诏封王诸子而独赐长子书",这意味着扶苏已被"立为嗣"①。

可是,秦始皇在处理父子关系时犯了一个致命的错误:没有及时明确扶苏的太子地位。一个历史的偶然,使赵高的夺嫡之谋得逞。它成为导致秦朝速亡的最重要的原因。

秦始皇为什么会犯这个错误?学者们有各种猜测。贪恋个人权势?自信长寿成仙?扶苏之母不受宠爱?不满扶苏直言强谏?痛感扶苏政治上不够成熟?无论如何,都与父子关系受君臣关系制导有关。在中国古代国家,选立嗣君是至关重要的国家大事,属于最棘手的政治难题之一。无论早立或迟立,立嫡或选立,不立或改立,都有可能引发严重政治问题。秦始皇迟疑不决,结果当断不断,反受其乱。他刚刚告别人世,便祸起萧墙,诸子及其子孙几乎被小儿子胡亥屠戮殆尽。这是后话。

作为父家长,秦始皇有权决定子女的婚配,所谓"父母之命,媒妁之言"。秦始皇子女的婚姻都属于政治联姻。其中最重要的姻亲是秦始皇的主要辅臣李斯,史称李斯"诸男皆尚秦公主,女悉嫁秦诸公子"②。其次是王翦,他也是秦始皇最得力的助手,在统一战争中功勋最大,封爵最高,朝班也名列第一。

关于华阳公主下嫁王家,历史传说留下了一段佳话:"华阳在富平县东南三十里。始皇二十二年,李信伐楚败归。时王翦谢病家居。始皇疾驾入频阳,手以上将印佩翦身,授兵六十万。后三日,翦发频阳。始皇降华阳公主,简宫中丽色百人为媵,北迎翦于

---

① 《史记》卷八七《李斯列传》。
② 《史记》卷八七《李斯列传》。

途。诏即遇处成婚。翦行五十里遇焉。列兵为城,中间设锦幄,行合卺礼,信宿,公主随翦入都。诏频阳别开主第。今名相遇处为华阳。"①

秦始皇巡游四方,带着部分妻妾,她们可能也携儿带女,或途中生儿育女。因此,有关于秦始皇东巡时所死之女的传说:"女陵山在(曲阜)县北二十里。《太平寰宇记》:相传秦始皇东巡,女死,葬此。"②

经秦二世、项羽两度大屠杀,秦始皇的子孙几乎损失殆尽,但是他的血统有可能通过各种途径传之久远。据说,公子扶苏的一枝苗裔辗转流亡到日本,以养蚕为业,且人丁兴旺③。

五、宦官制度与秦始皇的家奴们

宦官也是中华帝王家必备的家庭成员。有宫廷制度、后妃制度必有宦官制度。宦官是在宫廷内苑中专门为帝王、后妃服务的官员和家奴的总称。其中阉宦特为后妃姬妾而设,使用阉人的目的是保证后妃的贞节。至迟到商周,宫廷之中已有阉人服役。东汉以前,宦官杂用士人、阉人。秦始皇承继传统制度,豢养大批宦官作为家奴。

据《周礼》记载,周代王宫内已有相当完备的宦官制度。据说王宫内有八官,即宫正、宫伯、宫人、内宰、内小臣、阍人、寺人、内竖等,多数宦官由阉人担任,其中"掌王后之命"的内小臣、"掌守王宫之中门之禁"的阍人、"掌王之内人及女宫之戒令"的寺人和"掌内外之通令"的内竖以及低级宦官和下层服务人员更无一例外地

① 《古今图书集成·职方典·西安府古迹考三》又《陕西通志》七三《古迹二》及《富平县志》均同。

② 《山东通志·曲阜山川考》引《大清一统志》。

③ 参见马非百:《秦集史》,中华书局1982年版,第127页。

由阉人担任。他们也被纳入"官"的范畴,有爵秩和职掌。秦朝的宦官制度可能更为完善。

按照当时通行的家庭制度,奴隶、奴婢也属于家庭成员,他们的社会地位极其低下,被视为主人的财产。皇帝的家奴也不例外。他们是地地道道的奴才,大多是"刑余之人",因而遭到社会的唾弃和轻蔑。但是皇帝的家奴毕竟与众不同。他们是权力塔尖上的奴仆,犹如苍穹中帝座旁的四个宦者之星,紧紧随侍在君主身边,竟然也成为"官",甚至进而染指最高权力。宦官的权力既是君权的延伸,又是君权的异化。一旦君权不足以制御宦官,专权的宦官就会威胁君权。卑微的家奴一旦化君权为宦权,就有可能祸乱政治,甚至以奴欺主,犯上作乱。春秋战国时期,宦官在政坛上日益活跃,有的甚至封侯专权,阉人乱政的事情时有发生。

在秦始皇统治时期,有两个遗臭万年的宦官,一个是嫪毐,一个是赵高。宦官嫪毐淫乱宫闱,兴兵谋逆,差一点要了秦始皇的性命,夺了秦国的江山。因此,秦始皇十分注意对这些家奴的控御。在他亲政以后,不存在宦官乱政的问题。然而他死后立即就有一位家奴利用皇子、皇帝的弱点而专擅朝政,败坏朝纲。他就是赵高。宦官赵高不仅设谋夺嫡,而且弑君谋篡,成了断送了嬴秦家与国的罪魁祸首。秦朝败于庸子、家奴之手,其亡国之祸发端于萧墙之内。

秦始皇经营着偌大的天下,也经营着偌大的家族,二者彼此相通,息息相关。在他亲执大权以后,天下没有出现权臣当道、奸佞乱政、诸侯割据等重大政治问题,家中也没有发生父子相争、后妃干政、外戚擅权、宦官祸国等重大政治问题。与许多帝王相比,他的治国理家才能算是一流的。这充分体现了秦始皇控御政治的能力。但是,他没有也不可能从制度上彻底铲除造成上述政治问题的根源。因此,当这个强大的控御者不在了,几乎所有的问题便一下子冒了出来,酿成了一场由家及国、由国及家的大动乱。其结局是国破家亡。中国皇帝理家之难,由此可见一斑。在这样的家庭中生活,秦始皇可以得到情感的满足吗?

第二节　秦始皇的宫廷生活
与日常政务活动

秦始皇是一个帝王,宫廷日常政务活动是其生活一个主要组成部分。秦始皇十二岁即位,二十二岁亲政,五十岁辞世,在人生之旅的大部分时间中,他是在日常政务活动中度过的。

一、与皇帝日常活动密切相关的各种礼仪制度

中国古代君主的各种政务活动和日常生活都与礼仪制度息息相关。政治权力是礼之本,区别贵贱是礼之质,行为规范是礼之仪。统治者以繁琐的礼仪别贵贱、明等威,礼仪形式本身就是维护帝王尊严,规范臣民行为的工具。

秦始皇既是一位"法治"皇帝,又是一位"礼治"皇帝,他几乎全盘继承了夏商周以来逐步形成的各种维护天子权威的宫廷礼仪,还兼采各国之长,有所完善,有所发展。秦始皇博采六国礼仪制度,补充损益,建立了秦朝的礼仪制度,这种礼仪制度首先是一种政治制度。

这一套礼仪制度包括许多具体的制度,如名号制度、冠冕朝服制度、朝仪制度、宫廷制度、后妃制度、朝贺制度、避讳制度、卤簿制度、陵寝制度、宗庙制度、封禅制度、祭祀制度等。后来,叔孙通以秦礼为蓝本,稍加变通,制定了汉礼。汉代以后,礼仪制度虽多有增益减损,但基本精神大体相沿。在这个意义上,秦始皇确立了与

皇帝制度相关的各种礼仪制度的基本原则和框架。有些制度参见本书有关章节,这里简要介绍几个与秦始皇日常生活有关的制度。

（一）名号制度

名号制度包括皇帝的尊号、徽号、谥号、庙号、年号及其亲属的名号等。秦始皇统一天下不久就具体规范了秦朝的名号。秦朝的各种名号已经不得其详,而从《史记》的记载,结合战国、西汉的有关制度,可以知其大体。

"皇帝"是最高统治者的正式尊号。皇帝称谓是上尊号的产物,主要用于大典、诏诰等正式场合。它与名号制度有关,属于礼仪称谓。皇帝亲属的名号基本上沿用战国成例,并改"王"为"皇"。如皇帝的父亲称太上皇,母亲称皇太后,正妻称皇后,儿子称皇子（公子）,女儿称公主,孙子称皇孙等。

秦始皇创造了"皇帝"尊号,又规范了皇帝的谥号、庙号。谥号,即帝王、贵族死后,依据谥法及其生平事迹给予称号。如褒扬性的"文"、"武"和贬斥性的"幽"、"厉"等。谥号始于西周,相关的《谥法》据说为周公所作。它具有品评君主一生得失的功能。秦始皇说:"朕闻太古有号毋谥,中古有号,死而以行为谥。如此,则子议父,臣议君也,甚无谓,朕弗取焉。自今已来,除谥法。朕为始皇帝。后世以计数,二世三世至于万世,传之无穷。"[①]这实际上废除了谥号,恢复了"有号毋谥"的古制。"始皇帝"既是生前的尊号,又是死后的谥号、庙号。秦始皇废除谥号的目的是防止"子议父,臣议君",以维护皇帝死后的尊严。这种行为暴露了他力图禁绝各种批评的心态。

秦朝沿袭古制,不立年号。云梦秦简《编年记》在昭王、孝文王和庄王之后是"今元年",即秦王政（始皇）元年。秦始皇二十六

---

① 《史记》卷六《秦始皇本纪》。

年(公元前221年)统一天下,此后,秦始皇既不立年号,也不重新确定元年,继续使用原来的编年序号,如统一后第二年记作"二十七年"。《编年记》和《史记》都采取这种纪年方式。

(二)冠冕朝服制度

冠冕朝服制度源远流长。早在西周时期,天子就有一个代称叫"衮职"。《诗·大雅·民》:"衮职有阙,维仲山甫补之。"毛亨传:"有衮冕者,君上之服也。"衮,即王者所披龙袍;职,即天子所操政权。衮衣是天子的礼服。衮冕、王权皆为最高统治者独享,故以衮职代称帝王。这一称谓多作为避讳称谓使用。

秦始皇在定制立法过程中,对服饰制度也有一系列规定,如"衣服旄旌节旗,皆上黑。数以六为纪,符、法冠皆六寸,而舆六尺,六尺为步,乘六马"①。他还把六国君主的冠冕分赐予不同的职官。"及秦并天下,揽其舆服,上选以供御,其次以锡百官。"②以形制、服色区别尊卑上下是这套礼仪制度的宗旨。据《独断》、《续汉志·舆服志》、《通典·礼》、《中华古今注》等记载,秦朝皇帝的常服是通天冠。秦始皇还对不同等级的服色、玉佩等做了严格的规定,并把齐国王冠高山冠赐给谒者仆射,把楚国王冠赐给侍御史廷尉等作为法冠,把赵国王冠赐给武官作为武冠。

(三)玺、符、节制度

秦始皇发布诏令,派遣钦差,调兵遣将,都以玉玺、符节为信物。以玺、符、节为信物的历史相当久远。战国时期,王者、百官皆有玺印,调兵遣将使用虎符。各国在大小城邑、关塞亭障及边防要津普遍设防,凡通过城邑、关塞的行旅,必须持有关政府部门颁发的信物作为通行证。秦始皇进一步完善了这套制度。

---

① 《史记》卷六《秦始皇本纪》。
② 《后汉书》卷三九《舆服志上》。

"秦以前，民皆以金玉为印，龙虎钮，惟其所好。秦以来，天子独以印称玺，又独以玉，群臣莫敢用。"①秦始皇为了体现皇帝的尊严，以印称玺。他明确规定：只有皇帝的印信才可以称为"玺"，并用玉雕琢，臣民一律不得僭越。从此皇帝之印称为"玉玺"。秦始皇所刻传国玺是中国皇帝的第一颗玉玺。秦皇玺，又称传国玺。据说，秦始皇以著名的和氏璧琢而为玺（一说为蓝田水苍玉，称秦始皇蓝田玉玺），玺方四寸，螭钮为鼻，上勾交五龙，令李斯以"鸟虫书"写其文，文曰："受命于天，既寿永昌。"据说传国玺之外，还有"乘舆六玺"。《晋书·舆服志》："乘舆六玺，秦制也。曰皇帝行玺、皇帝之玺、皇帝信玺、天子行玺、天子之玺、天子信玺。"六玺分别有不同的用途。朝廷专门设"行符玺事"一职，掌管皇帝的符玺。秦皇玺是皇权的象征和信物。秦朝灭亡，它落在汉高祖手中。汉朝诸帝世代相传佩带这颗玉玺，故谓之'传国玺'。从此，争夺天下者必夺此玺，或者自刻伪玺。晋朝以来，传国玺的真伪已产生疑问。宋朝以来，其下落不明。

秦朝的符节制度也源于战国时期。虎符与节是君主掌握最高军事指挥权的重要手段。将帅领兵权的授予和军队调兵权的行使皆以皇帝的诏旨和虎符为信物。皇帝下达军令必盖上由他专用的玺。远程军事行动，还须持节作为通行证。虎符以铜铸成，虎形，背刻铭文，分为两半，一半留在皇帝手里，一半发给地方官吏或统兵的将帅。任何军队的调发，须由皇帝所遣使臣持符验合，方能生效。传世的"新郪虎符"即战国晚年秦王颁发给驻守新郪的将领的兵符，有铭文曰："甲兵之符，右在王，左在新郪，凡兴士被甲，用兵五十人以上，必会王符，乃敢行之。燔燧事，虽母（毋）会符，行殴（也）。"②秦

<hr>

① 《史记》卷六《秦始皇本纪》《集解》引卫宏言。
② 容庚：《秦金文录》。

始皇统一天下后的"阳陵虎符"铭文是:"甲兵之符,右在皇帝,左在阳陵。"共三句十二字。上述事实表明,早在战国时期军队就由国君直接控制,秦朝建立以后有关制度更加严整。

(四)朝仪制度

朝仪,又称朝礼,即臣子朝见君王的礼仪,用以"明君臣之义"。这种制度也源远流长。秦始皇博采各国制度,制定了秦朝的朝仪制度。其中每年一次的"元会仪"最为隆重。"朝皆自十月朔"①,即每一年的正月初一。参加者有封君、三公及朝廷百官,还有郡计吏、外国使者和皇帝宠幸之臣等。主要活动内容是"君臣同乐"、"奏报图籍"、进贡礼品、问吏得失等。此外,还有月朝、日朝。月朝,即每月朔日朝,公卿以下百官,"飨会"面君,合议军国大政。日朝,即日旦而朝,受理公卿奏事,处理日常政务。

秦代朝仪的具体情况已不可考。汉高祖七年(公元前200年)十月朔日的朝仪大典,留下极其生动、详细的记载。叔孙通以秦代朝仪为蓝本,"颇采古礼与秦仪杂就之",并适应汉高祖文化程度偏低的特殊情况而有所简化。据说,"汉七年,长乐宫成,诸侯群臣皆朝十月。仪:先平明,谒者治礼,引以次入殿门,廷中陈车骑步卒卫宫,设兵张旗志。传言'趋'。殿下郎中侠陛,陛数百人。功臣列侯诸将军军吏以次陈西方,东乡。文官丞相以下陈东方,西乡。大行设九宾,胪传。于是皇帝辇出房,百官执职传警,引诸侯王以下至吏六百石以次奉贺。自诸侯王以下莫不振恐肃敬。至礼毕,复置法酒。诸侍坐殿上皆伏抑首,以尊卑次起上寿。觞九行,谒者言'罢酒'。御史执法举不如仪者辄引去。竟朝置酒,无敢欢哗失礼者。"②

___

① 《史记》卷六《秦始皇本纪》。

② 《史记》卷九九《刘敬叔孙通列传》。

依据制度,群臣每次朝贺、奉参,须对皇帝行最重的三跪九叩大礼,并山呼"万岁,万岁,万万岁"。皇帝巡幸所到之处,臣民亦须欢呼"万岁"。《诗经·大雅·云汉》的"虎拜稽首,天子万寿"是这种朝拜礼仪的滥觞。秦汉以后,臣民朝见皇帝时三呼万岁成为固定的朝仪,万岁、万岁爷也就成了皇帝的代称。"山呼万岁"的威仪,"万寿无疆"的歌颂,是宣扬君权神圣、君尊臣卑的重要手段。这种朝拜礼仪与信徒们供奉上帝、鬼神相似。被称为"万岁"的皇帝一旦成为臣民顶礼膜拜的偶像,即使雄才大略的帝王也很容易跌入自我迷信的深渊。

(五)避讳制度

避讳制度是维护等级名分和帝王尊严的重要手段。避讳的规定相当繁琐,其中最严格的是"国讳"。一般说来,臣民不得直呼或直书皇帝及其父祖的名讳。一旦犯讳,就是大逆不道。

与历代王朝一样,秦朝也实行严格的避讳制度。云梦秦简《语书》是一篇秦始皇统治时期的官府文告。这篇文告有几处改"正"为"端",就是为了避讳嬴政的名讳。秦朝称"正月"为"端月",称"里正"为"里典",其用意也是如此。秦朝明文规定群臣奏事必称"昧死言"。即使群臣奉上尊号、歌功颂德,也要道一声"昧死言"。这与尊君卑臣、规避忌讳也有直接的关系。与此相应,还产生了与避讳制度相关的君主称谓。例如,"陛下",是皇帝的一种尊称。《日知录·陛下》说:"蔡邕《独断》:陛,阶也,所由升堂也。天子必有近臣,执兵陈于陛侧,以戒不虞。谓之陛下者,群臣与天子言,不敢指斥天子。……据此,则陛下犹言执事,后人相沿,遂以为至尊之称。"先秦称君主为"执事",后来称天子为"陛下",都是为了避免指斥帝王。皇帝的许多别称也可以用于有所避讳的场合,如衮职、社稷、乘舆、山陵等。使用避讳称谓的用意是以与皇帝相关的事物指代皇帝,避免触讳,以显示对皇权的敬畏。

（六）宿卫制度与卤簿制度

根据宿卫制度，皇帝出警入跸，无论居于宫中，还是外出巡行，都要有足够的军队护驾。秦朝的军队分为皇帝近卫军、京畿卫戍部队、地方部队和戍边部队四大类别。其中皇帝近卫军又分为禁中宿卫和皇帝亲军两大部分。禁中宿卫全部是军官，称为"郎"、"郎中"，由郎中令指挥，属于皇帝的贴身侍卫。皇帝亲军称卫士或卫卒，由卫尉指挥，分驻在皇宫四周，负责皇宫守卫。京畿卫戍部队由中尉统帅，驻扎在京城内外及附近地区，属于秦军主力和国家常备军。这支军队平时负责首都和中央机构的安全，战时应调出征，充当国家战略机动部队。这样一来，在京畿地区的军队就一分为三，分工负责，各司其职，互不统属，相互牵制。同时在京畿地区始终保持着一只数量、质量、装备都占有优势的军队，以确保中央对地方的控制。边疆或地方一旦有事，秦军主力部队便可以借助四通八达的驰道迅速调往前线。这几支军队是保卫京畿、宫廷和皇帝的基干武装。

皇帝的宫廷宿卫很辛苦。有一次，秦始皇宴请群臣，而天降大雨，"陛楯者皆沾寒"。侏儒优旃善于讽谏，他同情陛楯者的境遇，设法帮助他们，遂与之约定待机此呼彼应。不久"殿上上寿呼万岁"。优旃趁机凭槛大呼曰："陛楯郎。"众卫士齐声应答。优旃故意大声对卫士们说："汝虽长，何益，幸雨立。我虽短也，幸休居。"秦始皇见到此情此景，下令"陛楯者得半相代"[1]。

皇帝出行有銮驾以及仪仗队和护卫队，由此而形成卤簿制度。卤簿即皇帝出行的车马、扈从。所谓卤簿，即仪仗制度。其制兆于秦。蔡邕《独断》卷下说："古者诸侯，二车九乘，秦灭九国，兼其车服，故大驾属车八十一乘也。尚书御史乘之，最后一车，悬豹尾，以

---

① 《史记》卷一二六《滑稽列传》。

前皆皮轩,虎皮为之也。"秦汉的卤簿制度更能显示天子气度,皇帝乘舆上有许多华丽的象征天子权势的装饰,所谓"圣人处乎天子之位,服玉藻邃延,日月升龙,山车金根饰,黄屋左纛,所以副其德,章其功也。贤仁佐圣,封国爱民,黼黻文绣,降龙路车,所以显其仁,光其能也。"①

据蔡邕《独断》、应劭《汉官仪》、《后汉书·舆服志》等文献记载,统一天下之后,秦始皇参考三代之礼,确定卤簿制度。他以金根车为皇帝车辇。金根车金玉为饰,黑旗皂旒,驾马以六,由太仆亲自驾驭。大驾卤簿属车八十一乘。除金根外,还有五色安车、五色立车、耕车、戎车、猎车等,均驾马以四。据《中华古今注》记载,"秦始皇东巡,有猛兽突于帝前,有武士戴狸皮白首,兽畏而遁。遂军仗仪服,皆戴作狸皮白首,以威不虞也。"卤簿前驱有凤凰阖戟,由负责京畿安全的主官引导,后有随从的副车及扈从。随行公卿不在卤簿中,他们各有仪仗。这就构成一个庞大的队伍。在秦始皇陵出土的铜车马可能是大驾卤簿的副车,其中一号铜车是五色立车,二号铜车是五色安车。

皇帝仪仗也是天子尊严、特权的象征。皇帝率领群臣巡幸,动辄备车千乘,骑骏万匹,旌旗蔽日,箭戟如林。秦始皇陵出土的铜车马等文物为秦朝的卤簿制度提供了实物证据。圣驾威仪反映了皇帝尊贵无比和皇权神圣不可侵犯的尊严。据《史记》记载,楚霸王项羽、汉高祖刘邦都曾作为秦始皇的臣民而目睹大驾卤簿,他们的心灵也因此受到强烈的震撼。皇帝的尊威由此可见一斑。

古代人常常以与卤簿制度相关的事务指代君主,如"车驾"、"乘舆"、"皇舆"、"车驾"、"驾"等。"皇舆"称谓见于屈原的《离

---

① 《后汉书》卷三九《舆服志上》。

骚》。以圣驾、御驾、龙驾称谓皇帝的用例则更为常见。

二、秦始皇的日常宫廷生活

关于秦始皇的日常宫廷生活，各种历史文献缺乏记载。这里仅依据有限的材料，简介一二。

（一）朝堂议政

秦始皇主要依靠朝议制度决断各种政务，朝堂议政成为其日常生活的主要内容之一。秦始皇是一位勤政的皇帝，也比较遵守有关的工作制度。他通常通过各种形式的朝议及朝臣会议决断政务，并以诏、制颁布实行。具体方式大体可以分为三种。

第一种是朝议。"朝"，即朝堂、宫廷。"朝议"，即帝王在朝堂召集群臣议事的御前会议。实际上，"朝"不拘泥特定的建筑设置。一般说来，帝王所到之处，无论朝堂屋宇、鞍前马后、荒郊野外，都可以构成以帝王为中心的"中朝"、"中廷"。帝王集群臣，谋政务，不拘场合所在，皆为朝议。狭义而言，"朝议"特指御前会议。广义而言，"朝议"泛指朝廷的各种议事制度。根据规模，朝议有小型、中性、大型之分。中小型朝议皆由皇帝召集并主持，参加者为皇帝指定的朝廷重臣和亲信及有关人员。与会群臣有建议权、批评权，可以借机进谏、"廷争"，而最终决策者是皇帝。秦朝许多国家重大政务是在小型御前会议上决断的。这类朝议的议题大多属于机要政务，参加者多为皇帝的重要亲信辅臣和内侍。如秦始皇与李斯、尉缭等人决断统一六国的方略。中型朝议大多讨论需要集思广益的政务，需要吸收一些有关官员和具有专门知识的人会议，所以参加人数较多。如封禅及有关典礼仪式，事涉国家礼制、大典，秦始皇曾召集丞相、辅臣及精通典章制度的群儒多次会议。从历代王朝通行的惯例推测，秦朝应当有一些中小型御前会议是制度化的，带有"常参"的性质，属于日常工作制度范畴。

大型御前会议更具有制度化的特点。这种会议定期召开,属于皇帝日常工作制度之一。参与人数更多,大凡一切参与月旦朝见的官员都有参与权。

从《史记·秦始皇本纪》的有关记载看,秦始皇比较重视这些决策方式和工作制度。对于重大政务他通常允许廷争,一些百官有争论的议题,也允许进一步讨论。例如,关于实行郡县制的问题,就曾在朝堂上多次争论。

第二种是宰辅会议。由丞相召集并主持,"三公九卿"等朝廷重臣及有关政府机构的官员参加。这类会议可能由若干法定成员参加,并根据议题吸收相关人员列席。与会群臣可以各抒己见。会议议题多由皇帝提出,群臣集议的结果呈报皇帝裁决。皇帝通常会以"制曰可"的方式批准群臣意见。群臣有不同意见时,皇帝从中采择自己喜欢的方案。皇帝有时对群臣集议结果加以修改,有时甚至完全推翻。

第三种是百官会议。百官会议一般由皇帝下诏举行,由丞相主持,参加者几乎包括所有朝臣。如秦始皇议定"皇帝"称号就是通过这种决策方式。他先将更名号的议题提出,交由丞相召集群臣会议。对群臣提出的方案,秦始皇基本认可,只是将帝号改为"皇帝"。关于是否实行分封制问题,秦始皇也曾"下其议于群臣",将争论交由百官会议。

无论采取何种议政形式,皇帝都是最终裁断者,他可以采纳众议,也有权推翻众议。"兼听"只是为皇帝实行"独断"服务的。

(二)批阅奏章

批阅奏章是秦始皇决断军国大事的重要方式,也是他一项重要的日常生活内容。侯生、卢生等术士曾背后非议秦始皇"贪于权势","天下之事无小大皆决于上,上至以衡石量书,日夜有呈,不中呈不得休息。"这段话可能反映了秦始皇晚年的政治状况。

当时秦始皇听信卢生等术士的蛊惑,为了求仙隐居深宫,不见群臣,"听事,群臣受决事,悉于咸阳宫"①。这种决策方式需要他亲自批阅大量的公文,否则国家政务将受到严重影响。为了确保对国家中枢权力的控制,秦始皇只得自我督促,不阅读一定数量的公文,不得休息。当时各种奏章、公文以竹简、木牍书写,因此,秦始皇每日用秤衡称量一定数量的简牍,一一处理完毕。

皇权具有独占性、排他性和独断性。皇帝必须亲政、勤政才能防止太阿倒持,权臣乱政。因此,雄才大略的皇帝往往把皇权集中到极致,而昏聩懦弱的皇帝又往往大权旁落。秦始皇是一位专断的皇帝,对听政、用人、刑赏大权紧握不放。这就决定了他必须亲览奏章,裁断狱案,乃至拟定诏书。秦始皇又是一位"法治"皇帝,规范化乃至程式化的政治模式也需要大量的文牍支撑。他如此辛苦,固然与"贪于权势"有关,却也是实际政治的需要。只要看一看,古代一切勤政皇帝的作为,特别是看一看清雍正帝等每日批阅文件的文字数量,就应当对秦始皇的勤政有所肯定。这也是一位合格的国家元首所应当做到的。秦始皇亲掌大权数十年,仅批阅奏章一项就耗去了其人生之旅的大半生涯。

（三）宫廷宴舞

宫廷宴舞是皇帝宫廷生活的一个组成部分,也是宫廷礼仪的一个组成部分。宫廷宴舞包括筵宴与乐舞,二者还常常一同举行。秦始皇时常饮宴群臣,"置酒咸阳宫"②。皇帝大宴群臣,享以珍馐美味,既是享尊称御,又是"君臣同乐"。富有天下的皇帝设宴,其豪华与丰盛可想而知。秦始皇广泛征集各国乐曲和伎乐娼优。见于文献记载的秦朝宫廷乐器很多,当时宫廷中有大型乐队和许多

---

① 《史记》卷六《秦始皇本纪》。
② 《史记》卷六《秦始皇本纪》。

技艺高超的乐师。秦始皇陵陪葬坑还出土了半裸的百戏俑。俑人皮肤皆涂浅粉红颜色,穿彩绘厚短裙,其他部位裸露。他们姿态各异,场面活泼,神灵活现,可能反映着宫廷百戏场面。此外见于《汉书·礼乐志》的秦朝宫廷乐舞有五行舞、韶舞以及寿仁乐、昭容乐、礼容乐、韶乐。据《太平御览》卷五七一记载,秦始皇曾与群臣作歌曰:"洛阳之水,其色苍苍,祠祭大泽,倏忽南临,洛滨醊祷,色连三光。"他还曾令人谱写过《仙真人诗》以及歌咏其巡幸天下的乐章。据《三辅黄图》卷一记载,在秦朝的宫廷之中时常举行歌舞酒会,"车行酒,骑行炙,千人唱,万人和"。由此不难想像当年宫廷歌舞盛会的场景:秦皇置酒阿房宫,公卿百官数以千百计,三公独席,群臣依序排定座次。以战车行酒,以骑兵布菜。宫娥歌舞于前,百戏要弄于侧。酒酣耳热,兴之所至,皇帝作歌,群臣和之,万众欢悦,声震宇天。

(四)游猎苑囿

至迟到西周,已经有了专门的射礼和畋猎制度。这种制度规定:天子在饮宴时可令群臣按照礼仪比试射箭,还要时常率领群臣到郊外会猎。这些活动的目的在于修身养性,倡导尚武,习练武艺,检阅军事。这些活动同时又是重要的宫廷娱乐方式。

与历代帝王一样,秦始皇喜爱游猎苑囿。秦朝的皇家苑囿数量众多,范围广大,仅见于记载的就有上林苑、宜春苑、骊山苑、梁山苑等。这些苑囿,山川相缪,楼台遥望,林木繁茂,鸟语花香。除野生的各种飞禽走兽外,还特意设有虎苑、狮子苑等豢养众多的珍禽异兽,以供观赏、游猎。国家设置官吏并制定相关法律,对苑囿严加保护。其中上林苑包括数十个相对独立的苑囿,阿房宫等大型宫殿建筑群坐落其中。这里自然环境十分优越,是一个规模空前、宫苑结合的皇家园林。上林苑集当时宫廷建筑和园林艺术之大成,在秦汉史上非常著名。皇帝在上林苑内,既可以游猎、观赏,"强弩弋高鸟,走犬逐狡兔"①,又可以处理军国大事,"庖厨不徙,后宫不移,百官备具"②,还可以驰射上林,讲习战阵。秦始皇还曾把它作为避暑的夏宫和求神问仙的场所。

这些苑囿大多继承前人,秦始皇又扩建了一些。据《三辅黄图》记载,"长杨宫中有垂杨数亩,因为宫名,门曰射熊馆。"秦始皇喜欢射雁,为此筑高台四十丈,上设观宇,"帝尝射飞鸿于台上,故号鸿台"。秦始皇并不满足,还想进一步扩大苑囿,使之"东至函谷关,西至雍、陈仓"。优旃以讽谏的方式说:"善。多纵禽兽于其中,寇从东方来,令麋鹿触之足矣。"③秦始皇这才放弃了如此规模地扩大苑囿的念头。

在中国古代,帝王游猎苑囿,不单纯是为了娱乐,还有学习射御、健身强体的目的。皇帝还常常以狩猎的方式检阅军队,操练骑射,演习实战。先秦的《石鼓文》和西汉司马相如的《上林赋》、扬雄的《羽猎赋》等,都曾绘声绘色地描述过皇帝的苑囿和射猎活动。天子游猎,战阵森严,马蹄声声,弓矢频发,麋豕带箭,飞禽落地,其场面颇为壮观。

秦朝皇帝常常在宫廷苑囿中"作角抵俳优之观"④。角抵类似相扑、摔跤。角抵既可以提供娱乐,又可以训练徒手搏斗。据说,秦始皇为了防范战乱,将角抵作为军事训练的主要内容。他所制定的律令明确规定:皇帝检阅军容的一项重要内容是角抵。

秦始皇喜欢微服私游。秦始皇三十一年(公元前 216 年),"始皇为微行咸阳,与武士四人俱,夜出逢盗兰池,见窘,武士击杀

---

① 《淮南子·原道》。
② 司马相如:《上林赋》。
③ 《史记》卷一二六《滑稽列传》。
④ 《史记》卷六《秦始皇本纪》。

盗,关中大索二十日"①。兰池是秦始皇下令开凿的一个人工湖。湖中可以荡舟,又配有蓬莱山、鲜鱼石等景观,旁边还有一座兰池宫。这里距都城很近,又有可供休憩的离宫,所以秦始皇游幸此地。

第三节 "亲巡天下,周览远方"

秦始皇是一位勤政的皇帝。据《史记·秦始皇本纪》记载,早在统一天下之前,他就经常巡视国土,还多次亲临前线,督战、阅兵、劳军。秦始皇十三年(公元前234年),"王之河南"。当时桓齮正在率领秦军猛攻赵国平阳等地。秦始皇十九年(公元前228年),王翦破赵,"秦王之邯郸"。秦始皇二十三年(公元前224年),王翦破楚,"秦王游至郢陈"。统一天下以后的十多年间,秦始皇先后有五次长途巡狩。巡狩成为其统治生涯的重要内容。

一、巡狩制度的政治意义

"天子适诸侯曰巡狩。巡狩者,巡所守也。"②巡狩是中国古代统治者的重要政务。在以征伐、祭祀立家立国的时代,最高统治者必须经常带着军队在自己的势力范围内巡行视察,祭祀神明,进行各种统治活动,这就是巡狩。在传说中,三皇五帝都常常巡狩远方。《尚书·尧典》的整理者将巡狩制度追溯到尧舜时期,并非毫无根据。商代甲骨文多有"王才(在)某"、"王步于某"的卜辞。周代铜器多有"王在某"、"王至某"的铭文。文献中,多有帝王"周

① 《史记》卷六《秦始皇本纪》。
② 《孟子·梁惠王下》。

行天下"、"环理天下"、"合诸侯"、"勤疆土"的记载。最高统治者的这些活动都属于巡狩范畴。周穆王、周昭王等都是勤于巡狩的典型。

巡狩是一种兼军事、行政、祭祀、游历为一体的统治行为,其中某些活动还逐步制度化。商周以来,巡狩制度日益定型,最高统治者除了一些根据特殊政治需要随时确定的巡狩活动外,还有一些制度化的巡狩活动。据《尚书·尧典》、《史记·五帝本纪》、《史记·封禅书》和《礼记·王制》的说法,王者有东巡狩之礼(又称"岱宗之礼")、南巡狩之礼、西巡狩之礼、北巡狩之礼。其中"岱宗之礼"备受重视。西周诸王东巡海岱之区,致祭泰山,这是一种制度化的统治行为。

巡狩制度的主要内容和政治功能,大致可以分为三类:一是行政,二是祭政,三是军政。其核心目的是确立、重申和维护最高统治者的地位。

巡狩首先是控制领地、属国、盟邦的一种行政方式。"先王制诸侯,使五年四王一相朝。终则讲于会,以正班爵之义,师长幼之序,训上下之则,制财用之节。"①天子通过巡狩,会盟诸侯,订立或重申盟约,颁布各种政令、制度,考察、考核各地政治,调解臣属纠纷,并接受诸侯朝觐、报政、贡献。在交通和通讯不便,封君各自为政的条件下,巡狩是一种行之有效的行政方式。

巡狩的一项重要内容是实施祭政。一曰祭天。东巡而行"岱宗之礼"以主祭天帝,这是最高统治者的政治特权。在当时具有宣扬王权天赋和祈福禳灾的政治意义。"天子祭天下之名山大川"②。主祭四方名山大川,这也是君主的一项政治特权,目的在

---

① 《国语·鲁语上》。
② 《礼记·王制》。

于祈求风调雨顺，以赢得臣民的拥戴。《国语·鲁语下》记孔子之言："山川之灵，足以纲纪天下者，其守为神；社稷之守者，为公侯。皆属于王者。"山川之神与诸侯之君地位相当。天子主祭它们与管辖诸侯类同。这样就可以通过主祭镇守山川的诸神，把四方鬼魅也纳入天子的统治秩序。帝王巡狩关乎人事，但与神仙鬼怪打交道最多。在今天看来，许多巡狩活动的宗旨和内容相当荒唐，诸如封禅祭天、祈神求仙、凭吊先王、消灾避难之类。有时这类活动竟然成为某次巡狩的主要目的。但是，在"国之大事，在祀与戎"的时代，这些活动属于国家重大政务，具有重大的象征意义和实际功效。

巡狩常常作为军事征伐的形式或借口。巡狩之"狩"的本意与武力、捕猎有关。文献记载的尧、舜、禹、汤的巡狩大多有征伐的性质。周穆王西巡、周昭王南巡，分别意在征服西戎、荆楚。大多数巡狩即使不是特意为征战而来，也有弹压地方、威服四方的意蕴和功能。"巡狩"常常被用为兴兵征讨的外交辞令，这与其本意有直接的关系。

巡狩还可以表示最高统治者的其他出外远行活动。有巡必有游。巡狩中的帝王自然会有许多巡幸游历活动。周穆王讨伐之余不忘游历，竟至流连忘返，可谓典型。依照"春秋笔法"，就连天子一些狼狈的出行也可以记作"巡狩"。如晋文公以臣的身份召唤周襄王会盟，《春秋》讳之，记为"天子狩于河阳"。

春秋以来，巡狩制度与天子一同式微。秦始皇一登上天子宝座，便立即恢复了这种制度。他的巡狩活动频繁。尽管秦始皇每一次出游都有特定的主要目的，但是总的说来与前代天子巡狩的宗旨和内容大同小异。在确立郡县制之后，许多在分封制下应有的统治活动已经不那么必要。因此，在秦始皇的巡狩活动中，形式主义的东西比较突出，实际功效有所下降。但是在当时的历史条件下,秦始皇利用巡狩制度,祭天告成,歌功颂德,炫耀实力,弹压四方,考察政治,整饬风俗,这些活动有利于树立皇帝威望,巩固国家统一,加强边防建设。

毫无节制地巡狩是秦朝六大弊政之一。秦始皇是中国历史上最著名的巡狩皇帝。十年间他五次远程出巡,其巡狩的时间密度空前绝后。天子出行,兴师动众,糜费国帑民力。秦始皇屡屡出行,还增加了许多荒唐的活动,花费大量精力、财力、人力,祭鬼神,求仙药,厌王气。因此,从实际功效看,秦始皇的许多巡狩活动是不必要的,有些是有害的,属于误国误民的弊政。

二、第一次大巡狩

秦朝建立的第二年,即秦始皇二十七年(公元前 220 年),刚刚扫灭东方各国的秦始皇就开始第一次远途巡视。第一次巡狩的方向是西方,即帝国西陲的陇西一带。关于这次巡狩,《史记·秦始皇本纪》仅记载了寥寥数语:"始皇巡陇西、北地,出鸡头山,过回中焉。"①

视察当地政务,安定西部边疆是秦始皇这次出巡的主要目的。多年以来,秦始皇的主要目光瞄准东方,一场又一场的大战使他无暇西顾。东方甫定,巡察西方,还有宣扬秦朝皇威,威震域外,扩大影响的作用。这一带有嬴秦族群的发祥地,秦始皇很可能在此举行一些隆重的纪念性活动。或许就在此时,他得知了关于十二巨人现身临洮的详细报告,并决意铸造"十二金人"以示庆贺。

三、第二次大巡狩

秦始皇二十八年(公元前 219 年),秦始皇率领众臣开始第二

---

① 本节凡未注明出处的引文皆出自《史记》卷六《秦始皇本纪》。

次大巡狩。这次巡狩的主题可以概括为:祭天告成,歌功颂德。各种活动的主调是全面确立皇帝权威。主要活动则是封禅泰山,刻石纪功。由于要行东巡狩之礼,即"岱宗之礼",在泰山举行最隆重的封禅大典,所以随从众多,有一批显贵同行。秦朝统治集团的重要人物大多随王伴驾,其中有列侯武城侯王翦(《秦始皇本纪》记作"王离")、列侯通武侯王贲、伦侯建成侯赵亥、伦侯昌武侯成、伦侯武信侯冯毋择、丞相隗林、丞相王绾、卿李斯、卿王戊、五大夫赵婴、五大夫杨樛等。东巡之后,秦始皇又继续南巡,所以路程和时间都很长。

秦始皇一行由咸阳出发,沿渭水南岸的大道浩浩荡荡东出函谷关,经过洛阳,直达邹的峄山。峄山"高秀独出,积石相临"。这一带又是孔子的故乡,秦始皇遂驻跸于此。秦始皇尊崇孔子后裔孔鲋为"鲁国文通君"一事,可能就发生在这个期间。他命李斯用大篆勒铭于立石,立下东巡途中的第一块纪功刻石,这就是《峄山刻石》。其辞曰:

> 皇帝之(立)国,维初在昔,嗣世称王。讨伐乱逆,威动四极,武义直(万)方。戎臣奉诏,经时不久,灭六暴强。廿有六年,上荐高庙,孝道显明。既献泰成,乃降溥(专)惠,亲巡远方。登于峄山,群臣从者,咸思攸长。追念乱世,分土建邦,以开争理。攻战日作,流血于野,自泰古始。世无万数,施(陀)及五帝,莫能禁止。乃今皇帝,壹家天下,兵不复起。灾害灭除,黔首康定,利泽长久。群臣诵略,刻此乐石,以著经纪。①

此后,秦始皇又在各地立下了一批类似的碑刻。这体现了他巡幸四方的一个重要的政治目的,即树碑纪功,诏告天下。自古以来,中国就有一个获得普遍认同的政治观念,即惟有德有功者可以

---

① 根据长安本抄录。参见《金石萃编》卷四《峄山刻词》。

得天下、坐天下，所谓"有德则可久，有功则可大"①。德与功是称帝的重要依据，而雄才大略、攻战必取、混一宇内、天下大治等，历来被视为天子圣明的标志。所以历代帝王均有强烈的自圣意识。其中由"革命"等方式而"龙飞九五"者，这种自我意识尤为强烈。秦始皇最为典型，他巡幸四方，到处刻石纪功，宣扬自己"圣智仁义"、"功盖五帝"。

秦始皇不仅要向全国臣民宣扬功德，还要向上帝报告功勋。他与群臣议定封禅大典的礼仪，然后登临号称"五岳独尊"的泰山，亲自主持大典。秦始皇先到泰山祭天，树碑立石，再至梁父祭地（具体内容见下一章）。礼毕，"刻石颂秦德"，这就是《泰山刻石》。其辞曰：

> 皇帝临位，作制明法，臣下修饬。二十有六年，初并天下，罔不宾服。亲巡远方黎民，登兹泰山，周览东极。从臣思迹，本原事业，祗诵功德。治道运行，诸产得宜，皆有法式。大义休明，垂于后世，顺承勿革。皇帝躬圣，既平天下，不懈于治。夙兴夜寐，建设长利，专隆教诲。训经宣达，远近毕理，咸承圣志。贵贱分明，男女礼顺，慎遵职事。昭隔内外，靡不清净，施于后嗣。化及无穷，遵奉遗诏，永承重戒。

据说，秦始皇在下山的途中，"风雨暴至，休于树下，因封其树为五大夫"。

封禅后，秦始皇率众继续东行，经临淄，过黄、腄，抵达渤海之滨。他"穷成山，登之罘，立石颂秦德焉而去"。

在出巡的过程中，秦始皇还搞了一系列祭神活动，只要是天子理应致祭的神明，他都一一拜到。秦始皇先后在临淄祭祀天主；在梁父祭祀地主；在东平祭祀兵主蚩尤；在三山祭祀阴主；在芝罘祭

---

① 《隋书》卷三《炀帝纪上》。

祀阳主;在莱山祭祀月主;在成山祭祀日主;在琅玡祭祀四时主。凡是名山大川,他也一一祭祀。这位人间的主宰对诸位尊神虔诚、恭敬,礼数周到,无可挑剔。

秦始皇东游海滨,南登琅邪(今山东胶南境内)。琅邪一带濒临大海,风光秀丽。琅邪山出于众山,孤立特显,从这里极目远望,只见海天一色,岩壁连绵,惊涛拍岸,颇为壮观。这里有时还出现海市蜃楼。据说蓬莱仙境就在远方的大海之中,那里居住着仙人。他们还有不死之药,人若食之,便可长生不老。如果得到仙人的指导,还可能羽化成仙。秦始皇迷恋美景仙境,流连忘返,在此整整住了三个月。

秦始皇下令"徙黔首三万户琅玡台下,复十二岁"。又作琅邪台,台上筑有神庙,以供祭祀神仙使用。遥想当年,越王勾践在此,筑台观海,会盟诸侯,尊为霸主,固一世之雄也,可又怎能与当今皇帝相比。秦始皇抚今追昔,感慨万千,在此"立石刻,颂秦德,明得意",这就是《琅邪刻石》。其辞曰:

> 维二十八年,皇帝作始。端平法度,万物之纪。以明人事,合同父子。圣智仁义,显白道理。东抚东土,以省卒士。事已大毕,乃临于海。皇帝之功,勤劳本事。上农除末,黔首是富。普天之下,抟心揖志。器械一量,同书文字。日月所照,舟舆所载。皆终其命,莫不得意。应时动事,是维皇帝。匡饬异俗,陵水经地。忧恤黔首,朝夕不懈。除疑定法,咸知所辟。方伯分职,诸治经易。举错必当,莫不如画。皇帝之明,临察四方。尊卑贵贱,不逾次行。奸邪不容,皆务贞良。细大尽力,莫敢怠荒。远迩辟隐,专务肃庄。端直敦忠,事业有常。皇帝之德,存定四极。诛乱除害,兴利致福。节事以时,诸产繁殖。黔首安宁,不用兵革。六亲相保,终无寇贼。欢欣奉教,尽知法式。六合之内,皇帝之土。西涉流沙,南尽

北户。东有东海,北过大夏。人迹所至,无不臣者。功盖五帝,泽及牛马。莫不受德,各安其宇。

　　维秦王兼有天下,立名为皇帝,乃抚东土,至于琅邪。列侯武城侯王离、列侯通武侯王贲、伦侯建成侯赵亥、伦侯昌武侯成、伦侯武信侯冯毋择、丞相隗林、丞相王绾、卿李斯、卿王戊、五大夫赵婴、五大夫杨樛从,议于海上曰:"古之帝者,地不过千里,诸侯各守其封域,或朝或否,相侵暴乱,残伐不止,犹刻金石,以自为纪。古之五帝三王,知教不同,法度不明,假威鬼神,以欺远方,实不称名,故不久长。其身未殁,诸侯倍叛,法令不行。今皇帝并一海内,以为郡县,天下和平。昭明宗庙,体道行德,尊号大成。群臣相与诵皇帝功德,刻于金石,以为表经。

在东游琅邪期间,齐人徐福(徐市)等上书,声称"海中有三神山,名曰蓬莱、方丈、瀛洲,仙人居之"。于是秦始皇派遣徐福等人入海寻找仙人,求取不死之药。

在归途上,秦始皇一行路过彭城(今江苏徐州市)。他显然是特意来到此地的。当年秦昭襄王灭周,取九鼎,仅得八鼎。据说流失的一个鼎飞入了泗水。相传禹铸鼎以象征九州之物,故称九鼎。九鼎被视为"重器",是最高权力的象征。夏、商、周历代相传,作为镇国宝器。秦始皇成就帝业,而象征天子权力的九鼎失其一,这是莫大的缺憾。他急切寻觅失鼎的心情可想而知。因此封禅之后,他绕道彭城,来到泗水边。秦始皇"斋戒祷祠,欲出周鼎泗水"。可是千余人潜水探求,毫无所获。秦始皇只得怏怏上路。他南渡淮水,到衡山、南郡,浮江而行,至湘山祠。在这里,秦始皇有一桩"欺神"之举被作为罪状记录下来。

湘山祠专为祭祀舜二妃之神而建。相传帝尧将女儿娥皇、女英嫁给舜。帝舜巡狩南方,病死于苍梧。二妃追寻亡夫而未见,悲伤啼血,溅渍斑竹,遂投水自尽,死于江湘之间。故后世称斑竹为湘妃竹,亦有"斑竹一枝千滴泪"之咏。当地民众将二妃葬于死所,立祠祭祀,因山近湘水,庙在山南,故称湘山祠。尧、舜都是"天下共主",二妃是帝子、帝妃,死后又被奉为神灵。

秦始皇乘船途径此地,"逢大风,几不得渡"。他问随行的博士:"湘君何神?"博士对曰:"闻之,尧女,舜之妻,而葬此。"秦始皇勃然大怒,于是"使刑徒三千人皆伐湘山树,赭其山"。他还令人放火烧毁了湘山祠。然后扬长而去,经南郡至武关,返回咸阳。

青山无辜,神女何罪!只因疑忌湘山女神阻碍了他的行程,秦始皇就滥施淫威,不惜动用三千刑徒,伐光了一山的树木。身为帝王而"不敬神明",这在当时也属于典型的暴虐之行。

秦始皇为什么敢于这样对待身兼帝子、帝妃和女神三重尊贵身份的娥皇、女英?这与他的帝王意识有直接的关系。许多学者仅以与神愚蠢搏斗解释这件事,称之为狂妄。这还不足以深刻理解秦始皇的心态。他们忽略了这样一个现象:依照传统观念,身为天子的秦始皇有权这样做。

当时秦始皇并没有不分青红皂白地立即发威,而先问清楚此是何方神明。当得知不过是舜二妃之神后,他才勃然大怒,而滥施淫威。按照中国古代绝大多数人对于宇宙秩序的理解,天帝至上,作为天帝嫡长子的天子辈分高于天地之外的众神。"王者父天母地,兄日姊月",他与日、月比肩,形同兄弟姊妹,其余诸神地位皆在天子以下,名山大川之神也仅相当于人间的诸侯王公①。帝王在众神中辈分尊高,地位特殊。王居天、地之间,沟通天地人,王与道、天、地并称"域中四大"。"君为神主",天子主祭神明,神也有

①　参见《国语·鲁语下》、《旧唐书·礼仪志四》等。文献中的有关论述颇多。

赖于君主。这些观念是中国帝王自我神化的一个重要文化根源。秦始皇居帝王之尊,自以为"功盖五帝",两位潇湘女神自然不能与他分庭抗礼。秦始皇伐木秃山之举与其说是愚蠢,不如说是专横。无论如何,依照当时的观念,不论大神、小神,皇帝还是以礼敬各路神明为宜。但是,此时的秦始皇志得意满,不可一世,骄横跋扈,动辄滥施淫威。任何人不得违背他的意志,不仅普通臣民不得拂逆君王,就连屑小神明得罪了他,也要遭殃。秦始皇对待潇湘女神的举止,与其对天地日月及名山大川诸位尊神的态度形成强烈的反差。这个事件充分暴露了横扫六合、祭天告成之后秦始皇心态的重大扭曲。

秦始皇的这次出巡先东后南,最后"自南郡由武关归"。云梦秦简《编年记》于同年记有"今过安陆"。"今"即"今王"、"今上"的简称,在这里指秦始皇。这个记载证实了《史记》记载的正确无误。

四、第三次大巡狩

秦始皇返回咸阳不久,再次率队出巡。秦始皇二十九年(公元前218年)春天,他开始了第三次大巡狩。这次巡狩的目的地依然是东海之滨的芝罘、琅玡一带,与上一次重复。其目的很可能与寻访不死药关系密切。

秦始皇一行前呼后拥,出函谷关径直奔向芝罘。出关之后的一段路程,沿途是韩、魏故地。数年前这一带还发生过反秦的叛乱。在这里,秦始皇又一次遇刺,差点丧了性命。

刺客是张良和一位大力士。张良,韩国人,其祖父张开地"相韩昭侯、宣惠王、襄哀王",父亲张平"相厘王、悼惠王"。他家"五世相韩",是韩国的贵族显宦,有"家僮三百人"。秦国灭韩之时,张良年少,未曾出仕。为了报国恨家仇,张良"弟死不葬,悉以家财求客刺秦王"①。他寻觅到一位愿意同他一起刺杀秦始皇的大力士,并专门为他打造了一柄重达一百二十斤的大铁椎。他们得知秦始皇出巡的消息,预先埋伏在博浪沙(今河南中牟县北)。当大驾卤簿行经此地时,他们突袭秦始皇的车驾,一椎飞去,将其击得粉碎。可惜这不是秦始皇所乘,而是一辆副车。秦始皇大惊失色,盛怒之下,下令在全国范围内通缉刺客。张良被迫改名换姓,藏匿到下邳。

到达海滨,秦始皇再登芝罘,刻石纪功,这就是《之罘刻石》。其辞曰:

> 维二十九年,时在中春,阳和方起。皇帝东游,巡登之罘,临照于海。从臣嘉观,原念休烈,追诵本始。大圣作治,建定法度,显箸纲纪。外教诸侯,光施文惠,明以义理。六国回辟,贪戾无厌,虐杀不已。皇帝哀众,遂发讨师,奋扬武德。义诛信行,威燀旁达,莫不宾服。烹灭强暴,振救黔首,周定四极。普施明法,经纬天下,永为仪则。大矣哉!宇县之中,承顺圣意。群臣诵功,请刻于石,表垂于常式。

随后,秦始皇又在芝罘的东观刻石纪功,这就是《东观刻石》。其辞曰:

> 维二十九年,皇帝春游,览省远方。逮于海隅,遂登之罘,昭临朝阳。观望广丽,从臣咸念,原道至明。圣法初兴,清理疆内,外诛暴强。武威旁畅,振动四极,禽灭六王。阐并天下,甾害绝息,永偃戎兵。皇帝明德,经理宇内,视听不怠。作立大义,昭设备器,咸有章旗。职臣遵分,各知所行,事无嫌疑。黔首改化,远迩同度,临古绝尤。常职既定,后嗣循业,长承圣治。群臣嘉德,祗诵圣烈,请刻之罘。

---

① 《史记》卷五五《留侯世家》。

事毕,秦始皇过恒山,经上党,返回咸阳。

五、第四次大巡狩

秦始皇三十二年(公元前215年),秦始皇再次出巡。他发现当初各国在交界之处和大河两侧修建了许多防御工程和堤防,旨在防御敌国,以邻为壑。它们既妨碍交通,又酿成水患,在国家统一之后有害而无益。因此,秦始皇下令,"坏城郭,决通堤防",铲平一切妨碍交通和水利的城池、堤防。

他东临碣石,以观沧海,又在这里留下一块纪功刻石,这就是《碣石门刻石》。其辞曰:

> 遂兴师旅,诛戮无道,为逆灭息。武殄暴逆,文复无罪,庶心咸服。惠论功劳,赏及牛马,恩肥土域。皇帝奋威,德并诸侯,初一泰平。堕坏城郭,决通川防,夷去险阻。地势既定,黎庶无繇,天下咸抚。男乐其畴,女修其业,事各有序。惠被诸产,久并来田,莫不安所。群臣诵烈,请刻此石,垂著仪矩。

这次东巡主要有两个目的。一个是寻访仙人,求取不死之药。秦始皇派遣燕人卢生寻找名叫羡门、高誓的两位仙人。又派遣韩终、侯公、石生等人求仙人不死之药。另一个目的是为驱逐匈奴,巩固北部边防做准备。在返回的路上,秦始皇由东向西巡视了帝国的北部边疆地区,然后途径上郡回到咸阳。不久卢生返回首都,报告寻求神仙的进展。为了表明自己工作很得力,神仙之说并非谎言,他编造了一部记述各种预言的"图书",并将他呈报给秦始皇。这本图书中有一条预言说:"亡秦者胡也。"秦始皇信仰神仙,迷信谶言,被这个编造的谎言打动。这更坚定了他北御匈奴的决心,于是当即命令将军蒙恬发兵夺取被匈奴占领的河南地。随后又大规模移民,巩固南疆北土两个方面的国境线。

回到咸阳之后,秦始皇先后主持并组织北击匈奴、修筑长城、四方移民、扩建陵墓、"焚书坑儒"等几件重大政务,所以有三四年的时间没有出巡。

六、第五次大巡狩与命丧沙丘

秦始皇第五次大巡狩颇似一种无奈之举,因而也颇多荒诞之举。秦始皇三十六年(公元前211年),发生了一系列令秦始皇心中不悦的事情。它们都与被神秘化的自然现象和人事现象有关。

第一件事是"荧惑守心"。荧惑,即火星。心,即心宿。火星,古人称之为"罚星",主忧患过恶死丧。依据古代的观念,心宿是天王的布政之所,其中最大一颗星是天王。它在天庭的位置相当于人间帝王的朝堂。"荧惑守心"是一种极其严重的灾异性天象。"荧惑入列宿,其国有殃"①,而"荧惑守心"尤为凶险。据说,出现这种天象对最高统治者最为不利。它意味着天子失位,大臣为变,诸侯叛乱,大旱成灾,甚至天子丧、逆臣起、民流亡。十分迷信的秦始皇见到这种天象,其心情可想而知。

第二件事是陨石落地,即"有坠星下东郡,至地为石"。这也是一种灾异性天象。据说,陨石落地意味着近年内将发生兵祸与饥馑。更令秦始皇愤恨的是有人还在这块陨石上刻写了一条诅咒秦始皇的标语,文曰:"始皇帝死而地分。"秦始皇闻之,派遣御史追查。当地百姓一问三不知,无人承当此事或揭发他人。一怒之下,秦始皇命人将陨石焚毁,"尽取石旁居人诛之"。

第三件事是负责观星占气的官吏向秦始皇报告"东南有天子气"。这种气是一种奇异的云气,本是自然现象,而在当时看来,这种现象意味着云气之下已经有王者临世,他可能取代秦朝,如果不及时消除这股"气",改朝换代将不可避免。化解这种危险的方

---

① 《开元占经》卷三〇《荧惑占一》。

法之一,是用各种方法破坏当地风水或在位天子亲临这股"气"所生之地以厌之。秦始皇身边聚集数百名观星占气者,经常听到关于"东南有天子气"的报告,因此常常把这件事经常挂在嘴边,他已经动了再次出巡东南方向的念头。

秦始皇正在为这几件相关的不吉之兆闷闷不乐,谁知又发生了更加令人不快的第四件事。秦始皇年老体衰,又加上接连出现灾异,整日心绪不佳。为了调适心绪,排解烦恼,他令众博士撰写"仙真人诗"及歌咏秦始皇巡游天下的诗篇,然后传令乐人配乐谱曲,演奏弹唱。然而秋风萧瑟之时,又传来令人不快的消息。有一位从关东返回京城的使者"夜过华阴平舒道",他遇到一件怪异的事情。夜幕中有人手捧玉璧拦住使者,说:"为吾遗滈池君。"滈池在咸阳附近,滈池君即滈池之神。这位使者听说要他将玉璧转交滈池之神,感到很诧异。经反复追问,这位怪异之人又说了一句话:"今年祖龙死。"使者还想问几个为什么,此人忽然消失在夜幕之中,只把玉璧留下。使者持玉璧面见皇上,将事情的原委做了详细的汇报。始皇默然良久,说:"山鬼固不过知一岁事也。"在退朝还宫的路上,他又自言自语地说道:"祖龙者,人之先也。"据御府官吏辨认,这玉璧就是八年前秦始皇乘船渡江、祭祀水神时,投到江中的那一块。这件事也被秦始皇视为不吉之兆。他觉得祖是人之先,龙是君之象,"祖龙"就是暗指他而言。如果江神的预言准确的话,他这位至尊的皇帝行将寿终正寝。

这件事不是子虚乌有,史家误记流言,便是有人故弄玄虚,装神弄鬼,以发泄不满。无论有没有这件事,前三个灾异和恶兆已足以使秦始皇忧心忡忡。对各种灾异、流言秦始皇信以为真,于是专门做了一次占卜,寻求禳灾之策。太卜求神祷告,演出龟兆,征诸三易,"卦得游徙吉"。既然神示游历和迁徙可以躲过这一劫,秦始皇怎敢不惟命是从。他一方面"迁北河榆中三万家",以大规模

564

迁徙民众应对"游徙吉"的这个"徙"字,又"拜爵一级"以广施恩德,消灾免祸。另一方面,决定立即准备出巡,离开朝堂,以应那个"游"字。

这次出巡的动机和主要活动与天命、神仙关系最大:一是出游迁徙,以避祸免灾;二是寻找海上仙人,以求不死之药;三是亲临东南,以厌天子之气。年老体衰的秦始皇本应在京城安养,通过治疗保健,颐养天年,同时通过实行德政,以求长治久安。可是他被一系列的自然现象吓破了胆,急于免灾避祸,求仙长生,消除威胁,于是匆匆踏上了长途奔波的巡游之路。正是这个荒唐的举动,不仅要了秦始皇的性命,而且最终导致秦朝灭亡。

秦始皇三十六年(公元前211年)十月癸丑,秦始皇出游。左丞相李斯伴驾出巡,右丞相冯去疾留守京城。"少子胡亥爱慕请从,上许之"。也许秦始皇过于自信,确认自己可以逢凶化吉,因此没有安排好各种应急措施,特别是没有明确皇位继承人。这个政治失误的后果竟然是无法挽救的。

该年十一月,秦始皇行至云梦,"望祀虞舜于九疑山"。然后"浮江下,观籍柯,渡海渚。过丹阳,至钱唐。"秦始皇"上会稽,祭大禹,望于南海,而立石刻颂秦德"。这就是《会稽刻石》。其辞曰:

> 皇帝休烈,平一宇内,德惠修长。十有七年,亲巡天下,周览远方。遂登会稽,宣省习俗,黔首斋庄。群臣诵功,本原事迹,追首高明。秦圣临国,始定刑名,显陈旧章。初平法式,审别职任,以立恒常。六王专倍,贪戾毒猛,率众自强。暴虐恣行,负力而骄,数动甲兵。阴通间使,以事合从,行为辟方。内饰诈谋,外来侵边,遂起祸殃。义威诛之,殄熄暴悖,乱贼灭亡。圣德广密,六合之中,被泽无疆。皇帝并宇,兼听万事,远近毕清。运理群物,考验事实,各载其名。贵贱并通,善否陈

前,靡有隐情。饰省宣义,有子而嫁,倍死不贞。防隔内外,禁止淫泆,男女絜诚。夫为寄豭,杀之无罪,男秉义程。妻为逃嫁,子不得母,咸化廉清。大治濯俗,天下承风,蒙被休经。皆遵度轨,和安敦勉,莫不顺令。黔首修絜,人乐同则,嘉保太平。后敬奉法,常治无极,舆舟不倾。从臣诵烈,请刻此石,光垂休铭。

秦始皇一路之上到处搜寻有"天子气"、"王者之势"的地点,凡是博士、方士们认为有问题的地方,他都设法一一化解。在号称"钟山龙盘,石头虎踞"的金陵(今南京市),他命令刑徒凿北山,断长垅,以绝王者之气,又改金陵为秣陵,从字眼上贬低它。在朱方(今江苏省丹徒镇),他命令三千刑徒凿断京岘南坑,又改地名为丹徒,意为身着赤色囚服的刑徒之乡。在云阳(今江苏丹阳县),他命令刑徒凿断北岗,并把所有笔直的大道改成曲折弯路,改地名为曲阿。在檇李,他命令十余万刑徒深翻土地,改地名为囚拳。他听说剡山(今浙江省嵊县北)有王气,于是又命令凿断山脉以泄气,使之成为剡坑山。

在完成消解"东南天子气"的任务,并下令整饬风俗之后,秦始皇又奔向渤海之滨寻访神仙。"还过吴,从江乘渡。并海上,北至琅邪"。一来到这里,秦始皇就迫不及待地询问寻仙求药的进展情况。方士徐福等人连年入海求药,耗费大量人力、物力,结局只能是一无所获。他们担心遭到查处,于是诳骗秦始皇说:"蓬莱药可得,然常为大鲛鱼所苦,故不得至,愿请善射与俱,见则以连弩射之。"这时秦始皇又做了一个奇异的梦。他梦见与凶恶的海神交战,海神形体似人。他令随行的博士占梦,他们认为:"水神不可见,以大鱼蛟龙为候。今上祷祠备谨,而有此恶神,当除去,而善神可致。"于是秦始皇命令入海者携带围捕巨鲸的鱼具,并亲自安排连弩等候大鱼浮出水面,射杀它们。船队"自琅邪北至荣成山,弗见。至之罘，见巨鱼，射杀一鱼。"秦始皇寻求仙药，一番奔波，无功而返。他舍舟登岸，沿海岸西行，踏上归途。临行他还不死心，指令徐福继续寻仙求药。

至平原津，秦始皇一病不起。"始皇恶言死，群臣莫敢言死事"。可是他连续奔波八九个月，行程数千里，心力交瘁。路途之上，医疗条件也较差，所以很快病入膏肓。车队行至沙丘，秦始皇病情恶化再也无法前行。这里是赵国故地，有一座前代留下的离宫。一直等到行将辞世，自知不起，他才匆忙安排后事。这一耽搁可是贻误了大事，竟至断送了他的家与国。

秦始皇生于赵国，又死于赵地。"（秦始皇三十七年）七月丙寅，始皇崩于沙丘平台"。这位"千古一帝"终作千古。他的人生之旅从此结束。

秦始皇之死给他留下了太多的遗憾。他刚刚闭上眼睛，就发生了"沙丘之变"。死后整整一年，就发生了大泽乡起义。辞世仅仅三年有余，他亲手缔造的秦帝国就灰飞烟灭了。

为什么会发生这种历史现象？以下各章将结合秦始皇、秦二世的所作所为，着重回答这个问题。

第十四章　骄奢篇：为祸一世的
暴虐君王

　　自古骄、奢二字足以误国。至高无上的皇帝一旦骄奢，必定暴虐。骄奢是帝王的通病，除了汉惠帝、汉文帝、唐文宗等少数皇帝外，就连唐太宗之类的明君也难免"骄奢"之讥。秦始皇骄奢淫逸曾给秦朝的广大民众带来了无穷的祸患。他是著名的"暴虐君王"。

　　秦始皇天资聪明，性情刚烈，明察秋毫，处事果断，重视法制，锐意进取，又"建万世之功"。他"起诸侯，并天下，意得欲从，以为自古莫及己"①。骄奢之心从此滋生蔓延。

　　秦始皇统治时期有六大弊政，即无节制扩建宫室、超标准构筑陵墓、长时间频繁巡狩、急于搞封禅大典、大规模寻仙求药和不分青红皂白地焚毁书籍。这些弊政都与秦始皇骄奢之心日盛有直接关系。仔细考察也会发现它们之间有着密切的关联性。在今天看来，皇帝修宫、筑陵、游幸、封禅、求仙、焚书等，都是暴虐之举。而在中国古代大多数人看来，它们都是合乎礼义的，至少是无可非议的，而一旦超过限度，就是"无道"之举、"昏君"之行。正是毫无节制地修宫、筑陵、巡狩、封禅、求仙、焚书，断送了大秦帝国。

---

　　①　《史记》卷六《秦始皇本纪》。

第一节　社会性暴虐、时代性暴虐、制度性暴虐与个体性暴虐

秦始皇是以"暴"而闻名于世的。如何评价秦始皇的"暴"是解读"秦始皇现象"的重要课题。对于"暴"必须做具体分析,否则很难客观公正地评价一段历史和一个历史人物。笼统地评说、抨击秦始皇的"暴",反而不利于全面地认识中国古代的帝制及其相关的一系列历史现象,也不利于深刻地批判专制主义政治。

恩格斯有一个著名而又精辟的判断:"……恶是历史发展的动力借以表现出来的形式。这里有双重的意思,一方面,每一种新的进步都必然表现为对某一种神圣事物的亵渎,表现为对陈旧的、日渐衰亡的、但习惯所崇奉的秩序的叛逆,另一方面,自从阶级对立产生以来,正是人的恶劣的情欲——贪欲和权势欲成了历史发展的杠杆,关于这方面,例如封建制度的和资产阶级的历史就是一个独一无二的持续不断的证明。"[①]这个思路提示人们:秦始皇的"暴"大体有三个来源和组成部分。第一种"暴"来自习惯势力的攻击。相对西周王制,秦朝帝制是社会变革的产物。自管仲、李悝、商鞅、吴起等人推行政治变革以来,就不断有人依照旧的价值尺度斥责他们不合"王制"、"圣道",斥之为"霸"、"私"、"暴"、"残",视之为洪水猛兽,喻之为"虎狼"。当时的社会变革也的确是借助暴力完成的。秦始皇是坚定不移的变革派,他既是旧王制的叛逆,又是新帝制的完成者和代表人物。于是他的革新之举不

---

①　恩格斯:《路德维希·费尔巴哈和德国古典哲学的终结》,《马克思恩格斯选集》第四卷上,人民出版社 1972 年版,第 233 页。

可避免地被贴上"暴"的标签。这种暴推动了社会文明程度的新进展。第二种"暴"根源于当时的社会政治制度。与一切建立在人支配人、人压迫人、人剥削人的社会关系基础上的政治制度一样,君主专制制度的本质是一个"暴"字。它靠暴力支撑,靠暴虐维护,时时刻刻制造着各种暴行,诸如君主独裁、严刑苛罚、横征暴敛之类。这种暴适用于一切皇帝。不管它与现代价值观如何相悖,却有其历史存在的合理性。第三种"暴"纯粹由秦始皇个人负责,是个体的"恶劣的情欲"所造成的,诸如骄奢淫逸、剪除政敌、滥杀无辜之类。这三种不同来源的"暴"往往交织在一起,很难清晰地分解开来,而在认识和解释历史的时候又必须有所区别。

为了便于对有关历史现象做出更具体的分析,笔者创造了几个术语:社会性暴虐、时代性暴虐、制度性暴虐和个体性暴虐。

社会性暴虐是指由社会结构的本质和各种社会基本关系模式的特质所造成的历史性暴虐。社会性暴虐是一个历史范畴。这种暴虐根源于支配性、奴役性的社会关系及相关的社会规范。人类社会从愚昧到文明是一个伟大的成就,然而它又是以产生了人对人的支配和奴役为代价的。一旦人奴役人成为各个主要社会群体之间经济关系、社会关系和政治关系的基本模式,成为社会结构的本质属性,就必然铸就根本性的、普遍性的、系列性的社会暴虐。人类历史上常常出现一些怪事:那些鼓吹仁义道德的正人君子们或信奉自由、平等、博爱的绅士们,却在为一种暴虐的制度撰写辩护词,甚至公然制造各种暴虐而心安理得。例如,在古典政治民主最发达的古希腊雅典城邦,公民们可以公然不把奴隶当人看待而自认为理所当然。柏拉图、亚里士多德等一批大思想家还从理论上论证了这种不人道的社会结构。又如在 1857 年 3 月 6 日,在实行民主制度的美国,在为自由人权看家护院的美国联邦最高法院,在引用《独立宣言》中的"一切人生来平等"来判决一名黑奴时,大法官坦尼竟然说:"上述笼统的字句似乎是包括全人类的……但显然无可争辩的是,这句话的原意并不包括被当做奴隶役使的非洲人种在内。"只要看一看美国的国父华盛顿是如何奴役成群的黑奴而毫无愧色,也无意改正;只要读一读《汤姆叔叔的小屋》中描写的活生生、血淋淋的场景;只要想一想当时美国优势群体在法律上、现实中给予广大黑奴、印第安人、其他有色人种、妇女和贫苦白人的一系列不民主、不平等、不公正的待遇,就可以毋庸置疑地断定:这不是坦尼一个人的观念,而是一个群体性的观念,乃至就是一种经济的、社会的、政治的、法律的制度。中国古代大儒一方面真诚地宣扬"仁者爱人",鼓吹仁义教化之政,另一方面又斥责违背纲常的"小人"、"女子"和"夷狄"是"禽兽",甚至主张以重典严刑惩治各种"禽兽",这也堪为典型事例。其实这种现象的根源在于社会结构本身内蕴着暴虐的属性,维护这种社会结构的观念、道德、制度和法律无论包含着多少精华,也不可避免地存在着逻辑性的悖谬和现实性的伪善。这就是社会性的暴虐。在中国古代,专制主义是各种宏观的、微观的社会结构的本质属性。这种社会结构注定无论实行"德政"的君王、讲究"孝慈"的家长,还是主张"爱人"的学者,都难免"暴虐"二字,更何况那些不搞德政、不行孝慈、不讲爱人的人?

在今人看来,这一类暴虐必须批判。而在当时的社会中,这一类暴虐行为大多是以"合理"的形式存在的。换句话说,它符合当时通行的社会法则和道德准则,生活在那个社会的大多数人不仅不会指责这类行为是"暴虐",反而认为它合乎情理,是正当的、正义的乃至合法的。例如,在中国古代宗法社会中,依据儒家的"君君、臣臣、父父、子子"、"三纲五常"及"天理"所做出的许多行为都属于社会性暴虐。儒家伦理道德的各项具体规定都是与当时各种宗法式的人身奴役、人身依附社会关系相匹配的。"三纲五常"在当时绝大多数人的心目中是天经地义、天然合理的,是符合"圣王之制"和"圣人之道"的。然而自古就有"以理(礼)杀人"之说。在今人看来,君支配臣、父支配子、夫支配妻乃至"父教子死,子不敢不死;君教臣死,臣不敢不死"等,绝对属于暴虐。这一类暴虐是由专制主义社会形态的基础性社会性因素(主要是社会关系与社会道德)造成的,故称之为社会性暴虐。社会性暴虐是一种群体行为,有时全社会的成员都会介入其中,而不以为非。

时代性暴虐是指与一定时代的特定的社会形态相联系的暴虐,它是社会性暴虐在不同历史时代的具体表现形式。人类社会文明经历过时代性的变迁,即依次出现奴隶劳动(有的近似于奴隶劳动)占主导地位或比重较大、依附农奴或农民劳动占主导地位和雇用劳动占主导地位的三大类社会形态。每一种社会形态自身也有阶段性的时代变迁。在不同的时代,社会结构也会有所变迁,因此社会性暴虐的性质和形式也会有所变化。前资本主义时代与资本主义时代的社会性暴虐相比,无论范围、程度、形式和内容都有很大的不同。

中国古代社会本身也有时代性社会变迁。春秋战国时期社会结构有重大变化。就总体指标而言,秦汉帝制比商周王制的文明程度更高一些。因此,春秋以前与春秋以后相比较,在经济、社会、政治、文化等各个领域,前一个时代的社会性暴虐都比后一个时代的社会性暴虐要更野蛮一些、更残酷一些、更普遍一些。那种认为西周"礼治"比秦朝"法治"更人道的看法与历史事实相去甚远。在今天看来,无论秦之"暴"还是周之"暴",都应当予以批判。但是,秦之"暴"弱于周之"暴"。不看到这一点,也会得出许多不够客观的结论。许多学者对秦之"暴"的抨击,忽略了这个视角。

制度性暴虐是指由基本政治制度的特质所造成的历史性暴虐。在特定的社会形态、特定的时代会有特定的制度。制度性暴虐也是一个历史范畴。这种暴虐根源于支配性、奴役性的政治制度及相关的政治规范、法律规范。在当时的政治制度下,这一类暴虐是以"合法"的形式存在的。换句话说,它符合当时通行的政治制度、法律制度及各种相关的准则、规范,生活在那个社会的大多数人不仅不会指责这类行为是"暴虐",反而认为它是合乎制度、合乎法律、合乎规范的,是正当的、正义的。例如孟子、朱熹之类的大儒认为,君王按照礼法定制来修宫殿、筑陵墓、娶后妃、征徭役是符合"天理"的。这一点也为当时绝大多数人认同。又如依据中国古代法律"为子为臣,惟忠惟孝"①,臣子为君父服务,稍有不慎就会因为出言不慎、触犯忌讳等原因获罪,诸如"大不敬"、"指斥乘舆(皇帝)"之类。只要不是帝王罔加之罪,古代的人们都认为斩杀触犯"大不敬"等律条的人是天经地义的。而在今人看来,这一类行为尽管在当时有制可循,有法可依,却仍然属于暴虐之举,因为那种制度和法律是为了维护社会性暴虐、时代性暴虐服务的。

一般说来,社会性暴虐、时代性暴虐和制度性暴虐与人的个性和品德并无必然关联。在特定历史时期内,它们总是以"合理"、"合法"的形式出现,甚至被全社会认定是符合"天理"、"圣道"、"公德"、"王政"的。它们是一定的社会、一定的时代、一定的制度所依据、宣扬、遵循和维护的价值观所造成的。所以有关行为不是根源于诸如暴虐残忍、嗜血成性、意昏志乱、刚愎自用、恼羞成怒、睚眦必报、骄横跋扈、滥施淫威之类个人的恶德恶性或特殊的个体情境,更与心理变态无关。

为了与社会性暴虐、时代性暴虐、制度性暴虐相区别,个体性暴虐特指纯粹由于个体的某些人格特质或非法行为所造成的暴

---

① 《唐律疏议·名例》。

虐。例如，不公正的立法所导致的暴虐是社会性、时代性、制度性的，而司法腐败常常与某个个人的情欲、贪欲乃至心理变态有直接关系。个体性暴虐通常与个性及特殊的情境有关，既不"合理"，也不"合法"。换句话说，个体性暴虐特指不仅在今人看来实属暴虐，就连当时的社会法则、主流文化、政治规范和法律条例也会认定为暴虐的各种行为。如君父滥杀忠臣孽子、官吏法外鱼肉民众等。在中国古代，官吏枉法侵民，依据儒家道德属于"不忠不义"，依据国家法律属于"贪墨虐民"。人们对于"无道之君"、"暴虐之主"、"独夫民贼"的指责通常也是针对这类暴行。

在今天看来，世界古代文明史上，没有任何地区、任何民族的任何社会形态、国家制度和统治者可以逃脱"暴虐"之评。而在分析历史上具体人物特别是统治者的暴虐行为时，必须对四种不同性质的暴虐有所区分，否则就难免有苛求古人之嫌。

以隋炀帝为例，随着社会文明程度的不断提高，隋唐以来法制进入相对轻刑时代，而隋炀帝的《大业律》又是中国古代史上刑罚最轻的一部刑法典。《大业律》的刑罚不仅比秦汉魏晋法典大大减轻，而且比他父亲隋文帝的《开皇律》和唐太宗的《贞观律》也轻了许多。在这个意义上，隋炀帝进一步相对弱化了制度性暴虐，也就相对弱化了社会性暴虐和时代性暴虐。在这一点上应当对他有所肯定。可是隋炀帝后来并不遵守自己制定的法律制度，而是法外施刑，滥杀无辜。这就属于个体性暴虐，只能予以抨击。

对于秦始皇的暴虐也应当如是看，即凡是属于在社会历史进程中向更高的文明程度提升的行为，凡是属于在当时的人们看来"合理"、"合法"的行为，凡是属于那个时代的帝王通行的行为，都不应把罪责简单地归之于个人，而应当以有所分析的态度对待。而对于个体性暴虐则应予以毫不留情的抨击。

第二节　封　禅

封禅,在今天看来,它是一桩地地道道的荒唐事,而在当时看来,它是秦始皇这样的帝王理应举行的一次大典。如果说它荒唐、奢靡、劳民伤财,那么这是由社会、时代、制度造成的。秦始皇不考虑政治情势,急于搞封禅大典,带来了一系列恶劣的后果。这个责任只能归咎于他。

在秦始皇的六大弊政中,封禅、求仙、焚书的影响最大,它们之间的关联也最密切。从封禅到求仙,从求仙到焚书,秦始皇日益骄奢淫逸。在一定意义上,封禅导致求仙,封禅、求仙所铸模的政治心态又导致多次大规模的巡狩以及更大规模地扩建宫宇、陵墓等行为。骄奢、专横的极致是"焚书坑儒"。"焚书坑儒"的导火索又直接与封禅、求仙有心理上或行为上的牵连。在一心足以兴邦、一心足以丧邦的时代,最高统治者的骄奢之心足以全面败坏政治。由此而衍生的各种政治行为,对秦朝政治有广泛的恶劣影响。急于封禅可以作为秦始皇滋生骄奢之心的起点。

一、封禅的来历与政治意义

"封禅"是天子对天地最隆重的祭礼。"封",即在泰山极顶筑坛祭天,"报天之功";"禅",即在梁父山除地祭地,"报地之功"。梁父山是泰山下的一座小山。先祭天,后祭地,"封"与"禅"是一次大典的两个关键步骤,所以合称"封禅"。

封禅具有重大的政治意义。"易姓而王,致太平,必封泰山,禅梁父,何? 天命以为王,使理群生,告太平于天,报群神之功。"① 依照惯例,每一个登上至尊地位的人,特别是"革命"之君,都有资格以封禅的形式报天地、诸神之功,并向广大臣民宣扬自己奉天承运,德配天地。这是最高统治者的特权和无上荣耀。做天子而不能亲临封禅大典是帝王们的终身遗憾。因此,司马迁说:"自古受命帝王,曷尝不封禅?……每世之隆,则封禅答焉,及衰而息。"

《尚书·尧典》认定尧制定了封禅之礼。据说,齐桓公欲封禅,管仲极力劝阻。他说:"古者封泰山禅梁父者七十二家,而夷吾所记者十有二焉。"他列举无怀氏、虑羲、神农、炎帝、黄帝、颛顼、帝喾、尧、舜、禹、汤、周成王等十二位王者的封禅故事,指出他们"皆受命然后得封禅"。后来孔子等大儒在注释经典时,进一步认定了"易姓而王,封泰山禅乎梁父者七十余王"的典章故事。学术界比较流行的观点认为,上述说法不可靠,封禅之礼产生于西周。笔者认为,具有类似政治功能的祭祀天地诸神的典礼早已有之。西周制度显然有更为古老的渊源。实际上,古代邦国之君多有祭天告成之举,只是具体的地点、礼仪有所不同而已。西周以来封禅之礼更加定型、更加规范,地点固定下来,有关的观念、理论也不断发展。经孔孟大儒的整理、发挥,惟有最高统治者才有资格封禅的观念也日益普及。历代秦公祭祀天地、鲁国季氏以"陪臣"身份登泰山,都被视为僭越之举。其实这都是类似封禅的行为。"七十余王封禅"固不可信,而许多古代君主有这类行为却是事实。

二、第一位封禅皇帝的重大失策

秦始皇是中国历史上第一位封禅的皇帝。事情发生在秦始皇

① 《史记》卷二八《封禅书》《正义》引《五经通义》。本节引文凡未注明出处者,均引自《史记·封禅书》。

二十八年（公元前 219 年）。当时秦始皇刚刚完成了改朝换代大业。他自认为完全符合封禅的资格，即受天命、现符瑞、致事功、平天下，所以在称帝的第三年，便急急忙忙登临泰山，封禅天地。

自周天子式微以来，很久没有举行过封禅，"故其仪阙然埋灭，其详不可得而记闻云"。为了办好这个隆重的大典，秦始皇"征从齐鲁之儒生博士七十人，至乎泰山下"，共同商议封禅之礼。群儒引经据典，高谈阔论，又各持己见，争执不休。他们提出的见解不是迂腐不堪，就是繁琐难行。有人甚至主张登山祭天时用蒲草包裹车轮，以避免损伤泰山的一草一木。封禅时要扫地而祭，铺地的席子必须用茅草编织，以示虔诚。如果照此办理，堂堂大秦皇帝岂不形同乡巴佬！"始皇闻此议各乖异，难施用，由此绌儒生。"

他抛开群儒，令人开山修道，建筑祭坛，并参照秦国祭祀上帝的礼仪，设计了一套典礼仪轨。他亲率随行重臣，乘车自泰山阳坡上至极顶，登坛祭天，并"立石颂秦始皇帝德，明其得封"。然后从阴坡下山，至梁父祭地。秦始皇是第一个举行封禅大典的皇帝，这也是我国历史上有可靠文献记载的首次封禅大典。由于秦朝政府对这套礼仪严加保密，所以世人不知其详。

封禅是一件荒唐事，这毫无疑问。许多关于秦始皇的书用讥讽的口吻绘声绘色地描述了封禅的过程。其实与其如此，不如深入地分析一下这件事对秦朝政治的影响。乍然看来，封禅虽是弊政，却无关大局。其实不然。它是重要的标志性历史事件。急于封禅的恶果及由此而带来的一系列负面影响，埋下了导致秦朝政治衰败的祸根。

其一，这件事表明秦始皇已因头脑发热，而缺乏远略，举措失当。

司马迁曾经批评秦始皇筑长城，修直道。他认为"秦之初灭诸侯,天下之心未定,痍伤者未瘳",当此之时,应当"振百姓之急,养老存孤,务修众庶之和",不应当"阿意兴功"①。这个思路用于评判封禅一事更为合适。大乱甫定,百废待兴,秦始皇却急不可待地大搞封禅之类的不急之事,这是非常失策的。

封禅大典是一桩重大消耗性政务,其规模之大、规格之高、花费之巨,可谓极一时之胜。皇帝携大驾卤簿、百官群臣长途巡狩本身就是严重劳扰地方的举动。封禅大典要求全体重臣和属国之君参与,其扈从人众相当可观。封禅需要兴建一批相关工程,供奉众多奇珍异宝,举行系列大型活动。为此征调的人役和护驾的军队其数量更是非同小可。贡品费、工程费、旅差费、接待费、保安费、礼品费、会议费……这笔开支是相当巨大的,其消耗不亚于一场较大的战争,却又徒劳无益,留不下任何对国计民生有实际价值的东西。因此,历代有识之士都奉劝皇帝慎行封禅之礼,主张非"天下艾安",绝对不可行之。汉文帝"谋议巡狩封禅事",终被劝阻。

唐太宗亦然。唐朝立国十余年、唐太宗在位第五年,"贞观之治"大见成效。于是公卿大臣并请封禅,唐太宗也认为条件具备。魏徵却不以为然。他认为:"陛下功则高矣,而民未怀惠。德虽厚矣,而泽未滂流。诸夏虽安,未足以供事。远夷慕义,无以供其求。符瑞虽臻,扈罗犹密;积岁丰稔,仓廪尚虚,此臣所以窃谓未可。"他打了个形象的比喻:久病初愈,皮骨仅存,无法负重远行,而此时的唐朝恰如久病初愈之人,是无力举办封禅大典的。为了说服唐太宗,他不仅实实在在地算了一笔经济账,还明确指出,一旦有所闪失,难免"庸夫横议,悔不可追"②。唐太宗知难而退。从唐太宗君臣的谋划、举措,不难看出秦始皇刚刚灭亡六国就急于封禅是多

---

① 《史记》卷八八《蒙恬列传》。
② 《旧唐书》卷七一《魏徵传》。

么大的政治失误。

昏君大多智力并不低下,而是骄奢之心膨胀。有骄奢之心,必然头脑发热;头脑发热,必然缺乏深谋远略;接下来就是好大喜功、刚愎自用、听不得批评,从而衍生一系列弊政。一旦弊政丛生,一位为祸一世的昏君也就诞生了。秦始皇封禅绝不是小小的失误,而是大大的弊政。

其二,封禅为骄奢之心推波助澜。

从议定帝号开始,秦始皇的骄奢之心初见端倪。急急忙忙地搞封禅大典更是"称成功"、"明得意"心态的产物,其骄奢之心溢于言表。封禅是神化王权、圣化帝王的重要手段。这类活动只会助长骄奢之心。祭天告成,与上帝诸神对话,很容易导致皇帝自视为众神同侪。大搞巡狩封禅祭神的秦始皇显然滋生了类似的心态。以奉天承运自诩也是一切帝王所共有的自我神化方式。奉天承运意识是天命观念、天子观念和帝王运世观念在最高统治者心灵中的主观呼应。所谓奉天承运,即在位皇帝奉天命,应期运,居大宝,是天命的承担者和天意的人格体现,他理应成为普天之下的绝对权威。皇帝以"天子"自居,实行对"天"的最高模拟,自命为天堂与人世的惟一联系人和天帝权威的惟一代理人。这种模拟和定位使皇帝产生神圣无比的绝对权威感、统摄万象的权力意识和至尊至贵的权势心态。这正是许多帝王妄自尊大、肆无忌惮、颐指气使的心理根源。自东巡封禅以来,秦始皇举办过一系列典礼仪式,还到处刻石纪功。广大臣民的匍匐朝拜和歌功颂德,势必助长骄与奢。秦始皇将那么多美妙词汇和华丽桂冠刻在石碑之上、加诸个人头上,其骄奢之心已然充盈到无以复加的地步。这种心态只能使秦始皇头脑更热,把心思用在更多的有害无益的事情上。这对于刚刚建立不久的秦朝是很不利的。

其三,导致秦始皇轻蔑儒生、儒经。

称帝之初,秦始皇这位"法家"皇帝还是颇有一点"尊儒"的味道的。在先秦诸子百家中,儒家最为重视尊君卑臣之"礼",而这是任何一个王朝都不可或缺的。于是秦始皇征召了一批大儒,令他们任博士,参谋议,还期待他们为秦朝的文化建设多有贡献。秦始皇重视"礼治",搞了一套规范君臣上下、朝野内外的"礼"。这套礼颇为严整,后来基本为汉朝继承。群儒在制礼定仪方面想必多有作为,这是他们的特长。然而他们过于热衷搞各种形式化的礼仪,封禅之类的重大典礼自然包括在内。儒者是封禅大典的积极鼓吹者。秦始皇急急忙忙地远行封禅,极有可能是一群帮闲文人促成的。到达齐鲁地区后,秦始皇瞻仰孔子故居,加封孔子后裔,召见齐鲁群儒。一时间,儒风劲吹,群儒颇为风光。

可是当群儒兴冲冲簇拥着秦始皇来到泰山脚下时,儒学的弊端、腐儒的无能和俗儒的浅薄却被他们暴露得一览无余。秦始皇一怒之下,把群儒统统赶走,决定由自己确定典礼仪式(无独有偶,汉武帝也撇开群儒,自己另搞了一套封禅典礼仪式)。

儒家天生有三大弊端:一是固执传统,缺乏创新;二是繁文缛节,难于遵行;三是说教道德,难免虚伪。儒家的经典驳杂、流派驳杂、师说驳杂,也给这个学派带来许多弊病。历代儒者群体中的确曾经涌现出一些颇有创意的思想家和善于谋事的政治家,还有一些儒者成为令人钦敬的孤臣孽子、浩然之士,但是更多的儒者属于参与泰山议礼这一类。他们被以荀子、叔孙通为代表的历代儒宗、以汉高祖为代表的历代帝王和以诸葛亮为代表的历代政治家斥责为"俗儒"、"小儒"、"贼儒"、"腐儒"、"鄙儒"、"无行文人"。这批人固执经典,恪守师说,他们的特点是:坐谈立议,无人可及,而临机应变,百无一能;道德说教,头头是道,而名利之心,溢于言表。因此,当秦始皇诚心诚意地请教封禅问题时,他们演出了一个四部曲:第一部大讲圣道,促成封禅;第二部翻检经典,一无所得;第三部各执一词,莫衷一是;第四部惹怒皇上,滞留山下。这场闹剧还有一个尾声:群儒乘兴而来,却被皇上泼了一盆冷水。秦始皇封禅途中遭遇暴风雨使他们找到了发泄不满的机会。"诸儒生既绌,不得与用于封事之礼,闻始皇遇风雨,则讥之"。他们之中可能还有人造了一个政治谣言:"始皇上泰山,为暴风雨所击,不得封禅。"儒家以封禅为圣德之举,本属子虚乌有,他们利用途中遇雨宣扬秦始皇无德,也难逃恶意攻击之嫌。这一切都无助于提高儒家在秦始皇心目中的地位。

汉武帝也遇到过类似情况。他与后世许多帝王一样,仅仅对那些平庸的"俗儒"不屑一顾而已,而对令他敬重的"博学鸿儒"依然"圣恩眷顾"。因为儒学毕竟是他们钦定的官方学说,甚至是他们的信仰。可是在秦朝,情况就大不相同了。秦始皇本来就对儒学缺乏信仰之心。当他开始全面构思统治思想的总体框架,又一心倚重齐鲁群儒办一个盛大典礼之时,却大失所望。这样一来,对俗儒的不屑一顾,势必影响到对整个儒学的基本估计。促成封禅的群儒不仅败坏了秦朝的政治,也败坏了儒学的声望和自身的形象。后来秦始皇"焚书"是专制政治的专横和秦始皇对诗书的偏见共同铸成的,而儒学的保守和群儒的无能则是重要诱因和导火索。在一定意义上可以说,正是这批平庸之辈开启了秦始皇的"焚书"之心。"焚书"的恶劣政治影响对秦朝的稳定是十分不利的。

其四,封禅诱发大规模寻仙求药。

为封禅而远程巡狩的秦始皇风尘仆仆来到海岱之区。当年齐鲁一带的文化有两大特色土产:仁义之道和方仙之道。这里是中国孔学和神仙学的发源地。儒者和术士、儒学与神仙学旨趣大异,却也有相通之处。同属荒诞无稽的封禅与求仙便是其中之一。汉武帝时有个大骗子名叫李少君。他动用各种骗术,说服汉武帝寻觅仙人,其中一个说法就是:"祠灶则致物,致物而丹沙可化为黄金,黄金成以为饮食器则益寿,益寿而海中蓬莱仙者乃可见,见之以封禅则不死,黄帝是也。"结果汉武帝上当受骗。秦始皇在封禅前后也遇到一批大骗子,听到了许多类似的说法,也同样上了大当。"封禅"将秦始皇引到齐鲁大地,大批儒者、术士纷纷围上来各售其术,于是盛行于海岱之区的方仙道、神仙学也就灌满了皇上的耳朵。儒者遭到鄙弃,术士博得青睐,这可能是秦始皇东巡最糟糕的一个结果。从此秦朝又多了一个弊政,即大规模寻仙求药。这不仅是又一个消耗巨大而徒劳无益的行为,还直接导致了无节制的巡狩和"坑术士"。

封禅本身就是一个大弊政,它又引发、衍生一系列的大大小小弊政。它标志着秦朝政治开始走下坡路。在一定意义上可以说,秦始皇急于封禅是秦朝的亡国之因。

第三节　寻仙求药

寻仙求药是秦始皇的六大弊政之一。宇宙本无神灵,世上本无仙人,人间本无永生。祭神灵,寻仙人,求丹药,都属荒唐之举,徒劳而无益。然而那个时代的人绝大多数信奉这类东西。秦始皇毕竟是凡夫俗子,他未能免俗。如果他只是小打小闹地搞一搞,似乎不必过多指责。自古以来,佞神、佞道、佞佛的帝王数不胜数。就连号称一代名君的唐太宗不也死于丹药吗?可是秦始皇不然,他把寻仙求药当做国家大政一样地对待,这可就非同寻常了。由此而导致的一系列政治恶果,只能由他个人负责。

寻仙求药历来是富贵者的事业,它需要大量的财力支持。皇帝寻仙求药更是不得了,他可以动用国库的帑银,可以征调民众的赋役,甚至可以调动军队。一旦最高统治者痴迷于寻仙求药,百姓的苦难就看不见尽头。

神仙之说产生于先秦,"方仙道"最初流行于燕、齐等沿海一带。燕齐一带盛传渤海之内有蓬莱、方丈、瀛洲三神山,一批仙人聚居于此。大约在战国初期,宋毋忌、正伯侨、充尚、羡门高等假托鬼神之事,故弄玄虚,效仿传说中的神仙,大搞方仙道。当地很多人相信这些人死后形解销化,得道成仙。于是效仿者日益增多,"怪迂阿谀苟合之徒自此兴,不可胜数"。这类传说流传四方,就连思想家的著作中也多有论及。《庄子》有神人之说。据说他们居于远方神山,"不食五谷,吸风饮露,乘云气,御飞龙,而游乎四海之外"。仙与道的结合构成了后世道教的雏形。

早在秦始皇之前,就有一些君主寻仙求药。齐威王、齐宣王、燕昭王都曾"使人入海求蓬莱、方丈、瀛洲"。《战国策·楚策》记载有人曾向楚王献不死药。《韩非子·外储说左上》也记载了"客有教燕王为不死之道者"。可见"神仙之说"、"不死之药"、"不死之道"等早已有之,用这类东西骗取富贵的术士也早有其人。这些方术之士欺瞒君主,诓骗世人,他们声称三神山飘荡在渤海之中,离人世间很近。若遇危险,则随风而去。曾经有人接近过神山,"诸仙人及不死之药皆在焉"。山上以黄金白银为宫阙,各种事物及禽兽等都是银白色的。"未至,望之如云。及到,三神山反居水下。临之,风辄引去,终莫能至云"。齐威王、齐宣王、燕昭王等闻之,艳羡不已,又徒叹奈何。秦始皇可能早在统一天下之前就听到过这些传说,并心向往之。

"及至秦始皇并天下,至海上,则方士言之不可胜数"。秦始皇刚刚来到海岱之区,立即被一批搞方仙道的术士包围,很快便沉迷其中。秦始皇是个有神论者,他采纳了阴阳家齐人邹衍的"五德终始"说,采纳了齐鲁儒者的封禅说,也采纳了齐、燕道者术士的神仙说。迷信各路神明，自然也不会怀疑神仙之说。在渤海之滨，他穷成山，登芝罘，远望烟波浩淼的茫茫沧海，目睹光怪陆离的海市蜃楼，耳闻众人传诵的蓬莱仙境，更使他坚信神仙之说不谬，不死之药可求。

古今中外，哪个正常之人不希望延年益寿？哪个迷信之人不企盼永生或升入天国，进入极乐世界？所以秦始皇很快就被巧舌如簧的术士说得晕头转向，开始亲自导演一出又一出寻仙求药的荒唐剧。他一再受骗，却终身不悟。结果乐了术士们，苦了百姓们，也误了他的家国大事。

最大的骗子当属齐人徐福（徐巿）。秦始皇初次东巡至海，徐福等人就上书皇帝，鼓动他寻仙求药。秦始皇信以为真，令他们分头出海，"入海求仙人"①。一年以后，秦始皇再次东巡至海，而徐福等人一无所获。众术士"皆以风为解，曰未能至，望见之焉"。既然众人遇风不至，秦始皇也不好怪罪，只得令他们继续寻找。又过三年，秦始皇三度东巡，术士们依然两手空空。他不禁心中生疑，决心考校其虚实。狡诈的徐福编造了一个更大的谎言。他自称见到了"海中大神"，并向大神说明自己是当今皇上的使者，"愿请延年益寿药"。可是大神却说："汝秦王之礼薄，得观而不得取。"徐福还绘声绘色地声称他跟随大神到达蓬莱山，"见芝成宫阙，有使者铜色而龙形，光上照天"②。经他一再恳求，海神表示只要贡品丰盛，可以考虑赠送一些延年益寿药。秦始皇得知仙药可求，心中大喜。他未辨真假，又资助人力物力，拨给大量贡品，令徐福继续寻仙求药。数年后，秦始皇最后一次东巡。他自知年老体衰，不久于人世，急不可待地"冀遇海中三神山之奇药"。徐福又

---

① 《史记》卷六《秦始皇本纪》。
② 《史记》卷一一八《淮南衡山列传》。

想出一个搪塞之策,请求秦始皇派人射杀妨碍寻仙求药的巨鲸大鱼。秦始皇再次上当。他亲自出海围捕巨鲸,射杀一鱼。在踏上归途之前,秦始皇又听信徐福的谋划,再次派他出海远行。秦始皇令人为徐福征集三千童男童女和各种工匠,准备大批船只以及大量贡品、财物和五谷种子。徐福一行扬帆入海,再也没有返回大陆。据说,"徐福得平原广泽,止王不来"①。

秦始皇一再上当与当时的社会文化氛围有密切关系,它强化了秦始皇对仙术的痴迷心态。秦始皇三十一年(公元前216年)十二月,秦始皇下令"更名腊曰'嘉平'"。事情的起因源于一个广为传说的奇闻。据说这年九月庚子,一个叫茅盈的术士声称他的曾祖父茅濛(茅初成)"乃于华山之中,乘云驾龙,白日升天"。在此之前,他的家乡就流传着一个歌谣:"神仙得者茅初成,驾龙上升入泰清,时下玄洲戏赤城,继世而往在我盈,帝若学之腊嘉平。"荒诞离奇的故事显然是茅盈等人编造的,而当时的民众大多相信这套奇谈怪论。这件事很快传到秦始皇的耳朵里。"始皇闻谣歌而问其故,父老具对此仙人之谣歌,劝帝求长生之术。于是始皇欣然,乃有寻仙之志",并下令将每年十二月举行的腊祭改称为"嘉平"。为了表达对神仙的敬仰和父老的感谢,秦始皇还"赐黔首里六石米,二羊"②。正是在这种文化氛围中,不断滋生着骗人的人和被骗的人。一种广泛存在的迷信和信仰是秦始皇一再上当受骗的社会文化根源。

另一个著名的大骗子是燕人卢生。这个人比徐福更坏。徐福等人以神仙之说骗取富贵钱财,致使秦始皇屡屡兴师动众,寻仙求

---

① 关于徐福的事迹,历史记载多有矛盾,学者们也有不同见解。由于本书的任务在于研究秦始皇,所以不予考证。以徐福为代表的一批术士一再寻找借口搪塞秦始皇,而秦始皇一再上当,这是不争的历史事实。

② 《史记》卷六《秦始皇本纪》及《集解》引《太原真人茅盈内纪》。

药,劳民伤财,祸及黔首。卢生等人不仅有同样罪行,而且对秦朝政治有更大的破坏。他们放到任何一个朝代也只能列入"奸佞"一类。

据《史记·秦始皇本纪》记载,卢生等人有四大恶行。

其一,献方仙道以误国。秦始皇三十二年(公元前215年),秦始皇东临碣石,术士卢生仿效徐福等人,取得信任。秦始皇令卢生负责寻找仙人羡门、高誓。又派他的同党"韩终、侯公、石生求仙人不死之药"。

其二,献图谶以乱政。卢生返回京城,献上据说是寻仙过程中获得的图书,其中有"亡秦者胡也"的谶言。这件事促成秦始皇北伐匈奴。北伐匈奴是否正确,这另当别论。卢生为了个人富贵,不惜编造神仙之说、图谶预言以乱政,这只能算恶行。

其三,献巫术以惑君蠹政。秦始皇三十五年(公元前212年),卢生向秦始皇献上一个寻仙求药的方略,他说:"臣等求芝奇药仙者常弗遇,类物有害之者。方中,人主时为微行以辟恶鬼,恶鬼辟,真人至。人主所居而人臣知之,则害于神。真人者,入水不濡,入火不爇,陵云气,与天地久长。今上治天下,未能恬倓。愿上所居宫毋令人知,然后不死之药殆可得也。"卢生把寻仙求药失败归咎于秦始皇勤政,主张他深藏不露,隐居宫中,不见群臣。他又编造"真人"说,引诱秦始皇痴迷于方仙道。秦始皇听信了这一套鬼话,他说:"吾慕真人,自谓'真人',不称'朕'。"秦始皇又"令咸阳之旁二百里内宫观二百七十复道甬道相连,帷帐钟鼓美人充之,各案署不移徙。行所幸,有言其处者,罪死。"有一次,秦始皇幸梁山宫,他从山上望见丞相李斯随从车骑众多,颇为不满。有人将这件事告知丞相。丞相赶紧减少随从车骑。秦始皇见状大怒,曰:"此中人泄吾语。"他审问侍臣,却无人招认,当即"诏捕诸时在旁者,皆杀之"。秦始皇先有严令后杀人,于法有据,而牵连无辜,实属残忍。这次事件以后，没有人再敢泄露皇帝的行踪言语，史称："自是后莫知行之所在。听事，群臣受决事，悉于咸阳宫。"卢生的献策导致一系列的恶果：致使秦始皇更加痴迷神仙之术；促使秦始皇进一步扩建宫室，设置更多的豪华行宫，以便隐藏行踪；导致秦始皇不再上朝听政，各种政务皆由一人靠批阅奏章决断，臣下很难见到皇上，只能奉命办事。秦始皇自我锁闭在深宫，断绝了许多了解国家局势、寻求合理对策的信息渠道，这对秦朝政治的危害是相当严重的。

其四，阳奉阴违，引发"坑术士"。这批专靠骗术谋取富贵的术士毫无道德良知可言。他们得知皇帝已经心生疑虑，打算亲自考校众术士的虚实，惶恐不可终日。依照秦朝法律，他们的骗术一旦被识破，将处以极刑。于是"侯生、卢生相与谋"，策划逃亡。他们在对秦始皇的为人、政事大加攻击之后，便悄悄地溜走了。这批术士可把秦始皇坑得够呛。他给这批人官与禄、富与贵、信与任，可是他们糜费巨大，而一事无成。不仅如此，他们还极尽恶毒攻击之能事，然后不辞而别。因此，秦始皇闻之，勃然大怒。他下令彻底追查，于是引发了著名的"坑术士"事件。

寻仙求药的弊政要由秦始皇负主要责任。兜售仙术、误国误民的术士固然该杀，而听信术士、劳民伤财的皇上也难辞其咎。秦始皇寻仙求药纯粹是为了满足个人的无限欲望，它不仅对国计民生毫无益处，而且导致或强化了一系列的弊政。秦朝其余五大弊政都与寻仙求药有直接或间接的关系。如果秦始皇的头脑清醒，完全可以避免这个弊政及由此衍生的一系列恶果。封禅、巡狩、扩建宫室、"坑术士"与巡仙求药的关系前面已经提到。这里着重分析一下扩建骊山陵与寻仙求药的关系。

寻仙求药与扩建陵墓都是穷奢极欲心态的产物。寻仙求药旨在通过生命永驻，达到永远安享权势、尊荣、富贵的目的；扩建陵墓旨在通过死后厚葬，达到在地下永远保持权势、尊荣、富贵的目的。它们一个祈求永生，一个安排死后，似乎风马牛不相及，而在心态上和行为上却有千丝万缕的关系。

神仙是中国文化的特产。中国的神仙似神非神、似人非人。神从"示"，出自天然；仙从"人"，由人转成。仙是凡人经修炼而获得神性。神仙是人而不同于人，属神而不同于神。这就是《太平广记》将神与神仙判为两类的原因。在中国文化中，神界有职守，有律条，而仙界无羁无绊，既无生死之限，又有神通变化，且可以纵情声色，享无穷欢乐。仙人比神明要自在得多。秦始皇求仙的目的在于寻求一个超乎常人、长存不朽、永享专擅、逍遥自在的境界。然而渴求成仙，意味着自认为凡人。求仙的动因是意识到自己并不是什么神，而是属于有生老病死、七情六欲的尘世之人。凭借权势、财富去求仙是对永无际涯的欲望和权力的追求。它是一种扩张了的人欲，膨胀了的尊大，而又在有意无意之中否定了自我的神异属性。既然是凡人，必然有生死。豪华的陵墓则是特为死后准备的。同时求仙与修陵是在为自己做两手准备。秦始皇在极度膨胀的个人欲望和特殊的政治需要驱动下，不惜耗费大量人力、物力寻仙求药、修筑陵墓，目的就是要确保自己的未来。

作为弊政，寻仙求药有两大祸患：一是蠹民，二是败政。蠹民，即大量消耗民力。秦始皇大规模寻仙求药前后长达十年之久，其中有两个事件可以大体估算其消耗国力的程度。第一件事是为了筑琅玡台并开展与祭神觅仙有关的活动，秦始皇"徙黔首三万户琅邪台下，复十二岁"。这就意味着三万户黔首本应缴纳国家的十二年的赋税几乎完全投入了荒唐的事业。第二件事是徐福最后一次出海。他一下子带走了三千童男童女、各种工匠及必要的军队、船夫，估计其人员总数达数千人甚至上万人。可以搭载这些人的庞大船队，以及随船带走的各种贡品、物资等，也需要花费一笔可观的国库帑银。见于记载的巡仙求药活动远不止于此,其总体消耗之巨大不难想象。大体可以做出这样的估计:秦始皇用在各种与神仙有关的荒唐事业的费用,包括封泰山、祭神明、厌王气等,不低于修筑长城的费用。耗费大量人力、物力是直接的蠹民之举,它对国计民生的损害还是可以估算的,而败政则不然,它的危害性更大。为了见到或成为"真人",秦始皇的施政态度、方式和热情乃至生活习惯和人格发生很大变化。在秦始皇生命历程的最后几年,明智的政治举措几乎一件也找不到,而荒唐的政治行为一桩接着一桩。这种现象对秦朝政治的负面影响广泛而又深刻,其中"坑术士"与寻仙求药有直接关系。其破坏作用是无法估量的。一心想生命永驻,反而加速了死亡;一心想王朝永存,反而促成了覆灭。秦始皇是个悲剧性的人物,而寻仙求药是导致悲剧的重要因素。

与宗教、神明、仙人相关的弊政几乎历代皆有。夏商周统治者大规模的祭祀祈福活动实际上是这类弊政的滥觞。帝王寻仙求药,前有古人,后有来者。秦始皇和汉武帝则是中国历史上最著名的寻仙求药皇帝。他们都因动用国家政权的力量大规模寻仙求药,而损政败德,劳民伤财,为祸一世。汉武帝的求仙活动,其声势与规模远在秦始皇以上。东汉以降,佛教传入,道教兴起。历代皇帝大多好道求仙,佞佛祈福。南朝梁武帝是佞佛误国的典型。宋明一批皇帝因迷恋道教而误国误民。宋徽宗("道君皇帝")、明神宗都是典型。许多皇帝如唐太宗、唐高宗等明知神仙之说虚妄,口头上也说以秦皇、汉武为戒,却又对长生之药趋之若鹜。关于皇帝死于服食丹药的记载不绝于史。仅唐代就有五位皇帝死于金丹之毒,他们是太宗、宪宗、穆宗、武宗、宣宗。由此可见,中国皇帝渴求神明保佑、升入天国、生命永驻、羽化登仙的欲望多么强烈。皇帝有这种欲望,就必然有与此相关的弊政。许多帝王竟因此而亡国、亡身。秦始皇只是其中比较典型的一个代表人物而已。

第四节　"焚书"与"坑术士"

秦始皇三十四年(公元前213年),依据一个经皇帝裁定的诏令,全国各地开始大规模地焚毁图书,许多珍贵的古代文献由此而销声匿迹。时过一年,又是依据皇帝裁定的诏令,一批在官方机构服务的术士、学者被活埋或流放。这两个事件史称"焚书坑儒"。在秦始皇"有累圣德"的各种事迹中,"焚书坑儒"是最残暴、最专横的。这也是在为秦始皇做历史定位时最有争议的事件。

主持"焚书坑儒"的秦始皇遭到千古唾骂。古代的许多论者把它作为秦政暴虐、始皇无道的证据。许多现代论者把这一事件作为中国古代文化专制的典型事例。也有许多古今学者对这个事件有分析,有批判,有的人还有所肯定。"焚书"事件对中国文化的严重摧残是一个不争的历史事实;"坑儒"事件则生动形象地展示着专制政治的暴虐、专横。"焚书坑儒"的基本性质可以准确无误地断定为"暴政"、"暴君"。今天的史学研究大可不必为秦始皇撰写辩护词。即使依照当时的价值标准判断,秦始皇对这两件事的处置也属严重失当。他对这两桩暴行都有不可推卸的责任。然而笔者倾向以分析与批判相结合的态度看待这些历史事件。从事件发生的具体过程看,秦始皇并非完全"无法无天",不能简单地断定"秦始皇轻蔑文化建设",更不能草率地下"秦始皇大规模镇压知识分子"的结论。

"焚书"是一个王朝文化建设与文化专制交织在一起的产物。"坑儒"事件的准确表达应当是"坑术士"。"坑术士"则是皇帝处置不忠之臣。"焚书"与"坑儒"本是两个相对独立的政治事件。尽管它们有一定关联,而其是非曲直还是以分别分析为宜。

一、"焚书"缘起

对于"焚书"事件的缘起,《史记·秦始皇本纪》有详细的记载:

> (秦始皇)三十四年……始皇置酒咸阳宫,博士七十人前为寿。仆射周青臣进颂曰:"他时秦地不过千里,赖陛下神灵明圣,平定海内,放逐蛮夷,日月所照,莫不宾服。以诸侯为郡县,人人自安乐,无战争之患,传之万世。自上古不及陛下威德。"始皇悦。博士齐人淳于越进曰:"臣闻殷周之王千余岁,封子弟功臣,自为枝辅。今陛下有海内,而子弟为匹夫,卒有田常、六卿之臣,无辅拂,何以相救哉?事不师古而能长久者,非所闻也。今青臣又面谀以重陛下之过,非忠臣。"始皇下其议。丞相李斯曰:"五帝不相复,三代不相袭,各以治,非其相反,时变异也。今陛下创大业,建万世之功,固非愚儒所知。且越言乃三代之事,何足法也?异时诸侯并争,厚招游学。今天下已定,法令出一,百姓当家则力农工,士则学习法令辟禁。今诸生不师今而学古,以非当世,惑乱黔首。丞相臣斯昧死言:古者天下散乱,莫之能一,是以诸侯并作,语皆道古以害今,饰虚言以乱实,人善其所私学,以非上之所建立。今皇帝并有天下,别黑白而定一尊。私学而相与非法教,人闻令下,则各以其学议之,入则心非,出则巷议,夸主以为名,异取以为高,率群下以造谤。如此弗禁,则主势降乎上,党与成乎下。禁之便。臣请史官非秦记皆烧之。非博士官所职,天下敢有藏《诗》、《书》、百家语者,悉诣守、尉杂烧之。有敢偶语《诗》《书》者弃市。以古非今者族。吏见知不举者与同罪。令下

591

三十日不烧,黥为城旦。所不去者,医药卜筮种树之书。若欲有学法令,以吏为师。"制曰:"可。"

对这一段相当完整的记载可以分解为以下几个基本事实:

1、事件的起因。

事件起因于对秦朝政治的评价。朝堂之上,皇帝面前,两种截然不同的评价公之于众,激烈交锋。争论的内容涉及到周秦两种政治模式的对比。仆射周青臣赞颂秦始皇实现天下一统,威德超迈千古。他充分肯定秦朝制度,所谓"以诸侯为郡县,人人自安乐,无战争之患,传之万世"。博士淳于越对此不以为然,他认为秦始皇对子弟不行分封是错误的,以此行政不仅不值得颂扬,而且有亡国之忧。它充分肯定殷周制度,主张"封子弟功臣,自为枝辅",改变"陛下有海内,而子弟为匹夫"的现状,以防止"卒有田常、六卿之臣,无辅拂"。

淳于越以兴亡论政,断言"事不师古"则必定速亡。这就基本否定了秦朝的政治模式和秦始皇的功德。这场争论实质是春秋战国以来,新旧两种政治模式、政治哲学及其价值体系之争的继续。尽管周青臣有谄谀阿奉之嫌,淳于越有直言敢谏之名,然而从中国历史的实际进程看,淳于越所依据的政治理论和价值尺度并无多少可取之处,反倒是周青臣的说法与事实更接近一些。

值得指出的是:淳于越确实出于忠心,旨在谋求秦朝的长治久安。他无愧为孔子信徒、忠直之臣。他的意见并非全无可取之处。在当时的政治情势下,适度搞一些分封或以某种形式赋予王族子弟更多的政治特权,既有利于维护嬴氏家天下,又可以迎合在社会大众中广泛存在的政治心态,减少对秦朝新政权的批评。后来的历史过程也证明,如果秦始皇在坚定维护新体制基本原理和法则的同时,有所变通,有所布置,秦朝可能不至于速亡。

2、皇帝的反应。

淳于越提出的不是一个具体的政策问题,也不是一个"小是小非"问题,而是一个"大是大非"问题。它涉及到对秦朝政治模式和秦始皇个人功过是非的总体评价问题,甚至可以说涉及到对秦朝基本制度和统治方略的基本估价问题。

从思想史的角度看,以"秦制"、"秦政"为代表的新的政治模式产生于春秋战国时期。自是以来,诸子百家就对它议论纷纷。直到大清帝国灭亡,有关的理论之争一直延续不断。人们只要评价"秦制"、"秦政",就必然拿它与"周制"、"周政"相比较,而二者的主要区别又在于:"亲亲"至上与"尊尊"至上之别;"礼治(德化)"至上与"法治(刑威)"至上之别;"封建"制度与"郡县"制度之别。否定"秦制"、"秦政"者,必然攻击"郡县"与"法治"。秦始皇行郡县是"大私"、"专权",是"不合圣制"、"不行王道"。这种评论充斥于历代文献。不难看出,"郡县"之争不是具体制度之争,而是新旧两种政制模式之争。见于文献记载的秦朝统治集团内部的重大政见之争主要是围绕这个问题展开的。所以淳于越提出的问题在当时人们的心目中是一个至关重要的政治问题。

应当指出的是:淳于越的观点并不是儒家的专利,当时多数学派和学者有"祖述尧舜,宪章文武"的学风。凡是具有这种学风的人,无论属于儒、墨、道、名、阴阳,都有可能提出类似的政见。实行分封制的主张又代表着一股强韧的习惯势力。从大量历史材料看,在当时,这种来自传统文化和政治习惯的主张赢得广大臣民的认同。淳于越的观点具有广泛的代表性,他只是具有名士气质、忠臣品格而勇于直言极谏而已。这个在群臣、士人中议论甚多的问题终于被淳于越公布于朝堂之上,暴露于皇帝面前。

如此重大的政治问题,以如此尖锐的方式,在如此重要的场合提出,任何时代的任何政权及其当权者都不会对此漠不关心。秦始皇当时的反应还是颇有帝王气度的。史称"始皇下其议"。换句话说,他不悦,却没有勃然大怒,更没有当堂论罪(此后也不见有关处分淳于越的记载),而是按照正常议事制度,交由群臣会议。然而他在政策抉择时所做出的反应却是失当的。

3、政策抉择。

秦始皇采纳李斯之议,颁布焚书令、挟书令,即"史官非秦记皆烧之",民间收藏的"《诗》、《书》、百家语"也一律交由地方官"杂烧之";严禁私家收藏"医药卜筮种树之书"以外的书籍,严禁"以古非今",甚至不准"偶语《诗》《书》"。对于相关书籍的收藏及学术研讨,严格限定在"博士官所职"的范围内。秦始皇还明确规定:凡学习从政之术者,都要以朝廷官吏为教师,即"若欲有学法令,以吏为师"。

关于禁毁书目的范围,《史记》的记载可能有所夸大。从《汉书·艺文志》等汉代文献记载看,秦始皇焚书对象主要是《诗》、《书》及各国史记。东汉王充说:"秦虽无道,不燔诸子,诸子尺书,文篇具在。"①《周易》等儒家其他经典及包括《孟子》在内的诸子著作不在焚毁之列。

4、政治目的。

有鉴于"诸生不师今而学古,以非当世,惑乱黔首",通过若干禁绝措施,维护"法令出一,百姓当家则力农工,士则学习法令辟禁"的政治局面,避免重蹈"天下散乱,莫之能一"的覆辙。归根结底是为了维护皇帝和国家法令的尊严。

5、施政方式。

混淆政治与学术,由最高统治者"别黑白而定一尊",以行政的、法律的手段,根除"以古非今"的思想文化依据,防止今后再出

---

① 《论衡·书解》。

现"私学而相与非法教"的情况。这种施政方式只能定性为文化专制主义。以火与剑解决思想与学术问题,明令禁止臣民"入则心非,出则巷议",以剿灭一切不同政见、禁绝一切批评的方式维护王权尊严,这无疑属于最极端的文化专制主义。

二、"焚书"令的执行

诏令下达,各地纷纷点燃了焚书之火,不到三十天,民间大部分违禁书籍化为灰烬。只在皇家图书馆中保留了一套比较完整的藏书。秦始皇造成了中国古代史上一次空前的文化浩劫。人们把这场灾难称之为"秦火之厄"。

如果没有后来项羽入关灭秦后放的那一把大火,或许这场劫难的损失会大大降低。因为,秦始皇并没有把文化典籍绝版无存,而是在皇家图书馆收藏了一套古今图书,使"圣人之全经犹存",各国之史记犹在。可惜时隔数年,又出了一位平素不喜读书的"西楚霸王"。这位崇尚武力、追逐虚名的新霸主只知道搜刮财宝、劫掠美女,东归故乡之前,把秦朝宫室、陵墓一概焚毁。于是秦朝秘府所藏的文化典籍荡为灰烬。

秦始皇的确无意绝灭各种典籍,只是不准广大臣民利用这些典籍来反对他和他所建立的王朝。在秦朝,儒学和儒经可以与"焚"、"坑"并存而共行,这也是事实。但是这并不能够减轻秦始皇的罪责。

认真分析现存文献的有关记载,可以发现:秦王朝和始皇帝还是相当重视文化建设的。"焚书"不是秦始皇的既定国策。原因很简单:文化建设对于维护一个庞大的帝国是必要的,雄才大略的秦始皇不会不有见于此。在这个意义上,秦始皇"焚书"有一定的偶然性,即在特定情境下政见之争被激化的结果。正如著名史学家翦伯赞所指出的:从统一六国到"焚书坑儒"事件发生,事隔八、九年之久。

在长达八年的时间内,秦始皇既没有"焚书",也没有"坑儒"。"对于古典文献,不分青红皂白,非秦者烧",这不是秦朝的既定国策①。事实上,此前嬴政在位的三十四年间,秦国也没有发生过类似的以残酷手段推行文化专制的具体事例。秦始皇下达焚书令时,没有明令保存哪一家的著作,或者特别关照要灭绝哪一家。后来"坑儒"的时候,他也没有明确指出哪一个或哪几个学派的学者最可恶,必诛之而后快,而是只针对具体"罪行"量刑定罪。"坑儒"以后,包括儒家学者在内的各类博士、诸生依然供职于朝廷。在统一学术的问题上,还很难说秦始皇已经有了固执不变的成见。成见尚无,更谈不上胸有成竹。所以一旦由于突发事件把这个问题摆在朝堂之上的时候,秦始皇选择了一个最粗糙、最野蛮的方案。

应当指出的是:"禁绝异端"和"以吏为师"不是一家一派的主张。在先秦,无论儒、墨、道、法,主张积极求治的思想家几乎都主张统一思想,鲜有例外。法家甚至主张"燔《诗》《书》而明法令"②,主张对各种不利于法治的学派,以强制性手段"禁其行"、"破其群"、"散其党"③。沿着这个思路很容易走向以严酷手段控制思想,禁绝批评。

秦始皇的文化专制有明确的目的:维护大一统的政治局面。正像他的前辈孔夫子曾以诛杀少正卯来铲除异端一样,正像他的后辈汉武帝曾以"独尊儒术"使思想一律一样,这种行为前有古人,后有来者。以行政手段强行统一思想很容易走向"焚书"。在这个意义上,秦始皇"焚书"又有其必然性。

秦始皇焚书是为了统一思想。这是一种典型的帝国行为,又

① 翦伯赞:《中国史纲》第二卷《秦汉史》,北京大学出版社1983年第2版,第79页。
② 《韩非子·和氏》。
③ 《韩非子·诡使》。

是一种世界性的历史现象。在世界古代史上,以强制性的手段消灭异端,统一思想,可谓司空见惯。诸如西欧中世纪基督教政教合一政权以铁血手段禁止"异端"信仰、禁毁有关书籍,以"猎巫"方式残害异教徒。阿拉伯人攻陷亚历山大城之后,为了维护伊斯兰教教义而焚烧图书馆。以诛其人、焚其书的方式统一思想无疑是暴虐行为。秦始皇本来有更适当的方案和手段可供选择,而他却选择了最不可取的手段。他不仅要用法律手段明令禁止人们习先王之语,论诗书之义,读诸子之书,而且必欲一概烧之而后快,还要把屠刀高悬在人们的头上,以保证其统治意图的实现。在中国古代史上,这是一次手段最残忍、后果最惨重的文化专制行为。它的残忍程度和破坏程度几乎可以与西欧中世纪以酷刑诛灭"异端思想"的"猎巫"行为相提并论,可谓野蛮至极、血腥至极、残忍至极、悖谬至极。不管秦始皇焚书有多少理由,这个行为是必须予以严厉谴责的。更何况焚书之举铸就了一场文化劫难。

秦始皇焚书实际上对秦朝的统治有害而无益。这不仅达不到统一思想、禁绝批评的目的,而且也不利于统治思想的发展、完善。焚书之后,秦朝的统治方略日益僵化,几乎丧失了在政权体系内部自我调控皇权、方略和政策的能力。秦朝皇帝的统治手段也越来越简单、粗暴、专横,甚至达到失控的地步。焚书令一下,还造就了更多的政治反对派。

焚书事件标志着秦始皇的骄奢淫逸已经达到了临界点,他已经开始由一位聪明睿智的政治英雄蜕化为专横暴虐的"无道之君"。秦朝败亡的征兆也由此显露出来了。

三、"坑术士"

"坑儒"的提法不够准确,应该称之为"坑术士"。汉代以后,儒术独尊。人们评说历史时,习惯从"儒法斗争"的角度为秦始皇

"焚《诗》《书》,坑术士"①这两件有一定相关性的事件定性,并把它们都说成是专门为了对付儒家而发动的。"焚"特意针对儒经;"坑"特意针对儒生。因此,"焚"与"坑"被粘连在一起,"书"与"儒"也有了特定的含义。其实,"焚书坑儒"这个词多少有点误导的成分。从字面上看,似乎秦始皇的行为是专门针对儒家的,是为了同一个目的而采取的有步骤的行动,即毁其书,诛其人,以灭其学。许多评论者受了"焚书坑儒"这个词的误导,简单地以"尊法反儒"为秦始皇的政治理念和政治行为定性。"焚书坑儒"也好,"尊法反儒"也好,这种概括既似是而非,又似非而是。简言之,"不准确"而已。秦始皇的政治理念与法家学说更贴近,这是事实;在"焚《诗》《书》,坑术士"中,儒学蒙受的损失最突出,这也是事实。然而这两件事都不是专门对着儒学、儒者而来的,尽管它牵涉到许多儒经、儒生。

对于秦始皇三十五年(公元前 212 年)发生的"坑术士"事件的缘起,《史记·秦始皇本纪》有详细的记载:

> (秦始皇)三十五年……侯生、卢生相与谋曰:"始皇为人,天性刚戾自用,起诸侯,并天下,意得欲从,以为自古莫及己。专任狱吏,狱吏得亲幸。博士虽七十人,特备员弗用。丞相诸大臣皆受成事,倚辨于上。上乐以刑杀为威,天下畏罪持禄,莫敢尽忠。上不闻过而日骄,下慑伏谩欺以取容。秦法,不得兼方,不验,辄死。然候星气至三百人,皆良士,畏忌讳谀,不敢端言其过。天下之事无小大皆决于上,上至以衡石量书,日夜有呈,不中呈不得休息。贪于权势至如此,未可为求仙药。"于是乃亡去。始皇闻亡,乃大怒曰:"吾前收天下书不中用者尽去之。悉召文学方术士甚众,欲以兴太平,方士欲练

---

① 《史记》卷一二一《儒林列传》。

以求奇药。今闻韩众去不报，徐市等费以巨万计，终不得药，徒奸利相告日闻。卢生等吾尊赐之甚厚，今乃诽谤我，以重吾不德也。诸生在咸阳者，吾使人廉问，或为讹言以乱黔首。"于是使御史悉案问诸生，诸生传相告引，乃自除犯禁者四百六十余人，皆坑之咸阳，使天下知之，以惩后。

对这一段相当完整的记载可以分解为以下几个基本事实：

1、事件的起因。

术士侯生、卢生等人是一群地地道道的政治骗子。他们曾以寻仙求药蒙骗秦始皇，并获得信任、官爵和财富，却根本不可能完成这个荒唐的任务。他们自知触犯了欺君罔上之罪，依照法律应当处死，口说拒绝再为暴虐的秦始皇效劳，实际上是为了逃避罪责。他们从人格、政策、制度和施政方式等各个层面，全面否定秦皇、秦政、秦制，却惟独没有指责寻仙求药这个重大的弊政，反而把"候星气者"都说成"良士"。他们恰恰都是导致各种荒唐弊政的主要责任人。实际上，"丞相诸大臣皆受成事"等弊政也与卢生等人引诱秦始皇隐居宫中企盼"真人"有直接的关系。因此，尽管上述议论道出了秦政的若干弊端，却又显然有夸大事实之嫌，更不能视为主持正义者的抨击。侯生等人的行为在任何朝代也属于典型的恶意攻击。

2、皇帝的反应。

这一切被秦始皇察知。秦始皇"大怒"。侯生像韩终（韩众）、徐福（徐市）等一批方术之士一样，曾经以神仙之术、不死之药诓骗秦始皇，使之深信不疑。秦始皇于是广招"方士欲练以求奇药"。他对侯生等人"尊赐之甚厚"，不仅给予官爵、俸禄，而且提供大量资金供他们求仙寻药，装神弄鬼。结果却是屡屡上当受骗，"韩众（韩终）去不报，徐市（徐福）等费以巨万计，终不得药，徒奸利相告日闻"。这些人不仅欺骗皇帝，一事无成，而且"诽谤"政治,攻击君主,还逃避惩处,弃官而去。秦始皇还得知这不是个别人的行为,被政府以官爵、俸禄供养在咸阳的诸生中竟然有人"讹言以乱黔首"。

任何人遇到这种事情都很难压抑愤怒之情,何况颐指气使、惟我独尊的始皇帝! 秦始皇得知自己被愚弄,遭诽谤,当时便勃然大怒。这种反应是可以理解的。

3、政策抉择。

秦始皇决定依律处罪,大开杀戒。他的长子扶苏曾劝谏父亲注意一下政治影响:"天下初定,远方黔首未集,诸生皆诵法孔子,今上皆重法绳之,臣恐天下不安。惟上察之。"秦始皇拒绝了忠告,而一意孤行。

无法无天乎? 合理合法乎? 按照中国古代的法律规定和道德规范,包括儒家提倡的伦理、法理,秦始皇的行为应属于后者。首先,"合理"。依据当时的道德规范,侯生等人的犯罪事实清楚,且属于重罪。即使按照儒家的"君臣大义"判断,侯生等人也属"小人"、"奸佞"、"欺君罔上"、"大逆不道"。即使按照汉儒"以经义决狱"的思路量刑,对他们也应"杀无赦"。因此,秦始皇诛杀"欺君罔上"的术士是清除不能"忠于所事"的奸佞。这完全符合当时通行的道德准则。其次,"合法"。类似的法律和案件历朝历代都有。《唐律疏议·名例》为了论证对"亏损名教,毁裂冠冕"的十恶不赦之罪必须严惩,引据儒家经典,写道:"案《公羊传》云:'君亲无将,将而必诛。'谓将有逆心,而害于君父者,则必诛之。"只要心里有了戕害君父之心,就必须杀之。依据秦汉隋唐宋元明清等历代法典、律条,这一类行为都触犯了"杀无赦"的重罪,更何况秦法严酷。秦法中早就有系统的惩处各种官员失职、不忠行为的律条,还有"告奸"、"连坐"之条,后来又增加了新的律令:"有敢偶语《诗》《书》者弃市。以古非今者族。吏见知不举者与同罪。"因此,秦始皇"坑术士"有法可依,并不违背他所信奉的"法治"原则。

4、政治目的。

秦始皇的政治目的是惩处不忠,铲除奸邪,避免动乱。这是可以摆在桌面上的口实。客观地说,"坑术士"还是事出有因的。依据当时的道德标准、政治规范和法律条文,秦始皇的做法并非毫无正当性可言。秦始皇的暴虐在于株连无辜,手段残忍,嗜血成性。此事株连甚广,手段残忍,史所罕见,秦始皇难逃以暴力禁止批评、弹压舆论的指责。但是,单凭"坑术士"一事还不足以断定秦始皇此时已经发展到听不得一点逆耳之言的地步。他听到的不是逆耳之言,而是恶意攻击。

笔者的看法是:秦始皇坑杀的对象是政府供养的"诸生"中间的"欺君罔上"者和"妖言惑众"者,无论方士、儒士、术士,有犯禁者则杀。"欺君罔上"者应以从事方仙道的方士居多,"妖言惑众"者则可能来自不同的学派。在当时,"诵法孔子"者对秦朝政治的非议最多,而"诵法孔子"者又未必个个是"纯儒"。从战国秦汉的大量历史事实看,"诵法孔子"者不一定都局限于儒家学派。许多阴阳家、名家学者在具体政治主张上深受孔子的影响,很像儒家学者。简言之,这是一批"欺君罔上"者、"以古非今"者、"偶语《诗》《书》"者,其中以儒者或深受儒家政治思想影响的学者居多。但是,秦始皇并不是把矛头对准某个学派。所以"坑术士"不是"坑儒"。

5、施政方式。

一曰依法办事。秦始皇把案件交给了专司纠察百官的御史,"于是使御史悉案问诸生"。二曰严惩不贷。秦始皇将"犯禁者四百六十余人,皆坑之咸阳"。三曰以儆效尤。秦始皇明令将案情及处理情况向四方通报,"使天下知之,以惩后"。

于是乎秦始皇就真的动手了。这一开杀戒,便断送了"四百六十余人"的性命。最大的问题在于:这四百六十余人未必都触犯了预设的律条。如果他们原本无罪,或者罪不当诛,那么即使依照当时的道德标准和法律规定,秦始皇的行为也可以称之为"暴政"。

在今天看来,这桩血案无疑属于暴政。因为除了侯生等人无论按照古今标准都算不得正人君子,至少都犯有诈骗罪、诽谤罪外,其余大多属于思想言论问题(有多少人连思想言论问题都没有已无法考证;有多少人的确正在组织反秦活动也不得而知),而思想问题即使在当时也是以不杀为宜的。

6、事件性质。

"坑术士"的性质属于典型的"帝王一怒而天下秋",把它与不同政见、学术之争牵上关系显得有点勉强。它纯属历代皆有的帝王严厉"执法"、责罚"不忠"、清除"奸佞"的故事,只是杀的人太多,杀人的手段太残酷,还牵连了众多的无辜。被坑杀的四百六十余人大体有三类人:第一类人是侯生、卢生等术士。这些人"欺君罔上",误国误民,他们死有余辜。第二类人属于敌对势力,秦始皇镇压他们还算是正常的统治行为。第三类人是被牵连进来的人。他们也曾非议朝政,却既不属于敌对势力,也不是恶意攻击。秦始皇不该杀他们,可是依据秦法又可杀。在君主专制政治中,"合理"、"合法"与"专横"、"暴虐"本来就粘连在一起,很难撕裂开来。秦始皇"坑术士"堪称典型。

笔者认为:"坑术士"是专横暴虐的君主政治下的正常统治行为。说它专横暴虐,这一目了然,不必解释、分析。之所以说它是正常统治行为,是因为依据当时的政治规则,它既有理可据,又有法可依,还是朝堂之上司空见惯的事情。"坑术士"是典型的社会性暴虐、时代性暴虐、制度性暴虐与个体性暴虐相结合的产物。

中国古代的礼制和道德明确规定："位卑而言高，罪也。"其中见于儒家经典的语禁就有不得扬君父之恶；不得"思出其位"；严禁臣下"不倡而和"；谏诤必须"不可则止"等。总而言之，"非礼勿言"。与此相应，历代法律都明确规定着名目繁多的思想言论罪，它们大体可以分为四类：非议朝政，妖言惑众，冒犯尊长，不敬君王。有语禁，必有言罪；有言罪，必有吻祸。历代都有人死于谏诤君王、批评朝政。秦汉时期的这类法律尤为繁苛，见于《史记》、《汉书》、《后汉书》的就有诽谤、诋欺、欺谩、不敬、不道、非议诏书等。其中秦朝的"以古非今"、"偶语《诗》《书》"和汉朝的"非所宜言"、"腹非"等毫无道理可言。其实，汉代儒家的以礼法"诛心"之术并不比秦朝的以刑法"禁心"之术更"开明"。它是一种披着"宽"、"仁"外衣的残忍。这种暴虐可以称之为社会性、制度性的暴虐①。秦始皇"坑术士"是各种暴虐的集合体。

关于"坑儒"还有一种说法。"秦既焚书，恐天下不从所改更法，而诸生到者拜为郎，前后七百人，乃密种瓜于骊山陵谷中温处，瓜实成，诏博士诸生说之，人言不同，乃令就视。为伏机，诸生贤儒皆至焉，方相难不决，因发机，从上填之以土，皆压，终乃无声。"②这个传说流传甚广。《文献通考·学校考》引述了这个传说。正如许多学者所指出的：这个故事显然是编造出来的。

"坑术士"的政治后果很严重。如果秦始皇听从公子扶苏的意见只杀部分"欺君罔上"者，对秦朝的统治更有利。

---

① 关于中国古代的思想言论罪及其道德依据，特别是儒家的有关理论，参见拙著《亦主亦奴：中国古代官僚的社会人格》第三章第三节言罪、吻祸与说难，浙江人民出版社 2000 年版。
② 《史记》卷一二一《儒林列传》《正义》引卫宏《诏定古文尚书序》。

第五节　秦始皇的政治人格

在介绍了秦始皇一生的主要经历之后,理应对他的个性有所分析。人格分析、心理分析需要一定的科学测试手段或者比较详细可靠的记录。可是有关秦朝、秦始皇及其父母、辅臣的历史记载相当简略,且大多具有很强的负面色彩。在史料选择和过程描述中这个问题很明显。对于短命的王朝,历代史家记其过失多,甚至夸大其罪恶,而记其成就少,甚至埋没其功德。这一扬一抑,必然有失"客观"、"准确"、"公正"。就连司马迁的《史记》也难免失实之讥。在这方面,秦朝与隋朝的遭遇很相似。因此,对秦始皇这个二千年前的历史人物做准确的心理分析是很困难的课题,而对秦始皇的政治人格的总体特征及其政治才能与素质还是可以大体把握的。

一、秦始皇的形象与个性

由于史料有限,对于秦始皇的形象与个性很难详细描述,更无法深入分析。现存有关秦始皇言行的历史记载寥寥可数,有些是不实之词。依据这些数量有限又记述未必准确的材料,很难全面地判定秦始皇的人格特征。

关于秦始皇的个人形象,只有两条史料可供研究。

一条来自当时目击者的描述,见于《史记·秦始皇本纪》。秦始皇的重要辅佐尉缭说:"秦王为人,蜂准,长目,挚鸟膺,豺声,少恩而虎狼心,居约易出人下,得志亦轻食人。"这个描述显然有浓重的负面色彩,却又是现存最可靠的历史材料。这条材料的特点是把形象与个性结合在一起,侧重从个性去把握形象。从这条材料看,秦始皇气度不凡,他鼻如悬胆,目大眉长,胸部隆起,声音嘹亮,性格剽悍,工于心计。这种形象也透露出秦始皇犹如凶禽猛兽般的个性,他形似鹰隼,心似虎狼,狡如狐豸,雄视、搏击、吞噬,悍勇之中又透出狡诈。仅就外部形象、神气而言,秦始皇颇有枭雄气概。这种气质和个性可以与其一系列政治行为及其所成就的功业相互印证。

有的学者依据秦始皇幼年生活不安定,以及"蜂准"、"挚鸟膺"、"豺声"等形象描述,断定他患有马鞍鼻、软骨病、气管炎等疾病,有生理上和心理上的诸多缺陷①。许多有关秦始皇的传记文章沿袭了这个说法,并由秦始皇的生理缺陷推导其心理疾患,进而证实其自幼便具备暴君品格。其实这是很难成立的。从各种关于秦始皇勤于政务、巡幸四方、纵横捭阖、多谋善断的记载看,这个人体魄强健,精力充沛,雄才大略,善于自我调控心态,不像是一个羸弱的人,更不像是一个有心理疾患的人。秦始皇的功业也不是一个自幼就有各种生理缺陷和严重心理障碍的人所能成就的。他的确具有暴君品格,而这种人格和心态主要是由于社会性、政治性因素造成的,属于社会人格、政治人格的范畴。

另一条出自传说之笔。据说:"秦始皇名政,虎口,日角,大目,隆鼻,长八尺六寸,大七围。手握兵执矢,名祖龙。"②这条材料属于正面描述,力图证明秦始皇颇有帝王之相,难免有夸张之嫌。而它与尉缭的描述还是大体相合的,所以也是大体可信的。这说明秦始皇的形象、气质可以用"英武之主"来形容。

其实还有一条重要的材料,可供推测秦始皇的体貌、气质:无

---

① 郭沫若:《十批判书》的《吕不韦与秦王政的批判》,东方出版社1996年版,第449页。
② 《太平御览》卷八六《皇王部》一一引《河图》。

论秦始皇的生物学之父是气度不凡的公子王孙子楚,还是颇富智略的吕不韦,他的父系遗传基因都比较好。他的母亲是一位美貌女子,且能歌善舞,体态妩媚。这一点是史有明文的。在正常情况下,秦始皇也应继承了比较好的遗传素质,不太可能形体丑陋、智能低劣。秦始皇幼冲之年便身为王孙、立为太子、登上王位,并按照秦国的制度接受了系统的与王者的身份相匹配的教育、培训。事实证明,这种后天的教育所造就的是一位临驭天下、令群臣敬畏的英主。秦始皇不太可能是一个形象猥琐、才智平庸、心胸狭窄的人。

笔者认为,这几条材料相互支持,大体可以推定:秦始皇的确相貌堂堂,仪表不俗。无论如何,破解秦始皇的形象之谜还是存在着极大的可能性的。如果将来发掘秦始皇陵墓时能够发现他的遗像或遗骨,就可以利用现代科学技术,恢复其从青壮至老死各个人生阶段的体形、相貌。届时关于秦始皇的形象之谜便可以解开。

二、秦始皇的政治素质和政治人格

乍然看来,很容易给人这样一个印象:秦始皇是靠着"虎狼之心"夺取天下,又凭借"荒淫暴戾"来维系统治的。就连秦始皇的重要辅臣李斯等人也都属于"卑鄙猥琐"的小人。诚然,秦始皇的政治人格有其荒淫暴戾的一面,李斯等人也有卑鄙猥琐的行为。然而就是这些特定的人创造了那个时代的宏大功业。且不说"千古一帝"的评语,如果把秦始皇的班子和汉高祖、汉光武帝、唐太宗、明太祖的班子加以比较,就不难发现秦始皇的班子在政治谋略、军事才干、内部协调以及政治、军事、外交业绩等方面,不仅毫无逊色之处,而且在某些方面略胜一筹。试想一下:如果秦国的制度比东方六国的制度更残酷,秦国的统治比东方六国的统治更暴虐,秦国的统治集团比东方六国的统治集团更猥琐,秦始皇能够扫

灭群雄,实现一统,享御称尊吗？只要稍加思考,就不难得出结论:
只有国家的制度和政策更合理一些,才有可能跃居并长期保持首
强的地位;只有君臣关系比较协调,君民关系比较稳定,一个国家
才能日益强盛;只有统治集团的政治智慧更高明一些,才有可能在
伐谋、伐交、伐兵的政治军事斗争中战胜对手。与汉高祖、汉光武
帝、唐太宗、明太祖不同的是,秦始皇所面对的不是一个业已崩溃
的王朝,所扫灭的也不是一批乱世英雄,而是一个个经营了数百年
的强大国家,其难度或多或少要大一些。而只要读一读《史记》就
会发现:秦始皇指挥的统一六国战争的过程是多么流畅,流畅得几
乎波澜不惊,以致没有太多的曲折故事可供史家述说,没有太多的
胜败得失留给后人咀嚼。除了灭楚的军事布置出过一些差错(最
初有点轻敌)以外,秦始皇的指挥与调度几乎无可挑剔。如果没
有高瞻远瞩的君王和才智高强的谋士运筹于庙堂之上,秦国大军
能够屡屡决胜于千里之外而几乎没有闪失吗？这是"荒淫暴戾"、
"卑鄙猥琐"所能概括的吗？惟非常之才,方能建非常之功。"荒
淫暴戾"、"卑鄙猥琐"只能得一时之逞,不能创博大功业。

总体而言,在中国历代皇帝中,秦始皇的政治才干可以归入佼
佼者一类。他最突出的有两点:一是精通法家的"无为之术",善
于选任贤能,驾驭群臣。二是注重制度、法规建设,善于运用规范
化、制度化、法制化的手段,治理国家,运作政治。从秦始皇所建立
的功勋和实施的权谋看,他具备很强的政治才干和出众的政治素
质,这也就注定了一种相当复杂的政治人格。

(一)学识广博与自贤自圣

秦始皇天资聪明,自幼受到系统的文化教育和军政训练。从
他的许多言行和政绩来看,这个人学识广博,有很高的军政、文化
素质,勇于决断大事,善于运用权术,否则他很难做到组织大规模
的统一战争,而指挥若定。他曾阅读《韩非子》并赞誉之,又勤于

政务,每日批阅大量公文。光凭政治阅历,没有很好的智能、必要的知识也是无法做到的。

才高功大的人很容易走向自贤自圣。秦始皇便是一例。统一天下之后,秦始皇恃才恃功自傲,"以为自古莫及己"。在各地纪功刻石中,他反复强调自己的"圣"与"功"。在朝堂议政中,喜听歌功颂德之词,甚至以废谥号、烧诗书、禁止以古非今等方式禁绝批评。结果聪明反被聪明误,走向自己的反面。

(二)积极进取与好大喜功

翻检战国秦汉时期的历史文献就不难发现:这是一个英雄辈出的时代。许多人敢想、敢说、敢干,进取、务实、机变,善于谋略,勇于任事,敢于搏击,甚至不耻于"自荐"、"自衔"。卧薪尝胆、变法改制、胡服骑射、纵横捭阖、悬梁刺血、毛遂自荐、慷慨悲歌、对策朝堂、立功疆场的故事不绝于史。于是胸怀大志、积极进取、注重功利、勇于创新成为一种时代精神。这种精神与社会大变迁、政治大变革、国家大较量、军事大搏杀、族群大比拼、个人大竞争的历史背景相一致。

作为产生于这个时代的政治英雄,秦始皇是开拓进取精神的典型代表之一。他雄才大略,横扫六国,统一天下,开疆拓土,然后北筑长城,南修灵渠,开辟驰道于四方,又厚今薄古,不惮变革,定法律,创制度,行郡县。他的许多作为前无古人,他的许多工程举世无双。从存留至今为数不多的秦朝文物遗迹看,其规模之大,气势之壮,可谓空前绝后。无论万里长城的宏伟,阿房宫的壮丽,秦皇陵的气势,还是俑坑兵马的阵容,都是后人无法企及的。没有一种强烈的进取之心、功名之心,不要说在短短的十数年间完成这一系列功业,恐怕连想都不敢想。然而积极进取一旦超过一定限度就会变成好大喜功。秦始皇一发奇想,便举大事,兴大役,甚至派遣大量人众去寻找虚无飘渺的仙山灵药。好大喜功,轻用民力,劳民伤财,成为史家对秦朝政治的定评。

这又是一种历史性的现象。如若不信,就请看一看汉武帝,他"南诛两越,东击朝鲜,北逐匈奴,西伐大宛",同样筑长城,同样修大墓,同样寻仙药,同样一发奇想,便举大事,兴大役。这位信奉儒家仁政的皇帝堪称第二位秦始皇。数百年后又出了一位隋炀帝,同样是既有造福万代之举,又有为祸一世之行。他们的积极进取为中华民族书写了世界古代史上绚丽的一页,他们的好大喜功又为平民百姓带来了无尽的苦难。他们的功业令人叹为观止,他们的暴虐又令人发指。

(三)勤于政务与贪于权势

秦始皇躬操政事,是历史上著名的勤政君主之一,因此又难免"贪于权势"之讥。据说,秦始皇"躬操文墨,昼断狱,夜理书,自程决事,日县石之一。"①秦代的公文都写在竹简木牍之上。秦始皇事必躬亲,所以每天必须阅读大量表笺奏请。他命人每天秤取需要批阅的各种文书一石(一百二十斤),亲自处理完毕,才去休息。秦朝建立后,秦始皇十年之间,五次出巡,足迹遍布大半个中国。这在土石道路、驷马一车的时代,是相当辛苦的事情。

勤于政务与贪于权势的确有密切的关系。勤于政务是国务"一日万机"的实际需要,它还有一个用意就是旨在避免太阿倒持,大权旁落。勤于政务也好,贪于权势也好,只要善于运用君主御臣的无为之术,就会把政务处理得井井有条。秦始皇统治的前期,就属于这种状况。可是死死抓住大权不放,"天下之事无小大皆决于上",难免走向"丞相诸大臣皆受成事,倚辨于上"。勤政到这种程度,就只能算是贪于权势了。秦始皇统治的后期就出现了这种现象。

---

① 《汉书》卷二三《刑法志》。

（四）果断刚决与刚愎自用

在《史记·秦始皇本纪》、《战国策》等现存史料中,常常可以见到"秦王大怒"、"始皇大怒"、"乐以刑杀为威"等记载,秦始皇"膺突向前,其性悍勇","刚毅戾深",他的外表和性格都像一个刚烈乃至粗暴的人。秦始皇处事果决,"刚烈"是其人格的基本特质、核心特质。

卢生说:"始皇为人,天性刚戾自用。"这种说法出自恶意攻击,有夸大之嫌。天性"刚戾"者未必"自用"。秦始皇在位数十年,大部分时间他"刚戾"而不"自用"。他善于兼听,崇尚独断,常常借助群臣的智慧谋略决断大事,多有尊师听教、集思广益、肯于纳谏之举。凡重大政治决策,他都交由朝议或大臣、谋士商议,在"兼听"的基础上,实施"独断"。在一定条件下,果断刚决又很容易导向负面效应,即刚愎自用。成为始皇帝之后的嬴政常常显露这种心态,导致"上不闻过而日骄,下慑伏谩欺以取容"。

（五）严于用法与刻薄寡恩

各种战国秦汉文献偏爱用"虎狼"形容秦国、秦人、秦军。这的确是一个尚武善战、政严令行的国度和人群。无论本性如此,还是制度使然,秦始皇的性格也被定性为"少恩而虎狼心"。大量事实表明,说秦始皇本性如"虎狼"是缺乏依据的。他能把一批能臣战将笼络在自己身边,这是"少恩而虎狼心"所无法做到的。这个人还是颇得"恩威兼施"之术的要诀的。评说者论证"少恩"的主要依据是"专任狱吏"、"刑杀为威"、"久者不赦"。由此可见,"刻削毋仁恩和义"主要与法制及法治政治模式有关。"事皆决于法"势必剔除伦理化政治模式的温情脉脉成分,颇有"法不容情"的味道。这正是秦朝政治的优点。然而"刚毅戾深"的性格、水德阴杀的统治方略、"事皆决于法"的治术和志满意得的心态结合在一起,势必走向法治政治的反面。一旦"急法"而另立苛刑,甚至滥杀无辜,就必然导致"天下畏罪持禄,莫敢尽忠"。秦朝的法制大厦就是这样崩塌的。

秦始皇很懂得恩威兼施,有些行为甚至可以用"仁"来评价,而其骨子中有睚眦必报的性格。最典型的事例莫过于亲赴邯郸将仇家全部坑杀。其实这与其说秦始皇有"虎狼心",不如说是社会风俗和帝王权势结合的产物。

应当指出的是:春秋战国秦汉时期,复仇报恩盛行,"怨惠必酬"是一种社会风气。当时的史书中记载了一大批历史名人报仇雪恨的心态和事迹。伍子胥鞭打楚平王之尸,以报父兄之仇;张良求客刺秦皇,以报宗国之仇。史称秦相范雎为人"一饭之德必偿,睚眦之怨必报"①;栾布个性"尝有德,厚报之;有怨,必以法灭之"②。《史记·游侠列传》的有关记载也从一个角度反映了这种世风。秦始皇幼年所生长的三晋一带,盛行"报仇过直"③的风俗。形成这种世风的原因很多,或来自远古的血亲复仇观念和习惯;或来自获得社会大众广泛认同的对家邦、主君、父兄、朋友、知己的忠孝节义;或来自任侠仗义的时尚。强烈的复仇报恩意识又是和强烈的自尊意识相辅相成的。当时的人们多有强烈的自尊意识,其具体表现之一就是义不受辱的事例很多。人们普遍不能接受家邦、主君、父母、兄弟、朋友和自身被轻慢、受屈辱、蒙冤屈,为此甚至不惜以自残的方式"杀身自明"或摆脱侮辱。奋起报仇者、待机报仇者自然也大有人在。在当时,复仇雪耻是一种风俗时尚,对社会大众的意识、行为有深刻的影响,于是为宗国报仇、为主君报仇、为父母报仇、为亲朋报仇、为子女报仇以及向辱己者报仇的事情不

---

① 《史记》卷七九《范雎蔡泽列传》。
② 《汉书》卷三七《栾布传》。
③ 《汉书》卷二八《地理志》。

绝于史册。

秦始皇倚仗战胜者的气势和君临者的权势,坑杀仇家,乃至睚眦必报,显然不属于宽宏大量之举,然而这又与世风民俗有关。分析其个性时不能不考虑当时的社会历史背景和文化习俗,而简单地认定他是一个小肚鸡肠的人。从秦始皇处理与李斯、尉缭、王翦等王霸之佐的方式和驾御群臣的手腕看,他在政治上还是颇有胸襟器量的。不如此也不足以成其为一代枭雄。

(六)礼贤下士与工于权谋

有人说秦始皇礼贤下士,有人说秦始皇工于权谋。最典型的例子当属亢礼尉缭、师事王翦、信用李斯、宠爱蒙恬等。其实这本不足为怪。作为一种统治术,礼贤下士及相关的方略本身就有权术的成分。许多论者喜欢引用王翦的一个评价证明秦始皇本性多疑,从来不信任群臣,即"夫秦王怚而不信人"[1]。实际上当时秦始皇的心态可能很复杂,既有礼贤下士的成分,又有工于权谋的成分。刚烈果决又善用柔弱之术,有所疑忌又敢于任用,工于心计又不失大体,这才是枭雄。否则秦始皇就不是"秦始皇",而成了"秦二世"。

比较而言,还是尉缭动态性的人格分析更准确:秦始皇为人"居约易出人下,得志亦轻食人"。"出人下"说明他刚中有柔,粗中有细,猛中有宽,很善于调控自己的刚烈性格,很会玩弄权术,是一位多谋善断之人。"轻食人"表明在得意之后,特别是得意忘形之后,容易无所顾忌,使"刚戾自用"的本性暴露无遗。

与许多帝王一样,秦始皇的政治心态有明显的变化曲线。统一天下以后,他志得意满,日益骄奢,于是天资聪明变成自贤自圣,性情刚烈变成骄横跋扈,明察秋毫变成疑忌苛察,处事果断变成刚

---

① 《史记》卷七三《白起王翦列传》。

愎自用,重视法制变成滥施淫威,锐意进取变成好大喜功。他不可一世,滥用权力,任何人不得违背他的意志。不仅普通臣民不得拂逆君王,就连神明得罪了他,也要遭殃。特别是听信术士之言而迷恋神仙道之后,他隐居深宫,心态日益迷乱,因而骄奢、暴虐之行比比皆是。

翻开一部中国皇帝史,人们不难发现:越是雄才大略的英主,越善于自我调整尊与卑的分寸、火候。历代开国英主的相貌、人品与行事不无差异,而"居约易出人下,得志亦轻食人"却是他们共同的政治人格。在逐鹿中原之际,他们对强敌貌似卑恭,对谋臣礼待有加。然而"子系中山狼,得志便猖狂"。一旦势无对手、南面称尊之后,他们就宣称"卧榻之旁岂容他人鼾睡",对敌国伐之灭之,对功臣诛之戮之。如果说这些皇帝之间有什么区别,其差异也仅仅是程度轻重之别、手段优劣之别。就连号称明君的唐太宗也有类似秦始皇的政治心态曲线变化。关于这一点,只要读一读魏徵的《十渐疏》便可大体明了。其实,倘若那些被权臣玩于掌中的傀儡皇帝能够熬到亲政主事,那些认贼作父的儿皇帝能够终成霸业,他们也会一扫奴态,摆出一副老子天下第一的主子相。

许多学者依据秦始皇童年历经苦难、少年饱受屈辱、断定这是一个心理变态的人。其实不然。在中国古代史上,曾经颠沛流离、寄人篱下、蒙受屈辱的帝王大多是成功之主,汉高祖、汉宣帝、汉光武帝、隋文帝、明太祖等都是例证。这些人更懂得君臣关系的微妙之处,因此也就更精通为君之道。

君主政治,翻云覆雨,它要求统治者必须具备复杂的性格、枭雄的气质。然而君主政治的本质是暴虐的,因此专横跋扈、骄奢淫逸、武断固执、猜忌多疑、酷虐残忍等,都是帝王群体中常见的政治人格特征。古代正统史家称具有这类人格特征的帝王为"荒淫无道"。可见即使依照古代通行的价值标准,这类人格也属异常。

然而这种异常又是如此地经常发生,诸如秦始皇的跋扈、汉武帝的骄奢、北齐文宣帝的残忍、隋炀帝的偏执等。值得注意的是,许多雄才大略的帝王都有这类行为倾向,而这又往往与其本人早年的性格有较大的反差。这种人格特质与其说是心理变态造成的,不如说是君主政治生态铸模成的。归根结底是中国古代帝王观念和南面之术的产物。就帝王群体而言,它与其说是变态,不如说是常态。

第十五章　结局篇：二世而亡的 大秦帝国

在中国历史上，秦始皇第一次实现了国家的政治统一，建立了第一个中央集权大帝国，成为第一位皇帝……他生前创造了一系列的"第一"。

在秦始皇死后不久，又出现了第一次皇权变异，爆发了第一次庶民革命，因而导致第一次大帝国的覆灭……这些"第一"也都或多或少可以归因于秦始皇。

大秦帝国的根基并不稳固，秦始皇对此是有所觉察的。为了使秦朝基业以"始皇帝"为起点，"二世三世至于万世，传之无穷"，他在制度上、思想上、政策上采取一系列措施。他的许多做法可圈可点，不仅铭记于史册，而且垂法于后世。秦始皇自诩"普施明法，经纬天下，永为仪则"，"昭隔内外，靡不清净，施于后嗣"。他指令子孙"常职既定，后嗣循业，长承圣治"，期望"化及无穷，遵奉遗诏，永承重戒"①。可是他的骄奢淫逸、横征暴敛、严刑酷罚乃至"焚书坑儒"等，都激化了社会矛盾，不利于政治的稳定。对于秦朝的速亡，他难逃其咎。

秦始皇最大的政治失误是没有稳定有序地安排政治继承人。他暴病而亡，导致帝制下的第一次"夺嫡之祸"。为了坐稳皇帝宝座，心中有鬼的秦二世采取了一系列的不正常的政治措施，导致君

---

① 《史记》卷六《秦始皇本纪》。

臣关系、君民关系全面恶化，国家处于风雨飘摇之中。

大泽乡一夫首倡，而万夫响应。这是帝制下第一次庶民革命。此时的秦朝朝廷已然不堪一击。它既无明君英主，又无贤臣良辅，既乏战将御敌，更无民心扶持。

恰在此时，又发生了帝制下第一次宦官专政。权宦赵高专擅朝政，后来竟发展到弑君篡政，图谋称帝。这是中国历史上第一次皇权变异。顷刻之间，一个偌大的王朝便灰飞烟灭了。而此时距离秦始皇的死，仅仅三年之期。

第一节　秦始皇统治末期的政治形势

由于各种复杂的政治原因交织在一起，到秦始皇统治末期，国家政治局势处于风雨飘摇之中，随时都可能发生动乱。

一、形形色色的政治敌手

任何一个王朝都有一批公开的或潜在的政治对手和敌对势力，新建的王朝更会面对较大的威胁。秦朝所面对的敌手相当复杂，他们汇聚成一股力量强大的政治反对派。依据这些政治对手和敌对势力形成的原因，他们大致由以下几类人构成：

第一类是"六国余孽"。

这类敌对势力实际上是由战国时期的老对手转化而来的。每到改朝换代之际都会产生大批怀恋故国、仇视新朝的遗老遗少，"六国余孽"就属于这一类。他们本是六国统治集团的成员，或是宗室国戚，或是封君贵族，或是卿相重臣，或是其他忠诚宗国旧主的士大夫。

秦始皇在完成统一战争的过程中，与各国旧贵族结怨甚深。

秦始皇对各国贵族采取的措施可以概括为:杀戮豪杰,迁徙大族,降为奴仆,严加控制。他灭了韩国,后来又平定贵族叛乱并杀了韩王安;他灭了赵国,并亲自到邯郸坑杀了一批与他有仇怨的贵族;他灭了魏国,杀了投诚的魏王假及诸公子,仅仅逃亡一人,他仍穷追不舍,重金悬赏,必欲斩尽杀绝;他灭了楚国,杀了一批贵族,他们的子弟后来都成了反秦的干将;他灭了燕国,杀了太子丹,又到处通缉他的门客;他诱降了齐王建,又背信弃义地将其活活饿死,招致齐国臣民的怨恨。家仇国恨使一大批人成为秦朝的死敌。这些人的部分家族成员和门客故吏也会加入进来。他们人不死,心还在,一有机会便会兴风作浪,甚至组织叛乱。秦始皇二十一年(公元前226年),韩国旧贵族就曾在故都新郑发动了较大规模的叛乱。秦军平其乱,为了根除祸患,还杀掉了被软禁的韩王安。

"六国余孽"的数量很多。秦灭齐之前,有数以千百计的楚、赵、韩、魏等国的士大夫逃到齐国聚居。据说,"三晋大夫皆不便秦,而在阿、鄄之间者百数","鄢、郢大夫不欲为秦,而在王城南下者百数"①,他们都有复国之志,因而被齐国谋士视为一支重要的可以借助的政治、军事力量。流散在各地的这种人士可能数以万计。秦朝建立后,他们往往隐姓埋名,蓄志待机,一有风吹草动,便起而推波助澜,以求一逞。其中有些人有较强的主动攻击性,他们甘冒杀身灭族风险,积极寻找时机,不惜铤而走险。张良的博浪一击最为典型。

这一类人主要来自六国贵族、旧臣。他们胸怀光复宗国、报仇雪恨之心,拥有较大的政治影响力和一定的经济实力,且大多具有政治军事经验,其中不乏将帅之才、谋略之士,因而是最具直接威胁性的政治敌手。后来兴兵反秦的六国诸侯王及其重要助手多属

---

① 《战国策·齐策六》。

于"六国余孽"这一类。其中最有代表性的是以下几个人。

一是张良,他是韩国贵族后裔,胸怀韬略,有胆有识。张良从黄石公处得到《太公兵法》,"常习诵读之",因而有帝师之才。为刺杀秦始皇,他不惜倾家荡产,亲临险境。在反秦战争中,张良"亦聚少年百余人"起事,后来投到刘邦帐下。他"运筹策帷帐中,决胜千里外"①,充分展示了军政之才。

二是项梁、项羽叔侄,他们是楚国贵族后裔,"项氏世世为楚将,封于项,故姓项氏"。项梁是项羽的叔父。项梁父亲即楚将项燕。秦灭楚国时,项燕与王翦决战,兵败自杀(一说被杀)。项梁、项羽素有大志,早就蓄志反秦。他们"避仇于吴中",在当地士大夫中颇有号召力。项梁经常主持当地大规模的徭役和丧事,"阴以兵法部勒宾客及子弟,以是知其能"。项羽"长八尺余,力能扛鼎,才气过人,虽吴中子弟皆已惮籍矣"。他不喜欢学习书法、剑术,认为"书足以记名姓而已。剑一人敌,不足学,学万人敌"。于是项梁乃教项羽兵法。秦始皇巡狩会稽,项梁、项羽亲眼见到皇帝的大驾卤簿,项羽竟脱口而说:"彼可取而代也。"②后来叔侄二人趁天下大乱,杀会稽守,率精兵八千人起兵反秦,成为灭亡秦国的主力军之一。

三是魏豹、田儋、韩王信等人。魏咎、魏豹兄弟都是"故魏诸公子"。魏咎"故魏时封为宁陵君,秦灭魏,为庶人"。陈胜称王,魏咎投奔到他的帐下。攻占魏地后,陈胜立魏咎为魏王。魏咎兵败自杀,魏豹亡走楚。楚怀王予魏豹数千军队,攻克魏二十余城,立为魏王。狄人田儋及其叔伯兄弟田荣、田横是"故齐王田氏之族"。田氏兄弟"皆豪桀,宗强,能得人"。天下动乱之际,他们设

---

① 《史记》卷五五《留侯世家》。
② 《史记》卷七《项羽本纪》。

计谋诛杀狄令,起兵反秦,率兵略定齐地。田儋、田荣、田横先后自立为齐王。韩王信是"故韩襄王孽孙"。项梁"立韩公子横阳君成为韩王"。后来刘邦立得力战将"信为韩王"[①]。

第二类是仇秦的"侠义之士"。

他们是一批对秦朝统治者深恶痛绝的侠义之士。广义而言,他们也可以归入"六国余孽"范畴。但是与前一类略有不同的是:他们出身平民,仇秦的缘由主要是基于一种"义"。尽管也有政治理念或政治情感因素夹杂其中,却主要出于某种个人因素。他们的仇秦主要表现为对秦朝皇帝个人的仇恨。一个"义"字,也使他们敢于采取非常之举以报仇雪恨。举琴行刺的高渐离是这类人的典型。

高渐离,燕国人,与荆轲有莫逆之交。两人一个善于击筑,一个慷慨悲歌,可谓知音知己。易水河畔,高渐离与荆轲一弹一唱,悲歌一曲,众人和之,因而留名千古。荆轲刺秦失败,高渐离受到牵连。秦朝建立后,秦始皇下令缉捕"太子丹、荆轲之客"。高渐离改名换姓,以打工为生,藏匿于宋。高渐离是一位音乐家。主人知其才,"召使前击筑,一坐称善,赐酒",遂尊其为上客。他经常"击筑而歌",当地人都知道他是一位才艺出众的乐师。久而久之,这个讯息传到秦始皇耳中。秦始皇任高渐离以宫廷乐师之职,并十分欣赏他的演奏。不久,一位熟人认出并告发了他。"秦皇帝惜其善击筑,重赦之"。死罪赦免,改为弄瞎双目,从此高渐离成为盲人。秦始皇每次令高渐离击筑,"未尝不称善"。高渐离决心为家国、朋友和自己报仇雪恨,于是暗地把铅块塞进筑中,寻机刺杀秦始皇。有一次,秦始皇沉浸在动人的乐曲声中,将身体靠近高渐离。高渐离趁机举乐器向秦始皇猛击,可惜没有击中。高渐

---

① 《汉书》卷三三《魏豹田儋韩王信传》。

离因此被杀。从此以后，秦始皇"终身不复近诸侯之人"①。高渐离与其说是仇视秦朝统治的人，不如说是侠义刚肠的人。对朋友的"义"永远高于其他人的"恩"，只要有机会，他就会履行与知己故交的心理契约，从不计较个人得失。

仇秦的"侠义之士"常常以刺客的面目出现，以奋不顾身、拼命一搏的个人行为做出突发性的举动。对于秦始皇个人而言，这一类人也是最危险的对手。这类危险有时会令人有无处不在的感觉，必须时刻防范。秦始皇后来甚至发展到不敢接触任何可疑的人。

第三类是怀念故国的广大臣民。

他们已经成为新朝的臣民，而在情感上依然对故国旧君有怀恋之心，有很大的离心倾向。项梁、项羽的谋士范增在分析政治局势的时候曾经讲了这样一种现象："夫秦灭六国，楚最无罪。自怀王入秦不反，楚人怜之至今，故楚南公曰：'楚虽三户，亡秦必楚'也。今陈胜首事，不立楚后而自立，其势不长。今君起江东，楚蜂午之将皆争附君者，以君世世楚将，为能复立楚之后也。"项梁认为他讲得很有道理，于是找到在民间为人牧羊的楚怀王的孙子心，"立以为楚怀王，从民所望也"②。在各国故地都会有类似情况。这一类群众通常未必对新朝有所反抗，如果新朝政策得当他们都会逐渐转化成顺服的臣民。他们不能算作"六国余孽"，然而极有可能成为"六国余孽"的群众基础。一旦有人以光复故国为号召，兴兵举事，他们就会纷纷响应，成为反秦势力的基本群众。

第四类是由于其他各种原因而仇恨当权者的人。

历朝历代这样的人都为数不少，他们的共同特点是对皇帝或

---

① 《史记》卷八六《刺客列传》。

② 《史记》卷七《项羽本纪》。

其他当权者个人心怀不满。例如,引发"坑术士"事件的侯生、卢生等人和没能亲自参与封禅大典的齐鲁儒生。他们都曾得到秦始皇的信用,却由于某种原因遭到追究、面临处罚或失宠。他们耿耿于怀,在背地里大发牢骚,甚至恶语相加,散布谣言。这类人当初未必反对秦朝统治,仅仅对某个当权者有私怨,但是这种情绪进一步发展或一旦发生某种事变,他们很容易转化为与秦朝为敌的人。

第五类是各种怀有政治野心的人。

从历代的政治斗争看,这类人的数量相当大。他们的政治行为受强烈的政治野心的驱动,为了达到目的可以不择手段。他们未必与朝廷有深仇大恨,有的甚至毫无嫌隙,但是一有机会便会以不正当的手段达到个人目的。如果夹杂了个人恩怨,他们的行为会更加恶劣。赵高是一位典型。

赵高与赵国王族同宗,是"诸赵疏远属"。其父犯宫刑,妻子没为官奴婢。据说其母野合所生子皆承赵姓。因此赵高兄弟数人,皆生隐宫,成为被阉割的宦官。"其母被刑僇,世世卑贱"。秦始皇见赵高能力很强,"通于狱法,举以为中车府令",还让他担任公子胡亥的师傅。赵高曾触犯重罪,秦始皇命令蒙毅依法处置。蒙毅根据法律规定,判处其死刑,"除其宦籍"。秦始皇爱才心切,"赦之,复其官爵"。但是,赵高为人有才而无德,图谋富贵而不择手段。他为了攫取卿相之位,"又怨蒙毅法治之而不为己也,因有贼心"。后来他趁秦始皇病死巡狩途中的机会,利用中车府令兼行符玺令事的地位,"乃与丞相李斯、公子胡亥阴谋,立胡亥为太子"[1]。这个事变是导致秦朝灭亡的直接原因。

这类政治对手具有隐蔽性、潜伏性。在通常情况下,他们大多以驯服臣民的面目存在,认真履行臣民义务,有的甚至属于歌功颂

---

[1] 《史记》卷八八《蒙恬列传》。

德、阿谀奉承之辈。若无机遇,他们可能终生只是一个寻常的臣民。但是一遇机会,他们便会在强烈政治野心的驱动下,胆大妄为,做出不利于皇帝和王朝的举动。这类人为数不少,又很难识别。他们广泛分布在朝野上下、宫廷内外,有的就生活在皇帝身边,其中还不乏枭雄豪杰和巨奸大猾。历史的经验证明,这类人最难防范。

第六类是"草莽英雄"。

在古代文献中通常称这类人是"盗"、"盗贼"。他们因为各种原因流落江湖、啸聚草莽,属于后世所谓笑傲江湖的"绿林好汉"。春秋时期的盗跖是这类人的先辈,据说他们"万人必死,横行天下"。在秦朝,法繁刑苛,动辄罚款、货物、谪戍,"黥为隶臣","刑为城旦"。许多人为了逃避苦役苦刑而逃亡,靠打家劫舍为生,其中有不少豪杰。这些人的行为本身就直接威胁着秦朝的统治秩序和地方安定。一遇风吹草动,他们就会大干一场,"席卷千里,南面称孤"。刘邦帐下的战将彭越、英布是这类人的典型代表。彭越为盗的原因不详。彭越聚集一批流民劫掠富豪"常渔钜野泽中,为群盗"①。后来彭越成为一员骁勇的战将,被刘邦封为梁王。英布是一位刑徒,故又称黥布。他被遣送骊山为秦始皇修筑陵墓,"丽山之徒数十万人,布皆与其徒长豪桀交通,乃率其曹偶,亡之江中为群盗"。天下大乱,英布"乃见番君,与其众叛秦,聚兵数千人"②。他先后在项羽、刘邦帐下为将,被封为淮南王。

第七类是持有不同政见的士人。

在通常情况下,这类人大多或隐身朝市,或避难山野。有的是具有反秦倾向的"天下豪俊"。著名代表人物有张耳、陈馀等人。张耳、陈馀都是大梁人。张耳"其少时,及魏公子毋忌为客",后来

---

① 《史记》卷九〇《魏豹彭越列传》。
② 《史记》卷九一《黥布列传》。

"乃宦魏为外黄令"。陈馀好儒术,他"父事张耳,两人相与为刎颈交"。"秦灭魏数岁,已闻此两人魏之名士也,购求有得张耳千金,陈馀五百金。张耳、陈馀乃变名姓,俱之陈,为里监门以自食"。秦始皇屡下诏书,"购求两人,两人亦反用门者以令里中"。他们始终不愿为秦朝服务。陈胜起兵,张耳、陈馀投奔其帐下,出谋划策,奉命辅佐武臣"北略赵地"。他们知人善任,富于谋略,在反秦战争中发挥了重大的作用,据说"其宾客厮役,莫非天下俊桀,所居国无不取卿相者"。后因"据国争权"①,两人反目成仇。

还有一部分人出于对秦朝现行政策的不满而成为持不同政见者。例如,秦始皇焚《诗》《书》、"坑术士",导致许多士人的不满。他们有的降志屈身,依然在朝为官。大部则迫于弹压,慑于酷刑,隐逸林泉,潜心学术。如汉初传《诗》的浮丘伯、申公、穆生、白生,传《易》的田何,传《礼》的高唐生,传《春秋》的公羊等。其中孔子后裔孔甲等部分儒者后来参加了反秦斗争。史称"陈涉之王也,而鲁诸儒持孔氏之礼器往归陈王。于是孔甲为陈涉博士,卒与涉俱死。陈涉起匹夫,驱瓦合适戍,旬月以王楚,不满半岁竟灭亡,其事至微浅,然而缙绅先生之徒负孔子礼器往委质为臣者,何也? 以秦焚其业,积怨而发愤于陈王也。"②

第八类是"闾里黔首"。

自人类进入文明时代以来,生活在社会下层的人群就一直是现存统治秩序的天敌。他们属于社会中弱势群体,在政治结构中处于被统治者的地位,在经济结构中处于被剥削者的地位,在社会结构中处于被歧视者的地位。秦朝的"闾里黔首"主要由这些人构成。他们没有政治权利,法律地位、社会地位低下,还必须向国

① 《史记》卷八九《张耳陈馀列传》。
② 《史记》卷一二一《儒林列传》。

家交纳沉重的赋税。其中奴隶、奴婢等贱民生活在社会最底层，人的权利、尊严被剥夺殆尽。"闾里黔首"之中也有一些阶层的社会地位、经济地位较高，但是作为被统治阶级或阶层的成员，他们在政治上、经济上也受到当权者的支配、剥夺、压迫甚至奴役。"闾里黔首"与国家（皇帝）之间的矛盾是当时社会的主要矛盾。这就决定了他们是现存秩序天然的政治反对派。由于各种社会原因，"闾里黔首"通常大多以顺民的方式存在，他们顺从或敬畏皇权，还对圣王明主多有期待。只要还能生存下去，他们大多不会介入政治，更不会造反。可是民不欲反而官逼民反，一旦政治繁苛，赋税沉重，徭役频兴，大灾流行，导致"闾里黔首"无法生存下去，他们就会被逼无奈，铤而走险。

"闾里黔首"中不乏各种人才。他们本来就是社会历史的真正主角。尽管通常默默无闻，可是一旦有机会他们就会占据历史舞台的中心位置，展现历史发展主宰者的风貌。首义反秦的陈胜、吴广就是"闾里黔首"中卓越人才的典型代表。

陈胜，阳城人，字涉。吴广，阳夏人，字叔。陈胜素有大志，年少时曾受雇于人，佣耕于野。有一次，他思绪万千，辍耕垄上，对其他佣耕者说："苟富贵，无相忘。"伙伴们笑而应曰："若为庸耕，何富贵也？"陈胜慨然而长叹，曰："嗟乎，燕雀安知鸿鹄之志哉。"他和吴广都被推任为戍卒的屯长，史称"吴广素爱人，士卒多为用者"。事实证明，陈胜、吴广颇有政治头脑，也有很强的组织领导能力。在特定政治情势下，这些"瓮牖绳枢之子，甿隶之人"，奋发崛起，振臂一呼，"率罢散之卒，将数百之众，转而攻秦"。他们"斩木为兵，揭竿为旗"，于是"天下云会响应，赢粮而景从，山东豪俊遂并起而亡秦族矣"①。

---

① 《史记》卷四八《陈涉世家》。

汉高祖刘邦本也属于"闾里黔首"的范畴。他出身平民,"及壮,试为吏,为泗水亭长"。他常常到咸阳服徭役,纵览都城,见到过秦皇帝仪仗,曾喟然太息曰:"嗟乎,大丈夫当如此也。"有一次,刘邦"以亭长为县送徒郦山"①,许多刑徒中途逃亡。刘邦估计自己很难交差,所以干脆将刑徒统统放走。他率领部分刑徒流亡草莽。天下大乱,他趁机在家乡聚众起兵,被众人拥立为沛公。在各路反秦军队中,刘邦这一支率先攻克咸阳。后来刘邦与项羽楚汉相争,逐鹿中原,终于败项羽于垓下,再次统一了中国。

大规模揭竿而起的"闾里黔首"是一股不可阻挡的政治力量。历史经验一再证明,一旦第八类人群起反抗,星星之火势必变成燎原烈焰。无论当朝统治者还能聚集多大的力量,也难以挽狂澜于既倒。

"天下畔秦,能者先立。"②历史还一再证明,一旦天下大乱,许多循良的官吏、百姓也会加入到抗争者的队伍中来。西汉第一任相国萧何和第二任相国曹参本是秦朝的地方官吏。他们都是刘邦的同乡。萧何"为沛主吏掾"③,曹参"为沛狱掾",都"居县为豪吏"④,是干练、称职的官吏。在正常情况下,他们是秦朝统治的骨干力量。继曹参担任丞相的王陵,也是沛人。他"始为县豪"⑤,是一方豪强。刘邦曾经事之如兄。在正常情况下,他也只是个社会地位较高的百姓,不会参与造反。在动乱年代,萧何、曹参、王陵都与比他们身份低下的刘邦结为君臣,成为反秦势力的骨干。

其实,有上述各类"怀有逆心"的人群存在并不可怕,也可以

① 《史记》卷八《高祖本纪》。
② 《史记》卷八九《张耳陈馀列传》。
③ 《史记》卷五三《萧相国世家》。
④ 《史记》卷五四《曹相国世家》。
⑤ 《史记》卷五六《陈丞相世家》。

有所防范。任何一个新建的王朝都会有类似的敌对势力及相应的政治隐患。推而言之,自人类社会有了贫富的分化,有了阶级的差别,有了政治的存在,古今中外任何一个统治者都会面临类似的政治问题,他们都不得不面对形形色色的政治反对派、阴谋家、野心家及其他敌对势力。有这一类人存在就必然会有各种各样的麻烦,诸如"叛国"、"谋反"、"谋逆"、"谋篡"、"行刺"、"诽谤"、"惑众"、"盗贼"、"匪患"之类。这也是迄今为止人类文明史的常态。然而这一类人能不能成气候,归根结底取决于芸芸众生的政治态度,而芸芸众生的政治态度又直接受国家总体政治状况的影响。在通常情况下,主动权把握在当权者的手中。早在先秦,思想家们就提出了"一言丧邦,一言兴邦"的观点,还发现了庶民"可以载舟,可以覆舟"的现象。在帝王"一喜天下春,一怒天下秋"的时代,这些思想不失为真知灼见。只要最高统治者的方略和政策得当,芸芸众生就不会积极参与反对国家政权和皇帝的活动,甚至不会主动介入政治,因此形形色色的政治反对派也就很难兴大风作大浪。

二、"天下苦秦久矣"

秦始皇好大喜功,穷奢极欲,不恤民力,赋役繁兴,诛求无厌。古代论者几乎一致认为,他有两大暴政:一曰"收以太半之赋",二曰"威以参夷之刑"。这种说法是否有所夸大,有待进一步的研究,然而这是一位令天下"苦"的皇帝,当无疑义。

秦朝建立仅十余年,人们就呼出"天下苦秦久矣"[1],可见对"天下苦秦"之"苦"还是要有所分析的,大体可以分为统一之前六国臣民之旧苦和统一之后秦朝臣民之新苦。七大战国长期鏖战,

---

[1] 《史记》卷四八《陈涉世家》。

秦军屡屡奏响得胜鼓,攻灭杀伐,不仅苦了六国的贵族,更苦了各国的百姓。秦朝刚刚建立,原属各国的臣民对这种"苦"还记忆犹新。人们原来期待战争结束之后,苦尽甜来,谁知却旧苦加新苦,遂有"苦秦久矣"之叹。"天下苦秦"之"苦"大多由普通民众承受。秦始皇统治时期的民之苦有四:

其一曰兵戈不休。

秦始皇亲政以前,兼并战争已属旷日持久。连年征战,兵戈不休,真可谓"不一日而无兵"。秦始皇发动的统一战争历时一二十年,恶战一场接着一场,从未休止。这些战争无论是"合理的"还是"不合理的",沉重的战争负担势必苦民。戍卒是最苦最重的徭役,它的征发对象具有广泛性,包括众多社会阶层的臣民,其中主要承担者是劳苦大众。"兵戈不休"必然导致"民苦"。"兴,百姓苦;亡,百姓苦。"无论王朝兴与亡,总要"兵戈不休",百姓只是个"苦"字。哪一个王朝兴起时,没有一段"不一日而无兵"的日子!

论者大多谴责秦始皇穷兵黩武,这是不公正的。统一战争(包括扫灭六国、北伐匈奴、南征百越)基本上是合理的,属于不能不战,或势在必战,或你不战他战,或迟早必有一战。战而胜之,可以"以战止战",达到"弭兵"的效果。从历代统一战争的过程看,这类问题也都是以一气呵成的方式完成。如果只限于这些战争,秦始皇有功无过。它也不是秦朝亡国的根源。由于不能不战,有关的战争负担也属"合理"范围内。以北伐匈奴为例,蒙恬率三十万大军,"暴师于外十余年",战争负担沉重。这件事一直受到后人指责。而这个负担是不得不付出的。战国时期,仅赵国一国就需要十几万军队防御匈奴,加上秦国、燕国的防御军队,人数也相当可观。秦军北逐匈奴,一度采取积极防守的态势,又须修筑长城,这个用兵数量并不为多。汉朝初年,每次对匈奴用兵大体也需三四十万兵力。平时为防御匈奴而设的常备驻军也至少有二三十万之多。此后,历代王朝都必须以重兵防御北部边疆,在当时的形势下,这一笔战争负担基本上属于合理的范围之内。南征百越与扫灭六国一样,都有"以战止战"之效,它基本解除了这个地区的战争压力,有一劳永逸之效。更何况对于这个地区的开发有利于整个国家经济的发展。

尽管秦朝的国防负担比较沉重,但是并不像许多评论所说的那么严重。统一之前,七大战国各养兵数十万乃至百余万,天下总兵力逾三四百万,且战事连绵,波及甚广。秦朝统一之后,南北用兵的总规模最大时也超不过数十万。

秦始皇所面临的历史任务就是统一国家,历史注定他是一位"战争皇帝"。他用二十年左右的时间出色地完成了这个任务。有关的战争基本上属于合理的范围之内。只要对比一下其他"战争皇帝"(多为开国皇帝)所发动的战争的规模、范围和时间,就不难得出这样的结论:"兵戈不休"不是直接导致秦朝灭亡的原因。百姓不至于为此"四方溃而逆秦"。只有当"兵戈不休"与其他因素叠加在一起的时候,它才构成一个王朝的覆灭之因。

其二曰工程浩大。

工程浩大,糜费良多,是导致秦王朝短命的主因。在战乱残破,大局甫定,急需休养生息的时期,好大喜功,骄奢淫逸,糜费资财,轻用民力,这是政治之大忌。秦始皇恰恰犯了这个大忌。但是在探讨秦朝亡国之因时,有必要区分"合理的"与"不合理的"工程,不能一概加以指责。

有一类工程属于合理或基本合理。这些工程多数为当务之急,工程的完成还有增收节支之效,有的还有利于整个社会经济的发展。笔者认为,历来争议颇大的修筑长城一事,也应划入这一类。尽管工程浩大,而其总体负担不会超过六国各自修筑长城所需负担的总和。长城筑成以后,在抵御匈奴侵扰方面可以节支,在发展内地经济方面可以增收。这个工程的总体收益是合算的。修驰道、开运河、整沟渠等大体与此相仿，且都属于有巨大经济效益、社会效益的工程项目。秦始皇把驰道筑向四方，把长城筑在边疆，这一点历来受到人们的谴责。公平地说，这类工程项目都应列入秦始皇的政绩。

还有一类纯属劳民伤财，如与修皇陵、封泰山、祭神明、求仙药、厌王气有关的各项工程。其中仅阿房宫、骊山陵等工程就长期动用七十万人以上的劳动力，还需要消耗大量的财力、物力。粗略估计，秦始皇平均每年用在无益工程和活动上的劳动力可能达百万之多，其人力、物力、财力消耗甚至大大超过用于南平百越、北御匈奴和修筑长城开支的总和。秦朝弊政主要体现在这类工程和活动上。

其三曰赋敛繁剧。

秦始皇曾经一度实行过"缓刑罚，薄赋敛"①的政策。可是连年征战，大兴土木，封禅巡狩，供奉神仙，修宫筑陵，势必赋敛繁剧，减轻民众负担的举措并没有落在实处。关于秦始皇统治时期的移民、征发、谪戍的人口规模，许多史学著作算过这样一笔账：秦朝约有二千万人口，南征百越、戍守五岭征发五十万人，修筑长城四五十万人，建造宫殿和皇陵七八十万人。加上兵役以及其他杂役，"总数不下三百万人，占全国总人口的百分之十五，秦民已被完全淹没在赋税和徭役、兵役的苦海之中。"②这个算法不够准确，还值得进一步推敲。首先，南北两个防线并非总是同时有如此规模的服役者，上述几个数字，特别是占全国总人口的比例，都要打些折

---

① 《史记》卷八七《李斯列传》。
② 参见王其坤主编：《中国军事经济史》，解放军出版社1991年版，第76页。这种估算方法很有代表性。

扣。其次，一些专门研究人口问题的专家认为"秦朝人口的下限是 4000 万，实际上可能更高些"，甚至可能达到 6000 万①。如果这个说法符合历史事实，那么每年处于服役状态的人占全国总人口的比例将大幅度降低。但是，无论如何计算，秦朝的徭役繁重，赋税沉重，这是事实。

其四曰刑罚严苛。

关于这一点，在法制篇已经论及。当时仅在咸阳附近修筑宫殿、陵墓的刑徒就有七十余万，还有大批的人被谪戍，刑罚的严苛程度可想而知。

笔者认为，秦始皇治民之失主要在于徭役繁重，而导致徭役繁重的主要原因是搞了过多的劳民伤财的工程和活动。秦始皇不应征发的徭役主要有修宫殿、筑陵墓、求仙药等。如果大幅度减少这方面的徭役，在那个时代中便可以算是"仁政"了。征发各种徭役是最有可能在全国范围内破坏农业生产的人为因素。"一人就役，举家便废。"②征发徭役过滥常常成为引发民众起义的导火索。不应征发的徭役和应当征发的徭役叠加在一起，势必大幅度增加民众负担。民不聊生，内患必生。正如唐代政论家所说：一旦民力凋尽，"庶黎怨叛，聚为盗贼，其国无不即灭，人主虽欲改悔，未有重能安全者。"③秦、隋亡国便是典型事例。

外患不足虑，内患实堪忧。晚年的秦始皇以刀锯鼎镬待天下之士，以严刑峻法制天下之民，导致政治反对派不断增加，敌对势力不断壮大。楚地的歌谣，必是表达着怀念故国臣民的心声；博浪的椎击，显然来自政治反对派的铁椎；东郡的刻辞，可能是

---

① 葛剑雄：《对秦朝人口的新估计》，转摘自《秦陵秦俑研究动态》1996 年第 4 期。

② 《旧唐书》卷七〇《戴胄传》。

③ 《贞观政要·奢纵》。

反叛黔首的标语……这些现象都是天怒人怨的征兆。秦始皇意识到政治形势的严峻，却没有采取有效措施减轻民众负担，缓和社会矛盾，反而企图用厌王气的方法防止新王兴起，用杀黔首的方法压制舆论，用求仙药的方法延长个人的统治。这无异于南辕北辙。

天下动乱，行将到来，刚刚建立不久的秦朝面临着土崩瓦解的危险。就在这个时候，一位旷古未有的昏君登上皇位。他的胡作非为彻底动摇了秦朝的根基。

秦始皇最大的政治失误是没有稳定有序地安排政治继承人。在君主政治条件下，这件大事历来被视为"国本"，稍有不慎，就会导致政治动乱，乃至王朝倾覆。秦始皇在巡幸途中暴病而亡，其长子扶苏又远在边塞，致使胡亥得以乘机篡夺了皇位。皇权的合法性从此受到广大臣民的质疑。政局也因此而进一步摇动。为了坐稳皇帝宝座，心中有鬼的秦二世采取了一系列的不正常的政治措施。在这场政治变局中，秦始皇的长子扶苏被欺骗而自杀，其余的皇子、公主被诛杀殆尽；秦始皇的绝大部分辅臣、爱将及近侍之臣，包括蒙恬、李斯等人相继被贬斥、诛杀甚至灭门。秦朝的政治日益黑暗、恐怖，统治集团内部离心离德，人心涣散。秦二世不仅没有调整严刑酷罚、横征暴敛的政策，反而推行更严厉的"督责之术"，制定更残酷的律条刑罚，征发更繁重的赋税徭役。调整政治的机遇丧失了，国家的根本摇动了。秦朝的君臣关系、君民关系全面恶化。恰在此时，又发生了皇帝制度下第一次宦官专政。权宦赵高身为帝师，位居宰相，专擅朝政。他挟持庸君，欺上瞒下，乃至于指鹿为马。后来竟发展到弑君篡政，图谋称帝。这也是中国历史上第一次皇权变异。秦朝的政治已然无善可伐，民众之苦已然无以复加。

第二节 "夺嫡之祸"与皇权异化

"秦以不早定扶苏,胡亥诈立,自使灭祀。"①秦始皇三十七年(公元前210年)七月,秦始皇病逝于巡狩途中。各种的偶然因素纠结在一起,使宦官赵高策划的"沙丘之变"得以成功,从而酿成了"夺嫡之祸"。

秦朝仅有秦始皇、秦二世父子两代皇帝,而这两代皇帝的政治才能和政治功业形成强烈的反差。父子皇帝,各至其极:他们一个是枭雄,一个是蠢材;一个雄才大略,一个昏聩庸碌;一个将群臣操于股掌之中,一个被权臣玩于股掌之中;一个创建了帝国的基业,一个败坏了家国的江山。秦之所以亡国,主要应归咎于秦二世。

一、"沙丘之变"

秦始皇巡狩东南,"祷祠名山诸神以延寿命",却命丧黄泉。他临死留下遗诏:令公子扶苏会葬咸阳。但是,"书已封,未授使者,始皇崩。书及玺皆在赵高所,独子胡亥、丞相李斯、赵高及幸宦者五六人知始皇崩,余群臣皆莫知也。李斯以为上在外崩,无真太子,故秘之"②。正是在这种条件下,秦始皇的遗诏被篡改。

在中国古代政治史上,凡是涉及最高权力的承袭、交接、转移之际,都是危机四伏之时。一系列的因素使得秦朝的最高权力交接更加凶险。首先,秦始皇沉醉在长生不老的幻想之中,忌讳谈论死亡之事,迟迟没有确定继承人。这就为其他皇子留下可钻的空

---

① 《汉书》卷四三《叔孙通传》。
② 《史记》卷八七《李斯列传》。

子。其次,秦始皇突然死于外地,身边只有丞相李斯和几个亲信随从,大多数重要朝臣远在都城、边疆,这就使大权实际上操在几位随行者手中。政权能否平稳过渡很大程度上取决于李斯等人的忠诚与否。再次,长子扶苏远在边疆,而小儿子胡亥却在秦始皇身边。胡亥的行为就具有举足轻重的作用。第三,宦官赵高掌握着草拟、发送诏书的关键权力。这就使他有上下其手的机会。正是这些条件为一桩阴谋的成功提供了便利。

阴谋的策划者是赵高。赵高是一位宦官,由于受到秦始皇的赏识而位居公车府令兼行符玺令事,常常随皇帝出巡。赵高心术不正,野心勃勃,皇位继承问题又涉及到他的切身利害。他与胡亥有师生之谊,颇得胡亥的信任。如果胡亥登基,他肯定可以获得重用。蒙毅曾奉秦始皇的指令依法判处他死刑,由此二人结怨。公子扶苏与蒙恬长期共事,一旦登上皇位,势必重用蒙氏兄弟。特殊的政治情势令他忧心忡忡,又令他兴奋不已。他决定导演一场宫廷政变,遏制扶苏,推上胡亥。于是赵高扣留秦始皇的遗诏,并开始游说胡亥、李斯。

赵高先找到胡亥。这场政变能否成功主要取决于胡亥的态度。如果胡亥不同意,赵高将一事无成。他对胡亥说:"上崩,无诏封王诸子而独赐长子书。长子至,即立为皇帝,而子无尺寸之地,为之奈何?"他劝胡亥利用千载难逢的机会,谋夺皇位,以免受制于人,否则可能招致杀身之祸。胡亥认为"明君知臣,明父知子",父皇的安排无可置疑,必须服从。他说:"废兄而立弟,是不义也。不奉父诏而畏死,是不孝也。能薄而材谫,强因人之功,是不能也。三者逆德,天下不服,身殆倾危,社稷不血食。"①但是,经赵高一再鼓动,胡亥同意尝试篡夺最高权力。

① 《史记》卷八七《李斯列传》。

赵高又找到李斯。李斯位居丞相,握有实权,如果他反对篡改遗诏,胡亥和赵高很难得逞。李斯闻听赵高之谋,当即斥之为"亡国之言"、"此非人臣所当议"。他说:"吾闻晋易太子,三世不安。齐桓兄弟争位,身死为戮。纣杀亲戚,不听谏者,国为丘墟,遂危社稷:三者逆天,宗庙不血食。"李斯一再表示,不能有负始皇帝的知遇之恩,违背臣子之道而参与逆谋。赵高为李斯分析利害关系,其中有一条最能打动李斯:秦始皇在位期间,"未尝见秦免罢丞相功臣有封及二世者也,卒皆以诛亡",而"长子刚毅而武勇,信人而奋士,即位必用蒙恬为丞相,君侯终不怀通侯之印归于乡里,明矣"。李斯贪图个人权势,计较家族利害。为了"长有封侯,世世称孤",避免"祸及子孙"①,他决定与赵高合谋。

　　胡亥、李斯、赵高经过仔细谋划,决定编造两道秦始皇的诏书,一道颁布给丞相李斯,指令"立子胡亥为太子"。另一道颁布给扶苏,一曰"扶苏为人子不孝,其赐剑以自裁",二曰蒙恬"为人臣不忠,其赐死",三曰北疆军权"属裨将王离"②。胡亥又派遣自己的亲信为使者去逼迫扶苏自杀,并任命李斯舍人为护军,统辖军权。

　　赵高的阴谋能否成功,还取决于另一个人的态度和作为。他就是公子扶苏。公子扶苏身为长子,手握重兵,只要应对合理,完全有条件粉碎胡亥等人的阴谋。可是扶苏仁弱,接到假诏书,不辨真伪,便欲自杀。蒙恬极力阻止扶苏,他认为:"陛下居外,未立太子,使臣将三十万众守边,公子为监,此天下重任也。今一使者来,即自杀,安知其非诈? 请复请,复请而后死,未暮也。"扶苏为人仁厚,又恪守"父让子死,子不得不死"的道德准则,在使者的一再催促下,被迫自杀。扶苏一死,就再也没有人可以有效地阻止胡亥登

---

　　① 《史记》卷八七《李斯列传》。
　　② 《史记》卷八七《李斯列传》。

上皇位了。

在中国古代,兄弟、宗室争夺王位的政治现象很常见。其中因嫡长子等君位合法继承人被剥夺或被篡夺继承权而酿成的祸乱称为"夺嫡之祸"。这种祸乱几乎历代都有。周幽王废嫡立庶而亡国,晋献公改易太子而国乱等都是典型的"夺嫡之祸"。长子扶苏是秦始皇的合法继承人。胡亥取代扶苏也属于"夺嫡之祸"。兄弟争位,特别是其他皇子夺嫡,势必引发朝廷的动荡。胡亥昏聩无能,由他夺嫡对秦朝政治的影响更大。这件事成为秦朝速亡的主要原因。

夺嫡必酿祸乱,但是夺嫡未必亡国。夺嫡者往往拥有政治资本,且大多是有一定势力乃至重要影响的强者。在一定条件下,它还可以使王朝政治兴旺。唐太宗、明成祖都曾兴兵强行夺嫡而祸乱朝纲,然而由于他们个人及其辅臣的政治素质更优秀一些,所以反而给王朝政治带来了勃勃生机。可是胡亥夺嫡却不然。胡亥属于"诈立",他既缺乏政治资本,又没有政治才干。他的主要亲信赵高又是一个既无政治远略,又无道德情操的人。这就决定了胡亥及赵高的上台势必乱上加乱。夺嫡本身就难免一场祸乱,而胡亥当权则是更大的祸乱。

二、秦二世动摇国本的系列化暴行

秦始皇三十七年(公元前 210 年)九月,胡亥葬始皇帝于骊山陵。十月戊寅,胡亥登基,是为秦二世。他任命赵高为郎中令。胡亥与赵高,一个极力设法保住篡夺的皇位,一个设法攫取更大的权势,他们都无心高瞻远瞩地谋划帝国的未来,而把全部精力用在政权内部的争斗。

胡亥是以不正当的手段夺得皇位的。与一切夺嫡之君一样,他必然极力证明自己的合法性和无上权威,并压制任何可能构成威胁的力量。即位伊始,秦二世就向赵高咨询如何才能"悉耳目之所好,穷心志之所乐,以安宗庙而乐万姓,长有天下,终吾年寿"[1]。他对赵高言听计从,而赵高的策划没有一条具有合理性。胡亥心中有鬼,众望不归,又缺乏深谋远虑,再加上赵高的误导,所以他的各项应对措施都显得更加过激、失当。由此引发的一系列暴行,导致政权体系内部分崩离析,从而动摇了国家的根本。

其一,屠戮兄弟姐妹殆尽。

夺嫡之君势必有防范、压制乃至屠杀宗室的行为。宗室,特别是诸位皇子都具有继承皇位的可能性。中国古代将他们称之为"地近势逼"之人。在正常情况下,在位之君都必须防范包括自己亲儿子在内的宗室皇亲,更何况胡亥属于非正常继位。赵高指出:"夫沙丘之谋,诸公子及大臣皆疑焉,而诸公子尽帝兄,大臣又先帝之所置也。今陛下初立,此其属意怏怏皆不服,恐为变。"其实出现这种现象是很正常的,对此有所防范也是很正常的。但是,赵高之谋、胡亥之行明显失当。依照秦朝制度,宗室的政治地位偏低,他们基本上没有实权,只要注意防范,不会构成重大威胁。这与其他朝代是有所不同的。可是赵高主张不加区别地斩尽杀绝,即"严法而刻刑,令有罪者相坐诛,至收族,灭大臣而远骨肉"。这实属下策,而心虚智短的胡亥却言听计从。结果"公子十二人僇死咸阳市,十公主矺死于杜,财物入于县官,相连坐者不可胜数"。公子高本打算逃亡,又担心因此灭族,于是上书请求准许自杀以陪葬于秦始皇陵。胡亥大悦,竟批准公子高的请求,"赐钱十万以葬"[2]。"公子将闾昆弟三人囚于内宫,议其罪独后"。胡亥派人指责将闾等"不臣,罪当死"。将闾说:"阙廷之礼,吾未尝敢不从

① 《史记》卷八七《李斯列传》。
② 《史记》卷八七《李斯列传》。

宾赞也。廊庙之位，吾未尝敢失节也。受命应对，吾未尝敢失辞也。何谓不臣？愿闻罪而死。"①使者奉命逼迫他们自杀，既不听辩解，也不宣布犯罪事实。将闾无罪，仰天大呼冤枉。昆弟三人皆流涕拔剑自杀。经过这场劫难，秦始皇的胤胄凋零殆尽。

秦二世本想以屠戮兄弟姐妹，树立权威，安居皇位，而这种做法只能动摇家天下的根本。它还招致更严重的后果。胡亥不听群臣劝谏，滥杀无辜，使"宗室振恐。群臣谏者以为诽谤，大吏持禄取容，黔首振恐"②。这种局面既不利于强化皇帝的权威，更不利于维护王朝的稳定。

其二，大规模剪除异己。

俗话说："一朝天子一朝臣"。每当君位更迭之际，新君总要罢黜一些先君的旧臣，提拔一批亲信。夺嫡之君更是要剪除异己，镇压政敌。从维护权力结构稳定的角度看，只要有所节制，这样做有一定的合理性。可是胡亥、赵高下手歹毒，他们不分青红皂白，大规模剪除异己，乃至滥杀无辜。胡亥与赵高谋划解决"大臣不服，官吏尚强"的问题。赵高指出："先帝之大臣，皆天下累世名贵人也，积功劳世以相传久矣。"这些人对于皇帝倚重赵高不满，"特以貌从臣，其心实不服"。他主张"案郡县守尉有罪者诛之，上以振威天下，下以除去上生平所不可者"，然后重新选拔一批人担任中央及地方的高官。胡亥认为这个办法很好，"乃行诛大臣及诸公子，以罪过连逮少近官三郎，无得立者"③。

首先被处死的是秦始皇的亲信大臣蒙恬、蒙毅。蒙氏兄弟干练、忠信，他们是秦朝的栋梁之臣。扶苏死后，胡亥想赦免蒙恬。

---

① 《史记》卷六《秦始皇本纪》。
② 《史记》卷六《秦始皇本纪》。
③ 《史记》卷六《秦始皇本纪》。

"赵高恐蒙氏复贵而用事,怨之",所以编造谎言"欲以灭蒙氏"。他诬告蒙毅曾反对秦始皇立胡亥为太子,劝胡亥杀掉蒙毅。胡亥听信谗言,不仅继续囚禁蒙恬,而且拘捕了蒙毅。赵高"日夜毁恶蒙氏,求其罪过,举劾之"。子婴劝谏胡亥不要做出"诛杀忠臣而立无节行之人"①的蠢事,胡亥不听。他以"不忠"之罪处死蒙毅,又以"叛乱"之罪逼迫蒙恬自杀。

当时被胡亥、赵高诛杀或罢黜的大臣为数众多,包括秦始皇身边官居中郎、外郎、散郎等职务的所有近侍之臣、许多郡县守尉以及他们视为眼中钉的其他官员。这就是说,秦始皇赖以实现政治统治的骨干力量基本上被清除出政权机构。疯狂地迫害贤才,只能使国家损伤元气;无节制地诛杀功臣,只能使皇帝失去人心;大规模剪除异己,只能导致众叛亲离。这种行为也是动摇国家根本的蠢事。秦朝的整个统治体系因此受到重大冲击和破坏。

其三,扩建秦始皇的骊山陵。

作为皇位继承人和孝子贤孙,继体之君依据礼仪安葬、祭祀先皇,符合当时的政治规范。可是胡亥为了宣扬自己的权威和道德,证明自己是秦始皇的法定继承人,决定进一步提高丧礼的规格,大规模扩建骊山陵和宗庙。胡亥宣布"先帝后宫非有子者,出焉不宜。"于是下令秦始皇的妻妾嫔妃凡未生育者一律陪葬。他又担心工匠泄露皇陵的机关,把参加安置、填埋墓葬的工匠全部封闭在大墓中。这是胡亥一手造成的大血案。秦二世又下诏"增始皇寝庙牺牲及山川百祀之礼。令群臣议尊始皇庙"。他根据天子七庙的古制并有所损益,以"始皇为极庙,四海之内皆献贡职",规定"天子仪当独奉酌祠始皇庙","群臣以礼进祠,以尊始皇庙为帝者

_____

① 《史记》卷八八《蒙恬列传》。

祖庙。皇帝复自称'朕'。"①这就正式确立了秦朝的宗庙制度。秦始皇的庙叫做"始皇庙",这个庙又是秦朝的"帝者祖庙"。扩建秦始皇陵和宗庙,大幅度提高祭祀标准,只会进一步加重民众的负担。

其四,大规模出巡扰民。

刚刚即位不久,胡亥与赵高就计划巡狩,以树立权威。秦二世说:"朕年少,初即位,黔首未集附。先帝巡行郡县,以示强,威服海内。今晏然不巡行,即见弱,毋以臣畜天下。"秦二世元年(公元前 209 年)春,胡亥率丞相李斯、冯去疾、御史大夫德等人巡狩郡县,东到碣石,南至会稽,"而尽刻始皇所立刻石,石旁著大臣从者名,以章先帝成功盛德"②。秦二世企图用这种方式宣扬继承皇位的合法性。这种游行示威式的愚蠢行为只能增加各地民众的负担。

其五,扩建阿房宫。

秦二世元年(公元前 209 年)四月,胡亥回到咸阳。下车伊始,他就声称:"先帝为咸阳朝廷小,故营阿房宫。为室堂未就,会上崩,罢其作者,复土郦山。郦山事大毕,今释阿房宫弗就,则是章先帝举事过也。"在他看来,继续贯彻秦始皇的各项既定政策和政务,标志着继承先皇遗志,也可以证明自己的合法性和权威性。可是这样一来,就绝对排除了对秦始皇的政策进行有效调整的可能。这对维护秦朝的统治是非常不利的。秦二世不仅"复作阿房宫",还"尽征其材士五万人为屯卫咸阳,令教射狗马禽兽"。为了满足军队口粮及狗马饲料的需要,胡亥"下调郡县转输菽粟刍藁,皆令自赍粮食,咸阳三百里内不得食其谷"③。这又是一桩劳民伤财的举动。

---

① 《史记》卷六《秦始皇本纪》。

② 《史记》卷六《秦始皇本纪》。

③ 《史记》卷六《秦始皇本纪》。

其六,穷奢极欲。

胡亥"欲悉耳目之所好,穷心志之所乐"。赵高阿谀奉承地赞扬:"此贤主之所能行也,而昏乱主之所禁也。"胡亥穷奢极欲,肆意妄为。李斯曾有所谏净,遭到严厉斥责。胡亥认为,人们都赞颂尧、禹等简朴、辛劳,"此不肖人之所勉也,非贤者之所务也。彼贤人之有天下也,专用天下适己而已矣,此所贵于有天下也。"李斯为了避祸,竟然上书皇帝,顺从胡亥的意旨。李斯引用申不害的名言"有天下而不恣睢,命之曰以天下为桎梏",并进一步地发挥,说什么"能穷乐之极"方为"贤明之主"①。李斯为了保身家性命,与胡亥、赵高沆瀣一气,这只能进一步助长秦二世的恣肆。

其七,严行"督责之术"。

穷奢极欲者必然行"督责之术"。赵高、李斯都鼓动胡亥"独制"、"独断"。李斯认为,皇帝应当"独制于天下而无所制"。在他看来,"明主圣王之所以能久处尊位,长执重势,而独擅天下之利者,非有异道也,能独断而审督责,必深罚,故天下不敢犯也。"为此他主张薄罪重罚,所谓"彼唯明主为能深督轻罪"。胡亥非常喜欢听这一类的说词,"于是行督责益严,税民深者为明吏"、"杀人众者为忠臣"②。这些做法进一步强化了君主专制制度所固有的弊端。所谓的"督责之术"主要靠严刑峻法贯彻,它只能使秦朝的法制政治模式走向自己的反面。

其八,"用法益刻深"。

胡亥采纳赵高等人建议,进一步强化刑罚的严苛程度,"用法益刻深"③。依据秦律,服役者延误抵达戍地,只受轻微处罚,而秦

<hr />

① 《史记》卷八七《李斯列传》。
② 《史记》卷八七《李斯列传》。
③ 《史记》卷六《秦始皇本纪》。

二世重新规定："失期,法皆斩"①。他甚至在法外滥施暴政。这样一来,从宗室振恐,大臣振恐,发展到百官振恐,黔首振恐,全国上下一片恐怖气氛,势必"人人自危,欲畔者众"。

其九,讳过拒谏。

胡亥接受赵高、李斯的说教,主张"明君独断,故权不在臣"。他决意"独操主术以制听从之臣",为了达到"身尊而势重"的目的,不准"俭节仁义之人立于朝","谏说论理之臣间于侧","烈士死节之行显于世"。这就意味着禁绝一切规劝、制约的行为,皇帝一人"荦然独行恣睢之心而莫之敢逆",群臣只能绝对服从,甚至整个社会的舆论、风俗也要惟皇帝之马首是瞻。胡亥相信用这种"君臣之术",可以做到"帝道备"②。其实这套说法违背了公认的朝议、纳谏、礼贤下士等帝王之术。胡亥拒绝臣下的一切忠告,甚至臣下真实地报告国家险恶政治形势也会遭到杀戮。

其十,自闭深宫。

赵高恃宠弄权,被他杀害、罢黜、降职的人很多。他担心"大臣入朝奏事毁恶之"。于是他劝胡亥"深拱禁中","但以闻声,群臣莫得见其面"。他的理由是:皇帝年纪轻轻,"未必尽通诸事",如果和大臣一起议论朝政,就难免讲出一些不正确的话,做出一些不合理的决策,因而受到群臣的嘲笑,无法"示神明于天下"。赵高建议秦二世深居宫中,把各种政务交给他及其他近侍之臣处理,"如此则大臣不敢奏疑事,天下称圣主矣"。胡亥竟然听信了这一套,从此"不坐朝廷见大臣,居禁中"。他将一切政务交由赵高等宦官办理,导致出现"事皆决于赵高"③的局面。

---

① 《史记》卷四八《陈涉世家》。
② 《史记》卷八七《李斯列传》。
③ 《史记》卷八七《李斯列传》。

秦二世与其说是暴虐、愚蠢、荒淫,不如说是昏聩。他根本不懂得为君之道,所以毫无可以称道之处。这位皇帝赞成"有天下而不恣睢,命之曰以天下为桎梏"的观点,全盘接受各种专制政治的极端之论。他一心要"独制天下"、"以人徇己"、"穷乐之极",根本不懂得自我调整、自我节制的必要性。他把一种专横、严苛、酷罚、极欲的强权政治模式推向极致,从而集愚君、荒君、暴君于一身。像秦二世一样,公然以绝对君权、穷奢极欲为政治目标,一味挥舞刑罚大棒的帝王,在中国皇帝群体中并不多见。

比较而言,秦始皇的施政方式与秦二世的施政方式还是有明显区别的。秦始皇大作大为,法严刑苛,也不乏荒唐之举,然而他还是有所遵循、有所规范的,其政治理念基本合乎为君之道。秦始皇在世期间凭借个人的威望、优秀的辅臣和完善的制度,有效地掌握着国家大权,牢固地控制着政治局势。总的说来,在秦始皇统治时期皇权还处于常态。秦二世则不然,他把各种君主专制的极端做法集于一身。只要认真读一读《商君书》、《韩非子》便不难看出,就连商鞅、韩非等人也不会同意胡亥、赵高、李斯等人的说法和做法。秦二世的政治模式属于皇权的异化。在后世的政治批判中被符号化的"秦政"实际上是对秦二世政治模式的概括。昏聩无能、愚蠢颠顸的秦二世,不仅葬送了自己的身家性命,也葬送了大秦王朝的江山社稷。

秦二世既无帝王之德,又无帝王之才。他只知滥施淫威,独行恣睢,作威作福,纵情享乐,就连起码的统治术都不懂。他的上台不仅没有对秦始皇的各项弊政有所调整,反而变本加厉,导致"法令诛罚日益刻深,群臣人人自危,欲畔者众。又作阿房之宫,治直、驰道,赋敛愈重,戍徭无已"[1]。秦朝的政治局势全面恶化。

---

[1] 《史记》卷八七《李斯列传》。

第三节　国破家亡

"秦始皇起罪恶,胡亥极"①。秦二世的昏聩无能使秦朝丧失了自我调整政治的机会。他全面强化各种暴政,很快激成大变。秦始皇尸骨未寒,陈胜、吴广就在大泽乡揭竿而起。山东豪杰纷纷崛起,星星之火迅速燎原。即使在这种情况下,愚蠢的秦二世依然安享尊荣,甚至拒绝接受有关"群盗蜂起"的信息。在国难当头的严重时刻,秦二世又听信赵高的谗言,逼死丞相冯去疾,不久又族灭李斯。赵高专政使政治局面更加混乱。在一场宫廷政变中,秦二世被赵高毒死。内乱又使秦朝一再丧失了平定东方或固守关中的机会和能力。"河决不可复壅,鱼烂不可复全"。秦始皇构筑的帝国大厦,顷刻之间便灰飞烟灭了。

一、大泽乡起义

秦二世元年(公元前209年)七月,名著青史的大泽乡起义爆发了。这时距秦始皇辞世仅仅一年。

陈胜、吴广本是寻常百姓。史称他们是被征发为"戍卒"的"闾左"之民。对于秦二世"发闾左"有两种不同的解释。一说"闾左谓居闾里之左也。秦时复除者居闾左。今力役凡在闾左者尽发之也"。一说"凡居以富强为右,贫弱为左。秦役戍多,富者役尽,兼取贫弱者也"②。无论如何,按照当时的既定制度,陈胜、吴广等人属于不应征发者。

---

① 《史记》卷六《秦始皇本纪》。
② 《史记》卷四八《陈涉世家》《索隐》。

这年七月,"发闾左适戍渔阳",九百戍卒屯大泽乡(今安徽宿县西寺坡乡)。适逢连日暴雨,道路泥泞,交通阻断。他们屈指算来,已经无法按期抵达戍地。根据秦二世修订的法律,"失期,法皆斩",九百人皆无生路。陈胜、吴广担任屯长,属于小头目。他俩商议对策:"今亡亦死,举大计亦死,等死,死国可乎?"陈胜说:"天下苦秦久矣。吾闻二世少子也,不当立,当立者乃公子扶苏。扶苏以数谏故,上使外将兵。今或闻无罪,二世杀之。百姓多闻其贤,未知其死也。项燕为楚将,数有功,爱士卒,楚人怜之。或以为死,或以为亡。今诚以吾众诈自称公子扶苏、项燕,为天下唱,宜多应者。"决心已定,他们便着手积极策划起义,并假借鬼神以"先威众"。陈胜、吴广用"鱼腹丹书"、"篝火狐鸣"宣扬"大楚兴,陈胜王",获得许多戍卒拥戴。他们又设计杀死两名统领戍卒的将尉,然后召令徒属,讲明前途与利害。陈胜说:"且壮士不死即已,死即举大名耳,王侯将相宁有种乎!"九百戍卒皆愿从命。他们"诈称公子扶苏、项燕"的军队,以迎合民心。陈胜自立为将军,吴广为都尉,"袒右,称大楚"①。中国历史上第一次全国范围的民众大起义爆发了。

陈胜率领众人"斩木为兵,揭竿为旗",占据大泽乡,旋即攻克蕲县(今安徽宿县南)。义军以"伐无道,诛暴秦"号召民众,获得广泛的响应。他们攻城略地,势如破竹,很快占领陈郡的治所陈县(今河南淮阳)。此时,这支兵势日盛的军队已经拥有战车六七百辆,骑兵千余人,步兵数万人。在这里,陈胜建立政权,"乃立为王,号为张楚"。"当此时,诸郡县苦秦吏者,皆刑其长吏,杀之以应陈涉②。陈胜分派部将全面出击。项梁、刘邦、彭越、英布、王

---

① 《史记》卷四八《陈涉世家》。
② 《史记》卷四八《陈涉世家》。

陵等先后在各地起兵,称侯称王者不可胜数,著名者还有赵王武臣、魏王魏咎、齐王田儋等。

陈胜在大泽乡起兵的事件有偶发性,然而这个偶发事件又有内在的必然性。早在秦始皇时期,已是"天下苦秦久矣"。秦二世上台以后,广大臣民普遍怀疑其继承皇位的合法性。这本身就酝酿着政治危机。秦二世的政更暴,法更苛,役更繁,赋更重,不仅广大民众苦上加苦,怨上加怨,恨上加恨,就连宗室、卿相以及百官群臣也生活在水深火热之中。他的暴政是引发大泽乡起义的直接导火索。如果秦二世不加重民众负担,乃至"发闾左",如果秦二世不另立苛法,乃至规定"失期,法皆斩",陈胜等"闾左"之民就不会成为戍卒,他们也不会因为"失期"而铤而走险。秦二世的暴政终于激起民变。

可悲的是:事态发展到如此险恶的境地,秦二世不仅不设法调整政治,平息动乱,反而继续推行暴政,甚至不准报告各地"盗多"的消息。陈胜率众反秦的消息传到咸阳,秦二世也曾召博士诸儒生商议平定乱事的方略。博士诸生三十余人"或言反,或言盗"。他们主张:"人臣无将,将即反,罪死无赦。愿陛下急发兵击之。"秦二世怒形于色。叔孙通见状,连忙说:"诸生言皆非也。夫天下合为一家,毁郡县城,铄其兵,示天下不复用。且明主在其上,法令具于下,使人人奉职,四方辐辏,安敢有反者!此特群盗鼠窃狗盗耳,何足置之齿牙间。郡守尉今捕论,何足忧。"于是秦二世令御史拘捕"诸生言反者",统统处以"非所宜言"①罪。后来事态愈演愈烈,有一位谒者出使东方归来,立即将各地豪杰起兵的情况报告皇帝。秦二世闻之竟勃然大怒,命令将此人法办。从此再也没有人敢向皇帝报告真实情况。每当有使者回来,都向秦二世报告说:

---

① 《史记》卷九九《刘敬叔孙通列传》。

"群盗，郡守尉方逐捕，今尽得，不足忧。"①秦二世闻之大悦。秦二世的愚蠢行为使秦朝丧失了平息事态的时机。

秦二世二年（公元前208年）冬，陈胜部将周章率张楚军主力数十万人西向攻秦，一路横扫，打到距咸阳仅百余里的地方（戏）。秦二世闻讯惊慌失措。少府章邯说："盗已至，众强，今发近县不及矣。郦山徒多，请赦之，授兵以击之。"秦二世大赦天下，令章邯为将，率领主要由赦免的刑徒组成的大军反击。章邯击破周章军，追杀周章于曹阳。秦二世又派遣长史司马欣、董翳率兵协助章邯出击，先后"杀陈胜城父，破项梁定陶，灭魏咎临济。楚地盗名将已死，章邯乃北渡河，击赵王歇等于钜鹿"②。

就在此时，朝廷内部又发生了更严重的政治危机。赵高欺上瞒下，借秦二世之手，相继除掉了几位将相，独揽了朝廷大政。导致秦朝灭于宦官权相之手。

二、"指鹿为马"与赵高弑君

秦二世自以为正在"独制天下"，实际上却被赵高所操纵、愚弄。无德无能的秦二世为中国帝制史上的第一次宦官专政创造了条件。赵高专政，皇权异化，这是加速秦朝灭亡的重要原因。

自古有言："猛兽处山林，藜藿为之不采；直臣立朝廷，奸邪为之寝谋。"秦二世听信赵高之言，屠戮诸兄，诛灭贤良，剪除功臣，替赵高清除了一大批政治对手。自古有言："太阿不可倒持。"秦二世听赵高之言，自闭于深宫之中，委政于宦官之手，又为赵高弄权提供了便利。赵高只要再除掉丞相李斯、冯去疾等，夺得相权，天下实际上就是他的了。

---

① 《史记》卷六《秦始皇本纪》。
② 《史记》卷六《秦始皇本纪》。

大泽乡起义爆发之后，朝廷百官忧虑万分，积极筹划对策，而秦二世却依然安居宫中，享乐如故。丞相李斯进谏说："放弃《诗》《书》，极意声色，祖伊所以惧也。轻积细过，恣心长夜，纣所以亡也。"①秦二世置若罔闻。后来李斯屡次要求进谏，秦二世竟拒不接见。

秦二世二年（公元前208年），事态日益严重，右丞相冯去疾、左丞相李斯、将军冯劫进谏曰："关东群盗并起，秦发兵诛击，所杀亡甚众，然犹不止。盗多，皆以戍漕转作事苦，赋税大也。请且止阿房宫作者，减省四边戍转。"他们主张立即调整政策，减轻民众负担，以挽救危亡。李斯还提醒皇帝防止赵高篡权乱政。秦二世听信赵高之言，声称："凡所为贵有天下者，得肆意极欲，主重明法，下不敢为非，以制御海内矣。夫虞、夏之主，贵为天子，亲处穷苦之实，以徇百姓，尚何于法？朕尊万乘，毋其实，吾欲造千乘之驾，万乘之属，充吾号名。且先帝起诸侯，兼天下，天下已定，外攘四夷以安边竟，作宫室以章得意，而君观先帝功业有绪。今朕即位二年之间，群盗并起，君不能禁，又欲罢先帝之所为，是上毋以报先帝，次不为朕尽忠力，何以在位？"赵高施展手段，欲图借机除掉这几位朝廷重臣。秦二世听信谗言，下令将冯去疾、冯劫逮捕，以莫须有的罪名严加查办。冯去疾、冯劫认为"将相不辱"②，自杀身亡。李斯及其子三川守李由也同时以谋反罪被捕，由赵高负责审讯。

李斯身陷囹圄中，仰天而叹曰："嗟乎，悲夫。不道之君，何可为计哉！昔者桀杀关龙逢，纣杀王子比干，吴王夫差杀伍子胥。此三臣者，岂不忠哉，然而不免于死，身死而所忠者非也。今吾智不

① 《史记》卷二四《乐书》。
② 《史记》卷六《秦始皇本纪》。

及三子,而二世之无道过于桀、纣、夫差,吾以忠死,宜矣。且二世之治岂不乱哉!日者夷其兄弟而自立也,杀忠臣而贵贱人,作为阿房之宫,赋敛天下。吾非不谏也,而不吾听也。凡古圣王,饮食有节,车器有数,宫室有度,出令造事,加费而无益于民利者禁,故能长久治安。今行逆于昆弟,不顾其咎。侵杀忠臣,不思其殃。大为宫室,厚赋天下,不爱其费:三者已行,天下不听。今反者已有天下之半矣,而心尚未寤也,而以赵高为佐,吾必见寇至咸阳,麋鹿游于朝也。"他寄希望于秦二世的醒悟,上书自陈,历数自己三十多年来的功勋,表白实无反心。

赵高将李斯的宗族宾客一律收捕,扣押上书,案治李斯,"榜掠千余"。在严刑拷打之下,李斯被迫承认谋反。为了防止李斯翻供,"赵高使其客十余辈诈为御史、谒者、侍中,更往覆讯斯。斯更以其实对,辄使人复榜之"。后来秦二世派人向李斯核实口供,李斯"以为如前,终不敢更言,辞服"。秦二世误以为口供属实,高兴地说:"微赵君,几为丞相所卖。"秦二世二年(公元前208年)七月,秦二世判处李斯"具五刑"、"夷三族"。他被腰斩于咸阳市。这位贪恋权势的人终于被自己拥立的皇帝送上断头台。临刑之际,他对儿子悲叹:"吾欲与若复牵黄犬俱出上蔡东门逐狡兔,岂可得乎!"[①]从此"上蔡黄犬"之叹成为后世当权者们的鉴戒之一。

李斯已死,秦二世拜赵高为中丞相,"事无大小辄决于高"[②]。赵高是宦官(中官),又是丞相,所以称之为"中丞相"。赵高专权兼有宦官专政和权臣专政的特点,所以危害更大。赵高为了控制皇帝,压制群臣,树立权威,竟然"指鹿为马"。

秦二世三年(公元前207年),楚怀王心派军队北上。楚上将

① 《史记》卷八七《李斯列传》。
② 《史记》卷八七《李斯列传》。

军项羽破釜沉舟,率楚军救钜鹿。经过一场恶战,秦军兵败。章邯节节退却。秦二世派人指责章邯。章邯派长史司马欣到咸阳禀报军务,请求增兵。赵高萌生除掉章邯等人之心,拒不接见。司马欣逃亡回军。他对章邯说:"赵高用事于中,将军有功亦诛,无功亦诛。"①陈馀也写信给章邯,言明利害,劝其投降。章邯犹豫不决。项羽乘机猛攻秦军,章邯兵败投降。项羽将秦军降兵二十余万人全部坑杀。秦二世闻讯,屡次派人责问赵高。赵高担心被罢黜、处死,阴谋策划政变。秦军兵败于外,赵高谋逆于内。至此,秦朝大势已去。

赵高并不满足于专擅朝纲,他还想做皇帝。为了达到目的,他施展了一系列计谋。他"乃献鹿,谓之马。二世问左右:'此乃鹿也?'左右皆曰'马也'。"秦二世大惊,自以为遇到怪异。占卜之后,他听信太卜之言,"入上林斋戒"。秦二世终日游猎,竟将进入上林的行人射死。赵高对秦二世说:"天子无故贼杀不辜人,此上帝之禁也,鬼神不享,天且降殃,当远避宫以禳之。"胡亥中计,"乃出居望夷之宫"②。过了几天,赵高假称有大量盗贼杀来,令亲信矫诏调兵数千人。赵高的女婿咸阳令阎乐等人率众攻入望夷宫。阎乐当面指责秦二世说:"足下骄恣,诛杀无道,天下共畔足下,足下其自为计。"胡亥先是请求"愿得一郡为王",又请求"愿为万户侯",最后请求"愿与妻子为黔首,比诸公子"③。阎乐一概拒绝。秦二世被迫自杀。赵高急于加冕称帝。他佩带皇帝的玉玺,举行登基大典,可是"左右百官莫从"。据说当他来到大殿时,宫殿竟然摇摇欲坠。赵高"自知天弗与,群臣弗许"④,不得不放弃。他一

---

① 《史记》卷六《秦始皇本纪》。
② 《史记》卷八七《李斯列传》。
③ 《史记》卷六《秦始皇本纪》。
④ 《史记》卷八七《李斯列传》。

方面派人与楚怀王相约,企图"灭秦宗室而王关中"①,一方面作为权宜之计在秦宗室中选择君位继承人。

赵高召集所有的大臣公子,通报诛杀胡亥的情况。他说:"秦故王国,始皇君天下,故称帝。今六国复自立,秦地益小,乃以空名为帝,不可。宜为王如故,便。"②赵高立秦二世的侄子公子婴为秦王,并以黔首的身份将秦二世埋葬在杜南宜春苑中。

三、秦朝灭亡

根据礼仪,子婴须斋戒,庙见,然后接受王玺。子婴深知赵高不除,秦难不已,这位奸佞迟早还会作乱。他与儿子合谋,计划寻找机会除掉赵高。庙见之日,子婴称病不起,赵高屡次派人到斋宫催促,子婴就是不动身。赵高只得亲自出马。子婴遂刺杀赵高于斋宫,灭其三族。

子婴登上王位仅四十六日,楚将沛公刘邦率兵攻入武关,进军至霸上。他派人敦促子婴投降。"子婴即系颈以组,白马素车,奉天子玺符,降轵道旁"。又过了一个多月,诸侯纵长项羽率领大军进入咸阳。项羽自立为西楚霸王,分封诸侯,其中秦国故地一分为三,分别封秦降将章邯、司马欣、董翳为"雍王、塞王、翟王,号曰三秦"。项羽"杀子婴及秦诸公子宗族。遂屠咸阳,烧其宫室,虏其子女,收其珍宝货财,诸侯共分之"③。秦朝彻底灭亡。

项羽与刘邦围绕最高权力又开始了"楚汉相争"。五年后,汉高祖刘邦统一天下,建立了西汉王朝。称帝不久,刘邦下诏说:"秦皇帝(嬴政)、楚隐王(陈胜)、魏安釐王、齐愍王、赵悼襄王皆绝

---

① 《史记》卷六《秦始皇本纪》。

② 《史记》卷六《秦始皇本纪》。

③ 《史记》卷六《秦始皇本纪》。

亡后。其与秦始皇帝守冢二十家,楚、魏、齐各十家,赵及魏公子亡忌(信陵君)各五家,令视其冢,复亡与它事。"①一个庞大的帝国只留下几座荒冢,若干遗迹。

他的邦国覆灭了,他的宗庙废堕了,他的子孙根绝了,他的宫廷焚毁了,就连他的陵寝也残破了。他的政治制度不断遭到贬损,他的政治理念不断遭到非议,他的政治行为不断遭到抨击,他的声名也不断遭到损毁。秦朝、秦制、秦政、秦皇等都成为最糟糕的政治的代名词。

然而他的政治制度却毫发无损地保留下来。在史书中,"汉承秦制"的述评屡见不鲜,在基本制度上,汉朝统治者几乎亦步亦趋。秦汉制度的基本原理、基本结构和基本方略又传延了二千多年,乃至后人有百代行秦制之论。

秦始皇因此也成为褒贬不一的历史人物。赞扬他的人称其为"千古一帝",贬抑他的人称其为"暴君"、"虐主"。真可谓古今多少事,留待后人评说。

第四节　"百代犹行秦政法"

"龙虎散,风云灭,千古恨,凭谁说!"秦始皇死去了,秦朝灭亡了,秦始皇和秦朝留下了千古遗恨,也落下了千古骂名,而秦始皇所创建的大帝国和秦制却有广泛而又深远的历史影响。

一、"秦"、"震旦"与"CHINA"

秦国、秦朝留下的一个重要历史遗迹就是"CHINA"称谓。现

---

① 《汉书》卷一《高帝纪下》。

在世界各国称中国为 China。它是由古代印度梵文 Cina、Chinas，阿拉伯文 eya 或 sin，拉丁文 Thin、Thinae 演变而来，都是"秦"的译音。印度古时亦称中国为震旦。"震"即秦，"旦"即斯坦。震旦意为秦地。"CHINA"实际上就是以"秦"作为中国的代称。据清代学者薛福成的《出使日记》记载，当时的欧洲学者都认为"CHINA"是"秦"的译音。历代秦王和秦始皇"威震殊俗"，声名远播域外，西方地区必然以"秦"作为华夏的象征。这相当于后来俄罗斯等用"契丹"作为中国的代称。

中西方的经济文化交流源远流长。许多学者认为丝绸之路古即有之。近年来的许多考古发现已经证实了上述推测。这条中西交通的大道有更为古老的渊源，这当属事实。秦国崛起于西方，早在春秋时期就称霸一方，后来日益强盛，逐渐发展成为幅员辽阔、繁荣昌盛的大帝国。当时秦国以西的国家和地区将"秦"、"秦地"作为华夏国家的代称是理所当然的。

秦国、秦朝在西方的影响还有一条渠道，即由中国西南部，经东南亚，到南亚、西亚，然后继续向西传播。在秦始皇以前，秦国早已和西南各地关系密切。秦始皇经营西南边疆，加强对西南夷的统治，使交通更加便利，经贸与人员往来更加频繁。秦国、秦朝之名，也可以经由西南方向，远扬世界各文明地区。

二、"汉承秦制"与"百代行秦政"

秦朝对中国历史的最大影响是其统治模式（包括政治观念、政治制度及相关的社会经济体系），而这种统治模式的直接传承者是汉朝。"汉之法制，大抵因秦"[①]。在各种文献中，"汉承秦制"是一个很常见的评语。西汉的各种制度基本上来自秦朝而有

---

① 　洪迈：《容斋三笔》卷九《容斋随笔》，中华书局 1978 年版，第 522 页。

所损益。云梦秦简提供的材料表明,许多原来以为是汉朝创造的制度及有关的称谓也是由前代传承下来的。

"汉承秦制"首先体现为汉朝全盘继承了秦始皇创造的"皇帝"尊号及相应的皇帝制度、帝王观念。这是秦朝统治模式的基础框架和核心内容。只要这个基础框架和核心内容不改变,一切损益、变制、更始,都不具有变革统治模式的意义。"汉承秦制"还体现为汉朝基本上继承了秦朝一系列具体的制度。汉朝甚至就连许多属于细节或外表的事物也照搬过来。

郡县制是维护中央集权的基本制度。汉初基本上沿用秦朝的行政区划,即"汉兴,因秦制度,崇恩德,行简易,以抚海内。"①汉高祖一度分封诸侯,采用郡县为主、封国为辅的制度。不久,他就基本剪除了异姓诸侯王。汉景帝、汉武帝采取一系列削藩措施,侯王仅食封地的租税,这就实际上将封国重新降到郡县地位。汉武帝以后的制度与秦朝没有太大的区别。班固说:"汉家承秦之制,并立郡县,主有专己之威,臣无百年之柄,至于成帝,假借外家,哀、平短祚,国嗣三绝,危自上起,伤不及下。"②尽管在"封建"与"郡县"问题上,后世一直有争论,在具体做法上也有反复,但是总的说来,郡县制不仅一直是中华帝制的基本制度,而且越演变越接近秦始皇时期的单纯郡县制度。

汉朝基本上沿用了秦朝的职官制度。班固说:"汉迪于秦,有革有因,觕举僚职,并列其人。"③经过汉朝的损益,三公九卿制度更加严整。汉魏以降,中央机构和官职不断改革完善,而其基本思路可以追溯到秦始皇,即分化相权,强化监察,完善谏议,健全法

① 《汉书》卷二八《地理志上》。
② 《汉书》卷一〇〇《叙传上》。
③ 《汉书》卷一〇〇《叙传下》。

制。总的发展趋势是：中央权力日益集中，皇帝权力日益强化。一般说来，后世的皇权比秦朝更加专制。

汉朝的赋税制度也基本沿用秦朝。董仲舒极力抨击秦朝赋敛沉重，所谓"力役三十倍于古。田租口赋，盐铁之利，二十倍于古。或耕豪民之田，见税什五"。同时他又指出："汉兴，循而未改。"班固进一步指出："仲舒死后，功费愈甚，天下虚耗，人复相食。"①这表明。汉初的"与民休息"属于政策性的调整，不属于基本制度性的改变。汉武帝以降，汉朝的赋敛日益沉重，其严重程度不次于秦始皇统治时期。

汉朝的礼仪制度大多沿用秦朝制度，即使有所损益，其基本原则也毫无变动。《汉书·礼乐志》说："汉兴，拨乱反正，日不暇给，犹命叔孙通制礼仪，以正君臣之位。高祖说而叹曰：'吾乃今日知为天子之贵也。'"又说："高祖时，叔孙通因秦乐人制宗庙乐。"可见君尊臣卑的朝堂、宗庙礼仪原则始终未变，改变的只是一些操作性的细节，诸如简化某些礼仪，改变某些乐舞的曲调、名称，以适应皇帝的需要和喜好。例如，"高庙奏《武德》、《文始》、《五行》之舞。……《武德》舞者，高祖四年作，以象天下乐己行武以除乱也。《文始舞》者，曰本舜《招舞》也，高祖六年更名曰《文始》，以示不相袭也。《五行舞》者，本周舞也，秦始皇二十六年更名曰《五行》也。……舞人无乐者，将至至尊之前不敢以乐也。出用乐者，言舞不失节，能以乐终也。大氐皆因秦旧事焉。"根据《汉书·郊祀志上》记载，汉朝的祭祀制度也大体沿用秦制。实际上，汉朝的宗庙制度、宫室制度及宫廷内部的许多制度也大体继承秦制。有关礼仪及"自天子称号下至佐僚及宫室官名，少所变改"②。

---

① 《汉书》卷二四《食货志上》。
② 《史记》卷二三《礼书》。

汉朝初年甚至承继了秦朝的德运、正朔、历法。"时丞相张苍好律历,以为汉乃水德之时,河决金堤,其符也。年始冬十月,色外黑内赤,与德相应。"①"张苍文好律历,为汉名相,而专遵用秦之《颛顼历》"②。1972年在山东临沂银雀山汉墓发掘出土的《元光元年历谱》为此提供了实物证据。

汉朝的风俗也沿袭了秦朝。贾谊对秦朝风俗"遗礼义,弃仁恩"深恶痛绝,大加挞伐,而笔锋一转便将矛头转向当代。他说:"曩之为秦者,今转而为汉矣。然其遗风余俗,犹尚未改。"③董仲舒也有类似的看法。他说:"自古以俫,未尝有以乱济乱,大败天下之民如秦者也。其遗毒余烈,至今未灭,使习俗薄恶,人民嚚顽,抵冒殊扞,孰烂如此之甚者也。"④《汉书·礼乐志》将这些说法汇集在一起,诸如"夫承千岁之衰周,继暴秦之余敝,民渐渍恶俗,贪饕险,不闲义理,不示以大化,而独殴以刑罚,终已不改。"可见汉因秦俗是当时公认的社会现象。

古代许多学者和史家为了强调秦、汉统治模式的巨大差异,为秦朝贴上法家(霸道)标签,为汉朝贴上儒家(王道)标签,并据此抨击秦朝行申韩之术、弃礼义之政,歌颂汉朝兴圣人之学、施仁德之政。秦汉统治思想的确有所演变。汉初黄老政治颇有特点。汉武帝独尊儒术更是标志性的历史事件。但是,正如秦朝的统治思想不能以法家或霸道概括,汉朝的统治思想也不能以儒家或王道概括。秦汉统治思想的基本框架和主要内容大体一致,二者的差异大大小于申韩与孔孟的理论差异。汉朝的统治思想继承并发展了秦朝的统治思想,如果说有什么变化,只是有所调整、有所完善、

---

① 《汉书》卷二五《郊祀志上》。

② 《汉书》卷四二《申屠嘉传》。

③ 《汉书》卷四八《贾谊传》。

④ 《汉书》卷五六《董仲舒传》。

有所整合,使之更加成熟。尽管汉武帝以后孔学被奉为官方学说,儒家成为法定意识形态的旗帜,可是统治思想实际上是儒家化的"杂家"。汉宣帝公开宣称:"汉家自有制度,本以霸王道杂之,奈何纯任德教,用周政乎!"①许多政论家指出:"秦有十失,其一尚存,治狱之吏是也。"②在汉代,类似的政论不胜枚举。寻根溯源,孔学本身就具有"杂霸"的特点。从战国秦汉到清朝基本上都属于"杂霸"这个模式。历代崇儒的统治者大多暗用韩非之道。宋代理学把孔孟之道发展到极致,他们把"霸"视为最糟糕的政治模式和政治人格,而实际上朱熹等宋明大儒无不"言则孔孟,行则申韩"。正如清初著名思想家王夫之所说:"后世之为君子者,十九而为申、韩。"③

有一个现象值得注意:中国古代政论、史评往往偏爱极化思维,即把本来并不对立的事物说成对立的,把本来相容的事物说成不相容的,把本来有所对立的事物说成势不两立。对秦汉统治模式的评论大多有这个毛病。实际上秦朝与汉朝之间的同远远大于异,在统治模式上尤为如此。

秦始皇是公认的"法家"皇帝,而汉武帝是公认的"儒家"皇帝。按照儒法截然对立思维方式,二者的统治模式和施政方式理应迥然不同。其实不然,且不说他们所依恃的基本政治制度大体相似,他们的具体统治行为也何其相似。秦始皇、汉武帝同样地建宫殿、筑陵墓、修长城、求仙药、行封禅、严刑罚、繁劳役,虽各有长短,又大体相类。正如司马光所说:"孝武穷奢极欲,繁刑重敛,内侈宫室,外事四夷,信惑神怪,巡游无度,使百姓疲弊,起为盗贼,其所以异于秦始皇无几矣。"④后世政论家往往将二人相提并论,这

①　《汉书》卷九《元帝纪》。
②　《汉书》卷五一《邹阳传》。
③　王夫之:《读通鉴论》卷二十二。
④　《资治通鉴》卷二二,汉纪十四,汉武帝后元二年。

是很有道理的。秦始皇与汉武帝的相似之处,也从一个角度证明了"汉承秦制"。

当然,汉对秦的继承是一种发展性的继承,即秦开其端,汉总其成。汉朝制度更加完善。这一点类似于隋与唐。许多评论者认为汉、唐一反秦、隋之道,因而创造了盛世。这个看法是不符合历史事实的。实际情况是:汉、唐基本上继承秦、隋的统治模式,又充分借鉴了秦政、隋政之失,才创造了盛世。汉唐盛世得益于秦、隋开创的各种基本制度。许多学者喜欢将汉唐与秦隋对立起来评说政治得失、抨击暴君暴政,以汉唐帝王的精明和德政,反衬秦隋帝王的鄙陋和虐政。这有一定的道理。然而如果在充分肯定它们属于同一种统治模式的前提下,进一步深入分析其成败得失,则更能深刻地认识中国古代君主制度的优长和弊端。

"汉承秦制"的事实表明,秦朝的灭亡主要不是由于文化、理论、制度之失,而是统治者个人行为之失。"汉承秦制"又使中华帝国在政治上、经济上、文化上、疆域上进一步发展,相关的制度与理论更加完善。可是不管这种理论与制度多么完善,依然无法避免由于统治者个人行为之失而导致亡国。

"汉承秦制"具有系统性,大到基本政治制度,小到许多具体规定,上至思想理论,下至社会风俗,几乎涉及一切主要的硬件、软件,遍及政治、经济、军事、社会、文化、道德以及各种礼仪、文字、度量衡等等。这表明,由秦至汉整个政治制度及相关的社会文化体系是一种承继关系,在一切主要方面都没有发生断裂。造成这种现象的原因主要有两条:一是秦朝继承战国制度,而战国各国以政治制度为核心的社会文化体系在若干基本方面已经趋同,各国的政治模式、经济模式、社会模式属于同一类型。无论哪个国家统一天下,都会建立相似的制度,形成相似的社会文化体系,它与秦制不会有本质的区别。换句话说,秦制只是各国制度与文化的典型代表。二是经过秦国历代先王和秦始皇的不断整合，秦朝制度集中体现了新的政治模式的特点和优势。换句话说，继秦而起的新兴王朝不可能再创造出更完备的制度，充其量只需对秦制稍加改造、完善，便可满足实现其统治的需要。汉家制度与统治思想也有所改变，而这个改变主要表现为进一步的整合、补充、完善，并不具有重起炉灶的意义。

汉承秦制，而魏晋以后基本承继汉制，在这个基础上皇帝制度不断完善，到隋唐两宋达到巅峰状态。在分化相权、推行郡县、强化监控等方面越来越符合秦始皇所确立的制度原则。后来明朝干脆取消了宰相制度，清朝实际上实行单纯郡县制度。"秦汉制度"历经二千年而香火不断。

汉代著名史学家司马迁、班固有感于秦朝的创造与变革，肯定其"制作政治，施于后王"①。唐代著名思想家柳宗元说："秦制之得，亦以明矣。继汉而帝者，虽百代可知也。"②清代著名思想家王夫之说："郡县之制，垂二千年而弗能改矣。"③近代著名思想家谭嗣同指出："二千年来之政，秦政也，皆大盗也。"④现代著名思想家毛泽东说："百代犹行秦政法。"他们无论是抨击，还是肯定，都道出了一个历史事实：二千年的政治体制的基本模式和帝王观念的基本范式，大抵因袭秦朝。

作为上承数百年，下启二千年的历史人物，秦始皇与帝制粘连在一起。"秦始皇"、"秦制"、"秦政"就是"皇帝制度"的符号。秦制可以亡秦，又可以兴汉；隋制可以亡隋，又可以兴唐。百代行秦政，而历代王朝皆有兴有亡，有盛有衰。中华古代文明的盛世和中

① 《史记》卷六《秦始皇本纪》。
② 《柳河东集》卷三《封建论》。
③ 王夫之：《读通鉴论》卷一。
④ 谭嗣同：《仁学》，《谭嗣同全集（增订本）》，中华书局1981年版，第339页。

国古代社会的暴政都与这种制度息息相关。这表明,秦始皇及其所开创的制度不是用一个"善"字或一个"恶"字所能评说的。评价秦始皇与评价秦二世大不一样。后者可以一句话骂倒而不妨碍对中国古代历史进程的总体把握,而秦始皇则不然。在一定意义上,完全肯定秦始皇,也就基本上肯定了君主专制制度;彻底否定秦始皇,也就基本上否定了中华古代文明。客观公正的评价显然既不能完全肯定,又不能彻底否定。其中又涉及到一系列的问题,诸如事实的认定、过程的分析和行为的诠释等。"秦始皇"三个字凝集着太多的历史因素。或许这就是关于秦始皇评价至今仍众说纷纭、莫衷一是的原因。

第十六章　史评篇：千秋功罪任人评说的秦始皇

秦始皇已死，秦帝国已亡，对秦始皇一生功过的评价却始终聚讼纷纭，莫衷一是。

历史即过去的事情，通常它特指人类社会的过去时态。人类社会的每个事件一经发生，便进入历史范畴，同时也就进入评价体系。最高统治者在社会政治体系中有特殊地位和作用，他们一直是传统史话和政治思维的中心内容。他们的言行也一向是政论、史评所关注的焦点。秦始皇自不例外。

秦始皇所处的时代和秦朝的大起大落注定了他是一位最容易引发争议的历史人物。他完成了一次具有社会变革性质的非同寻常的改朝换代，不是一般意义上的开国君主，如果彻底否定他，就无法正确地看待这场社会变革，也无法解释他之所以能够开国创业的根由。秦朝很快垮台了，秦始皇也可以算作暴君乃至亡国之君，因而必定有许多要否定的东西。任何一个古代的哲人都会思索这个现象，力求得出更合乎逻辑的解释。从现代人的角度看，"秦制"已经被历史进程所否定，在肯定秦始皇和帝制的历史地位时，又必须清理一切应当予以否定的东西。这就需要学术性的研究和评价把握好尺度和分寸。

第一节　彻底否定性的政治批判与
作为文化典型的"暴君"

在中国古代社会,除了少数政论家、史学家以分析的态度看待作为历史人物的秦始皇以外,"秦始皇"主要作为一种文化典型乃至文化符号化的"暴君"存在。这是秦始皇特殊历史地位的曲折的表现形式,也是"秦始皇"的另一种历史存在方式。

一、秦汉之际的秦政批判思潮与"秦始皇"的文化符号化

任何一种文化体系都会自觉或不自觉地创造一批人格化的文化典型乃至文化符号,即从历史上或现实中选取某些有代表性的人物,经过文化加工,使之成为高度理想化的社会人格或者极端恶性化的反社会人格的典型乃至符号,诸如中国古代的"尧舜"、"孔夫子"与"桀纣"、"秦始皇"之类。人格化的文化典型、文化符号是特定文化价值体系的一种载体和存在形式,它们与历史上或现实中的人物原型往往有很大差距。自汉代以来,"秦始皇"逐渐成为一个重要的政治文化符号,其原因和过程大体可以从以下几个层次分析。

源于先秦的政治价值体系和帝王评价方式是"秦始皇"符号化的文化动因。中国自古就有抨击暴君暴政的传统。《尚书》、《诗经》等文献中留下了一些著名的篇章。春秋战国时期,出现了一套理论化的以"有道—无道"形式出现的君主评价体系,从而强化了政治批判的力度。先秦诸子百家,无论儒、法、道、墨,都有抨击暴君暴政的激烈言辞。这种抨击大多缺乏历史的分析,过分追究个人的罪责,归咎于个人的人格。诅咒暴君总是与敬仰明君结合在一起,因此逐渐形成了一批具有理论形态的政治价值标准,而"王道"、"道"或"道义"是它们的最高概括。道义价值常常以一种人格化的形式出现,即"尧舜之道"。尧舜之道有时又称为先王之道、圣王之道、圣人之道等。诸子百家对先王之道的理解各有特点,有些观点甚至水火不相容。以尧舜之道、圣王之道面目出现的形形色色的道义价值彼此有很大差异,而其主体与内核又具有高度的同一性,即憧憬、维护理想化的君主专制制度。以"尧舜之道"为尺度,以"有道"与"无道"("亡道")作为断语,来品评帝王,势必将历代暴君视为"独夫"、"民贼"。这就逐步树立起圣王圣治与暴君暴政两类相反相成的人格化的政治文化典型。

在先秦,一论及为君之道,人们几乎言必称"尧舜"与"桀纣"。先秦百家俱道尧舜,而取舍不同。其实这些尧舜、桀纣故事不过是早已成型的王道主题中"有道—无道"、"圣主—暴君"母题的一次次复制、一次次重演而已。这个母题的版本虽多,基本框架却无大改动。由此而铸就的政治文化范式以一个特定的方式陈述着中国的帝王观念,可以称之为"尧舜—桀纣"政治文化母题。"尧舜—桀纣"母题是一种特定的理论结构、文化结构的代称。"尧舜"即唐尧、虞舜。他们是公认的圣君明主典型。"桀纣",即夏桀、商纣。他们是公认的暴君虐主典型。作为一种文化符号,"尧舜"与"桀纣"都不是对历史原型的忠实摹写,而是某类文化典型的抽象,是概念化的理论工具。前者可以泛称一切圣王贤君;后者则可以加诸一切独夫民贼头上。不过,作为一个政治概念,"尧舜"与"桀纣"通常指谓一批公认的历史人物。前者主要指三皇五帝三王,诸如神农、黄帝、尧、舜、禹、汤、文、武;后者主要指桀、纣、厉、幽之类。作为历史人物,尧舜类皆为"兴王",大多是开国君主;桀纣类都属"削主",大多为亡国之君。前者的成功为人艳羡,后者的失败为人唾骂。正反两方面的经验教训成为论说帝王之道最有力的证据。人人言尧舜,个个道桀纣,一切褒扬之辞和贬斥之辞分别向两极凝聚。于是前者成为完善无缺的治者与人格的象征,后者成为一无是处的君主与人格的代称。这就形成了一批极化的认知结构和价值尺度。"尧舜",凝集了古代文化的一切理想;"桀纣",汇聚了古代文化的一切禁忌。前者为文化典范,后者为文化戒铭。在这个意义上可以说,"尧舜—桀纣"母题,以一种背反的极化结构,以应与不应、道与无道的形式,概括着中国古代政治文化、道德文化的精义。秦朝二世而亡,当人们依据这样的思路品评秦始皇的时候,很容易把他归入"桀纣"一类。

秦朝的暴政是"秦始皇"文化符号化的事实基础。秦始皇完成了一次非同寻常的改朝换代。旷日持久的改朝换代过程,无论内部的改革还是外部的征战,主要是凭借暴力完成的。"暴"是时代性的政治形象,无论由谁完成这个历史任务,他都免不了"暴"的评语。秦朝建立之后,秦始皇所确立的政治模式与传统政治模式多有不合之处,某些人依据"礼义"、"王道"价值体系审视秦朝政治,也会给予"暴"的断语。秦始皇又的确实施了一系列的暴政、暴行,据此称之为暴君亦不为过。班固说:"俗传秦始皇起罪恶,胡亥极,得其理矣。"①人们公认秦朝的速亡与秦始皇不无关系,许多人甚至将他归入"亡国之君"。"兴,百姓苦;亡,百姓苦"。深受其苦的芸芸众生呼出"天下苦秦久矣"的控诉,亲身感受者群体性的评语无疑是有事实依据的。上述种种"暴"为史评和政论提供了大量的素材。在特定的政治环境、文化环境下很容易形成彻底否定式的批判。这种批判漠视一切的功、是、善,放大一切过、非、恶,甚至一律将功、是、善作过、非、恶的诠释,这就使秦始皇成为"暴政"的代名词。

① 《史记》卷六《秦始皇本纪》。

秦汉之际的秦政批判思潮定下的评价基调促使"秦始皇"向文化符号演化。这个思潮的参与者全部是秦朝的政治反对派。在特定的政治情势下,从特定的政治情感出发,根据特定的政治需要,对特定对象进行的政治批判,只能以彻底否定形式出现。秦始皇同时代人对秦政抨击已经涉及到人格评价、政策评价、制度评价和政治理念评价。早在秦始皇生前,他的人格、行为以及以他为代表的"秦制"、"秦政"就成为争议颇大的评判对象。侯生、卢生等"术士"全面否定秦始皇的人格、政策和制度,显然有夸大其词乃至刻意歪曲的成分。在风起云涌的群众性反秦政治斗争中,以"伐无道,诛暴秦"为宗旨的各种政治纲领、政治口号必然以历数暴行、彻底否定的形式出现。这就在社会各阶层全面形成否定性认识,即暴秦一无是处。汉朝建立之后,统治者及其臣民无论为了证明改朝换代的合理性,歌颂新朝的功德,还是旨在借鉴秦亡教训,都只会讲坏话,不会讲好话。据有的学者统计,《史记》中有关汉人议论秦朝教训的记载"有八十一处,其中指责秦始皇施行暴政有六十七次"①。在一片指责、咒骂声中,人们有意无意地扭曲、篡改了历史事实,树立起一个极端化的暴君典型。典型化是符号化的必要条件。千百年来一提到"秦始皇"这三个字,许多人的脑中就会立刻浮现出一个凶神恶煞的形象。这与秦汉之际秦政批判思潮对秦始皇的绝对否定有直接关系。

汉代政论家的批判性理论分析大大强化了"秦始皇"的文化符号意义。西汉初期的政论家多是政治家、思想家及公卿大臣。陆贾的《新语》、贾谊的《过秦论》、贾山的《至言》、桓宽的《盐铁论》以及伍被、晁错、董仲舒、主父偃等人的对策、上书都具有史论性质。他们以历史事实为依据,评判历史与现实,有的甚至引据秦

---

① 郭志坤:《秦始皇大传》,三联书店上海分店 1989 年版,第 366 页。

的教训,批评、指导现实政治。他们的思考主要围绕秦亡汉兴的历史经验教训展开,具有浓烈的批判性。只有部分政论家肯定秦始皇统一天下、安定民生的历史功绩,而大部分政论家对秦制、秦政和秦始皇持彻底否定态度。政论家们将秦政之失条分缕析,以开列罪状的形式著于篇章。他们所罗列的秦朝罪状主要有以下几条。

一曰"废先王之道"。这是纲领性的秦政批判。由此而引起一系列的改先王之制、乱先王之政的行为,都是"废先王之道"的具体表现。汉代政论家每一篇较为完整的秦始皇批判都把"废先王之道"作为罪状之首,然后罗列各种具体的暴政及其后果,所谓"于是秦兼天下,废王道,立私议,灭《诗》《书》而首法令,去仁恩而任刑戮,堕名城,杀豪桀,销甲兵,折锋刃。其后,民以耰锄棰梃相挞击,犯法滋众,盗贼不胜,至于赭衣塞路,群盗满山,卒以乱亡。"①陆贾、贾山、贾谊、晁错、董仲舒等都有类似的言论。在当时这几乎成为一种模式化的评论方式。值得指出的是:汉代政论家大多属于儒家,他们所谓的"王道"特指孔学之道。由于有儒法之争的背景,所以秦汉之际对秦始皇的政治批判与隋唐之际对隋炀帝的批判有所不同。汉儒非常强调"废先王之道"这一条。他们不仅要批臭秦始皇,还要败坏法家的形象,因此言辞更加激烈,更加缺乏分析。"废先王之道"是暴政根源,暴政是"废先王之道"的具体表现。只这一条足以为秦始皇判定罪案。

二曰"焚百家之言"。

在汉代,"焚百家之言"是公认的秦始皇的一桩大罪案。汉代政论家认为,秦始皇焚诗书、坑术士的目的在于根绝先王之道,废除先王之制。许多儒者认为这是专门针对儒家学说的暴虐行为。

---

① 《汉书》卷六四《吾丘寿王传》。

董仲舒说:"重禁文学,不得挟书,弃捐礼谊而恶闻之,其心欲尽灭先圣之道,而颛为自恣苟简之治。"①梅福说:"秦为亡道,削仲尼之迹,灭周公之轨,坏井田,除五等,礼废乐崩,王道不通,故欲行王道者莫能致其功也。"②在古代政治批判中,只有秦始皇被加上了"欲尽灭先圣之道"的评语。这就是说,秦始皇不仅是"无道",而且是"大逆不道"。扬雄说:"秦王之法度负圣人之法度,秦弘违天地之道,而天地违秦亦弘矣。"③历代儒者抨击过许多暴君,而加在秦始皇身上的诅咒最重。

三曰"废五等之制"。

分封制是三代的基本政治制度,据说这是先王"公天下"的重要举措,而秦政"废先王之道"的主要表现是彻底废除分封制。许多汉代政论家认为,秦始皇的一大罪状就是"以为周制微弱,终为诸侯所丧,故不立尺土之封,分天下为郡县,荡灭前圣之苗裔,靡有孑遗者矣"④。许多政论家认为这种做法违背"王道"、"王制",它是导致秦朝速亡的主要原因之一。上官桀说:"昔秦据南面之位,制一世之命,威服四夷,轻弱骨肉,显重异族,废道任刑,无恩宗室。其后尉佗入南夷,陈涉呼楚泽,近狎作乱,内外俱发,赵氏无炊火焉。"⑤这些政论家认为,秦始皇绝对不搞分封,也就不能行德义于天下。特别是秦始皇不能复立六国之后,违背历代王朝的政治传统,属无道无德之举。

四曰"除井田之制"。

据说井田制是三代圣王所确立的基本制度之一,而秦政"废

① 《汉书》卷五六《董仲舒传》。
② 《汉书》卷六七《梅福传》。
③ 《法言·寡见》。
④ 《汉书》卷二八《地理志上》。
⑤ 《汉书》卷六三《武五子传·燕刺王刘旦传》。

先王之道"的主要表现之一是破坏了先王的田制。董仲舒说:"至秦则不然,用商鞅之法,改帝王之制,除井田,民得卖买,富者田连仟伯,贫者亡立锥之地。又颛川泽之利,管山林之饶,荒淫越制,逾侈以相高。邑有人君之尊,里有公侯之富,小民安得不困?"汉代许多政论家认为,秦行商鞅之政,废井田,开阡陌,虽可富国强兵,却导致"王制遂灭,僭差亡度。庶人之富者累巨万,而贫者食糟糠"①。这不仅引发土地兼并、贫富不均、风俗奢靡等一系列社会问题,还进而引发了等差不分、法繁政苛、赋敛无度等一系列的政治问题。

五曰"背弃礼义"。

早在战国时期,"遗礼义,弃仁恩"②就是非议秦政最常见的说法。汉代以来,秦始皇重视法制与法治的政术成为公认的无道之举。在汉代群儒看来,三代圣王以礼治国,孔子主张教化为先,"至秦则不然。师申商之法,行韩非之说,憎帝王之道,以贪狼为俗,非有文德以教训于下也。"③背弃礼义,"不笃仁义"④,这是汉代群儒加在秦始皇头上的一个莫大罪状。这条罪名从根本上否定了秦朝的政术之本。因此,自汉代以来,绝大多数儒者认为秦朝政治一无是处。这是由批判者的学派背景和价值体系所决定的。

六曰"刑罚酷虐"。

在当时的历史条件下,实行法治必然重用法吏,主张"繁法严刑"势必"刑罚酷虐"。秦始皇的法治及与法治相关的弊政是汉代政论家们抨击的主要对象。言秦政者,必言秦法酷虐。贾谊说:"秦王置天下于法令刑罚,德泽亡一有,而怨毒盈于世,下憎恶之

① 《汉书》卷二四《食货志上》。
② 《史记》卷八三《鲁仲连邹阳列传》。
③ 《汉书》卷四八《贾谊传》。
④ 《汉书》卷五一《贾山传》。

如仇雠,祸几及身,子孙诛绝,此天下之所共见也。"①这是抨击秦始皇的治术。路温舒说:"臣闻秦有十失,其一尚存,治狱之吏是也。秦之时,羞文学,好武勇,贱仁义之士,贵治狱之吏。正言者谓之诽谤,遏过者谓之妖言。故盛服先生不用于世,忠良切言皆郁于胸,誉谀之声日满于耳。虚美熏心,实祸蔽塞。此乃秦之所以亡天下也。"②这是抨击秦始皇重用法吏。晁错说:"妄赏以随喜意,妄诛以快怒心,法令烦憯,刑罚暴酷,轻绝人命,身自射杀。天下寒心,莫安其处。奸邪之吏,乘其乱法,以成其威,狱官主断,生杀自恣。上下瓦解,各自为制。"③这是抨击秦朝法治的状况。文学之士说:"赵高以峻文决罪于内,百官以峭法断割于外。死者相枕席,刑者相望。百姓侧目重足,不寒而栗。"④这是抨击法治的末路。上述言论在汉代司空见惯。

七曰"赋敛无度"。

"赋敛无度"、"徭役繁重"是公认的秦朝暴政。抨击秦始皇"赋敛无度"首先是制度批判。汉代一些政论家认为,造成赋税沉重的主要原因是秦始皇改变了先王的赋役制度。董仲舒说:秦朝不仅废止了什一之税、三日之役,"又加月为更卒,已,复为正一岁,屯戍一岁,力役三十倍于古。田租口赋,盐铁之利,二十倍于古。或耕豪民之田,见税什五。故贫民常衣牛马之衣,而食犬彘之食。"⑤凡是涉及到秦朝赋役问题的政论,都有类似的说法。这也具有从根本上否定秦制、秦政的意义。

八曰"暴兵露师"。

---

① 《汉书》卷四八《贾谊传》。
② 《汉书》卷五一《路温舒传》。
③ 《汉书》卷四九《晁错传》。
④ 《盐铁论·周秦》。
⑤ 《汉书》卷二四《食货志上》。

"暴兵露师"、"穷兵之祸"①是秦始皇又一大罪状。许多政论家对秦始皇北伐匈奴,南平百越,大加挞伐。伍被说:"遣蒙恬筑长城,东西数千里,暴兵露师常数十万,死者不可胜数,僵尸千里,流血顷亩,百姓力竭,欲为乱者十家而五。"②贾捐之说:"以至乎秦,兴兵远攻,贪外虚内,务欲广地,不虑其害。然地南不过闽越,北不过太原,而天下溃畔,祸卒在于二世之末,《长城之歌》至今未绝。"③这类评说难免夸大之嫌。

九曰"吏治刻深"。

政论家对秦朝吏治的抨击涉及三个主要问题:一是秦法治吏甚严,有苛刻之弊,即贾谊指出的"吏治刻深,赏罚不当"④。二是秦始皇重用法吏。张释之说:"且秦以任刀笔之吏,争以呕疾苛察相高,其敝徒文具,亡恻隐之实。"⑤三是秦朝法吏酷虐。晁错说:"奸邪之吏,乘其乱法,以成其威,狱官主断,生杀自恣。上下瓦解,各自为制。秦始乱之时,吏之所先侵者,贫人贱民也。至其中节,所侵者富人吏家也。及其末涂,所侵者宗室大臣也。是故亲疏皆危,外内咸怨,离散逋逃,人有走心。"⑥在汉代政论家看来,秦朝吏治一无是处。

十曰"多忌讳之禁"。

汉代政论家普遍认为"多忌讳之禁"是秦始皇无道的重要表现,由此而导致"忠臣不敢谏,智士不敢谋"⑦。贾山说:"秦皇帝居灭绝之中而不自知者何也? 天下莫敢告也。其所以莫敢告者何

①　《史记》卷一一二《平津侯主父列传》。
②　《史记》卷一一八《淮南衡山列传》。
③　《汉书》卷六四《贾捐之传》。
④　《史记》卷六《秦始皇本纪》引贾谊《过秦论》。
⑤　《汉书》卷五〇《张释之传》。
⑥　《汉书》卷四九《晁错传》。
⑦　《史记》卷六《秦始皇本纪》引贾谊《过秦论》。

也？亡养老之义，亡辅弼之臣，亡进谏之士，纵恣行诛，退诽谤之人，杀直谏之士，是以道谀谕合苟容，比其德则贤于尧舜，课其功则贤于汤武，天下已溃而莫之告也。"①汉代政论家普遍认为造成这种现象的根源是秦始皇居功自傲，即"矜奋自贤，群臣恐谀，骄溢纵恣，不顾患祸。"②

十一曰"灭四维而不张"。

贾谊、董仲舒对自秦以来纲常不振、风俗糜烂痛心疾首，他们都认为秦始皇要负重要责任。贾谊说："秦灭四维而不张，故君臣乖乱，六亲殃戮，奸人并起，万民离叛，凡十三岁，而社稷为虚。"③在汉代群儒看来，秦始皇不重视伦理教化，导致礼义廉耻沦丧，这是暴政的重要表现，也是秦朝速亡的主要原因之一。寻根溯源，"废先王之道"必"背弃礼义"，进而导致"君臣乖乱"。历代儒家政论家都很重视这一条。

十二曰"穷奢极欲"。

汉代政论家普遍认为，"及秦所以二世而亡者，养生大奢，奉终大厚。"④这一类抨击涉及到秦始皇众多的骄奢之政。东方朔说："夫殷作九市之宫而诸侯畔，灵王起章华之台而楚民散，秦兴阿房之殿而天下乱。"⑤这种历数前代暴政的抨击方式很常见。

以上几条可以说是汉代政论家，特别是群儒的公论。这几条涉及到政治理念、政治制度、政治方略、政策原则和具体操作等，几乎包括秦制、秦政的基本方面。这样一来，秦始皇的政治变成了彻头彻尾的暴政。

---

① 《汉书》卷五一《贾山传》。
② 《汉书》卷四九《晁错传》。
③ 《汉书》卷四八《贾谊传》。
④ 《汉书》卷二七《五行志下之下》。
⑤ 《汉书》卷六五《东方朔传》。

汉代对秦政的抨击还涉及到一些其他内容。具有特殊学术背景的人会有一些独特的理解。例如,推崇阴阳之术、灾异之说的术士们认为:"《春秋》有灾异,皆列终始,推得失,考天心,以言王道之安危。至秦乃不说,伤之以法,是以大道不通,至于灭亡。"①有的人还把秦朝"蚕食诸侯,并吞海内"也列入秦始皇的罪状之一。这些说法显然有妄加罪名的意味。

总之,汉朝人普遍认为:"至周末世,大为无道,以失天下。秦继其后,又益甚之。自古以来,未尝以乱济乱,大败天下如秦者也。"②秦始皇的罪恶前所未有,秦制、秦政的祸乱首屈一指,这个思路势必将"秦始皇"变成"暴君"的文化符号。

必须指出的是:汉代群儒故意不谈"汉承秦制"这个最基本、最重要的事实。汉代的治道、制度、政术以及许多具体的规章、规范是从秦代承袭而来的,而汉代群儒在评价秦始皇时闭口不谈这个事实,这是不公允的。他们将秦政归咎于法家,将汉政归功于儒家,甚至将汉朝的许多弊政归罪于秦朝的遗毒,所谓"汉兴,循而未改"。群儒抨击"法治"政治,歌颂"礼治"政治,把孔子之道奉为千古不易的"圣道"。他们为了确立和巩固儒家学派的官方学说地位,甚至对秦朝政治刻意歪曲,大肆渲染其暴政,其批判言论多有夸大不实之辞。董仲舒认为秦朝"力役三十倍于古。田租口赋,盐铁之利,二十倍于古"。《盐铁论·刑德》称秦法严苛无度,如盗伤牛马法规定:"盗马者死,盗牛者加(枷)。……盗伤与杀同罪。"这些说法已经被云梦秦简等新发现的可靠史料或现代学者的研究成果所否定。汉代群儒以特定的价值体系诠释历史上的秦始皇,在"秦始皇"文化符号化过程中起了关键性的作用。客观存

---

① 《汉书》卷七五《翼奉传》。
② 《汉书》卷二二《礼乐志》。

在的暴政事实与夸大的乃至虚构的暴政交织在一起,给后人留下了一个一无是处的暴君形象。这就开始将秦始皇符号化。自汉武帝以后,儒家学派一直占据着官方学说的地位,是中华主流文化的代表。历史上的秦始皇几乎无法从符号化的"秦始皇"中脱身出来。

实用主义的政论方式强化了"秦始皇"的文化符号功能。汉代政论家抨击秦始皇的暴政大多不是为了研究历史,而是为现实政治服务。陆贾、贾山、贾谊、伍被、晁错、董仲舒、主父偃等人纷纷"言治乱之道,借秦为谕"[①]。他们为君王的现实政治对策服务,每一篇议论都很有针对性,且大多具有劝谏性质。为了劝阻、制止、修正汉朝皇帝或诸侯王的错误政策,他们引亡秦为鉴,以无情抨击秦国暴政的方式,给决策者提建议,敲警钟。他们针对现行的暴政,抨击秦朝的暴政,所以很少进行客观的分析,且多有耸人听闻之嫌。有时为了自圆其说,他们不惜夸大其词,甚至凭空捏造。个别人甚至出尔反尔。当初主父偃反对用兵匈奴,为了劝阻汉武帝,他抨击秦皇帝不听李斯劝谏,"任战胜之威,蚕食天下……务胜不休,欲攻匈奴"。主父偃指出:北部边疆"地固泽卤,不生五谷",必须长途输送粮草辎重。秦始皇"发天下丁男以守北河。暴兵露师十有余年,死者不可胜数,终不能逾河而北。是岂人众不足,兵革不备哉? 其势不可也。又使天下蜚刍挽粟,起于黄、腄、琅邪负海之郡,转输北河,率三十锺而致一石。男子疾耕不足于粮馈,女子纺绩不足于帷幕。百姓靡敝,孤寡老弱不能相养,道路死者相望,盖天下始畔秦也。"这就把粮运之弊说成了秦亡之因。然而数年之后,主父偃又力主设置朔方郡,于是"盛言朔方地肥饶,外阻河,蒙恬城之以逐匈奴,内省转输戍漕,广中国,灭胡之本也"[②]。这次

---

① 《汉书》卷五一《贾山传》。
② 《史记》卷一一二《平津侯主父列传》。

说的意思与上次正相反。又如,汉朝人把秦始皇杀弟迁母视为残暴、无德,而当需要证明汉朝皇帝采取类似措施的必要性、合理性时,有的政论家又说:"昔者,周公诛管叔,放蔡叔,以安周。齐桓杀其弟,以反国。秦始皇杀两弟,迁其母,以安秦。"①不仅把秦始皇的行为说成"安国便事"之举,而且与大圣人周公相提并论。由此可见,这些人轻于议论,至于是否符合史实,毫不顾忌。以实用主义的政论方式借助"秦始皇"抨击暴君暴政时,"秦始皇"更像一个文化符号,它与历史上的秦始皇似是而非。

各种民间传说中的"秦始皇"也具有强化其文化符号意义的作用。民间传说大多不是信史。这些故事是民众对暴政的控诉,却又显然与历史事实有很大差距。著名的民间故事"孟姜女哭长城"便是典型例证。这些故事强化了"秦始皇"的暴君形象,而故事的传说者不会考究其真实性。它一旦深入人心,势必将秦始皇符号化。自汉代以来,广大民众普遍认为秦始皇是"坏人",是不折不扣的暴君,与这些故事的流传有直接的关系。

汉代史家的记述与研究有意无意之中也会强化秦始皇的暴君形象。典型化、符号化的秦始皇显然与事实上的秦始皇有较大距离,这又会反过来影响当时的史学家对历史事实的记述。汉代的秦史研究属于近现代史研究。各种事件刚刚过去不久,留下许多第一手史料和口碑、遗迹。许多史学家亲身经历过某些事件、采访过经历其事的父老或考察过不久前的遗迹。这种研究的优势是史料翔实,大多比较可靠,缺点是抑秦扬汉,感情色彩很浓,难免失实或误导。在这种情况下,一些正面的事实很难恰当地保留下来,而各种负面的事实和批判性言论却占据着大量的篇幅。这种史实剪辑方式和描述方式本身就极易误导读者。就连治史严谨的《史

---

① 《汉书》卷四四《淮南厉王刘长传》。

记》,在描述秦始皇的行为时也偏爱使用负面色彩浓厚的词汇。司马迁认为："秦王怀贪鄙之心,行自奋之智,不信功臣,不亲士民,废王道,立私权,禁文书而酷刑法,先诈力而后仁义,以暴虐为天下始。"①班固说："秦始皇即位三十九年,内平六国,外攘四夷,死人如乱麻,暴骨长城之下,头卢相属于道,不一日而无兵。由是山东之难兴,四方溃而逆秦。秦将吏外畔,贼臣内发,乱作萧墙,祸成二世。"②这说法显然夸大其词。按照这个基调剪裁史料,描述史实,编纂史书,必然多有失实之处。《史记》《汉书》等史学著作是研究秦始皇的主要依据和史料基础,它们对以后的研究有很强的导向性。汉代以降,许多史评嗜好将秦朝的各种政治举措和秦始皇的各种行为做负面性极强的解读,这与汉代历史文献的导向和失实有直接关系。绝大多数读者在读史之后只能认同一个典型化甚至符号化的秦始皇。

传统史学研究还以否定秦朝历史合法性的方式强化了其暴政品格。在汉代,人们普遍相信"五德终始"说。最初,人们承认秦朝的"水德"地位,或以汉朝为"水德"而延续前代之德,或以汉朝为"土德"而更替前代。后来,有人把秦朝排斥在"五德"之外,否定了秦朝作为一个独立朝代的历史合理性。后世史家采纳这个思路,在排列王朝序列时,将秦朝列入"闰位"。在汉代,还有另一种历史认识论,即"三教"说。董仲舒、司马迁等都有论述。他们认为夏主"忠",商主"敬",周主"文",三种政治模式循环往复,这是"天统"的体现。在"三教"循环中,秦朝附于周朝,是"文"的最坏表现。后世史家沿着这类思路,依据"道"的原则,将秦朝明确排斥在"正统"之外。在相关的各种史论中,秦朝独立的历史地位和

---

① 《史记》卷六《秦始皇本纪》。
② 《汉书》卷六三《武五子传·昌邑哀王刘髆传赞曰》。

合法性被剥夺。秦朝不是"正统",像闰月一样是反常的甚至是多余的。后来许多人竟然认为"大无道之人"秦始皇登上皇位是"气运颠倒"使然①。这就从各种传统历史观的角度,断定"秦始皇"不成其为君。

自汉代以来,只有少数思想家对历史上的秦始皇持分析的态度,有所批判,有所肯定,而在绝大多数人心中"秦始皇"与"桀纣"是同义词,甚至有过之而无不及。因此,彻底否定性的批判比比皆是。例如,晋朝傅玄说:"秦始皇之无道,岂不甚哉!视杀人如杀狗彘。狗彘仁而用之,犹有节,始皇之杀人,触情而已,其不以道如是。李斯又深刻峻法,随其指而妄杀人。秦不二世灭,李斯无遗类。以不道愚人,人亦以不道报之。人仇之,天绝之,行无道,未有不亡者也。"②又如,司马光冠"暴"于秦,谓之"暴秦",大骂秦始皇"害圣典,疾格言,燔《诗》《书》,屠术士"③这种评论具有明显的特点,即离不开一个"暴"字,每论一事总要冠以一个"暴"字;刻意指责个人品格,追究个人责任;缺乏实事求是的历史分析,更谈不上理论深度,带有相当大主观随意性和感情色彩。这个意义上的"秦始皇"与历史上的秦始皇似是而非,似非而是,它更像一个符号,一个暴君的代名词。

二、"秦始皇"文化符号的社会政治功能

将秦始皇作为"暴君"的文化符号有悖于客观的历史分析方法,但从思想发展史的角度看,还是有重要意义的。主要有两点:一是推动了帝王术的发展完善。二是强化了对暴君暴政的批判力度。

---

① 《朱子语类》卷四。
② 《傅子·问刑》。
③ 《司马温公文集·河间献王赞》。

"善言古者,必有节于今"①。符号化的"秦始皇"为现实政治设置了一个参照物。许多思想家、政论家以评价秦始皇为中心,总结亡秦的经验教训,提出了系统的对策,进一步完善了君主政治的统治术。经过这样一番理论加工,危害君主政治的各种禁忌及相关对策被鲜明地、系统地展示出来。它们常常被臣子引用,以教化、劝谏君主。这样的思想对于现实政治往往有积极的影响。符号化的"秦始皇"成为中国古代社会重要文化诫铭之一,它令许多帝王望而却步。有的帝王因此而自觉地约束政治行为,调整各项政策,在一定程度上改善了政治状况。

　　借"秦始皇"以教化、劝谏帝王,可谓司空见惯。政论家们言圣王,论暴君,其本意多为干世主,因此奉劝帝王汲取"秦始皇"教训的谏章奏表很常见。这种特殊的政治景观形成强韧的社会舆论,它对历代帝王的意识行为有深刻影响。只要读一读历代名臣的谏议文章就可以看到:一般说来,这种教化与劝谏是有一定效力的。

　　许多帝王对"秦始皇"这个文化戒铭的真谛有深刻的理解。唐太宗是典型事例。唐太宗及其群臣指责秦始皇"背师古之训,弃先王之道"。他们对秦始皇的"强辩"、"自矜"、"暴虐"、"奢侈"、"无度"等一系列弊政及其危害有深刻认识。他们还把秦王朝看作是超出了历史常规之外的反常现象,称之为"暴秦运距闰余"②。因此,唐太宗常常以秦始皇为戒,他说:"秦始皇平六国,隋炀帝富有四海,既骄且逸,一朝而败,吾亦何得自骄也? 言念于此,不觉惕焉震惧!"③在《金镜》一文中,唐太宗还把批判的锋芒指向

---

① 《荀子·性恶》。
② 《贞观政要·封建》。
③ 《贞观政要·灾祥》。

许多暴君,指名点姓地抨击了历史上一批"临危之主"。他说:"观夏桀、商辛,嗟其悖恶之甚,犹时令不行,寒暄失序,则猛兽肆毒,蝨螟为害。夏桀、商辛,岂非猛兽之俦乎?"唐太宗列举了历史上一系列无道之君的弊政,认为"乃是君之过也,非臣之罪也。"在把历史上的圣王与暴君、成功与失败一一加以比较之后,他引以自戒,所谓"夏殷末世,秦汉暴君,使人懔懔然兢惧,如履朽薄"。唐太宗还曾面对"秦川雄帝宅,函谷壮皇居",慷慨怀古,思绪万千,立志"以尧舜之风,荡秦汉之弊",以"人道恶高危,虚心戒盈荡"为箴铭,决心躬行奉天、法道、节用、惠民、任贤、纳谏、明德、慎罚的为君之道①。深刻的批判,清醒的自戒,对唐太宗的政治意识和政治行为有重大影响。"贞观之治"就是这一认识的政治成果。实际上中国古代许多"明君"都有这类言行。

"秦始皇"文化符号的主要功能是批判。它成为中国古代社会政治批判的主要工具。这里着重介绍一个重要的思想现象:自秦汉以来,通过抨击秦始皇彻底否定秦汉以来一切君主的倾向越来越明显,有的思想家终于发展到否定皇帝制度的地步。

一般说来,除少数无君论者外,汉唐思想家的秦始皇批判大多不具有否定现行政治制度的意义。但是,许多儒者坚持认为尧舜之政最为理想,孔孟之道代表大道之统,他们主张全面恢复分封制、井田制等先王之制。人们普遍认为:春秋以来,世风浇漓,人心不古,今不如昔。这种思想在理论上具有非议甚至否定皇帝制度的意味。

宋明以后,一概否定春秋以来、本朝以前的政治渐成潮流。以朱熹为代表的宋代理学家将儒家的"内圣外王"、"王霸之辨"发挥到极致。邵雍以皇、帝、王、霸品分君主。在他看来,汉唐"王而不

① 以上参见《唐太宗集·帝京篇十首并序》。

足"，晋隋"霸而有余"，一部政治史，"治世少，乱世多"①。朱熹的品评更加悲观。在他看来，战国以来，道统与治统彻底分离，没有一个帝王是合格的，就连汉高祖、唐太宗亦属假仁假义之辈，其政治属于"霸"的范畴。理学传人大多不敢对本朝帝王任意贬斥，却对前代一概否定。就连宋元明清一些深受理学影响的帝王将相也认为，自秦以来的前代制度与政治属于"苟简"之政。明代阁僚丘濬的《大学衍义补》深得明孝宗、明神宗的赞赏。在《总论礼乐之道》一篇中，丘濬主张"痛革后世苟简之政"。他认为：自秦以来，历代王朝的制度"一切因秦"，虽有所损益，却"大抵安于苟简而已"。在这些皇帝及其代言人看来，本朝以前的政治之所以糟糕透顶，是因为因循了秦朝的"苟简"之政。

一些对现实持激烈态度的思想家沿着这个思路向前推进，从而提出了彻底否定皇帝制度的主张。宋元之际的邓牧，号称"三教外人"。他称颂尧舜之政，忧民之饥，拯民之溺，功德无量。依据这种理想的君主政治模式，他彻底否定了秦汉以来的制度与帝王，认为"后世为君者，歌颂功德，动称尧舜，而所以自为乃不过如秦"②。这种批判已经不局限于秦始皇等暴君，而是全面否定秦朝以来的制度。"秦制"、"秦政"和"秦始皇"成为专制主义中央集权政体的代名词。

到清代，否定战国秦汉以来的制度和帝王的思想汇成一股潮流。其中黄宗羲、唐甄等人具有否定一切的倾向。黄宗羲在《明夷待访录》中对秦政做了系统的批判，指出秦汉以来的皇帝制度是一种"大私"的制度，其法制是"一家之法，而非天下之法"。在这种制度下，君主成为"天下之大害"。唐甄的言辞更加激烈："自

---

① 《皇极经世书·观物内篇》。
② 参见《伯牙琴》的《见尧赋》、《君道》等。

秦以来,凡为帝王者皆贼也。"①从思想发展史的角度看,黄宗羲等人的思想具有重大的历史意义,他们登上了中国古代政治批判的巅峰。但是,他们理论的基础是"治天下者惟君,乱天下者惟君。"②他们的政治主张是全面恢复三代王制。这种政治思维方式把社会动乱的责任全部归咎于君主,又把君主奉为天下国家的最高政治主体,所以不会走向彻底否定君主专制制度。

近代以来,政治批判思想进一步向前发展。力主维新变法的谭嗣同深刻地指出:"二千年来之政,秦政也,皆大盗也;二千年来之学,荀学也,皆乡愿也。"③实际上第二句应该改一下,变成这样一句话:"二千年之学,孔学也,皆吃人者也。"

继谭嗣同之后,以民主主义价值尺度认识和评判"秦始皇现象"、"孔夫子现象",彻底否定中国古代君主专制制度及其价值体系的思想潮流日益蓬勃兴起。由于彻底否定君主专制制度与彻底否定秦始皇的帝制有直接的关系,秦制、秦政是这种制度的典型代表,所以抨击这种制度势必抨击秦始皇。在民主主义革命思潮初兴的时代,一切主张打倒帝制的人们都曾把批判的矛头指向秦始皇及其所代表的制度。以"秦始皇"为代表的帝制是硬件,以"孔夫子"为代表的儒学是软件,两者相互匹配,构成了中国古代专制主义统治的大网。因此,许多民主革命志士的批判言辞相当激烈。他们在致力于推翻帝制的同时,呼出了打倒"孔家店"的口号。在冲决旧秩序大网的年代,这种政治批判的合理性、正义性是不言而喻的,其历史意义更应当充分肯定。显而易见,这种评判大多不属于学术性的历史研究,所以大可不必苛求前人。

---

① 《潜书·室语》。
② 《潜书·鲜君》。
③ 谭嗣同:《仁学》,《谭嗣同全集(增订本)》,中华书局 1981 年版,第 339 页。

将"秦始皇"符号化毕竟有损于学术性的历史研究。它造成了这样一种司空见惯的政治现象和思想文化现象:每当政治之争、学说之争需要历史作证的时候,就会有人拉出秦始皇,片面性地甚至夸大式地截取秦始皇的某些言行及其后果,加以论说。在中国历史上,采用这种方式评说"秦始皇"的人绝大多数将历史上秦始皇归入"绝对的暴君"行列。

在现代的史学研究中,除了部分深受传统史学影响的学者依然沿袭旧说以外,还有一些学者依据民主主义价值观和有关文献记载,也对秦始皇持彻底或基本否定的态度。例如,近年来问世的一些传记性著作就从人格、行为、政术和制度等各个角度,基本以负面描述和评说的形式解读秦始皇的一生,诠释秦始皇现象。这些作者基本上把秦始皇定位为负面历史人物。但是,评价历史上的秦始皇毕竟和评价中国古代君主专制制度不完全是一回事,彻底否定与秦始皇相关的制度与价值体系和全面评价秦始皇个人也不完全是一回事。在学术研究中不加分析地否定秦始皇,反而不利于全面认识、总体把握历史过程,也无助于清理传统政治文化中的糟粕。因此,许多思想深邃的民主主义思想家和学风严谨的史学家的秦始皇批评反而更客观、更公允。他们一方面彻底否定旧制度及其价值体系,抨击秦朝的许多暴政,另一方面又充分肯定了秦始皇的历史地位,推翻了许多妄加的不实之词。

第二节 "千古一帝"的点评与肯定秦始皇
历史地位的史论

从秦始皇在世时,对他的评价就明显呈现两极化的倾向。在绝对否定的对立面还有另一种极端化的评价,即全盘肯定。秦始皇君臣在各地的纪功刻石的颂辞,赞扬秦始皇"功盖五帝",充分肯定他统一国家、统一制度、统一文字、全面推行郡县制等功绩。这些话语属于歌功颂德之辞,有粉饰太平之嫌,也不无夸大之处,却又大多符合事实,不能斥之为无根之谈。从其史料价值看,这些说法的缺点是掩盖了诸多的不足、弊政乃至暴政,但是又提出了一些不容回避的正面事实。其中有些内容得到其他可靠的历史文献的支持,属于信史。秦始皇的政治功业的确令三皇五帝三王望尘莫及,后来者也很少有人能超过他。在这个意义上,"千古一帝"之评产生于秦始皇在位之时。

秦朝垮台以后,舆论的总体导向是全面否定秦始皇。汉魏唐宋,肯定秦始皇历史功绩的言论如凤毛麟角,从总体上肯定这个历史人物的思想家一个也找不到。但是对秦始皇持分析态度的政治家、思想家、史学家还是多有其人的。汉武帝时期的主父偃认为秦始皇"海内为一,功齐三代"①。正是沿着这个思路向前推进,明代著名思想家李贽提出了"千古一帝"的评语②。

李贽是一位具有叛逆精神的思想家。他早年习诵《五经》,又中过举人,做过官僚,还深受当时流行的"心学"思潮的影响。后来他从儒学的阵营中冲杀出来,对传统儒学的政治价值体系进行了系统的批判。他反对圣化孔子,神化经典,非议"咸以孔子之是非为是非"的学风。由于在很大程度上摆脱了儒学价值观的桎梏,所以李贽的史学研究更客观一些。他在看到"祖龙种毒,久暂必发"的同时,一反世俗之论,充分肯定了秦始皇的历史功绩。在他看来,秦始皇"开阡陌,置郡县,此等皆是应运豪杰,因时大臣,圣人复起不能易也。"秦始皇采纳李斯之策,不封诸子功臣而"以

---

① 《史记》卷一一二《平津侯主父列传》。
② 李贽:《藏书·世纪列传总目》。

公赋税重赏赐之",是"千古创论"。秦始皇修长城是"万世之利"。李贽说:"始皇出世,李斯相之,天崩地坼,掀翻一个世界,是圣是魔,未可轻议。"又说:"祖龙千古英雄,挣得一个天下。又以扶苏为子,子婴为孙,有子有孙。卒为胡亥、赵高二竖子所败。惜哉!"①这样一来,秦始皇就被摆在与其他开国君主同等的地位,跻身于历代政治英雄之列。在互相比较的意义上,秦始皇的政治功绩的确毫不逊色于汉高祖、汉武帝、汉光武帝、唐太宗、宋太祖、明太祖等人,甚至略高一筹。在这个意义上,李贽称之为"千古英雄"、"千古一帝"是符合历史事实的。若论在中国古代历史进程中的地位,秦始皇更加特殊。李贽拨开"废王道"、"弃礼义"、"堕纪纲"、"乱伦常"之类的虚妄之辞,充分肯定秦始皇"掀翻一个世界"的重大历史功绩,在那个时代堪称独具慧眼。李贽主张不可轻易给秦始皇加上"魔"的头衔,认为"是圣是魔,未可轻议"。这种看法颇有见地。李贽的史识令人佩服,在这方面就连许多现代学者也相形见绌。在当时的历史条件下,他能做出这样的史评也是难能可贵的。在比较客观、比较公正地评价历史上的秦始皇方面,李贽的史评具有里程碑的意义。

近代以来,许多研究者摒弃以儒家为代表的传统政治价值观、历史观,大幅度调整史评的尺度、视角,从而看到了秦始皇许多值得肯定的人格特征和政治行为。章太炎的观点是典型代表。

章太炎撰写《秦政记》,针对各种彻底否定性的议论,以驳论的形式,对秦始皇做了更细致的点评。章太炎提出"古先民平其政者,莫遂于秦"的总体评价。这个史评与李贽的"千古一帝"具有同等价值。章太炎注意比较秦始皇与汉代皇帝的作为,使他的一些论点更具有说服力。章太炎主要肯定了秦始皇及秦政几个优

---

① 李贽:《史纲评要》卷四《后秦记》。

长之处。一是守法。章太炎认为秦政的最大特点是守法而治。
"独秦制本商鞅,其君亦世守法",秦始皇继承本国的政治传统,全
面贯彻法治精神,"秦皇为有守,非独刑罚依科也,用人亦然"。在
他看来,"秦政如是,然而卒亡其国者,非法之罪也。"二是任贤。
章太炎说:"秦皇以贱其公子侧室,高于世主。"由于坚持惟功惟能
惟才是举的用人制度,所以"秦皇负扆以断天下,而子弟为庶人;
所任将相,李斯、蒙恬,皆功臣良吏也。"章太炎把秦始皇和汉武帝
放在一起做比较,指出汉武帝宠幸外戚,废置贤才,而"秦皇则一
任李斯、王翦、蒙恬而已矣"。他认为,人们都说秦始皇残暴,而汉
文帝、汉武帝等随意诛杀、废黜功臣将相,与此相反,"世以秦皇为
严,而不妄诛一吏也。由是言之,秦皇之与孝武,则犹高山之与大
湫也,其视孝文,秦皇犹贤也。"三是纳谏。章太炎列举许多事实,
证明秦始皇"好文过于余主",不仅深受儒家、法家、杂家等学派的
影响,而且对于众多敢言直谏的臣下,他"一切无所追究"。在他
看来,坑术士起因于卢生等人诽谤皇帝,无法据此断言秦始皇拒
谏、灭儒。此外,章太炎充分肯定了秦始皇善于控制政治,办事有
分寸,有节度,"后宫之属,椒房之嬖,未有一人得自遂者。富人如
巴寡妇,筑台怀清;然亦诛灭名族,不使并兼"。在章太炎看来,
"秦皇微点,独在起阿房,及以童男女三千人资徐福,诸巫食言,乃
坑术士,以说百姓。其他无过。""借令秦皇长世,易代以后,扶苏
嗣之,虽四三皇、六五帝,曾不足比隆也。"

　　章太炎的《秦政记》、《秦献记》对秦始皇有褒有贬。他对秦始
皇的肯定之论主要针对贾谊的《过秦论》等彻底否定秦始皇的政
论而发。在他看来,"如贾生之《过秦》,则可谓短识矣。"因此他处
处作驳论文章,与彻底否定论者形成鲜明的对照。这种翻案文章
难免有辩护词之嫌。在一片否定声中作驳论文章,出现这种情况
也是可以理解的。章太炎与李贽一样,基本上还是在王朝政治的

范围内评价秦始皇,因而不可能对专制主义政治做出分析与批判。但是细细体味,章太炎的思路与说法还是颇有几分道理的。任何进一步的研究都不能绕开章太炎所指出的历史现象。

章太炎之后,为秦始皇作翻案文章的人很多。例如,著名思想家、文学家鲁迅指出:"不错,秦始皇烧过书,烧书是为了统一思想。但他没有烧掉农书和医书;他收罗许多别国'客卿',并不专重'秦的思想',倒是博采各种的思想的。"在鲁迅看来,"秦始皇实在冤枉得很,他的吃亏是在二世而亡,一班帮闲们都替新主子去讲他的坏话了。"①鲁迅从世界性历史现象的角度看待秦始皇焚书,这是很有眼力的。许多著名学者对这个观点做了令人信服的学术论证。此后,一批当代著名史学家对秦始皇的历史功绩给予了程度不同的肯定。他们所持的价值体系和历史观与章太炎有明显差异,但在总体评价和一些具体分析上又大体相近。其中许多人对历史上的秦始皇持基本肯定的态度。最有代表性的当属毛泽东的思路和点评。

作为马克思主义者和共产党人,毛泽东不仅对专制主义制度及其价值体系进行过深刻的理论批判,还在行动上对旧的统治秩序进行过激烈的武器批判。在彻底否定君主专制制度,打倒帝制和孔家店方面,他不仅是言者,而且是行者。因此,毛泽东对秦始皇的肯定不意味着对君主专制主义的肯定,而是将一个历史人物放置到恰当的历史地位上去。作为一个思想家、政治家,毛泽东喜欢读史、评史,对历史上的著名皇帝有比较系统的评说。毛泽东评价历史上的帝王,观大节而略小瑕。毛泽东的许多点评有独到见解,发人之未发。他对帝王评价的总体把握方式是正确的。

在比较历代帝王的基础上,毛泽东充分肯定了秦始皇厚今薄

---

① 鲁迅:《华德焚书异同论》,《鲁迅杂文选》,陕西人民出版社 1976 年版,第257—258 页。

古、变革政治、统一中国、统一度量衡、统一文字、实行郡县制、修筑驰道和长城等历史功绩，得出了"秦始皇是好皇帝"的结论。在他看来，"秦始皇是第一个把中国统一起来的人物。不但政治上统一了中国，而且统一了中国的文字、中国各种制度，如度量衡，有些制度后来一直沿用下来。中国过去的封建君主还没有第二个超过他的。"与绝大多数为秦始皇作翻案文章的学者一样，毛泽东对儒家的政治价值体系持基本否定态度。他说："中国历来分两派，一派讲秦始皇好，一派讲秦始皇坏。我赞成秦始皇，不赞成孔夫子。"他的主要论点是："历代政治家有成就的，在封建社会前期有建树的，都是法家。这些人主张法治，犯了法就杀头，主张厚今薄古。儒家满口仁义道德，一肚子男盗女娼，都是主张厚古薄今的。"在毛泽东看来，"孔夫子有些好处，但也不是很好的。我们应该讲句公道话。秦始皇比孔子伟大得多。孔夫子是讲空话的。""在中国历史上，真正做了点事的是秦始皇，孔子只说空话。几千年来，形式上是孔夫子，实际上是按秦始皇办事。"[1]

从整个思想体系来看，毛泽东显然属于这样一类评判者：既彻底否定君主专制制度，又充分肯定秦始皇的历史功绩。总体而言，这个思路是正确的，许多评说也是公允的。

第三节　分析性秦始皇评价逐步发展的历史特点

分析性秦始皇评价实际上发端于秦始皇在位之时。尉缭对于

---

① 参见陈晋：《毛泽东之魂》；以上引文转引自《毛泽东评说中国帝王》，姜维恭、战英主编，吉林人民出版社1998年版，第3—7页。

秦始皇枭雄品格的议论就是典型的分析性评价。依据常理推测，当时许多有政治头脑的朝臣对当朝皇帝的评价也是有所分析的，既不会绝对肯定，也不会绝对否定。文献中保留的各种谏议就是可靠的实证材料。

在汉代的一片否定声中，也有一些对秦始皇有所肯定的客观记述和分析性评说。他们主要来自三种人：

第一类是与儒家价值体系有一定距离的政治家，他们的政治主张与法家有相似之处。例如，面对汉代群儒一味誉美儒术、彻底否定秦政和法家的高调言论，比较务实的桑弘羊曾指出：不能"以赵高之亡秦而非商鞅"①。桑弘羊的说法实际上提出了这样一个问题：将秦朝速亡归咎于法家是否合理？这的确是一个值得深入思考的问题。且不说秦朝的政治模式绝非"法家"二字所能概括，且不说汉朝的政治模式与秦朝的政治模式大体相同，如果把"法家"作为秦朝速亡的主要原因的话，就很难回答另外几个问题：为什么在春秋战国时期凡是进行"法家"式改革的国家势必强盛？为什么坚持贯彻这种政治模式的秦国可以在长达近一个半世纪的时间内长盛不衰？为什么后世许多政治家在考虑挽救危亡的对策时往往想到"法家"的某些主张和措施？"法家亡秦"说显然是站不住脚的。实际上法家学说不利于守成的说法也是值得推敲的。

第二类是客观性、分析性或现实感比较强的政论家、政治家。汉代名儒贾谊的《过秦论》张扬礼乐政治，有彻底否定秦始皇的倾向。但贾谊主张"削藩"，这实际上具有向秦制复归的意义。有人甚至据此将贾谊定位为法家。贾谊在《过秦论》中肯定了秦朝统一的历史意义。他说："秦并海内，兼诸侯，南面称帝，以养四海，天下之士斐然乡风，若是者何也？曰：近古之无王者久矣。周室卑

---

① 《盐铁论·非鞅》。

微,五霸既殁,令不行于天下,是以诸侯力政,强侵弱,众暴寡,兵革不休,士民罢敝。今秦南面而王天下,是上有天子也。既元元之民冀得安其性命,莫不虚心而仰上,当此之时,守威定功,安危之本在于此矣。"①在具体分析中,他也清醒地认识到秦二世对秦朝速亡负有更大的责任。主父偃在激烈抨击秦政的同时,充分肯定了秦始皇统一天下的功绩,认为"海内为一,功齐三代"。他还指出当时的一个历史事实:"元元黎民得免于战国,逢明天子,人人自以为更生。"②严安也持类似的观点。主父偃还曾抨击秦始皇北御匈奴,而当他主张设立朔方郡的时候,又实际上承认秦始皇当时的一些对策具有合理性。政论家们的相关言论实际上涉及到秦史中一批应当有所分析、有所肯定的历史现象。贾谊、主父偃都是现实感很强的政治家、政论家,因此没有像许多"醇儒"、"俗儒"一样走向一概否定的极端。

第三类是注重探究历史规律的史学家。历史学家大多具有实证精神,且富于历史感,他们注重对复杂历史现象及其过程和动因进行分析性认识。以学术研究的态度对待历史的史家著作往往客观性、分析性比较强。在当时的大环境下,司马迁猛烈抨击秦之"暴虐"、"暴戾",有意凸显秦政和秦始皇"暴"的天性,这在很大程度上影响了历史记述的客观性和全面性。然而司马迁立志"究天人之际,通古今之变",对历史规律的探索势必引导他做更深入的思考。他不仅看到"秦取天下多暴,然世异变,成功大",还力图做出合理的解释。司马迁批评"学者牵于所闻,见秦在帝位日浅,不察其终始,因举而笑之",认为这种做法犹如用耳朵品尝食物,无法知晓其滋味。在他看来,"战国之权变亦有可颇采者",秦制、

① 《史记》卷六《秦始皇本纪》引贾谊《过秦论》。
② 《史记》卷一一二《平津侯主父列传》。

秦政也有值得后人效法的内容。这种思考方式有利于得出更接近事实的解释。可惜受历史观的局限,司马迁只能把秦的成功归于天意。在他看来,秦起于微弱,"至献公之后,常雄诸侯。论秦之德义不如鲁卫之暴戾者,量秦之兵不如三晋之强也。然卒并天下,非必险固便形势利也,盖若天所助焉。"①司马迁的评价具有分析性的特点,他提出的取天下和守天下不能用同一方法的观点颇有创意。在这方面,班固与司马迁有类同之处。班固激烈批判"吕政残虐",但是作为史学家,他承认秦始皇"兵无所不加,制作政令,施于后王"的事实,认为秦朝统一天下,置郡县,坏井田,不立侯王,又置丞相、太尉、御史大夫等,"盖得圣人之威,河神授图"。他认为"胡亥极愚","肆意极欲"、"人头畜鸣"②,导致秦朝灭亡。这种认识与一味否定秦始皇的各种举措有所不同。司马迁和班固都意识到秦的崛起有一定的合理性,其变革制度"亦有可颇采者",其巨大的成功得益于得圣人之威灵。"暴虐"之政却颇有可取之处,乃至合乎天意,得之"圣威"。这个看似矛盾的思路实际上提出了一个重要的历史课题:秦制、秦政有没有内蕴的合理性?"多暴"、"残虐"的秦始皇何以取得了如此博大的功业? 秦始皇是天性"残暴",还是有谦恭、豁达和仁厚的一面? 不深入研究这些课题就很难回答司马迁、班固自设的难题:"残虐"的秦始皇何以"得圣人之威,河神授图",而其"成功大"何以"盖若天所助焉"? 秦始皇单凭"暴戾"、"残虐"根本无法完成其功业,这是明眼人一看便知的事实。依据当时的价值观念,能够得"圣威"、"天助"的只有"有道"的"王者"。司马迁和班固是否已经在心中将秦始皇放置在更合适的历史地位上呢? 这已不得而知。

---

① 《史记》卷一五《六国年表》。
② 《史记》卷六《秦始皇本纪》。

魏晋以降,由于儒家学说长期处于统治思想地位,所以对秦政和秦始皇持否定态度仍是主流。但是,比较客观的秦始皇评价逐渐增多,一些人开始大胆地肯定秦始皇的历史功勋。在基本否定的前提下,对秦始皇的功绩和某些政治举措有所肯定,这显然是具有分析性的、比较客观的历史认识。能够提出这类历史认识的人要么是精明干练的实际政治家,要么是富于变革精神的思想家,要么是与儒家历史观有一定距离的政论家,要么是历史感、现实感都很强的史学家。

魏武帝曹操、唐太宗李世民都是颇有成就的实际政治家,又都富于学术素养,他们的政治识见非寻常儒生可比。曹操说:"夫定国之术,在于强兵足食,秦人以急农兼天下,孝武以屯田定西域,此先代之良式也。"①这就充分肯定了法家与秦君强兵足食方略的重大政治价值。唐太宗对秦政多有批评,常常以秦皇暴虐、汉武骄奢自戒,然而他说:"近代平一天下,拓定边方者,惟秦皇、汉武。"又说:"朕提三尺剑以定四海,远夷率服,亿兆乂安,自谓不减二主也。"②唐太宗自诩在定四海、服远夷方面可以与秦皇、汉武媲美。这不仅是对一个前代帝王的崇高评价,还赞美了秦始皇统一天下、南平百越、北御匈奴的重大历史功绩。曹操、唐太宗的言论很有代表性,有类似评说的实际政治家很多。他们对秦始皇、汉武帝都有分析性的评价,将秦皇、汉武视为功过参半的同一类政治英雄。就是在这个背景下,诗仙李白吟出了脍炙人口的诗句:"秦皇扫六合,虎视何雄哉!挥剑决浮云,诸侯尽西来。明断自天启,大略驾群才。"后来人们将秦皇、汉武、唐宗、宋祖以及成吉思汗相提并论,发展了这个思路。

---

① 《三国志》卷一《魏书·武帝纪》裴松之注引王沈《魏书》。
② 《贞观政要·贡赋》。

唐朝的柳宗元和明朝的张居正都是著名的富于变革精神的思想家兼政治家。柳宗元是一代大儒,又是有历史感和思辨性的政论家,还是富于现实感的政治改革家。他的《封建论》是中国思想史上的著名篇章。柳宗元从社会矛盾、社会进化和历史趋势的角度,论证了郡县制取代分封制的必然性、合理性。他认为,西周的分封制并不是最为完善的政治体制,它只是国家政体形式历史发展长链上的一个环节。商周实行分封制是迫于形势、风俗和实力不得已而为之。秦统一中国之后,废"封建",置郡县,是符合历史发展的必然趋势的。这一切均"非圣人意也,势也",圣人也不能违背"势"而设计国家体制。柳宗元说:"秦之所以革之者,其为制,公之大者也;其情私也,私其一己之威也,私其尽臣畜于我也。然而公天下之端自秦始。"他认为郡县制是"公之大者也",尽管秦始皇实行郡县制的本意是维护自己的权威,然而"大私"的动机却促成了"公天下"。郡县制有利于政治稳定,有利于选贤任能,是优于分封制的国家政体。在他看来,秦朝灭亡的原因不在其"制",而在其"政"①。柳宗元的《封建论》获得苏轼、王夫之等后世许多著名思想家的高度赞赏。"废封建"是群儒加诸秦始皇和秦制头上的一大罪状。柳宗元以历史事实为依据,通过理论分析,批驳了这种论调,也就基本肯定了秦制的历史合理性。柳宗元能够超越自己所信奉的儒家经典,有分析地看待、评价各种历史现象,这是难能可贵的。他从社会矛盾的角度看待社会政治演进,提出"大公"、"大私"之辨,这也与现代历史观不谋而合。张居正也是一位富于现实感和变革精神的儒者。作为一代明相,他在变革政治方面有所作为。张居正对秦始皇的制度也给予肯定,他说:"三代至秦,浑沌之再辟者也,其创制立法,至今守之以为利。史

---

　　① 以上引文见《柳河东全集·封建论》。

称其得圣人之威。"又说:"周王道之穷也,其势必变而为秦,举前代之文制,一切划除之,而独持之以法,……西汉之治,简严近古,实赖秦为之驱除。"秦朝的制度是历史变革的产物,汉代政治得益于这种制度。这个看法无疑是符合历史事实的。张居正认为:"惜乎!扶苏仁懦,胡亥稚蒙,奸宄内发,六国余孽尚存,因天下之怨,而以秦为招,再传而蹶,此始皇之不幸也。"①这个史评也是颇有道理的。柳宗元、张居正的观点很有代表性,持有类似看法的儒家学者还有很多。他们的共同特点是肯定秦始皇定制立法的历史必然性和现实合理性,承认自汉代以来的制度沿用了秦制的基本框架,因而反对不加分析地彻底否定秦制。他们的政论、史评显然比许多固执"圣王之道"、"三代之制"的"醇儒"要高明得多。

明代著名思想家李贽是与儒家历史观有一定距离的政论家的代表。他将秦始皇定位为"千古一帝"、"千古英雄",可谓振聋发聩。可惜这种史评在当时的历史条件下很难得到多数人的呼应。

王夫之是历史感、现实感都很强的史学家的代表。王夫之立志"集千古之智",他是中国古代最有成就的思想家之一。王夫之是一位博学的大儒,他的思想极富思辨性。王夫之又是一位政治批判思想家,他高举"公天下"的旗帜,对"孤秦陋宋"及历代暴君暴政进行了激烈的抨击。在史学研究方面,王夫之也多有独到之见。就总体而言,王夫之把秦朝定位为"乱",把秦政定位为"私",把秦始皇定位为"暴"。但是这位"观变者"又充分肯定了秦制的历史地位。他指出:"世国"、"世官"的分封制度发展到一定程度"势所必滥",而平民的崛起与抗争则"势所必激"。郡县制体现"天下之公",所以必然取代旧的王制。"郡县之法,已在秦先",它不是秦始皇个人的创造。秦始皇确有私心,"而天假其私而兴其

---

① 《张文忠公全集·杂著》。

大公"。这就是说,秦制的历史必然性、合理性不容否定,"郡县之制垂二千年,而弗能改矣。合古今上下皆安之。势之所趋,岂非理而能然哉?"①郡县制合乎"天理"。王夫之的观点在中国古代史学研究中也是很有代表性的。

应当指出的是:上述有所分析的史评都没有对秦始皇"暴"与"私"做出历史性的分析。尽管人们在"变革"、"制度"、"帝业"以及"富国强兵"方略等方面对秦始皇有所肯定,却仍然不能有分析地评价秦始皇的许多具体政治行为。实际上,秦始皇的许多行为不是仅用个人本性的"暴"与"私"所能解释的。

现代学者大多持有更先进的价值体系、更合理的研究方法和更宽阔的学术视野,因而其秦始皇评价更具有客观性、分析性。然而也确有一些学者的分析性还不如许多古代学者。他们的评说依然局限于简单地评说秦始皇本性的"暴"、"私",对秦始皇的大多数行为均作负面诠释,进而对秦朝的政治及法家的理论作简单化的评价。这显然是不足取的。

迄今为止,在分析性秦始皇评价方面做得最成功的史学研究大多出自深受马克思主义历史观影响的学者之手。在《共产党宣言》中,马克思、恩格斯明确宣布了推翻资本主义的政治宣言,而在论及资本主义的历史地位的时候,他们又以极其生动的语言,充分肯定了它在人类文明史进程中的巨大功绩。马克思、恩格斯不因自己的政见和好恶而影响历史认识的客观性、分析性。古今中外,能够以这种态度对待历史的思想家、政治家是十分罕见的。与此相反,因自己的主义、政见和好恶而走向极端化历史评价的倒是大有人在。唯物史观及其方法论的科学性、客观性及马克思、恩格斯博大的政治胸怀和深邃的具体史评,都为现代社会科学、人文科

---

① 王夫之:《读通鉴论》卷一。

学研究提供了值得借鉴、效法的理论、方法和范例。许多马克思主义史学家既能否定专制主义，又能客观评说秦始皇，这绝非偶然。他们的共同特点是充分肯定秦始皇在历史变革和国家统一方面的重大历史贡献，肯定了他的某些做法的历史合理性，同时深刻揭露君主专制制度的本质，抨击秦朝的暴政。

如同对于世间一切事物的认识一样，人们的历史认识是没有止境的。关于秦始皇的各种争论应该、也势必持续不断地向前发展。新的《秦始皇传》还会不断涌现。学术争论只会不断地促进历史认识的深化。但是前贤的成败得失足以为后人提供鉴戒。笔者认为，在总体上否定君主专制制度的前提下，充分肯定秦始皇的历史功绩的思路，更接近历史事实，也更合理。后人的主要任务是依据现有的和新发现的材料，进一步推进分析性认识，从而对秦始皇现象做出更科学的历史诠释，写出可以为广大读者提供知识与智慧的新的秦始皇传。

后 记

这部著作的出版,首先要感谢刘泽华教授和乔还田主任。

刘泽华先生是我的导师。1998 年以前,我另有本职工作,搞历史研究带有"票友"的性质。如果不是在先生的"指令"下写了几部著作,我现在很难受聘于教授、博士生导师的岗位。

人无宿命,却有机缘。2001 年 4 月,我协助刘泽华先生操办一个学术年会。正当几位著名学者拿着与会者名单,议论"分田"、"还田"的取名之义时,我与乔还田先生握手相识。随后便奉刘先生之命和乔先生之约,开始写作这本《秦始皇传》。二"田"合作,可谓彼此一诺千金,事事顺畅如意。

与大多数中国人一样,我对秦始皇及相关历史现象的思考可谓久矣!记得我的第一篇有关秦始皇的文字是一份政治课作业。时在 1970 年初冬。我正以插队知识青年兼"工农兵学员"的身份在承德师范学校隆化分校专攻数学。自从以中国政治思想史为主要研究方向以来,君主论、帝王观念和统治思想一直是我所关注的重点。这本《秦始皇传》只是一个个性化思考过程的阶段性成果。在长期的学习与研究中,读过许多相关的专著和论文。在此,谨向一切曾经给予我教益的师长、前辈和同行表示感谢。

我的学生许哲娜协助核对了本书的许多引文。顺致谢意。

张分田

于南开大学历史学院暨中国社会史研究中心

2003 年 1 月

责任编辑:于宏雷

图书在版编目(CIP)数据

秦始皇传/张分田 著.- 2 版.-北京:人民出版社,2015.4(2024.8 重印)
(中国历代帝王传记)
ISBN 978－7－01－014443－6

Ⅰ.①秦…　Ⅱ.①张…　Ⅲ.①秦始皇(前 259~前 210)-传记
　Ⅳ.①K827＝33

中国版本图书馆 CIP 数据核字(2015)第 018699 号

秦始皇传
QINSHIHUANG ZHUAN

张分田　著

人 民 出 版 社 出版发行
(100706　北京市东城区隆福寺街 99 号)

北京新华印刷有限公司印刷　新华书店经销

2015 年 4 月第 2 版　2024 年 8 月北京第 2 次印刷
开本:850 毫米×1168 毫米 1/32　字数:552 千字　印张:22.25

ISBN 978－7－01－014443－6　定价:75.00 元

邮购地址 100706　北京市东城区隆福寺街 99 号
人民东方图书销售中心　电话 (010)65250042　65289539